AF559525

Reihe Weiß-Grün Nr. 49

Sächsische Geschichte und Volkskultur

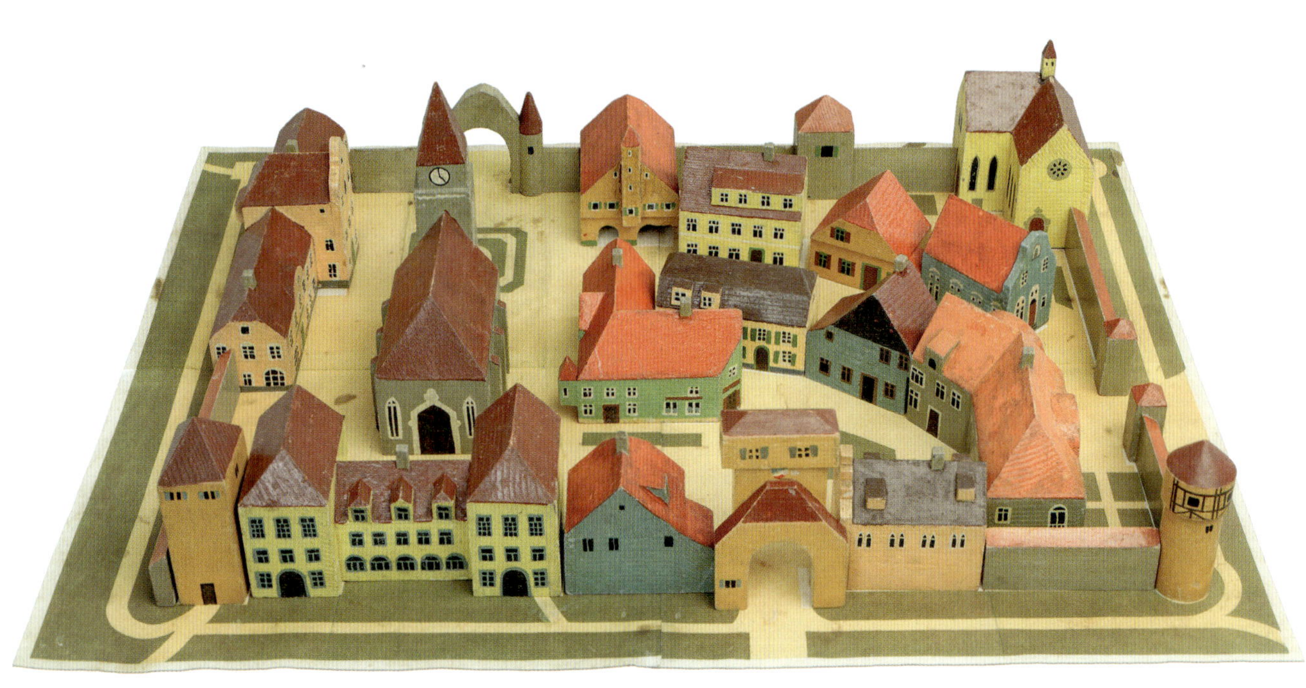

Urs Latus

Erzgebirgische Miniaturen fürs Kinderzimmer

Eine Erfindung aus Dresden

Herausgegeben von der Sächsischen Landesstelle für Museumswesen
an den Staatlichen Kunstsammlungen Dresden

Verlag der Kunst Dresden

Reihe Weiß-Grün Nr. 49
Sächsische Geschichte und Volkskultur

Herausgeber:
Andrea Geldmacher, Katja Margarethe Mieth
für die Sächsische Landesstelle für Museumswesen
an den Staatlichen Kunstsammlungen Dresden
Schloßstraße 27, 09111 Chemnitz
Telefon 0351. 49143800, Fax 0351. 49143811
www.sachsens-museen-entdecken.de
www.skd.museum

Autor: Urs Latus
Lektorat: Andrea Geldmacher
Redaktion: Andrea Geldmacher, Katja Margarethe Mieth
Gestaltung: Anke Albrecht, Pirna
Bildbearbeitung: Liane Zuther, Dresden
Druck: Husum Druck- und Verlagsgesellschaft,
Postfach 1480, D-25804 Husum, www.verlagsgruppe.de

Bibliografische Information der Deutschen Nationalbibliothek:
Die Deutsche Nationalbibliothek verzeichnet diese Publikation in der Deutschen Nationalbibliografie; detaillierte bibliografische Daten sind im Internet über http://dnb.dnb.de abrufbar.

Dresden 2018

ISBN 978-3-86530-240-3

Zum Autor:
Urs Latus ist wissenschaftlicher Mitarbeiter und Restaurator am Spielzeugmuseum Nürnberg. Im Jahr 2017 wurde er zum Thema »Sächsische Miniaturspielwaren zwischen Volkskunst- und Kunstgewerbe – eine kultur- und wirtschaftshistorische Untersuchung« an der Otto-Friedrich-Universität Bamberg promoviert. Sein besonderes Forschungsinteresse gilt dem sogenannten Künstlerspielzeug. Zusätzlich beschäftigt er sich mit Designgeschichte, Kunsttechnologie und Volkskunde. Privat ist er mit seinen Drechselstücken auch aktiv kunsthandwerklich tätig.

Titel: Gehöft, um 1906, Entwurf: unbekannt, Privatbesitz,
Foto: Christiane Richter

Frontispiz: »Große altertümliche Stadt« mit farbigem Plan, Entwurf: Julius Widnmann, München um 1908, erste Ausführung: Deutsche Werkstätten für Handwerkskunst, Abteilung Spielsachen Zschopau 1908, ab 1909 im Sortiment der Holzspielwarenfabrik Theodor Heymann Großolbersdorf. Staatliche Kunstsammlungen Dresden, Museum für Sächsische Volkskunst, Foto: Claudia Jacquemin

Rücktitel: Werbevignette für »Dresdner Spielzeug« der Deutschen Werkstätten für Handwerkskunst Dresden, Entwurf: Eduard Schotte, um 1907, Spielzeugmuseum Nürnberg

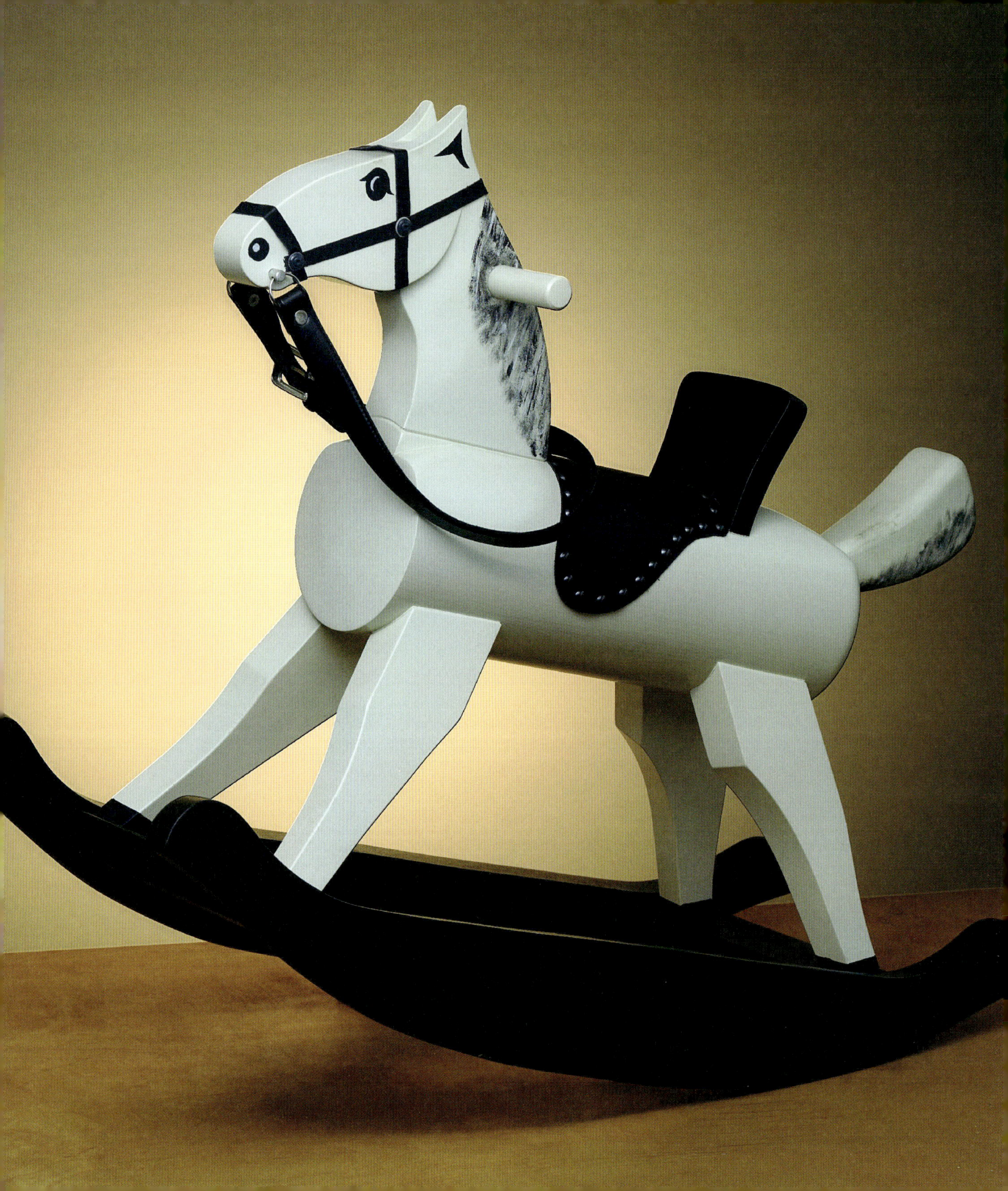

Vorwort

von Katja Margarethe Mieth

Schon wieder ein Buch zu erzgebirgischen Miniaturen? Das mag sich mancher Leser fragen, denn bereits 1999 erschien als Nr. 16 der von der Landesstelle für Museumswesen herausgegebenen Reihe Weiß-Grün für Sächsische Geschichte und Volkskultur ein heute längst vergriffener Band zum »Seiffener Miniaturspielzeug« von Walter Neumann.

Der nun vorliegende 49. Band der Reihe Weiß-Grün widmet sich einer umfassenden Untersuchung des komplexen Gewebes aus Wirtschafts- und Kunstgewerbeförderung, Geschmacksbildung und Erziehung, das zur Entstehung des in Dresden erfundenen erzgebirgischen Miniaturspielzeugs geführt hat. Die Dissertation von Autor Urs Latus zum Thema »Sächsische Miniaturspielwaren im Spannungsfeld von Volkskunst- und Kunstgewerbebewegung – eine kultur- und wirtschaftshistorische Untersuchung« bildete die Grundlage für das von Andrea Geldmacher umsichtig lektorierte Buch. Dem Autor und ihr sowie den zahlreichen Museen, Sammlungen und Sammlern, die zur Entstehung dieser reich bebilderten Publikation mit ausführlichem Katalog und materialreichem Anhang beigetragen haben, sei herzlich gedankt.

Urs Latus untersucht, woher die Ideen und Entwürfe für diese sächsische Miniaturspielzeugproduktion stammen und in welchem Umfeld sie hergestellt und vertrieben wurden. Dass er den kulturwissenschaftlichen Forschungsansatz um seine praktische Erfahrung als Restaurator und Drechselstückemacher bereichern und so den ausgefeilten seriellen Produktionsprozess und die damit verbundene technologische Raffinesse bestens verstehen und vermitteln kann, kommt dieser Studie zugute. Es spielte eine wesentliche Rolle, dass Dresden um 1900 zu den Zentren der Lebensreformbewegung gehörte und sich hier mit dem später Deutsche Werkstätten genannten Betrieb ein Unternehmen ansiedelte, das von Anbeginn gutes Design und serielle Produktion klug miteinander zu verbinden wusste. Erst jüngst haben die Deutschen Werkstätten Hellerau einzelne Spielzeug-Editionen wieder aufgelegt, gefertigt im Erzgebirge oder in Dresden (s. Abb. 1). Entdecken Sie, was Dresden, Grünhainichen und Seiffen miteinander verbindet.

Abb. 1: Neuauflage des Schaukelpferdes von Richard Riemerschmid (1868–1957), vermutlich 1901 für die späteren Deutschen Werkstätten Hellerau entworfen. Es war eines der ersten Produkte des Dresdner Spielzeugs.

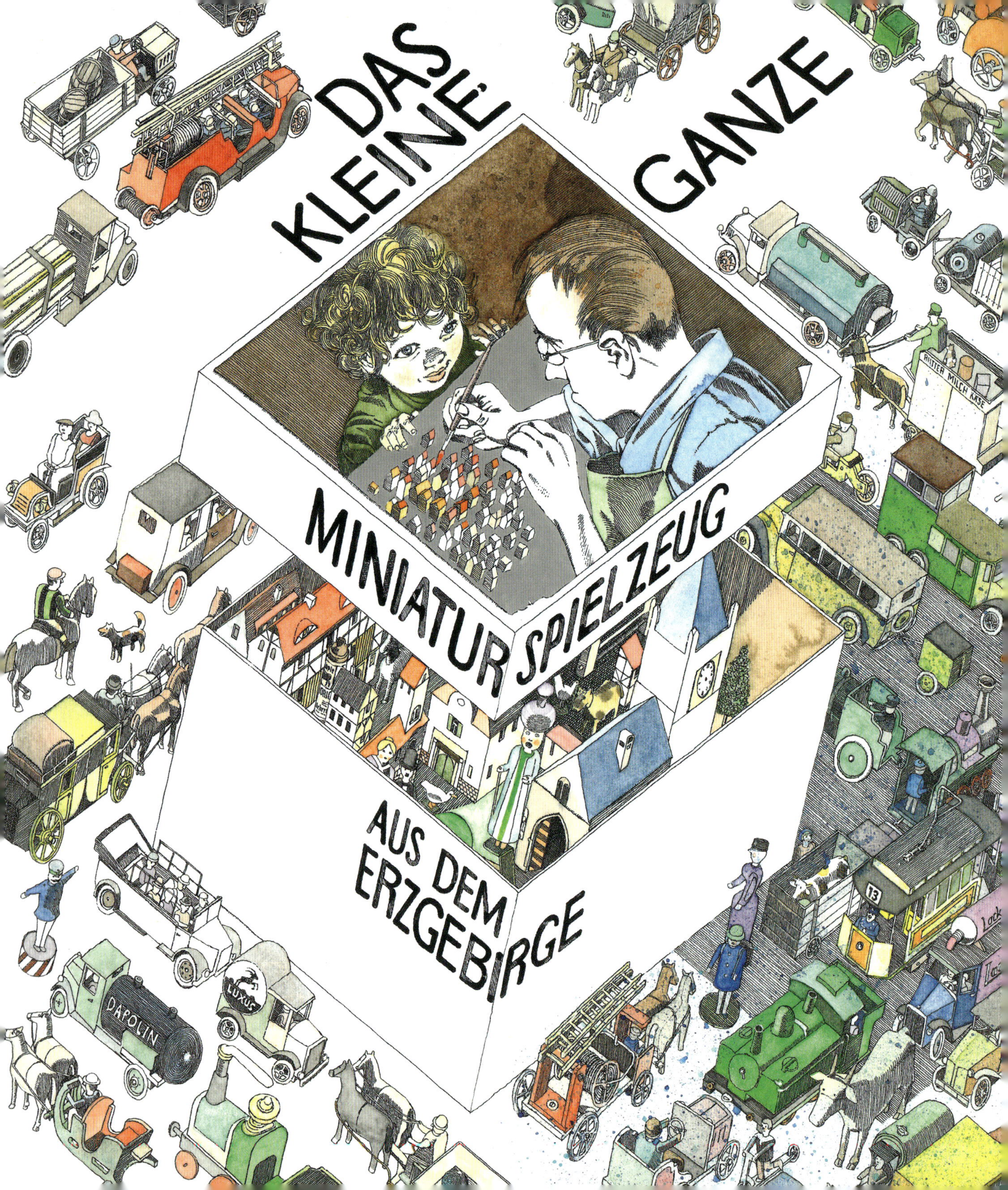
DAS KLEINE GANZE
MINIATURSPIELZEUG
AUS DEM ERZGEBIRGE
DAPOLIN
LUXUS
13

Weltspielzeug »Made in Germany«

Die deutsche Spielwarenindustrie am Beginn des 20. Jahrhunderts

Abb. 2: Plakatentwurf (kolorierte Zeichnung) für eine Ausstellung des Spielzeugmuseums Nürnberg, Ausschnitt. Gestaltung: Klaus Ensikat, Berlin, 2009

Kurz nach 1900 tauchte im sächsischen Erzgebirge, einer der bedeutenden deutschen Spielwarenregionen, eine Gruppe neuer, in ihrer Art bis dahin unbekannter Holzspielwaren auf. Eine ganze Welt bunter Miniaturen eroberte rasch die Kinderzimmer und zog auch Erwachsene in ihren Bann (Abb. 2). In einem Zeitraum von etwa 50 Jahren eroberten unzählige miteinander frei kombinierbare, aus Holz gefertigte Figürchen, Tiere, Häuser, Bäume und Fahrzeugmodelle den deutschen, aber auch den internationalen Markt. Die kleine Welt aus Holz, als Spielware ab 1904 annähernd im Maßstab von ca. 1:100 bis etwa 1:87 gefertigt,[1] wurde von Anfang an auch in den Kontext der Erfindung der Volkskunst aus dem Erzgebirge gerückt.

Welche gesellschaftlichen, kulturellen und ökonomischen Voraussetzungen bereiteten den Nährboden für ein derartiges Produkt? Warum wurde Spielware zur »Volkskunst« erklärt und welches Verständnis von ihr spiegelt sich in den zeitgenössischen und jüngeren Veröffentlichungen bis hin zur Gegenwart? In welchem Umfeld bewegten sich sowohl die Initiatoren und Ideengeber als auch die Hersteller all der kleinen, feinen Holzarbeiten? Der ideologische Hintergrund der Spielzeugmotive und die ersten Impulse der praktischen Umsetzung neuer Warenmuster sind direkt im Umfeld der sächsischen Volkskunde- und Heimatschutzbewegung zu suchen. Ziel dieser Untersuchung[2] ist es, den ursprünglichen Nährboden der Gestaltungsidee im Wechselspiel städtisch bürgerlicher Eigeninitiative und staatlicher Gewerbeförderungspolitik zu Beginn des 20. Jahrhunderts detailliert aufzuzeichnen. Sie ist also auch als breit gefächertes Gewerbeforschungsprojekt zu verstehen.[3]

Warum diese Neuheiten gerade zu diesem Zeitpunkt auf den Markt kamen, beschäftigte bereits zahlreiche Autoren. Wo genau ihre kulturgeschichtlichen Wurzeln liegen, wer die Idee lieferte und welche gesellschaftlichen Hintergründe maßgeblich wirkten, war bislang im Detail jedoch nicht vollständig geklärt. Diesem Themenspektrum widmet sich das vorliegende Buch und stellt zahlreiche spannende Antworten vor. Die unter dem Marktbegriff »Miniaturspielwaren« (Abb. 3) populär gewordenen kleinen Abbilder verschiedener Lebenswelten werden hier als Sachzeugnisse deutscher Alltagskultur analysiert, unter Berücksichtigung ihrer unterschiedlichen Funktionen interpretiert und historisch eingeordnet. Ein Katalogteil liefert die Beschreibung charakteristischer Miniaturen und erlaubt im Idealfall verschiedene Neubewertungen. Gleichzeitig besteht durch das hier zu einem Großteil erstmals dokumentierte Quellenmaterial und zahlreiche neu erarbeitete Einzelergebnisse eine Chance, Zuschreibungen und Datierungen vergleichbarer Objekte in den umfangreichen öffentlichen und privaten Spielzeugsammlungen zu überprüfen: Detaillierte Objektbeschreibungen und neu entdecktes Quellenmaterial sind im Katalogteil verzeichnet.

Zur Lage der Spielzeugindustrie. Zwischen künstlerischem Anspruch und Massenfertigung

Die Entstehung der Miniaturspielwaren ist eingebettet in eine allgemein wirtschaftlich florierende Entwicklung der Spielzeugbranche. Die Fabrikation von Spielwaren, so heißt es in der Jubiläums-Ausgabe von 1903 des Brockhaus Konversations-Lexikons, »bildet namentlich in Deutschland einen wichtigen Industriezweig; die bedeutendsten Gebiete der Spielwarenerzeugung sind gegenwärtig das sog. Meininger Oberland mit Sonneberg (s. d.) als Mittelpunkt, welches etwa die Hälfte der gesamten deutschen S. (besonders solche aus Papiermaché und Puppen) erzeugt, Nürnberg Fürth, der älteste Sitz dieser Industrie für S. aus Metall, und das sächsische Erzgebirge (Olbernhau, Grünhainichen, Seiffen u. a.) für Holzspielwaren. [...] Die Gesamterzeugung Deutschlands darf auf etwa 70 Mill. M. veranschlagt werden. Davon wurden 1903 ausgeführt 347169 dz [Doppelzentner] im Werte von 56,840 Mill. M.«[4] Ein Jahr später verkündete die Fachpresse zum Thema »Made in Germany. – Diese Bezeichnung, welche zum Schutze der englischen Erzeugnisse gegenüber dem deutschen Import geschaffen worden war und auf keinem Stück Waare fehlen durfte, das in Deutschland hergestellt und nach England ausgeführt wurde, soll wieder abgeschafft werden. [...] Die Massregel hat bekanntlich ihren Zweck durchaus verfehlt, denn anstatt das Publikum von dem Kauf derartig gekennzeichneter Waaren abzuschrecken, wurde die Marke ›Made in Germany‹ von Jahr zu Jahr beliebter und geradezu bevorzugt.«[5]

Das exportorientierte deutsche Spielwarengewerbe profitierte von derartigen Regelungen ohne Zweifel, war doch bis dato Großbritannien Hauptabnehmer der Erzeugnisse. Im Allgemeinen hatten sich jedoch die Kundenansprüche bezüglich des Warenangebotes innerhalb der vergangenen 20 Jahre grundlegend gewandelt. Unter der Überschrift »Die moderne Entwicklung der Spielwaaren-Industrie« veröffentlichte die führende Branchenzeitschrift »Wegweiser« im August 1903 einen zweiteiligen Aufsatz.[6] Dieser begann mit dem einleitenden Hinweis, »dass

Abb. 3: Musterblatt mit Garnituren, Spielwarenverlag C. H. Oehme, Waldkirchen 1907, Artikel Nr. 2693/2: moderne Miniaturgespanne sortiert

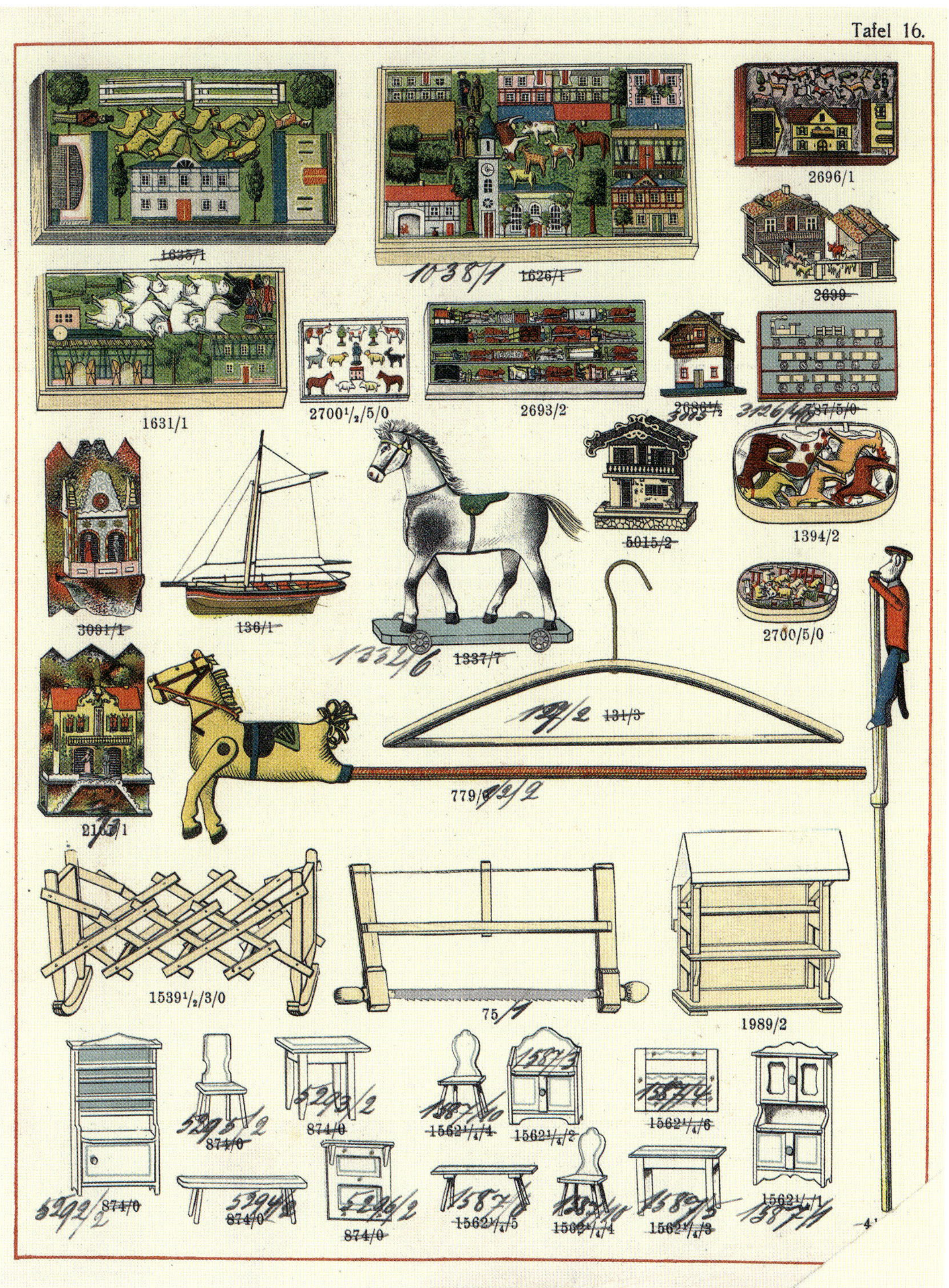
Tafel 16.
2696/1
1631/1
2700½/5/0
2693/2
1394/2
2700/5/0
779/
1539½/3/0
1989/2
874/0
1562¼/2
1562¼/6
1562¼/1
874/0

die Spielwaaren-Industrie wie keine andere genau widerspiegelt, was in den zeitlichen Erscheinungen zu Tage tritt. Insbesondere gilt das von dem Gebiet des menschlichen Wirkens und Schaffens auf dem die Technik der Neuzeit mit so grossartigen Erfindungen zu Tage tritt.«[7] Theodor von Kramer (1852–1927), Direktor des Bayerischen Gewerbemuseums Nürnberg, profunder Kenner der internationalen Kunstindustrie und Spielwarenszene, Fachautor und zusätzlich mit praktischer Erfahrung als Spielzeuggestalter ausgerüstet, befasste sich 1903 unter anderem mit Vorbereitungsaufgaben und aktuellen Fragestellungen, die durch die Teilnahme der deutschen Spielwarenindustrie an der Weltausstellung in St. Louis 1904 bedingt waren.[8] Er fertigte eine Federzeichnung an, welche die aktuelle Diskussion um moderne deutsche Spielwaren treffend in einer Bildgeschichte darstellt (Abb. 4).[9] Das Blatt im Hochformat zeigt zwei Hauptszenen. Oben eine Darstellung unter dem Motto »Die Kunst im Leben des Kindes 1854«: Flankiert von den populären Nürnberger Weihnachtsfiguren Zwetschgenmann und Rauschgoldengel fährt Athene, die Göttin der Kunst, angeführt von einem gedrechselten Soldaten und einem vom Holzpferdchen gezogenen Spielzeugstreitwagen, triumphierend dahin. Darunter ist ein Fries aus charakteristischen gedrechselten Holz- und Papiermaché-Figuren, unter ihnen Noah mit Frau, zu sehen. Sie stehen symbolisch für beliebte Spielzeugmotive des 19. Jahrhunderts. Im darunter liegenden Bild mit dem Titel »Die Kunst im Leben des Kindes 1904« sitzt Athene als Rennfahrerin ausgerüstet im dahinrasenden Automobil. Ungebremst überfährt sie dabei ein Holzschaukelpferd, einen Harlekin und einen Holzsoldaten. Ein Spielzeugbäumchen und ein kleines Watteschäfchen gehen zusätzlich zu Bruch. Von elektrischen Glühlampen »erleuchtet« betrachtet die Weisheit in Gestalt von zwei dekorativen Eulen die Szenerie. Der aus dem oberen Bild bekannte Rauschgoldengel, vermutlich als »Himmlischer Bote« bürgerlicher Weihnachtskultur des 19. Jahrhunderts zu betrachten, wendet sich trauernd vom Geschehen ab. Im Fries darunter sieht man eine Spielzeug-Dampflokomotive, das Modell einer Fabrikhalle, einen Elektromotor mit Batterie, einen Blechtaucher und ein modernes Spielzeug-Kanonenboot. Sämtliche zeichnen sich als Blechspielzeug-Industriefabrikate, beispielsweise aus der Produktion der »Nürnberger Metall- und Lackierwaarenfabrik, vorm. Gebrüder Bing A.-G.« aus.[10] Neben der unmittelbaren Bildaussage, dass moderne technische Spielwaren die einfachen Holzspielwaren des 19. Jahrhunderts in rasender Geschwindigkeit überholt hatten, gelang es Theodor von Kramer, mit seiner Zeichnung den formalen und inhaltlichen »Spielzeugstreit« des 20. Jahrhunderts bereits 1904 prägnant ins Bild zu setzen. Denn schon zu Beginn des Jahrhunderts befand sich die Spielwarenindustrie im Spannungsfeld stetiger Diskussion zwischen den Anhängern »künstlich« technischer Perfektion und denjenigen, die »natürliche«, kreativ-fantasievolle Einfachheit propagierten. Die moderne Technik des Industriezeitalters ließ sich jedoch auch in dieser Branche nicht aufhalten und eroberte sich ungebremste freie Fahrt. Mit

Abb. 4: »Die Kunst im Leben des Kindes«, Theodor von Kramer, Nürnberg 1904

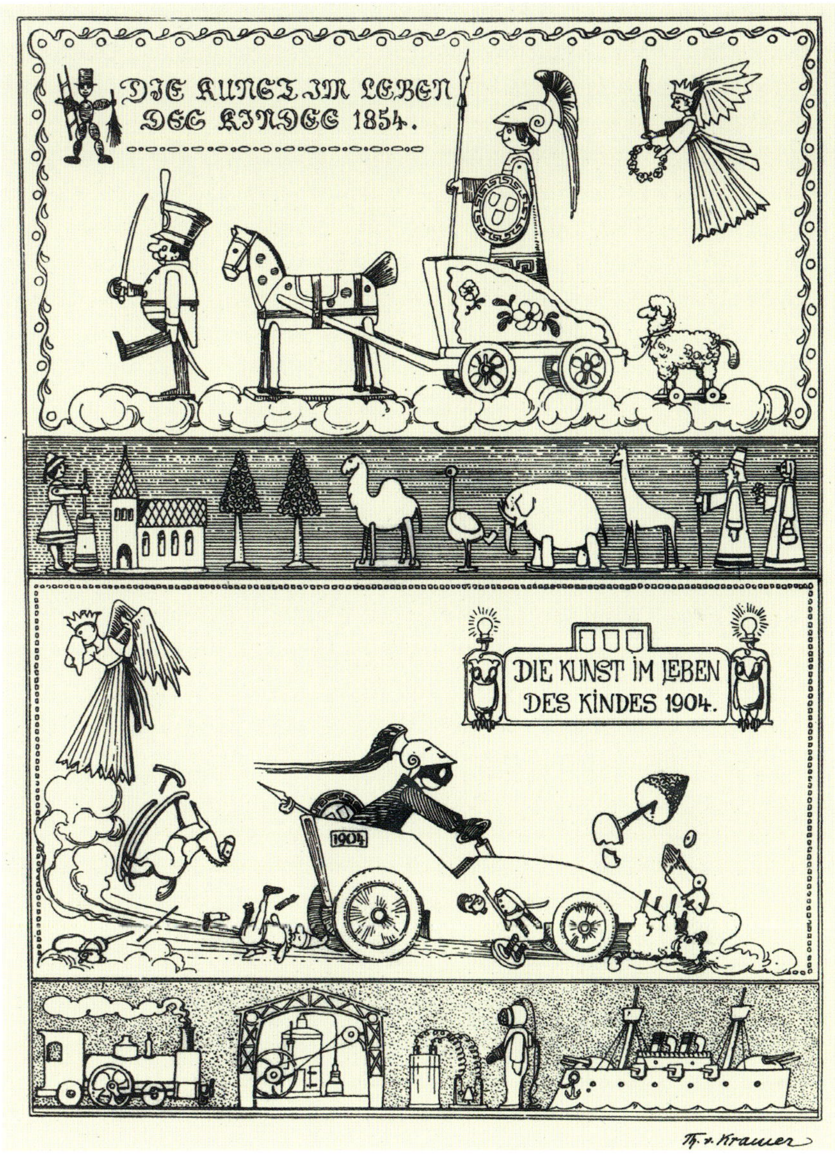

dem Argument, Spielzeug sei Lehrmittel und biete Möglichkeiten für die heranwachsende Jugend, die neue technische Welt spielerisch zu erfahren, brach sich zuerst die Blechspielwarenindustrie einen wirtschaftlich erfolgreichen Weg ins Kinderzimmer einer finanziell besser ausgestatteten Schicht der Bevölkerung. Unter Ausnutzung neuer Materialien, höchst rationeller maschineller Fertigungsmethoden und eines modern gestalteten Sortiments gelang es den Fabrikanten, mithilfe perfekter Anpassung an die jeweiligen Wünsche des breit gefächerten

Weltmarktes, ihre Massenprodukte erfolgreich abzusetzen. Im amtlichen Katalog des Deutschen Reiches für die Weltausstellung in St. Louis 1904 schrieb Theodor von Kramer: »In keinem Spielwarenbezirk Deutschlands findet Metall, und zwar vorwiegend Weißblech und Zinn bzw. Zinnkomposition, eine solch ausgedehnte und vielseitige Anwendung wie in Nürnberg und seiner Schwesterstadt Fürth.«[11] Zu den Branchenriesen zählte die bereits erwähnte Nürnberger Aktiengesellschaft vormals Gebrüder Bing AG, die 1903 allein in ihrer Abteilung Spielwaren 1200 Arbeiter beschäftigte[12] (Abb. 5). Schon 1905 warb die Firma in den Geschäftsanzeigen als »Grösste Spielwarenfabrik der Welt«.[13] Die »Spezial-Preisliste über mechanische, optische und elektrische Lehrmittel und Spielwaren Ausgabe 1906« verzeichnet unter anderem »Dampfmaschinenmodelle für 1.15 Mark das Stück« als preiswerteste Ausführung oder eine »Hochelegante Präcisionsmaschine ›Herkules‹ Als Modell für Lehrzwecke zu empfehlen! für 250 Mark per Stück«.[14] Als weitere namhafte Nürnberger Blechspielwarenerzeuger seien auszugsweise genannt: Georges Carette & Co., Doll & Co., Simon Günthermann, J. Falk, Gebr. Fleischmann, Matthias Hess, Johann Andreas Issmayer, Ernst Plank, Jean Schoenner und J. G. Schrödel. Zu den führenden Zinnfigurenherstellern zählten C. Ammon, Ernst Heinrichsen, Gebrüder Heinrich, J. Haffner's Nachfolger oder Georg Spenkuch. Im Umfeld seiner täglichen Arbeit am Bayerischen Gewerbemuseum – dazu gehörten selbstverständlich die Belange der Gewerbeförderung – erlebte Theodor von Kramer dagegen unmittelbar vor Ort den kontinuierlichen Niedergang des schon im ausgehenden 18. Jahrhundert in Nürnberg und Südbayern in Blüte stehenden Holzspielwarengewerbes und versuchte mithilfe eines ersten Produktdesign-Wettbewerbs der überwiegend handwerklich produzierenden Branche 1903 qualitativ und formalästhetisch mit »Neuen Mustern« die Existenz zu sichern.[15] Darüber hinaus war Nürnberg zu jener Zeit auch eine Spiele-Hochburg. »So führte das städtische Adreßbuch von 1909 unter den insgesamt etwa

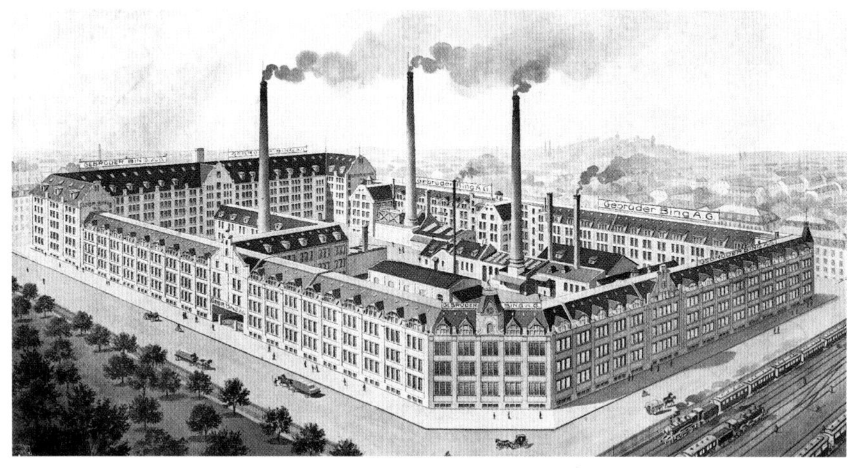

Abb. 5: Gebrüder Bing A.-G. »Neue Fabrikanlage Nürnberg Glaishammer«, 1912

250 (!) Spielwarenfirmen nicht weniger als 56 Spielefabrikanten auf. Von ihnen stellten 27 Unternehmer Spiele aus Papier und Pappe her, der Rest produzierte Billardutensilien, Dominos, Würfel, Karten, Schachbretter, Spielmarken, Zauberapparate oder Sport- und Beschäftigungsspiele aus Holz.«[16] Tonangebend waren hier zum Beispiel C. Abel Klinger, J. W. Spear & Söhne, J. A. Kithil, C. Baudenbacher, J. Breitenbach, J. W. Arold oder G. Neiff.[17]

Weltbedeutung hatte sich im Laufe des 19. Jahrhunderts das in Thüringen gelegene größte deutsche Spielwarenzentrum erarbeitet.[18] Den Mittelpunkt bildeten die Stadt und der Großraum Sonneberg einschließlich der unmittelbar angrenzenden oberfränkischen Gegend. Wichtige Produktionsstandorte waren weiterhin der Glasmacherort Lauscha, Ilmenau und die nordthüringische Spielwarengegend um Gräfenhein, Ohrdruf und Waltershausen. Auf höchste Spezialisierung und ganz besondere Alleinstellungsmerkmale konnte sich die hier ansässige Holzspielwaren-, Papiermaché- und Puppenindustrie stützen. Ein unter stetigem Konkurrenzdruck stehendes Netzwerk leistungsfähiger Fabriken, Heimarbeiter und Hausgewerbetreibender ermöglichte die preisgünstige Produktion von Massenspielwaren.[19] Für das Jahr 1904 wurde dokumentiert: »Die Gesamtzahl der in der thüringischen Spielwarenindustrie erwerbstätigen Personen beträgt mehr als 30.000. Hiervon sind etwa 75 Prozent in der Hausindustrie beschäftigt. Auch in diesem abnorm erscheinenden Zahlenverhältnis zeigt sich ein besonders charakteristischer Unterschied zwischen der Produktionsweise der Nürnberger und der Sonneberger Industrie. Was dort die Maschine tut, muß hier durch Menschenhand erreicht werden; [...]«[20] Sonnebergs Bedeutung für den Export nach Übersee nahm um 1900 derartige Dimensionen an, dass beispielsweise das führende amerikanische Exporthaus George Borgfeldt & Co. New York neben der Berliner Filiale bereits 1887 eine in Sonneberg eröffnete.[21] Um seine Standortposition als Großeinkäufer vor Ort zu festigen, übernahm F. W. Woolworth & Co. New York 1913 das Exportgeschäft von Wilhelm Dressel Sonneberg und etablierte es als eigene Niederlassung und Einkaufshaus der weltweit aktiven Warenhauskette. Spielwarenunternehmen wie Cuno & Otto Dressel Sonneberg, Julius Dorst Sonneberg, Armand Marseille Köppelsdorf, Ernst Heubach Köppelsdorf, Gebr. Heubach Lichte, Franz Schmidt & Co. Georgenthal, Kämmer & Reinhardt Waltershausen, J. D. Kestner Waltershausen oder Simon & Halbig Gräfenhain stehen hier beispielhaft als bekannte thüringische Vertreter. Sonnebergs Industrie beteiligte sich mehrfach mit Gemeinschaftsarbeiten – aufwendig gestalteten Reklame-Schaustücken – an den großen Weltausstellungen.[22] Als einzigartiges Zeugnis jener prächtigen Präsentationen zeigt das heutige Deutsche Spielzeugmuseum Sonneberg seit 1914 die vom Leiter der örtlichen Industrieschule Reinhard Möller (1855–1924) entworfene Ausstellungsgruppe »Thüringer Kirmes« – ausgestellt und mit einem Grand Prix prämiert in Brüssel 1910 (Abb. 6).[23] Innerhalb der höchst effektiv arbeitenden Puppenbranche Deutschlands, mit weiteren kleineren Produktionsstandorten in Berlin und in Sachsen, machten sich um das Jahr 1908 die Ergebnisse einer sogenannten »Puppenreform« praktisch bemerkbar. Vor dem Hintergrund großer Unzufriedenheit mit der »Künstlichkeit« industriell fabrizierter Modepuppen entstanden als Gegenbewegung die nach natürlicheren menschlichen Körperformen und Gesichtszügen gestalteten »Charakterpuppen«.[24] Ein Auslöser für diese Entwicklung war unter anderem ein schon Weihnachten 1905 von Käthe Kruse (1883–1968) in Berlin erstmals für die eigenen Kinder hergestellter Stoffpuppentyp und eine 1908 in München veranstaltete Ausstellung von sogenannten Künstlerpuppen.[25] Besonders Käthe Kruses handgefertigtes, alsbald weiterentwickeltes Modell erregte große öffentliche Aufmerksamkeit. 1910 wurden mehrere ihrer Puppen in Berlin ausgestellt, 1911 kam ein erster Auftrag vom New Yorker Spielwarenhaus FAO Schwarz und 1912 wurde die Firma »Werkstätte der Käthe Kruse Puppen« in Bad Kösen eröffnet, ein Unternehmen, das bis heute in Donauwörth besteht.

In diese Reihe weltbekannter deutscher Spielwarenhersteller reiht sich nicht zuletzt die für ihre Markenprodukte und modernste Werbestrategien berühmte Firma F. Ad. Richter & Cie. Rudolstadt in Thüringen ein. Richters »Anker-Steinbaukasten«, ein Kunststein-Baukastensystem, wurde am thüringischen Stammsitz Rudolstadt und durch firmeneigene Fabrikniederlassungen in Wien, New York und St. Petersburg hergestellt.[26] Als offizieller Repräsentant des Deutschen Reiches vertrat der Geheime Kommerzienrat Friedrich Adolph Richter (1846–1910) schon 1904 die Interessen der deutschen Spielwarenbranche in St. Louis und berichtete dem Reichstag im Anschluss über die Weltausstellung.[27] Eine seiner Beobachtungen sollte sich zukünftig für die global agierende Spielwarenindustrie zum wirtschaftlichen Langzeitthema entwickeln. »Ganz besondere Aufmerksamkeit verdient Japan auch in Spielwaren. Seine Konkurrenzfähigkeit in billigen Spielsachen wird sich wohl mehr und mehr fühlbar machen. Dazu besitzen die Japaner ein großes Geschick, sich dem Geschmack ihrer Kundschaft anzupassen. Es waren Wattetierchen und Puppenmöbel ausgestellt, ganz nach deutschen Mustern, zu erstaunlich niedrigen Preisen. [...] Vor allen Dingen aber muß betont werden, daß das Bestreben deutlich hervortrat, mit Europa in Konkurrenz zu treten und das europäische Spielzeug nachzumachen, soweit es in Japan hergestellt werden kann. Verschiedentlich war zu hören, daß Japan schon in Amerika der deutschen Konkurrenz gegenüber Fuß fast.[sic!]«[28] Ein Beleg für den sich 1904 bereits anbahnenden Sachverhalt, der, gefördert durch die Auswirkungen des Ersten Weltkrieges, der deutschen Spielwarenindustrie in den 1920er Jahren zusätzlich schwerwiegende Absatzprobleme bereiten sollte. Das Schaustück der Rudolstädter Firma Richter für die Weltausstellung in St. Louis ist hier von besonderem Interesse. »Nach den Zeichnungen des Berliner Architekten Körnig [Arno Körnig (1870–1939)] war eine Gebirgslandschaft plastisch ausgeführt, in der verschiedene kleine Dörfchen malerisch eingelagert waren. Am Fuße des Gebirges

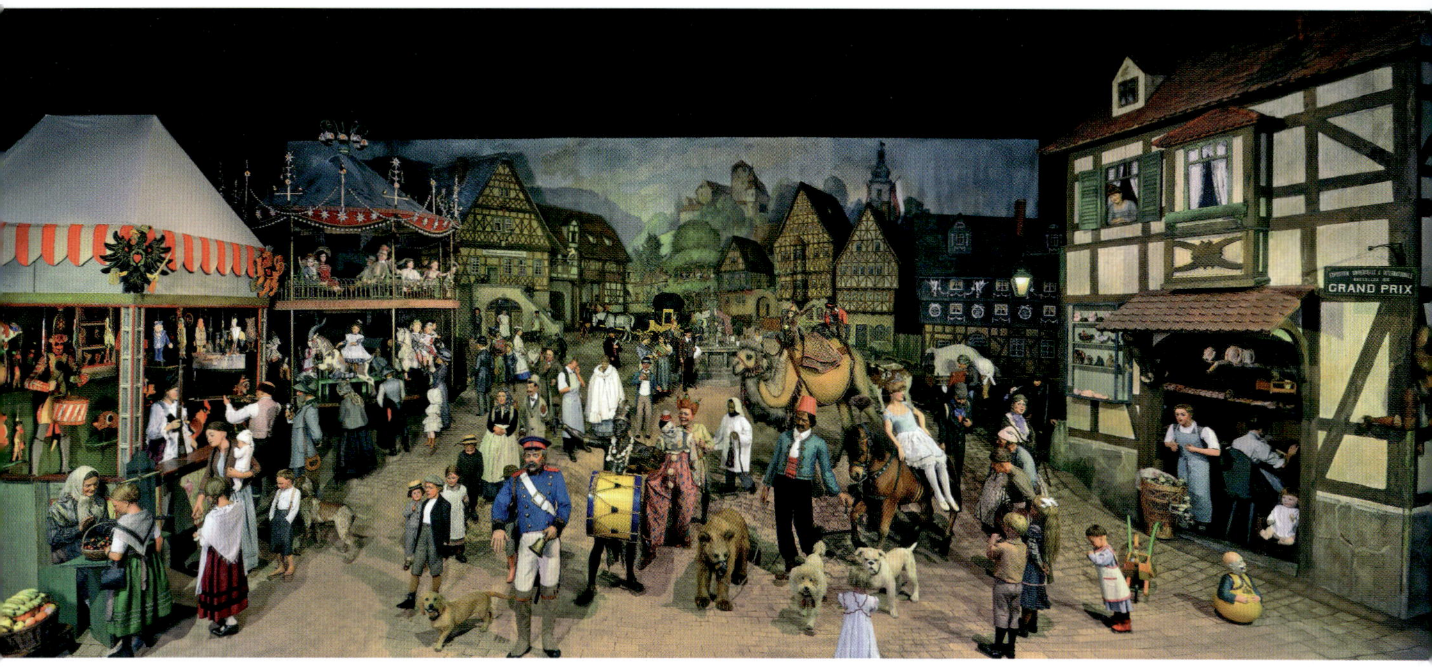

Abb. 6: »Thüringer Kirmes« in der aktuellen Präsentation im Anbau des Deutschen Spielzeugmuseums Sonneberg

eine große Stadt, deren Kirche über einen Meter hoch war. Alle Gebäude aus dem Steinmateriale der Anker-Steinbaukasten.«[29] Entsprachen die Darstellung einer romantischen deutschen Gebirgslandschaft beziehungsweise die nachfolgenden Serien-Systeme »Richter's Landhaus-Baukasten« (1912) und »Künstler-Modell-Baukasten Liebe Heimat« (1916) etwa auch den Vorstellungen des US-amerikanischen Marktes, war Derartiges gerade angesagter Trend oder verkaufte eine weltweit aktive deutsche Firma bewusst ein Sehnsuchtsbild oder Gefühl vom »Guten alten Europa«?[30]

Eine etwas andere, um 1900 noch junge Sparte der Spielwarenindustrie war die der Filz- und Plüschspielwarenfabrikation. Durch geschickte Kombination von arbeitsteiliger Fabrik- und Heimarbeit konnte hier ein Rationalisierungsgrad erreicht werden, der hohe Stückzahlen gleichbleibender Qualität in unterschiedlichsten Preislagen ermöglichte. Für die seit 1893 als »Filz-Spielwaren-Fabrik« eingetragene Firma Margarete Steiff Giengen/Brenz sollten sich die Jahre 1902 bis 1905 bezüglich einer bald bei Mädchen und Jungen auf der ganzen Welt beliebten gegliederten Bärenfigur als bedeutungsvolle Schlüsseljahre erweisen. Unter dem populären Namen »Teddybär« wurde der bewegliche kuschelige Gefährte der Kinder ein Jahrhundertspielzeug. Bei Steiff beschäftigte man zu dieser Zeit bereits »400 Arbeiter« und warb mit »9000 qm Fabrikräume[n], 1000 weltberühmte[n] Muster[n] nach geschützten Modellen der Brüder Paul, Richard & Franz Steiff, Musterlager u. Vertreter in 15 Handelsstätten der Welt«.[31] Auf der Weltausstellung in St. Louis 1904 wurde die Firma mit dem Grand Prix und einer Goldenen Mitarbeiter-Medaille für Richard Steiff ausgezeichnet. Die Weltausstellung in Brüssel 1910 beschickten die Firmen Margarete Steiff Giengen/Brenz und Gebr. Märklin & Cie. Göppingen mit einem gemeinsam gestalteten Ausstellungsstand. Die Erzeugnisse wurden erneut mit einem Grand Prix ausgezeichnet. Beide Firmen und ihre bekannten Plüschfiguren und Modellbahnen behaupten sich bis heute. Im Qualitätsspielwarensortiment war am Anfang des 20. Jahrhunderts »Gebrüder Märklin & Cie., Göppingen (Württb.), Fabrik feiner Metallspielwaren« der bedeutende württembergische Produzent für »Eisenbahnen mit Uhrwerk, Eisenbahnen mit Dampf, Eisenbahnen mit Elektrizität, Dampfmaschinen, Betriebsmodelle, Elektromotoren, Schiffe, Automobile, Schiesssport ›Fidelio‹, Sand, Wasser- und Sportwagen, Sommerspiele, Puppenwagen, Puppengeräte, Kochherde, Küchengeräte«.[32] Die Vielseitigkeit dieser zitierten Produktpalette steht stellvertretend und beispielhaft für die enorme Anpassungs- und Leistungsfähigkeit der deutschen Spielwarenindustrie zu Beginn des 20. Jahrhunderts.

Spielzeug sammeln – ein Jahrhundertphänomen

Das 20. Jahrhundert gilt allgemein nicht nur als »Das Jahrhundert des Kindes«, sondern auch als das Jahrhundert der Spielzeugforschung und -sammlungsgründung.[33]

Im Zuge des wachsenden nationalstaatlichen Kulturbewusstseins und der damit einhergehenden allgemeinen Musealisierung der Dinge begann man in der zweiten Hälfte des 19. Jahrhunderts allmählich auch Spielzeug als historisches Kulturgut wertzuschätzen. Ab den 1870er Jahren gelangte somit vereinzelt, meist im Umfeld privater Nachlässe, Spielzeug auch in die Magazine verschiedener deutscher Museen. Im Blickpunkt des Interesses standen anfänglich eher kostbare Luxuserzeugnisse der kunsthandwerklichen Spielwarenfertigung. Als eine der ersten großen Sammlungen bestückte das Germanische Nationalmuseum Nürnberg 1898 einen eigenen Spielzeugausstellungsraum.[34] Als weitere Nürnberger Einrichtung begann um 1872 das Bayerische Gewerbemuseum Nürnberg, Spielzeug, zum Teil auch internationaler Herkunft, für die Mustersammlung zu erwerben.[35] Die hier verfolgte Zielrichtung hatte jedoch andere Gründe. Nürnberg als jahrhundertealte Hochburg des Handels und der Produktion von Spielwaren legte das Augenmerk entsprechend der damals allgemein üblichen Praxis auf Vorlagensammlungen für Musterzeichner im Umfeld der zeittypischen Gewerbeförderung und Bildungspolitik. Für die zweite bedeutende Region des deutschen Spielwarengewerbes übernahm diese Funktion 1901 die im thüringischen Sonneberg ursprünglich als Abteilung des Industrie- und Gewerbemuseums des Meininger Oberlandes begründete Spielzeugsammlung. Nach konzeptioneller Neuausrichtung erhielt die öffentlichkeitswirksame Institution 1928 den Namen

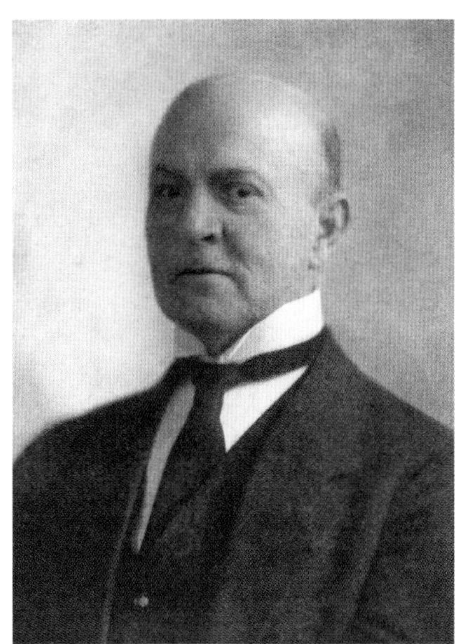

Abb. 7: Oskar Seyffert, Fotografie aus seinem Buch »Aus Dorf und Stadt. Volkskundliche Bilder«, Dresden 1923, S. 2

»Deutsches Spielzeugmuseum.«[36] Der praktische Nutzen dieser Einrichtungen erschloss sich aus dem internationalen Stellenwert der Branche. Spielwaren als lukrative deutsche Exportartikel hatten um 1900 den Weltmarkt im Höhenflug erobert. Das Kaiserreich avancierte mit etwa 50.000 Beschäftigten und etwa 60 Millionen Mark Gesamtexportvolumen zum Weltspielzeugland.[37] »Es ist bekannt, daß das Deutsche Reich so ziemlich alle Länder der Erde mit Kinderspielwaren versieht«, notierte Rudolf Anschütz im Auftrag der Handels- und Gewerbekammer Sonneberg.[38] Er beschrieb damit für die Blütezeit der Branche vor dem Ersten Weltkrieg eine Entwicklung, die mit der gegenwärtigen Präsenz von Spielzeug »Made in China« unmittelbar vergleichbar ist. Ein Fünftel des Exportanteils von nunmehr 65 Millionen Mark stellten im Jahr 1903 allein die Holzspielwaren aus dem sächsischen Erzgebirge.[39]

Moderne Spielwaren gehörten bereits im 19. Jahrhundert zum klassischen Ausstellungsgut der vielfältigen gewerblichen Leistungsschauen. Kunstvoll arrangierte Schaustücke der Spielwarenindustrie waren ab 1851 regelmäßig auf den Weltausstellungen zu sehen und kleinere, jeweils modische Artikel, standen als Andenken an diese gut besuchten Großereignisse zum Kauf bereit.[40] Deutschland konkurrierte im internationalen Wettbewerb besonders mit der artifiziellen französischen Spielwarenindustrie. Nach 1900 wurden die vielgestaltigen Ausstellungspräsentationen zusätzlich durch historische Stücke ergänzt.[41]

Erste monografische Schriften über Kinderspiel und Spielzeug entstanden parallel zur damaligen Neubewertung von Kindheit und Kinderkultur in Frankreich (Henry René d'Allemagne, 1900), Deutschland (Paul Hildebrandt, 1904) und England (F. Neville Jackson, 1908), eingebettet in die aktuellen gesellschaftlichen Fragestellungen des anbrechenden neuen Jahrhunderts.[42] In seinem 1904 veröffentlichten Buch »Das Spielzeug im Leben des Kindes« zeichnet der Berliner Kunstblatt-Redakteur Paul Hildebrandt ein Gesamtbild zeitgenossischer deutscher Spielzeugkultur. Zusätzlich lässt er hier die Dichter seiner Zeit mit ihren eigenen Spielerfahrungen zu Wort kommen.

Zeitgleich rückte das Thema Spielzeug als Spiegel kultureller Identität auch in den Fokus der volks- und völkerkundlichen Realienbetrachtung.[43] Insbesondere das sogenannte Volksspielzeug wurde zu Beginn des 20. Jahrhunderts häufig noch privat motiviert gesammelt. Seither ist der Themenkomplex eng mit der Geschichte des Faches Volkskunde verknüpft. Es wurde in der Forschung als ein Teilaspekt volkskundlicher Sachkultur begriffen.[44] Als »Entdecker der Volkskunst« in Sachsen erwarb der Dresdener Maler Oskar Seyffert (1862–1940) (Abb. 7) bereits 1898 gelegentlich, jedoch keineswegs systematisch, Spielzeug aus dem Erzgebirge. Hinzu kamen Marionetten, Kasperpuppen (1903), Puppen oder Schaukelpferde für das 1913 in der Dresdener Neustadt eröffnete Museum Sächsischer Volkskunst.[45] Auf sein Selbstverständnis als praktizierender Künstler und seine federführende Rolle, die Miniaturspielwaren betreffend, wird später ausführlich eingegangen. Darüber hinaus zählt zu Seyfferts Pioniertaten auch ein farbig illustriertes, in deutscher und englischer Sprache 1922 veröffentlichtes Spielzeugbuch – ein kommentiertes Bilderbuch (Abb. 9). Seyffert erstellte die Texte, der bekannte Berliner Grafiker und Bühnenbildner Walter Trier (1890–1951) zeichnete die Bilder nach Vorlagen aus der Sammlung des Museums für Sächsische Volkskunst und vermutlich Stücken der eigenen, privaten Spielzeugsammlung.[46] Ebenso 1922 erschien in Berlin die erste Ausgabe des aufwendig gestalteten, mit Kreidelithografien illustrierten Tafelwerks »Spielzeug der Völker« (Abb. 8, 10).[47] Wenig später begann in München der als Jurist und Kunsthistoriker ausgebildete Karl Gröber, Aufsätze über historisches Spielzeug in verschiedenen Zeitschriften zu veröffentlichen. Sein Buch »Kinderspielzeug aus alter Zeit« erschien 1928 als erste größere wissenschaftliche Veröffentlichung. Im Vorwort der Ausgabe heißt es: »Das vorliegende Buch stellt einen Versuch dar, das große Gebiet des Kinderspielzeugs im Kulturkreise des Abendlandes und seine formale Entwicklung von der Antike bis zum Beginn der modernen Spielzeugindustrie in Wort und Bild zu zeigen.«[48] Walter Benjamin, selber ein bekennender Spielzeug-Liebhaber, schrieb in seiner Rezension zu Gröbers Werk: »Es ist ein Werk aus einem Guß [...]. Im übrigen liegt die Neigung zu solcher Forschung im Zuge der Zeit. Das Deutsche Museum in München, das Spielzeugmuseum in Moskau, die Spielzeugabteilung

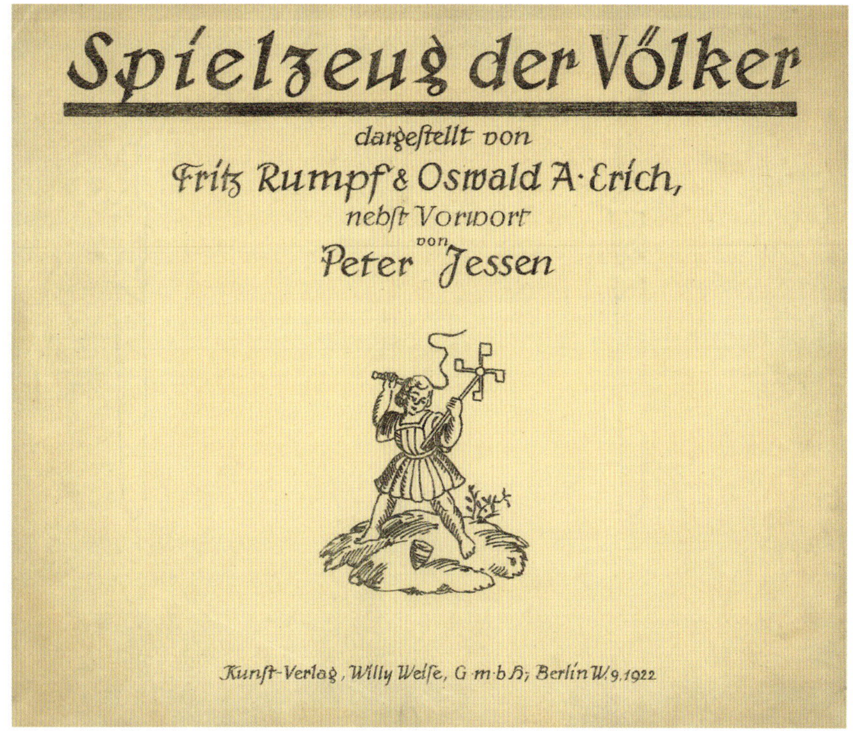

Abb. 8: Titelblatt des illustrierten Tafelwerks »Spielzeug der Völker«, Berlin 1922

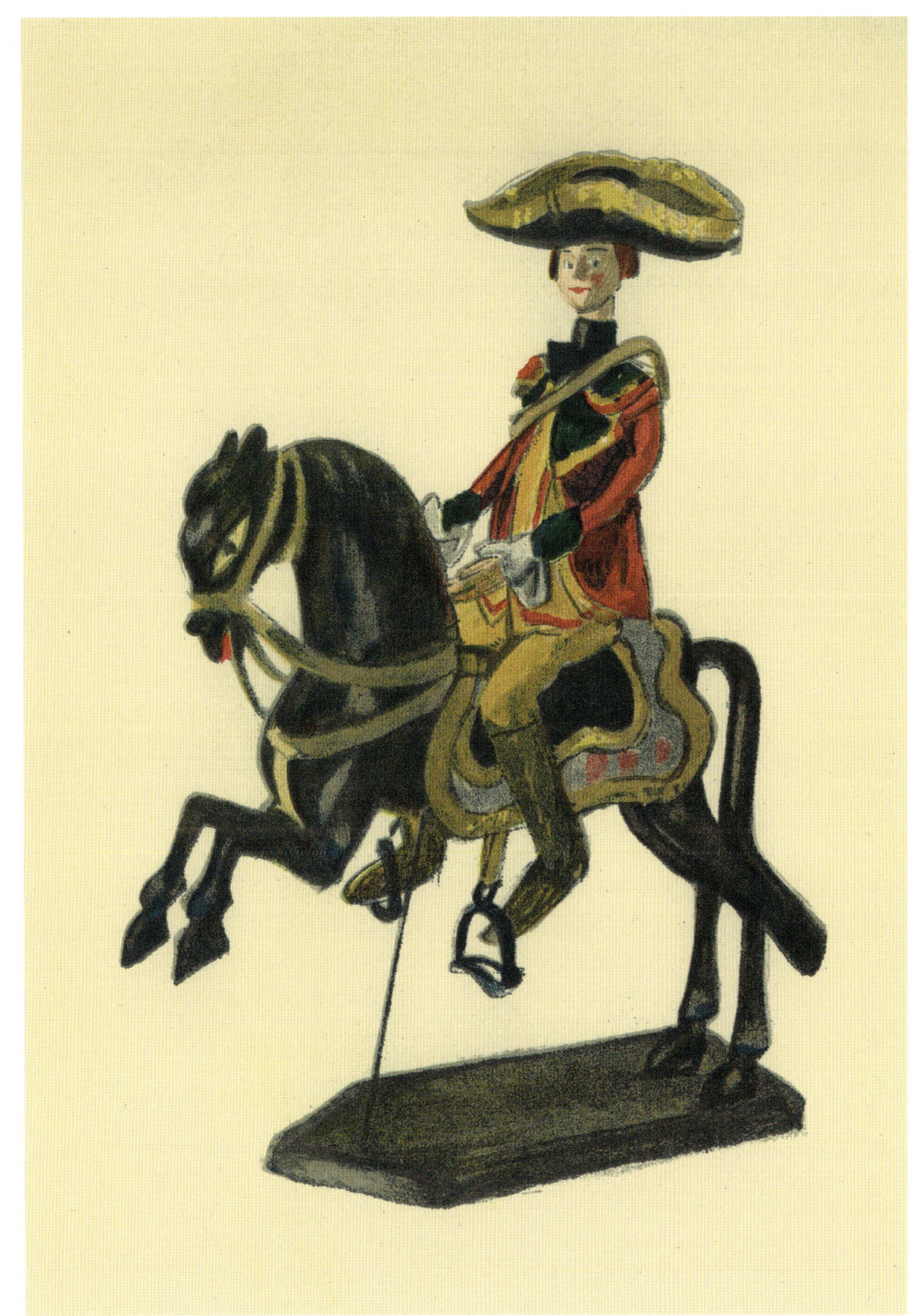

Abb. 9: Abbildung aus Oskar Seyfferts Spielzeugbuch von 1922. Geschnitzte Reiterfigur, 18. Jahrhundert, gezeichnet von Walter Trier 1922. Die originale Figur befindet sich heute noch im Bestand der Staatlichen Kunstsammlungen Dresden, Museum für Sächsische Volkskunst.

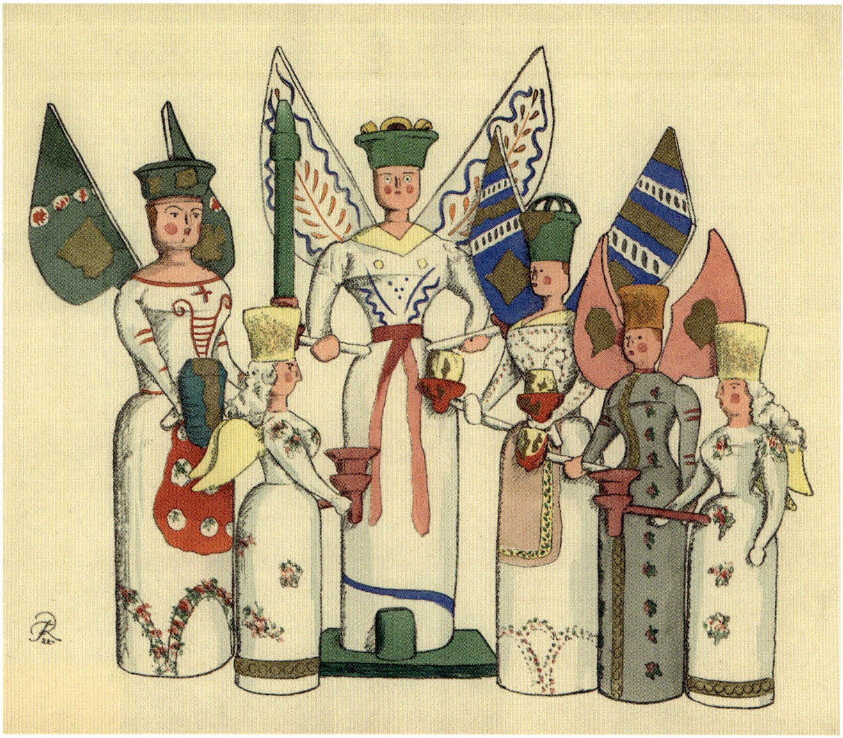

Abb. 10: Blatt aus dem Tafelwerk »Spielzeug der Völker« von 1922 mit erzgebirgischen Engelfiguren

des Musée des Arts Décoratifs in Paris – Schöpfungen jüngster Vergangenheit zeigen an, daß überall und wohl aus guten Gründen das Interesse am rechtschaffenen Spielzeug erwacht.«[49]

Das vielschichtige und bunte Thema Spielzeug erfreute sich zunehmender Begeisterung. Einen nicht unerheblichen Einfluss auf diese Entwicklung hatten Ausstellungen wie die Internationale Puppenausstellung in Frankfurt am Main (1911) oder »Das Kind« (1913) in den Berliner Ausstellungshallen am Zoo.[50] Größere öffentliche Spielzeugprojekte in Museen, Kunsthallen oder Warenhäusern erregten nach 1920 zunehmendes Interesse.[51] Das Thema beschäftigte die Bildende Kunst, die Musik, das Theater und den modernen Film, aber auch wissenschaftliche Abhandlungen wurden geschrieben. So verfasste zum Beispiel Max von Boehn, der auch für eine achtbändige Abhandlung über »Die Mode« bekannt ist, 1929 eine kulturgeschichtliche Betrachtung zum Thema Puppen und Puppenspiel.[52] Spielzeug sammeln war in bürgerlichen Kreisen en vogue. Neben dem bereits erwähnten Walter Trier[53] verwahrte auch Reichskunstwart Edwin Redslob (Amtszeit 1920–1933) altes und zeitgenössisches Holzspielzeug in seinem Berliner Sammlerschrank.[54] In Nürnberg fand 1926 in der Städtischen Kunsthalle am Marientor eine Spielzeugausstellung statt, die aktuelle Industrieprodukte, moderne Spielzeugentwürfe und historische Objekte gemeinsam präsentierte.[55] Walter

Stengel (1882–1960) organisierte 1927/1928 eine viel beachtete Ausstellung historischer Spielsachen im Märkischen Museum Berlin. 1928 erwarb das Deutsche Spielzeugmuseum Sonneberg die bedeutende Sammlung des damals in Berlin lebenden Psychoanalytikers und Pädagogen Siegfried Bernfeld.[56] In Franken begann zu Beginn der 1920er Jahre die Antiquitätensammlerin Lydia Bayer sen. (1897–1961) auch Spielzeug kontinuierlich zusammenzutragen.[57] Die über Jahre stetig wachsende Sammlung, mit einer für die Öffentlichkeit zugänglichen Zwischenstation in Würzburg (ab 1962), bildete 1966 den Grundstock des heutigen Spielzeugmuseums der Stadt Nürnberg (Museum Lydia Bayer). In diese Zeit fällt auch die Einrichtung der Spielzeugwerbeschau in Seiffen (1936) als Vorläufer des Erzgebirgischen Spielzeugmuseums, welches im Bunde der großen Regionalmuseen der deutschen Spielwarenbranche seit 1953 und bis heute besteht. Aber auch andernorts wurden aus anfänglicher Liebhaberei entwachsene Spielzeugsammlungen dem Publikum zugänglich gemacht. Zu den älteren unter ihnen zählen Zürich (Fa. Franz Karl Weber, 1956), Riehen bei Basel (Sammlung Hans Peter His, 1972) und Salzburg (Sammlung Folk, 1978). Bedingt durch die innerdeutsche Grenzziehung wurde 1958 im oberfränkischen Neustadt bei Coburg ein Trachtenpuppenmuseum eingerichtet.[58] Nach einer Neukonzeption ging 1988 daraus das heutige Museum der Deutschen Spielzeugindustrie hervor.[59]

Wiederentdeckte Dokumente bereichern die Forschung

Um 1900 entstanden nun in Sachsen im oben beschriebenen Kontext Miniaturspielzeuge – quasi als Vorläufer heutiger System- und Modellspielwaren. Bereits zu Beginn der 1920er Jahre war der konkrete Entstehungsprozess hin zur Miniatur erstaunlicherweise kaum mehr bekannt. In einer Fachzeitschrift der Handels-Union ist beispielsweise zu lesen: »Der Seiffener Verleger Langer wird als der Anreger der Miniatur-Figur genannt. Er soll sie zuerst haben anfertigen lassen.«[60] E. O. Schmidt nennt 1921 in seinen Ausführungen ein konkretes Jahr, er [Langer] habe »seit 1905 die sogenannten Miniaturen auf den Markt gebracht.«[61] (Abb. 11–13) Hans Friedrich Geist notiert 1938: »Die erzgebirgischen Miniaturen sind seit 50 Jahren [seit 1888!] das verbreitetste Kleinspielzeug, das in seiner einfachen Art auch die neuesten Verkehrsmittel darstellt.«[62] Der Germanist und Volkskundler Adolf Spamer (1883–1953) aus Dresden schreibt 1943 im Rahmen seiner breit angelegten Studien über Volkskunst in Sachsen irrtümlich zur Entstehungszeit: »Erst im Weltkrieg entstanden, [1914–1918] veranlasst durch Bestimmungen des Exportzolls, die schnellbeliebten, vom Verleger H. E. Langer geförderten Miniaturen, Spielzeug kleinsten Außmaßes [sic!].«[63] In seiner verbesserten Neuauflage [erschienen 1954] ist fälschlicherweise zu lesen, die beliebten erzgebirgischen Miniaturen seien zu Beginn des 19. Jahrhunderts von H. E. Langer nach großformatigen Vorbildern ausgeführt worden und das erste Muster sei eine Brautkutsche gewesen.[64] Diese fehlerhaften Angaben wurden wiederholt in der weiterführenden Literatur tradiert.[65] Erst der Dresdener Autor und Spamer-Schüler Manfred Bachmann (1928–2001) setzt in seinem auf »jahrzehntelangen Studien zur Seiffener Volkskunst«[66] beruhenden Standardwerk »Holzspielzeug aus dem Erzgebirge« das Entstehen der Miniaturspielzeugwelten erstmals richtig in Beziehung zur »starken Heimatbewegung, die 1908 mit dem Landesverein Sächsischer Heimatschutz eine breite Basis erhielt.«[67] Er zitiert sogar aus einer Dresdener Werbeschrift: »Und wer hat dieses Ideal-Spielzeug erfunden? Zwei wohlbekannte sächsische Künstler: Herr Hofrat Prof. Seyffert und Herr Geheimrat Schmidt.«[68] Die Verbindungen ins Erzgebirge gingen über kurze Wege, denn die beiden Grünhainichener Albert Wendt, in der Mitgliederliste als Oberlehrer geführt, und Curt Alexander Oehme, als Kommerzienrat, waren ebenfalls Mitglieder des Landesvereins.[69]

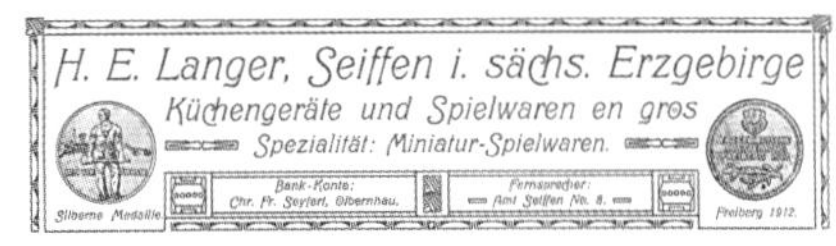

Abb. 11: Briefkopf der Firma Langer, ca. 1912

Die Quellenlage und die Sachzeugnisse aus der Anfangszeit der Miniaturisierung von Holzspielwaren ergeben bislang ein sehr unterschiedlich gewichtetes, bruchstückhaftes Bild. Die Auswertung historischer Einzelakten zur Rolle staatlicher Gewerbeförderung im Sächsischen Staatsarchiv, im Stadtarchiv Dresden und im Archiv der Arbeitsgemeinschaft Chronik im Grünhainichener Heimatverein e.V. vermittelt einen detaillierten Überblick und qualitativ gänzlich neue Untersuchungsergebnisse. Abbildungen in Warenkatalogen, Werbebroschüren, Zeitschriften- und Tageszeitungsberichte beziehungsweise historische Fotografien, Postkarten oder Vignettengrafiken ermöglichen zudem eine breit gefächerte Ana-

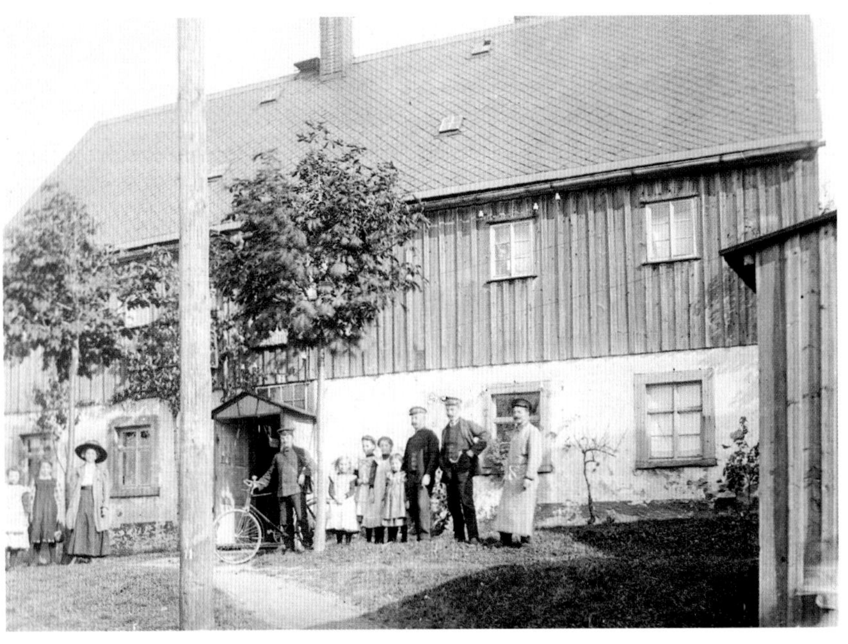

Abb. 12: Gebäude des Spielwarenverlags Heinrich Emil Langer Seiffen. Vor dem Haus sind vermutlich Familienangehörige, Mitarbeiter der Firma und der Postbote mit dem Fahrrad versammelt. Die nicht bezeichnete Aufnahme entstand etwa 1913/14.

Abb. 13: August Ferdinand Langer (sitzend), Sohn Heinrich Emil Langer (stehend), auf dem Arm Sohn Arno Langer. Die Frau in der hinteren Reihe links ist die Halbschwester von H. E. Langer und spätere Miniaturspielwaren-Herstellerin Marie Flath, geb. Ulbricht. Die nicht bezeichnete Aufnahme entstand um 1893.

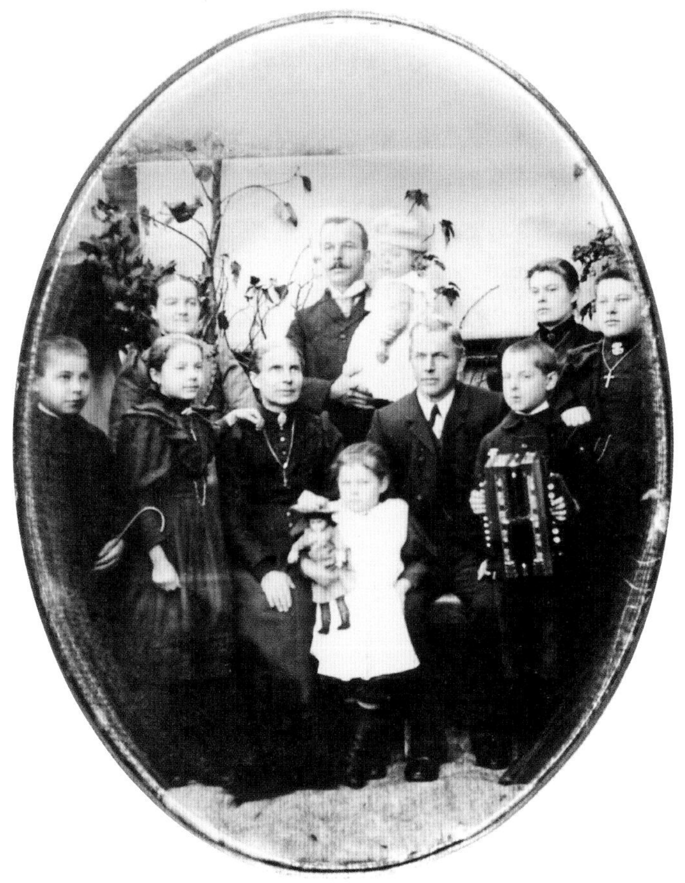

lyse. Ausgehend von einer nicht datierten, zuerst im Erzgebirgischen Spielzeugmuseum Seiffen entdeckten, aber auch im Museum Erzgebirgischer Volkskunst Grünhainichen und im Museum für Sächsische Volkskunst Dresden aufbewahrten historischen Bildquelle ändert sich die Argumentation entgegen dem bisher in der Literatur eingeschlagenen Weg. Dieses Musterblatt über »Künstlerische Spielwaren nach Modellen der K. Fachgewerbeschule Grünhainichen« (Abb. 14) weitet den bisher eng auf Seiffen und das obere Erzgebirge gerichteten Fokus.[70] Allein anhand der Aufbewahrungsorte des Musterblattes ergaben sich bereits erste erweiterte Ansatzpunkte für die Untersuchung. Was verbindet die drei Ortschaften Seiffen, Grünhainichen und Dresden? Welche weiteren Quellen sind hier jeweils noch überliefert? Da in Sachsen vor 1918 das Königliche Ministerium des Innern, Abteilung Ackerbau, Handel und Gewerbe, für die Finanzierung und sonstigen Belange staatlicher Gewerbeförderung und insbesondere für die Fachgewerbeschulen zuständig war, geben die Akten der Verwaltung im Sächsischen Staatsarchiv – Hauptstaatsarchiv Dresden ausschnitthafte Einblicke in die historischen

Künstlerische Spielwaren nach Modellen der K. Fachgewerbeschule Grünhainichen.

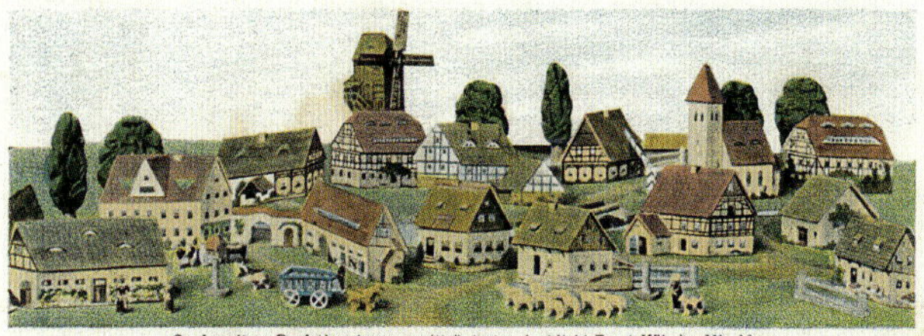

C. Lausitzer Dorf (Anschauungsmittel) (entw. Architekt Ernst Kühn). Mk. 40.–.

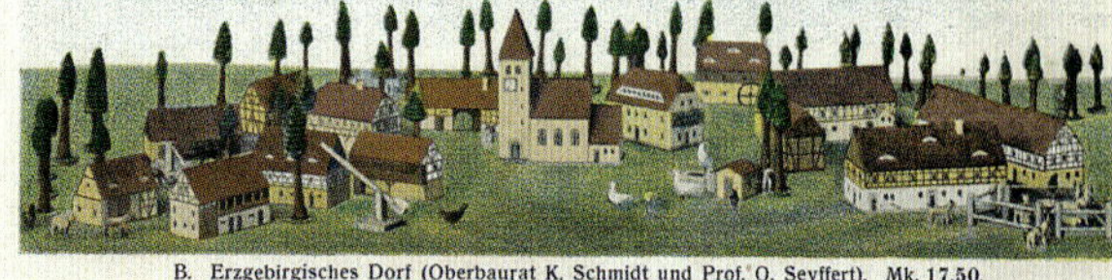

B. Erzgebirgisches Dorf (Oberbaurat K. Schmidt und Prof. O. Seyffert). Mk. 17.50.

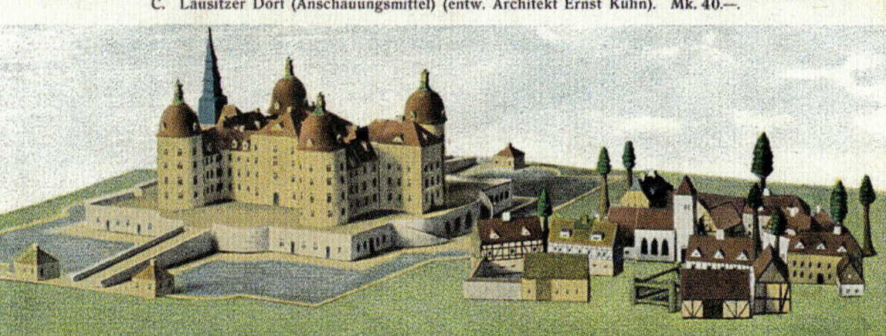

G. Schloß Moritzburg und Dorf. Mk. 26.50.

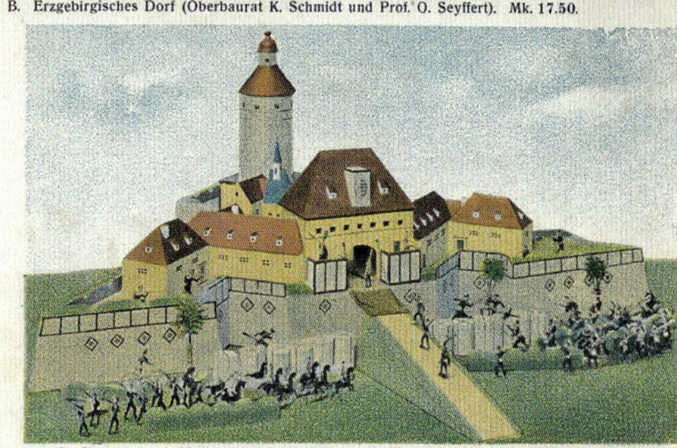

F. Festung nach Motiven der Pleißenburg in Leipzig (Prof. H. Tscharmann). Mk. 16.–.

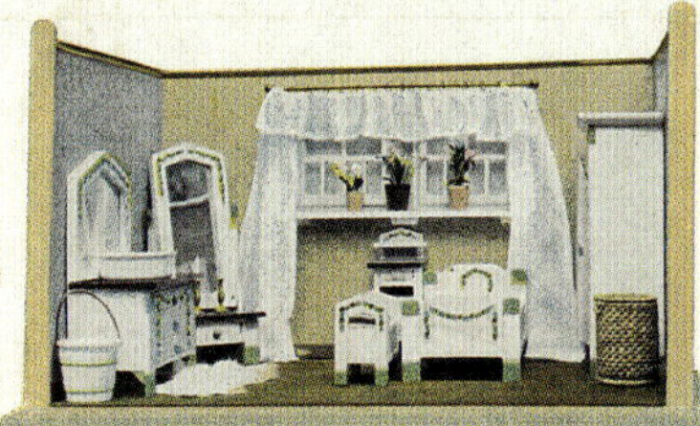

J. Puppenschlafstube mit Einrichtung (Rgbmstr. Thiele). Mk. 23.–.

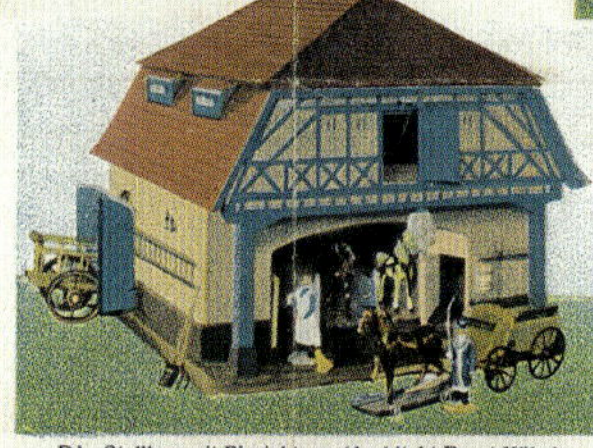

D¹. Stallbau mit Einrichtung (Architekt Ernst Kühn).

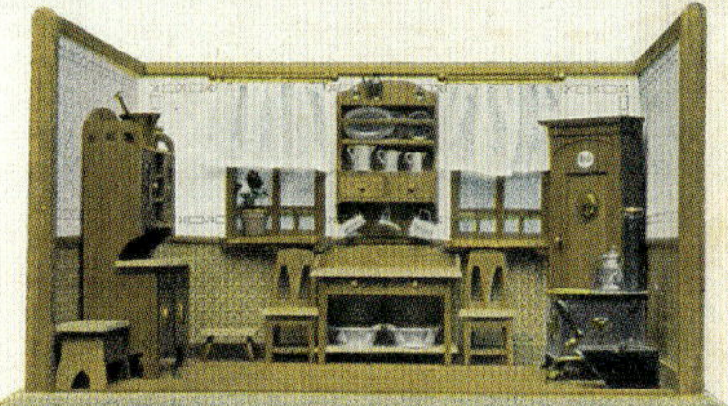

H. Puppenküche mit vollständiger Einrichtung (Rgbmstr. Thiele). Mk. 18.–.

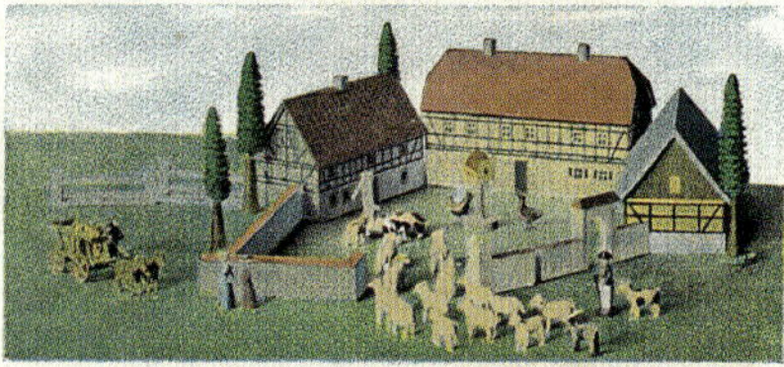

A. Vogtländischer Bauernhof (Prof. O. Seyffert). Mk. 8.25.

D. Stallbau mit Einrichtung (Architekt Ernst Kühn). Mk. 30.–.

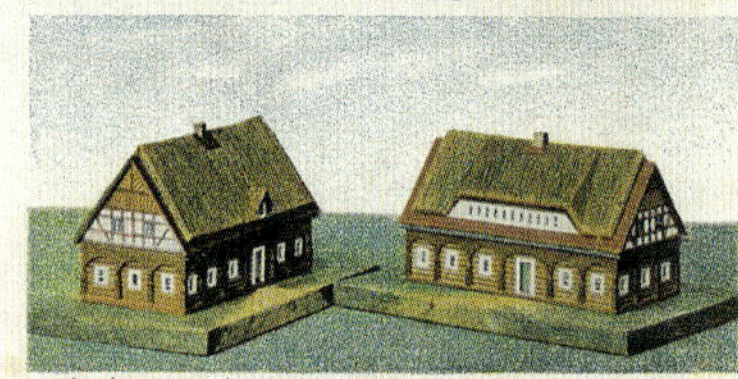

E. Lausitzer Weberhaus (Oberbaurat K. Schmidt). Mk. 8.–

Autotypie u. Druck von C. C. Meinhold & Söhne, K. Hofbuchdr., Dresden.

Kaufmännischer Verein Grünhainichen i. S.

Abb. 14: Musterblatt über »Künstlerische Spielwaren nach Modellen der Königlichen Fachgewerbeschule Grünhainichen« gedruckt bei C. C. Meinhold & Söhne, Dresden 1905

Strukturen. Hier fanden sich für den Themenkontext relevante Archivalien aus dem Zeitraum 1900 bis 1915. Darunter Jahres-, Rechenschafts- und Reiseberichte, Eingaben an die Verwaltungsbehörden, Protokolle der Gewerbeaufsicht, Fotografien, Rechnungen, Zeitungsausschnitte, Katalogauszüge und allgemeiner Schriftverkehr zu vielfältigen Themenstellungen der erzgebirgischen Spielwarenindustrie. Die Prüfung weiterer Bestände aus dem Wirtschaftsarchiv, dem Ministerium des Kultus, der Kunstgewerbeschule sowie dem nationalen und internationalen Ausstellungswesen förderte zusätzliches Datenmaterial zutage. Ergänzend zu diesen Aktenbeständen befinden sich im Stadtarchiv Dresden neben aufschlussreichen Adressbüchern Einzelakten zur Dresdener Künstlerschaft und zum Dresdener Einzelhandel, beispielsweise dem Spielwarenhaus Richard Zeumer. Die Sammlungen und Inventare der Staatlichen Kunstsammlungen Dresden, hier speziell jene im Kunstgewerbemuseum und im Museum für Sächsische Volkskunst, sowie themenrelevante Bestände im Stadtmuseum Dresden, dem Deutschen Hygiene-Museum und der Sächsischen Landesbibliothek wurden ebenso einbezogen und geprüft. Einzelne Aktenbestände im Erzgebirgischen Spielzeugmuseum Seiffen ergänzten im Detail die Fragestellungen des Projekts, wobei gerade die historischen Akten der Fachgewerbeschule Seiffen zu einem Großteil heute leider nicht mehr überliefert sind. Die unerwartete Existenz eines zwar nur rudimentär erhaltenen, aber dennoch erstaunlich reichhaltigen Bestandes von Schriftgut und Fotomaterial der Königlichen Fachgewerbeschule Grünhainichen birgt, ausgewertet und zu den Dresdener Beständen im Sächsischen Staatsarchiv in Beziehung gesetzt, die größten Chancen, eine »Feinanalyse« vorzunehmen und das überlieferte Material zu interpretieren.[71] Dieser gegenwärtig im Archiv der Arbeitsgemeinschaft Chronik im Grünhainichener Heimatverein e.V. aufbewahrte Nachlass fand durch folgende Geschichte seinen Weg dorthin: Albert Wendt (1851–1932), Leiter der Königlichen Fachgewerbeschule Grünhainichen, hatte einen Großteil des dienstlichen Briefwechsels, diverse Postkarten, Fotografien, Zeitungsausschnitte, Kalkulationen und Manuskripte offenbar privat aufgehoben. Da seine Tochter Margarete (Grete) 1915 eine eigene Firma gründen konnte, die bis heute existiert (Wendt & Kühn KG Grünhainichen), sind diese ursprünglich in die Fachgewerbeschule gehörenden Unterlagen neben unzähligen privaten Familien- und Firmendokumenten im Bestand des Firmenarchivs von Wendt & Kühn erhalten geblieben.

Der Stand der Forschung zum »Kleinen Ganzen«[72] (Abb. 2) gleicht also einem großen bunten Puzzlespiel, bestehend aus unterschiedlichsten mehr oder minder wissenschaftlich fundierten Notizen im Rahmen der historischen Volkskunstdebatte sowie Beschreibungen einer Volkskunst aus dem Erzgebirge und Beiträgen in der weitverzweigten kulturhistorischen Spielwarenliteratur.[73]

Dresden

Miniaturspielzeugentwürfe lieferten:
Prof. Oskar Seyffert
Oberbaurat Karl Schmidt
Prof. Heinrich Tscharmann
Ernst Kühn
Etwa zeitgleich experimentierte man in Grünhainichen und Seiffen mit Spielzeugentwürfen von Erich, Fritz und Gertrud Kleinhempel.

Die Umsetzung der Idee wurde von verschiedenen Ministerien unterstützt:
Oberbaurat Karl Schmidt ist hier Verbindungsmann und Organisator.

Kgl. Innenministerium Abtl. für Ackerbau, Gewerbe und Handel:
Dr. Franz Roscher ist hier die Hauptansprechperson und aktiver Organisator.

Kgl. Ministerium des Kultus und öffentlichen Unterrichts:
Fachschulinspektor Regierungsrat Rudolf Enke kennt als ehemalige Lehrkraft der Fachgewerbeschule Grünhainichen die örtlichen Verhältnisse und steht mit Albert Wendt und Otto Adlung (Seiffen) in Kontakt.

Kgl. Kunstgewerbeschule:
Aktiv vertreten durch Prof. Karl Groß und Prof. Oskar Seyffert

Presse:
Paul Schumann

Spielwarenhandel:
Spielwarenhaus Richard Zeumer Dresden,
Georg Herrmann Dresden

Künstlervereinigung »Zunft« hier vertreten:
Hans Erlwein
Prof. Oskar Seyffert
Prof. Karl Groß
Prof. Heinrich Tscharmann
Ernst Kühn
Erich Kleinhempel

Verein für Sächsische Volkskunde:
Generalmajor z. D. Freiherr von Friesen
Prof. Oskar Seyffert

Ausschuss zur Pflege heimatlicher Kunst und Bauweise in Sachsen und Thüringen Ortsgruppe Dresden/ Sächsischer Heimatschutz Landesverein zur Pflege heimatlicher Natur, Kunst und Bauweise
(kurz: »Bund Heimatschutz«):

Aktive Mitglieder:
Prof. Oskar Seyffert
Oberbaurat Karl Schmidt
Dr. Franz Roscher
Prof. Karl Groß
Prof. Heinrich Tscharmann
Ernst Kühn
Erich Kleinhempel
Fritz Kleinhempel
Generalmajor z. D. Freiherr von Friesen

Dem Bund Heimatschutz angehörende Vereine:
Dresdner Kunstgenossenschaft, Kgl. Sächs. Altertumsverein, Sächs. Ing.- & Architektenkammer, Verein für kirchliche Kunst, Gebirgsverein f. d. Sächsische Schweiz, Dresdner Kunstgewerbe-Verein, Verein für Sächsische Volkskunde, Naturwissenschaftlicher Verein Isis, Ausschuss für Denkmalpflege, Deutscher Lehrer-Verein f. Naturkunde, Dresdner Gesellschaft z. Förderung der Amateur-Photographie, Dürerbund, Goethebund, Leipziger Geschichts- & Altertumsverein

Grünhainichen

Fachgewerbeschule Grünhainichen:
Albert Wendt steht mit allen hier genannten Beteiligten im direkten schriftlichen und persönlichen Austausch, mit **Ernst Kühn** und seiner Familie entwickelt sich eine engere Freundschaft. Seine Tochter **Grete Wendt** lebt während ihrer Dresdener Studienzeit im Hause Kühn. Er selbst war seit 1905 Mitglied im Landesverein Sächsischer Heimatschutz.

Bezirks-Gewerbeverein Grünhainichen:
Albert Wendt ist Vorsitzender und Kenner der erzg. Spielwarenindustrie. Er unterhält intensiven Kontakt zu vielen Spielwarenherstellern.

Kaufmännischer Verein Grünhainichen:
Ein Mitglied ist u. a. **Ernst Löwe** (Mitinhaber der Firma C. F. Drechsel/Spielwarenverlag). Er organisiert die erste Serienproduktion und den Verkauf der neuen Spielwaren. Mit **Albert Wendt** verbindet ihn eine Freundschaft.

Verlagshaus Joh. Dav. Oehme & Söhne
Curt Alexander Oehme

ortsübergreifend

Wohltätigkeitsverein Sächsische Fechtschule:
Albert Wendt ist hier auch Mitglied.

Seiffen

Fachgewerbeschule Seiffen:
Otto Adlung (Gewerbelehrer)
Oswald Zeidler (Unternehmer und Lehrkraft für Drechseln)
Beide sind mit der Umsetzung der neuen Entwürfe beauftragt und vermitteln Aufträge an einzelne Hausgewerbetreibende.
Alfred von Schultz (Gewerbelehrer ab 1906, steht dem Verein für Sächsische Volkskunde nahe, Kontakt zu **Oskar Seyffert**, Mitglied im Erzgebirgsverein)

Bezirksgewerbeverein Seiffen und Umgebung:
Vorsitzender **Hermann Härtel** (Pfarrer in Seiffen, steht dem Verein für Sächsische Volkskunde nahe, Kontakt zu **Oskar Seyffert**)

Erzgebirgische Miniaturen – eine Idee und ihre Unterstützer

Das Netzwerk der Jahre 1903–1906 bestehend aus: Personen, Körperschaften (Vereine), Institutionen und Unternehmen

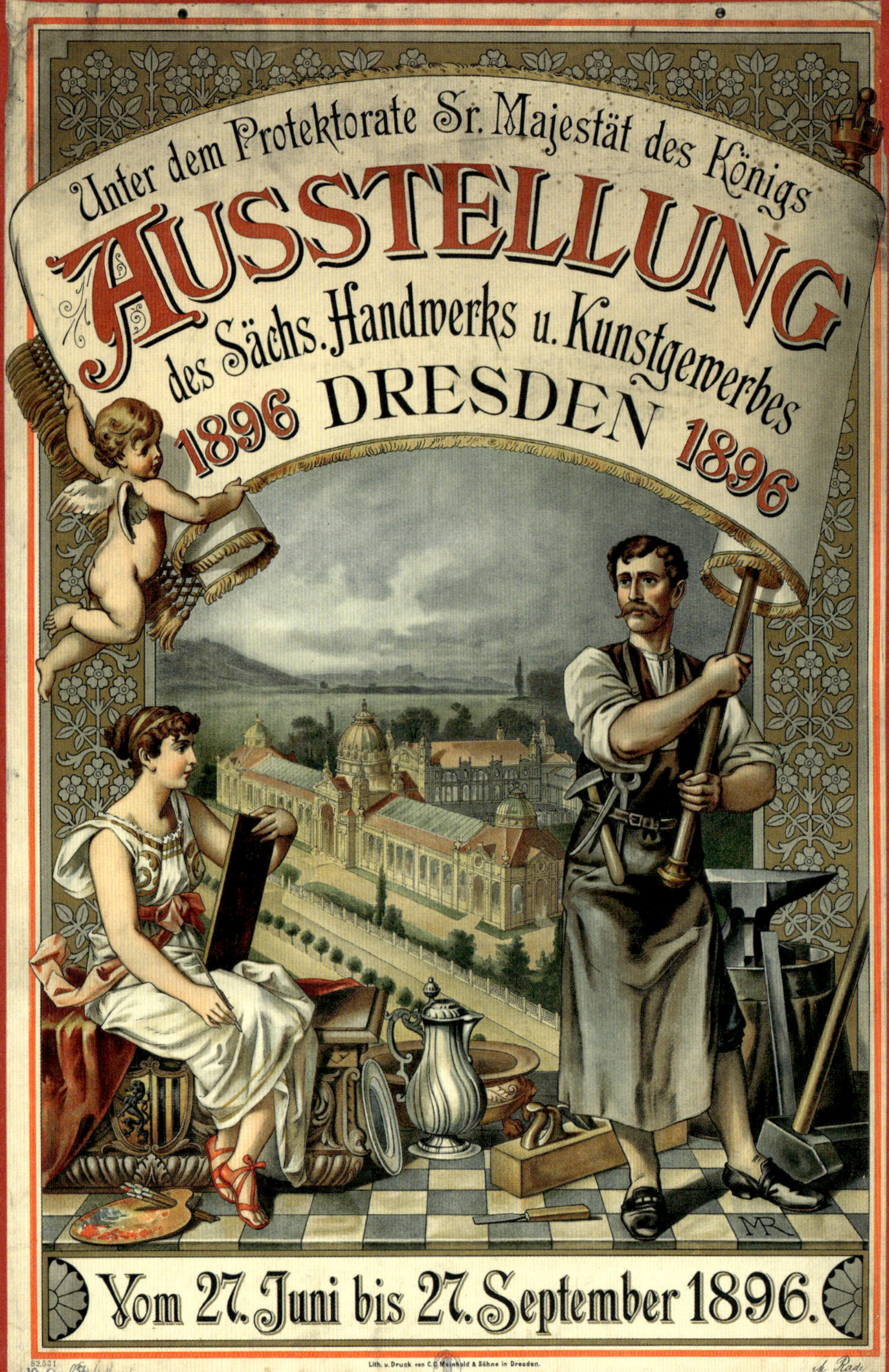
Unter dem Protektorate Sr. Majestät des Königs
AUSSTELLUNG
des Sächs. Handwerks u. Kunstgewerbes
1896 DRESDEN 1896
Vom 27. Juni bis 27. September 1896.

Gesellschaft im Umbruch

Anpassungsstrategien und Hintergründe

Abb. 15: Ausstellungsplakat
Max Rödig, Dresden 1896

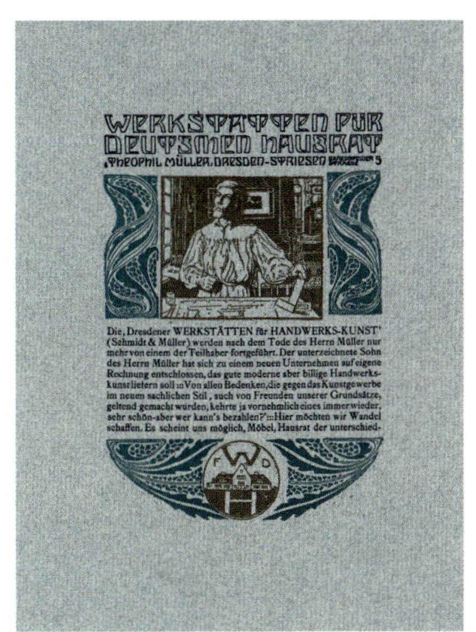

WERKSTÄTTEN FÜR
DEUTSCHEN HAUSRAT
THEOPHIL MÜLLER, DRESDEN-STRIESEN 5

Die, Dresdener WERKSTÄTTEN für HANDWERKS-KUNST' (Schmidt & Müller) werden nach dem Tode des Herrn Müller nur mehr von einem der Teilhaber fortgeführt. Der unterzeichnete Sohn des Herrn Müller hat sich zu einem neuen Unternehmen auf eigene Rechnung entschlossen, das gute moderne aber billige Handwerkskunst liefern soll :: Von allen Bedenken, die gegen das Kunstgewerbe im neuen sachlichen Stil, auch von Freunden unserer Grundsätze, geltend gemacht wurden, kehrte ja vornehmlich eines immer wieder, sehr schön-aber wer kann's bezahlen?' ::: Hier möchten wir Wandel schaffen. Es scheint uns möglich, Möbel, Hausrat der unterschied-

Abb. 16: Ankündigung der Werkstätten für Deutschen Hausrat, 1902

Dresdner Spielzeug – Kunstgewerbe fürs Kind

Dresden, die aufstrebende Industriemetropole an der Elbe, wurde nach 1900 zur Heimstatt der Avantgarde des deutschen Spielzeugdesigns.[74] Bedingt durch die örtliche Konzentration einer lebensreformerisch geprägten Bürgerschaft und die auffallend aktive Kommunikation ihrer Protagonisten untereinander, existierte hier ein Klima intensiven Austausches zu aktuellen Lebensfragen und Geisteshaltungen der sogenannten deutschen Reformbewegung.[75] Im Zentrum dieser Bestrebungen stand das Wunschbild eines »Neuen Menschen«. Im Glauben an das noch »unverbildete Kind« und in Anlehnung an die Forderungen des ersten deutschen Kunsterziehungstages sollte das Kind »von der Kinderstube an umgeben sein von Dingen, von Zimmerschmuck, von Spielsachen, an denen es seinen Geschmack allmählich heranbilden kann, ohne belehrt zu werden.«[76] Zur Umsetzung dieses Anspruchs widmeten sich nach 1901 zwei Unternehmer sowie bildende Künstler, Architekten, Kunsterzieher und einschlägige Gewerbeschulen der Gestaltung neuer künstlerischer Holzspielsachen. Erste durch die Werkstätten für deutschen Hausrat Theophil Müller (Abb. 16) und die Dresdener Werkstätten für Handwerkskunst (Abb. 17) realisierte Spielzeugmodelle gingen bereits 1902, mit Musterschutz versehen, in die Produktion. Nach den Prinzipien ihrer Firmenphilosophie bedeutete dies für die eher als Nischenprodukt zu betrachtenden Spielsachen, »von vornherein auf die in eklektizistischer Manier arbeitenden Gewerbezeichner zu verzichten, und grundsätzlich alle Entwürfe von Künstlern erarbeiten zu lassen.«[77] Schon 1903 lässt sich mehrfach eine Kontaktaufnahme der Dresdener Werkstätten für Handwerkskunst über die staatlichen Behörden zwecks Herstellung des »Dresdner-Spielzeug[s]« (Abb. 18) ins Erzgebirge belegen.[78] Die Geschäftsleitung vertrat in ihrer Korrespondenz den Standpunkt, »dass die armen Verhältnisse in den Spielwarengegenden nur gebessert werden können, wenn die Qualität der Arbeit gehoben wird. Was man jetzt herstellt, ist fast durchgehend mehr als minderwertig.«[79] Mit dem »künstlerisch guten Spielzeug«

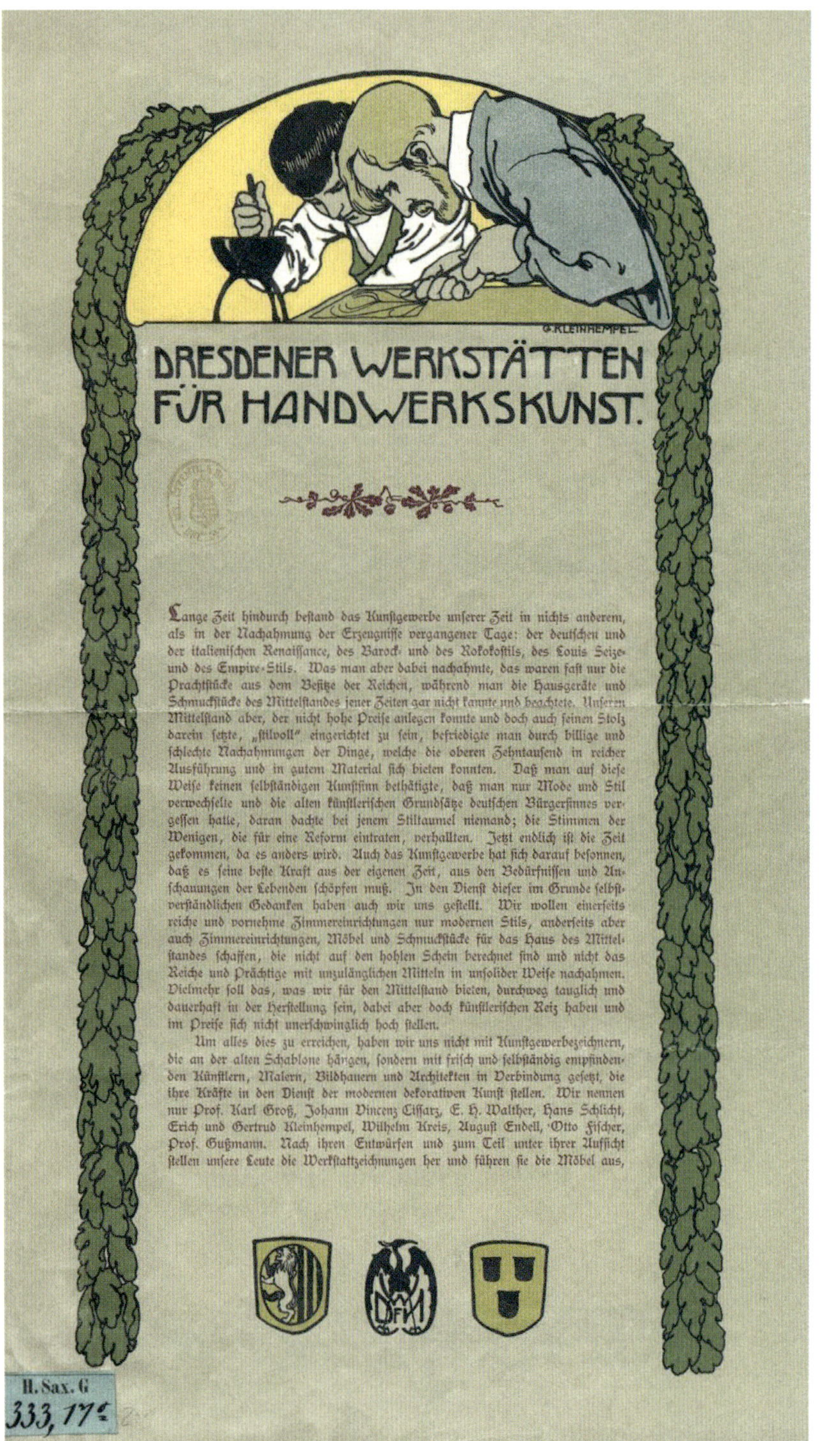

G. KLEINHEMPEL

DRESDENER WERKSTÄTTEN FÜR HANDWERKSKUNST.

Lange Zeit hindurch bestand das Kunstgewerbe unserer Zeit in nichts anderem, als in der Nachahmung der Erzeugnisse vergangener Tage: der deutschen und der italienischen Renaissance, des Barock- und des Rokokostils, des Louis Seize- und des Empire-Stils. Was man aber dabei nachahmte, das waren fast nur die Prachtstücke aus dem Besitze der Reichen, während man die Hausgeräte und Schmuckstücke des Mittelstandes jener Zeiten gar nicht kannte und beachtete. Unseren Mittelstand aber, der nicht hohe Preise anlegen konnte und doch auch seinen Stolz darein setzte, „stilvoll" eingerichtet zu sein, befriedigte man durch billige und schlechte Nachahmungen der Dinge, welche die oberen Zehntausend in reicher Ausführung und in gutem Material sich bieten konnten. Daß man auf diese Weise keinen selbständigen Kunstsinn bethätigte, daß man nur Mode und Stil verwechselte und die alten künstlerischen Grundsätze deutschen Bürgersinnes vergessen hatte, daran dachte bei jenem Stiltaumel niemand; die Stimmen der Wenigen, die für eine Reform eintraten, verhallten. Jetzt endlich ist die Zeit gekommen, da es anders wird. Auch das Kunstgewerbe hat sich darauf besonnen, daß es seine beste Kraft aus der eigenen Zeit, aus den Bedürfnissen und Anschauungen der Lebenden schöpfen muß. In den Dienst dieser im Grunde selbstverständlichen Gedanken haben auch wir uns gestellt. Wir wollen einerseits reiche und vornehme Zimmereinrichtungen nur modernen Stils, anderseits aber auch Zimmereinrichtungen, Möbel und Schmuckstücke für das Haus des Mittelstandes schaffen, die nicht auf den hohlen Schein berechnet sind und nicht das Reiche und Prächtige mit unzulänglichen Mitteln in unsolider Weise nachahmen. Vielmehr soll das, was wir für den Mittelstand bieten, durchweg tauglich und dauerhaft in der Herstellung sein, dabei aber doch künstlerischen Reiz haben und im Preise sich nicht unerschwinglich hoch stellen.

Um alles dies zu erreichen, haben wir uns nicht mit Kunstgewerbezeichnern, die an der alten Schablone hängen, sondern mit frisch und selbständig empfindenden Künstlern, Malern, Bildhauern und Architekten in Verbindung gesetzt, die ihre Kräfte in den Dienst der modernen dekorativen Kunst stellen. Wir nennen nur Prof. Karl Groß, Johann Vincenz Cissarz, E. H. Walther, Hans Schlicht, Erich und Gertrud Kleinhempel, Wilhelm Kreis, August Endell, Otto Fischer, Prof. Gußmann. Nach ihren Entwürfen und zum Teil unter ihrer Aufsicht stellen unsere Leute die Werkstattzeichnungen her und führen sie die Möbel aus,

Abb. 17: Titelblatt der Broschüre der Dresdener Werkstätten für Handwerkskunst, in der ausführlich Ziele und Absichten erläutert werden. Entwurf: Gertrud Kleinhempel, ca. 1900

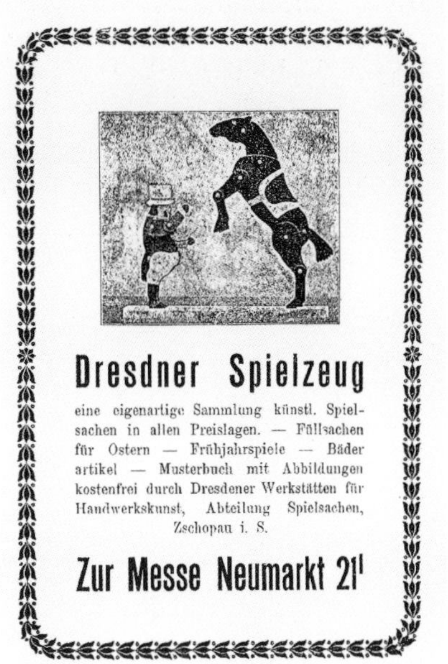

Abb. 18: Inserat der Dresdener Werkstätten für Handwerkskunst Zschopau für »Dresdner Spielzeug« im »Wegweiser für die Spielwarenindustrie«, 1906

wolle man einen Versuch machen, ob »auch solide, gut bezahlte Arbeit« eingeführt werden kann.[80]

Dieses Dresdener Spielzeugprojekt war aufs Engste mit der im Kreis reformorientierter Kräfte diskutierten »Qualitätsfrage« der deutschen Kunstindustrie verbunden. Auch Karl Camillo Schmidt (1873–1948) beteiligte sich an der Diskussion. Er war Inhaber der Dresdener Werkstätten für Handwerkskunst (Abb. 19).

Karl Camillo Schmidt formulierte 1903 im Bezug zu dieser Debatte: »Nach meiner Meinung ist dies [die Berücksichtigung der Qualitätsfrage] vor allen Dingen an dem Untergang unseres Kunstgewerbes und Gewerbes schuldig. Wir sind in derselben so verramscht, dass 5–6/10 unserer Produktion so minderwertig ist, dass dieselbe kaum die Dauer eines Jahres hat, wir genötigt sind, Riesenmengen Rohmaterial aus dem Ausland zu kaufen, zu keinem Wohlstand gelangen, die sociale Frage immer schärfer sich gestaltet und von Kultur fast überhaupt nicht mehr die Rede ist ...«[81] Hier manifestiert sich schon 1903, erstaunlicherweise auch im Kontext von Spielwaren, die Propagierung von Qualität, die sich mit der Gründung des Deutschen Werkbundes ab 1907 »zum unbezweifelten Kernstück der Werkbundprogrammatik«[82] entwickeln sollte.

Ende Dezember des Jahres 1903 kündigte Karl Schmidt einen Besuch mit seinem »Zschopauer Vertreter« im Erzgebirge an, bei dem die Umsetzung der ersten Spielzeugentwürfe und die Entlohnung der Arbeiter besprochen werden sollte.[83] Regierungsrat Vollmer aus Sayda nahm sich umgekehrt der Sache ernsthaft an,

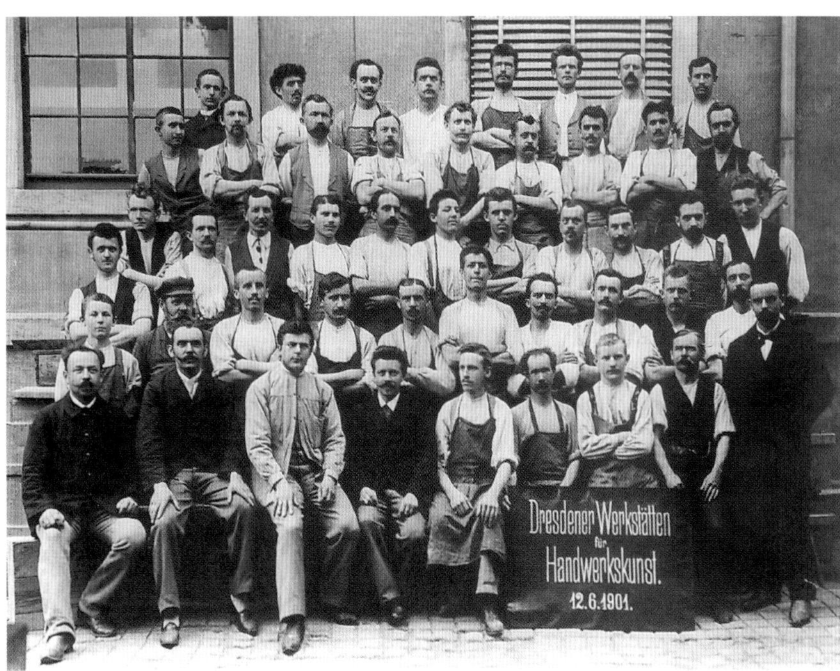

Abb. 19: Mitarbeiter der Dresdener Werkstätten für Handwerkskunst von 1901. Karl Camillo Schmidt sitzt in der vorderen Reihe (3. von links mit hellem Kittel).

indem er den Leiter der Seiffener Fachgewerbeschule »Herrn Adlung« beauftragte, nach »jüngeren Hausgewerbetreibenden, am besten jedenfalls Schülern der Fachschule aus den letzten Jahren« zu suchen.[84] Zusätzlich sollte die sich anbahnende neue, besser entlohnte Erwerbsmöglichkeit im Kreis des Seiffener Fachschulausschusses diskutiert werden.

Inwieweit diese Versuche einer Produktion von Künstlerspielzeug der Dresdener Werkstätten für Handwerkskunst im Raum Seiffen Früchte trugen, ist nicht konkret nachzuweisen. Karl Schmidt gründete jedoch am 18. Februar 1905 in seiner erzgebirgischen Heimatstadt Zschopau eine eigene Abteilung für Spielwaren.[85] Schmidt verfolgte neben seiner hoch engagierten Tätigkeit als Möbelfabrikant und Inneneinrichter das Spielzeugprojekt mit Verve und sozialem Anspruch, daher erwarb sich gerade diese Firma in den folgenden Jahren mit ihrem »Dresdner Spielzeug« eine außerordentliche Professionalität. Es ist vorstellbar, dass dank ihrer künstlerischen und geschäftlichen Erfolge im Bereich der Einrichtungs- und Möbelproduktion die Abteilung Spielwaren anfallenden Holzverschnitt der Dresdener Produktionsstätte verwerten konnte. Sie profitierte zudem vom technischen Niveau der hochmodernen Firma und wurde darüber hinaus innerhalb der Werkstätten-Abteilungen auch quersubventioniert. Im Mai 1909 erfolgte, vor dem Hintergrund einer weitreichenden Firmenumstrukturierung und der nun im Vordergrund stehenden Idee von Karl Schmidt, eine Gartenstadt[86] in Hellerau bei Dresden zu erbauen, der Verkauf der Spielwarenabteilung an die »Erzgebir-

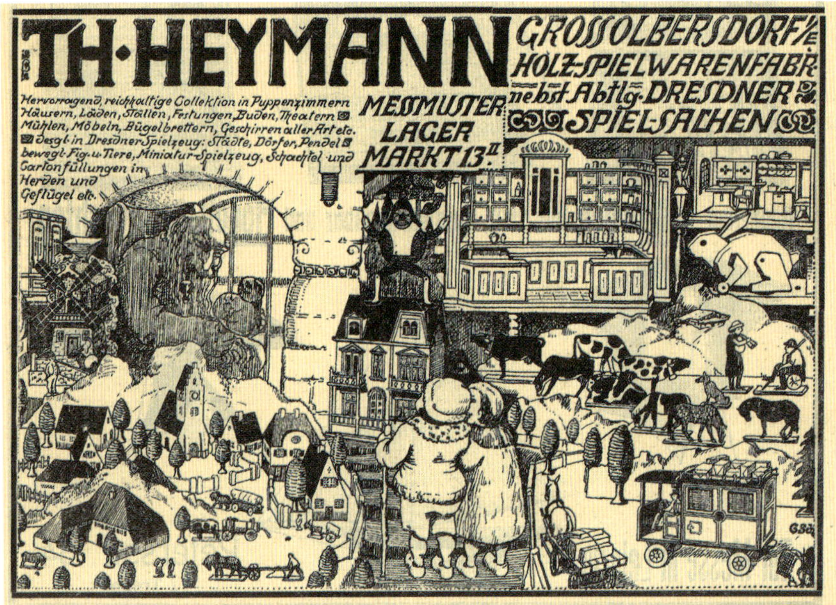

Abb. 20: Inserat der Spielwarenfabrik Theodor Heymann, Großolbersdorf, im »Wegweiser für die Spielwarenindustrie«. Entwurf: Gustav Schaale, 1912

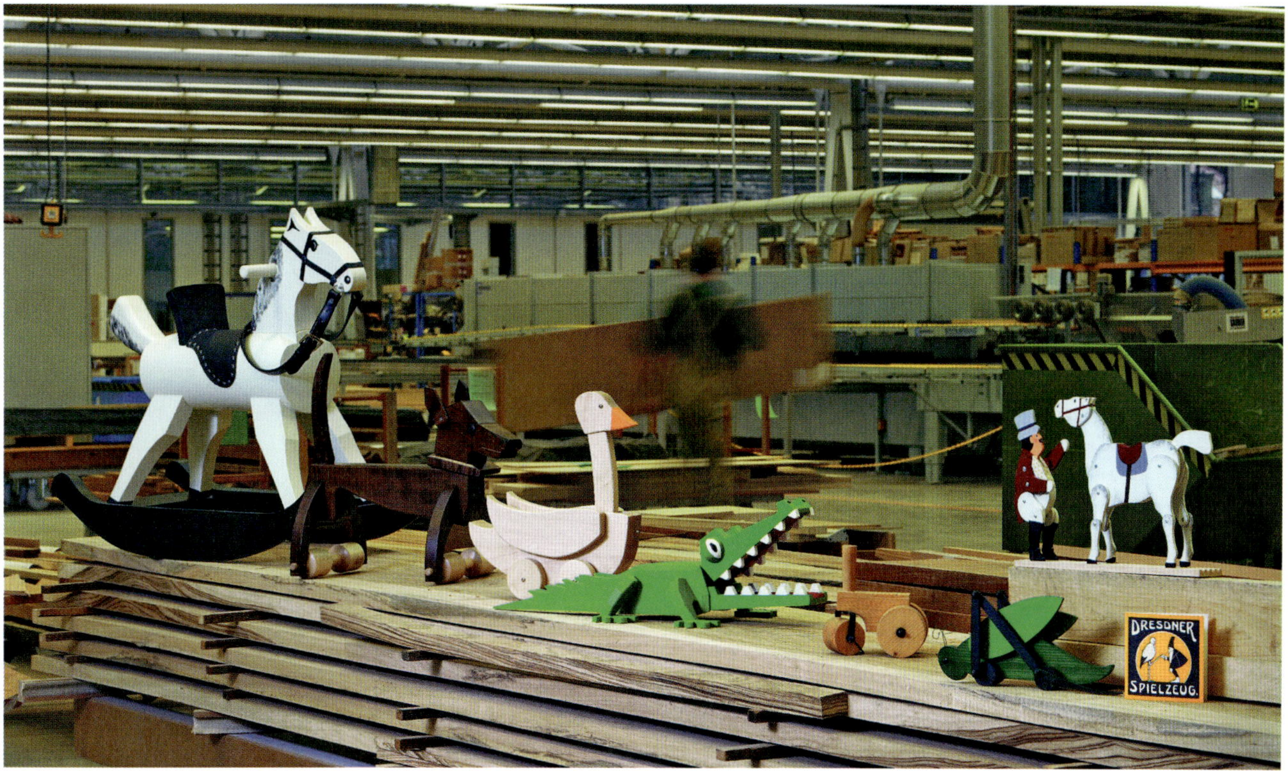

Abb. 21: Neuauflagen »Dresdner Spielzeug« nach historischen Entwürfen Deutsche Werkstätten Hellerau GmbH Dresden

gische Spielwarenfabrik Theodor Heymann«[87], Großolbersdorf in Sachsen, die das ursprüngliche Künstlerspielzeugsortiment im Sinne von Schmidt bis mindestens 1914 ausbaute und weiterführte (Abb. 20).[88] Als politisch aktiver Unternehmer war Theodor Heymann (1853–1936) bis 1918 auch Abgeordneter der II. Kammer des Sächsischen Landtags. Möglicherweise kannten sich beide Firmeninhaber persönlich. Eine Auswahl von sechs historischen Spielzeugentwürfen (Abb. 21) wird gegenwärtig von den Deutschen Werkstätten Hellerau im Rahmen einer Edition wieder aufgelegt.[89] Naheliegend und vertraut erscheint hierbei die Tatsache, dass drei von diesen Spielzeugmodellen auch heute im Erzgebirge produziert werden. Dabei handelt sich um die im Auftrag der Deutschen Werkstätten Hellerau GmbH angefertigten Figuren »Sonntagsreiter« (Entwurf: Richard Riemerschmid), Gans und Grille (Entwurf: Richard Kuöhl / Abb. 22).[90]

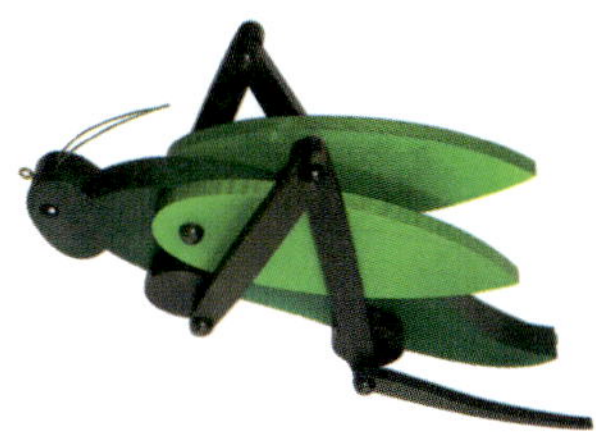

Abb. 22: Neuauflage der »Grille« als Nachziehspielzeug. »Dresdner Spielzeug« der Deutschen Werkstätten Hellerau GmbH nach einem Entwurf von Richard Kuöhl, Meißen, 1907

Die in Dresden zu Beginn des 20. Jahrhunderts erstmals umgesetzte serielle Herstellung von Holzspielzeug nach Künstlerentwürfen erregte durch Ausstellungen und gezielte Werbemaßnahmen zunehmende Resonanz in der Öffentlichkeit und bereicherte die Gestaltungsinhalte der Holzspielwarenindustrie sukzessive und nachhaltig. Im Wettstreit des europäischen Kunstgewerbes (heute spricht man von Design) gab Deutschland in dieser Produktdisziplin international den Ton an. Der Gedanke einer Gestaltungsreform, das ursprünglich handwerklich produzierte Holzspielzeug betreffend, strahlte weit über die Landesgrenzen bis nach Frankreich, Österreich-Ungarn oder Russland hinaus.[91]

Das Parallelmodell – Heimat- und Volkskunde als ästhetisches Erziehungskonzept und Motor lokaler Gewerbeförderung

Unmittelbar beeinflusst von den laufenden Aktivitäten um neue Spielzeugformen- und Qualitätsfragen widmeten sich parallel zum Künstlerspielzeugprojekt der Dresdener Werkstätten für Handwerkskunst ab 1903 Mitglieder des »Ausschuss[es] zur Pflege heimatlicher Kunst und Bauweise in Sachsen und Thüringen«[92] dem aktuellen Thema (»Neues Spielzeug braucht das Kind!«). Drei Tage vor Weihnachten des Jahres 1903 traf sich die Dresdener Ortsgruppe zu einer für die zukünftige Produktgeschichte der deutschen Holzspielwarenindustrie ungeahnt wegweisenden Sitzung. Das Protokoll verzeichnet die anwesenden Mitglieder, belegt dabei durch Berufsbezeichnungen und Titel gleichzeitig ihre soziale Stellung innerhalb der städtischen Bürgerschaft und beschreibt deutlich die konkreten Ideen und Beweggründe der Beteiligten. Diese Aufzeichnung protokolliert genau die Geburtsstunde einer Initiative zur »Herstellung geschmackvoller Spielwaren«[93], wie der im Folgenden ausführlich zitierte Text zeigt: »Sitzung des Ausschusses zur Pflege heimatlicher Kunst und Bauweise in Sachsen und Thüringen Gruppe Dresden am 21. Dezbr. 1903 Beginn 6:15 Uhr. Anwesend die Herren: Schmidt, Finanz- u. Baurat, als Vorsitzender [Abb. 23] / von Carlowitz-Hartitzsch Exz. Kgl. Hausmarschall / Diestel, Architekt; Ehmig, Regierungsbaumeister / Dr. Genthe, Geh. Regierungsrat / Gräbner, Baurat / Gruner, Oberbaucommissar / Kühn, Architekt [Abb. 24] / Michael, Regierungsrat / Dr. Peter / Dr. Roscher, Geh. Rat, Ministerialdirektor / Schnabel, Landbauinspektor / Seitler, Professor / Seyffert, Professor / Tscharmann, Architekt / Uhlig, Landbauinspektor / entschuldigt: Freiherr von Friesen Generalmajor z. D. / Grimm, Geh. Baurat / E. Frohne, Rentier. /

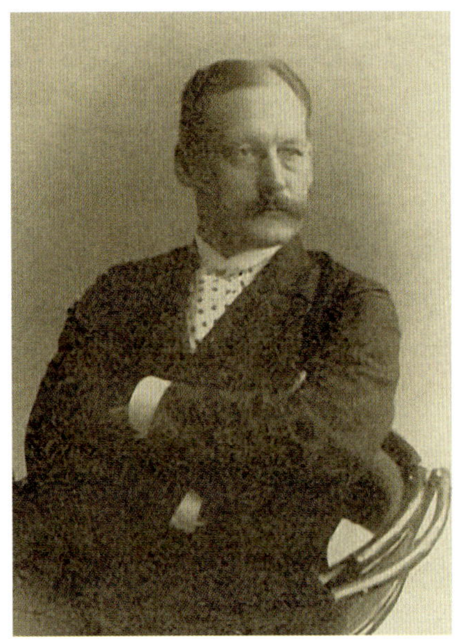
Abb. 23: Karl Schmidt, Fotografie, vor 1922

Verhandlungsschrift [...] Zu Punkt 3. der Tagungsordnung stellt Herr Architekt Tscharmann nun den Antrag der Firma Teubner & Voigtländer in Leipzig, welche Künstlersteindrucke als Wandschmuck für Schulen u.s.w. herstellen und verlegen, in dem Sinne zu schreiben, dass sie ihr Augenmerk auf heimatliche Motive unseres engeren Vaterlandes richten möchten, [...], um so an ihrem Teil dazu beizutragen Heimatliebe und Sinn für die wahre schlichte Kunstauffassung unserer Väter von neuem zu wecken oder zu fördern. Diesen Antrag, welcher mit Genugtuung aufgenommen wird, erweitert Herr Professor Seyffert in treffender Weise, indem er auf eine Gelegenheit hinweist wie man auch mit kleinen Mitteln im Sinne des Ausschusses arbeiten könnte, er meine die künstlerische Behandlung der erzgebirgischen Spielwaren und schlägt vor im Geiste einer vaterländischen Kunst gute Typen von sächsischen Bauernhäusern bis ins Kleinste naturgetreu aus Holz

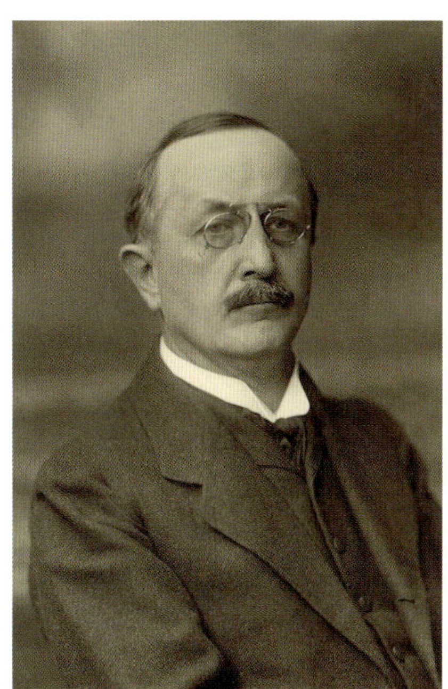

Abb. 24: Architekt Ernst Kühn, Fotografie, Dresden, um 1911

in den Spielwarenbezirken, namentlich zu Grünhainichen und Seiffen, schnitzen zu lassen und dieserhalb die Direktoren mit Zeichnungen und künstlerischen Beirat zu unterstützen. Er sei auf diese Idee durch Besichtigung einer Sammlung von Modellen gekommen, die das Ministerium des Innern für den Zeichenunterricht der staatlichen Spielwarenschulen bestimmt habe.

Herr Geheimer Rat Dr. Roscher [Franz Roscher (1846–1920)][94] stimmt diesen Anregungen mit Wärme zu und geht aus seinen hochinteressanten Schilderungen der sehr darniederliegenden Spielwarenindustrie hervor, dass das Ministerium des Innern schon selbst Versuche angestellt in gleichem Sinne Anregungen zu geben. Man müsse jedoch bei solchen Artikeln berücksichtigen, dass sie, um Absatz zu finden, Massenartikel sein müssen und beabsichtige man 2 Ausgaben von derartigen Stücken zu schaffen, einmal mehr als Schmuck und Anschauungsstücke, als Atrappen [sic!] u.s.w. in Höhe von etwa 15 cm, das andere Mal wesentlich kleiner aus Holzklötzchen als Spielzeug. Er erklärt sich völlig mit den Vorschlägen des Herrn Baurat Gräbner einverstanden, der unter Zustimmung der Anwesenden betont, dass Zeichnungen leicht falsch verstanden werden könnten, dass die Herstellung von Thonmodellen für besagte Zwecke wohl praktischer wäre. Es werden hierauf mit dem Rechte der Zuwahl namentlich der Direktoren der Spielwarenschulen in eine engere Kommission gewählt die Herren: Finanz- u. Baurat Schmidt, Professor Seyffert, Professor Groß und Architekt Kühn [...]. Zu dem vorigen Beschlusse bezügl. der Spielwarenindustrie bemerkt Herr Geh. Dr. Roscher noch nachträglich, dass auch bei den Puppenstuben mit ihrem althergebrachten Deutschrenaissancemöbeln ein frischer Zug not täte.«[95]

Bemerkenswert ist, dass alle mit dem Spielzeugprojekt vertrauten Persönlichkeiten an dieser Sitzung teilnahmen und sich zukünftig gegenseitig unterstützten.

Ob zur Ideenfindung der sächsischen Spielzeug-Bauernhäuser neben den erhaltenen Originalen auch höfisches Luxusgut vorbildhaft wirkte, muss Hypothese bleiben. Betrachtet man »Das Holländische Dorf« aus Meissener Porzellan, so ist jedenfalls deutlich eine gewisse Motivverwandtschaft zu erkennen (Abb. 25). Es handelt sich hierbei um ein ab 1743 von Joachim Kaendler, Peter Reinicke und Johann Gottlieb Ehder gestaltetes bäuerliches Miniaturdorf-Idyll, das als repräsentativer, farbig ausstaffierter Tafelaufsatz bestehend aus Fachwerkhäusern, Kirchen, Stadtpalais und Figuren für ein modisches »Dessert de Luxe« von Premierminister Heinrich Graf von Brühl zur Repräsentation verwendet wurde.[96]

Als unmittelbar zur Verfügung stehendes Architektur-Vorlagenwerk diente 1903 ohne Zweifel die jüngst angelegte »reiche Sammlung von Photographien, Zeichnungen und Aquarellen von bäuerlicher Kunst und Bauweise« der »Abteilung Museum« des Vereins für Sächsische Volkskunde.[97]

Vor dem Hintergrund tiefgreifender sozialer, wirtschaftlicher und gesellschaftlicher Umbrüche um 1900 hatte sich gerade im Königreich Sachsen eine vielschichtige Interessenlage herausgebildet, genährt von einem konservativ bürgerlichen Kultur- und Fortschrittspessimismus, aber auch aus engagierter kunstgewerblicher Erneuerungsbewegung. Neoromantisches Gedankengut als Antwort auf die zunehmende Zerstörung von Natur und Umwelt im Zuge der rasanten Industrialisierung des 19. Jahrhunderts, gepaart mit einer Furcht vor einem vermeintlichen Niedergang oder »Kulturverfall«, bildete die geistige Grundlage einer neuen Idee von Ästhetik- und Heimatkundeerziehung jener staatsnahen Dresdener Gruppe von Künstlern, Architekten, Bildungsbürgern und hochrangigen Verwaltungsbeamten.[98] Eine Art kulturpolitische Institution, die dieses »Bedürfnis nach ästhetischer Kultur«[99] einer im Erleben der Umbruchsituation wachsenden gebildeten Mittelschicht berührte, war die von Ferdinand Avenarius in Dresden herausgegebene Zeitschrift »Kunstwart – Rundschau über alle Gebiete des Schönen«.

Dresden war zwischen 1890 und 1900 zur fünftgrößten Stadt im Deutschen Reich herangewachsen. Seit etwa 1870 hatte sich ein grundlegender Wandel innerhalb der städtischen Gewerbestruktur vollzogen: vom handwerklichen Kleinbetrieb hin zur Produktion in Großfabriken und der Gründung von Aktiengesellschaften.

Nahezu zeitgleich und wie nie zuvor entwickelte sich in den Reihen der bürgerlichen Mittelschicht, anfänglich vermutlich aus dem Bewusstsein eines Verlustes heraus, eine intensive Beschäftigung mit allem »Volkskundlichen«.[100] Als Antwort

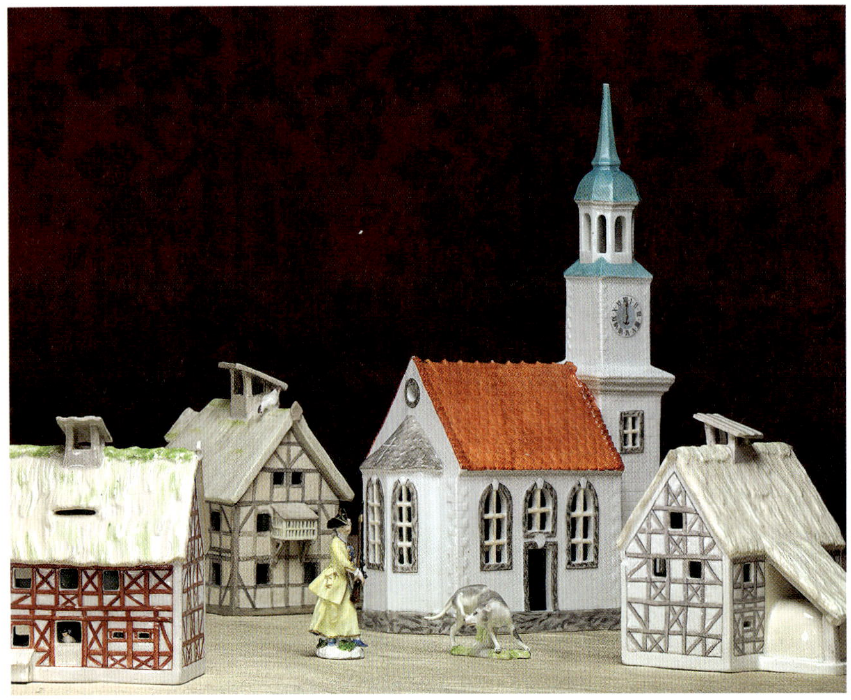

Abb. 25: Teile des Holländischen Dorfes aus Porzellan. Die seit 1743 von der Meissener Manufaktur hergestellten Häuser und Figuren wurden als Dekoration einer Festtafel zum Dessert arrangiert. Die Initiative zur Produktion ging von Premierminister Heinrich Graf von Brühl aus. Entworfen und umgesetzt wurden sie von Modellmeister Johann Joachim Kaendler und seinen Mitarbeitern Peter Reinicke und Johann Gottlieb Ehder.

auf die Hysterie der Moderne rückte das Alte, scheinbar schon immer Existente, zunehmend in den Fokus gesellschaftlichen Interesses. Im Besonderen verstand sich die damalige Volkskunde »schließlich [als] eine Sache aller Gebildeten.«[101] Das Konstrukt einer idealisierten nationalen Volkskultur als Gegenpol zu der als stark verstörend wahrgenommenen Gegenwart diente einer kaiserzeitlichen Elite als populäre Programmatik. Hinzu kam noch die Verwertung der Identität stiftenden Rolle der Kulturleistungen des eigenen Volkes im imperialen nationalstaatlichen Empfinden der Zeit. In einem Klima zwischen Nostalgie und der Sehnsucht nach Halt und Beständigkeit, nach einfachen überschaubaren Strukturen, nach einem »einfachen« oder »ehrlichen« Leben auf dem Lande war insbesondere die »traditionelle handgemachte Volkskunst« das »perfekte Trostmittel gegen die unterschwellige Angst vor dem unberechenbar neuen Industriezeitalter.«[102]

Eingebettet in die Aktivitäten des 1897 gegründeten Vereins für Sächsische Volkskunde, betrachteten insbesondere Oskar Seyffert und Karl Schmidt ihre Dokumentations- und Sammeltätigkeit der Sachzeugnisse ländlicher Volkskultur eher unter dem Aspekt einer Verwertbarkeit des Formen- und Motivschatzes handwerklich hergestellter Gebrauchsgegenstände oder Bauernhausarchitektur im Sinne einer neuen Befruchtung des gegenwärtigen künstlerischen Schaffens. Die Idee landschaftsgebundener Architektur und einer Erneuerung des nationalen Kunstgewerbes, welches sich vom vorindustriellen, landestypisch gewachsenen Motivschatz und Formenkanon herleitet, stand als konzeptionelles Modell, vergleichbar mit der in Wien zentral diskutierten, in ganz Österreich-Ungarn vielfältig praktizierten Förderung ländlicher Hausindustrien und der reformorientierten englischen Arts-and-Craft-Bewegung, ganz im Zeichen jener turbulenten Zeit.

Die Kehrseite – der Aufbruch ins Industriezeitalter

Der Ruf nach einem »Zurück zur Natur – hinaus aufs Land« charakterisiert, neben der Ablehnung der akademischen Lehrpraxis, auch die alternative Bewegung, die zum Beispiel zur Gründung zahlreicher Künstlerkolonien in ganz Europa führte. Als Antwort auf die Nervosität und »Unrast des modernen Daseins« rückte das Refugium »Heimat« die »Stille ländlicher Lebensverhältnisse, das in sich gefestigte des Längstvertrauten, die Geschlossenheit alter Sitten und Kunstformen, was den Künstler und den Genießenden anlockt« in den Fokus künstlerischen Empfindens und kreativer Auseinandersetzung.[103] Zu den bekanntesten Rückzugsorten der großstadtflüchtigen Künstler zählen z. B. in Deutschland Worpswede, Hiddensee, Willingshausen, Dachau oder Murnau.[104] Auch die Unterrichtspraxis der Dresdener Kunstgewerbeschule verschloss sich 1904 nicht den neuen Tendenzen intensiverer Umweltbetrachtung und einer sich wandelnden Zeichenlehrmethode. »Es wird im Unterricht viel mehr wie früher nach der Natur gezeichnet, während die Benutzung von Vorlagen eine bedeutende Einschränkung erfahren hat.«[105]

Der fortschreitende Verlust intakter Landschaften und die Zerstörung natürlicher Lebensgrundlagen führte zu einer verstärkten künstlerischen Auseinandersetzung mit dem Thema Heimat und kann als »ein Generalthema« der deutschen Landschaftsmalerei um 1900 angesehen werden.[106] Zusätzlich lässt sich als Zeitphänomen einer verunsicherten breiten Mittelschicht konstatieren: »Gerade beim großstädtischen Bildungsbürgertum fällt die Romantisierung und Verklärung alles Ländlichen und die Verdammung alles Großstädtischen auf fruchtbaren Boden.«[107]

Die vor den Toren der Residenzstadt Dresden gelegene reiche Kulturlandschaft hatten sich die Maler der »Dresdener Romantik« schon im ausgehenden 18. Jahrhundert und in den ersten Jahrzehnten des 19. Jahrhunderts als teils mystisch stilisiertes oder naturlyrisches Motiv auf Wandertouren erschlossen und weit über die deutschen Landesgrenzen hinweg bekannt gemacht.[108] Bildende Künstler wie der Schweizer Anton Graff, Caspar David Friedrich, Adrian Ludwig Richter oder Christian Friedrich Gille wurden zusätzlich zu ihrer geistigen Auseinandersetzung mit dem menschlichen Wirken in der Natur, durch Skizzen, Zeichnungen und Gemäldemotive »nach der Natur« als Vorläufer der Fotografen zu Chronisten eines sich verändernden Landschaftsbildes im Dresdener Umland.[109] Insbesondere das Gebiet zwischen der 1903 eingemeindeten Vorstadt Plauen, dem Weißeritztal und dem erzgebirgischen Vorland hatte sich im Zuge der Industrialisierung Sachsens bis zum Ende des Jahrhunderts durch unzählige Fabrikansiedlungen, das expandierende Montanwesen und den damit vorangetriebenen Eisenbahnbau extrem schnell verändert. Zusätzlich befasste man sich ab 1901 in Dresden mit dem Bau von zwei modernen Talsperren als Hochwasserschutz-Maßnahme genau für diese ursprünglich naturnahe, nunmehr zur Industrielandschaft – zum »Gewerbegebiet« – gewandelte Gegend.[110]

Mit der Inbetriebnahme der Bahnlinien erfolgte gleichzeitig eine Anbindung an das Osterzgebirge. Anfänglich, ab 1857, konnte man an Sonn- und Feiertagen als großstädtisch-modisches Freizeitvergnügen die Landschaft im umfunktionierten Kohlewaggon auf »Gebirgslustfahrten«[111] erkunden. Bald darauf setzte mit Unterstützung von Werbeaktivitäten des 1878 gegründeten »Erzgebirgsvereins«[112] – zum Beispiel durch Schaltung von Werbeanzeigen für Übernachtungsmöglichkeiten – der kontinuierlich wachsende Ausflugs- und Fremdenverkehr ein, der kurz vor der Jahrhundertwende einen ersten Höhepunkt in den sogenannten »Sommerfrischen« fand.[113] Als besonders attraktives Naherholungszentrum stand die waldreiche Gegend mit den Höhenluftkurorten Kipsdorf, Bärenfels und Bärenburg im östlichen Erzgebirge hoch im Kurs. Neben Hotel- und Pensionsbetrieben errichteten hier um 1900 Investoren und zahlungskräftige Bürger aus der Landeshauptstadt mondäne Ferienhäuser im »Villenstil«.[114] Auch für den noch zu beschreibenden »Seiffener Winkel und die Holzspielwarenindustrie« berichtet 1909 Bernhard Süß (Volksschullehrer der Ortschaft Heidelberg bei Seiffen) in der

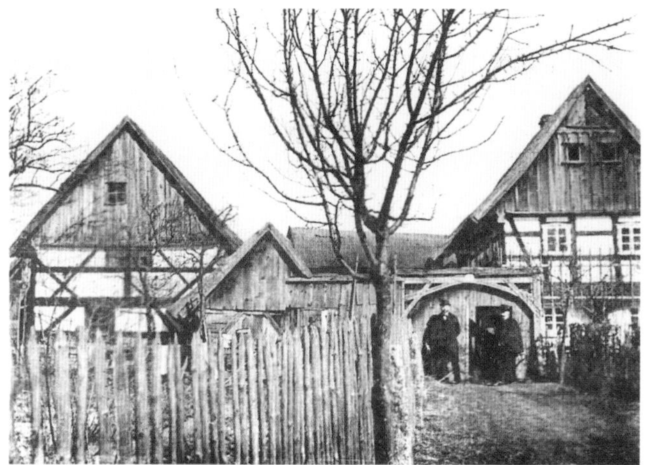

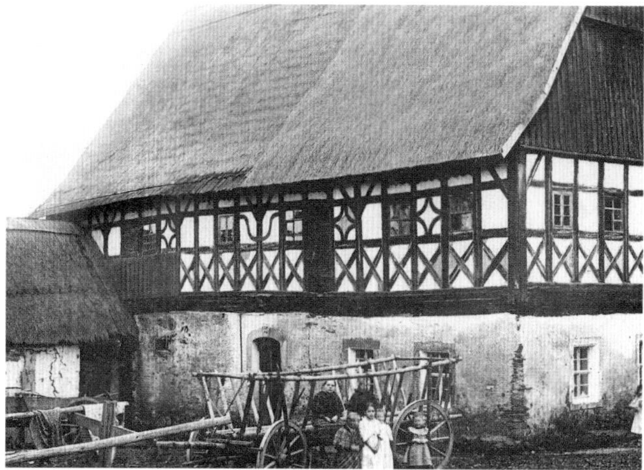

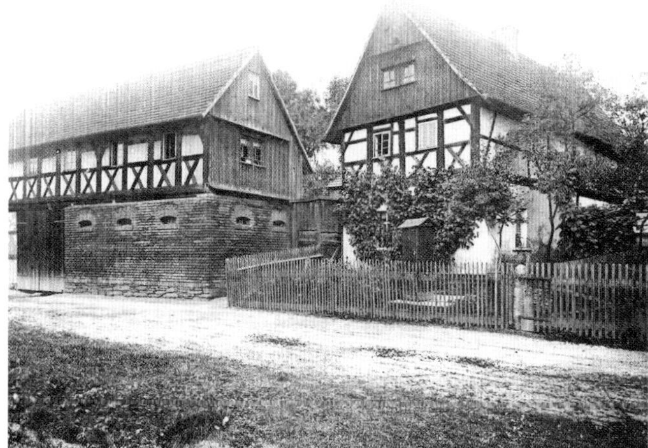

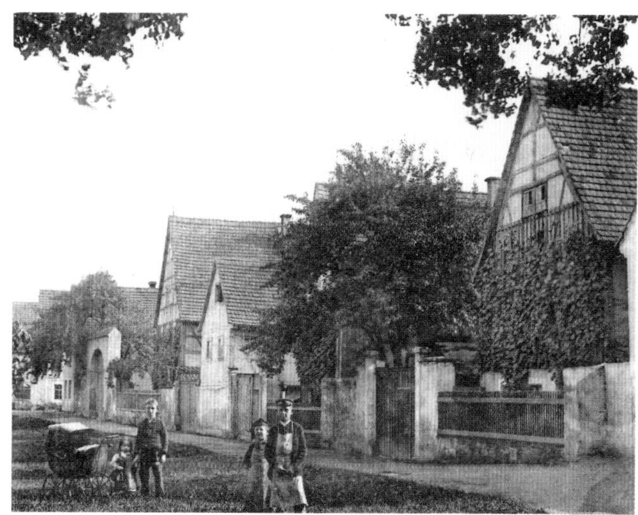

Abb. 26 – 29: Guts- und Bauernhöfe in Piscovitz (Oberlausitz), Cranzahl (Erzgebirge), Langenbernsdorf bei Werdau und Kaditz an der Elbe (von links oben nach rechts unten), Fotografien, um 1910

Zeitschrift des Erzgebirgs-Vereins, dass die Gegend im oberen Erzgebirge »seit mehreren Jahren von Sommergästen viel und gern« besucht wird.[115]

Verankert im aktuellen Zeitgeschehen, vergleichbar einer Suche nach dem verlorenen Paradies, sollten in Entsprechung eines harmonischen »Sehnsuchtsortes« ländlicher Idylle auch charakteristische Spielzeugmotive wie Dörfer, romantische Kleinstädte oder historische Burganlagen im Sinne eines nationalen Bewusstseins und programmatischer Kunstpädagogik gestaltet werden. Die Bildvorlagen und die emotionale Rückkoppelung für diese neuen Spielwaren spendete anfänglich die unmittelbar vor der Tür liegende reiche sächsische Kulturlandschaft (Abb. 26 – 29).[116]

Die Vorstellung, mithilfe neuer Spielzeugmuster eine regionale Wirtschaft zu fördern und zugleich heimatkundlich erzieherisch tätig zu werden, fand in Sachsen

Gehör bei denjenigen Vertretern der Königlichen Ministerien, die von Amts wegen bereits über einen längeren Zeitraum die Strukturen der Spielwarenindustrie im sächsischen Erzgebirge, unter anderem durch Rechenschafts- und Jahresberichte der Fachgewerbeschulen in Grünhainichen und Seiffen, detailliert kannten.

Die Folgen für das hausindustrielle Spielwarengewerbe in Sachsen

Die wirtschaftlichen Probleme der Holzspielwarenindustrie und die besonderen Schwierigkeiten der Hausgewerbetreibenden waren seit Jahrzehnten hinlänglich bekannt. Zahlreiche Versuche von Gewerbeförderungsmaßnahmen der Staatsregierung lassen sich verstärkt seit der Mitte des 19. Jahrhunderts, zum Teil schon im ausgehenden 18. Jahrhundert nahezu regelmäßig wiederkehrend belegen. Kantor Gehlert aus Grünhainichen betonte zum Beispiel 1895 im Rahmen der Jubiläumsausstellung des örtlichen Bezirks-Gewerbevereins: »Inniger Dank gebührt der hohen Staatsregierung, die mit scharfem Blick die Übelstände erkannte, welche unsere Industrie drücken, und die von Anfang an bis jetzt unseren Verein durch jährliche ansehnliche Beiträge unterstützte!«[117] Ein Kommentator der Fachpresse schrieb 1903 zur aktuellen Geschäftslage: »Die Fäden des Welthandels sind so eng miteinander verknüpft, dass ein kleiner Fabrikant im sächsischen Erzgebirge in Mitleidenschaft gezogen wird, wenn in Australien anhaltende Dürre eintritt.«[118] Unter Ausnutzung eines insgesamt im Deutschen Reich allmählich steigenden Wohlstandes zielten die Mechanismen der Spielwaren-Gewerbeförderung ab 1900 zunehmend in Richtung einer »Geschmackserziehung« der Konsumenten und einer kontinuierlichen, in besonderem Maße auch staatlich gesteuerten Entwicklung des innerdeutschen Binnenmarktes.[119] Als ein fruchtbares Ergebnis dieser Werbe- und Fördermaßnahmen konnte um 1910 festgestellt werden, dass zwei Drittel der Holzspielwaren aus dem Erzgebirge in Deutschland selbst verkauft wurden.[120]

Zwischen den Dresdener Ministerien, den Leitern der Fachgewerbeschulen, den Vertretern der örtlichen Gewerbevereine und den Gemeindevorständen wechselten die Berichte zur Lage der Spielwarenindustrie gerade in den Jahren 1903 bis 1908 verstärkt hin und her.[121] Vielfältige Anträge, Bittgesuche, aber auch einschlägige Beschlüsse der Behörden belegen dies.[122] Insbesondere die Forderung nach modernen Mustern, die Erprobung und Einführung verkaufsfördernder Holzartikel oder die Bereitstellung von modernen Arbeitsmitteln und Ausstellungsräumen sind neben Fragen nach gesteigerter Wirtschaftlichkeit die zentralen Themen.

Das regionale Spielwarengewerbe befand sich in einer charakteristischen Umbruchsituation. Im Spannungsfeld einer steten Suche nach zeitgemäßem Materialeinsatz, neuen rationelleren Verarbeitungstechnologien, gehobenen Konsumansprüchen und modernen Medien, insbesondere der visuellen Reklame und Massenwerbung, erhöhte sich zwangsläufig der Druck zur Umorientierung.

Eine bislang unvorstellbare Warenfülle führte in der gesamten Spielwarenbranche zu verschärften Konkurrenz- und Preiskämpfen mit beispiellosem Neuheitenrausch. Die hausgewerblich wirtschaftende deutsche Holzspielwarenindustrie geriet mit ihren im kontinuierlichen Preisverfall befindlichen Massenprodukten im Vergleich zur aufstrebenden, in Fabriken organisierten Blech-, Puppen- oder Plüschspielwarenfabrikation zunehmend in Existenznöte und konnte ohne Hilfe von außen die sich stetig steigernden Anforderungen nicht bewältigen. Die einfachen deutschen Holzspielzeugmotive des 19. Jahrhunderts, wie Hampelmänner, Schepperdocken, Steckengaukler oder Klimperkästchen (Abb. 30–32), um nur Einzelbeispiele zu nennen, wurden in bildungsbürgerlichen Kreisen teilweise nostalgisch bewertet und auch noch gekauft, im Allgemeinen entsprachen sie jedoch nicht mehr dem Empfinden einer Zeit massiven gesellschaftlichen Wandels, bahnbrechender Erfindungen oder technischer Innovationen und wissenschaftlicher Rekorde. Aktuell kommentiert, konnte man beispielsweise lesen: »Die Zeiten, in denen selbst das Grossstadtkind noch mit einem Hampelmann für fünf Pfennige zufrieden war, sind längst vorüber.«[123] (Abb. 33–35)

Abb. 30: Erzgebirgisches Musterbuch, Klimperkasten mit Bärenführer, 1870er Jahre

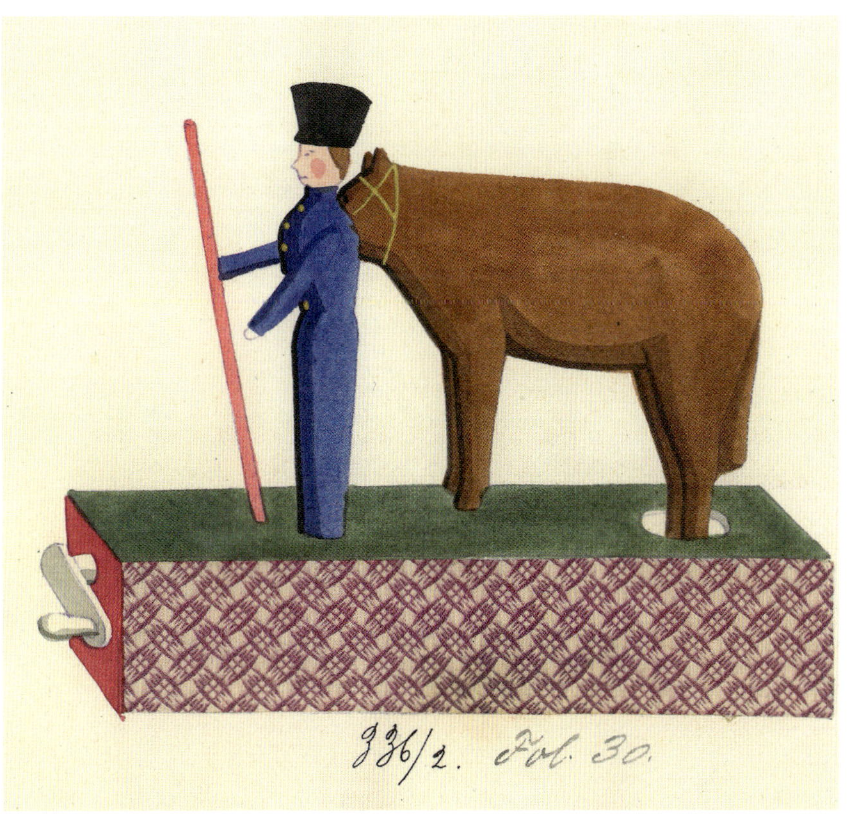

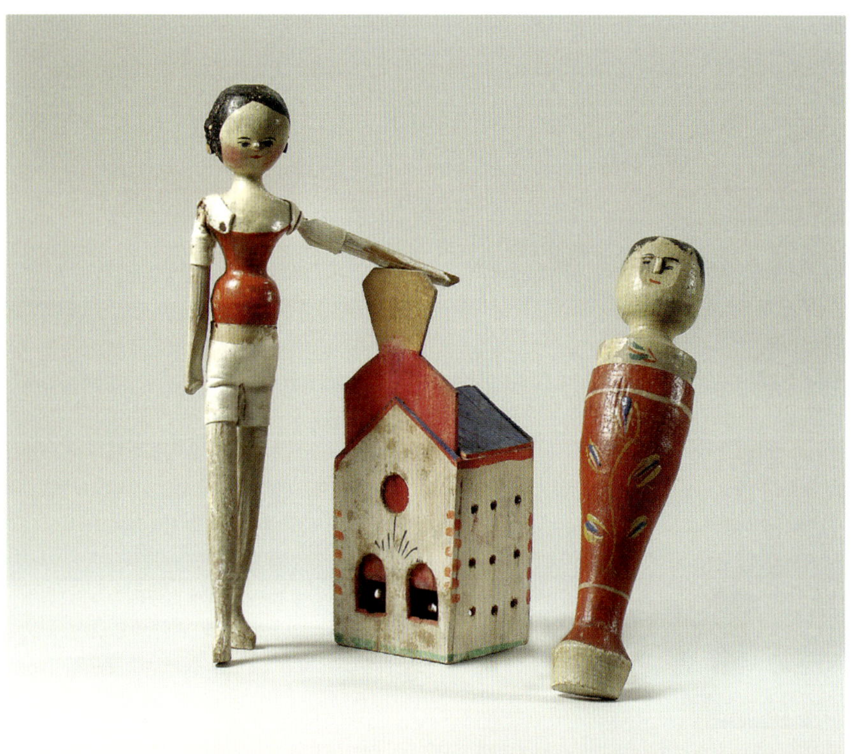

Abb. 31: Berchtesgadener Spielzeug: Gelenkdocke, Grillenhäusel, Fatschenkind, um 1910

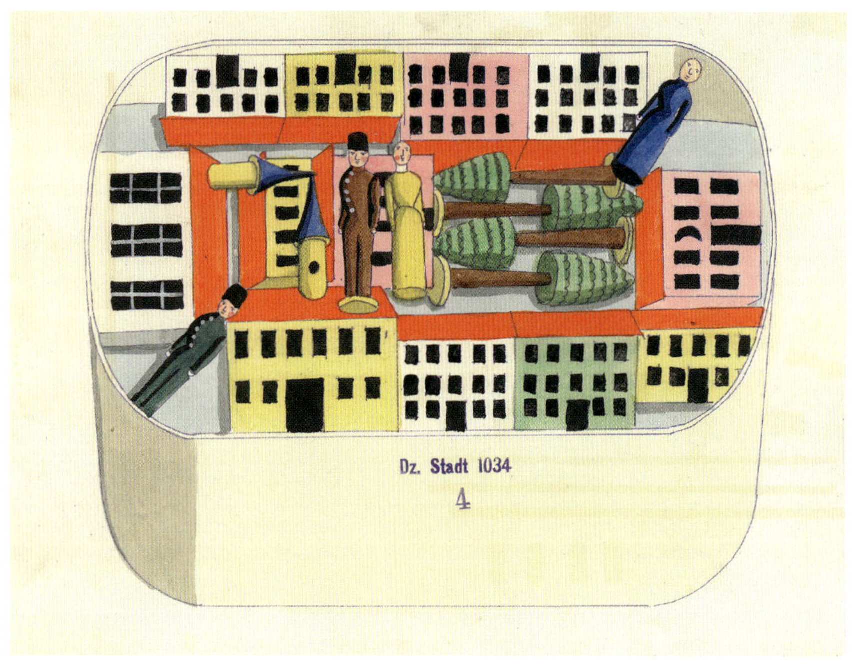

Abb. 32: Erzgebirgisches Musterbuch, Schachtelware, 1870er Jahre

Abb. 33, 34: Erzgebirgische Hampelmänner, um 1900

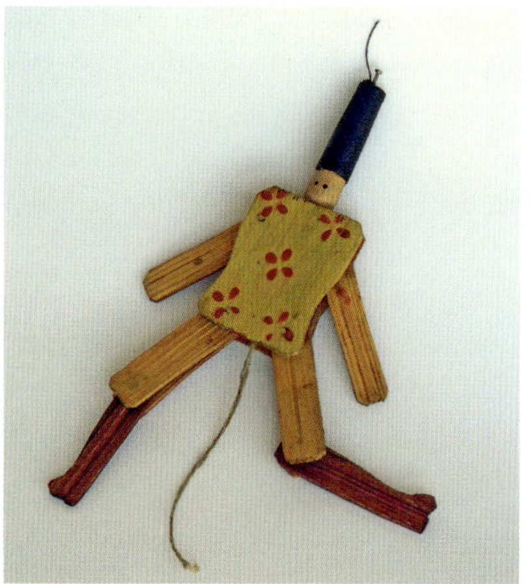

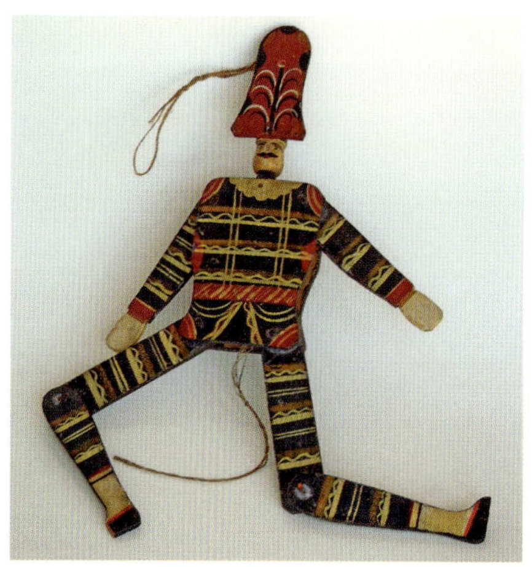

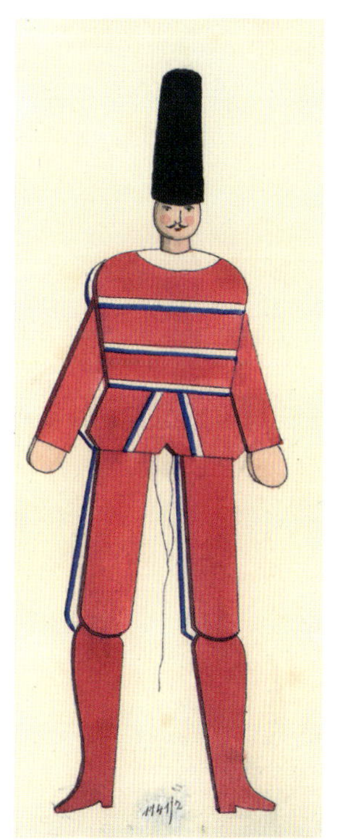

Abb. 35: Erzgebirgisches Musterbuch, Hampelmann, 1870er Jahre

Absatzschwierigkeiten, verschärfte Sozialprobleme und damit einhergehend staatliche Regulierungsversuche und Subventionen kannte man damals in allen hausindustriell wirtschaftenden Zentren der deutschen Holzspielwarenindustrie, ob diese nun in Berchtesgaden, Oberammergau, dem Thüringer und dem Odenwald, der Rhön oder gar in der prosperierenden Spielwarenmetropole Nürnberg lagen.[124] Die »Dresdner-Spielzeug-Idee« aufgreifend, hatte, wie bereits erwähnt, 1903 das Bayerische Gewerbemuseum Nürnberg ebenso versucht, mithilfe eines Gestaltungswettbewerbes für künstlerische Holzspielwaren der Nürnberger, und wegen mangelnder Resonanz schlussendlich der oberbayerischen Hausindustrie unter die Arme zu greifen.[125] Deutsche Holzspielwaren, deren Motive dem aktuellen Trend technischer Neuerungen folgten und mithilfe moderner Verarbeitungstechnologie in Fabrikbetrieben hergestellt wurden, konnten sich durchaus eine Nische im rasant wachsenden Markt erobern und zumindest für weitere zwei Jahrzehnte auch behaupten.[126] Für derartige Investitionen fehlten der erzgebirgischen Hausindustrie jedoch das Kapital, die kaufmännischen Grundlagen und der direkte Zugang zum globalen Marktgeschehen.

In einem vom Grünhainichener Gemeindevorstand Hermann Schneider im März 1904 verfassten »Bericht, die derzeitige Lage der Spielwaren-Industrie in Grünhainichen und Umgebung betreffend« liest sich dies folgendermaßen: »Während die Spielwarenindustrie in Sonneberg und Nürnberg alljährlich die verschiedensten Neuheiten auf den Markt bringen, bietet die hiesige Industrie meist nur Veränderungen der Artikel, im übrigen aber selten einmal etwas Neues. An Neuheiten aber ist nur noch Gewinn zu erzielen. Die hiesigen Verfertiger müssen in der Regel warten, bis ein Verleger Ihnen einmal ein auf den Markt aufgekauftes Muster zur Nachahmung übergibt. Hierbei wird der Preis vorgeschrieben, der zumeist so gestellt ist, dass Verdienen dabei sehr klein geschrieben wird. Nach dem Ermessen des Unterzeichnenden geht die Spielwarenindustrie, trotz aller Vorteile durch Betriebskraft und allerlei Maschinen, stetig rückwärts. Der Rückgang wird auch nicht aufzuhalten sein, denn an den Voraussetzungen hierzu, der Beschaffung billigen Rohmaterials und dem Zusammenschluss der Verleger und der Verfertiger fehlt es gänzlich. Auf Grund reiflicher Erwägungen ist der Unterzeichnete zu der Überzeugung gekommen, dass hier nur Abhilfe durch Einführung anderer Artikel, die lohnender sind als Spielwaren, geschaffen werden kann. Dies ist aber nur zu erreichen, wenn den Industriellen insbesondere den vielen Inhabern kleiner Betriebe, Muster von Holzwaren aller Art zur Verfügung stehen.«[127] Im weiteren Text verweist der Verfasser auf die dringende Notwendigkeit einer ständigen Ausstellung von Modellvorlagen und bittet die Staatsregierung in Dresden eindringlich um Unterstützung für den Neubau eines eigenständigen Musterausstellungsgebäudes.

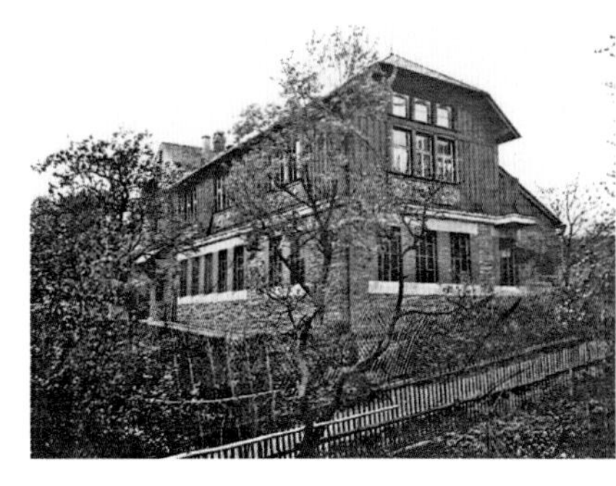

Abb. 36: Königliche Fachgewerbeschule Grünhainichen, Werkstattgebäude, Außenansicht, um 1907

Um 1900 waren allein in Grünhainichen, die umliegenden Ortschaften des Gewerbezentrums nicht mitgerechnet, sieben Spielwarenbetriebe und mehr als 100 hausgewerbliche Kleinwerkstätten ansässig.[128] Die 1874 gegründete und mit einem eigenen Schulgebäude-Neubau von 1879 fest etablierte »Kgl. Spielwaren- und Gewerbeschule«[129] (Abb. 37) konnte zur Jahrhundertwende bereits einen zusätzlichen – ebenso mit staatlichen Geldern errichteten – großzügig dimensionierten Werkstattbau beziehen (Abb. 36).[130]

Neben einer Fachausbildung in den spezifischen Holzbearbeitungstechniken vermittelte die Schule Grundlagen künstlerischer Gestaltungspraxis sowie einen

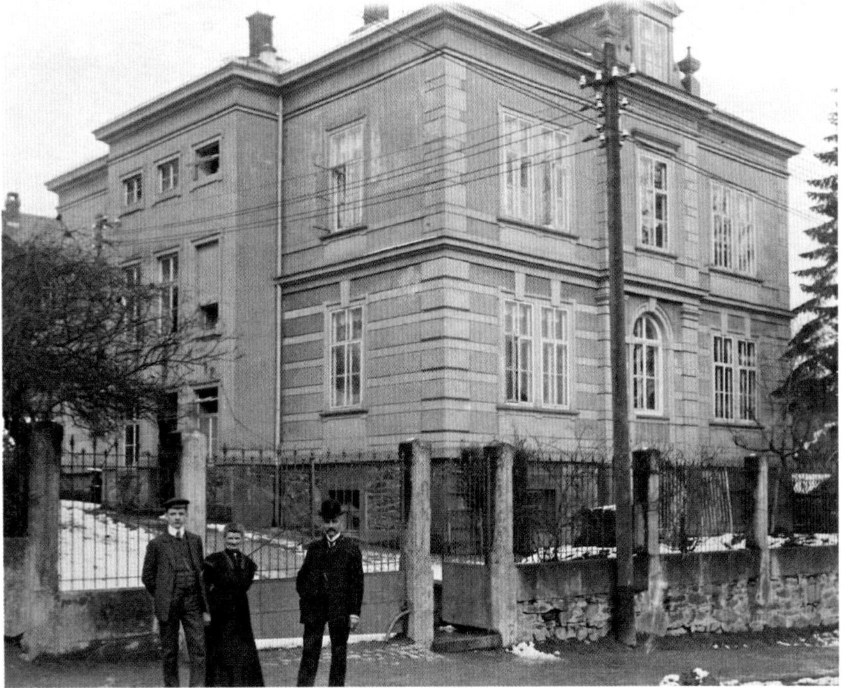

Abb. 37: Königliche Fachgewerbeschule Grünhainichen, Hauptgebäude. Im Vordergrund Albert und Hedwig Wendt mit Sohn Johannes, ca. 1908

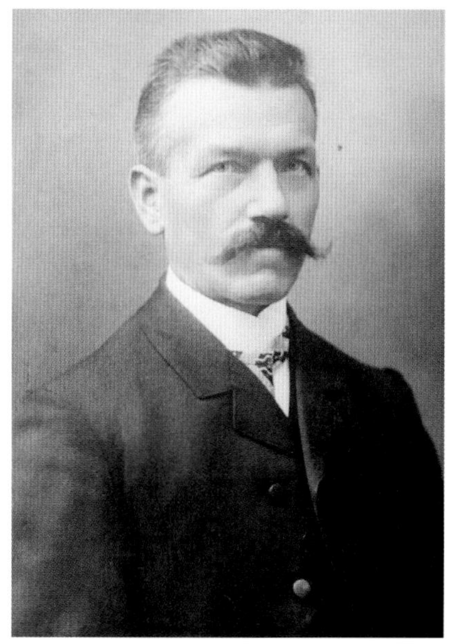

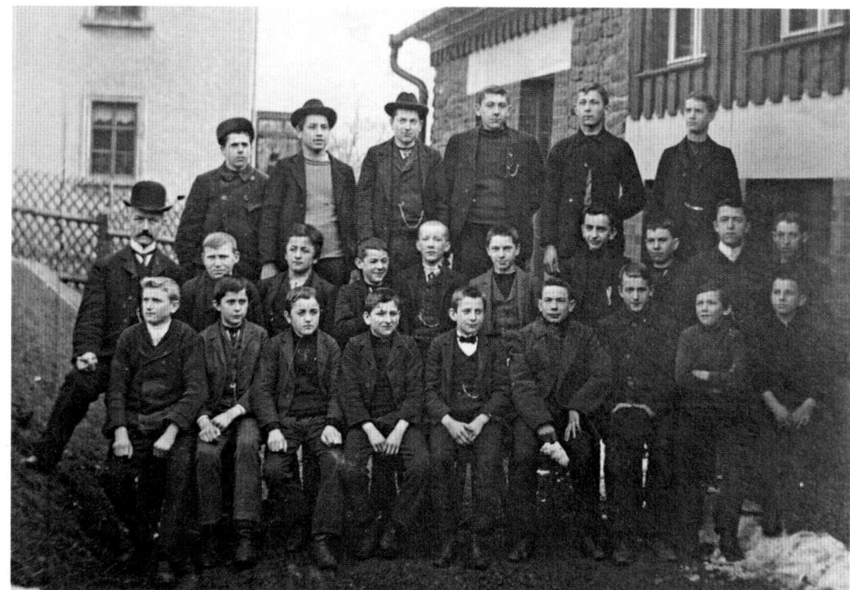

Abb. 38: Gewerbeschuldirektor Albert Wendt aus Grünhainichen, Fotografie, vermutlich 1903

Abb. 39: Klassenfoto der Königlichen Fachgewerbeschule Grünhainichen. Albert Wendt (links) mit Klasse vor dem Werkstattgebäude. Das Foto entstand vermutlich zum Schuljahresabschluss im Frühjahr zwischen 1905 und 1910 – vielleicht Ostern am Palmsonntag.

einschlägigen Gewerbeunterricht. Mit der 1884 erfolgten Anstellung von Albert Wendt (1851–1932) (Abb. 38) begann ein äußerst erfolgreicher Zeitabschnitt fachkundiger Lehre, intensiver regionaler Gewerbeförderung und aktiver deutschlandweiter Ausstellungsbeteiligung.

Die Erdgeschossräume des neuen, an die elektrische Ortszentrale angeschlossenen Werkstattgebäudes gliederten sich in einen Zeichenraum, einen Arbeitsraum (Bankraum mit Hobelbänken und Arbeitstischen) und einen modernen Maschinenraum. Die Holzbearbeitungsmaschinen mit Einzelantrieb waren nach den modernsten Arbeitsschutzanforderungen an eine Absaugungsanlage für Holzspäne (Exaustor)[131] angeschlossen (Abb. 40–42). Für die Ausstellungen der Schule, insbesondere für die in der Schulordnung vorgeschriebenen Jahresausstellungen der Schülerarbeiten, konnte ein weitläufiger Saal im Obergeschoss genutzt werden (Abb. 43).[132]

Die heute überlieferte Aktenlage und die noch erhaltenen Sachzeugnisse belegen (Abb. 44), dass die breit gefächerten Angelegenheiten beruflicher Ausbildung und der staatlichen Gewerbeförderung sehr ernst diskutiert und im gegenseitigen Austausch der Beteiligten mit hohem persönlichen Einsatz in die Praxis umgesetzt wurden. Lösungsorientierte Ansätze erarbeiteten das in Sachsen für die lokale Gewerbeförderung zuständige Königliche Ministerium des Innern, die Spielwarenfachgewerbeschulen, die zugeordneten Fachschulausschüsse, die staatlichen Schulbehörden und in Grünhainichen der Kaufmännische Verein. Dass diese Maßnahmen von der zeitgenössischen volkskundlichen Bewegung in Sachsen durchaus auch zwiespältig betrachtet wurden, belegt die von Albrecht Kurzwelly

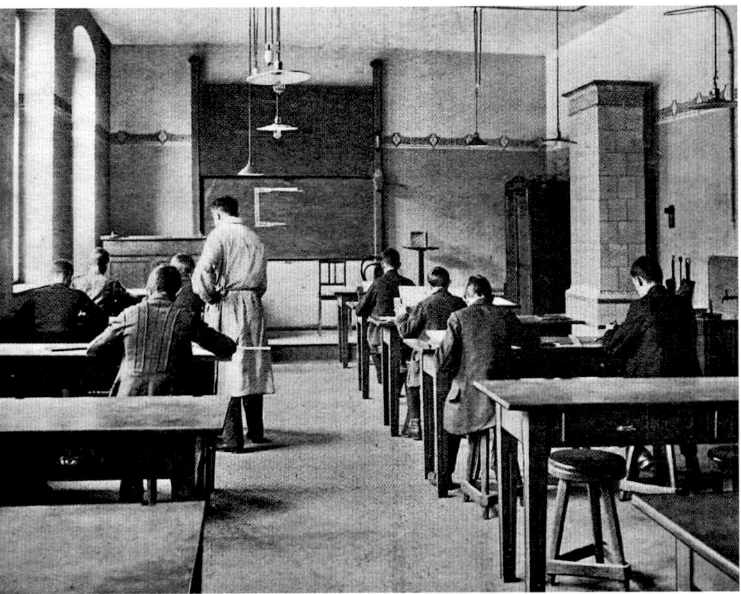

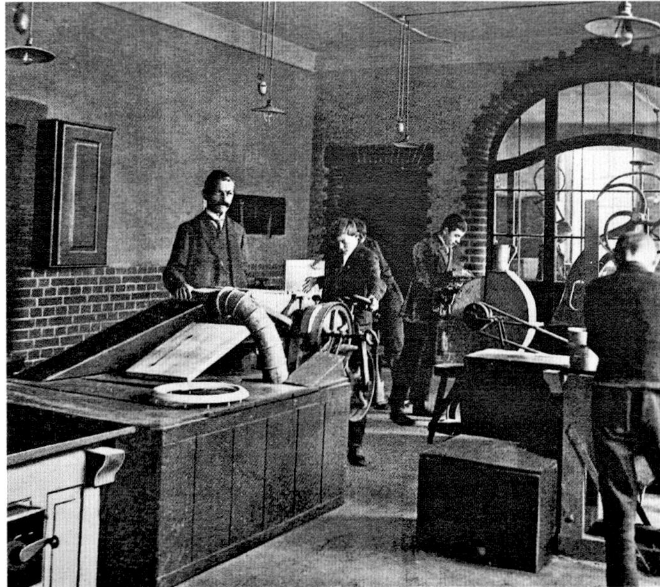

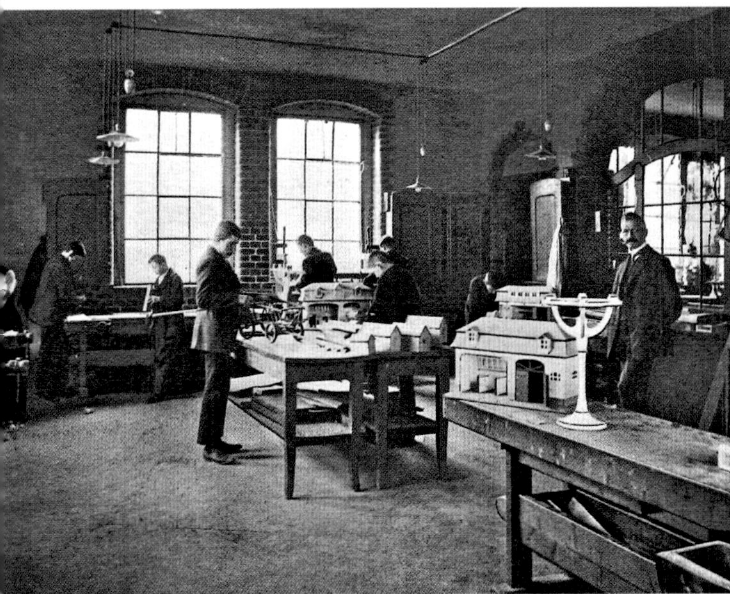

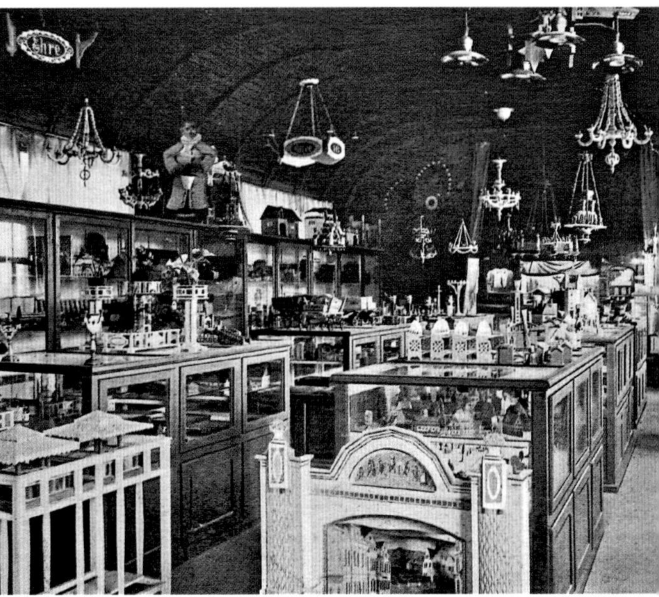

Abb. 40 – 43: Königliche Fachgewerbeschule Grünhainichen, Werkstattgebäude
oben links – Innenansicht des Zeichenraums im Erdgeschoss, um 1905
oben rechts – Innenansicht des Maschinenraums im Erdgeschoss, um 1905. Ausstattung von links nach rechts: Leimofen (Späneofen), Späneabsaugung (Exaustor), Hobelmaschine, Abrichte, Nassschleifstein, Bandsäge, Tellerschleifmaschine.
unten links – Innenansicht des Arbeitsraumes (Bankraum) im Erdgeschoss, um 1905
unten rechts – Innenansicht des Ausstellungsraumes (Mustersaal) im Obergeschoss, um 1910. Zum jeweiligen Ende des Schuljahres am Palmsonntag wurden hier die Schülerarbeiten präsentiert.

Abb. 44: Entlassungszeugnis der Fach-Gewerbeschule Grünhainichen, unterzeichnet von Albert Wendt

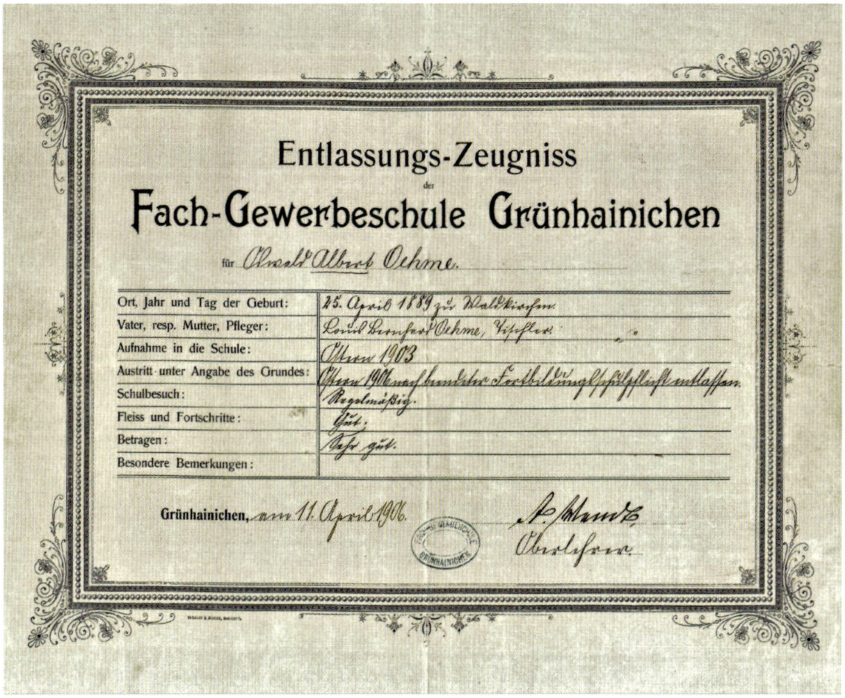

Entlassungs-Zeugniss

der

Fach-Gewerbeschule Grünhainichen

für Oswald Albert Oehme.

Ort, Jahr und Tag der Geburt:	25. April 1889 zu Waldkirchen
Vater, resp. Mutter, Pfleger:	Emil Bernhard Oehme, Tischler
Aufnahme in die Schule:	Ostern 1903
Austritt unter Angabe des Grundes:	Ostern 1906 nach beendeter Fortbildungsschulpflicht entlassen.
Schulbesuch:	Regelmäßig.
Fleiss und Fortschritte:	Gut.
Betragen:	Sehr gut.
Besondere Bemerkungen:	

Grünhainichen, am 11. April 1906.

A. Wendt
Oberlehrer

(1868–1917) verfasste Aussage, dass es reizvoll wäre, den Formenschatz der Spielwarenindustrie in seinen »primitiven Erstlingsleistungen aufzuspüren, die noch nicht die anleitende Hand des vom Staate bestellten Geschmacksbildners verraten.«[133]

Zu den aktivsten Persönlichkeiten aufseiten der Praktiker gehörte der nunmehr zum Direktor der Fachgewerbeschule Grünhainichen beförderte Albert Wendt. In seinen Aufzeichnungen beschreibt er präzise und detailliert den Arbeitsprozess, aber auch die damit einhergehenden Hürden, die wirtschaftlich-soziale Lage der Handwerker, ihre Mentalität, technische Grundlagen, künstlerische Belange und auch die Erfolge bei der Umsetzung neuer Gestaltungsideen.

Sein Leitmotiv formulierte er 1904 eher beiläufig, aber mit kundigem Blick auf die Alltagssituation seiner Mitmenschen: »Obenan steht die wirtschaftliche Frage im Gebirge und die ganze Schularbeit hat doch eine bessere Lebensstellung der Bevölkerung zum Endziel. Die moderne Spielware [Spielzeugentwürfe aus Dresden] sollte nun ein Mittel sein, diesem Ziele näher zu kommen.«[134]

AUSSTELLUNG FÜRS KIND

UNTER KÜNSTLERISCHER LEITUNG v. ERICH KLEINHEMPEL=DRESDEN

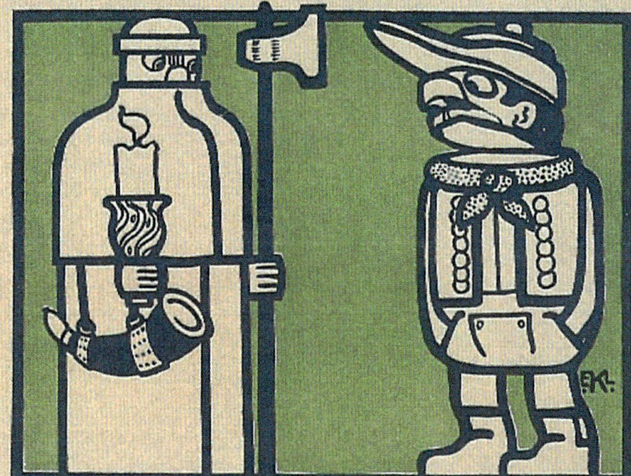

LEHRMITTEL UND NEUES SPIELZEUG

NACH

KÜNSTLER-ENTWÜRFEN

Idee, Konzept und Konstruktion

Abb. 45: Ausstellungsplakat, Entwurf: Erich Kleinhempel, Lithografie, Dresden, um 1911

Idee und Programmatik – kunstgewerbliche Qualitätsspielwaren mit regionaler Herkunftsbezeichnung

Erste Erfahrungen mit den neuen kunstgewerblichen Gestaltungsideen und einer versuchsweisen Kleinserienproduktion nach Künstlerentwürfen konnten 1903, sowohl in der Fachschule Seiffen als auch in Grünhainichen, mit figürlichen Arbeiten von Erich, Fritz und Gertrud Kleinhempel aus Dresden gesammelt werden.[135] Von Vorteil hierfür war sicher der Umstand, dass alle drei Gestalter aufgrund der Tätigkeit ihres Vaters als Zollbeamter im Erzgebirge [1858–1882] die besonderen Lebens- und Arbeitsverhältnisse der dortigen Bevölkerung näher kannten.[136]

Im Jahresbericht der Fachgewerbeschule Grünhainichen für das Schuljahr 1903/1904 ist zu lesen. »Der Stand der Dinge ist nun so: Die Geschwister Kleinhempel geben gegen eine Gebühr die Produkte ihrer künstlerischen Betätigung an eine Grünhainicher Firma ab, die ihrerseits die Vervielfältigung und den Vertrieb besorgt. Über Musterankäufe hat man aber bisher noch nicht hinauskommen können und die Geschwister Kleinhempel fangen an ungeduldig zu werden. Beides verständlich! Der Weg durch den Spielwarenhandel zum Konsumenten ist eben ein anderer und weiterer, als der vom Hersteller über den Dresdner Weihnachtsmarkt zum Dresdner Kinde. Die hiesige Firma[137] hat sich der Sache mit viel Interesse angenommen und wird auch zum Ziele kommen. [...] Den beiden Schulen, in diesem Fall besonders der Seiffener, bleibt die Aufgabe den ganzen Gedanken weiter auszubauen und der Hausindustrie mit Mustern Vorschub zu leisten.«[138] Resümierend aus der Perspektive des Jahres 1908, wie sie der Rechenschaftsbericht zeigt, werden die vielfältigen Schwierigkeiten näher erläutert. Als Hauptproblem wurde das mangelnde künstlerische Formempfinden der beauftragten Handwerker konstatiert. Den Drechslern waren die neuen Formen fremd, offenbar herrschten auch eine gewisse Ablehnung und Unverständnis vor. Weitaus anspruchsvoller erwies sich jedoch die Bemalung. Kleinste Abweichungen im malerischen

Duktus wirkten sich im Gesamterscheinungsbild der Figuren insbesondere bei der Bemalung der Gesichter nachteilig aus (Abb. 46).[139] Im Text heißt es »Seiffens Maler versagten mit Ausnahme der Frau Zeidler, die niedliche Bemalungen herstellte, in der arbeitsvollen Zeit aber ihre Kraft dem Geschäfte ihres Mannes nicht entziehen konnte.«[140]

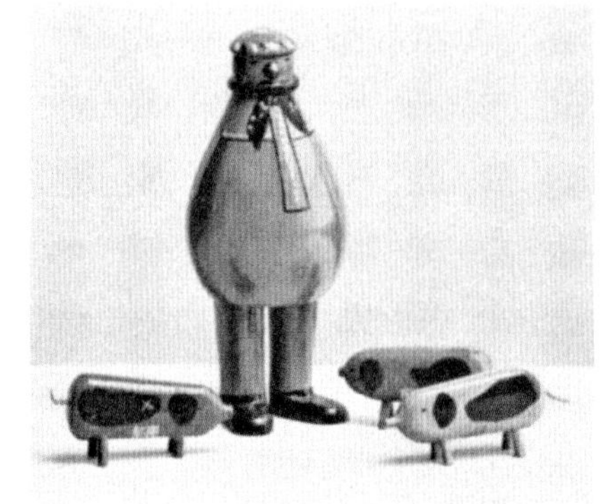

Abb. 46: Schweinetreiber mit vier Schweinen, Entwurf: Erich Kleinhempel, Artikel Nr. 119 aus dem Katalog »Dresdner Spielzeug aus den Werkstätten für deutschen Hausrat Theophil Müller, Dresden Striesen«, vor 1910

Für Grünhainichen mit seinem Schwerpunkt auf architektonischen Spielwaren und Spielwarenmalerei sollte sich Anfang 1904 eine andere fruchtbare Zusammenarbeit mit einem Dresdener Architekten ergeben. »Herr Regierungsbaumeister Thiele[141] hat bereits einige Zimmereinrichtungen skizziert, die in der Schule hergestellt werden sollen.[142] Freilich müssen Puppenmöbel aus schon oft angesprochenen Gründen anders gezeichnet und hergestellt werden, als Gebrauchsgegenstände und es wird noch mündlicher Besprechungen bedürfen, um zu einer Vereinfachung zu gelangen. Soweit ich es aber bisher übersehen konnte, werden besondere Schwierigkeiten nicht vorliegen, ja ich glaube sogar, daß die Herstellung der einfachen neueren Formen weniger Schwierigkeiten bieten wird, als die verschnörkelten Renaissance- und Barockmöbel. Im Laufe des neuen Schuljahres gedenke ich mit dem sehr regen Herrn Baumeister Thiele eine Reihe neuer Architekturformen herzustellen.«[143]

Einer der vom Ministerialbeamten Franz Roscher vorab angeführten Protokollpunkte der Dezembersitzung des Dresdener Ausschusses wurde, wie Wendt es hier formuliert, also unmittelbar zu Beginn des Jahres 1904 im Erzgebirge bereits in der Praxis erprobt. Das Schuljahr endete, wie jährlich in dieser Weise praktiziert, mit einer Ausstellung der Schülerarbeiten Ostern 1904.

Am 8. Juni wurde in Dresden wiederum in einer Sitzung des »Vereins zur Pflege heimatlicher Kunst und Bauweise« der zeitliche Rahmen zur Umsetzung weiterer Architektur-Spielzeugentwürfe abgesteckt, mit der Zielsetzung, sie bereits zur kommenden Leipziger Herbstmesse zu präsentieren. Darüber hinaus fasste man den Beschluss, für die Dauer von zwei Jahren Geldmittel zur Unterstützung des Projekts beim Königlichen Ministerium des Innern zu beantragen.[144] Dank bester Vernetzungen der Ausschussmitglieder und gemeinsamer Zielsetzungen bewilligte das Ministerium den Antrag »zur Deckung der Unkosten« umgehend.[145] Die erste Korrespondenz und Zeichnungen zu jenen idealtypischen, in Dresden entworfenen »Nachbildungen heimatlicher Dörfer« trafen zeitgleich ab Juni 1904 in der Fachgewerbeschule Grünhainichen ein.[146] Schon Mitte Juli fanden gemeinsame Besprechungen der Entwurfsarbeiten in der Schule statt.[147]

Geleitet von dem Gedanken, den Kindern Heimat- und Volkskunde spielerisch zu vermitteln, lieferten die Dresdener Architekten Ernst Kühn (1859–1943),[148] Oberbaurat Karl Schmidt (1853–1922),[149] Heinrich Tscharmann (1859–1932)[150] und der Maler Oskar Seyffert (1862–1940)[151] Arbeitsentwürfe. Namentlich handelte es sich um einen vogtländischen Bauernhof, ein Lausitzer und ein Erzgebirgisches Dorf. Im späteren Verlauf kamen an kleinen Aufstellspielsachen noch hinzu: Schloss Moritzburg mit Dorf, eine Festung nach Motiven der Pleißenburg Leipzig (Abb. 47, vgl. S. 150, Kat. 8), ein Kossätenhof[152] in altpommerscher Bauweise und ein Sylter Bauernhaus.[153] Das engagierte Vorgehen und die profunde Fachkenntnis der Beteiligten wirkten sich in besonderer Weise auf die Qualität der Produkte aus. Drei der hier genannten Gestalter waren Architekten und entwickelten die Entwürfe teilweise maßstabsgetreu nach den Regeln ihrer Profession. Oskar Seyffert als akademisch geschulter Maler betonte eher seine berufsspezifischen künstlerischen Ausdrucksmöglichkeiten. Den Schreiben nach zu urteilen, trat er offenbar zuerst mit einer konkreten Entwurfsidee an Albert Wendt heran.[154] Im Zusammenhang mit seinem ersten Spielzeugentwurf »Vogtländisches Gehöft« (Abb. 48) legte er besonderen Wert auf gestalterische Details, wie das folgende Beispiel zeigt: »Ein wunder Punkt wird wohl die Tiefe meiner Häuser sein. Freilich, wenn dieselben so dünn hergestellt werden müssen, wie jetzt üblich, fällt

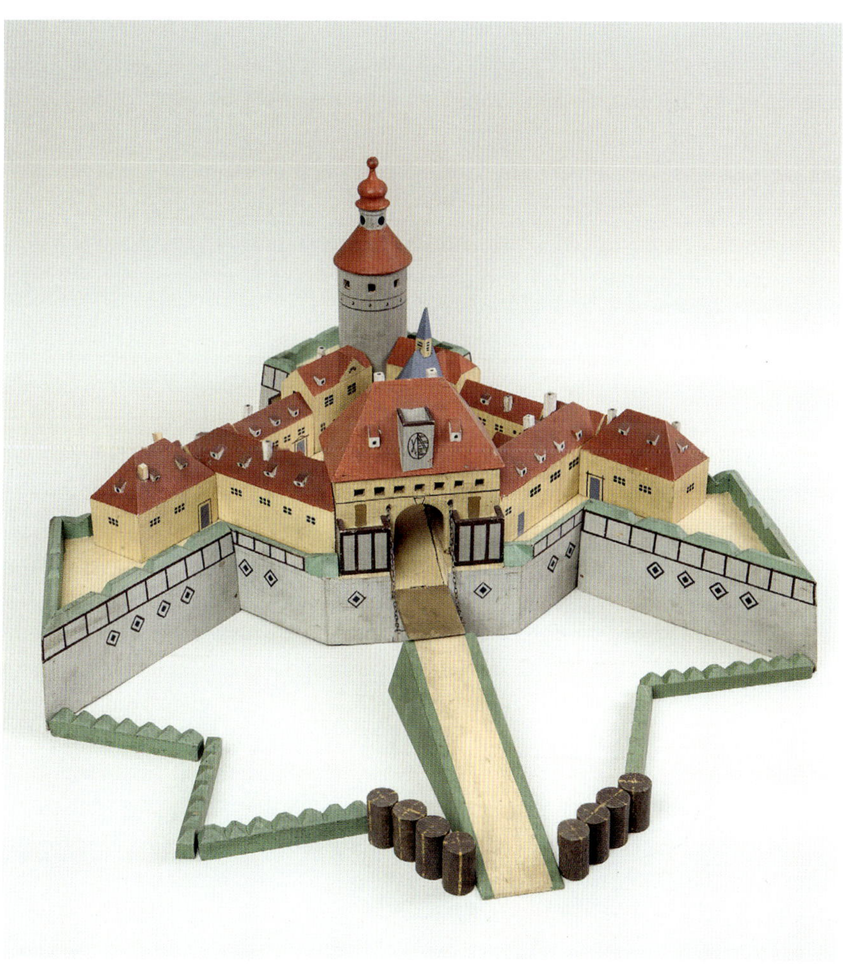

Abb. 47: Pleißenburg, Entwurf: Heinrich Tscharmann, Dresden, 1905

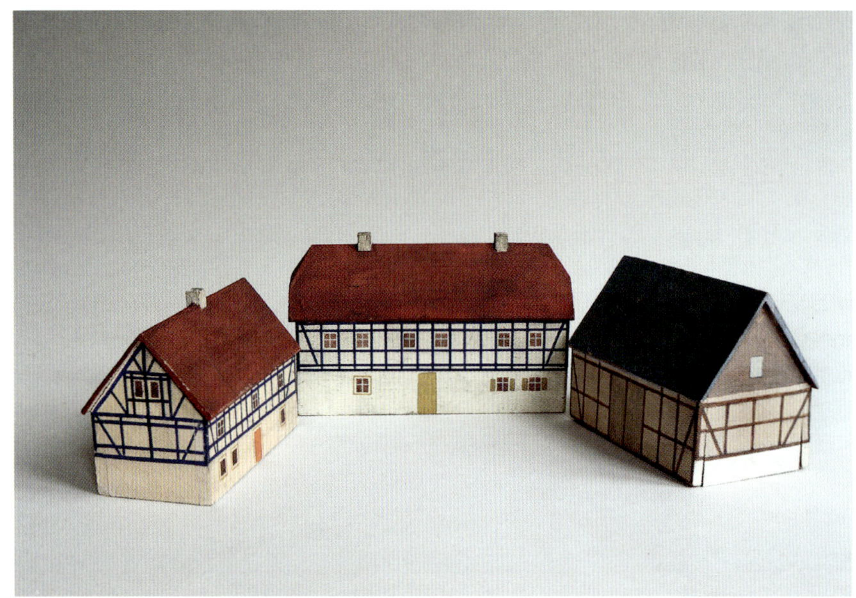

Abb. 48: Vogtländischer Bauernhof, Entwurf: Oskar Seyffert, Dresden, 1904

ein wichtiges, volkskundliches Moment weg, denn das Holzspannwerk [die Fachwerkbalken] wäre dann unmöglich.«[155] Dem Brief kann zusätzlich die Information entnommen werden, dass Seyffert ursprünglich zusammen mit seinem Arbeitskollegen Groß die Gestaltung von »Erzgebirgehäuschen« übernehmen wollte.[156] Karl Groß war in der Folge jedoch nicht mit konkreten Entwürfen, sondern im Rahmen seiner Lehrtätigkeit an der Königlichen Kunstgewerbeschule als künstlerischer Fachberater mit der Thematik »moderne Spielwarenmodelle« befasst.

Bereits im September 1904 stellte Karl Schmidt dem Publikum erste Handmuster auf dem 5. Tag für Denkmalpflege in Mainz vor. Dem Tagungsbericht ist zu entnehmen: »Da aber die Schulen und namentlich die Baugewerkschulen, in denen die Mehrzahl unserer Architekten und Maurermeister ihre Ausbildung genießen, nicht allein in der Lage sind, im Sinne heimatlicher Bauweise zu wirken, [gemeint sind die Gestaltungsprinzipien, die heute in der Architekturgeschichte mit dem Begriff Heimatstil beschrieben werden] haben wir auf Anregung des Herrn Ministerialdirektor Dr. Roscher in Dresden versucht, auf die Kunsterziehung im Hause einzuwirken, derart, daß auch die Kinder schon daran gewöhnt werden, geschmackvolle, schlichte, einfache Sachen zu sehen und ihr Auge daran zu üben. Wir haben in Sachsen eine ausgedehnte Spielwarenindustrie, und leider hat diese nicht immer dem Geschmack auf schlichte, künstlerische Einfachheit Rechnung tragen können, weil Fabrikanten sowohl wie Besteller nur überladene geschmacklose Sachen gewünscht und auch berücksichtigt haben. Dieses kleine Dorf soll ebenso wie die anderen in Arbeit befindlichen Gegenstände: [hierbei handelt es sich nicht um Miniaturspielwaren] Puppenstuben, Kaufläden und weitere Sachen, künftig den Weihnachtstisch unserer Kinder zieren und mit der Belebung des Heimatgefühls auch den Sinn für geschmackvolle, gediegene und künstlerische Gestaltung heben.«[157] Darüber hinaus fordert Schmidt die Zuhörer seines Vortrages auf, mit Anregungen ähnlicher Art der Sache zu nützen und »die geschmackvolle künstlerische Einfachheit wieder zum Gemeingut der Bevölkerung zu machen.«[158] Spielzeug und Denkmalpflege dürften, wie hier mehrfach belegt, im 20. Jahrhundert kaum enger verknüpfte Berührungspunkte besessen haben.[159]

Im Jahresverlauf reifte eine intensive Zusammenarbeit aller an der Produktentwicklung Beteiligten, welche mit mehrfachen Präsentationen der Arbeitsergebnisse in Dresden, unter anderem mit einer kleinen Ausstellung in der Königlichen Kunstgewerbeschule, im Oktober 1904 einen weiteren Höhepunkt fand.[160] In Bezugnahme auf diese Ausstellung berichtete die Zeitschrift »Die Denkmalpflege« – vermutlich wiederum auf Initiative von Karl Schmidt – »Sie [die Spielzeugentwürfe] sind in ihrer Ausstattung geeignet, den Sinn für künstlerische, geschmackvolle Einfachheit auch in der Kinderseele zu stärken und die Freude an der Heimat zu beleben.«[161]

Rückgriff auf Altbekanntes oder Holzspielzeug der Moderne?

Was war an diesen Architekturspielwaren neu? Um ihre Sonderstellung zu verdeutlichen, ist es notwendig, ihre Vorläufer näher zu beschreiben. Bauernhöfe, Dörfer, Städte oder Burgen zum Aufstellen, insbesondere die Kleinspielzeugsortimente der erzgebirgischen Spielwarenhersteller, wurden bereits im ausgehenden 18. und im 19. Jahrhundert über den Verlagshandel weltweit verkauft.[162] Als besonders wichtige »Dokumente der Sachkultur« vermitteln hier nach Bachmann als unmittelbare Quelle die »Spielwarenbücher und -kataloge« des 19. Jahrhunderts ein Bild der angebotenen Produktpalette.[163]

Neben den von Auerbach bereits erwähnten »hohlgedrechselten Früchten«[164] mit ihren Füllungen aus hölzernem Hausrat, Geschirrteilen, Kegeln oder kleinen Figürchen (Abb. 49) lassen sich auf einigen lithografierten »Musterkarten«[165] (Abb. 50–52) aus der Zeit um 1840 bereits kleinste in Spanschachteln verpackte Miniaturspielzeugsortimente nachweisen.[166] Charakteristisch für diese Schachtelware ist ihre stark vereinfachte Formensprache und eine schematische Bemalung. Einem kombinierbaren Spielsystem oder einer in der Größe einheitlichen Spielzeugwelt entsprechen jene Sortimente jedoch noch nicht.

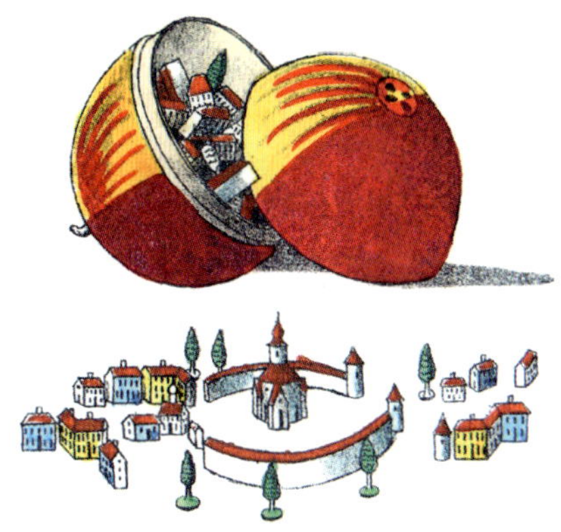

Abb. 49: Hohlgedrehte Frucht mit reifengedrehter Stadt, Abbildung aus dem Waldkirchener Spielzeugmusterbuch, Spielwarenverlag C. H. Oehme, Waldkirchen um 1850

Als äußerst seltenes Einzelbeispiel der Zeit um 1823 findet sich ein Kinderspielzeug mit realer Architekturvorlage im vierten Katalog des Nürnberger Handelshauses Georg Hieronimus Bestelmeier. Unter Nummer 1249 auf Platte 81 [Kupferstichtafel] ist eine detaillierte Stadtansicht von Nürnberg wiedergegeben (Abb. 53).[167] In der Artikelbeschreibung wird auf den Abbildungscharakter ausdrücklich hingewiesen: »Die Ansicht der Stadt Nürnberg von Holz und zum Auf-

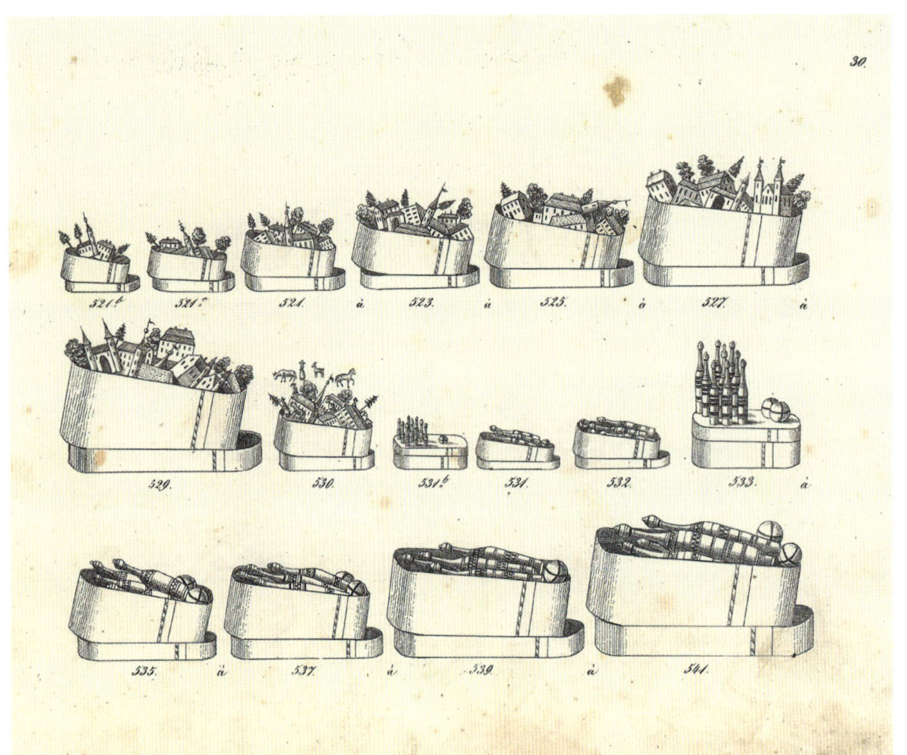

Abb. 50, 51: Musterblätter, Schachtelware thematisch sortiert, L. Lindner & Söhne Sonneberg, 1842

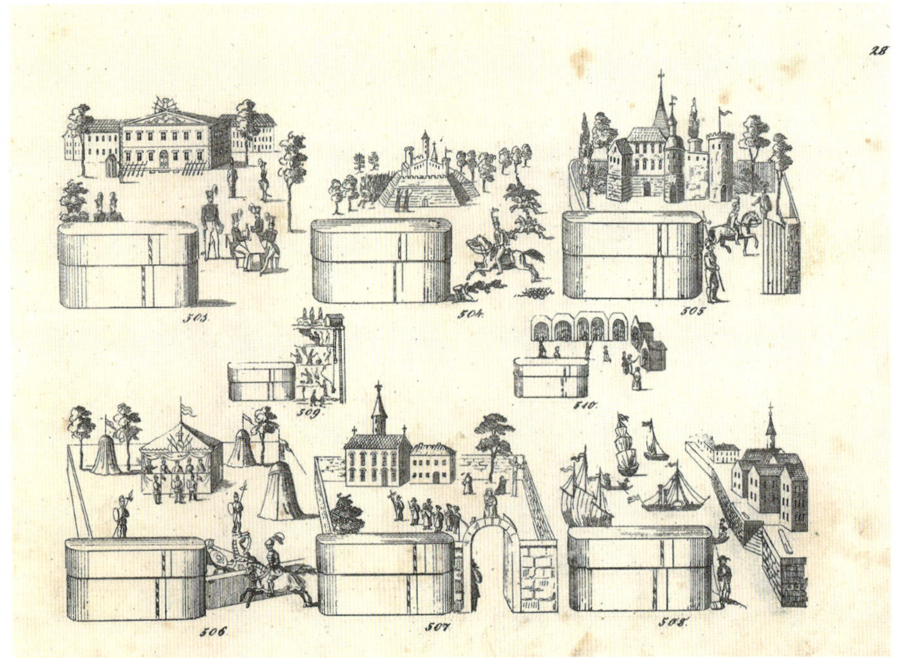

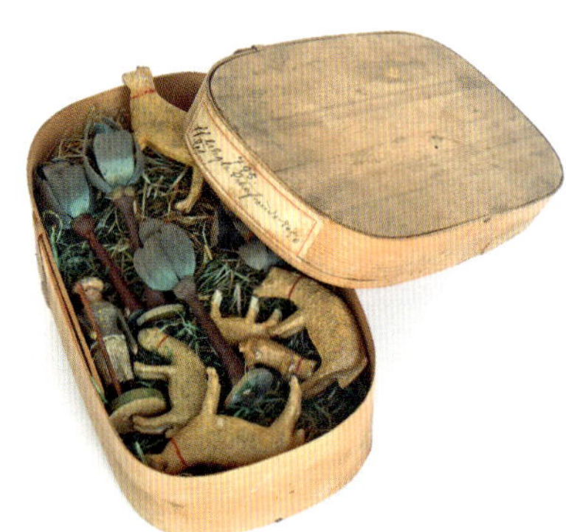

Abb. 52: Erzgebirgische Spanschachtel mit Schäferei, Anfang 20. Jahrhundert

Abb. 53: Georg Hieronimus Bestelmeier, »Nürnberg als Aufstellspielzeug«, Artikelnummer aus dem Katalog »Magazin von verschiedenen Kunst- und anderen nützlichen Sachen [...]«, Nürnberg 1823

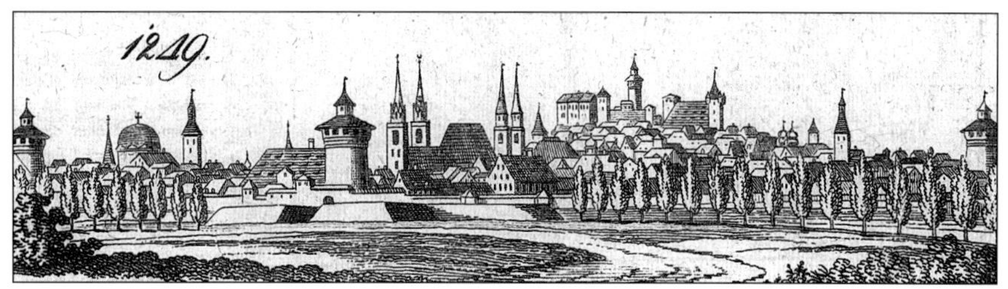

stellen von fl. [Gulden] 4.30 kr. [Kreuzer] A fl. 5.30 kr. Dergleichen mit Grundriß und den vorzüglichsten Häusern, Straßen und allen Kirchen von Holz gemacht von fl. 8. A fl. 12. und 18. Auf diese Art können auf Verlangen alle Städte gemacht werden.«[168] Da der Katalog keine Maßangaben enthält, lässt sich jedoch die Größe dieses Stadtbauspiels nicht ermitteln.

Im Gegensatz zu den vorgestellten Artikeln aus dem 19. Jahrhundert bestechen die neuen Dresdener Spielzeugmodelle durch ihre annähernd maßstabsgetreue Ausführung, die landschaftstypische, idealisiert modellhafte Nachbildung realer Bauwerke, stilisierte Formgebung und reduzierte, aber dennoch realistische und harmonische Bemalung. Durch Kombination analoger Einzelmodelle ergibt sich ein Spielsystem, ein Aspekt, der bei der erzgebirgischen »Schachtelware« des 19. Jahrhunderts noch keine Rolle spielte. Mit ihrer gut proportionierten Klötzchenform, fast ohne angeleimten Zierrat auskommend, hielten die kleinen Bauwerke der robusten Kinderhand stand und entsprachen dem menschlichen Bedürfnis des gestaltenden Aufbauens von Spielzeuglandschaften. Ein weiteres bedeutungsvolles Novum für diese Art von Holzspielwaren stellte ihr Musterschutz dar. In Anbetracht der in der Spielwarenbranche nahezu selbstverständlich praktizierten Produktpiraterie unterlagen die Modelle als schöpferisches Eigentum der jeweiligen Gestalter den Regeln des modernen deutschen Urheberrechts.[169] Mit »Musterschutz«[170] gegen Nachahmung versehen, waren sie beim Amtsgericht 1904/1905 durch Zahlung einer Gebühr für einen festgelegten Zeitraum dokumentiert und ins Musterregister eingetragen worden.[171]

Der hier vorgestellte neue Spielwarentyp sollte in vielfältiger Ausgestaltung und Weiterentwicklung unter dem Begriff Miniaturspielzeug zukünftig im In- und Ausland ein beliebter Sortimentsartikel des Spielwarenhandels werden.[172] Das erste sächsische Unternehmen, das für die Gebäudeminiaturen der Dresdener Gestalter ab Oktober 1904 testweise den Vertrieb übernahm, war der 1809 gegründete Spielwarenverlag C. F. Drechsel in Grünhainichen/Erzgebirge (Abb. 54).[173]

Wenige Monate nach Handelseinführung der Spielzeugmodelle berichtete die Fachzeitschrift »Wegweiser für die Spiel- und Kurzwaren-Industrie« im September 1905 von der Leipziger Messe und betonte die neuen Qualitäten des Spielzeugs, die nicht nur auf der gestalterischen Ebene lagen, sondern auch den neuen Anforderungen aus pädagogischer Perspektive entsprachen. »Die Holzspielwarenbran-

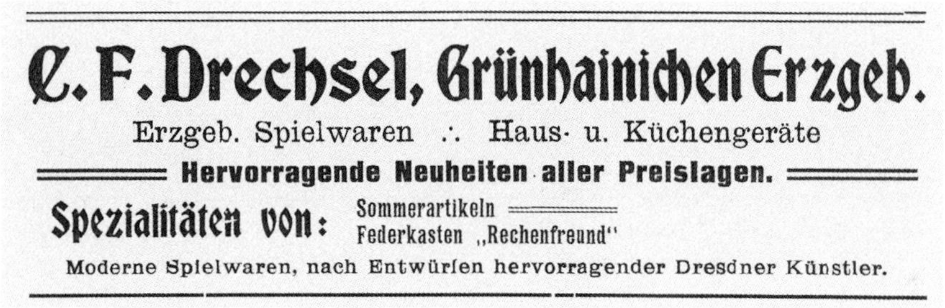

C. F. Drechsel, Grünhainichen Erzgeb.
Erzgeb. Spielwaren ∴ Haus- u. Küchengeräte
Hervorragende Neuheiten aller Preislagen.
Spezialitäten von: Sommerartikeln
Federkasten „Rechenfreund"
Moderne Spielwaren, nach Entwürfen hervorragender Dresdner Künstler.

Abb. 54: Anzeige Spielwarenverlag C. F. Drechsel im »Wegweiser für die Spielwarenindustrie«, 1907

che hat ebenfalls viele Neuheiten herausgebracht, die teilweise sehr glückliche Ideen verkörpern. Als besonders bemerkenswert nennen wir die nach Entwürfen namhafter Künstler ausgeführten erzgebirgischen Spielwaren. Namentlich aber sind die Dörfer in ihrer naivkünstlerischen Auffassung beachtenswert, es tritt uns etwas ganz Neues, Eigenartiges entgegen. Die einzelnen Gebäude, Kirchen, Häuser, Scheunen, Stallungen sind nach architektonischen Gesetzen konstruiert und geben eine vorzügliche Perspektive ab, wodurch eine seltene Naturtreue hervorgerufen wird. Als besonderen Vorzug begrüssen wir es, dass die beigegebenen Figuren, Menschen, Tiere, Wagen und Geräte im richtigen Grössenverhältnis gehalten sind. Die hier genannten Neuheiten scheinen dazu berufen zu sein, eine neue, gesunde Richtung in die Wege zu leiten und mit Recht verdienen sie das warme Interesse, das man ihnen entgegenbringt.«[174]

Bei der Umsetzung und Markteinführung der neuen Modelle war als wichtigster Vermittler zwischen Dresden und dem Erzgebirge wiederum die Fachgewerbeschule Grünhainichen gefragt. Zum einen entwickelte Direktor Albert Wendt mit seinen Schülern die Prototypen und Herstellungsmuster, darüber hinaus versuchte er wirtschaftlich lukrative Preislagen zu kalkulieren und setzte sich aktiv für die Zusammenarbeit und Kommunikation von Handwerkern und Kaufleuten ein. In einem 1908 an das Königliche Ministerium des Inneren verfassten Rechenschaftsbericht legte er diese Arbeit im Kapitel »Über den Erfolg der Anregung der Spielwarenindustrie durch die Bestrebungen des Bundes Heimatschutz« umfassend und facettenreich dar.[175] Im Rückblick berichtet er von den eifrigen Bestrebungen in Dresden, den Mühen der Umsetzung im Erzgebirge und den ersten guten Erfolgen aufseiten des Handels – auch die angestrebte Verbesserung der Situtation zumindestens einiger Arbeiter wurde erreicht: »Die hübscheste Häusergruppe war offenbar das Kühn'sche Dorf, die für uns brauchbarsten Gegenstände sind die auf Veranlassung der Herren Oberbaurat Schmidt, Professor Seyffert und Tscharmann hergestellten Sachen. Man mag von dem Dorfe des Baurat Kühn [Lausitzer Dorf] (Abb. 55) sagen was man will, für mich steht fest, dass die Bemalung dem Bunde Heimatschutz Ehre macht. Leider liess sich Herr Kühn von dem, was er sich dachte, nichts abhandeln, und das Dorf konnte deswegen in eine vernünftige Preislage nicht hineingebracht werden.[176] Noch heute bin ich der Meinung,

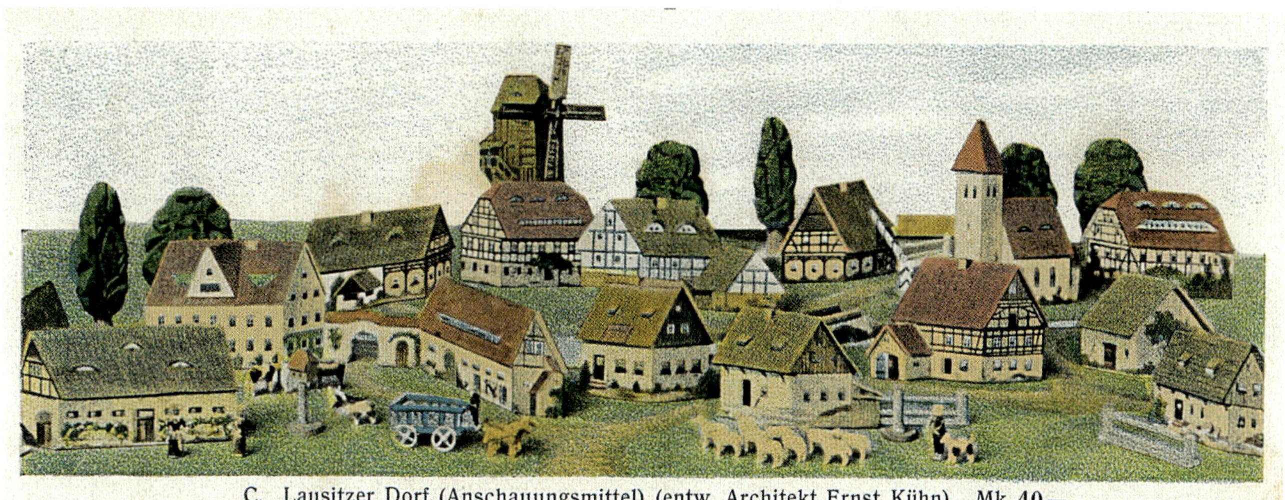
C. Lausitzer Dorf (Anschauungsmittel) (entw. Architekt Ernst Kühn). Mk. 40.—.

Abb. 55: In dem Musterblatt des Kaufmännischen Vereins Grünhainichen, gedruckt von C. C. Meinhold & Söhne in Dresden (Katalog Nr. 1c), ist das »Lausitzer Dorf« 1905 mit einem Preis von 40,– Mark ausgewiesen. Dies entspricht etwa dem Monatseinkommen eines um 1905 im Spielwarenbezirk Seiffen tätigen hausindustriellen Spielzeugmachers.

dass die Art der Bemalung nutzbar gemacht werden könnte, wenn beispielsweise die Häuschen mit gedruckten Bildern beklebt würden. Das würde, ordentlich gemacht, die Haltbarkeit und die Schönheit nicht beeinträchtigen, den Preis aber auf etwa 1/3 herabsetzen. Einen guten Erfolg haben wir mit den übrigen durch den Bund Heimatschutz uns überwiesenen Sachen gehabt. Wie kam das? Bei den Häuserformen liess man mir nach den mancherlei Aussprachen in Dresden in den Nebensachen freie Hand. Ich war in der Lage, die Maschinen ausgiebig arbeiten zu lassen und der Arbeiter kann heute bei gutem Verdienst die Häuschen verhältnismässig billig herstellen. Die Bemalung hatte Herr Professor Seyffert so eingerichtet, dass für unsern Spielwarenmaler, dessen Hand die stark hervortretende gerade Linie beherrscht, keine Schwierigkeit vorhanden war. So war es möglich, diese Art der Spielwaren schon mit dem ersten Anlauf verkaufsfähig zu machen und wenn allerseits die gemachten Erfahrungen berücksichtigt werden, dann sind fernhin auch bessere Resultate zu erwarten. Am meisten zufriedengestellt sind bisher die einschlägigen Arbeiter, von denen es einige auf einen sehr guten Verdienst gebracht haben. Damit wäre ein bedeutsames Arbeitsziel unserer Schule erreicht.«[177]

Spielzeuggestaltung und »Volkskunstgewerbe« – Oskar Seyffert und die praktische Seite der Volkskunde Dresdener Prägung

Seiten 62/63, Abb. 56: Ansicht des Ausstellungsgeländes der Ausstellung des Sächsischen Handwerks und Kunstgewerbes, Dresden, 20. Juni bis 27. September 1896, Zinkografie

Oskar Seyfferts ursprünglicher Gedanke (1903), Entwürfe von Spielwaren »im Geiste einer vaterländischen Kunst«[178] auszuführen, erwies sich bis dahin also, dank einflussreicher Helfer und effizienter Netzwerkarbeit, als höchst erfolgreich im Sinne neuer Produktgestaltung und Wirtschaftsförderung.

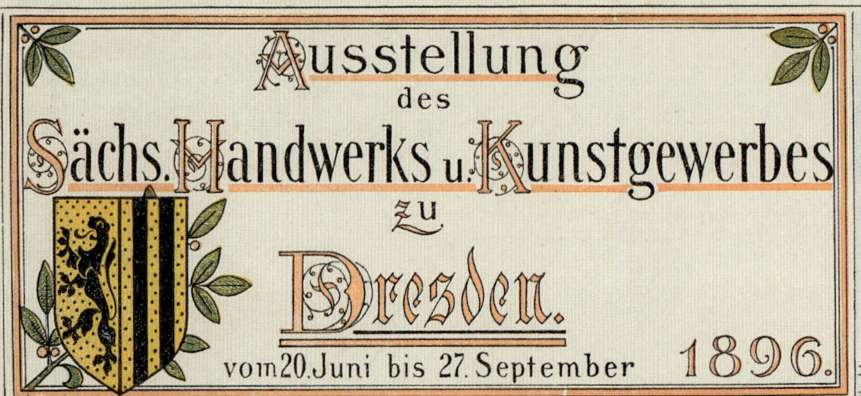

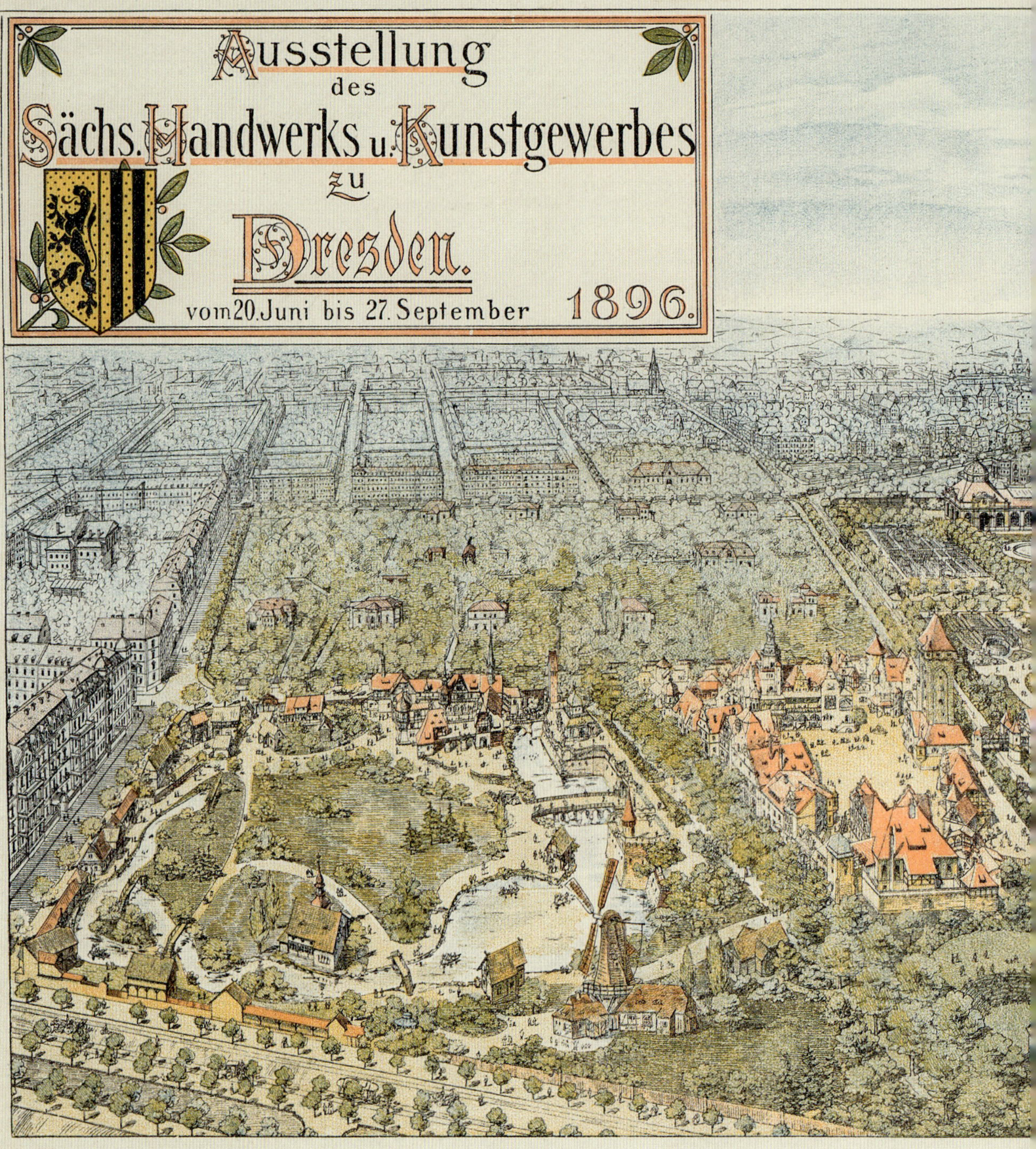

Johann-Georgen-Allee.
Albrecht-strasse.
Dorfanlage.
Wend. Museum.
Gasthof zum Adler.
Teich mit Kanälen.
Bootshaus.
Windmühle.
Wall.
Alte Stadt.
Rathhaus.
Gewandhaus.
Wartthurm mit

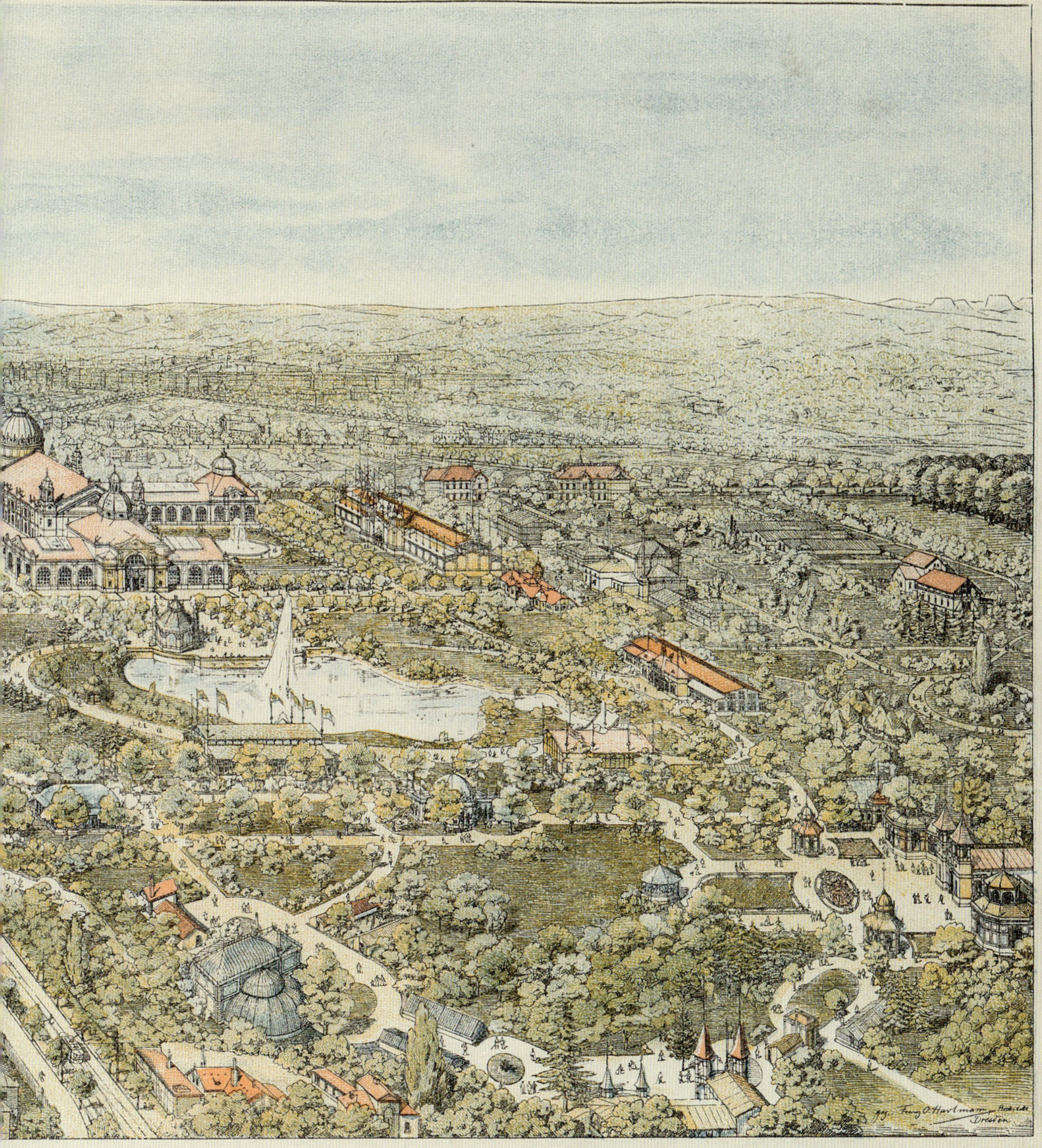

Zinkographie u. Druck von C. C. Meinhold & Söhne, Kgl. Hofbuchdruckerei, Dresden.

Lennéstrasse.

Haupt-Ausstellungshalle.

Volkstrachten-Museum.

Verwaltungsgebäude.

Neben-Ausstellungs-Hallen.

Café.

Restaurant Löwenbräu.

Als Kunstmaler selbst an der Königlich Sächsischen Kunstgewerbeschule Dresden u. a. im Fach Theatermalerei von Ermenegildo Antonio Donadini (Wien) ausgebildet, erhielt er ab 1885 an dieser Schule eine Anstellung als Zeichenlehrkraft für »Figürliches Zeichnen, Geometrisches Flächenornament und Figurenzeichnen/Aktzeichnen.«[179] Gemäß seinem Selbstverständnis als praktisch tätiger Künstler und Ausstellungsgestalter erarbeitete er im Zuge jener öffentlichkeitswirksamen Aufgaben der Kunstgewerbeschule 1896 gemeinsam mit Oberbaurat Karl Schmidt und dem Kunsthistoriker Jean Louis (Ludwig) Sponsel die Inszenierung einer Ausstellungseinheit innerhalb der »Ausstellung des sächsischen Handwerks und Kunstgewerbes«.[180] (Abb. 56, s. S. 62, 63) In einer temporär errichteten, begehbaren Freilichtanlage, der »Alten Stadt« mit angeschlossenem »Museum für Sächsische Volkskunde« und einem kompletten »Wendischen Dorf« inklusive »Wendischem Museum«, konnten die Besucher vergleichbar einem modernen Freizeit- oder Themenpark in die Vergangenheit zurückschauen, ins Wirtshaus einkehren oder sich volkskundlich bilden.[181] Auch hier wird wieder deutlich, dass Oskar Seyffert die Begriffe Volkskunst und Volkskunde sogar bei der Nennung des von ihm gegründeten Museums synonym verwandte – obwohl er selbst gegen diese Bezeichnung argumentierte.[182] Die in beiden Museen gezeigten »Sachzeugnisse der Sächsischen Volkskultur« stammten aus der bis dahin eher aus Liebhaberei zusammengetragenen privaten Sammlung von Oskar Seyffert.[183] Den großen Auftritt vor dieser Kulisse bekam am 5. Juli 1896, eingebettet in eine nostalgische Großveranstaltung, der »Festzug zum 1. Sächsischen Volkstrachtenfest« mit über 2000 Trachtenträgern.[184]

Ein Jahr später 1897 gehörte Seyffert wiederum gemeinsam mit Karl Schmidt zu den Gründungsmitgliedern des Vereins für sächsische Volkskunde und 1904 zu den Mitbegründern der von Ernst Rudorff initiierten und in Dresden gegründeten Vereinigung Bund Heimatschutz.[185] Parallel zu diesen Aktivitäten war Oskar Seyffert 1902 mit Ferdinand Avenarius an der Gründung des Dürerbundes beteiligt. Aktiv forcierte er mit seinen Kollegen William Lossow und Karl Groß von der Dresdener Kunstgewerbeschule 1906/1907 die Gründung der Sächsischen Landesstelle für Kunstgewerbe.[186] Ab 1909 übernahm er den Vorsitz des Vereins für Sächsische Volkskunde.

Als treibende Kraft und Leiter des späteren Museums für Sächsische Volkskunst Dresden (1913) hatte er bereits 1898 auf dem städtischen Dresdener Weihnachtsmarkt Einzelstücke erzgebirgischer Holzspielwaren für seine noch junge Sammlung erworben. Im Umfeld dieser Sammeltätigkeit reichten Seyfferts persönliche Verbindungen auch hinauf ins Erzgebirge. Mit dem Leiter der Seiffener »Industrieschule«, Gewerbelehrer Otto Adlung, stand er schon um 1900 im Kontakt.[187] Dieser spendete mehrfach teils historische, teils »moderne« volkskundlich interessante Gebrauchsgegenstände für die Museumssammlung.[188] Von der naiven Ausstrahlung der stilisierten Holzspielsachen angezogen, tätigte er 1903 einen größeren

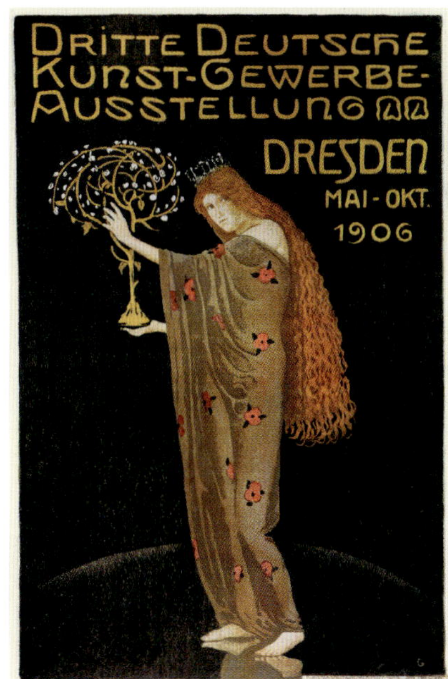

Abb. 57: Ausstellungsplakat, Entwurf: Otto Gussmann, Dresden 1906

Ankauf bei den Herstellern im Erzgebirge.[189] Mit kunsterzieherischem Sendungsbewusstsein widmete er sich wirkungsvoll und nachhaltig dem Thema Spielzeuggestaltung im Kontext seiner eigenen Programmatik der Volks- und Heimatkunst.

Seyffert dachte als künstlerisch veranlagter Mensch im klassischen Sinne eines Kunstgewerblers der Zeit um 1900. Das heißt, ursprünglich als akademischer Maler im Geiste des Historismus ausgebildet, versprach er sich eine Erneuerung des Kunstgewerbes durch Anregungen unverbrauchter, nicht von historischen Stilen besetzter Vorlagen. Den akademisch unberührten, jahrhundertelang tradierten Motivschatz, den er als deutsche Volkskunst verstand, betrachtete er als schöpferischen Jungbrunnen und Kraftspender einer lebendigen Volkskultur Sachsens.[190] So kam es, dass bereits zu Beginn des 20. Jahrhunderts die »nicht nur theoretisch, sondern auch praktisch betriebene« Volkskunde und zeitgenössisch verwertete »Volkskunst« als Spezialität des Vereins für Sächsische Volkskunde galten.[191]

Im Zusammenhang mit Oskar Seyfferts Sammeltätigkeit für ein Museum Sächsischer Volkskunst ist bemerkenswert, dass die ihm zugesprochene Kompetenz, sein spezieller Expertenstatus, nie angezweifelt wurde, obwohl er eigentlich kein »Wissenschaftler, sondern Künstler, auf Volkskundlichem Gebiet höchstens Autodidakt war.«[192] Im Gegenteil, für die sächsischen Regierungsbehörden fungierte er mehrfach als Referenzperson im Rahmen von Stellenbesetzungsverfahren der erzgebirgischen Spielwaren-Fachgewerbeschulen, so 1905 für Seiffen, 1907 für Grünhainichen und 1914 wiederum für Seiffen.[193] Er praktizierte dabei beispielsweise eine ihm ganz eigene Unterscheidung alter, aber auch moderner Volkskunst. »Volkskunst war für ihn ›Kunst des kleinen Mannes‹ und ›Kunst, die nicht auf Schulen gelehrt wird‹. […] Ihre regionale Verwurzelung charakterisierte er mit einem Vergleich: ›Kunst ist Sprache. Volkskunst ist Dialekt‹. Und die ›Selbstverständlichkeit, die Kraft und die Gesundheit der Volkskunst‹ setzte er gegen die eklektische ›Stilnachahmerei‹ im Kunstgewerbe seiner Zeit und gegen den Historismus der Akademien.«[194]

1906 mündeten seine kunstpädagogisch motivierten Aktivitäten in der Einrichtung einer eigenen Abteilung Volkskunst auf der Dritten Deutschen Kunstgewerbeausstellung Dresden (Abb. 57). In einem Aufsatz zum Thema »Volkskunst« bemerkte Seyffert explizit, dass diese Ausstellungsabteilung nicht aus kulturhistorischen oder ethnografischen Gründen eingerichtet wurde, sondern weil man sich von der bislang unverbrauchten und neu entdeckten »volkstümlichen Kunst« eine Förderung des deutschen Kunstgewerbes versprach.[195] Im Rückblick auf die Ausstellung hieß es 1906 in den Mitteilungen für Volkskunde: »Die Volkskunst hat gezeigt, daß sie innerlich jung ist. […]«[196] Auf dieser für moderne Gestaltungsfragen bedeutenden und zukunftweisenden Leistungsschau waren auch die Dresdener Werkstätten für Handwerkskunst, die Werkstätten für deutschen Hausrat Theophil Müller, Julius Zocher Meißen, Karl Max Seifert Dresden und die Osterländischen Werkstätten Meuselwitz mit ihren neuartigen Künstler-Spielwaren vertreten.[197]

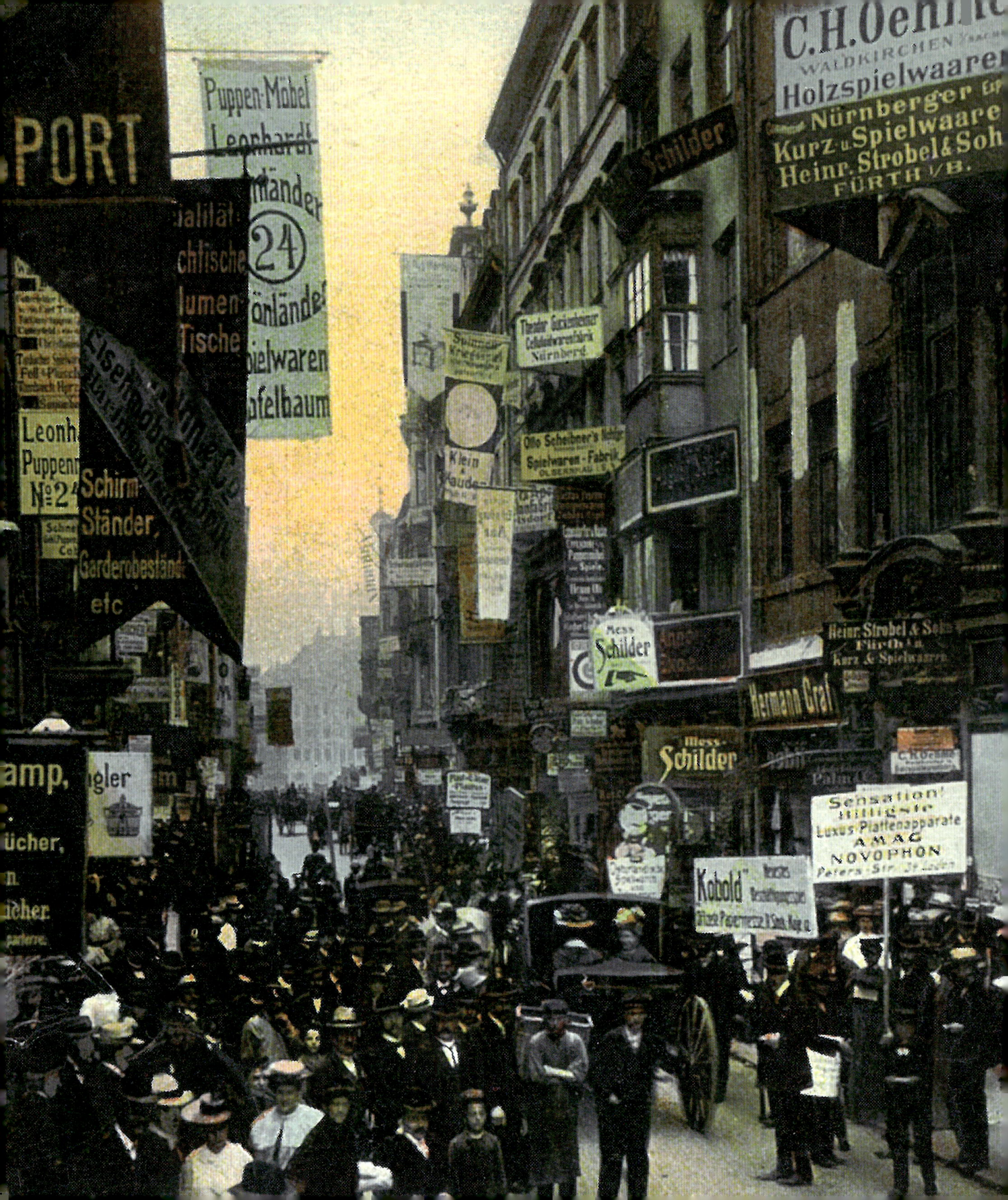

PORT
Puppen-Möbel
Leonhardt
24
pielwaren
Tische
Leonh
Puppen
№ 24
Schirm-
Ständer,
Garderobeständer
etc
C.H.Oehm
WALDKIRCHEN
Holzspielwaaren
Nürnberger
Kurz- u. Spielwaare
Heinr. Strobel & Soh
FÜRTH i/B.
Schilder
Nürnberg
Otto Scheibner's
Spielwaren-Fabrik
Klein
Mess
Schilder
Hermann Graf
Heinr. Strobel & Sohn
Fürth i. B.
Kurz & Spielwaaren
Mess-
Schilder
Sensation!
Billigste
Luxus-Plattenapparate
AMAG
NOVOPHON
Kobold
amp,
ücher,

Öffentliche Präsentation, Lobbyarbeit und Serienreife

Die Fachgewerbeschulen der sächsischen Spielwarenindustrie auf der 3. Deutschen Kunstgewerbeausstellung Dresden 1906 – ein Netzwerk hinter den Kulissen

Bereits im November 1904 erging ein Schreiben des Königlichen Sächsischen Ministeriums des Innern mit der Aufforderung an die Fachgewerbeschulen in Grünhainichen und Seiffen, sich »in einer der Bedeutung der Ausstellung würdigen Weise« zu beteiligen und bis Ende März 1905 anzuzeigen, welche Arbeiten ausgestellt werden könnten.[198] Anhand der verantwortlichen Personen und der Organisationsstrukturen dieser international beachteten Kunstgewerbeausstellung lässt sich ein perfektes Netzwerk der Dresdener Herren plastisch darstellen, die sich um die Popularisierung moderner Holzspielwaren besonders rege bemühten. Die gemeinsamen Aktivitäten im Verein für Sächsische Volkskunde, bzw. im Ausschuss zur Pflege heimatlicher Kunst und Bauweise, wurden bereits beschrieben. In der vom Dresdener Stadtbaurat Hans Erlwein gegründeten Künstlervereinigung »Zunft« vernetzten sich 1906 die Professoren Karl Groß, Oskar Seyffert und Heinrich Tscharmann sowie Ernst Kühn ein weiteres Mal.[199] Im Tagebuch der »Zunft« vom 10. September 1906 schildert Hans Erlwein seine Beweggründe zum Zusammenschluss der Dresdener Interessengruppe: »Mein Hintergrund für den Zusammenschluß war ja von Haus aus, die ›Zunft‹ zu einer Gruppe von Künstlern auszubilden, die in Verfolgung gleicher Ziele, nämlich Förderung modernen künstlerischen Geistes Hand in Hand arbeiten, [...].«[200]

Selbst für die Bewerbung der eigenen Spielwarenentwürfe hatte die Berufung der Verantwortlichen zur Vorbereitung der Kunstgewerbeausstellung 1906, insbesondere aus den Reihen der »Zunft«, höchst praktische Bedeutung.[201] Generalmajor Freiherr von Friesen (Vorsitzender des Ausschusses zur Pflege ...)[202] gehörte mit dem Geheimen Rat Ministerialdirektor Dr. jur. Franz Roscher (Mitglied im »Ausschuß zur Pflege ...«)[203] dem »Ehren-Ausschuß« an. Als Lehrkraft

Abb. 58: Blick in die Petersstraße während der Messe. Die Aufnahme zeigt den regen innerstädtischen Besucherverkehr zur Mustermesse. Zahlreiche Werbeausleger verschiedener Spielzeugfirmen – darunter auch die Werbung der erzgebirgischen Verlage C. H. Oehme Waldkirchen und D. H. Wagner & Sohn Grünhainichen – hängen an den Fassaden der großen, meist mehrstöckigen Messehäuser. Ausschnitt einer Farbpostkarte aus Leipzig, gestempelt am 3.3.1909

der Kunstgewerbeschule oblagen Karl Groß verschiedenste organisatorische Hauptaufgaben. Unter anderem als Vorsitzender des »Ausschuss für Schulen«[204] stand er als persönlich bekannter Ansprechpartner mit den Gewerbelehrern der beiden erzgebirgischen Spielwaren-Fachgewerbeschulen in Verbindung.[205] Als weitere, den Lehrern vertraute Persönlichkeit wirkte hier auch der Königliche Gewerbeschulinspektor Regierungsrat Rudolf Enke[206] mit. Architekt Ernst Kühn gehörte dem »Bauausschuß«[207] an. Heinrich Tscharmann hatte neben der Leitung des »Bauausschuß«[208] Funktionen im »Ausstellungs-Direktorium[209], im »Arbeits-Ausschuß«[210] und im »Lotterieausschuß«[211] inne. Oskar Seyffert gehörte wiederum dem »Ausstellungs-Direktorium«[212], dem »Festausschuß«[213], dem »Werbeausschuß« und dem »Lotterieausschuß«[214] an. Ein weiteres Mitglied der »Zunft«, der Dresdener Maler und Spielzeugentwerfer Erich Kleinhempel, übernahm ebenso Mehrfach-Aufgaben unter anderem im »Ausschuß für Kunsthandwerkliche Einzelerzeugnisse«.[215]

Die Präsentation der Fachgewerbeschulen Grünhainichen und Seiffen plante man anfänglich in Form eines Gemeinschaftsstandes.[216] Im Interesse der Gewerbeförderung stellte das Innenministerium bis zu 200 Mark zur Herstellung eines gemeinsamen Ausstellungskataloges zur Verfügung.[217] Im handschriftlichen Manuskript für diesen Katalog und in einer Versicherungsliste der für die Ausstellung vorgesehenen Objekte finden sich alle Entwürfe der Mitglieder des Ausschusses zur Pflege heimatlicher Kunst und Bauweise wieder.[218] Am Stand der »Fachgewerbeschule für Spielwarenarbeiter Grünhainichen«, Raum 208 a, präsentierte man alle Arbeiten einzeln bezeichnet und mit dem Namen des jeweiligen Entwerfers versehen.[219] Parallel existierte der Plan, diese neuen Arbeiten innerhalb der Ausstellung ans Publikum zu verkaufen.[220] Eine weitere öffentliche Werbemaßnahme im Rahmen der Ausstellung bestand darin, dass Tscharmanns Pleißenburgmodell, das Erzgebirgische Dorf von Schmidt und Seyffert sowie das Vogtländische Landgut von Seyffert für die Ausstellungslotterie – eine Marketingmaßnahme zur Zusatzfinanzierung – angekauft wurden.[221] Dass Tscharmann und Seyffert selbst im »Lotterieausschuß« mitarbeiteten, wurde bereits erwähnt. Die Pressearbeit funktionierte ebenso hervorragend. Als Vorsitzender des »Presseausschuß« berichtete der Dresdener Redakteur Paul Schuhmann[222] im »Kunstgewerbeblatt« aktuell von der Ausstellung: »Sehr zahlreich sind endlich die modernen Spielwaren vertreten. [...] Andererseits gehen die Bestrebungen dahin, für Städte und Dörfer in Holz die Formen der heimatlichen Bauweise möglichst getreu anzuwenden. Hier hat namentlich der Ausschuß für heimatliche Bauweise [...] (Verein Heimatschutz) ganz reizende Entwürfe geliefert, [...].«[223]

An die ursprüngliche Starthilfe der Firma C. F. Drechsel Grünhainichen[224] dachte man im Verlauf der großen kunstgewerblichen Leistungsschau ebenso. Für sein Künstler- und Miniaturspielzeug erhielt der Spielwarenverlag, der während der Ausstellung durch den Dresdener Hoflieferanten Georg Hermann vertreten wurde,

Abb. 59: Die Ausstellung mit Schülerarbeiten der Fachgewerbeschule Grünhainichen und Seiffen fand vom 19. November bis zum 4. Dezember 1910 im Gasthaus zur Linde in Chemnitz, Neustädter Markt »zum Besten des Wohltätigkeits-Vereins Sächsische Fechtschule mit Genehmigung des Kgl. Ministeriums des Inneren« statt. Direktor Albert Wendt, selbst Mitglied dieses Vereins, sorgte für die Koordination der Gestaltungsarbeiten beider Fachschulen. Im Vordergrund sieht man die Gruppe des »Erzgebirgischen Dorfes« und zahlreiche andere Miniaturgebäude-Zusammenstellungen. Auf dem Tisch links an der Wand sind die Pleißenburg von Heinrich Tscharmann, Miniaturensembles und verschiedene Bauernhöfe aufgebaut. Auf dem Tisch in der Raummitte steht ein großes Landschaftsmodell mit diversen kleinen Häusern. In der Mitte der Anlage befindet sich eine verkleinerte Nachbildung des Fichtelberghauses. Im letzten Jahr ihrer Ausbildung an der Kgl. Kunstgewerbeschule Dresden hatte Margarete Wendt, wohl im Auftrag ihres Vaters, Gestaltungsarbeiten für dieses Gebäudemodell übernommen. Darüber hinaus stammt der Plakatentwurf zur Ausstellung – ein Leuchterengel-Motiv – aus ihrer Hand.

das Diplom einer Silbernen Medaille.[225] Bezüglich der Frage, wer denn für die Auswahl dieser Diplome zuständig war, finden sich erneut Hinweise in den Archivalien der »Zunft«. Hier hat sich eine Adressliste der »Mitglieder des Preisgerichts der III. Deutschen Kunstgewerbeausstellung Dresden 1906« erhalten, aus der ersichtlich ist, dass zumindest für die Ausstellungsgruppe »Volkskunst« neben dem Münchener Baurat Grässel auch Oskar Seyffert und der Hamburger Künstler, Pädagoge und Volkskundler Oskar Schwindrazheim in der Jury saßen.[226] Zusätzlich ist festzuhalten, dass Schwindrazheim seit 1902 in Verbindung zu den Dresdener Werkstätten für Handwerkskunst stand, für die er 1907 ein im Stil und Maßstab zu den hier vorgestellten Architekturspielwaren passendes »Vierländerdorf« mit dazugehörigen Figuren entwarf. Die Serienausführung erfolgte in Zschopau bzw. Großolbersdorf im Erzgebirge.[227] Eine derart breit aufgestellte, perfekte Positionierung der Präsentation und Werbung für eine »Spielwaren-Idee« lässt sich für Spielzeug aus dem Erzgebirge auf einer Internationalen Kunstgewerbeausstellung

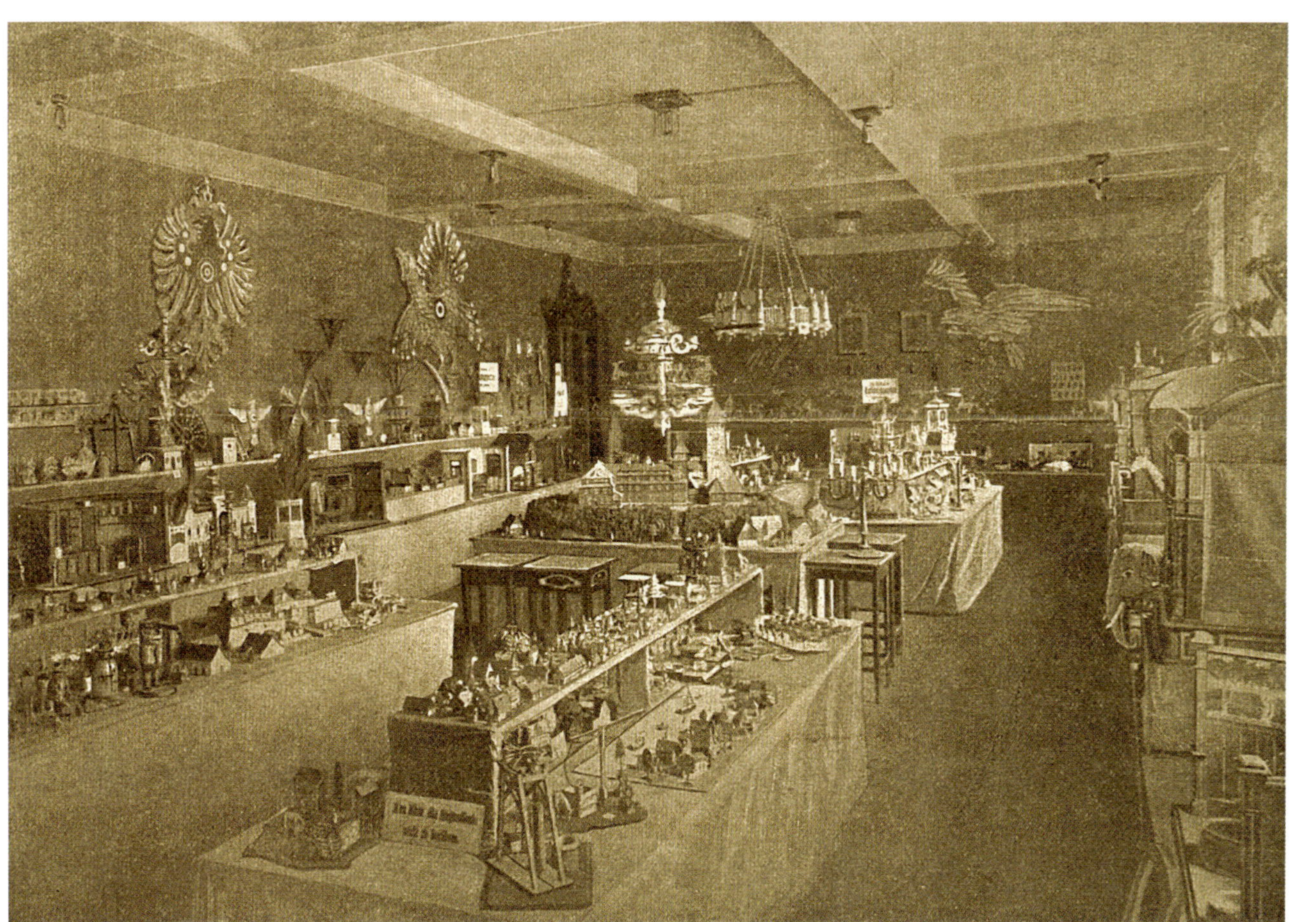

zukünftig nicht wieder belegen. Aber bis 1914 fanden weitere wichtige Ausstellungsbeteiligungen und selbstständige Leistungsschauen der beiden Spielzeug-Fachgewerbeschulen unter besonderer Berücksichtigung neuer Miniaturspielwaren-Schaustücke jährlich statt (Abb. 59).[228]

Die Erfindung der Volkskunst – zwischen Qualitätsanspruch und Anpassung an den Markt

Worauf gründeten sich der von Gewerbelehrer Albert Wendt bereits beschriebene, gute Erfolg der Serienfertigung und die steigenden Verkaufszahlen jener Aufstellspielwaren, deren pädagogischer Auftrag darin bestand, Heimatkunde zu vermitteln?

Tragende Elemente für die erfolgreiche Markteinführung der ersten Themengarnituren waren die aufeinander abgestimmte einheitliche Baugröße und eine hervorragend organisierte bzw. breit aufgestellte Reklame. Das eigene Interesse der Dresdener »Netzwerker«, ihre persönlichen Vorstellungen wirklich tatkräftig zu realisieren, setzte ein Räderwerk breit aufgestellter Werbung in Bewegung. Dazu gehören die Lancierung zahlreicher Medienberichte, vielfältige Ausstellungsbeteiligungen, Subskription einzelner Spielwarenmodelle, eine rege Vortragstätigkeit und die Werbung für die Sache in den – wiederum weit verzweigten – eigenen, bürgerlichen Vereinen und Interessengemeinschaften. Auf Veranlassung Karl Schmidts gingen Preislisten und – auf Anfrage – das frisch gedruckte »Musterblatt« mit den Farbabbildungen der Modelle im November 1905 an folgende, »dem Bund Heimatschutz angehörige Vereine: Dresdner Kunstgenossenschaft, Kgl. Sächs. Altertumsverein, Sächs. Ing.- & Architektenkammer, Verein für kirchliche Kunst, Gebirgsverein f. d. Sächsische Schweiz, Dresdner Kunstgewerbe-Verein, Verein für Sächsische Volkskunde, Naturwissenschaftlicher Verein Isis, Ausschuß für Denkmalpflege, Deutscher Lehrer-Verein f. Naturkunde, Dresdner Gesellschaft z. Förderung der Amateur-Photographie, Dürerbund, Goethebund, sämtlich in Dresden; Leipziger Geschichts- & Altertumsverein, Leipzig.«[229] Berücksichtigt man die enorme, kollektive Mitgliederzahl – allein der Verein für Sächsische Volkskunde konnte 1906 »auf über 2300« Mitglieder verweisen – so erklärt sich die, an jene bereits sensibilisierte und kaufkräftige Zielgruppe gerichtete, Werbeoffensive schlüssig.[230]

Kurz zuvor waren einheitliche Preisvorgaben und Rabatte für den Vertrieb der neuen Spielwaren-Modelle zwischen den Mitgliedern des Bezirks-Gewerbevereins Grünhainichen und dem Dresdener Ausschuss festgelegt worden. Protokolle der Absprachen und eine Liste mit Staffelpreisen sind in den Akten der Kaufmännischen Vereinigung erhalten.[231]

Zusätzlich hatten aufgrund der üblichen lokalen Fertigungsstruktur die erzgebirgischen Verlagshäuser eine Monopolstellung inne. Da »etwa 8 verschiedene

Abb. 60: Sachsens Königshaus, Postkarte, um 1907

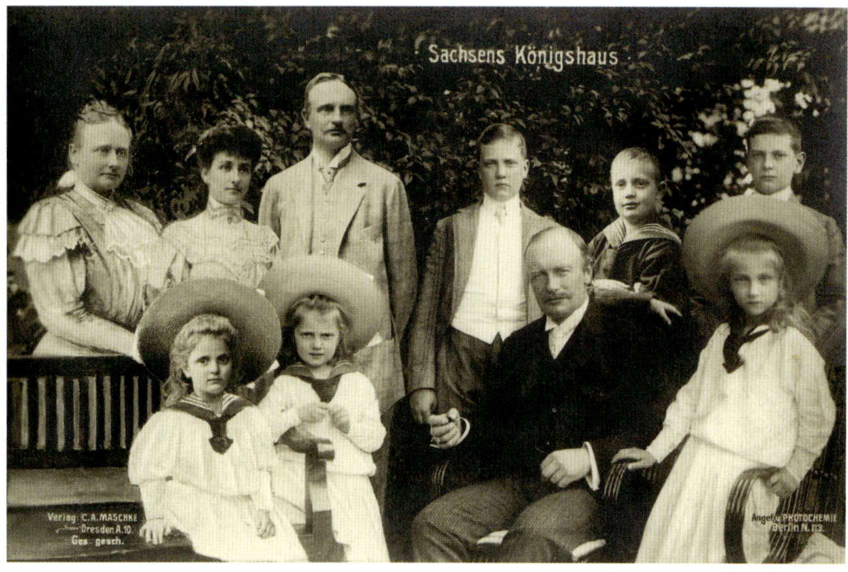

Arbeiter bei der Herstellung einer solchen Schachtel tätig sind« und die Komplettierung der Miniaturensembles im Verlag erfolgte, blieb außenstehenden Interessenten eine Direktbestellung beim Produzenten verwehrt.[232] Neben dem Engros-Geschäft sollte sich zukünftig ein Einzelversand der neuen Muster als ausgesprochen günstig erweisen.

Anfänglich so nicht geplant, ermöglichten die Art der Gestaltung und zusätzlich der Ideenreichtum der erzgebirgischen Handwerker einen vielfältigen Ausbau jener kleinen Spielzeugwelten. Oskar Seyffert selbst lieferte hierfür bereits 1904 ein Beispiel. Im Rahmen einer geplanten Audienz mit Geschenkübergabe der Miniaturdörfchen an die sächsischen Prinzen bemühte er sich, das »Königliche Dorf« repräsentativ aufzuwerten. An Albert Wendt schreibt er am 13. Dezember: »Wie Sie wohl wissen, steht uns eine Audienz zu S. Majestät [des sächsischen Königs Friedrich August III.[233] (1865–1932, Thronbesteigung 17.10.1904!)] bevor. [Abb. 60] Ich bitte Sie, von dem Schmidt Seyffert'schen Dorf einige Häuser doppelt mitbringen zu wollen, damit wir das Dorf auf diese Weise vergrößern können. Ebenso sind recht viele Figuren, Tiere u. Zäune erwünscht.«[234]

Diese Audienz kam zwar nicht zustande, wurde jedoch im Rahmen der 1909 unternommenen Erzgebirgsreise von König Friedrich August III. nachgeholt und in Grünhainichen höchst werbewirksam inszeniert.[235] Während einer Begutachtung von Schülerarbeiten der Fachgewerbeschule »trat aus einem Nebenraum ein junges Mädchen in erzgebirgischer Tracht (Frl. Grete Wendt) auf ihn [den König] zu und präsentierte ihm auf einem Tablett die Nachbildung eines erzgebirgischen Dorfes [...].«[236] In mundartlichem Vortrag betonte die Rednerin die allgemein frohe Erwartung und innige Verbundenheit der hiesigen Bevölkerung mit ihrem Monarchen. Mit den Worten: »In der Unterhaltung sein sich die Kinner aller Stände gleich«, übergab Grete Wendt [Tochter von Albert Wendt] dem König das Dörfchen mit der Bitte, es doch seinen Kindern, »die m'r Prinzen und Prinzessen nennt«, zu überbringen.[237] Der betont volksnahe, scheinbar Standesgrenzen auflösende Tenor der Presseberichterstattung ist charakteristisch für alle zeitgenössischen Beschreibungen dieser Reise in den regionalen Tageszeitungen des Erzgebirges.[238] Ein wirkungsvoll platzierter Beitrag über den besonders originellen Empfang in

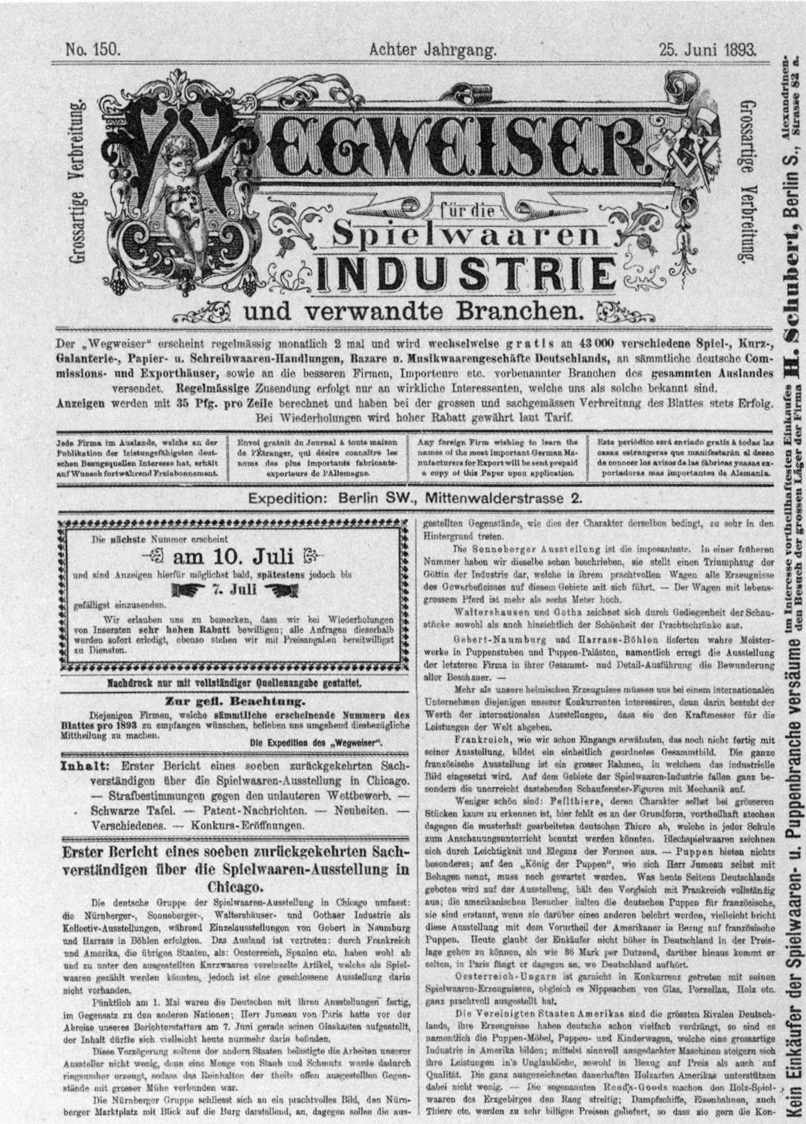

No. 150. Achter Jahrgang. 25. Juni 1893.

Grossartige Verbreitung. Grossartige Verbreitung.

Wegweiser für die Spielwaaren Industrie und verwandte Branchen.

Der „Wegweiser" erscheint regelmässig monatlich 2 mal und wird wechselweise **gratis** an **43000 verschiedene Spiel-, Kurz-, Galanterie-, Papier- u. Schreibwaaren-Handlungen, Bazare u. Musikwaarengeschäfte Deutschlands**, an sämmtliche deutsche **Commissions- und Exporthäuser**, sowie an die besseren Firmen, Importeure etc. vorbenannter Branchen des **gesammten Auslandes** versendet. **Regelmässige** Zusendung erfolgt nur an wirkliche Interessenten, welche uns als solche bekannt sind.
Anzeigen werden mit **35 Pfg. pro Zeile** berechnet und haben bei der grossen und sachgemässen Verbreitung des Blattes stets Erfolg. Bei Wiederholungen wird hoher Rabatt gewährt laut Tarif.

Jede Firma im Auslande, welche an der Publikation der leistungsfähigsten deutschen Bezugsquellen Interesse hat, erhält auf Wunsch fortwährend Freiabonnement.	Envoi gratuit du Journal à toute maison de l'Étranger, qui désire connaître les noms des plus importants fabricants-exporteurs de l'Allemagne.	Any foreign Firm wishing to learn the names of the most important German Manufacturers for Export will be sent prepaid a copy of this Paper upon application.	Este periódico será enviado gratis à todas las casas estrangeras que manifestarán al deseo de conocer los avisos de las fábricas y casas exportadoras mas importantes de Alemania.

Expedition: Berlin SW., Mittenwalderstrasse 2.

Die **nächste** Nummer erscheint
am 10. Juli
und sind Anzeigen hierfür möglichst bald, **spätestens** jedoch bis
7. Juli
gefälligst einzusenden.

Wir erlauben uns zu bemerken, dass wir bei Wiederholungen von Inseraten **sehr hohen Rabatt** bewilligen; alle Anfragen dieserhalb werden sofort erledigt, ebenso stehen wir mit Preisangaben bereitwilligst zu Diensten.

Nachdruck nur mit vollständiger Quellenangabe gestattet.

Zur gefl. Beachtung.

Diejenigen Firmen, welche **sämmtliche erscheinende Nummern des Blattes pro 1893** zu empfangen wünschen, belieben uns umgehend diesbezügliche Mittheilung zu machen.

Die Expedition des „Wegweiser".

Inhalt: Erster Bericht eines soeben zurückgekehrten Sachverständigen über die Spielwaaren-Ausstellung in Chicago. — Strafbestimmungen gegen den unlauteren Wettbewerb. — Schwarze Tafel. — Patent-Nachrichten. — Neuheiten. — Verschiedenes. — Konkurs-Eröffnungen.

Erster Bericht eines soeben zurückgekehrten Sachverständigen über die Spielwaaren-Ausstellung in Chicago.

Die deutsche Gruppe der Spielwaaren-Ausstellung in Chicago umfasst: die Nürnberger-, Sonneberger-, Waltershäuser- und Gothaer Industrie als Kollectiv-Ausstellungen, während Einzelausstellungen von Gebert in Naumburg und Harrass in Böhlen erfolgten. Das Ausland ist vertreten: durch Frankreich und Amerika, die übrigen Staaten, als: Oesterreich, Spanien etc. haben wohl ab und zu unter den ausgestellten Kurzwaaren vereinzelte Artikel, welche als Spielwaaren gezählt werden könnten, jedoch ist eine geschlossene Ausstellung darin nicht vorhanden.

Pünktlich am 1. Mai waren die Deutschen mit ihren Ausstellungen fertig, im Gegensatz zu den anderen Nationen; Herr Jumeau von Paris hatte vor der Abreise unseres Berichterstatters am 7. Juni gerade seinen Glaskasten aufgestellt, der Inhalt dürfte sich vielleicht heute nunmehr darin befinden.

Diese Verzögerung seitens der andern Staaten belästigte die Arbeiten unserer Aussteller nicht wenig, denn eine Menge von Staub und Schmutz wurde dadurch ringsumher erzeugt, sodass das Reinhalten der theils offen ausgestellten Gegenstände mit grosser Mühe verbunden war.

Die Nürnberger Gruppe schliesst sich an ein prachtvolles Bild, den Nürnberger Marktplatz mit Blick auf die Burg darstellend, an, dagegen sollen die ausgestellten Gegenstände, wie dies der Charakter derselben bedingt, zu sehr in den Hintergrund treten.

Die **Sonneberger Ausstellung** ist die imposanteste. In einer früheren Nummer haben wir dieselbe schon beschrieben, sie stellt einen Triumphzug der Göttin der Industrie dar, welche in ihrem prachtvollen Wagen alle Erzeugnisse des Gewerbefleisses auf diesem Gebiete mit sich führt. — Der Wagen mit lebensgrossem Pferd ist mehr als sechs Meter hoch.

Waltershausen und Gotha zeichnet sich durch Gediegenheit der Schaustücke sowohl als auch hinsichtlich der Schönheit der Prachtschränke aus.

Gebert-Naumburg und **Harrass-Böhlen** lieferten wahre Meisterwerke in Puppenstuben und Puppen-Palästen, namentlich erregt die Ausstellung der letzteren Firma in ihrer Gesammt- und Detail-Ausführung die Bewunderung aller Beschauer. —

Mehr als unsere heimischen Erzeugnisse müssen uns bei einem internationalen Unternehmen diejenigen unserer Konkurrenten interessiren, denn darin besteht der Werth der internationalen Ausstellungen, dass sie den Kraftmesser für die Leistungen der Welt abgeben.

Frankreich, wie wir schon Eingangs erwähnten, das noch nicht fertig mit seiner Ausstellung, bildet ein einheitlich geordnetes Gesammtbild. Die ganze französische Ausstellung ist ein grosser Rahmen, in welchem das industrielle Bild eingesetzt wird. Auf dem Gebiete der Spielwaaren-Industrie fallen ganz besonders die unerreicht dastehenden Schaufenster-Figuren mit Mechanik auf.

Weniger schön sind: **Fellthiere**, deren Charakter selbst bei grösseren Stücken kaum zu erkennen ist, hier fehlt es an der Grundform, vortheilhaft stechen dagegen die musterhaft gearbeiteten deutschen Thiere ab, welche in jeder Schule zum Anschauungsunterricht benutzt werden könnten. Blechspielwaaren zeichnen sich durch Leichtigkeit und Eleganz der Formen aus. — **Puppen** bieten nichts besonderes; auf den „König der Puppen", wie sich Herr Jumeau selbst mit Behagen nennt, muss noch gewartet werden. Was heute Seitens Deutschlands geboten wird auf der Ausstellung, hält den Vergleich mit Frankreich vollständig aus; die amerikanischen Besucher halten die deutschen Puppen für französische, sie sind erstaunt, wenn sie darüber eines anderen belehrt werden, vielleicht bricht diese Ausstellung mit dem Vorurtheil der Amerikaner in Bezug auf französische Puppen. Heute glaubt der Einkäufer nicht höher in Deutschland in der Preislage gehen zu können, als wie 36 Mark per Dutzend, darüber hinaus kommt er selten, in Paris fängt er dagegen an, wo Deutschland aufhört.

Oesterreich-Ungarn ist garnicht in Konkurrenz getreten mit seinen Spielwaaren-Erzeugnissen, obgleich es Nippsachen von Glas, Porzellan, Holz etc. ganz prachtvoll ausgestellt hat.

Die **Vereinigten Staaten Amerikas** sind die grössten Rivalen Deutschlands, ihre Erzeugnisse haben deutsche schon vielfach verdrängt, so sind es namentlich die Puppen-Möbel, Puppen- und Kinderwagen, welche eine grossartige Industrie in Amerika bilden; mittelst sinnvoll ausgedachter Maschinen steigern sich ihre Leistungen in's Unglaubliche, sowohl in Bezug auf Preis als auch auf Qualität. Die ganz ausgezeichneten dauerhaften Holzarten Amerikas unterstützen dabei nicht wenig. — Die sogenannten **Read's-Goods** machen den Holz-Spielwaaren des Erzgebirges den Rang streitig; Dampfschiffe, Eisenbahnen, auch Thiere etc. werden zu sehr billigen Preisen geliefert, so dass sie gern die Kon-

Abb. 61: Titelseite der Branchen-Zeitschrift »Wegweiser für die Spielwarenindustrie«, 1893

Grünhainichen, inklusive der vollständig wiedergegebenen Rede, schaffte es bis in das führende Branchenblatt der deutschen Spielwarenindustrie, den Wegweiser (Abb. 61).[239]

Ab 1905 hatte man im Erzgebirge mit der kontinuierlichen Einführung weiterer neuer Modelle schon eine immens vielfältige Produktpalette ausgebaut, und damit die Gestaltungs- und Spielmöglichkeiten großzügig erweitert. Unter der Überschrift »Modernes Spielzeug« vermeldete die Presse zur Leipziger Herbst-Messe 1906: »In gegenwärtiger Zeit verfolgt die Geschmacksrichtung auch im Spielzeug einen eigenartigen Weg und wir können getrost behaupten, dass man darin das Richtige gefunden hat, den Kindern Anregung und Gelegenheit zu selbstschöpferischer Betätigung zu geben.«[240] Im Werbetext von C. F. Drechsel, Grünhainichen, wird hier erstmals auf die Möglichkeit aufmerksam gemacht, dass »auch die kleinen Zusammenstellungen der vorgenannten Spielzeuge als courante 3 Mark-Artikel« im Handel zu haben sind.[241] Für die ursprünglich als Gesamtanlagen komponierten Gebäudeensembles bedeutete dies, sie wurden in kleinere Einheiten gestückelt und konnten auch einzeln erworben werden. Diese Verkaufspraxis entspricht in ihrem Ansatz der Grundidee ausbaufähiger gegenwärtiger Systemspielwaren.[242] In der Marketingsprache klingt dies heute so: »Themenwelten erhöhen nicht nur den Spielwert, sondern generieren kontinuierlich neue Kaufanreize.«[243]

Die neuen Form- und Gestaltungsinhalte beeinflussten die erzgebirgische Spielwarenproduktion nachhaltig. Wendt wandte sich zukünftig wiederholt an das Netzwerk jener im Umfeld der »praktischen Volkskunde« tätigen Verbindungspersonen und Gestalter. »In den letzten Monaten des Vorjahres [1907] bat ich viele beteiligte Herren in Pommern, Westpreussen, Mecklenburg und auch Herrn Oberbaurat Schmidt, uns neue Zeichnungen in den ersten Monaten des Jahres zukommen zu lassen, um mit Ruhe die Muster zweckentsprechend bearbeiten zu können.«[244] (Abb. 62)

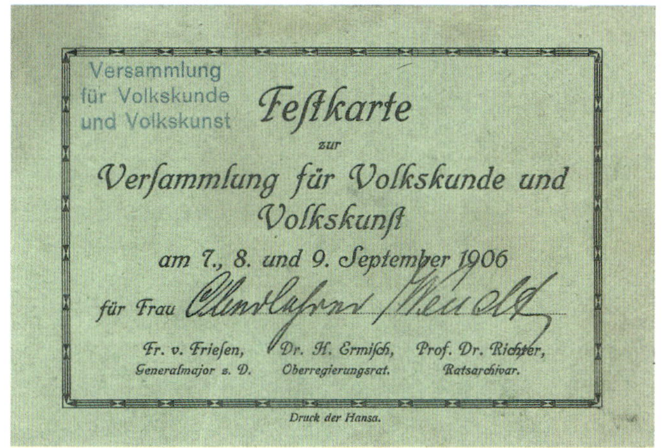

Versammlung
für Volkskunde
und Volkskunst

Festkarte
zur
Versammlung für Volkskunde und Volkskunst
am 7., 8. und 9. September 1906
für Frau Oberlehrer Wendt

Fr. v. Friesen, Generalmajor z. D. — Dr. H. Ermisch, Oberregierungsrat. — Prof. Dr. Richter, Ratsarchivar.

Druck der Hansa.

Abb. 62: Festkarte zur Versammlung für Volkskunde und Volkskunst vom 7. bis 9. September 1906, ausgestellt auf »Frau Oberlehrer Wendt«. Die Festkarte ist ein Beleg für Wendts vielfältige Interessen und Netzwerkarbeit selbst unter Einbeziehung der eigenen Familienangehörigen.

Ob in diesem Zusammenhang auch der 1909 in »Harburg a. E.« ausgeschriebene »Wettbewerb für Entwürfe zu Spielzeug niedersächsischer Eigenart« steht, ließ sich bislang nicht genau ermitteln, er passt jedoch als Initiative des örtlichen »Lehrervereins an der Elbe« mit den Juroren »unter anderen die Kunstgewerbe-Schuldirektoren von Hamburg und Altona Prof. R. [Richard] Meyer und Prof. J. Mittelsdorf, ferner der Kunstmaler Th. Hermann [Theodor Hermann (1881–1926)] und der Zeichenlehrer W. Lohmann-Harburg« genau in dieses zeitgenössische Konzept.[245] Ein weiterer intensiver Austausch neue Miniaturspielwaren-Entwürfe und Schaustücke betreffend, ist zumindest für das Erzgebirge bis etwa 1911 vielfältig belegt.[246]

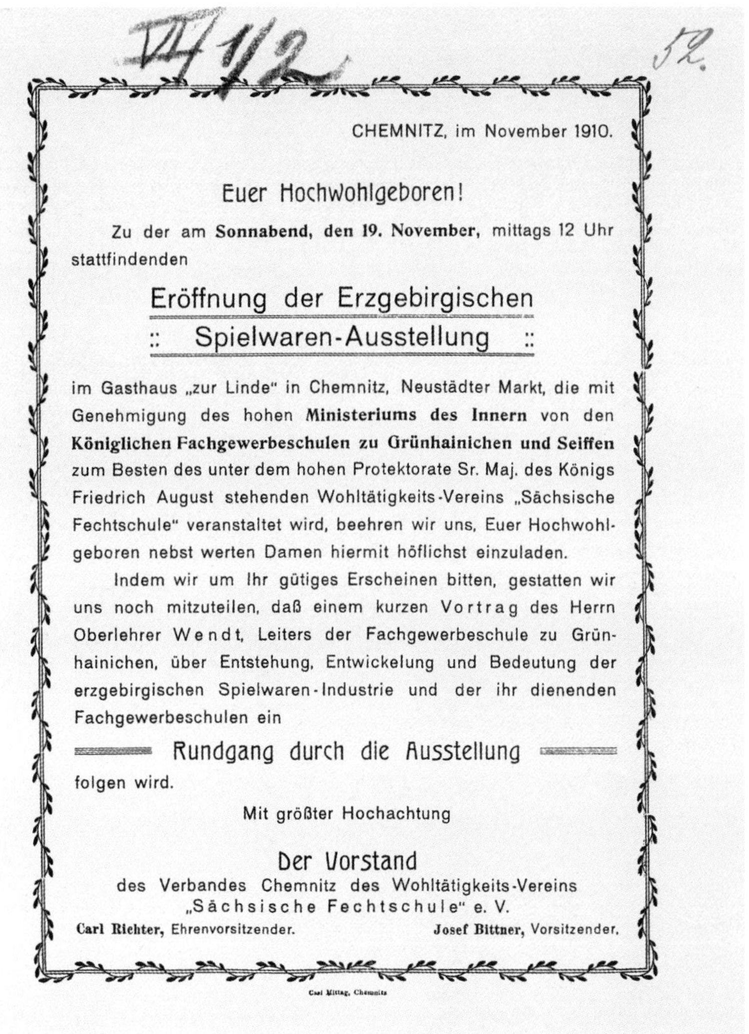

VI 1/2 52.

CHEMNITZ, im November 1910.

Euer Hochwohlgeboren!

Zu der am **Sonnabend, den 19. November,** mittags 12 Uhr stattfindenden

Eröffnung der Erzgebirgischen
:: Spielwaren-Ausstellung ::

im Gasthaus „zur Linde“ in Chemnitz, Neustädter Markt, die mit Genehmigung des hohen **Ministeriums des Innern** von den **Königlichen Fachgewerbeschulen zu Grünhainichen und Seiffen** zum Besten des unter dem hohen Protektorate Sr. Maj. des Königs Friedrich August stehenden Wohltätigkeits-Vereins „Sächsische Fechtschule“ veranstaltet wird, beehren wir uns, Euer Hochwohlgeboren nebst werten Damen hiermit höflichst einzuladen.

Indem wir um Ihr gütiges Erscheinen bitten, gestatten wir uns noch mitzuteilen, daß einem kurzen Vortrag des Herrn Oberlehrer Wendt, Leiters der Fachgewerbeschule zu Grünhainichen, über Entstehung, Entwickelung und Bedeutung der erzgebirgischen Spielwaren-Industrie und der ihr dienenden Fachgewerbeschulen ein

Rundgang durch die Ausstellung

folgen wird.

Mit größter Hochachtung

Der Vorstand
des Verbandes Chemnitz des Wohltätigkeits-Vereins
„Sächsische Fechtschule“ e. V.

Carl Richter, Ehrenvorsitzender. **Josef Bittner,** Vorsitzender.

Carl Mittag, Chemnitz

Abb. 63: Einladung zur Spielwaren-Ausstellung Chemnitz, aus dem Besitz von Albert Wendt, 1910

An der allgemeinen Entwicklung präziser maßstabsgetreuer Modellspielwaren im 20. Jahrhundert hatten die neuen Miniaturen einen maßgeblichen Anteil.[247] Zukünftige Vermarktungserfolge begünstigte eine allgemein zu Beginn des Jahrhunderts einsetzende Verkleinerungstendenz verschiedener untereinander kombinierbarer Spielwarenthemen. Hierzu zählen die Warengruppe der Papier-Modellierbögen und die kontinuierlich an Bedeutung gewinnende Sparte der modellhaften Metallspielwaren – besonders die vielfältigen kleinen Eisenbahn-Sortimente, mit ihrem Entwicklungsprozess hin zur Tisch- und Modelleisenbahn.[248]

Aus heutiger Sicht vereinen die Dresdener Entwürfe alle Regeln stimmiger Produktgestaltung. Dies wären reduzierte, materialgerecht und seriell herstellbare Formen, variable Grundelemente, die ein hohes Kombinationspotenzial in sich bergen, klare Farben, eine für den Kunden stimmige Preisgestaltung, Ausbau und Erweiterungsmöglichkeiten durch Ergänzungsteile. Wendt selbst formulierte das für die Umsetzung der Entwürfe wichtigste Ziel: Die Wirtschaftlichkeit und der damit einhergehende bessere Verdienst der Arbeiter sollten im Vordergrund stehen. Als gefragter Mittelsmann stand Wendt mit den Dresdener und Chemnitzer Vertretern des Vereins für Sächsische Volkskunde im intensiven Austausch, nahm an verschiedenen Veranstaltungen des Vereins teil und hielt in diesem Umfeld Vorträge über die Geschichte und Struktur der Erzgebirgischen Spielwarenindustrie (Abb. 62, 63).[249]

Maschinen-Volkskunst?

Der zeitgenössischen Dresdener Diskussion um »Volkskunst« schloss er sich jedoch nicht aktiv an. Im Gegenteil, spätestens ab 1910, mit zunehmender Arbeitserfahrung und seinem sicheren Gespür für die globale Marktpräsenz der erzgebirgischen Spielwarenindustrie, schrieb er nach Dresden, dass er »Gegensätze kommen sehe.«[250] Die Ziele des Bundes Heimatschutz erschienen ihm für die Zukunft und einen Absatz über die Grenzen Deutschlands hinaus bereits zu eng und einseitig.

Für ihn als Praktiker standen eindeutig die Gewerbeförderung und damit das tägliche Einkommen einer breiten Bevölkerungsgruppe des Erzgebirges im Vordergrund.

Festzuhalten ist hierbei die Tatsache, dass anfänglich die neuen Architekturspielwaren nicht im überwiegend hausindustriell wirtschaftenden oberen Erzgebirge mit seinem Spielzeugzentrum Seiffen umgesetzt wurden. Man hatte stattdessen die für architektonische Spielwaren bekannte und arbeitsteilig spezialisierte Fertigungsstätte Grünhainichen mit ihrer modernen Fachschule mit der Umsetzung der Dresdener Ideen betraut. Der wesentlichste Grund hierfür ist in der Energiefrage und der technischen Ausstattung der Werkstätten vor Ort zu sehen. Auch für diese Neuerungen hatte sich Gewerbelehrer Albert Wendt maßgeblich eingesetzt.[251] Grünhainichen konnte ab 1895 als vierte Gemeinde in Sachsen auf eine eigene örtliche Stromversorgung zurückgreifen, ein wesentlicher Standortvorteil, der zahlreichen kleineren Hausgewerbetreibenden unabhängig von der Witterung den Betrieb einer mit Elektromotor ausgestatteten Holzbearbeitungswerkstatt ermöglichte.[252] Wie Wendt im Kontext der »ausgiebigen Maschinenarbeit« beschrieb, wurden die Klötzchen für die Spielzeughäuser rationell und zeitsparend mittels Hobelmaschine und Tischkreissäge zugerichtet.[253] Außer in einigen wenigen größeren Betrieben stand den vielen kleinen Werkstätten in Seiffen, deren Spezialisierung überwiegend die Figurendreherei bildete, diese Maschinentechnik erst mit dem Anschluss an das Stromnetz 1912 zur Verfügung. Zudem war zu dieser Zeit die Anschaffung eines eigenen Elektromotors den meisten Kleinwerkstätten im Oberen Erzgebirge finanziell kaum möglich.[254] Die im Improvisieren geübten Handwerker nutzten häufig eine selbst gebaute Kreissägevorrichtung, die im Drehwerk, einer fabrikähnlichen Maschinenhalle mit Wasser- oder Dampfbetrieb[255], auf die angemietete Drechselbank, die sogenannte »Drehstelle«,[256] geschraubt wurde und somit das Zurichten kleinerer Holzwerkstücke ermöglichte.[257] Eine kostengünstige Herstellung der Vollholz-Rohlinge jener Spielzeughäuser war in der Praxis mit leistungsfähigeren Holzbearbeitungsmaschinen von Vorteil und verschaffte den auf »Architekturspielwaren« spezialisierten Handwerkern in Grünhainichen dank ihres technischen Vorsprungs auch ein höheres Einkommen.[258]

Modernere mechanisierte Verarbeitungstechnologien, in zeitgenössischen, häufig kulturpessimistisch gefärbten Diskussionen als seelenlose Maschinenarbeit deklariert, bildeten ausgerechnet hier die unmittelbare Grundlage der wirtschaftlichen Machbarkeit der aus Dresden kommenden Konzepte. Dies steht ganz im Gegensatz zu den vorgetragenen Idealvorstellungen einer betont handwerklich gefertigten »Volkskunst [mit] Seele«.[259] Der Schritt zum seriell reproduzierbaren Kunstgewerbe mit einem Anteil von Handarbeit war hier bereits vollzogen und wirtschaftlich betrachtet unumgänglich. Den im Umfeld der Moderne agierenden Dresdener Protagonisten war dieser Umstand durch den Austausch mit den Praktikern im Erzgebirge vermutlich auch deutlich bewusst. Verglichen mit dem ebenfalls auf der Dritten Deutschen Kunstgewerbeausstellung 1906 ausgestellten Maschinenmöbelprogramm der Dresdener Werkstätten für Handwerkskunst waren gerade die zeitgenössischen Entwürfe, deren Produktionskosten, Marktpreise und Produkteigenschaften im Gleichgewicht standen, wirtschaftlich erfolgreich und von besonderem Interesse.

Der zeittypisch eingefärbte Begriff einer »urwüchsigen«, handwerklich produzierten »Volkskunst« erscheint vor diesem Hintergrund merkwürdig zwiespältig. Der Begriff fungiert hier im Sinne eines gut funktionierenden Marketings als »Marke«, die in der Kundenakzeptanz mit positiven Inhalten besetzt ist. Er dient also als ästhetischer Wertmaßstab für Kunstgewerbeprodukte, gleichwohl es sich hier eigentlich um künstlich in Szene gesetzte Konsumprodukte handelt. Hauptabnehmer und Zielgruppe war ein elitärer, wertkonservativer Kundenkreis. Auch hier sind Parallelen zu gegenwärtig praktizierten, höchst erfolgreichen Geschäftsmodellen, die nach dem Motto: »Es gibt sie noch, die guten Dinge« funktionieren, offenkundig.[260]

Auch die neuen Architekturspielwaren müssen im Zusammenhang mit der Thematik einer »Erfindung der Volkskunst« betrachtet werden.[261] Hierzu sei jedoch nochmals deutlich hervorgehoben: Die gewerbliche Spielwarenerzeugung Deutschlands diente – verstärkt seit der zweiten Hälfte des 18. Jahrhunderts – dem Haupt- oder Teilerwerb ihrer jeweiligen Hersteller. Sie unterlag den Gesetzmäßigkeiten des jeweils aktuellen Zeitgeistes, der Moden, der Wirtschaftlichkeit und des Handels. Es wurden Spielwaren unterschiedlichster Qualitäten von mehr oder minder begabten Herstellern produziert. Die wirtschaftlichen und sozialen Hintergründe der Produzenten spielten hierbei eine wesentliche Rolle. Hauptabnehmer und Zielgruppe war eine internationale, begüterte Kundschaft. Vorwiegend beeinflussten der Absatzmarkt und der Preis die Produktentwicklung. Es existierte schlechtes Produktdesign neben hochwertig gestalteten Erzeugnissen, künstlerisch und technologisch höhere Qualität neben billiger, häufig minderwertiger Massenware. Gut ausgebildete Hersteller mit Gespür für die sich permanent wandelnden Erfordernisse – und weitaus mehr ungelernte Arbeitskräfte mit niedrigstem Einkommen – waren gezwungen, sich mit aktuellen Problemen von Preisdrückerei, Produktpiraterie, spezifischen Materialkosten, Fragen der Wertschöpfung, Zollbeschränkungen und anderen wirtschaftlichen Mechanismen eines Weltmarktes auseinanderzusetzen.[262]Die mit der Herstellung moderner Miniaturspielwaren beauftragten Spielwarenmacher des Erzgebirges verdienten mit ihrer Tätigkeit in der Regel den Hauptteil des Lebensunterhaltes. Sie sahen sich als Handwerker und Gewerbetreibende. Als »Volkskünstler«, im Sinne der bürgerlich-akademisch geprägten Volkskunstbewegung zu Beginn des 20. Jahrhunderts, verstanden sie sich vermutlich nicht. Zum ästhetischen Ansatz der »Bestrebungen des Bundes Heimatschutz« schrieb Wendt 1911 ans Innenministerium: »wir haben noch mancherlei zu befolgen: der Handel mit dem Auslande, die Technik, Preislage usw. zwingen uns Formen auf, die wir oft selber nicht wünschen. Wir können niemand zwingen zu kaufen was wir machen, wohl nötigt man uns aber, herzustellen, was gesucht wird. Wir dürfen nicht, wie eine Kunstschule, die Formen diktieren, wenn wir auch recht gut in der Lage sind, mit unseren kleinen Mitteln die künstlerischen Bestrebungen zu stützen; [...].«[263]

Im Rahmen einer volkswirtschaftlichen Untersuchung zur Struktur der Holzspielwarenindustrie im sächsischen Erzgebirge wurde 1911 die Beobachtung festgehalten: »So versteht man es heute, ein sächsisches oder friesisches Bauernhaus so herzustellen und auszustatten, dass es bis in die kleinsten Einzelheiten genau der Wirklichkeit entspricht.«[264] Betont wird hierbei, dass zur Herstellung dieser Arbeiten gestalterische Fähigkeiten, ein höheres Maß an Geschick, Vielseitigkeit und eine fundierte Ausbildung erforderlich sind. Daher sei es auffällig, dass jene spezialisierten Hersteller entweder besonders talentiert oder meist Absolventen der Fachgewerbeschule sind. Im originalen Text heißt es: »alle diejenigen, die sich auf die Herstellung besserer Architekturen geworfen haben, sind infolgedessen hinsichtlich ihrer wirtschaftlichen Lage mit den übrigen Hausindustriellen längst nicht mehr zu vergleichen. Gute Kleinarchitekturen werden hauptsächlich im Grünhainichener Bezirk geliefert.«[265]

Ein konkreter Nachweis einzelner Produzenten ist heute kaum mehr möglich. In einer handschriftlichen Kalkulation von Albert Wendt (vermutlich 1904/1905 notiert) finden sich als Hersteller der Miniaturhäuser die Familiennamen Hänel, Otto, Rudolf und Hunger.[266] Für eine gesicherte Zuordnung beispielsweise mithilfe der »Augustusburger Adressbücher« reichen diese Angaben nicht aus.[267] Als »Spielwarenmaler« der Miniaturhäuser wird im Schriftverkehr der Fachgewerbeschule 1904 Karl Listner in Grünhainichen genannt.[268] Gelegentlich wurde auch Grete Wendt mit der Bemalung der »Bauernhöfe« beauftragt; sie stand wenig später bereits persönlich mit den Dresdener Gestaltern in direktem Kontakt.[269]

Die bis in die ministerialen Ebenen reichende Entwicklungshilfe für die Spielwarengruppe verknüpfte man in Dresden von Anfang an mit dem Versuch, die drängende Problematik der Sozialen Frage in den sächsischen Spielwarenbezirken zu lösen. Mit dem Kauf eines »Erzgebirgischen Dörfchens« leistete der materiell besser situierte Konsument eine »gute Tat«, da mit diesem ästhetisch veredelten Produkt »regionaler Herkunft« heimische Produzenten ein höheres Einkommen erzielen konnten.[270] Diese Methode der Konsumentenaufklärung operiert nach dem Muster, an das soziale Gewissen eines informierten Verbrauchers zu appellieren – vergleichbar den gegenwärtig bekannten Marketing-Modellen von »fairer Produktion« oder aktuellen Initiativen des Deutschen Verbandes der Spielwaren-Industrie (DVSI) und des Vereins »fair spielt«.[271]

In dem 1902 in Berlin erschienenen Handbuch für Eltern und Erzieher »Die Kunst im Leben des Kindes« ist im Bezug zur zeitgenössischen Zielgruppe des Werkes zu lesen: »Wir haben uns bei allen unseren Ausführungen an den mittleren Stand der deutschen Bevölkerung gewandt. Wir wissen wohl, dass weite Schichten unserer Nation von anderen Fragen so lebhaft in Anspruch genommen sind, dass ihnen für ein Problem wie das der künstlerischen Jugenderziehung vorläufig nicht viel Zeit und Luft übrig bleibt.«[272] Für einen Großteil der Kinder stand das Thema Kunst in ihrem Leben nicht zur Debatte. Gerade in der Hausindustrie war die Kinderarbeit üblich und weit verbreitet.[273]

In diesem Zusammenhang ist darauf zu verweisen, dass in Deutschland erst 1903 eine gesetzliche Regelung für Kinderarbeit in gewerblichen Betrieben zum Tragen kam. Westenberger dokumentiert wiederum acht Jahre später: »Das Gesetz hat in der erzgebirgischen Spielwarenindustrie die Wirkung gehabt, die man von ihm erwarten konnte, eine beschränkte, aber immerhin erfreuliche. Eigene Kinder dürfen vor dem zehnten, fremde vor dem zwölften Lebensjahre nicht in den hausindustriellen Werkstätten arbeiten, in Motorwerkstätten ist jede Kinderarbeit verboten.«[274]

Gertrud Meyer vermerkt in ihren Studien von 1911 zusätzlich: »Die Zustände, wie sie teilweise vor dem Kinderschutzgesetz im Erzgebirge geherrscht haben, bedeuteten einen schweren sozialen Schaden. Beschränkte Kinderarbeit zuzulassen, hätte keine Abhilfe gebracht. Diesen Standpunkt hat auch die Regierung vertreten, als sie das Gesuch der Handelskammer, daß das Kinderschutzgesetz für die Spielwarenindustrie gemildert werden möchte, abschlägig beantwortete.«[275] Dass in die Produktion von Miniaturspielwaren selbstverständlich die Kinder der Herstellerfamilien mit einbezogen waren, schildert 1909 auch der Heidelberger (Heidelberg bei Seiffen) Volksschullehrer Bernhard Süß im Kontext einer Beschreibung der hoch differenzierten Arbeitsteilung des örtlichen Spielwarengewerbes: »In einem größeren Arbeitsraume fertigen Kinder und größere Mädchen Miniaturspielsachen; Tiere von $1^1/_2$ cm Höhe, Erntewagen, Postkutschen, Autos und flugsichere Zeppelinschiffe.«[276]

Systemspielzeug mit Zubehör – die Produzenten der Ergänzungsteile

Für erzgebirgische Spielwaren der Handelsgruppe »Füll- und Schachtelware«, einem Marktbegriff für thematisch und szenisch konfektionierte Sortimente, war es seit Ende des 18. Jahrhunderts durchweg üblich, Zulieferteile verschiedener Hersteller im Geschäft des Verlegers je nach Kundenwunsch und Preislage unterschiedlich zusammenzustellen.[277] Im Falle der neuen Architekturspielwaren praktizierte man dies ab 1904 in Grünhainichen, unter Beteiligung der jeweiligen Spielwaren-Verlagsgeschäfte, in gewohnter Weise.

Im Dienst von Konsumkultur und Wirtschaftswachstum – zeitgenössisch durchaus auch im Widerspruch zu den Forderungen der Pädagogen und Kulturkritiker stehend, das Kind möge sich sein Spielzeug doch selbst anfertigen – lautete die Bitte aus dem Dresdener Ministerium des Inneren nach Fertigstellung der Miniaturgebäude, »es möchten noch einige menschliche Gestalten hinzugefügt werden, da solche das Dorf belebten. Kinder machen sich sonst selbst solche Gestalten aus Wachs.«[278]

Es stellt sich daher die Frage, woher stammten die Ergänzungsteile? (Abb. 64) Hier sei auf den bereits erwähnten Bericht des »Wegweisers« von 1905 von der Leipziger Messe verwiesen. In dem bereits zitierten Aufsatz wurde beschrieben, dass die den neuen Dörfern beigegebenen Figuren, Menschen, Tiere, Wagen und Geräte im richtigen Größenverhältnis gehalten seien und dies ein besonderer Vorzug wäre. [279] Das kleine Zubehör stammte aus dem oberen Erzgebirge, insbesondere dem Spielwarenzentrum Seiffen. Den Zug der Zeit erkennend, spezialisierte sich 1905 der Verleger Heinrich Emil Langer und verschrieb sich dem

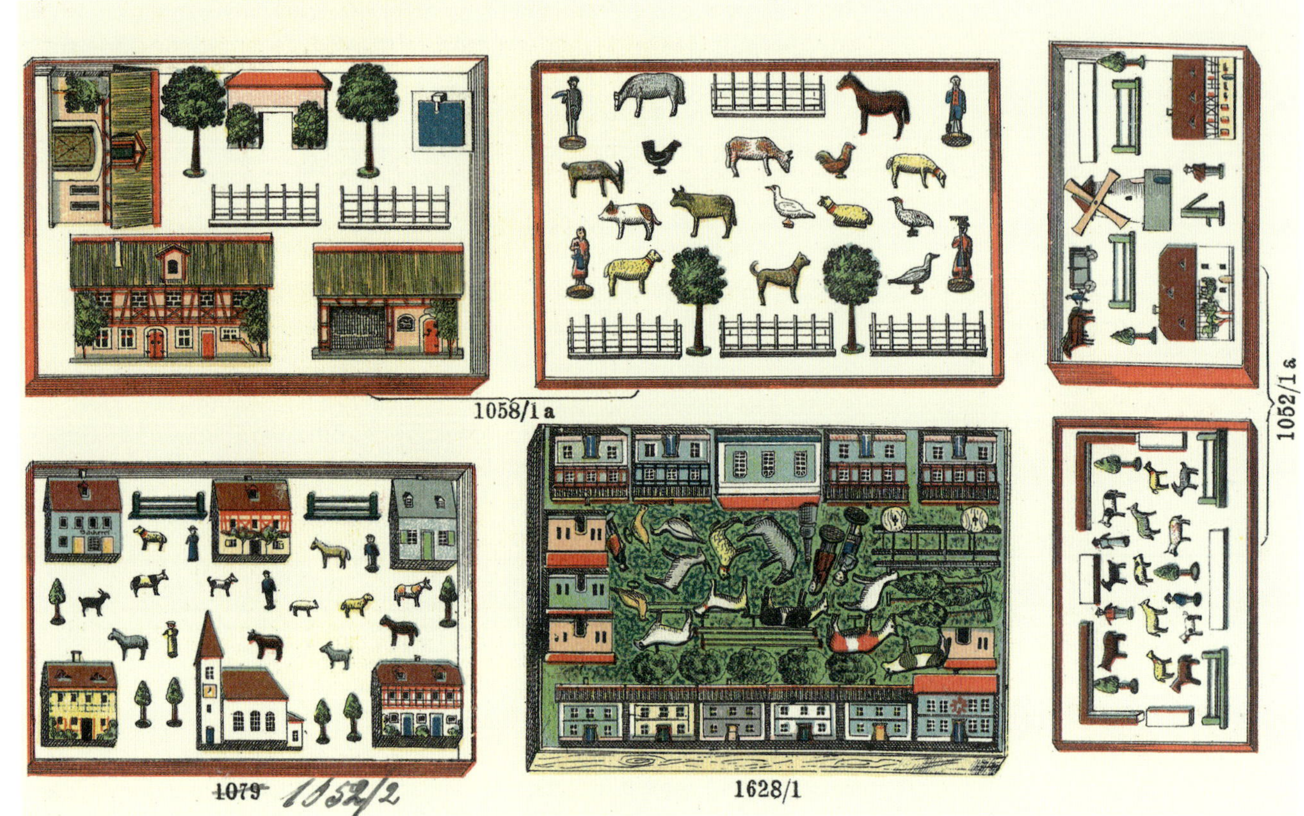

Abb. 64: Spielwarenverlag C. H. Oehme, Waldkirchen 1907, Musterblatt mit Teilgarnituren 1052/1 a und 2 »Erzgebirgisches Dörfchen«, Entwurf: Oskar Seyffert/ Karl Schmidt, Dresden, 1904

neuen Miniaturspielzeug. Als kreativer Händler mit Tüftlergeist war es ihm mit Unterstützung seines Vaters August Ferdinand Langer gelungen, eigenes Kleinspielzeug zu entwickeln. Seine besondere Geschäftsidee waren die Miniaturen in der Zündholzschachtel (Abb. 65).[280] Weit wichtiger ist jedoch, dass er es darüber hinaus verstand, Seiffener Handwerker zu gewinnen, die bereits ebenfalls das »Neuland der Miniatur« betreten hatten. Sie lieferten im Größenverhältnis annähernd passende Figuren, Fahrzeugmodelle, landwirtschaftliche Geräte, Bäume, Tiere und andere Zubehörteile (Abb. 66).[281] Das Verlagsgeschäft agierte jedoch nicht im Alleingang und isoliert von äußeren Anregungen.

Welche Verbindungen in den Jahren 1904/1905 zwischen Dresden und den in Seiffen für die Entwicklung und Herstellung der neuen Spielwaren Verantwortlichen zustande kamen, ist aufgrund der dürftigen Aktenlage nicht präzise zu rekonstruieren. Die Archivalien im Sächsischen Hauptstaatsarchiv Dresden belegen nur bruchstückhaft verschiedene Details zur Arbeit der Seiffener Fachschule (Schwerpunkt Figurendreherei); die Namen der örtlichen Hersteller oder Verleger enthalten die Akten nicht. Der wesentliche Inhalt des Schriftverkehrs bezieht sich auf die Verbesserung der materiellen und inhaltlichen Schulstruktur. In einem Beschluss der Königlichen Kreishauptmannschaft Dresden ist 1904 hierzu die Feststellung dokumentiert: »Die erzgeb. Spielware ist bodenständig, sie ist eine Art Heimatkunst, die nicht ohne Weiteres mit fremden Anschauungen verbessert werden kann.«[282] Deutlich mehr Dokumente belegen die Themen der örtlichen Gewerbeförderung, die Rohstoffbeschaffung, aktuelle Fragen spezieller Holzbearbeitungstechnik und die drängenden sozialen Nöte der Hausindustrie.

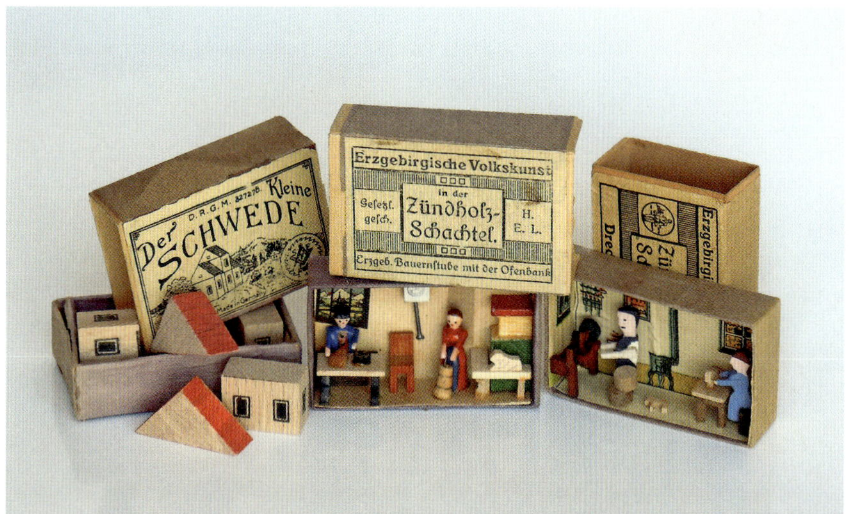

Abb. 65: Miniaturen in der Zündholzschachtel, links Baukastenfabrik S. F. Fischer Oberseiffenbach, Mitte und rechts Spielwarenverlag H. E. Langer Seiffen, 1920er Jahre

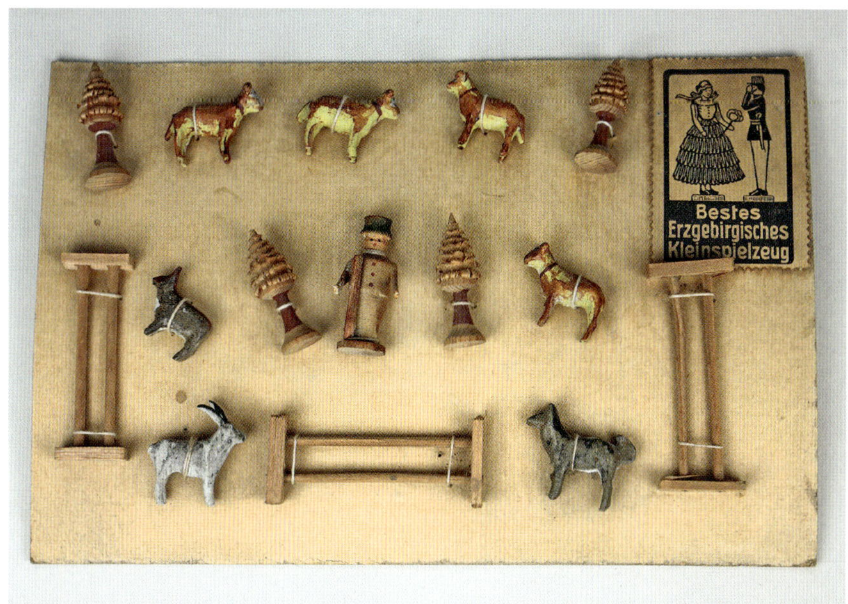

Abb. 66: Miniaturen-Garnitur »Bestes Erzgebirgisches Kleinspielzeug«, um 1915

In Seiffen selbst finden sich heute außer vereinzelten Geschäftsunterlagen, wie Warenbüchern oder Zeitungsausschnitten, kaum originale Dokumente aus der Anfangszeit der Miniaturisierung. Bruchstückhafte Notizen in den behördlichen Akten beleuchten dennoch einen aktiven Austausch zwischen den Fachschullehrkräften und den Vertretern der Dresdener Initiative zur »Hebung der erzgebirgischen Hausindustrie«. Diese können aus heutiger Sicht als eine Reihe von Indizien, die Thematik Miniaturspielwaren betreffend, gewertet werden: Albert Wendt besuchte im Mai 1905 Seiffen und beschäftigte sich, in Begleitung eines ihm bekannten Vertreters des Kaufmännischen Vereins Grünhainichen (Verleger Franz Wagner/D. H. Wagner u. Sohn Grünhainichen Nürnberg Sonneberg. gegr. 1742), mit der nur hier, im »Spielwarengebiet Seiffen« zur rationellen Herstellung von Profilfiguren und Formteilen, ausgeübten Technologie eines Spaltringverfahrens – der sogenannten Reifendreherei (Abb. 67–72).[283]

Schon 1903 hatte Wendt im Zusammenhang mit der »wirthschaftlichen Notlage des Arbeiters« vom krisenhaften Niedergang der Hausindustrie und der Ausnutzung dieser »Nothlage« zu einem »Preisdruck nach unten« ans Ministerium geschrieben, er wolle mit seinen indirekten Mitteln »versuchen, der ›Reifendreherei‹ Vorschub zu leisten.«[284] Ob es ihm bei seiner aktuellen Visite auch um die Beschaffung von Miniaturtieren als Zubehör der neuen Gebäudeensembles ging, bleibt offen. Jedoch zeigen die Abbildungen der ersten Modellgruppen schon 1904 und 1905 das mit dieser Technik produzierte »feine Vieh« – sowohl als einzelne Staffagefigur als auch im Miniaturgespann.[285] 1904 gibt es in Seiffen und Umgebung 39 Reifendreher mit 30 Drehbänken.[286]

Von stetigem, auch gegenseitigem Konkurrenzdruck und Existenzangst angetrieben, hatten im April 1905 bereits 36 unterzeichnete Reifendreher ein Gesuch an das Ministerium des Innern verfasst, in dem sie darlegten, wie »das Fach der Reifendreher, welches als Krone [...] der Hausindustrie zu betrachten ist« immer weniger Verdienst einbrächte.[287] Das Hauptanliegen des Schreibens bestand in der Bitte, bereits bestehende Bestrebungen in der Seiffener Fachgewerbeschule, eine Ausbildung zum »Reifendreher« einzuführen, nicht zu unterstützen. Die Handwerker befürchteten, »viele Reifendreher werden dann den Angeboten, welche in letzter Zeit so häufig aus dem Auslande bei hohen Versprechungen eingingen, Folge leisten. Die Spielwaren-Hausindustrie wird dadurch in das Ausland verschleppt, die dortigen Verfertiger können infolge der billigeren Holzpreise leistungsfähiger sein, und unsere Existenzen gehen dann langsam ihrem Ruin entgegen.«[288] Die geografisch exponierte Lage des Seiffener Spielwarenbezirks, dicht an der Landesgrenze zu Österreich, hatte zudem eine neue wirtschaftspolitische Situation geschaffen. Bereits um 1835 war auf Initiative eines Verlegers aus Oberleutensdorf eine gezielte Abwerbung von sächsischen Heimarbeitern nach Nordböhmen erfolgt, »um so, statt der zollpflichtigen Waren, die zollfreien Erzeuger von, für den österreichischen Markt gangbaren Waren einzuführen; die

Abb. 67–72:
Dirk Weber ist einer der beiden Reifendreher im Freilichtmuseum Seiffen. Hier führt er den Besuchern dieses Handwerk vor. Die Bildfolge zeigt einige Arbeitsabläufe und Zwischenprodukte.

Von oben links nach unten rechts: Gewässerter Block aus Fichtenholz; Schneiden des Profils des Holzreifens; Ausdrehen des Kerns; angeschnittene Reifen mit Schweine- und Pferdeprofil; angeschnittene Reifen mit Igel, Elefant, Reh und Schwein; bemalte und fertig konfektionierte Tierfiguren

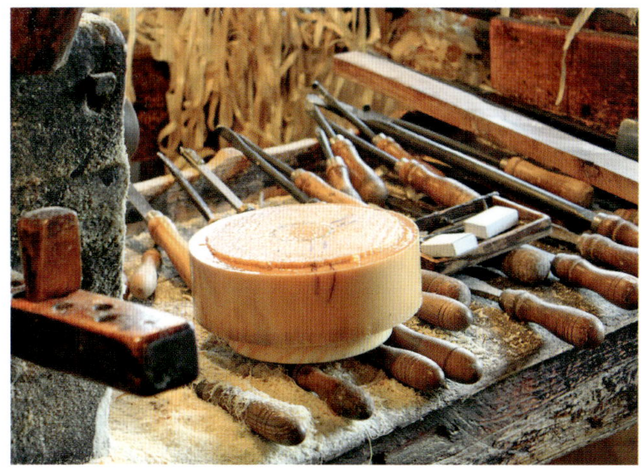
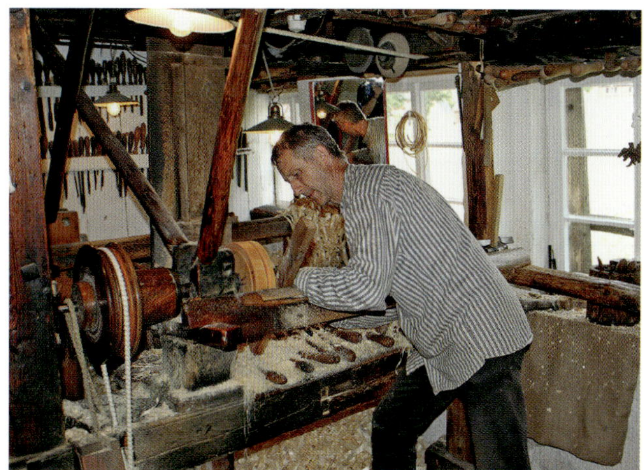
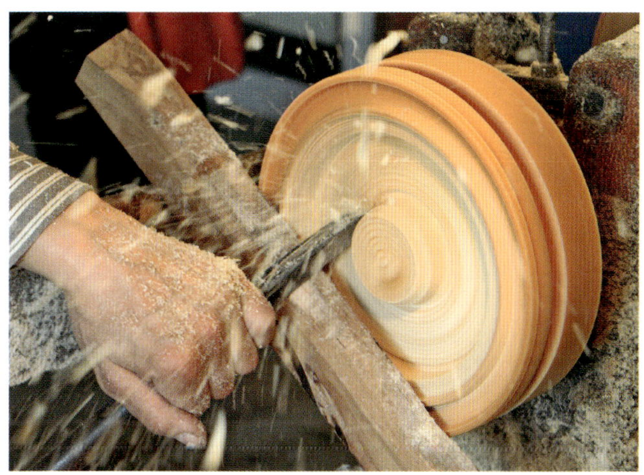
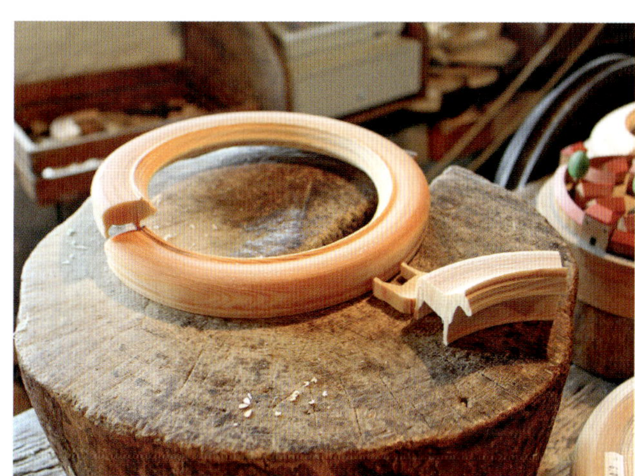
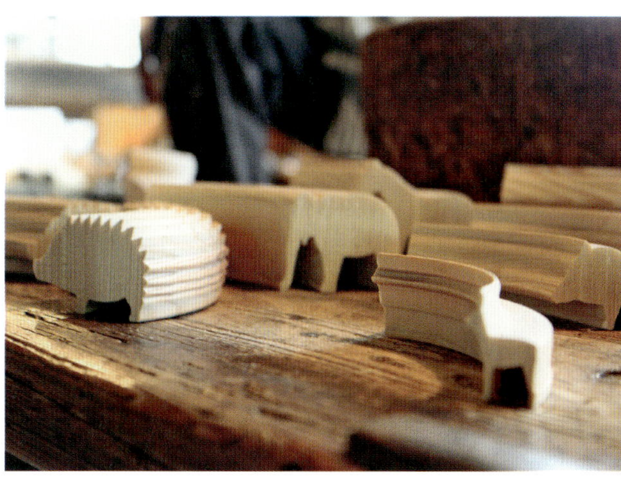
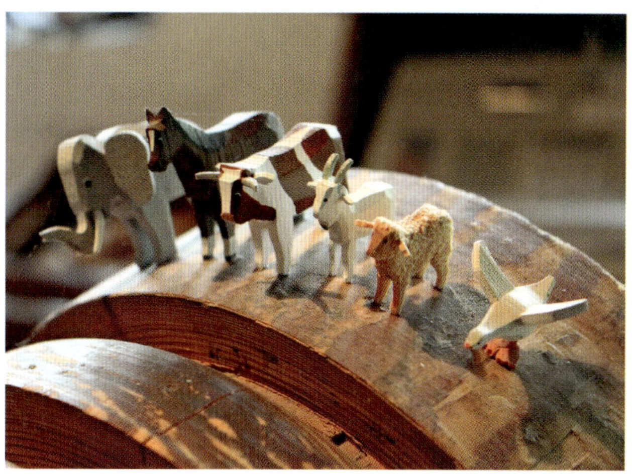

freundnachbarlichen Beziehungen der Grenzbewohner, nicht in letzter Linie das gute und billige böhmische Bier in den Grenzdörfern, führten immer mehr sächsische Arbeiter [...] herüber.«[289]

Dass diese Argumentation durchaus aufmerksamer Prüfung bedurfte, war den Dresdener Behörden deutlich bewusst. Die im erzgebirgischen Verwaltungssitz Sayda als Regierungsvertretung eingesetzte »Amtshauptmannschaftliche Delegation« kannte die Lage vor Ort genau. In einem Rechenschaftsbericht von 1906 wird verstärkt auf die Notwendigkeit der künstlerischen Ausbildung im Kontext der neuen kunstgewerblichen Bewegung einer »Verbindung von Kunst, Kunstgewerbe und Handwerk« auch an der Seiffener Fachgewerbeschule verwiesen.[290] Diese im großen Rahmen der Dresdener Kunstgewerbeausstellung im Jahr 1896 für die Industrie diskutierte Perspektive betrachtete man als den wichtigsten Lösungsansatz, um zukünftig konkurrenzfähig zu bleiben, die Wertschöpfung von Arbeit zu erhöhen und damit das Einkommen der Arbeiterschaft zu sichern, nach Möglichkeit sogar zu steigern.

Welche Skepsis den großstädtischen Ideen eines modernen Kunstgewerbes aus der Perspektive der Seiffener Arbeiterschaft entgegengebracht wurde, beschrieb der ortsansässige Gewerbelehrer Otto Adlung (1846–1915) im Jahr 1905 mit folgenden Worten: »Den sogenannten modernen, gedrehten und bemalten Spielwaren [Kleinhempel] bringt man leider bis jetzt kein Verständnis entgegen.«[291] Die Ausstellung der Seiffener Schülerarbeiten besichtigten im selben Schuljahr »Prof. Karl Groß und Prof. Oskar Seyffert« von der Kunstgewerbeschule gemeinsam mit »Architekt Ernst Kühn« aus Dresden.[292] Sie sahen »Anfertigung von gedrehten und geschnitzten modernen Spielwaren. Weiß [ohne Bemalung] und bemalt.« Im weiteren Verlauf des Schuljahres beschäftigte sich die Fachklasse mit der Aufgabe, »die einheimische Industrie hauptsächlich in ihren Formen zu regenerieren und derselben zeitgemäße, mustergiltige [sic!] Vorbilder und Absatzquellen zu erschließen.« Fakultativ erfolgten »Versuche in Reifendrehen und Herstellung moderner Spielwarenmuster.«[293] Der Dresdener Fachschulinspektor Regierungsrat Rudolf Enke – Enke war vor seinem Amtsantritt in Dresden von 1874 bis 1884 Leiter der Fachgewerbeschule Grünhainichen – notiert im Bezug zum »Gewerblichen Zeichnen- und Handfertigkeitsunterricht« für Seiffen im Juni 1905, dass »besonders der Mut zur Benutzung der Modelle angefeuert werden muß.«[294] Im Jahresbericht für das Schuljahr 1905/1906 finden sich unter der Rubrik praktische Arbeiten: »Fracht, Post und Bauernwagen. Schlitten, Häuser und Städte. Festungen, Forsthäuser, Wildfütterungen, Bauernhäuser und Kirchen. Verschiedene Arten von Möbeln als Küchen- und Stubenmöbel. Küchengeräte, Einfüllartikel, Brunnen, Schränkchen, Soldaten, Bergmänner, Schlotfeger und andere Figuren.«[295] Handelt es sich bei den erwähnten Gespannen, Gebäuden, Figuren und Wildfütterungen etwa um das Zubehör der Dresdener Gebäudeensembles? Karl Schmidt beispielsweise bat im März 1905 Albert Wendt, einen »Wildpark«

Abb. 73: Postkarte von Karl Schmidt *»Dresden am 4/III. / Notiz! / Die Sitzung habe ich also für Sbd. II. d. M. ange- / setzt. Sie bringen wohl die Pleissenburg von / Tscharmann mit, Schloß Moritzburg nebst Park- / gehöft bringe ich zur Aufstellung; gut wäre es aber / wenn Sie für Herbeiziehung von Wildpark besorgt / wären, wer dies herstellt weiß ich nicht. Schloß / Moritzburg ist im Maaßstab 1:200 hergestellt, es / müßten also die Tiere einigermaßen dazu passen. Herzl. Gruß! / Ihr / Schmidt«, 4.3.1905*

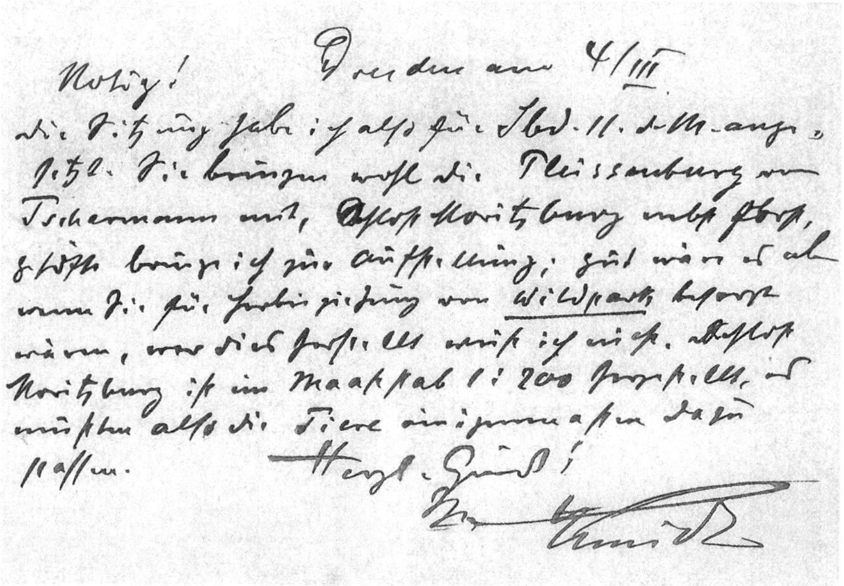

für das Modell von »Schloß Moritzburg« zu organisieren.[296] Auf seiner Postkarte vermerkte er: »Schloß Moritzburg ist im Maaßstab 1:200 hergestellt, es müssten also die Tiere einigermaßen dazu passen.«[297] (Abb. 73)

Der Jahresbericht für 1906 belegt im Wortlaut: »Die Herstellung von modernen Spielwaren findet leider noch nicht das richtige Verständnis seitens der Schüler sowie der selbständigen Spielwarenarbeiter des Bezirkes. Berücksichtigt werden selbstverständlich die figürlichen Arbeiten.«[298] Wichtig war die Neuanstellung »des seminaristisch gebildeten Gewerbelehrers« Alfred von Schultz, der als Deutsch- und Mathematiklehrer zudem eine an der »Leipziger Drechslerschule« absolvierte Fachausbildung vorweisen konnte.[299] Geplant wurde weiterhin, »eine Anzahl neuer Holzbearbeitungsmaschinen« anzuschaffen. Als Vorsitzender des Bezirksgewerbevereins trat insbesondere Pfarrer Hermann Härtel (1864–1919) engagiert für die Belange der Ausbildungseinrichtung und die lokale Gewerbeförderung ein.[300]

Für die erzgebirgischen Fachgewerbeschulen Grünhainichen und Seiffen bemerkt Westenberger in seiner detaillierten Untersuchung 1911 rückblickend: »Während die Hausindustrie am Althergebrachten festhielt, wurde in den Fachschulen eine neue Generation dazu erzogen, alles, was die weite Welt an Menschen, Tieren, Pflanzen und Gegenständen aufweist, mit fleißigen Händen und unter Benutzung der modernsten technischen Hilfsmittel nachzubilden, naturgetreu oder stilisiert, aber niemals geschmacklos. Die unermüdlichen Ermahnungen und Anregungen der Gewerbelehrer sind auch bei den älteren Hausindustriellen hier und da auf fruchtbaren Boden gefallen.«[301] Aus heutiger Sicht vermittelt zumindest die überlieferte Aktenlage ein Bild kontinuierlicher Subventionen. Insbesondere der Staat investierte breit gefächert in die lokalen Ausbildungseinrichtungen und die Infrastruktur des Holz verarbeitenden Spezial-Gewerbes.

Insgesamt betrachtet stellen sich die Jahre 1905 und 1906 im Zeichen von Umbruch und Neubeginn dar, zumal zusätzlich auch wichtige staatliche Regulative innerhalb der Seiffener Gewerbestruktur greifen sollten. Durch Beschluss der Kreishauptmannschaft Dresden vom 28. Februar 1906 schlossen sich 32 von 39 Reifendrehern zu einer im genossenschaftlichen Sinne agierenden »Zwangsinnung der Reifendreher« zusammen.[302]

Technologische Grundlagen und Massenproduktion

Eine Basis für die Massenproduktion von Spielzeugfiguren ist das Reifendreherhandwerk (Abb. 74): »Die Reifendreherei ist also noch heute, [...] obwohl sich ihre Produktionsmittel über viele Jahrzehnte kaum veränderten, die produktivste, im Holzverbrauch sparsamste und damit allen anderen Techniken überlegene Form bei der Herstellung von Spielzeugtieren aus Holz.«[303] Dass ungezählte weitere Formstücke und vielfältige Zubehörteile zu Miniaturartikeln mittels dieser Technologie angefertigt wurden, ist ergänzend noch hinzuzufügen. Der Schlüssel zum Verständnis der Machbarkeit figürlicher Miniaturspielwaren aus Holz liegt, zumindest den Stand der damaligen Technik berücksichtigend, im Drechsler- und Reifendreherhandwerk des oberen Erzgebirges. Im Bewusstsein der Bedeutung dieser Schlüsseltechnologie für die heimische Wirtschaft unterstützte das Land Sachsen offiziell die Beschaffung »hochqualifizierter Hölzer« über die Reifendreherinnung. »Das Kgl. Finanzministerium hat durch Beschluß vom 6. Juni 1905 angeordnet, dass auf den Revieren Hirschberg und Deutscheinsiedel während der Sommermonate freihändig je 100 Fm [Festmeter] Dreherklötze aus Fichtenholz an die Heidelberger Reifendreherinnung abgegeben werden.«[304] Durch den direkten Nutzholz-Verkauf konnte das Spezialgewerbe zusätzlich auch in den Wintermonaten die hochwertigen Fichtenstämme direkt von der Forstverwaltung und nicht über die sonst üblichen Holzauktionen beziehen. »Es zeigte sich nämlich, dass die Großholzhändler bei den Versteigerungen die Dreher stets überboten, eine Tatsache, die sicherlich zum Ruin der Reifendreher geführt hätte, [...].«[305]

Bedingt durch diese spezifische Situation im Erzgebirge, also das Zusammenspiel von Fachkräften, Materialverfügbarkeit und staatlicher Unterstützung in den Produktionszentren Grünhainichen und Seiffen, konnte diese Art von Miniaturspielwaren technologisch begründet umgesetzt und weiterentwickelt werden. Nach dem Besuch der 1903 im Gewerbemuseum Nürnberg veranstalteten, wegweisenden Wettbewerbsausstellung »künstlerischer Holzspielsachen«[306] hielt Wendt in seinem Reisebericht fest: »Diese im oberen Gebirge immer noch einzig dastehende Technik ist und bleibt das beste Mittel zur Herstellung der

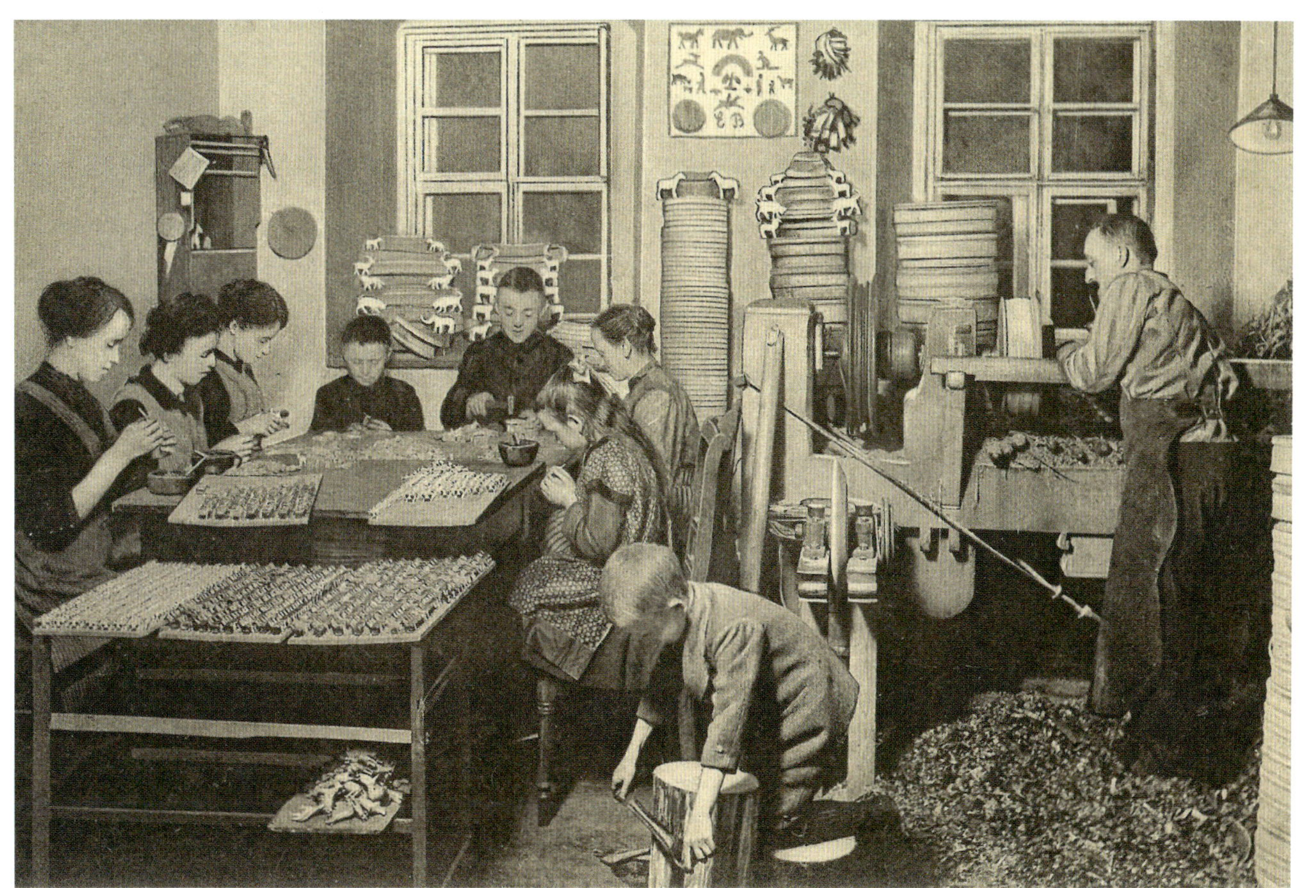

Abb. 74: Reifendreher-Werkstatt Emil Biermann. Obwohl davon auszugehen ist, dass die gezeigte Arbeitssituation für die Fotografie inszeniert wurde, dokumentiert sie doch die Mitarbeit des ganzen Hausstandes. Verlag Hugo Flade, Seiffen, 1920er Jahre

›Aufstellthiere‹ und die Laubsäge wird niemals im Stande sein, konkurrierend aufzutreten.«[307] Wie konkurrenzlos im Preis reifengedrehtes »Miniaturvieh« sein konnte, ist für 1906 mit einem Beispiel dokumentiert. Für einen Satz von 12 Miniaturtieren betrug der Verkaufspreis an den Großhandel 18 Pfennige. Abzüglich der Materialkosten von 6 Pfennigen ergab dies einen Reinverdienst von 12 Pfennigen, was einem Umrechnungswert von 1 Pfennig pro Stück entspricht und mit einem Verdienst von 5 Pfennigen in der Stunde angegeben wurde.[308] Den damals aktuellen Stellenwert der Seiffener Reifentier-Erzeugnisse beschreibt Wendt wiederum dem Innenministerium 1908 wie folgt: »Man ist wieder aufmerksam geworden auf ›bessere‹ Seiffener Ware und wohl in langen Jahren haben gewisse Arbeiter keinen so lohnenden Verdienst gehabt, als in der letzten Zeit bei der Herstellung der besseren kleinen Tierchen.«[309] Als Grund für diesen gestiegenen Bedarf und die damit verbundene Verbesserung der wirtschaftlichen Lage der Hersteller benennt er direkt die neu entwickelten und erfolgreich geförderten Spielzeuge: »Vorweg mag schon jetzt als eine Ursache der Bedarf dieser Tiere zur Ausstattung der vom

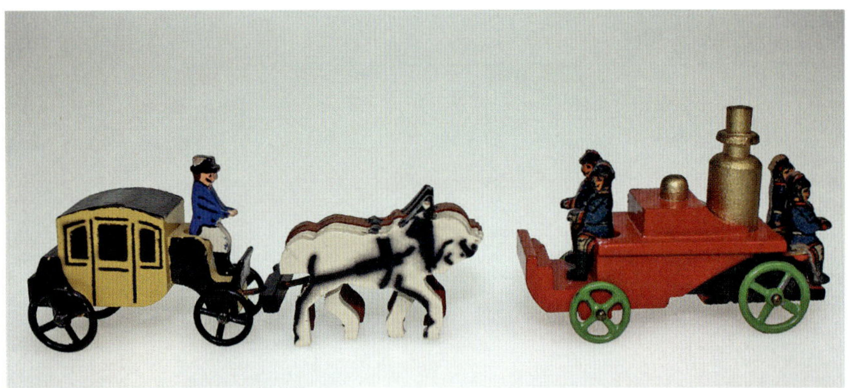

Abb. 75: Maschinengefräste Postkutsche und Dampfspritze, Carl Brandt jr. Gößnitz Sachsen/Altenburg, ab 1909

Bunde Heimatschutz hergestellten Dörfer und Güter angeführt werden.«[310] Als aufmerksamer Beobachter berichtet er jedoch auch, dass der gestiegene Verbrauch an Miniaturtieren bereits erneut zum üblichen Konkurrenz- und Preisdruck und einem damit einhergehenden Qualitätsverfall geführt hatte – was sich viele Jahrzehnte lang nicht ändern sollte.

Ebenfalls zu den hier beschriebenen technologischen Grundlagen, die eine konkurrenzfähige Serienfertigung von Miniaturspielwaren aus Holz ermöglichten, gehörte der häufig meisterlich beherrschte Lehren- und Vorrichtungsbau der Spielzeugproduzenten. Simpel konstruierte, in der Regel selbst gebaute, zuverlässig und präzise funktionierende, technische Hilfsmittel erleichterten die Herstellung der Massenartikel. Nach individuellen Kundenwünschen angefertigte Kleinserien benötigten meist keine teuren Zusatzwerkzeuge. Im Gegensatz zum aufwendigen und kostenintensiven Formenbau der zeitgenössischen Blech- und Metallspielwarenfertigung gestaltete sich die Herstellung der kleinteiligen Holzminiaturen durch die charakteristischen Produktionsbedingungen kostengünstig und hoch flexibel.

Abschließend ist noch auf eine preiswerte, zumeist in den größeren Spielwarenfabriken hergestellte Miniatur-Figurengruppe (Abb. 75) zu verweisen. Als erzgebirgische Massenartikel und ernst zu nehmendes Konkurrenzprodukt eroberten ab etwa 1925 maschinengefräste Profilfiguren den Holzspielwarenmarkt. Die rationelle, heute automatisierte Fertigung führte dazu, dass diese Art von Holzfigur bislang einen beständigen Platz im Spielwarensortiment behauptet. Ihre technisch bedingte reduzierte Formensprache ist mit der gestalterischen Individualität qualitativ hochwertiger reifengedrehter Figuren jedoch kaum zu vergleichen.

Die erzgebirgischen Spielwaren-Hersteller hatten sich den Bedingungen des Marktes hoch spezialisiert angepasst. Mit ihren vielfältigen Produkten in unterschiedlichen Qualitätsstufen und Preiskategorien (Abb. 76) konnten sie sehr kurzfristig auf die jeweiligen Bedürfnisse des Handels reagieren.

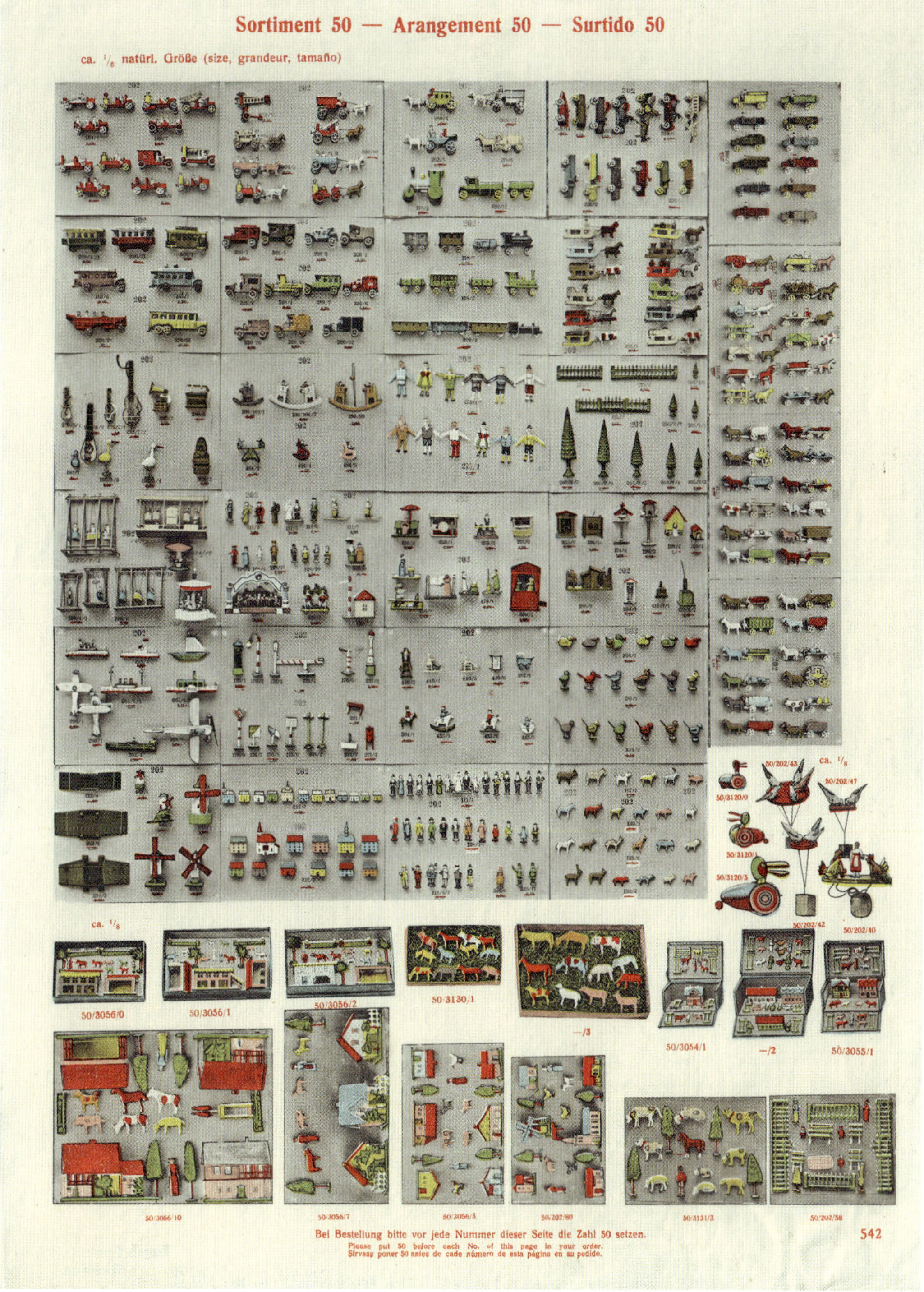

Abb. 76: Musterblatt für Miniaturspielwaren, um 1924. Es zeigt die Vielfalt aktueller Figuren, Reifentiere, Bäume, Fahrzeuge und Gebäude.

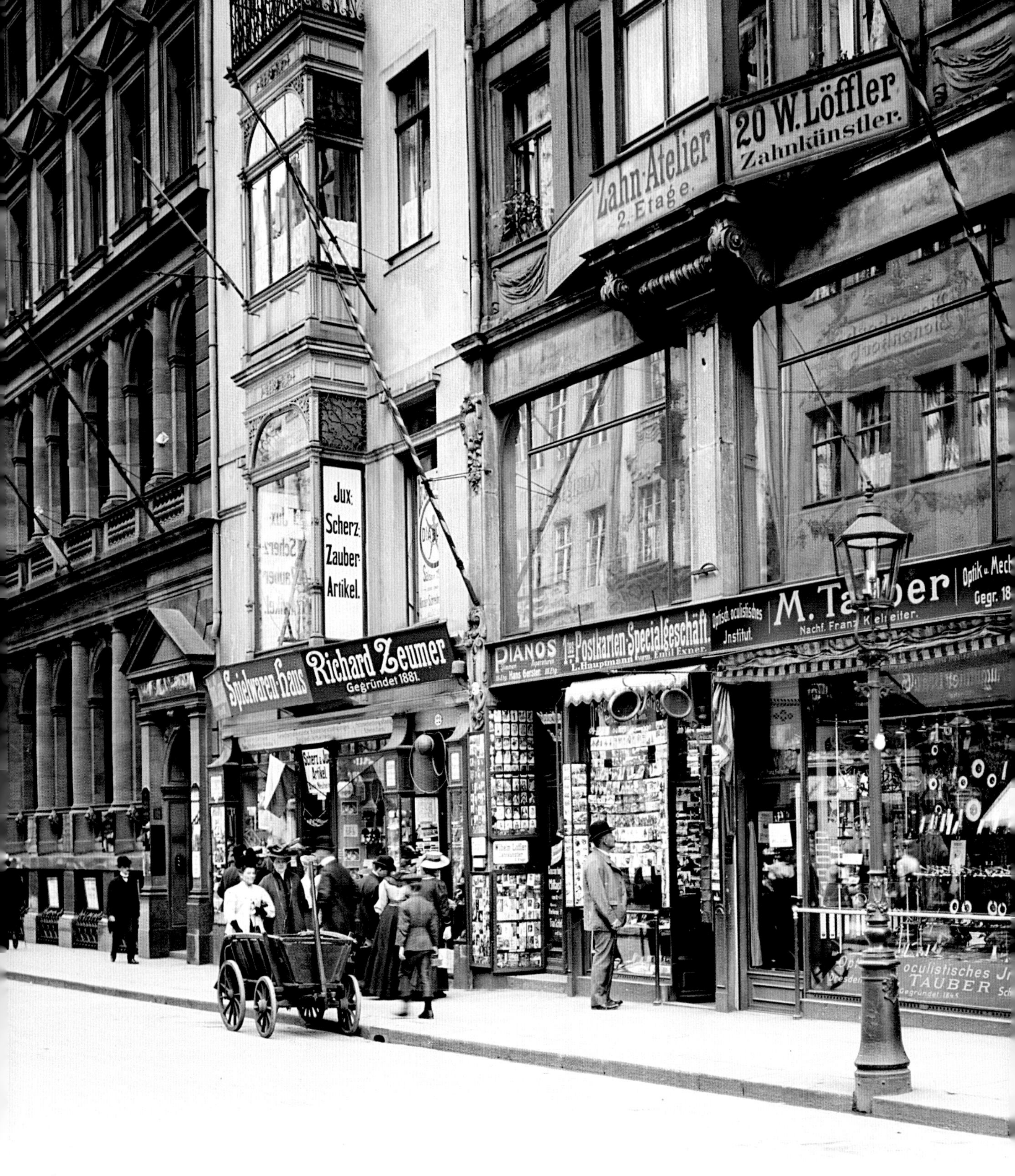
20 W. Löffler
Zahnkünstler.
Zahn-Atelier
2. Etage.
Jux-
Scherz-
Zauber-
Artikel.
Spielwaren-Haus
Richard Zeumer
Gegründet 1881.
PIANOS
Postkarten-Specialgeschäft.
L. Hauptmann vorm. Emil Exner.
Optisch oculistisches
Institut.
TAUBER

Warenfülle und »kaufendes Publikum«

Miniaturen, Markt und Mentalitäten – soziale Lage

Die Entwicklung kleinteiliger Miniaturspielwaren wurde durch die aktuellen wirtschaftlichen Zwänge der sächsischen Holzspielwarenindustrie begünstigt. Kontinuierlich steigende Holzpreise, bedingt durch den zunehmenden Verbrauch der Papier- und Sitzmöbelindustrie und sich drastisch verändernde Zollgesetzgebungen der Exportländer, behinderten in den Jahren um 1900 den Absatz erzgebirgischer Spielwaren ins Ausland immer mehr.[311] Besonders schwer lastete, neben vielschichtigen bürokratischen Hürden, der ab 1897 für die internationale Einfuhr von Gütern in den USA angewandte »Dingley-Tarif«, der die Zölle für importierte Fertigprodukte auf durchschnittlich 46 % festlegte.[312] Auch andere wichtige Absatzmärkte brachen für die deutsche Holzspielwarenindustrie zunehmend weg.[313] Diese Marktmechanismen führten zwangsläufig zu Notlagen der im Hausgewerbe tätigen Herstellerfamilien.[314] Der Einschätzung Neumanns, die »Neuorientierung« in Richtung Miniaturspielwaren sei »von den talentierten Spielzeugmachern sofort freudig aufgegriffen« worden, widerspricht 1910 Gewerbeoberlehrer Albert Wendt.[315] Im Ergebnis seiner damals 26-jährigen Amtszeit hielt er fest: »Durch zahlreiche Vorträge und ›technische Mitteilungen‹ hat man das Interesse für neue Arbeitsweisen wecken wollen usw. Mehr hätten wir erreichen können, wenn die unserer Bevölkerung angeborene Zurückhaltung, die übermässige Vorsicht nicht gewesen wäre.«[316] Ähnliche Darstellungen regionaler Mentalität ziehen sich wie ein roter Faden durch andere themenbezogene zeitgenössische Niederschriften.[317] Dass diese sich in besonderer Weise auch aus den gegebenen örtlichen Infrastrukturen, einer geografischen Grenzlage, den wirtschaftlichen Grundlagen und regionalen Sozialstrukturen ableiten, ist für ihr Verständnis wesentlich. Als ortsansässiger Schullehrer[318] und Kenner der Szene verweist der bereits zitierte Bernhard Süß unter Bezugnahme auf typische Mechanismen der lokalen Gewerbestruktur z. B. auf eine verfrühte Selbstständigkeit,

Abb. 77: Ausschnitt einer Fotografie der Dresdener Schloßstraße mit Blick in Richtung Schloss. Andrang vor dem Schaufenster des Spielwarenhauses Richard Zeumer Schloßstraße 22, 1908

ungenügende kaufmännische Kenntnisse oder die verschärfte Konkurrenzsituation durch die »überzähligen Produzenten« innerhalb eines fast homogenen Gewerbes. Die Dorfbewohner charakterisierend hielt er fest: »Die Gewohnheit ist eben eine Macht, namentlich des Erzgebirgers. Wer, um die Lage der Leute zu verbessern, irgend ein gewerbliches Unternehmen hier beginnen würde, hätte von der Eigentümlichkeit des Stammes zweifellos viel zu leiden. [...] Bei allem geringen Verdienste und aller Armut sind die Bewohner mit ihren Verhältnissen doch recht zufrieden ...«[319] Vergleichbare und sehr detaillierte Beobachtungen schildert Westenberger aus seiner persönlichen Perspektive: »Man huldigt einem gewissen Fatalismus.«[320] Im Kontrast dazu gab es in der Region – wie überall – ein reges Vereinsleben und andere Ablenkungen im Jahreslauf.[321] Neben seiner Tätigkeit als Vorsitzender des Bezirksgewerbevereins und »Kurator der Frauenvereine« stand Gemeindepfarrer Hermann Härtel gemeinsam mit Fachschulleiter Otto Adlung dem Verein für Sächsische Volkskunde nahe.[322] Westenberger resümierte: »kurz das Leben in den Spielwarendörfern ist keineswegs so traurig und freudlos, wie Göhre[323] und die ›Bilder aus der Heimarbeit‹ es schildern.«[324]

Sowohl Paul Göhre als auch die vom Deutschen Lyzeum-Club in Berlin 1906 ausgerichtete Heimarbeiterausstellung verwiesen mit Nachdruck auf die in der sächsischen Hausindustrie aktuell herrschenden Zustände. Göhre belegt in seinen Aufzeichnungen für die erzgebirgische Spielwarenhausindustrie ein durchschnittliches Familien-Jahreseinkommen von 350 bis 400 Mark und bezieht sich damit zugleich auf die früheren, 1899 veröffentlichten Schilderungen der Arbeits- und Einkommensverhältnisse im oberen Erzgebirge des sozialdemokratischen Reichstagsabgeordneten Emil Rosenow (1871–1904).[325] Als Autor der in der Gegend um Olbernhau verorteten sozialkritischen Komödie »Kater Lampe« verarbeitete er 1902 auf skurrile Weise Gegebenheiten der regionalen Sozialstruktur. In Göhres Bericht zur Lage der »Spielwarenmacher« ist zusätzlich zu lesen: »Denn Not, nichts wie Not, Not jahraus jahrein, ist für diese arme, unglückliche Bevölkerung die natürliche Folge ihrer elenden Erwerbs- und Einkommensverhältnisse.«[326] Als Resultate »dieser schrecklichen Zustände« benennt er eine Mangelernährung, den schlechten Gesundheitszustand und die kürzere Lebenserwartung. »Diese schwere Existenz ertragen sie nur durch die natürliche Heiterkeit ihres Gemüts, die Schönheit ihrer Berge, die sie freilich nur selten zu kosten bekommen, sowie durch eine für ihre Verhältnisse hohe Bildung, die ihnen einen gewissen philosophischen Gleichmut erhält.«[327]

Als ein Ergebnis des ersten Heimarbeiterschutzkongresses im Berliner Gewerkschaftshaus 1904 und der Heimarbeiterausstellungen Berlin 1906 wurde auf Initiative von Arthur Graf von Posadowsky-Wehner (1845–1932) die – deutschlandweit für unterschiedliche Gewerbe – hoch problematische Heimarbeiterfrage als sozialpolitisches Thema vor den Reichstag gebracht.[328] Die Reichstagsprotokolle spiegeln die kontroversen Diskussionen wider. Auf einer »Tagung des evangelischsozialen Konkreßes [sic!] in Chemnitz« äußerte sich 1910 auch Franz Roscher, als Ministerialdirektor Schlüsselperson im Ministerium des Inneren und vor 1900 auch als Beisitzer im Verein für Sächsische Volkskunde tätig, in bester Kenntnis der regionalen Strukturbedingungen zum aktuellen Brennpunktthema. »Eine Unterbindung der Hausindustrie durch wohlgemeinte Maßregeln, die aber auf die sehr verschiedenartigen Verhältnisse nicht genügend Rücksicht nehmen, würde eine Abwanderung von Landbewohnern nach den Industriegegenden besonders nach den großen Städten fördern. Dort würden sie aber losgelöst von jedem wirtschaftlichen Rückhalt, den sie in der Hausindustrie hatten, das industrielle Proletariat vermehren.«[329] Schlussendlich trat am 1. April 1912 ein erstes Reichsgesetz zur Regelung der Heimarbeit in Deutschland in Kraft. Neben gesetzlich festgelegten Grundregeln erzielte man jedoch keine konkrete Einigung bezüglich der entscheidenden Lohnfrage, vergleichbar etwa einem Mindestlohn.[330]

Wo lässt sich vor dem Hintergrund der sozialen Frage der »moderne« Spielwarenarbeiter des Erzgebirges im ersten Jahrzehnt des 20. Jahrhunderts einordnen? Für das Seiffener Gebiet kann nach den bisherigen Studien von Bilz und Neumann festgehalten werden: Die Produzenten der neuen Miniaturspielwaren im Seiffener Gebiet gehörten nicht zur untersten sozialen Schicht der Hausgewerbetreibenden. Den vielfältigen Problemen des Preisdrucks durch den Handel, insbesondere der besonderen Abhängigkeit vom Verlagsgeschäft, hatten sie sich aber wie alle anderen Spielwarenhersteller genauso zu stellen.[331]

Dank Neumanns Untersuchungen lassen sich für den Seiffener Raum als Miniatur-Pioniere »der Anfangsjahre« von 1905 bis zum Ausbruch des Ersten Weltkriegs 1914 für Fahrzeuge »Marie Flath (1862–1923), Carl Heinrich Frohs (1851–1927), Otto Frohs (1878–1956), August Ferdinand Langer (1841–1926),

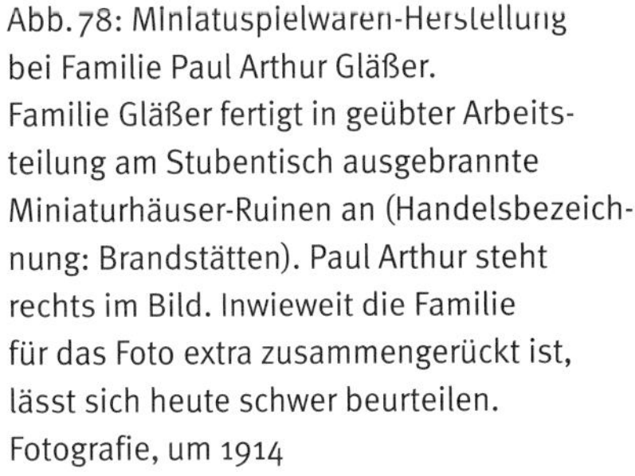

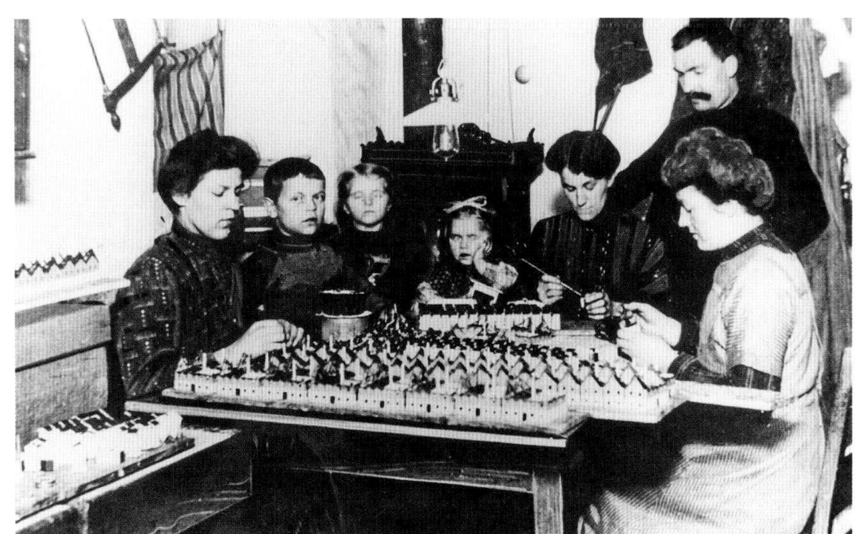

Abb. 78: Miniatuspielwaren-Herstellung bei Familie Paul Arthur Gläßer. Familie Gläßer fertigt in geübter Arbeitsteilung am Stubentisch ausgebrannte Miniaturhäuser-Ruinen an (Handelsbezeichnung: Brandstätten). Paul Arthur steht rechts im Bild. Inwieweit die Familie für das Foto extra zusammengerückt ist, lässt sich heute schwer beurteilen. Fotografie, um 1914

Heinrich Emil Langer (1871–1949), Emil Leichsenring (1880–1951), Richard Hänig (1886–1926), Bruno Hennig (1886–1930), Emil Trinks (1861–1934), Edmund Müller (1877–1943), Emil Theodor Zeidler (1874–1915), Franz Weber (1889–1973)«, für diverse Miniatursortimente: »ab 1910 Paul Arthur Gläßer (1880–1971)« und für Figuren: »Louis Langer (1850–1945), Louis Heinrich Hiemann (1857–1939), Karl Müller (1879–1958), Richard Ehnert (1888–1958) und nochmals A. F. Langer« als Lieferanten für das Verlagsgeschäft H. E. Langer belegen (Abb. 78).[332] Von Bedeutung ist in diesem Zusammenhang, dass einige der hier genannten Hersteller bereits im Jahr 1905 zusätzlich weitere erzgebirgische Verlagshäuser, und später zum Teil auch Einzelhandelsgeschäfte, mit Miniaturspielwaren beliefert haben.[333]

Alle bei H. E. Langer gelisteten Hersteller waren besonders anpassungsfähig und ausgesprochen talentiert. Solide handwerkliche und gestalterische Kenntnisse ermöglichten ihnen eine Produktion im Zeichen technischer Perfektion und enormer Rationalität. Ein hohes Maß an familiärer Arbeitsteilung und Improvisationsvermögen bildeten zudem eine wesentliche Grundlage ihrer Wirtschaftlichkeit.[334] Die jeweiligen Spielwaren-Muster entstanden im Umfeld persönlicher Beobachtung der Umwelt als eigenschöpferische Gestaltungen oder nach auftragsbezogenen Kundenvorgaben, in der Regel durch Vermittlung der Verlagsgeschäfte (Abb. 79–81).

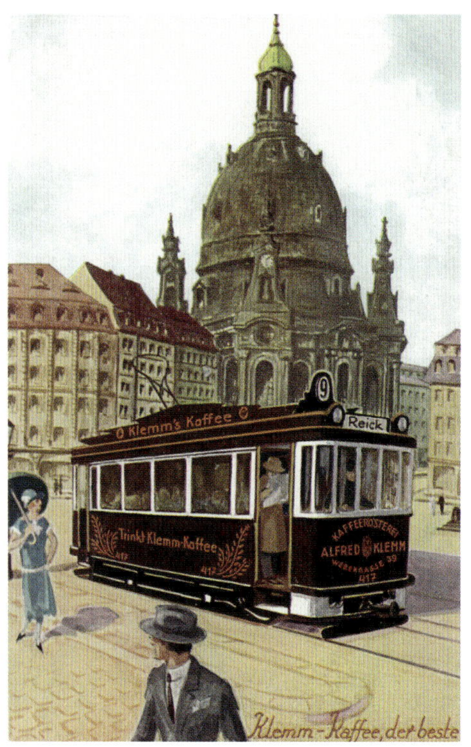

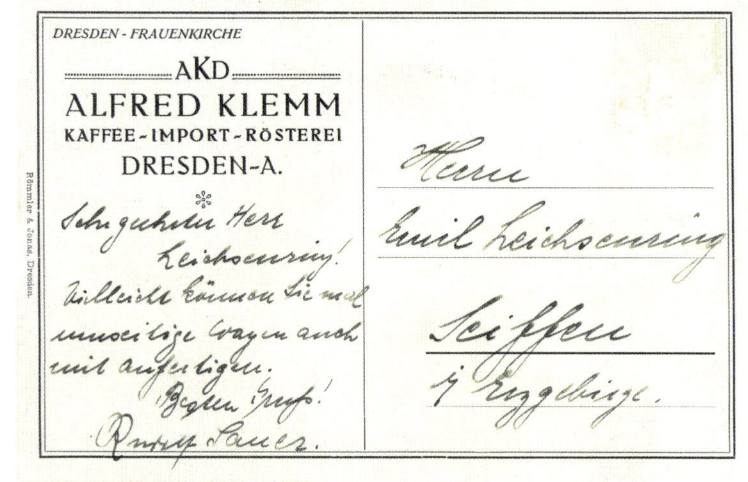

Abb. 79, 80: Postkarte mit der Grafik einer Straßenbahn vor der Dresdener Frauenkirche, versandt durch die Firma Karl Sauer, Scheffelstraße 28, Dresden (Adressbuch der Stadt Dresden 1911, S. 606: C. Sauer, Kaufmann, Scheffelstraße 28). Rückseite der Postkarte: *»Sehr geehrter Herr / Leichsenring! / Vielleicht können Sie mal / umseitige Wagen auch / mit anfertigen. / Besten Gruß! / Rudolf Sauer«*, 1911

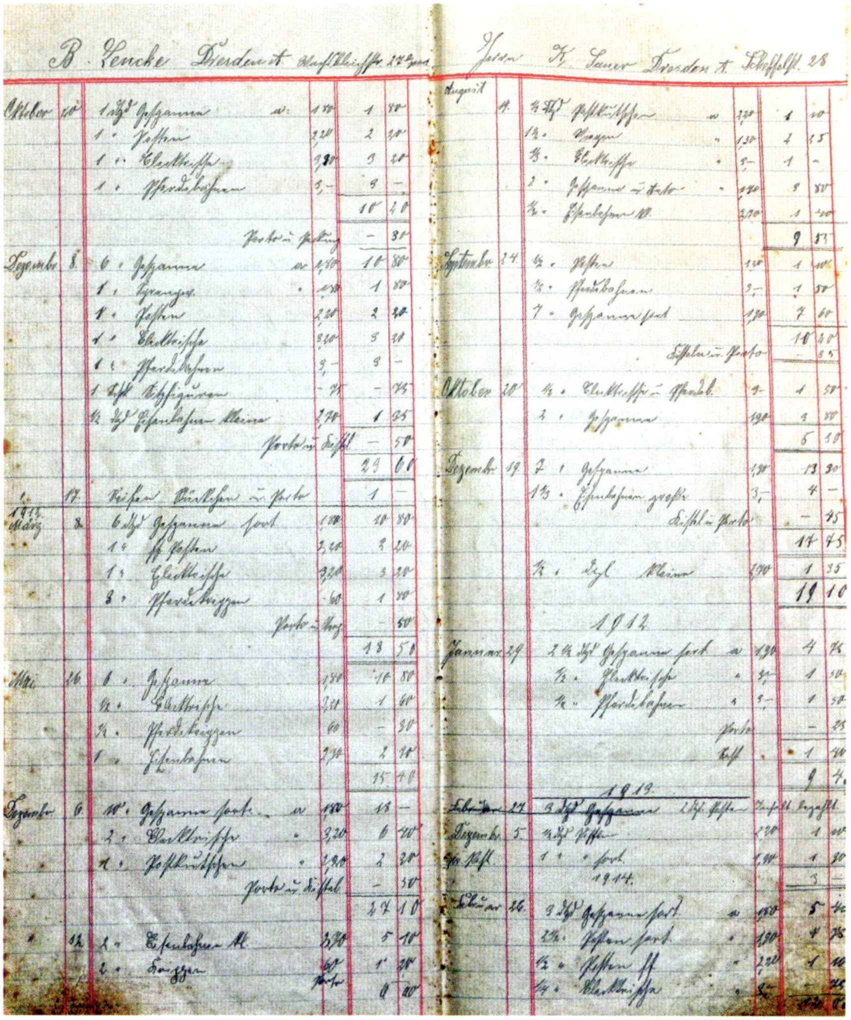

Abb. 81: Warenausgangsbuch von Emil Leichsenring/Seiffen, in dem die erste Lieferung verzeichnet ist: von »Elektrische« an »K. Sauer« am 19.8.1911

Günter Flath (geb. 1932 – Enkel von Marie Flath), selbst Spielzeughersteller-Meister und Absolvent der Seiffener Fachschule, berichtete 2015 rückblickend zur familiären Überlieferung: »Üblich war die Arbeit in der Stube. Meine Großmutter Marie drehte das Schwungrad der Dekupiersäge für die Böttcher-Arbeiten meines Großvaters Wilhelm Flath (Lehrberuf als Böttcher). Das Vorrichten der Teile für die Miniaturgespanne hatte er übernommen. Als gelernte Drechsler arbeiteten mein Vater Arthur (1887–1961) und mein Onkel Richard (1886–1959) mit. Heinrich Emil Langer hat besonders den Export nach England angeschoben. Das war von uns Verwandtschaft. Dass häufig mehrere Kinder in einem Bett geschlafen haben und die Kleidung untereinander aufgetragen wurde, war ganz selbstverständlich. Man hat sich gegenseitig auch viel geholfen.«[335] Emil Leichsenring (Werkstattgrün-

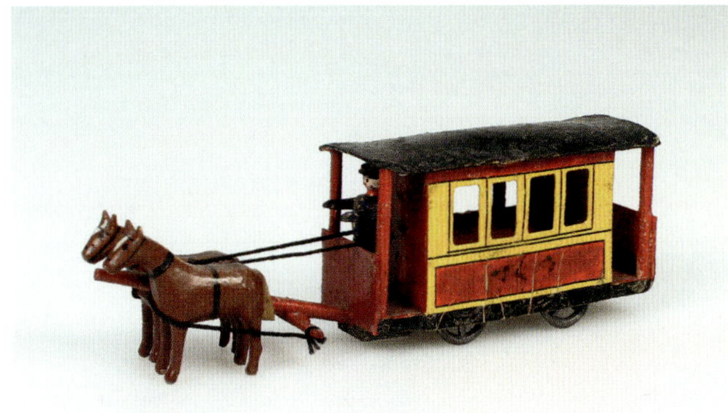

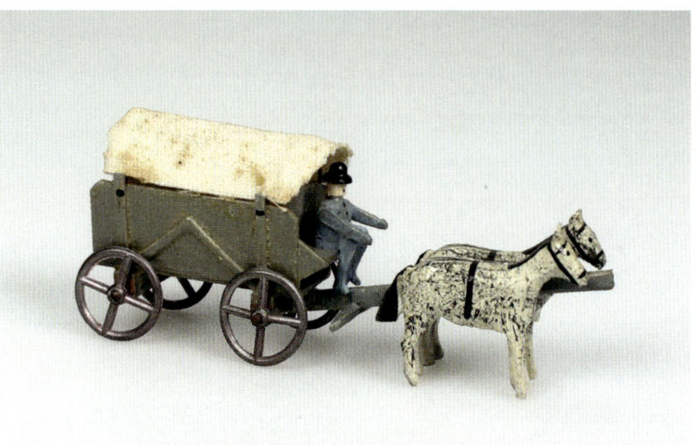

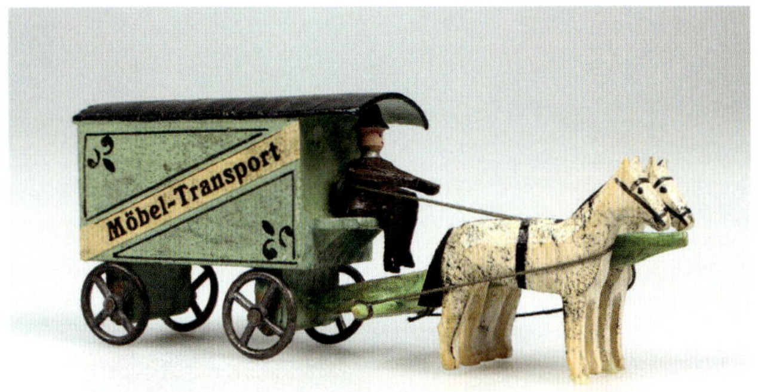

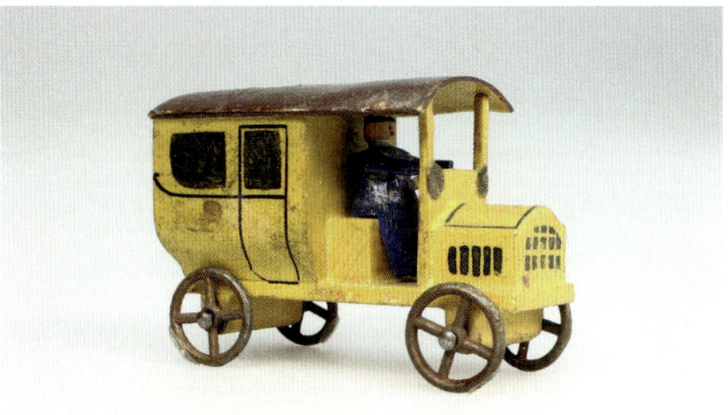

Abb. 82–89: Acht Beispiele aus der Produktion der Fa. Leichsenring, 1905–1930

dung 1904)[336] fertigte die hölzernen Einzelteile seiner qualitativ hochwertigen Miniaturfahrzeuge an einer »Drehstelle bei Kühn«[337] vor, um sie anschließend zu Hause in der Stube weiterzuverarbeiten. Nach dem Tod seines Vaters August (1832–1912) übernahm er als Einziger von acht Geschwistern – alle anderen waren in verschiedene Städte gezogen – das kleine ehemalige Bergarbeiterhaus und »übersetzte es 1913 [bauliche Vergrößerung] mit Hilfe eines Privatkredits einer Frau aus Olbernhau. Diesen konnte er nach dem Ersten Weltkrieg abbezahlen.«[338] Günter Leichsenring (geb. 1931), ebenso ehemaliger Seiffener Fachschüler mit einem Meistertitel im Spielzeughersteller-Handwerk, berichtet über die Arbeitsweise seines Großvaters: »Gearbeitet wurde straff von 7 bis 19 Uhr. Mein Vater Erich (1904–1985) hatte neben anderen Tätigkeiten die Fahrerfiguren zu drehen. Das geforderte Tagessoll belief sich auf 1200 Stück. Vor Weihnachten wurde nach einer Pause noch einmal von 20 bis 22 Uhr abends gearbeitet.[339] Mein Großvater hatte einen Bruder, der arbeitete in Olbernhau in der Gewehr-Fabrik und baute nebenher Stanzeisen. Mit Hilfe dieser Eisen fertigte er die Seitenteile der Miniaturfahrzeuge aus Pappe an.«[340] (Abb. 82–89)

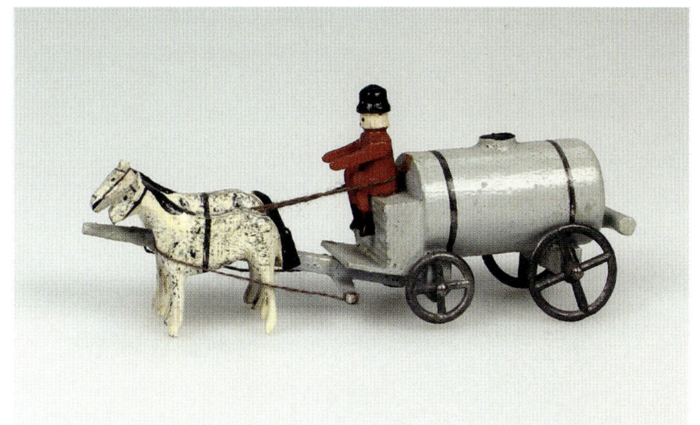
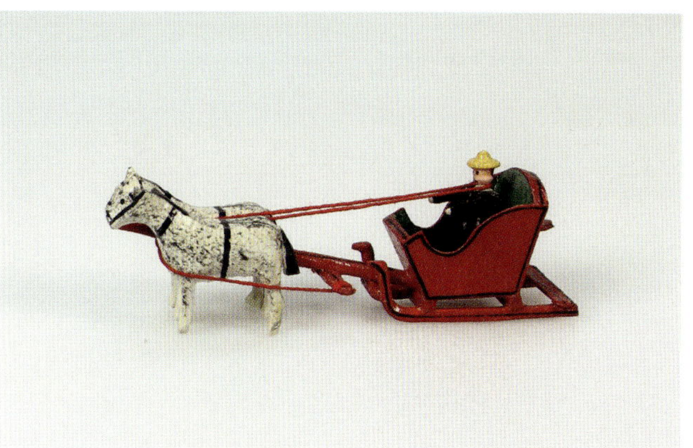
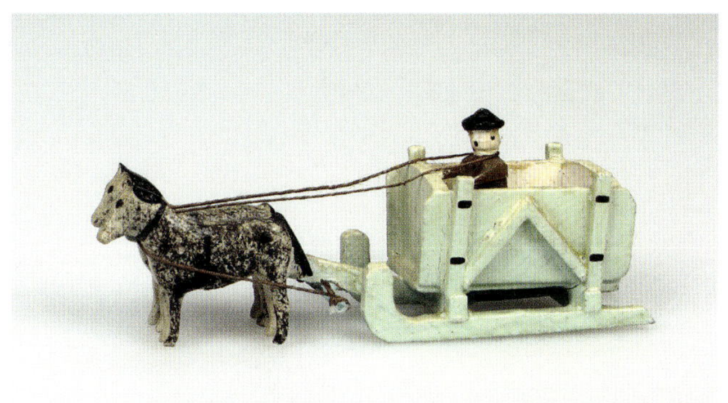
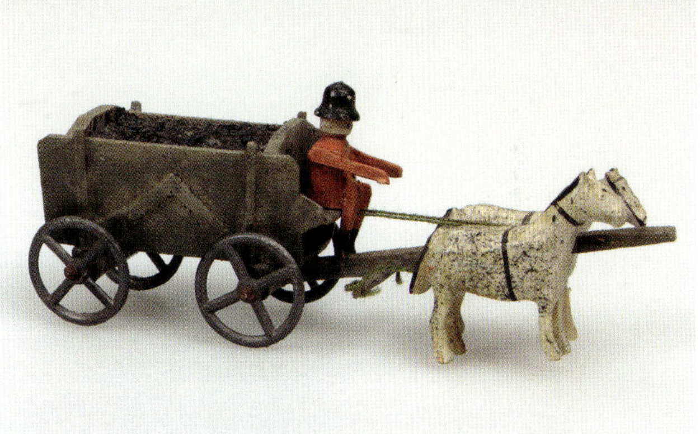

Zu den mit dieser Methode hergestellten Modellen zählen beispielsweise ein »Korbwagen«, die Schlittengespanne »Spazierschlitten« mit geschweiften Seitenteilen, die »Autos und Pferdebahnen«[341] oder die im März 1911 gelieferte »Elektrische«[342] – eine Miniatur-Straßenbahn mit aus Pappe gestanzten Seitenteilen. Zur Freizeitgestaltung von Emil Leichsenring gehörte der Sonntagsspaziergang ins »Böhmische«. Am Sonntagnachmittag ging es nach »Böhmisch Einsiedel. Da kam man dann gegen 11 Uhr oder 12 Uhr nach Hause. Er gehörte übrigens zu den Kaisertreuen.«[343] Zu Walter Neumanns ausführlicher Beschreibung der Arbeitspraktiken des Figurendrechslers Louis Heinrich Hiemann (Abb. 90) ergänzt Günter Leichsenring: »Der Großvater war mit Hiemann Louis befreundet und jeder hatte eine der 10 oder 12 Drehstellen bei Kühn. Dort [im Drehwerk] wurde sehr viel Unsinn gemacht. Hiemann, Ministerchen genannt, war Sozialdemokrat und sehr peinlich genau. Die anderen ärgerten ihn. Daraufhin hat er die Drehstelle aufgegeben und dann zu Hause auf der Fußdrehbank die Rohlinge seiner Figuren gedrechselt.«[344] Rudolf Braun bemerkte in den 1980er Jahren in seinen Untersuchungen zur Soziokultur im Fabrikbetrieb: »Für Singen und Schwatzen, heimliche

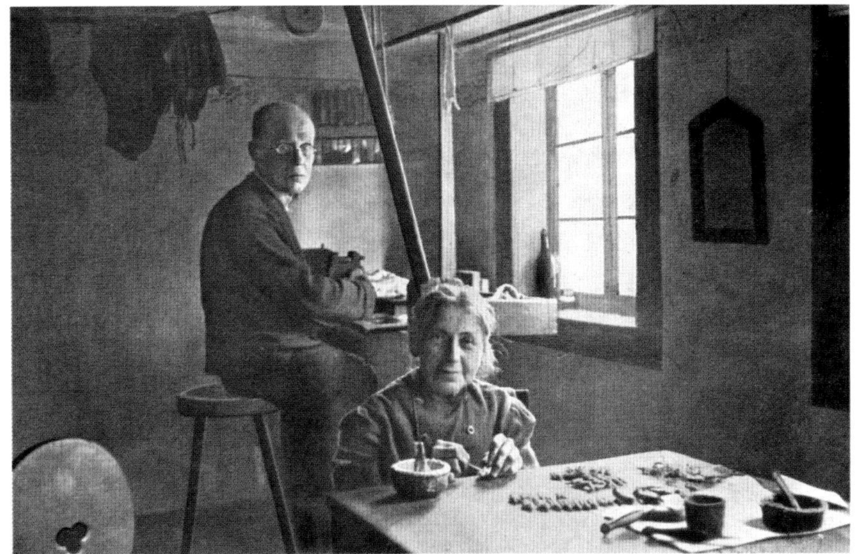

Abb. 90: Miniaturfiguren-Hersteller Heinrich Louis Hiemann mit Frau Anna in der Arbeitsstube. Im Hintergrund H. L. Hiemann beim Drechseln an der hölzernen Fußdrehbank. Links an der Wand befindet sich ein kleines Regal mit den Drehmeißeln. Am Tisch sitzt Anna Hiemann beim Bemalen der Holzfiguren. Fotografie, 1923

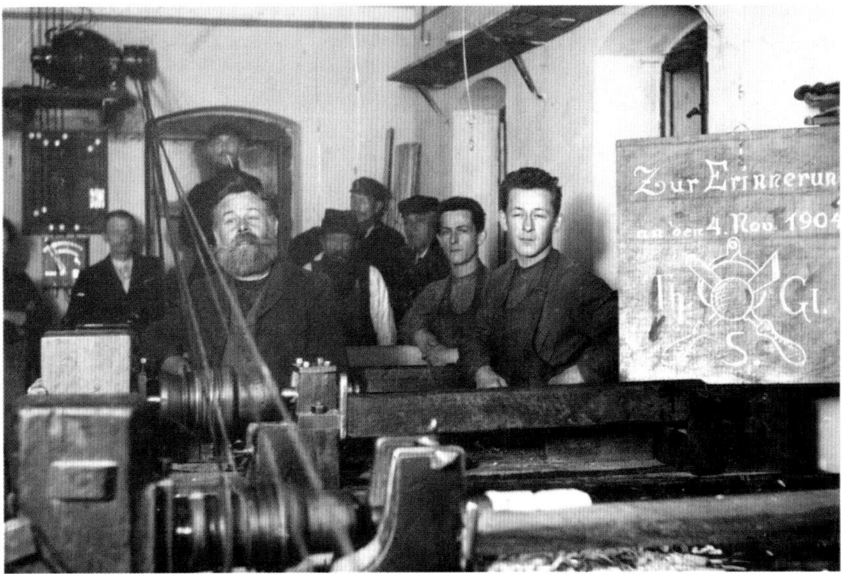

Abb. 91: Spielwarenfabrik Theodor Glöckner, Seiffen 1904, »Drehwerk« mit Drechselbänken, Fotografie, 1904

Liebesbeziehungen und giftige Zänkereien, mutwillige Streiche und allerlei Schabernack bietet der Fabrikbetrieb als Arbeitsverband und menschliches Kooperationsgefüge nicht nur Gelegenheit, sondern auch Anreiz.«[345] Dies war im Seiffener Drehwerk (Abb. 91, 92) nicht anders und bedeutete im speziellen Fall für Louis Hiemann, dass er auf die Kräfte sparende maschinelle Antriebskraft der gemieteten Drehbank verzichtete, um ungestört seine präzisen Figürchen herstellen zu können.[346] Laut Neumann drechselte er noch 1938 im Alter von 81 Jahren hoch professionell und vermutlich aus »Gewohnheit« auf dieser mittels eigener Muskelkraft angetriebenen Fußdrehlade.[347] In vergleichbarer Weise fertigte auch Karl Müller (1879–1958) als weiterer bedeutender Seiffener Figurendrechsler sein charakteristisches Miniaturfiguren-Sortiment. Im deutlichen Kontrast zu jener Produktionsform standen bereits im Jahr 1910 notierte Anregungen von Gewerbelehrer Albert Wendt, die auf einen Besuch der Weltausstellung in Brüssel zurückgehen. Dort waren ihm auf »automatischen Drehbänken« hergestellte Spielzeugpfeifen als »billige Massenartikel« aufgefallen. Im Reisebericht ist zu lesen: »Seiffen und die übrigen Dreherorte des oberen Erzgebirges sollten das beachten und an das Aufstellen automatischer Drehbänke denken.«[348] Frühe Farbabbildungen von 16 Miniaturgespannen verschiedener Hersteller finden sich in einem Artikel der Jugendbuchautorin Frida Schanz aus dem Jahr 1906 im Archiv des Erzgebirgischen Spielzeugmuseums Seiffen wieder.[349] Diesem populären, im charakteristischen Kolorit der Zeit geschriebenen Beitrag der Zeitschrift »Daheim«[350] sind einige wichtige Details zu entnehmen. »Aus Seiffen kommen aber auch die reizenden Miniaturwagen, die in Dresden [in der 3. Deutschen Kunstgewerbeausstellung] so gefielen, und zwar aus den Händen einer runden, ruhigen behaglichen Frau mit schöngeformten, spitzfingrigen Händen.«[351] Die zusätzlichen Bemerkungen der Autorin, dass diese Frau jene »winzigen, sauber gebauten Gefährtchen« seit ihren »Kindertagen baut«, können jedoch in Kenntnis der bekannten Eckdaten der Entwicklung jener Miniaturgespanne wohl nicht der Realität entsprechen. Mittels ähnlicher Sprachfärbung komponiert Oskar Seyffert das Bild einer vorösterlichen Reise in die »Spielwarengegend«.[352] In einem »in der Kriegszeit« [1915] stattfindenden literarischen Osterspaziergang beschreibt er Szenen einer romantischen Wanderung im Erzgebirge. »In den Spielwarenstuben wird von früh bis abends fleißig gearbeitet. [...] Hier entstehen auch die kleinen, reizenden Figürchen, drei Zentimeter hoch, die das Entzücken der Kinder bilden und die alljährlich durch neue Muster bereichert werden. Dann und wann treffe ich ›eigensinnige Arbeiter‹, das heißt besonders peinliche und saubere Hersteller.[353] Einer von ihnen verfertigt sogar die dünnen Pinsel, die er zur Bemalung seiner Gegenstände gebraucht selber, weil keine Pinselfabrik ihn zufriedenstellen kann. Sogar aus den Haaren seiner Großmutter sind auf diese Weise einige Pinsel gemacht worden. Unter uns: Man kann froh sein, dass man solch einer betriebsamen Familie nicht angehört.«[354] Die Schilderung der Anfertigung selbst gemachter Pinsel entsprach durchaus einer geläufigen Praxis der Hausindustriellen. Riebel belegt dies in seinen Untersuchungen zum Thema »Erzgebirgische Weihnachtsfiguren« und verweist in diesem Zusammenhang auf eine weitere Darstellung Seyfferts bezüglich der Arbeitspraktiken der Seiffener »Holzschnitzerin« Auguste Müller.[355] Neumann beschreibt die Pinselherstellung im Zusammenhang der Miniaturfigurenfertigung der Werkstatt von Max Ramm (1871–1946)[356] (Abb. 93) und Günter Flath und berichtet von selbst gefertigten »Schleppern«, speziellen Pinseln zum

THEODOR GLOECKNER :: SEIFFEN IM ERZGEBIRGE
SPIELWAREN-FABRIK
SPEZIALITÄT: Sandformen, Sommerspiele, Füllartikel von der einfachsten bis zu der feinsten Ausführung. Miniatursachen in grösster Auswahl. ○ Stets aparte Neuheiten. ○ Billigste Preise. ○ Pünktliche Lieferung.
Zur Messe: Leipzig, „Messpalast Hansa" Grimmaischestr. 13,IV.

Abb. 92: Anzeige der Spielwarenfabrik Theodor Glöckner. Sonderbeilage des »Wegweisers für die Spielwarenindustrie« 1910

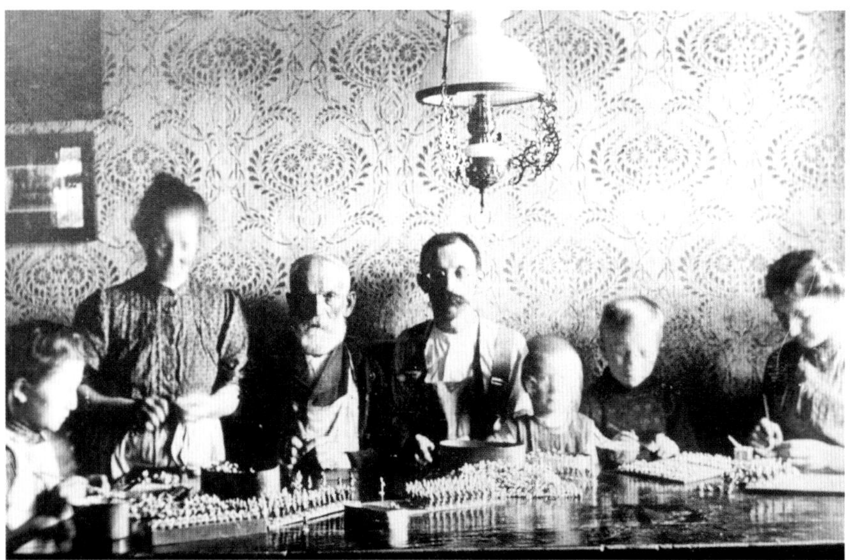

Abb. 93: Miniaturfiguren-Hersteller Max Ramm (mit Brille) und Angehörige in der Arbeitsstube bei der Herstellung von Miniaturfiguren. Die nicht bezeichnete Fotografie entstand vermutlich um 1914.

Ziehen feiner Zaumzeug-Linien der Gespanntiere. Die Gründe für diese Arbeitsweisen sind jedoch nicht in unzulänglichen Qualitäten der Pinselfabriken zu suchen, sondern stellten schlicht auch einen bedeutenden Kostenfaktor dar. Die Anfertigung eigener spezifischer Produktionsmittel war den regionalen Gewohnheiten, der Arbeitserfahrung, der Infrastruktur und den wirtschaftlichen Verhältnissen des Spielwarengewerbes geschuldet. Hohes Improvisationsvermögen und Ideenreichtum unter Anwendung einfachster Mittel zeichnen dieses Gewerbe ganz besonders aus. Ein weiteres Mal offenbart sich in Seyfferts »Reisebericht« sein volkskundliches Konzept. Er als »Konstrukteur der Heimat par excellence«[357] verortet diese Schilderungen im direkten Umfeld der Dresdener Romantik des 19. Jahrhunderts. Allein das Stilmittel der »Wanderung im Gebirge« steht hierfür beispielhaft.[358] Im Geist der »Wanderforschung« seiner Zeit beschreibt er lyrisch die dem Großstädter fremde Arbeitsumwelt und der Spielzeugmacher wird zum kuriosen Exoten stilisiert. Auf die besonderen Qualitäten der im fernen Gebirge ansässigen sächsischen Landsleute verweist er dann im nächsten Absatz: »Eines muß man aber bekennen: Es steckt so viel Gestaltungskraft, so viel kräftige Volkskunst und Liebe zum Beruf in unseren Gebirglern, dass man seine helle Freude haben muß.«[359] Er beendet seine Exkursion mit den Worten, »man wünscht innig, dass die, die unseren Kindern so viel Glück durch ihrer Hände Arbeit bringen, auch besseren Verdienst sich erobern mögen.«[360] In Seyfferts »Spielwarengegend« werden die »bekannten Spielwarendörfer Heidelberg und Seiffen«[361] zum »Ethnografischen Dorf«, vergleichbar ähnlichen Konzepten auf den Weltausstellungen Wien 1873, Paris 1889 oder Paris 1900.[362] Eine fremde Welt bot die Möglichkeit zur Reise oder kleinen Flucht ins parallele Universum. Wolfgang Brückner bezeichnete dieses Phänomen als »Der Reiz des nahen Fremden, das man aus eigener Anschauung ganz gut zu beurteilen weiß [...].«[363] Im hier vorliegenden Fall geht die Reise in das, mit charakteristischem Etikett versehene, attraktive touristische Entwicklungsgebiet »Erzgebirge«.[364] Die »mit Schindeln gedeckten Häuschen« der Hausgewerbetreibenden mutieren zu einer Art Freilandmuseum, die »eigensinnigen« Bewohner und ihre Lebensumwelt werden wie bei einem Blick ins Panoptikum oder Kuriositätenkabinett vorgeführt.[365] Von außen betrachtend, exotisch und romantisch inspiriert, hält sich das bürgerliche standesbewusste Publikum, »die gute Gesellschaft« im wilhelminischen Kaiserreich, dennoch bewusst auf Distanz (Abb. 94).[366]

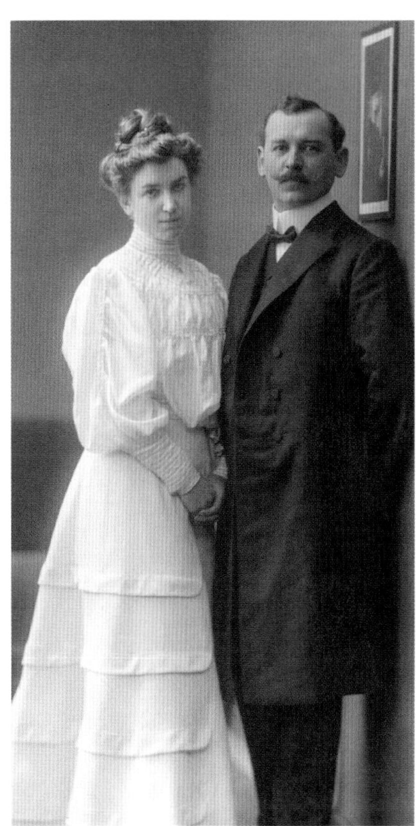

Abb. 94: Verlegerpaar Oehme (Paul Johannes Oehme, geb. 2.3.1873, gest. 20.8.1930), aufgenommen von Hoffotograf Hahn Nachfahren, Dresden, um 1910

Die Vermarktung von Miniaturen im Umfeld »heimatlicher Volkskunst«

Ein weiterer Vorteil für den Absatz der neuen, günstiger kalkulierbaren Kleinspielwaren war offenbar ein sich entwickelndes bürgerliches Bedürfnis; der Weg hin zum Kleinen, Feinen entsprach einem neuen ästhetischen Empfinden und passte zum Zeitgeist luxuriöser Konsum- und Lebenskultur des frühen 20. Jahrhunderts.[367] Allmählich sollte sich im Umfeld einer begüterten, Kur- und Badeorte bereisenden kaiserzeitlichen Mittel- und Oberschicht eine rege Miniaturen-Sammelleidenschaft entwickeln.[368]

Insbesondere die Miniaturfigur wurde damals schon neben ihrer Funktion als Kinderspielzeug zum Nippes- und Vitrinenobjekt der Erwachsenenwelt.[369] Dahingehend zielte auch beispielhaft die zeitgenössische Werbung. »Da alle Holzleutchen erzgebirgische Handarbeit sind, repräsentieren sie ein hervorragendes Erzeugnis heimatlicher Volkskunst.«[370] Populäre Figurenmotive aus der Arbeits- und Lebensumwelt, dem Freizeitvergnügen oder dem Militär spiegeln in kleinstem Maßstab die Stände der Gesellschaft und waren sowohl den Herstellern als auch den Konsumenten in ihrer charakteristischen Gestaltung alltäglich vertraut. Selbst die Verankerung der Motiv-Vorlagen in ihren jeweiligen Landschaften erwies sich im Sinne beliebter Reiseandenken mit Wiedererkennungseffekt als ausgesprochen günstig. Miniaturmotive aus der Bergwelt Tirols (Abb. 95), Hausierer aus Südosteuropa, alpine Bergsteiger und Wanderburschen, Schwarzwaldhöfe oder Schwarzwälder Bauern in Tracht, »Dresdner Rats-Chaisenträger«[371], »Spreewälder-Ammen«[372], Wintersportler, Sommerfrischler oder herrschaftliche Gäste in den Kaiserbädern funktionierten hervorragend als winzige Botschafter prominenter Reiseziele. Ein stetig zunehmender Fremdenverkehr mit gesteigerten Souvenirbedürfnissen eröffnete auch dem klassischen Spielwarenhandel neue Absatzmöglichkeiten. Miniaturspielwaren aus dem Erzgebirge konnten sich aufgrund ihrer günstigen Gebrauchseigenschaften in diesem Marktsegment einen festen Platz erobern. Die Entwicklung der Warengruppe erhielt ihre wesentlichen Impulse von außen. Sie generierte sich aus einem bildungsbürgerlichen Bedürfnis einer branchenfremden großstädtischen Elite.[373] Staatliche Subventionierung ermöglichte die Umsetzung der Idee, förderte zugleich die Werbung und versuchte damit das Käuferverhalten zu steuern. Als marktfähige »regionale« Massenprodukte sicherten sie einem sozial schwächeren Teil der sächsischen Bevölkerung den Unterhalt. Hauptabnehmer war wiederum ein kulturell geschulter, wirtschaftlich potenter Kundenkreis.[374] Als Beobachter des zeitgenössischen Marktgeschehens bemerkt Wendt im Kontext aktueller zollpolitischer Verhältnisse: »Als einen Trost und ein Glück müssen wir die wirtschaftliche Entwicklung und stark gestiegene Kaufkraft unseres deutschen Vaterlandes ansehen.«[375]

Ein zusätzlicher Teilaspekt ist hierbei von Bedeutung. Entgegen der von Schramm notierten Feststellung »Die Vermarktung der Volkskunst sollte auch den Fremdenverkehr fördern«[376] stellt sich die Situation der hier vorliegenden

Abb. 95: Musterblatt mit alpenländischen Motivgarnituren, Olbernhau, um 1910

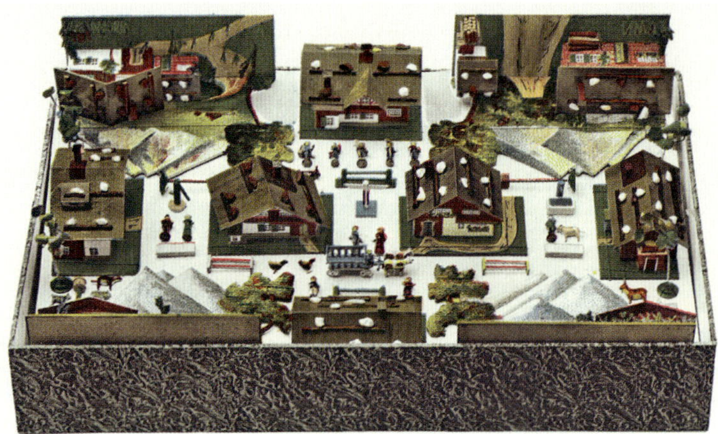

Alpenlandschaft No. 1208
72×49×11 cm

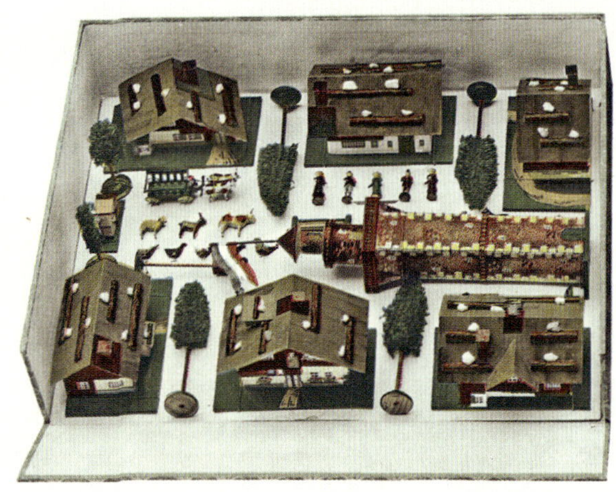

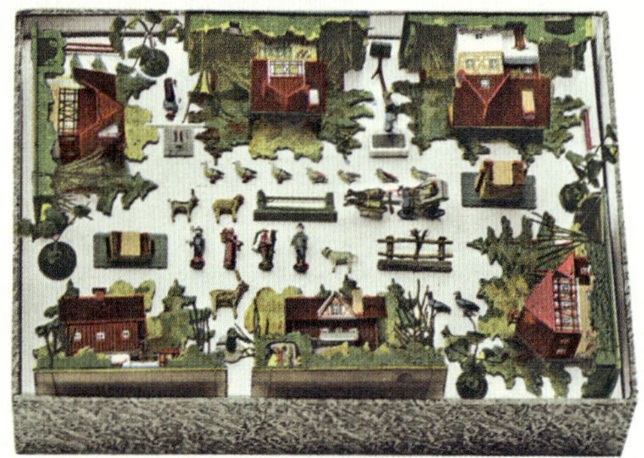

Walddorf No. 1203
46½×32×10 cm

Analyse genau umgekehrt dar. Parallel zur Entwicklung und staatlichen Förderung regionaler Fremdenverkehrsstrukturen bot es sich an, auch Waren zu kreieren, die genau in diesem Umfeld abgesetzt werden konnten.[377] Zeitgenössisch dokumentiert liest sich dies wie folgt: »Mit der gesteigerten Anforderung, die heute an den Einzelnen gestellt werden [sic], ist auch das Bedürfnis nach Erholung ungemein gewachsen und die Kreise, die sich für ein paar Sommerwochen in waldreiche Gegend, ins Gebirg oder an den See flüchten, wächst von Jahr zu Jahr. Darum hat auch der Spielwarenhändler Grund, dem Geschäft in Erholungsorten sein Augenmerk zuzuwenden und sich zu fragen: Ist dabei etwas zu verdienen?«[378]

Welche aus heutiger Perspektive eher ungewöhnlich erscheinenden Werbeplätze zur Vermarktung der neuen Spielwaren genutzt wurden, kann mittels einer zeitgenössischen Anzeige »Dresdner Spielzeug der Werkstätten für deutschen Hausrat Theophil Müller«[379] belegt werden. Diese ist im »Hygieinisches [sic!] Kochbuch zum Gebrauch für ehemalige Kurgäste von Dr. Lahmanns Sanatorium auf Weißer Hirsch bei Dresden zusammengestellt von Elise Starker. XIII. Auflage (41.–46. Tausend.)« abgedruckt.[380] Die bekannte Anstalt für moderne, reformorientierte Naturheilverfahren »Dr. Lahmanns physiatrisches Sanatorium« konnte allein für das Jahr 1905 rund 4000 zahlungskräftige Patienten, Tendenz steigend, verzeichnen.[381] Dresden hatte sich um 1900 zu einem wichtigen Zentrum der Naturheilkunde entwickelt.

»Die Anziehungskraft der Dresdner Naturheilsanatorien läßt sich mit der Vielzahl berühmter Gäste aus Kunst, Politik und Wirtschaft belegen.«[382] Heinrich Lahmanns therapeutische Anwendungen nutzten neben anderen prominenten Gästen 1902 Prinz Woldemar von Preußen, 1903 Franz Kafka, 1905 Rainer Maria Rilke und 1906 Thomas Mann.[383] Im attraktiven stadtnahen Luftkurort und prosperierenden Villenviertel »Weißer Hirsch« logierte die ideale, teilweise aus dem deutschen und internationalen Hochadel stammende Konsumentengruppe. Spielzeug und Nippes-Artikel als Luxusgut und Mitbringsel entsprechen in diesem Kontext einem zeitlosen Verbraucherverhalten.

Alwin Seifert, ab 1914 zunächst Direktor der Seiffener Spielwarenfachschule, ab 1919 auch Leiter der Einrichtung in Grünhainichen, schrieb 1921 in einer Fachzeitschrift der Internationalen Handels-Union folgenden werbewirksamen Beitrag: »Die kleinsten Spielzeug-Figuren, die kleinsten Spielzeug-Tiere und die kleinsten Spielzeug-Wagen, die es gibt, werden im Erzgebirge angefertigt. Miniaturen allgemein genannt, da diese kleinsten aller kleinen Spielzeuge kaum über eine Höhe von 3 bis höchstens 4 cm hinausgehen. Sie ist noch gar nicht so alt, die Miniatur im Spielzeug. Man spricht von etwa 15 Jahren. Ehedem war die Figur 6–8 cm hoch üblich. Die älteste Figur von dieser Größe, welche das Seiffener Spielzeug-Museum aufhebt, ist etwa 150 Jahre alt. Qualitativ hat sich diese Figur, wie an Gegenbeispielen zu sehen ist, im Laufe der Jahre leider rückwärts entwickelt. Sie wurde einfacher, billiger, aber auch viel schlechter! Der Seiffener Verleger Langer wird als der Anreger der Miniatur-Figur [vermutlich Bezugnahme auf Figuren von A. F. Langer][384] genannt. Er soll sie zuerst haben anfertigen lassen. Und sonderbar, als die Figur von 8 cm Höhe verschwand und der 3–4 cm großen Platz machte, war's als ob sie aus einer Verjüngungs-Mühle viel schöner, viel besser herausmarschiert sei. Qualität ist jedes dieser kleinen Werke! Von der wirtschaftlichen Seite betrachtet, liegen hier auch allerlei große Vorteile. Der Verfertiger braucht wenig Holz, wenig Farbe, wenig Raum und Werkstatt, kleine Kistchen und wenig Verpackungs-Material, keine großen Lagerräume, und er ist dabei doch in der Lage, hohe Werte zu erzeugen. Der Käufer wiederum erhält für wenig Geld für sein Kind eine ganze kleine Welt. Ich kenne viele Familien, die ihren Kindern auf diese Weise, auch oft nach und nach, eine immer größere Anzahl solcher Spielzeuge zusammengetragen und sah in diesen Kinderstuben das Dorf, die Stadt, das Rittergut, das Taubenhaus, die Landstraße, die Autohalle, den Konzertgarten, den Wald mit Hirschen und Rehen und Wildfutterplatz, den Schloßpark mit Bäumen, Geflügel und vieles, vieles andere mehr.[385] Seiffen und Heidelberg im Erzgebirge haben sich durch die Erzeugung dieses herrlichen Miniatur-Spielzeuges, des besten erzgebirgischen Kleinspielzeuges, schon längst einen Weltruf erobert; denn es entsteht nur im Seiffener Bezirk und nirgends mehr sonst in der Welt. Der Spielwaren-Verleger H. E. Langer – Seiffen, der seiner Zeit die besten Heim-Künstler zusammenfaßte – es waren ausschließlich frühere Schüler der Seiffener Fachschule – und der zu den kleinen Pferdchen die Wagen, die Figuren und das Dorf zu schaffen anregte, erkannte mit dem Weitblick des rechten Kaufmanns, daß mit dem vorher üblichen größeren Spielzeuge für Verfertiger und Kaufmann nichts mehr zu verdienen war.«[386] Ob sich die im Jahresbericht der Königlichen Fachgewerbeschule Grünhainichen für das Schuljahr 1906/1907 von Albert Wendt festgehaltene Aktennotiz »eingestellt wurde mit hoher Genehmigung Herr A. Seifert als Lehrer an der Schule« bereits konkret mit seiner Person in Verbindung bringen lässt, bleibt bislang unklar.[387] In Grünhainichen herrschte in diesem Schuljahr, bedingt durch die akute Erkrankung von Albert Wendt, ein erheblicher Lehrkräftemangel.[388] Eventuell gab es hier erste Berührungspunkte, da auch in den Sonneberger Akten festgehalten ist, »daß er [Alwin Seifert] infolge geringer Bezahlung nebenberuflichen Zeichenunterricht erteilte.«[389] In einem Sonneberger Schreiben »An das Curatorium der Industrieschule« vom 14. Dezember 1907 heißt es konkret: »[...] wurde Herrn Seifert gestattet, wöchentlich vier Stunden Zeichenunterricht an der Töchterschule zu geben, außerdem jeden Mittwoch Zeichen- und Malunterricht für Damen in der Industrieschule privatim zu erteilen.«[390] Die Stelle als Leiter der Fachgewerbeschule Seiffen hatte Alwin Seifert wiederum mit einer Empfehlung seines früheren Dresdener Zeichenlehrers Oskar Seyffert im Februar 1914 angetreten.[391] Zu seinen unmittelbar ersten Tätigkeiten im Erzgebirge gehörten auch vorbereitende Arbeiten zur Holzspielwaren- und Holzwaren-

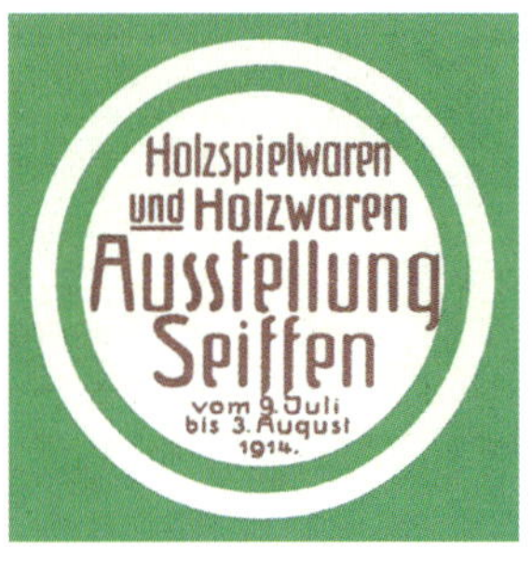

Abb. 96: Werbe-Vignette für die »Erzgebirgische Holzspielwaren und Holzwaren Ausstellung«, Seiffen 1914

Ausstellung Seiffen vom 9. Juli bis 3. August 1914 (Abb. 96, 97).[392] Die in Anwesenheit von Sachsens König Friedrich August III. eröffnete Gewerbeausstellung war Höhepunkt und zugleich unerwarteter Abschluss einer Branchenentwicklung, da noch während der Ausstellungsdauer der Erste Weltkrieg ausbrach. Den Gewerbetreibenden, darunter auch den Miniaturspielwaren-Herstellern im Raum Seiffen, brachte die Veranstaltung dank klarer Benennung ihrer Urheberschaft mit Namen und Anschrift – sowohl in der Objektbeschriftung als auch im Katalog – öffentliche Aufmerksamkeit und Anerkennung ihrer handwerklich-gestalterischen Leistungen – ein Umstand, den wiederum die Verleger beargwöhnten und aus Konkurrenzgründen verhindern wollten.[393]

Zwischen den Anfangsjahren der Miniaturisierung und den Beschreibungen von 1921 liegen die einschneidenden Kriegsjahre, die für die deutsche Spielwarenindustrie drastische Veränderungen und Einbußen internationaler Marktanteile zur Folge hatten. Die kontinuierliche Weiterentwicklung der gewachsenen Gewerbestruktur wurde bis 1918 stark beeinträchtigt und wichtige Geschäftsverbindungen ins Ausland rissen gänzlich ab. Eine Entwicklung und Vermarktung von Miniaturen im Kontext nationaler Volks- und Heimatkunde war in der bisherigen Form nunmehr zwangsweise beendet.[394] Neben den menschlichen Katastrophen und erdrückender wirtschaftlicher Not ist für den Raum Seiffen in den Akten der staatlichen Verwaltung belegt, dass bereits im Herbst 1914 »durch die Verleger« sämtliche Aufträge an die Hausgewerbetreibenden annulliert und im weiteren Kriegsverlauf ein zusätzlicher Preisdruck ausgeübt wurden.[395]

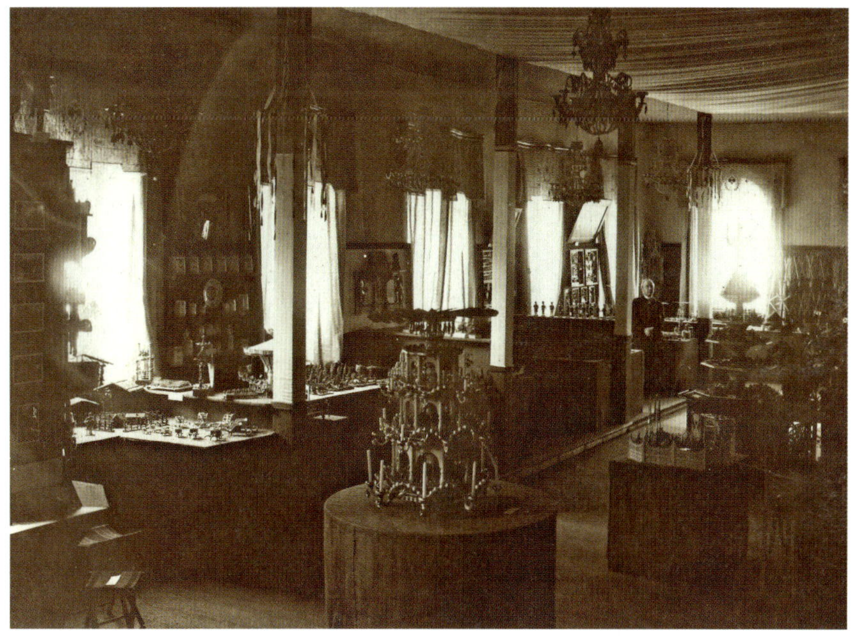

Abb. 97: Holzspielwaren- und Holzwaren-Ausstellung Seiffen 1914. Die Aufnahme zeigt einen Ausschnitt der im Gasthof zum Albert Salon aufgebauten gewerblichen Leistungsschau. Sie wurde am 9. Juli im Beisein von König Friedrich August III. eröffnet und schloss am 3. August 1914. Der Hauptorganisator der Ausstellung, Pfarrer Hermann Härtel, führte den König durch diesen Saal. H. Härtel ist im Hintergrund der Aufnahme zu sehen. Auf der großen, sechseckigen und sich nach oben verjüngenden Etagere hinten rechts im Bild befindet sich eine umfangreiche Miniaturspielwarengruppe.

Die »Gewerbeaufsichtsbeamte Fräulein C. Dose« meldete am 25. Oktober 1915 mehrere charakteristische Einzelfälle zur äußerst prekären Lage an die »Königliche Kreishauptmannschaft« nach Dresden.[396] Darunter befand sich folgende Schilderung.

»Der Verleger Langer in Seiffen hat einem gewissen Hiemann [L. H. Hiemann] daselbst, welcher ausschließlich Miniaturfiguren liefert, vor Beginn des Krieges 3 Mark für das Schock [60 Stück] bezahlt; im Herbst 1914 drückte er diesen Preis auf 2 Mark herab und hat sich bisher zu keiner Erhöhung desselben verstehen wollen, trotzdem die Hiemannschen Waren ausserordentlich stark begehrt und vom Publikum gut bezahlt werden. Hiemann ist daraufhin zu Herrn Pfarrer Hertel [Härtel] gekommen und hat ihn um einen Vorschuss gebeten, um seine Versicherung bezahlen zu können; er habe bei dieser Gelegenheit über den Preisdruck, den Langer auf ihn ausübte, bitter geklagt und erklärt, dass er mit 2 Mark pro Schock für seine Figuren nicht bestehen könne.«[397] Als zumindest sächsisches Lösungsmodell zur Besserung der allgemeinen Lage wurden in der Vorweihnachtszeit 1914 und 1915 Wohltätigkeits-Verkaufsmessen in Dresden und Leipzig veranstaltet. Die daraufhin erfolgte öffentliche Anfeindung der Organisatoren durch führende erzgebirgische Verlagshäuser und nahezu aller Dresdener Spielwarenhandlungen führte auf Verwaltungsebene bis hin zum Staatsminister Graf Vitzthum von Eckstädt zu dem Ergebnis, nun eine unabhängige Einkaufsgenossenschaft zu gründen – ein Vorschlag, der schon einmal 1899 unterbreitet worden war.[398]

Worauf sind jedoch Alwin Seiferts oben angeführte Beschreibungen noch zurückzuführen? In Seiffen galt der Spielwarenverlag Heinrich Emil Langer von Anfang an als Spezialist für Miniaturspielwaren, seine federführende Rolle bei der Vermarktung im In- und Ausland ist auch heute noch unbestritten. Walter Neumann hat dies, wie bereits erwähnt, mit seinen Studien ausführlich dokumentiert.[399]

Dass die Impulse zum Spielsystem »Dörfchen« jedoch aus Dresden kamen und die ersten Miniaturgebäude nicht in Seiffen, sondern in Grünhainichen zur Serienreife entwickelt wurden, ist wesentlich und kulturgeschichtlich besonders relevant. Doch H. E. Langer war nicht das einzige Verlagsgeschäft, welches 1905 Miniaturen in den Handel brachte. Dies lässt sich unter anderem durch zahlreiche Lieferbelege der Werkstatt Leichsenring an Max Hetze in Seiffen oder an Verlagsgeschäfte in Olbernhau, Grünhainichen und Waldkirchen schon für das Schlüsseljahr 1905 nachweisen.[400] Ergänzende Angaben zu den weitreichenden Handelsbeziehungen erzgebirgischer Verlagsgeschäfte finden sich beispielsweise in einem noch erhaltenen »Wechsel-Kopier-Buch« des Spielwarenverlags Carl Nötzel, Niederneuschönberg bei Olbernhau. Die Firma Carl Nötzel handelte in großem Stil mit erzgebirgischen Holzspielwaren, unter anderem auch mit einem breiten Angebot von Miniaturspielwaren. Zu den ab 1919 verzeichneten Großkunden gehörten u. a. die Warenhäuser von »Rudolph Karstadt Hamburg, Hermann

Liste der ab 1919 im »Wechsel-Kopier-Buch« des Spielwarenverlags Carl Nötzel aus Niederneuschönberg bei Olbernhau verzeichneten Großkunden:*

J. Alter Scheveningen
J. W. Becker Nachf. Stettin
George Borgfeld Berlin/New York
Eisenmann u. Co. Fürth
N. W. Damm Son Kristiania
E. b. Hill and Sons Brighton
Jelmoli Zürich
S. Kann Sons u. Co. Washington
Julius Jensen Kopenhagen
Rudolph Karstadt Hamburg
Paul Ley Fürth
E. W. Matthes Berlin
B. A. Müller Dresden
Nordiska Comp. Stockholm
Louis Pamblanc Lausanne
Peroglio Mailand
Puppenhaus des Westens Berlin
A. Reichenberg Bochum
Richard Renz Berlin
Schrögler u. Scheckenbach Nürnberg
Werner und Schumann Berlin
Ed. Schuster u. Co. Milwaukee
F. A. O. Schwarz New York
A. v. Schyndl Leiden
B. Shackmann/Rosenberg Loewe u. Co. New York
Steinberg u. Co. Hamburg
Hermann Tietz Berlin
Ricardo Turull Barcelona
A. Ullmann Darmstadt
P. H. Virnich Köln
D. H. Wagner u. Sohn Leipzig
Franz Carl Weber Zürich
Wertheim Berlin

* Spielzeugmuseum der Stadt Nürnberg: Inv.-Nr. 2006. 48: Wechsel-Kopier-Buch Fa. Carl Nötzel, Niederneuschönberg bei Olbernhau. 1919ff. (Einige dieser Firmen existieren noch heute.) Vgl. auch Inv.-Nr. 2006.49 »Journal B« Lieferantenverzeichnis. Hier wird u. a. auch H. E. Langer, Seiffen als Zulieferer geführt.

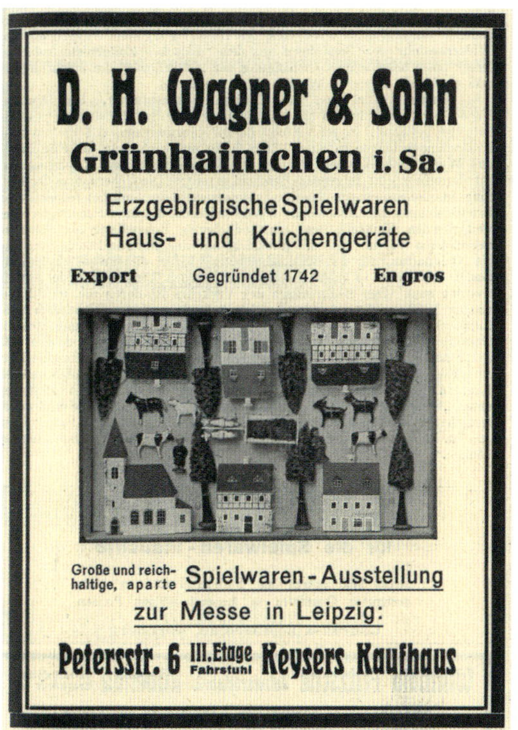

Abb. 98: Anzeige des Spielwarenverlags D. H. Wagner & Sohn Grünhainichen im »Wegweiser für die Spielwarenindustrie«, 1913

Tietz Berlin, A. Wertheim Berlin«.[401] (s. Kasten S. 106 und Abb. 98, 99) Für diese Unternehmen spielte die Vermarktung im Umfeld einer »Volkskunst aus dem Erzgebirge« eher eine untergeordnete Rolle. Miniaturspielwaren als internationale Exportartikel stellten eine willkommene Ergänzung im Niedrigpreis-Sortiment der jeweiligen Angebotspalette dar.[402]

Zur Entwicklung des Begriffs »Miniaturspielwaren« ist Folgendes zu beobachten. Das Branchenblatt der deutschen Spielwarenindustrie »Wegweiser« kündigte im Messebericht der Herbstmesse 1906 die Gebäudegarnituren mit den Worten an, »reizende moderne Miniaturschachtelspiele«, führt C. F. Drechsel in Grünhainichen vor. [403] In H. E. Langers »Musterschutzanmeldungen«[404] taucht im März 1907 nunmehr die Umschreibung »Miniaturspielwaren« auf.[405] In der Anzeigenwerbung und der Presseberichterstattung steht spätestens ab 1908 der Begriff als eingeführtes Synonym für diese erzgebirgische Spielwarengruppe.[406]

Alwin Seifert trat in seinem vorab zitierten Bericht deutlich werbend für die Erzeugnisse des »Seiffener Bezirks« ein. Nach 1918 wurden »Miniaturspielwaren« überwiegend hier im oberen Erzgebirge produziert. In Grünhainichen begann sich zu diesem Zeitpunkt der Schwerpunkt der Holzwarenfertigung erneut zu verschieben. Mit der im Oktober 1915 erfolgten Gründung der kunstgewerblichen Werkstätten Wendt & Kühn hielt erneut ein in der Elbmetropole geprägter moderner

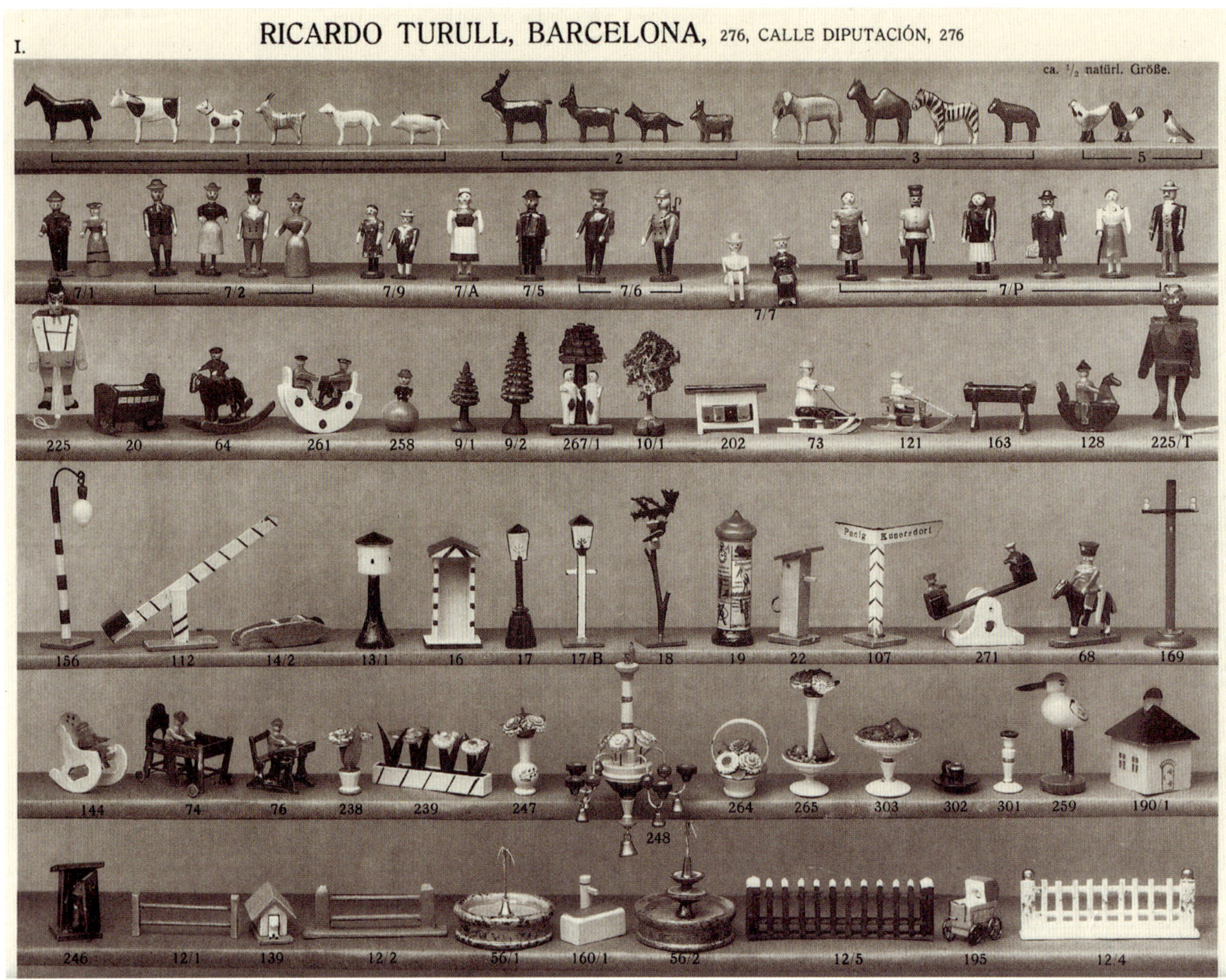

Abb. 99: Musterblatt für Erzgebirgische Miniaturspielwaren, Ricardo Turull, Barcelona, 1930er Jahre

Gestaltungsansatz, und damit einhergehend neues technisches und gestalterisches Niveau im Orte, Einzug.[407] Parallel zur klassischen Spielwarenproduktion und aus diesem hoch spezialisierten Gewerbe hervorgegangen, begann sich hier im Erzgebirge eine neue eigene Kunstgewerbeindustrie zu entwickeln.[408] Seifert bewegte sich in dieser Umbruchsituation, er knüpfte kreativ an die Erfahrungen seiner Vorgänger an und propagierte die aus dem Umfeld der Volkskunstbewegung erwachsenen Vermarktungsstrategien in den 1920er Jahren in vergleichbarer Art und Weise.

Zusammenfassend gilt festzuhalten, Miniaturspielwaren entsprachen in ihrer Grundfunktion bis zu ihrer sukzessiven Verdrängung vom Spielwarenmarkt zu Beginn der 1960er Jahre in erster Linie den Kriterien von Kinderspielzeug.

Dass sie aufgrund ihrer besonderen Qualitäten auch Eingang in die Erwachsenenwelt fanden, ist ein besonderes Phänomen. Genau hier offenbart sich eine für die zukünftige Geschichte erzgebirgischer Spielwaren bedeutende Schnittstelle. Für zahlreiche Hersteller stellte sich, bedingt durch die wirtschaftlichen Rahmenbedingungen, bereits zu Beginn der 1930er Jahre erneut die wesentliche Frage: Sichert die Produktion von Kinderspielzeug die zukünftige Existenz oder verspricht die Herstellung kunstgewerblicher Artikel der Warengruppe »Raum und Tafelschmuck« einen höheren Verdienst und günstigere Absatzmöglichkeiten?

Das moderne deutsche Spielwarenfachgeschäft. Richard Zeumer Dresden – guter Einkauf im Zeichen regionaler Identität

In den Jahren nach 1905 nahmen nahezu alle führenden erzgebirgischen Verlagsgeschäfte Miniaturen in ihr Warensortiment auf und vertrieben sie über ein weit verzweigtes Netz von Handelsvertretern und den Messeplatz Leipzig weltweit.[409] Im internationalen Kundenkontakt stehend, bestimmten die Verleger das Sortiment. Sie bezogen Einzelerzeugnisse unterschiedlicher Hersteller und stellten sie zu attraktiven, thematisch passenden Garnituren zusammen. Als Hersteller von Miniaturfahrzeug-Modellen verzeichnete Emil Leichsenring zwischen 1905 und 1921 im firmeneigenen Warenausgangsbuch folgende Verleger als Abnehmer seiner Produkte: Johann David Oehme & Söhne und Böhme & Heinitz in Grünhainichen, Carl Hiemann und Carl Nötzel in Olbernhau, Max Hetze, H. E. Langer in Seiffen und Carl Heinrich Oehme Waldkirchen (Abb. 100). [410] Wie bei Seifert teilweise schon beschrieben, eroberte sich in den kommenden Jahren, unter anderem auf mehrfache Initiative der Fachgewerbeschule Grünhainichen, der genannten Verlagshäuser und der Dresdener Spielwarenhandlung Richard Zeumer, das neue Kleinspielzeug stetig wachsende Marktpräsenz.

Unter der Bezeichnung »Das erzgebirgische Dörfchen« (Abb. 101) hatte Richard Zeumer bereits zu Weihnachten 1905 eine eigene Kollektion Miniaturen in den Handel gebracht und sich als Spezialist positioniert. Im ersten Sortiment stellte er Nürnberger Zinnfiguren der Firma Ernst Heinrichsen und deren »Gelände-Tafel für Zinnfiguren-Aufstellungen« mit den in Grünhainichen gefertigten Holzhäusern und den Seiffener Ergänzungsteilen zusammen.[411] »Spielwarenhaus Richard Zeumer – Dresden, Schlossstr. 34« ist im Stempel-Schriftzug, der bis 1906 auf die Unterseite der Gebäude gedruckt wurde, zu lesen.[412] Mit dieser Kennzeichnung, diversen Papieraufklebern und weiteren Werbeaufdrucken verstand es der Vermarktungspionier anfänglich, dem neuen Kleinspielzeug seinen eigenen einprägsamen Stempel aufzudrücken. Im gleichen Haus Nr. 34 wurden im Jahre 1904 die drei Etagen über der Spielwarenhandlung vom Königlichen Ministerium des Kultus und öffentlichen Unterrichts belegt. Ergibt sich durch diese direkte Nachbarschaft zum Ministerium etwa eine unmittelbare Linie oder persönliche

Nähe des Kaufmanns Karl Richard Zeumer zu den Fachgewerbeschulen in Grünhainichen und Seiffen?[413]

Dienstreisen oder private Besuche der Fachschulleiter nach Dresden fanden wiederholt statt. Vor dem Hintergrund einer Beschwerde über eine ungenehmigte Reise (18.12. bis 20.12.1907) in die Landeshauptstadt berichtet Gewerbelehrer Otto Adlung im Februar 1908 an das Ministerium des Innern vom ganztägigen Besuch verschiedener Spielwarengeschäfte, u. a. Zeumer in der Schloßstraße. »In allen den Geschäften habe ich mich längere Zeit aufgehalten und persönlich mit den Herren vor allen Dingen über modernes sog. Künstlerisches Spielzeug verschiedene Meinungen ausgetauscht und die verhältnismäßig hohen Preise ganz besonders besprochen.«[414] Neben der Entschuldigung für den nicht eingehaltenen Dienstweg bemerkt der ursprünglich als Kunstmaler ausgebildete Seiffener Lehrer mit dem Blick auf die Warenwelt der vorweihnachtlichen Großstadt, dass es ihm »ein aufrichtiges Bedürfnis war auch einmal aus den engen Verhältnissen heraus zukommen um andere Fabrikationen sehend genießen zu können.«[415]

Otto Adlung hatte bei seinem Besuch bereits die größeren, neuen Geschäftsräume des prosperierenden Spielwarenhauses Zeumer besichtigen können. Ab 1907 lautete die neue Anschrift Schloßstraße Nr. 22. Hier existierte ein erster eigener Telefonanschluss und etwa zeitgleich erschien eine fotografische Werbepostkarte (S. 90, Abb. 77) mit einer Ansicht der über zwei Stockwerke reichenden Geschäftsfassade.[416] Im Erdgeschoss konnten die Waren in zwei großen Schaufensterauslagen entlang der Flaniermeile repräsentativ in Szene gesetzt werden. Zusätzlich existierten drei schmalere Schaukästen in Fensterhöhe. Das obere Stockwerk der Fassade ermöglichte eine Präsentation mit Fernwirkung und wurde durch ein zentrales Erkerschaufenster und zwei flankierende schmalere Fenster gegliedert. Ausdrücklich weist Zeumer in einer um 1907 gedruckten Werbeschrift auf die günstige Verkehrsanbindung mittels »Omnibus« hin und wirbt hier gleichzeitig für seine »Große Aufstellung Erzgebirgischer Dörfer – jederzeit in den Schaufenstern der Firma Schloßstraße 22 vis-à-vis Stadt Gotha [Hotel].«[417]

Großflächige, prächtig dekorierte Schaufenster entsprachen dem Geist der Moderne und dienten der permanenten öffentlichen Warenpräsentation. »Im Straßenbild ist heute das Schaufenster eine der markantesten Erscheinungen geworden.« – so die Einleitung eines Fachaufsatzes der Deutschen Spielwarenzeitung von 1911.[418] Mit besonderem Verweis auf den Stellenwert moderner Reklame und die Bedeutung von Schaufenstergestaltung heißt es: »Man ist da heute so weit gekommen, daß man schon von einer Schaufensterkultur sprechen kann, daß es eigene Zeitschriften gibt, die diesen Gegenstand behandeln. Namentlich die letzten Jahre haben darin vieles Neue hervorgebracht.«[419] Sowohl politisch als auch im aktuellen gesellschaftlichen Alltag wurde die Warenschau in den »Auslagen« kontrovers diskutiert. Im Zusammenhang mit der neuen Arbeitsschutz-Gesetzgebung von 1891 war beispielsweise eine eigene Verordnung »über die

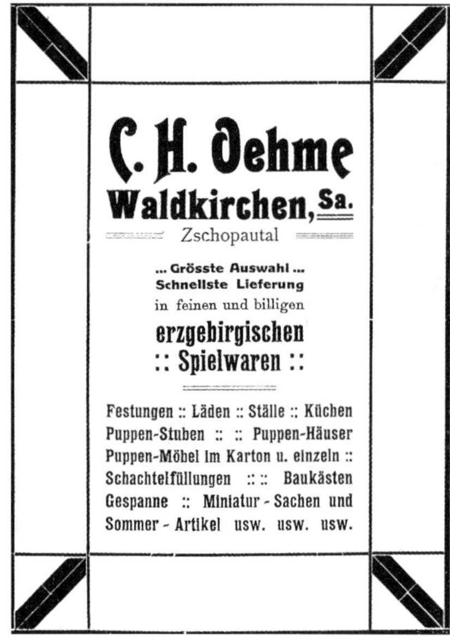

Abb. 100: Inserat des Spielwarenverlags C. H. Oehme, Waldkirchen, »Wegweiser für die Spielwarenindustrie«, 1910

äussere Heilighaltung der Sonn- und Festtage« erlassen worden.[420] Zur Einhaltung der »Sonntagsruhe« mussten die Schaufenster spätestens zu Beginn der Hauptgottesdienste geräumt oder verhängt werden. Eine Ausnahme bildeten nur die beiden letzten Sonntage vor Weihnachten. In einer Stellungnahme von 1903 argumentierte man dagegen, dass schön dekorierte Schaufenster die Bevölkerung ästhetisch erziehen. »Auch die Gewerbetreibenden haben naturgemäss ein Interesse daran, dass die von ihnen feilgebotenen Gegenstände möglichst vielen zu Gesichte kommen.«[421] Unter Ausnutzung solch einer einladenden Warenauslage bezeichnete sich z. B. das in der Großen Hamburger Straße 21–23 [Eckhaus Oranienburger Straße] gelegene Berliner Spielwarenhaus Bernhard Keilich 1904 mit seinen 19 Schaufenstern werbewirksam als »Größtes Spielwarengeschäft der Welt«.[422] Das moderne Schaufenster stellte den Rahmen für eine perfekte Inszenierung der Konsumprodukte.

Im Vorwort seines autobiografischen Kinderbuches »Als ich ein kleiner Junge war« beschreibt der gebürtige Dresdener Schriftsteller Erich Kästner (1899–1974) einen abendlichen Spaziergang des sächsischen Königs Friedrich August III. mit Bezugnahme auf das prominent, in unmittelbarer Nähe zum Schloss gelegene moderne Spielwarengeschäft. »Um die Weihnachtszeit spazierte er [der König] manchmal, ganz allein und mit hochgestelltem Mantelkragen, wie andere Offiziere auch, durch die abendlich funkelnde Prager Straße und blieb nachdenklich vor den schimmernden Schaufenstern stehen. Für Kinderkleider und Spielwaren interessierte er sich am meisten. [...] Er war einsam. Er liebte seine Kinder. Und deshalb liebte ihn die Bevölkerung. Er [...] passierte den Altmarkt, schlenderte die Schloßstraße hinunter, musterte, bei Zeuner [gemeint ist Zeumer] in der Auslage, die in Schlachtenformation aufgestellten Nürnberger Zinnsoldaten, und dann war es mit seinem Weihnachtsbummel auch schon vorbei! Denn auf der anderen Straßenseite stand das Schloß.«[423] Dass Friedrich August III. gelegentlich bei Zeumer Spielzeug kaufte, ist in den Akten zur »Verleihung von Hofprädikaten« vermerkt. Als geschäftstüchtiger Kaufmann schrieb Karl Richard Zeumer 1918 in seinem Gesuch: »Seine Majestät haben oft die Gnade gehabt, persönlich Einkäufe zu Weihnachten bei mir zu bewirken. [...] Ich stehe bereits im 67. Lebensjahre und würde durch die Allerhöchste Verleihung mein arbeitsreiches Lebenswerk mit der allergrößten Auszeichnung gekrönt sehen.«[424] Der gegen Bezahlung verliehene Titel »Königlicher Hoflieferant« funktionierte europaweit als werbewirksame Qualitätsmarke. Im Allgemeinen bediente sich das Spielwarenhaus sämtlicher aktuell gebräuchlicher Reklamemedien. Nachweisbar sind mehrseitige, grafisch aufwendig gestaltete Hausprospekte, Sortimentslisten, Fotopostkarten oder Klappkarten mit fotografischen Abbildungen der »Spielwaren-Neuheiten.«[425] (Abb. 102, 103)

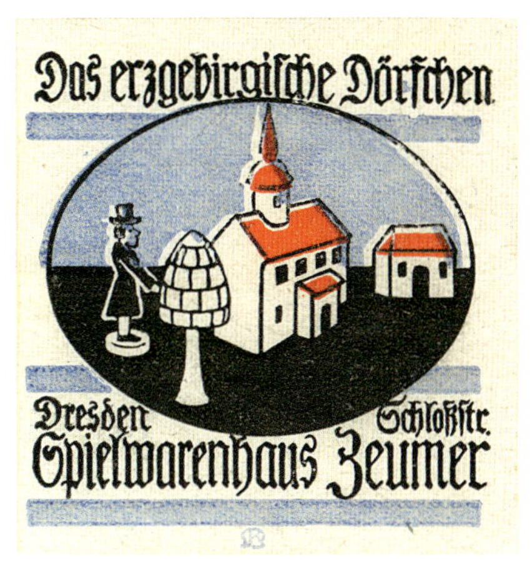

Abb. 101: Werbevignette für »Das erzgebirgische Dörfchen«, Spielwarenhaus Richard Zeumer Dresden, um 1908

Ob sich die Firma auch zeitgenössische Plakatwerbung leistete, lässt sich bislang nicht belegen, dies wäre jedoch durchaus denkbar. Fast alle Spielwarenartikel wurden mit Stempelaufdrucken, Klebezetteln oder eigenen Firmenetiketten

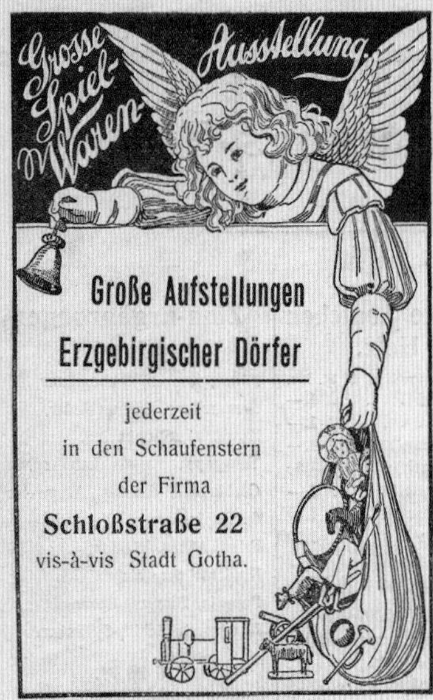

Spielwarenhaus Richard Zeumer

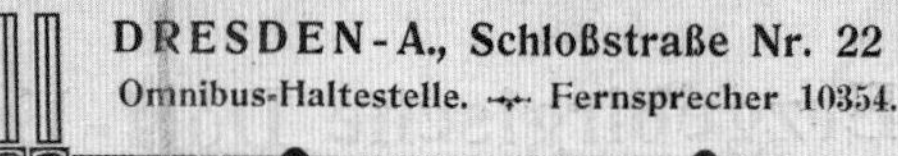

Ideal-Spielzeug für kleine und grosse Kinder:

Erzgebirgische Dörfer

nach Oberbaurat Schmidt

Wundervolle Nachbildungen einheimischer Dörfer in Holz und Zinn mit naturgetreuer Bemalung nach künstlerischen Entwürfen.

Schöne Geschenks-Sortimente in feinen Kartons zu Mk. 3.50, 5.— u. 7.—.

Verzeichnis der Ergänzungsteile umstehend.

Eigene naturgetreue, preiswerte Zusammenstellungen:

Nr. 1 **Dorf,** Holz- und Zinngegenstände mit handgemalten Aufstellungsplänen mit nachstehendem Inhalt . . . . **Mk. 15.—**
Grund: je 1 Serie (6 Tafeln) Bach und Weg, 1 große Brücke, 2 kleine Bachstege 6 Straßenlaternen, 6 Telegraphenstangen, 1 Karton mit 12 kleinen Dorfgegenständen, 12 Zinnzäune, 6 div. Bäume. **Gutshof:** 1 Herrenhaus Nr. 12, je 1 Wirtschaftsgebäude Nr. 15 und Nr. 17, 1 Taubenschlag, 1 lange Mauer, 2 kurze Mauern, 1 Einfahrtstor, 1 Mauer mit Tür, 1 Strohhaufen. **Mühlengut:** 1 Wassermühle Nr. 2, 1 Wirtschaftsgebäude Nr. 4, 1 Tor, 1 große Dorflinde, 1 Holzstoß. **Kirche:** 1 Dorfkirche Nr. 1, 1 Tor, 2 Mauerecken, 3 Mauern, 2 lange Mauern. **Schäferei:** 1 Stall Nr. 16, 1 Brunnen, 3 Tannen. **Windmühle:** 1 Mühle Nr. 8, 2 Birken. **Personen und Tiere:** je 1 Karton Bauern, Schulkinder, Dorftiere und Schafe. **Wagen:** je 1 Post, Mehl- und Heuwagen.

Nr. 2 **Rittergut mit Försterei,** komplett mit nachstehendem reichhaltigen Inhalt . . . . **Mk. 15.—**
Grund: je 1 Serie (6 Tafeln), Fluß und Straße. **Rittergut:** 1 großes Herrenhaus Nr. 10, 1 großes Gesindehaus Nr. 13, 1 großes Stallgebäude Nr. 11, 1 große Scheune Nr. 15, 2 Tore, 1 Mauer mit Hintertür, 10 Mauern, je 1 Holzstoß und Strohhaufen, 2 Brunnen, 1 Taubenschlag, 2 Kähne, 1 Schubkarre, 1 Pflug, 1 Milchwagen, 1 Wasserwagen, 1 Kutschwagen, 12 Stück Getreide, 1 Steg. **Personen und Tiere:** je 1 Karton Bauern und Soldaten-Einquartierung, 1 Amme mit Kinderwagen, 1 Karton Tiere. **Försterei:** Forsthaus Nr. 12a, 6 Zäune, 1 Karton Jagdtiere, 12 Stück Buschwerk, 12 mittle Bäume, 2 große Eichen.

Nr. 3 **Schloß auf dem Burgberg.** Nachbildung der Burg Lichtenstein, bestehend aus Herrenhaus mit Burgtor, Frauenhaus, Burgturm, Kapelle und Mauer mit Türmchen zum Aufstellen auf dem reizend modellierten Burgberg mit Felsengruppen, Weg, Treppen und Burggraben . . . . **Mk. 6.50.**

Nr. 4 **Berg mit alter Ruine.** Wunderschöne hohe Felspartien mit Weg und Treppen, Plateau mit Turm. Am Fuße Eingang zum Bergwerk . . . . **Mk. 2.50.**

Nr. 5 **Dorffeuerwehr in Tätigkeit.** **Löschzug,** bestehend aus bespannter beweglicher Spritze, Leiterwagen mit abnehmbaren Leitern und Mannschaftswagen mit Leuten, sowie einzelner Mannschaft, ferner **Übungsturm** mit Haken zum Anhängen der Leitern, **Spritzenhaus,** sowie **brennendes Dorfhaus** . . . . **Mk. 3.60.**

Nr. 6 **Jahrmarkt.** 6 niedliche Holzbuden mit verschiedenen Verkaufsobjekten . . . . **Mk. 2.—.**

Obige Aufstellungen Nr. 1—6 ergänzen sich gegenseitig.

Neu! Handgemalte Gelände-Tafeln aus starker Pappe **Neu!**

zur naturgetreuen Aufstellung von „Erzgebirgischen Miniatur-Dörfern“, sowie Zinnsoldaten, Schlachten und Paraden.

Bach	Fluß (Teich mit Insel)	Pfad (schmaler Weg)	Weg (Dorfstraße)	Straße (Chaussee)	Wiesen (zur Ausfüllung leerer Stellen)	Verbindungs-stücke: Weg- und Straßen-Übergänge, Bach-Mündung usw.	Eisenbahn-Anlage (mit Seen) für die erzgebirgische Miniatur-Holz-Eisenbahn	Serie zu 6 Taf. 16×16 cm doppelseitig bemalt 60 Pfennig.
6 Tafeln.	6 Tafeln.	6 Tafeln.	6 Tafeln.	6 Tafeln.	6 Tafeln.	6 Tafeln.	12 Tafeln.	

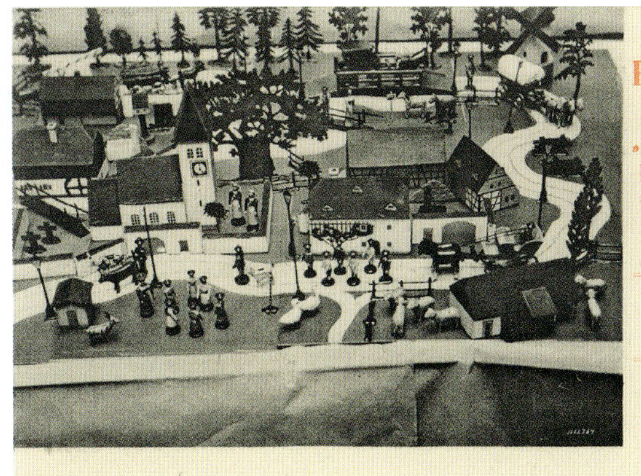

Spielwarenhaus
Richard Zeumer
Schloßstrasse 34
gegenüber dem Schloß

Erzgebirgische Dörfer
nach künstl. Entwürfen
(Oberbaurat K. Schmidt)
von Mk. 3,50 bis Mk. 25.—
Jedes Haus einzeln käuflich

Lustige Kaffee-Wärmer
Ulkiger Gebrauchsgegenstand
Urkomisch beweglich

Grösstes Sortiment
Heinrichser Zinnsoldaten
Liste gratis.

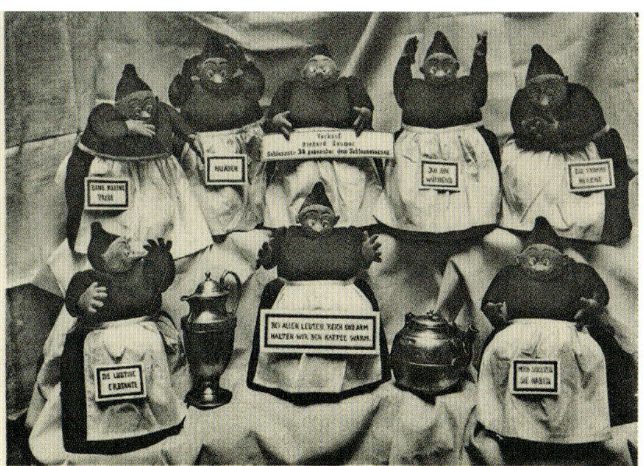

Seite 112, Abb. 102: Katalogblatt Spielwarenhaus Richard Zeumer Dresden, vermutlich 1908

Abb. 103: Werbe-Klappkarte (Vorderseite) Spielwarenhaus Richard Zeumer Dresden, »Neuheiten 1906«

versehen, vergleichbar einer Signatur oder Marke. Im Kontext moderner Herkunftsgarantie trug die Ware somit eine Art Gütesiegel des privaten Fachhandels. Obendrein erleichterte dies eine praktische Nachbestellung zusätzlicher Produkte. (Abb. 104, 105)

Bachmann gibt 1984 Zeumers zeittypischen Wortlaut einer Werbeschrift ohne Beleg des Erscheinungsdatums wieder: »Sie suchen schon lange nach einem Spielzeug, das ihre Kinder, ohne zu ermüden, dauernd beschäftigen soll. Sie wünschen, daß es stehts [sic!] anregend und schöpferisch wirkend sein möge, ohne aber den belehrenden Charakter der Schule zu haben. Sie hätten gern, dass sich die Phantasie der Kleinen entfaltet, dass die Liebe zur Natur geweckt wird, dass Verständnis für die nähere und weitere Umgebung in ihren Herzen erwache. Ein Spielen (Bauen) ohne strenge Vorlagen und doch unendlich vielseitig, ganz gleich, ob sich ein Bub oder ein Mädel oder beide zugleich damit beschäftigen. Kein Zimmer braucht ausgeräumt zu werden, ein Tisch genügt zum Spielen, es braucht nichts erst gemalt, gesägt oder zugeschnitten zu werden. Die wenige Zeit, die Schulkindern noch zum Spielen bleibt, wird voll ausgenützt; alles, was sie an schönen Tagen in der Natur gesehen haben, entsteht ganz im Kleinen nachgebildet auf dem Spieltisch.«[426] Die Beschreibung der Vorzüge dieses »Idealspielzeugs« erscheint aus heutiger Sicht derart zeitlos, dass sie auf gegenwärtige Spielzeugwelten beispielsweise der Marken Lego®, Playmobil®, Brio® und Ostheimer unmittelbar übertragbar wäre.

In den folgenden Jahren erweiterte Zeumer sein Sortiment »Mein Erzgebirgisches Dörfchen« um Hunderte untereinander kombinierbarer Holzminiaturen, wobei er nun die bislang bekannten Geländetafeln als neue, handgemalte Varianten ausführen ließ. Aus dem Erzgebirge bezog er gängiges Kleinspielzeug – zu seinen wichtigen Geschäftspartnern in Seiffen gehörte der Spielwarenverlag H. E. Langer – und führte auch eigene, für Dresden typische Zusammenstellungen.

Neu! Historische Gebäude. Neu!

Alte Schule m. hohem Giebeldach in Klein-Zschachwitz	1.50
Wagner-Haus in Graupa (Lohengrinhaus)	1,50
Pechhütte (Dresden)	1.—
Pochrich b. Annaberg	1.25
Schillerhaus in Loschwitz ohne Gelände	—.60
mit „	2.—
Moritzburger Schloß	20.—

Abb. 104: Ausschnitt aus einem Katalogblatt des Spielwarenhauses Richard Zeumer Dresden, nach 1909

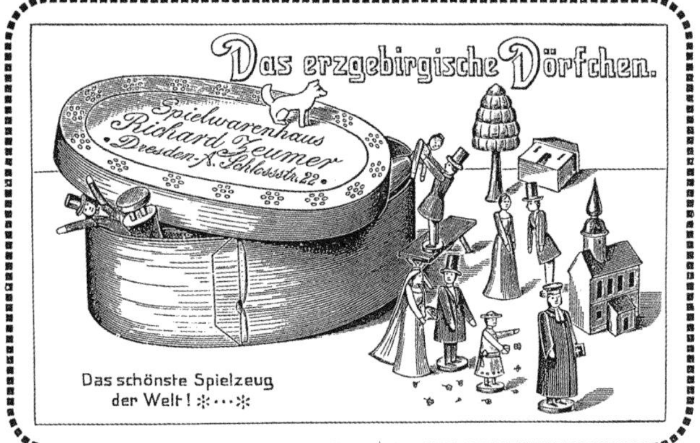

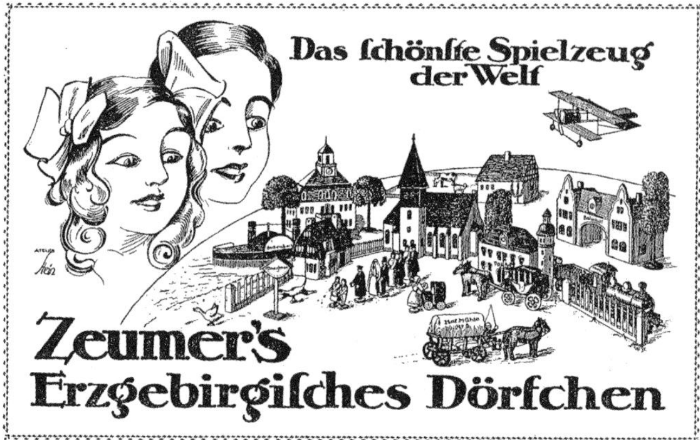

Abb. 105: Werbevignette des Spielwarenhauses Richard Zeumer Dresden, Ausschnitt aus dem Angebotsprospekt Jahrgang 1913

Abb. 106: Werbevignette des Spielwarenhauses Richard Zeumer Dresden, Ausschnitt aus dem Angebotsprospekt Jahrgang 1915

Auszugsweise seien genannt: die Kirche von Loschwitz, Schwimmer's Elb-Bad [fiktiver Name], der Zoo Dresden, das Schillerhaus in Loschwitz, die Alte Schule in Klein-Zschachwitz (Abb. 107), Schloss Antons an der Elbe, der Pavillon im Großen Garten, das Sanatorium Weißer Hirsch, das Wagnerhaus in Graupa (Lohengrinhaus), Elbkähne, Elbzillen und Schaufelraddampfer oder der Wanderzirkus »Zeumerino«[427] (Abb. 108, 109). Bereits in der Katalogausgabe von 1913 warb Richard Zeumer mittels direkter Kundenansprache für »Das schönste Spielzeug der Welt: Mein Erzgebirgisches Dörfchen, der Liebling aller spielenden Kinder, das Entzücken der heimatliebenden Erwachsenen, wächst von Jahr zu Jahr durch reizende Neuheiten. Dieses Jahr hat man eine Radium-Quelle entdeckt und ein Kurhaus im Heimatstyl dazu errichtet.«[428] Hier belegen Miniaturmodelle beispielhaft die unmittelbare Umsetzung aktueller Themen der Alltagskultur in die Form von Kinderspielzeug. Vor dem Ersten Weltkrieg waren in Sachsen mehrere Kuranlagen von Reformarchitekten, unter anderem von Schilling & Graebner Dresden, errichtet worden. Den zeitgenössischen Hintergrund für diese Neuheiten bildete die von 1908 bis 1912 erfolgte Erschließung der Quellen des stark radonhaltigen Marx-Semler-Stolln – oder in anderer Schreibweise auch Markus-Semmler-Stolln – in Schlema/Erzgebirge und das von 1909 bis 1913 im Heimatstil errichtete Kurhaus der Landesversicherungsanstalt Sachsen in Bad Gottleuba.[429]

Dem gesellschaftlichen Trend elitärer Freizeitgestaltung und ländlicher Folklore folgend, heißt es weiter: »Niedliche moderne Land- und Ferienhäuser bilden den neu entstandenen Badeort, der sich dem Dörfchen angliedert. Der alte Unkenteich spiegelt ein neues Grafenschloß in seinem Wasser und muntere Bauerntanzpaare drehen sich unter dem Bänderbaum.«[430] Kenner der Spielwarenszene bestätigten den geschäftlichen Erfolg der Artikel auch im Zuge der Leipziger Messeberichterstattung. »Die Miniatursachen, besonders Dörfer und Tiere sind so vorzüglich zum Spielen und wirken in natürlichster Bemalung so gut, daß man gern als Erwachsener noch mitspielen möchte.«[431]

Abb. 107: »Alte Schule in Klein-Zschachwitz« (Putjatinhaus), Spielwarenhaus Richard Zeumer Dresden, vermutlich Grünhainichen, 1910er Jahre

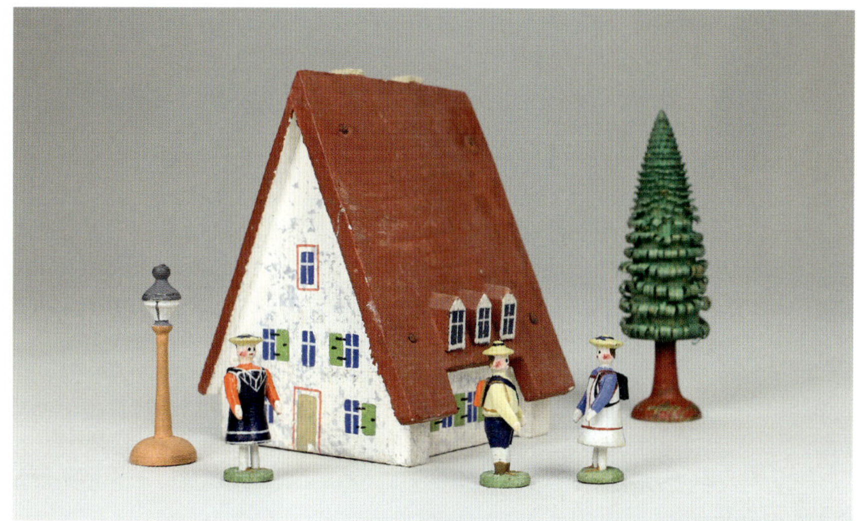

Abb. 108: Miniatur-Stadthäuser, vergleichbar den modernen Wohnhäusern der Gartenstadt Hellerau bei Dresden, vermutlich Grünhainichen, 1910er Jahre

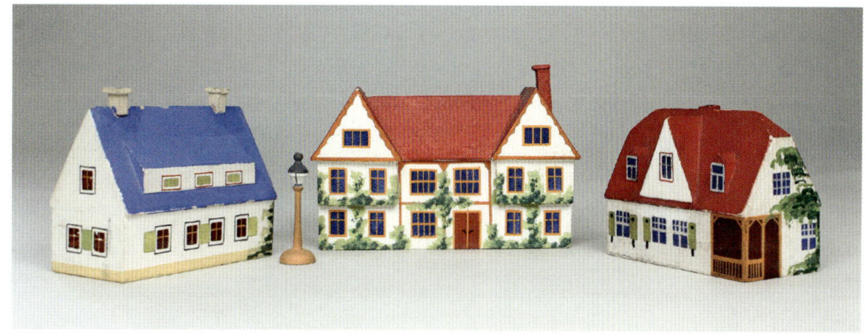

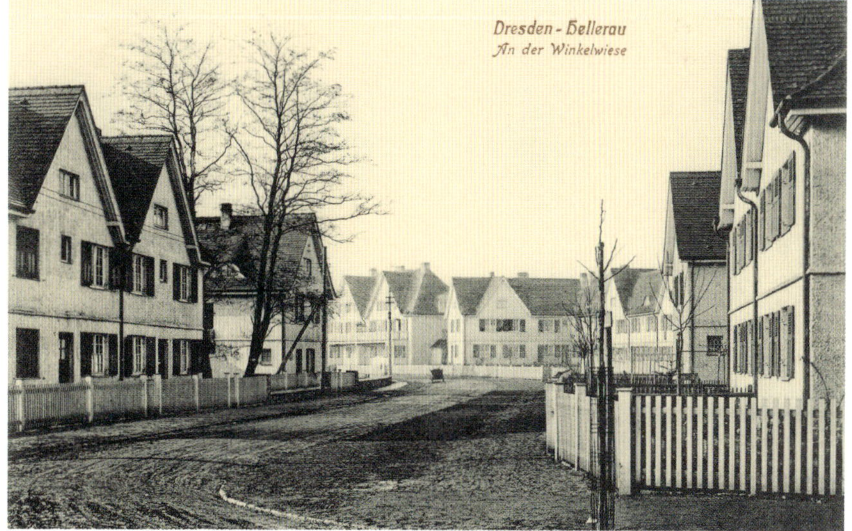

Abb. 109: Zeitgenössische Ansicht der Gartenstadt Hellerau mit Blick auf die Straße »An der Winkelwiese«. Die Karte erschien laut rückseitigem Aufdruck im »Verlag E. Krauss, Buchhandlung, Hellerau b. Dresden« und ist am 22.7.1915 verschickt worden.

Die zeittypische, eigene Vermarktungsstrategie des Dresdener Spielwarenhauses steht geradezu exemplarisch für die Weiterentwicklung erzgebirgischer Miniaturspielwaren, hierzu nochmals Albert Wendt im Rechenschaftsbericht 1908: »Denke ich nun an den Erfolg, dann muss ich zugeben, dass die meisten architektonischen Spielwaren reichlich fabriziert und verkauft worden sind. Allerdings hat man ganz andere Wege gefunden und eingeschlagen, als man ursprünglich betreten wollte. Die Dörfer sind in kleinere Gruppen und Einzelhäuser zerlegt worden, neue Gehöfte und Gruppen wurden zusammengestellt um, wie man sagte, dem Gestaltungstrieb der Kinder mehr Raum zu geben. Gewisse Häuserformen wurden in grossen Mengen hergestellt. Dem Einzelhause wurde ein Ställchen, einige Zäune, Bäume und Tiere beigestellt, und es wurde so vom Händler gewissermassen dem Geschmack seiner Abnehmer entsprechend zurecht gemacht. Dagegen lässt sich nichts sagen, man kann es einem Händler in Wiesbaden nicht verdenken, wenn er ein Dorf aus dem Erzgebirge für das er nicht viel Abnehmer finden würde, in ein oder mehrere Güter verwandelt, die im Anschauungskreise seiner Kunden liegen.«[432] Diese von Wendt geschilderte Praxis belegt das Werbekonzept einer weiteren Einzelhandelsfirma im Kurort Baden-Baden. Robert Nachmann, »Schwarzwald-Bazar größtes und feinstes Spielwaren-Geschäft am Platze«, warb um 1920 unter dem griffigen Motto »Kunst für's Kind« mit eigenen Katalogblättern: »Entzückend schönes Spielzeug, reizende Unterhaltung und Beschäftigung für Kinder von 2–12 Jahren, Schwarzwälder Bauerndörfer, Bauernhöfe künstlerisch und naturgetreu bemalt«.[433] Das auf dem Katalogblatt reproduzierte Foto zeigt jedoch kein Schwarzwälder Bauernhausensemble, sondern die arrangierte Gruppe des Erzgebirgischen Dörfchens aus dem Jahr 1904, basierend auf den Entwürfen von Oskar Seyffert und Karl Schmidt aus Dresden.

Spielzeug, welches ursprünglich vor dem Hintergrund regionaler Bauweise und Identität entwickelt und propagiert wurde, wird unter Verwendung nahezu identischer Motive wiederum als lokaltypische Spezialität im Sinne eines touristischen Marktes umfunktioniert. Auffällig ist hierbei, dass in einem rege frequentierten, weltbekannten Kurort, in einem Spielwarengeschäft mit Andenkenabteilung und zahlreicher prominenter Kundschaft, der Gedanke vom käuflichen Stück authentischen Heimatgefühls als Werbemodell, bereits zu Beginn des 20. Jahrhunderts, gängige und erfolgreiche Praxis war.[434] Auch nach 1920 erfuhr dieses Geschäftsmodell zumindest im innerdeutschen Spielwarenhandel seine konsequente Fortsetzung. Qualitativ hochwertige sächsische Miniaturspezialitäten, beispielsweise Trachtenfiguren, »Charaktertypen der Bevölkerung« oder historische Gebäudemodelle, werden nun zum Teil konkret als »Heimatspielzeug« beschrieben.[435] Ihrer heutigen Verbreitung nach zu schließen, erfreuten sie sich damals neben ihrer Funktion als Kinderspielzeug auch im kulturhistorisch motivierten Modellbaubereich großer Beliebtheit.

Mitbewerber und Sonderwege

Miniaturspielzeug der Dresdener Werkstätten für Handwerkskunst und der Werkstätten für Deutschen Hausrat Theophil Müller

Entgegen der zitierten Aussage von Alwin Seifert (1921) wurde Miniaturspielzeug unter dem Markennamen Dresdner Spielzeug bis 1914 auch noch in weiteren Orten Sachsens hergestellt. In der Gestaltung unterscheidet es sich, insbesondere durch die Verwendung anderer Figuren, von den wesentlich bekannteren erzgebirgischen Sortimenten. Bislang wurden diese Kleinspielzeug-Modelle im Rahmen wissenschaftlicher Untersuchungen nicht gesondert betrachtet.

Ab 1906/1907 entwickelten auch die Dresdener Werkstätten für Handwerkskunst mit ihrer Abteilung Spielsachen Zschopau ein preislich interessantes Miniaturensortiment. Der einführende Wortlaut im Katalog lautete: »Dresdner Spielzeug — Dauerhafte Holzspielsachen, die den Kindern gefallen, und die sich von ihnen viel gefallen lassen. Urwüchsig, ungekünstelt, ohne modische Verschrobenheiten. Bunt, giftfrei. Preiswert. Von deutschen Kunstgewerblern entworfen.«[436]

Hauptzielgruppe der weit über die Landesgrenzen Deutschlands hinaus bekannten Möbelfirma war ein wertkonservatives, zahlungskräftiges Bildungsbürgertum mit einem anspruchsvollen Bewusstsein für moderne Produktgestaltung und qualitativ hochwertige Verarbeitung. So liest man im Spielwarenkatalog »Dresdner Spielzeug 1907« zum Stichpunkt Arbeit folgenden sozialen Anspruch: »Unsere Ausführung geschieht hauptsächlich in Holz (kein Blech und Papiermaché) und strebt größte Dauerhaftigkeit an, um dem Verruf des großen Schundes in unserer deutschen Spielwarenerzeugung entgegen zu arbeiten. Sie wird preiswert berechnet. Ihr Bürger und ehrenwerten Berufe aller Art aber, die Ihr nicht viel ausgeben könnt oder wollt und von 5-, 10- und 50-Pfennig-Artikeln sogar viel verlangt, fragt Euch doch einmal, ob Ihr für das Geld arbeiten, ob Ihr Eurer Hände Arbeit so herunterzerren lassen würdet. Ihr würdet Euch schön bedanken. Kauf und Nachfrage aber nach solch unwürdigen ›billigen‹ Spielsachen macht sich zum Mitschuldigen am Elend unserer heimischen Spielwaren-Hausindustrie. Bedenkt: die Leute haben das gleiche Recht auf anständiges Leben wie Ihr!«[437] Hier manifestiert sich eine persönliche Haltung des Gründers der Dresdener Werkstätten für Handwerkskunst Karl Schmidt (Hellerau), der durch seine Wurzeln im erzgebirgischen Zschopau und durch die Vergabe der Spielwarenabteilung hierher die soziale und wirtschaftliche Lage der Region aus eigener Anschauung kannte und der als begeisterter Anhänger sozialreformerischer Vorstellungen mit diesem ambitionierten Spielzeugprojekt praktische Versuche unternahm (Abb. 110, 111).[438]

Die Entwürfe für das Dresdener Miniaturspielzeug lieferten Johanna Dohrn, Karl Gruber, Margarete Junge, Koloman Moser, Gustav Schaale, Eduard Schotte, Oskar Schwindrazheim, Karl Soffel, A. Weiz-Wendt und Julius Widnmann.[439] Einige bewegliche Spielsachen aus früheren Katalogen, beispielsweise eine Katze von

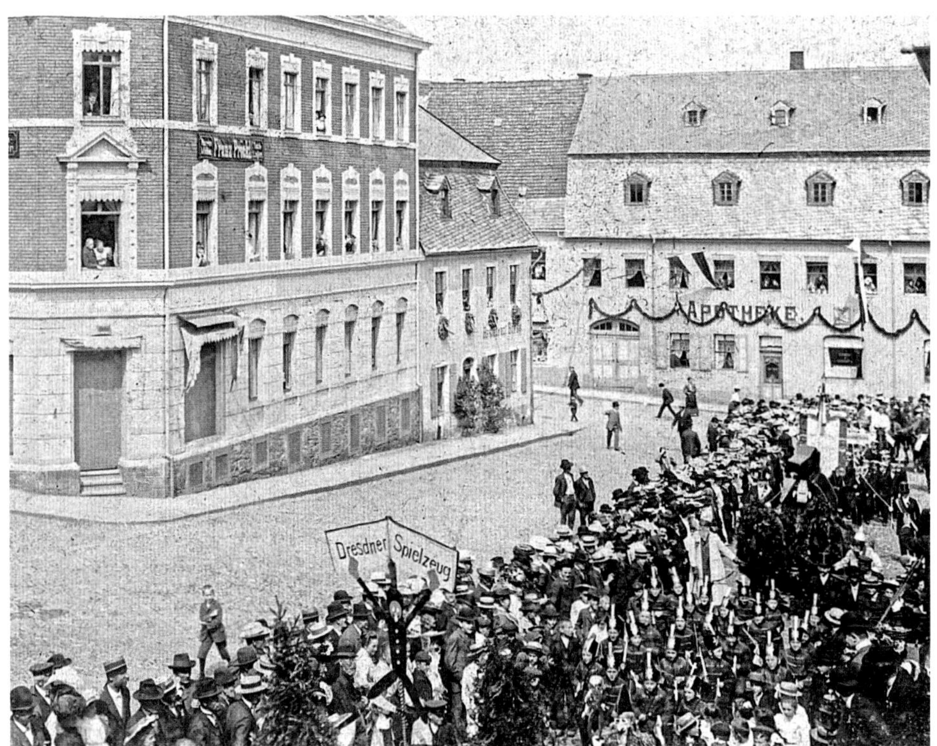

Abb. 110: Umzug Heimatfest Zschopau 1906. An diesem Umzug nahmen Mitarbeiter der Dresdener Werkstätten für Handwerkskunst, Abteilung Spielsachen Zschopau, teil. Sie tragen einen großen Hampelmann mit dem Schriftzug »Dresdner Spielzeug«. Der Hampelmann in kleiner Ausführung (Entwurf: Hellmuth Eichrodt, Karlsruhe) gehörte zum ersten Künstlerspielzeugsortiment der Dresdener Werkstätten und wurde auch in der Anzeigenwerbung verwendet. Fotos aus der Spielwarenproduktion der Firmenniederlassung in Zschopau sind bislang nicht bekannt. Laut Briefkopf der Werkstätten lautete die Anschrift: Zschopau i. Sa., Markt.
Die eigentliche Produktionsstätte mit dem Hinweis »Elektrischer Betrieb« befand sich im Hinterhaus der Bau- und Möbel-Tischlerei Arthur Heeger, Neumarkt 15.

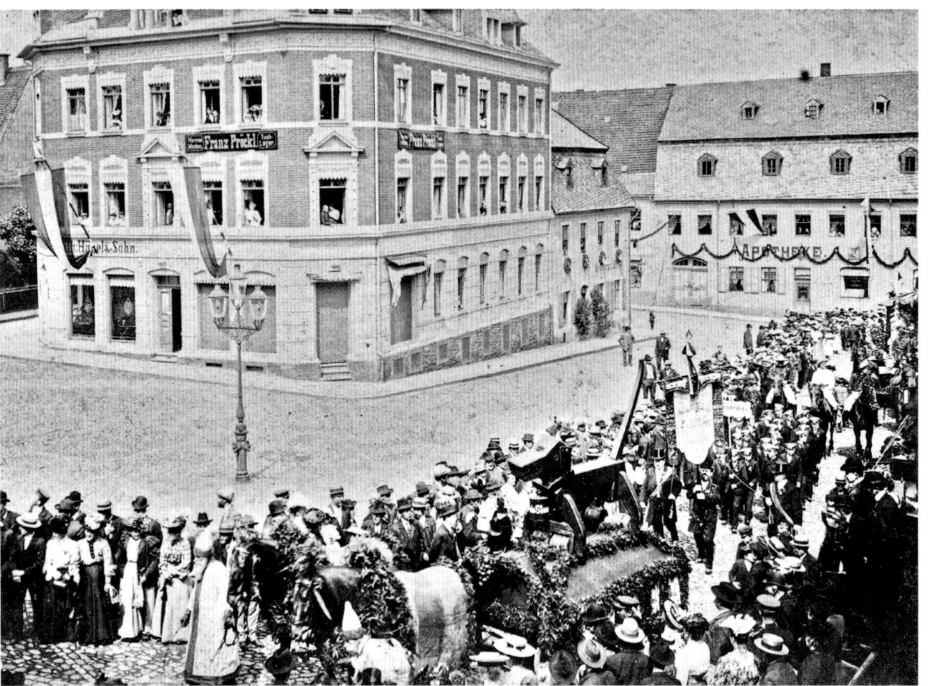

Abb. 111: Umzug Heimatfest Zschopau 1906. Teilausschnitt des vorab beschriebenen Umzugs mit einem Festwagen der Dresdener Werkstätten für Handwerkskunst. Der überdimensioniert gestaltete Holzdackel auf dem Wagenaufbau gehörte wie der Hampelmann im Bild Nr. 110 zu den ersten Modellen der Abteilung Spielsachen Zschopau (Entwurf: H. Urban, München). Er wurde als robustes Reittier in zwei verschiedenen Größen und in einer Miniaturausgabe (Artikelnummer 238) produziert. Als aktuelle Neuauflage befindet sich die größte Ausgabe noch heute im Sortiment der Edition »Dresdner Spielzeug« der Deutschen Werkstätten Hellerau.

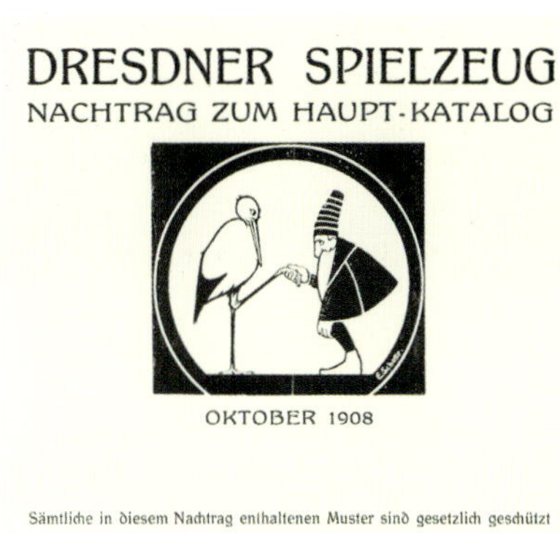

Abb. 112: Werbevignette für »Dresdner Spielzeug« der Deutschen Werkstätten für Handwerkskunst Dresden, Entwurf: Eduard Schotte, um 1907

H. Urban oder eine Bulldogge von August Geigenberger, wurden zusätzlich in einer überarbeiteten Miniaturausgabe angeboten. Unter der Bezeichnung »Neue Kollektion in billigen Spielsachen« erfolgte 1907 auf der Messe in Leipzig die Markteinführung der Miniaturen. Fortan fungierte vergleichbar einer Bild-Marke eine von Ed. Schotte gezeichnete Vignette (Zwerg reicht Storch die Hand).[440] Sie wurde als neues, geschütztes Firmensignet für Dresdner Spielzeug im Spielwarenkatalog, der Anzeigenwerbung und auch als Schachteletikett[441] (Abb. 112) für Miniaturen gebraucht. Bis zum Ausbruch des Ersten Weltkrieges 1914 lassen sich fortlaufend nun im Katalog von Theodor Heymann, Großolbersdorf/Erzgebirge (Nachfolge der Abteilung Spielsachen Zschopau ab Mai 1909) etwa 50 Miniatursortimente Dresdner Spielzeug belegen.[442] Diese Garnituren bestechen durch eine einheitliche Gestaltungsidee. Es überwiegen Gebäudemodelle zum Aufbau kleiner Welten, die mit zur Baugröße passenden Fahrzeugen, Tieren und Figuren aus dem Alltagsleben kombiniert werden konnten (Abb. 113). Die Gebäude und Fahrzeuge wurden meist vollplastisch ausgearbeitet, wobei die Gespanne und Motorfahrzeuge Zinnrädchen bekamen, so wie dies auch bei den Seiffener Miniaturfahrzeugen technologisch gelöst wurde. Die Tiere und Menschen dagegen wurden als Flachfiguren aus Sperrholz ausgesägt und auf dünne Standbrettchen geklebt. Im Gegensatz zur erzgebirgischen Spielfigur wurde ganz bewusst auf eine vollplastische Darstellung verzichtet. Die Entwerfer führten die Figur auf ihre charakteristische Silhouette zurück und erhielten somit eine auf das Wesentliche reduzierte Form. Die sparsam angelegte, stilisierte Bemalung, teils ohne Binnenzeichnung der Gesichter ausgeführt, betont zusätzlich diesen Gestaltungsansatz. Natürlich lässt sich trotz der angestrebten Einheitlichkeit im vielfältigen Miniatursortiment die jeweilige Handschrift der ausführenden Gestalter erkennen. Der Großteil von ihnen, als Maler oder Grafiker geschult, fand hier eine dem flächigen Gestalten entsprechende, reizvolle Aufgabe. Wohl im Zuge der Übernahme der Produktion durch die Firma Th. Heymann, Großolbersdorf, lassen sich kleine Veränderungen im Detail der Ausführung feststellen. So bekommen einige Figuren auf einmal Gesichter, oder winzige Zutaten wie Rechen, Sensen, Pfeifen oder Lanzen der Ritter werden nun, aus Zinn gegossen, beigefügt. Sicher entsprachen diese Verfeinerungen einem zunehmenden Wunsch nach Perfektion und sind vermutlich als Zugeständnisse im Sinne einer verbesserten Markttauglichkeit zu betrachten. Grundsätzlich entsprachen diese Spielzeug-Miniaturen, beispielsweise die Alte Stadt (Abb. 114), das Rittergut (Abb. 115), die Landleute, das Vierländer Dorf oder das Bauerngut, ebenso dem Ideal einer »Vaterlandskunde« für's Kinderzimmer und damit jener bereits beschriebenen Strömung von »Heimatschutz-Kultur« Dresdener Prägung. Die Vermarktung der »Dresdner-Spielzeug-Miniaturen« erfolgte spätestens ab 1907 ebenso im Kontext von »Bauernspielzeug« und »einer jahrhundertelangen Tradition volkstümlicher Spielzeugfertigung«.[443] Die den Spielgaben vor dem Hintergrund von Industrialisierung und großstädtischer

Moderne anhaftende beschauliche Ruhe »vergangener Tage«, wird zum stilisierten Idealbild. Nur ganz vereinzelt finden sich einige wenige Automobile, Eisenbahnzüge, Straßenbahnen und Dampfwalzen schon im Werkstättensortiment. Die als bedrohlich und verstörend empfundenen Großstadtthemen der Moderne fanden hier bewusst keinen Eingang ins bürgerliche Kinderzimmer.[444] Dresdner Spielzeug verstand sich als Reformspielzeug und fungierte damit als Kritik und Gegenpol zur industriellen deutschen Massenspielware. Obendrein verknüpfte man mit der Auswahl »guten Spielzeugs« jene national betonte Aufgabe von breit angelegter »Geschmackserziehung« einer bildungsbürgerlichen Elite.[445]

Einen nochmals anderen, eigenen Weg verfolgte das zweite Dresdener Unternehmen, das unter dem Markennamen Dresdner Spielzeug eine kunstgewerbliche Spielzeug-Kollektion seit 1902 entwickelt hatte.[446] Die »Werkstätten für deutschen Hausrat Theophil Müller« vertrieben ab etwa 1906 zwei Miniatursortimente des Bundes Heimatschutz, es handelte sich um den »Kossätenhof« und das »Sylter Bauernhaus« nach Entwürfen von Karl Schmidt. Aus Seiffener Produktion – und hier schließt sich wieder der Kreis – finden sich vier Ackergeräte, elf Gespannfahrzeuge, ein Automobil und eine Figurengruppe »Des Studenten Budenwechsel«, hergestellt vom Figurendrechsler Louis Hiemann, im Firmenkatalog. Zu den eigenen Miniaturentwürfen gehörten ein Satz Figuren von Theodor Göhl, ein Landstädtchen, ein Dorf und eine Baugruppe »Die alte Stadt« von Th. Göhl und Max Brethfeld[447], ein Dorf und eine bunte Kleinstadt von G. (?) Clemens.[448] Diese Aufstellspielsachen wurden mit Bäumchen und Miniaturfiguren aus dem Seiffener Spielwarengebiet komplettiert. Die Geschäftsverbindungen ins Erzgebirge, beispielsweise zu C. F. Drechsel Grünhainichen, lassen sich durch Einträge in einem Cassabuch des Spielwarenverlages belegen.[449] Die Firma Theophil Müller fertigte nur in Kleinserien und handelte in eng begrenztem Rahmen mit künstlerischen Holzspielwaren. Diese Produkte sind heute in privaten Sammlungen und öffentlichen Museen so selten zu finden, dass ihnen nahezu der Charakter von Unikaten anhaftet. Theophil Müller selbst war innerhalb der elitären Bürgerschaft und in der Kunstszene der Elbmetropole bestens vernetzt. Er pflegte enge Kontakte zum

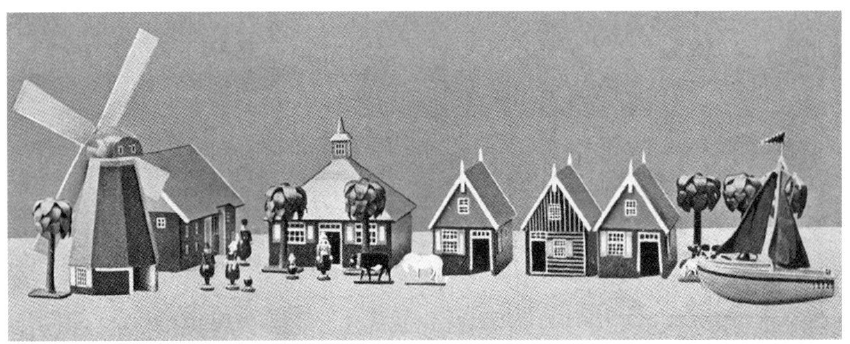

Abb. 113: »Holländisches Dorf«, Entwurf: Minka Podhajska, Ausführung: Fa. Theodor Heymann, Großolbersdorf/Erzgebirge, um 1911, Abbildung aus: Velhagen & Klasings Monatshefte, Jg. 26 (1911/1912), Bd. 1, S. 64

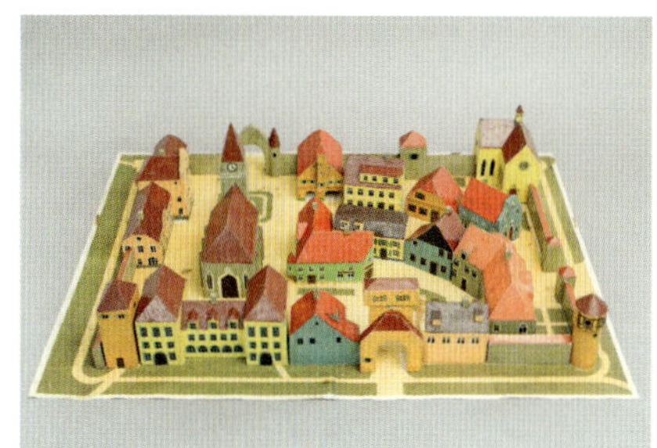

Abb. 114: »Große altertümliche Stadt« mit farbigem Plan, Entwurf: Julius Widnmann, München, um 1908, erste Ausführung: Deutsche Werkstätten für Handwerkskunst, Abteilung Spielsachen Zschopau 1908, ab 1909 im Sortiment der Holzspielwarenfabrik Theodor Heymann Großolbersdorf

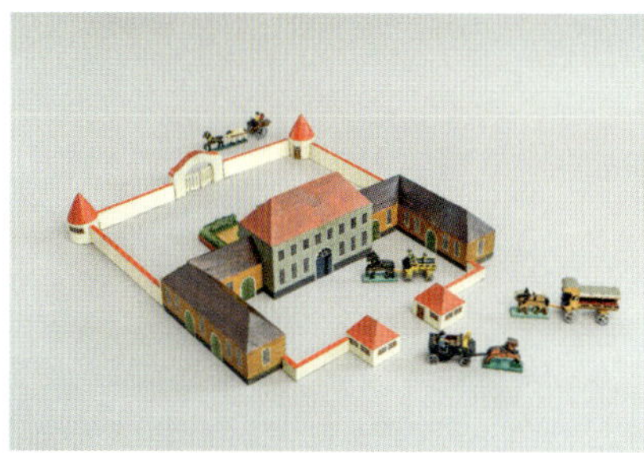

Abb. 115: Rittergut, Entwurf: Karl Gruber, Dresden um 1908, erste Ausführung: Deutsche Werkstätten für Handwerkskunst, Abteilung Spielsachen, Zschopau, 1908, ab 1909 im Sortiment der Holzspielwarenfabrik Theodor Heymann Großolbersdorf

Bund Heimatschutz, zum Dürerbund und zu den Mitgliedern der Künstler-Vereinigung Zunft. Das ambitionierte Spielzeugprogramm der Werkstätten erwies sich jedoch als zu individuell und elitär. Theophil Müller fehlten die weitreichenden Beziehungen zu erzgebirgischen Herstellern, insbesondere der Zugang zur komplexen Vertriebsstruktur des Spielwarenmarktes. Ihr Kerngeschäft bestritt die Firma mit exklusiven Möbel- und Innenausbauprojekten nach Künstler-Entwürfen. Detaillierte Einblicke in die Entwicklungsgeschichte einiger in den Werkstätten umgesetzter Spielzeugentwürfe vermittelt Max Brethfeld im Rahmen seiner 1928 veröffentlichten kunstpädagogischen Gedanken zum »Formensinn«.[450] Dem engen Kreis des Dürerbundes um Ferdinand Avenarius zugehörig, schrieb der Dresdener Pädagoge im Rückblick, wie er anfänglich aus Holzabfällen ein »ganzes Städtchen mit Häusern aller Art, Toren, Türmen und Mauern« für seinen Sohn als Geburtstagsgeschenk geschnitzt hatte.[451] Die Bemalung führte er mit seinem »Freund und späteren Mitarbeiter« Theodor Göhl gemeinsam aus.[452]

Die persönlichen Beschreibungen von Max Brethfeld haben dokumentarischen Charakter und schildern den Herstellungsprozess: »Die Schicksale des Städtchens will ich hier nicht weiter schildern. Hier spielt es nur eine Rolle als Anfangspunkt einer Entwicklung [...], deren Endpunkte eine mittelalterliche Stadt, eine Burg und ein mitteldeutsches Kleinstädtchen aus späterer Zeit waren, wie man es zum Teil heute noch sehen kann. Diese Dinge sind seinerzeit von den Dresdner Werkstätten für deutschen Hausrat (Theophil Müller Sidonienstraße) als ein Teil ihres künstlerischen Spielzeugs mit auf den Markt gebracht worden. Ein Teil der Ursprünglichkeit des ersten Städtchens ist verloren gegangen, weil die Herstellung auf Maschinenarbeit umgestaltet werden mußte. Nach einer Reihe von Profilen wurden lange Leisten hergestellt, die in Abständen quer zersägt wurden und die Rohformen für die Häuser, Türme und Mauern abgaben. Die Bemalung erfolgte im Erzgebirge. Bei der Burg wurden die Formen zum Teil auch gedreht. Geschäftlich waren diese Dinge ein Mißerfolg. Sie wurden nur so lange gekauft, als ein Dresdner Kunsthändler sich aus persönlichem Interesse ihrer annahm und ihnen ein ganzes Schaufenster zur Verfügung stellte. Später habe ich nichts wieder davon gehört. Vor ein paar Jahren sah ich unsere Sachen wieder einmal in einer Dresdner Ausstellung. Die Käufer waren meist Liebhaber. Schulen waren nicht unter ihnen, trotzdem wir uns diese Sachen auch als brauchbare und dauerhafte Modelle für den geschichtlichen und kulturkundlichen Unterricht gedacht hatten. Anders war der ideelle Erfolg. Namhafte Kenner behandelten fast immer auch unsere Erzeugnisse mit in Wort und Bild in längeren Aufsätzen über künstlerisches Spielzeug.«[453] Max Brethfeld schilderte darüber hinaus, welche Empfindungen, welche gestalterischen »Urbilder« in seinen Spielzeugentwürfen steckten. »Ich habe die Formen nicht bewußt auf architektonische Wirkung hin geschaffen, sondern mehr triebartig, aus dem Gefühl für die Form. Allerdings habe ich bei einzelnen Teilen des Werkchens nachträglich bestimmte Formerinnerungen gefunden. Bei der Kirche des Kleinstädtchens hat mir die Kirche meines Geburtsstädtchens vorgeschwebt. Beim Rathaus haben Erinnerungen an ein altes Bild aus Konstanz am Bodensee (ich glaube, es war ein Bild des Konzilhauses) mitgewirkt. Ebenso wirkten Erinnerungen an Formen aus einer alten Bergstadt in einem Böhmischen Gebirge, in der mein Urgroßvater als Oberförster des Fürsten Windischgrätz gehaust hatte.«[454] Vergleichbare Zeitdokumente, Gestaltungsfragen betreffend, fanden sich im Rahmen der Untersuchung nur noch im Schriftverkehr der Fachgewerbeschule Grünhainichen.[455] Die Motivwahl dieser Spielsachen entspricht den bereits beschriebenen Wunschbildern einer alten, tiefvertrauten Welt und gerade nicht der verkleinerten Abbildung unmittelbarer Umwelt – beispielsweise der modernen Industriemetropole.

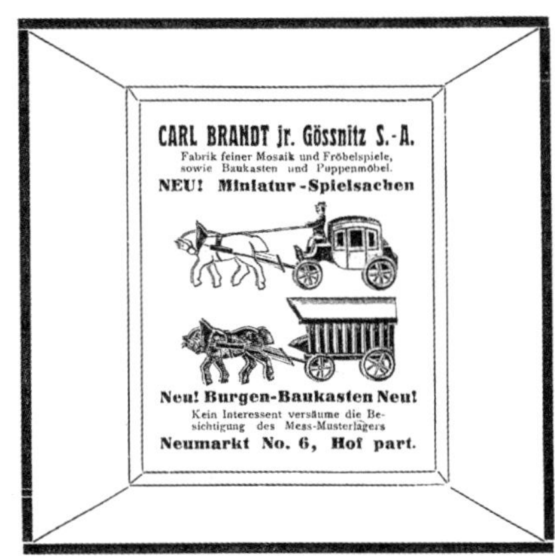

Abb. 116: Anzeige für Miniaturspielsachen, Fa. Carl Brandt jr. Gössnitz Sachsen/Altenburg im »Wegweiser für die Spielwarenindustrie« 1909

Miniaturspielwaren aus Sachsen-Altenburg

Im Riesensortiment deutscher Holzspielwaren der Zeit vor 1914 fällt eine seltene Kleinserie von »Miniatur-Aufstellsachen« deutlich heraus.[456] Es handelt sich hier um Miniatur-Gespanne, Automobile, moderne Eisenbahnzüge und verschiedene Sätze von Miniatur-Häusern aus der Produktion einer hoch innovativen Spielwarenfirma: Carl Brandt junior (Abb. 116, 117) Fabrik feinster Mosaik- und Gesellschaftsspiele, Gössnitz in Sachsen-Altenburg.[457] Das neue Thema aufgreifend, brachte die Firma ab Sommer 1909 Miniaturen auf den Markt, die dem typischen Duktus der Zeit entsprechen, sich im Detail jedoch von allen anderen einschlägigen Artikeln unterscheiden.[458] Als Neuheit der Leipziger Spielwarenmesse 1910 erfolgte beispielsweise die Markteinführung einer Häusergruppe unter dem Markennahmen »Tirolerdörfchen«.[459] (Abb. 118) Alle Gebäude- und Fahrzeugminiaturen zeigen deutliche Merkmale professioneller Serienfertigung in einer modernen Holzspielwarenfabrik. Sämtliche Einzelteile sind mit leistungsfähigen Holzbearbeitungsmaschinen zugerichtet, gefräst oder gedrechselt. Die Gespanntiere und Fahrerfiguren sind als Umriss-Figur ausgearbeitet und teilweise formgefräst – ein Novum in dieser Zeit! Die Oberflächenbearbeitung erfolgte im Spritzverfahren, Einzeldekorationen sind schablonenlackiert oder auch teillithografiert. Im Sortiment der Eisenbahnzüge tauchen ab 1915 vor dem Hintergrund des Ersten Weltkriegs Lazarett-Züge des Roten Kreuzes auf. Alle Motive entstanden im direkten Umfeld der aus Dresden kommenden Anregungen, sind aber nicht Kernprodukte, sondern Ergänzungsartikel der auf Baukästen und Beschäftigungsspiele spezialisierten Fabrik. Vermutlich stammen die Ideen und die Entwürfe von Firmeninhaber Maximilian Ernst Brandt (1859–1914). Als akademisch ausgebildeter Maler lebte und arbeitete er bis 1914 als Künstler in Dresden-Blasewitz.[460]

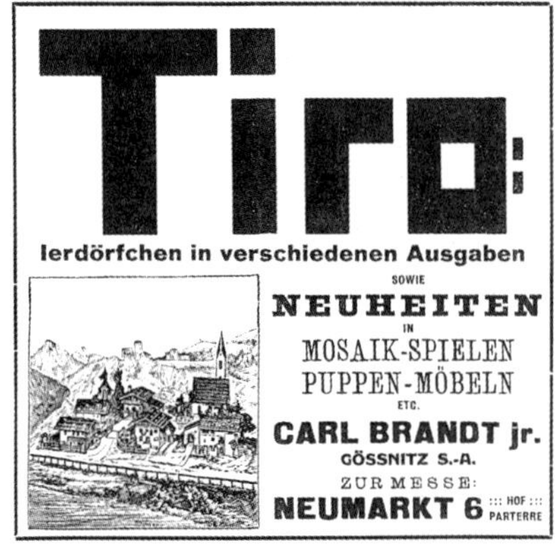

Abb. 117: Anzeige für das »Tirolerdörfchen«, Fa. Carl Brandt jr. Gössnitz Sachsen/Altenburg im »Wegweiser für die Spielwarenindustrie« 1910

Markus Tanger, Chronist der Firma Brandt, notierte 1994 basierend auf Gesprächen mit dem 1917 geborenen Enkel Maximilian Carl-Hasso Brandt: »Von einigen Urlauben in Tirol brachte er die Idee für das Tiroler Dörfchen mit. Dieses im

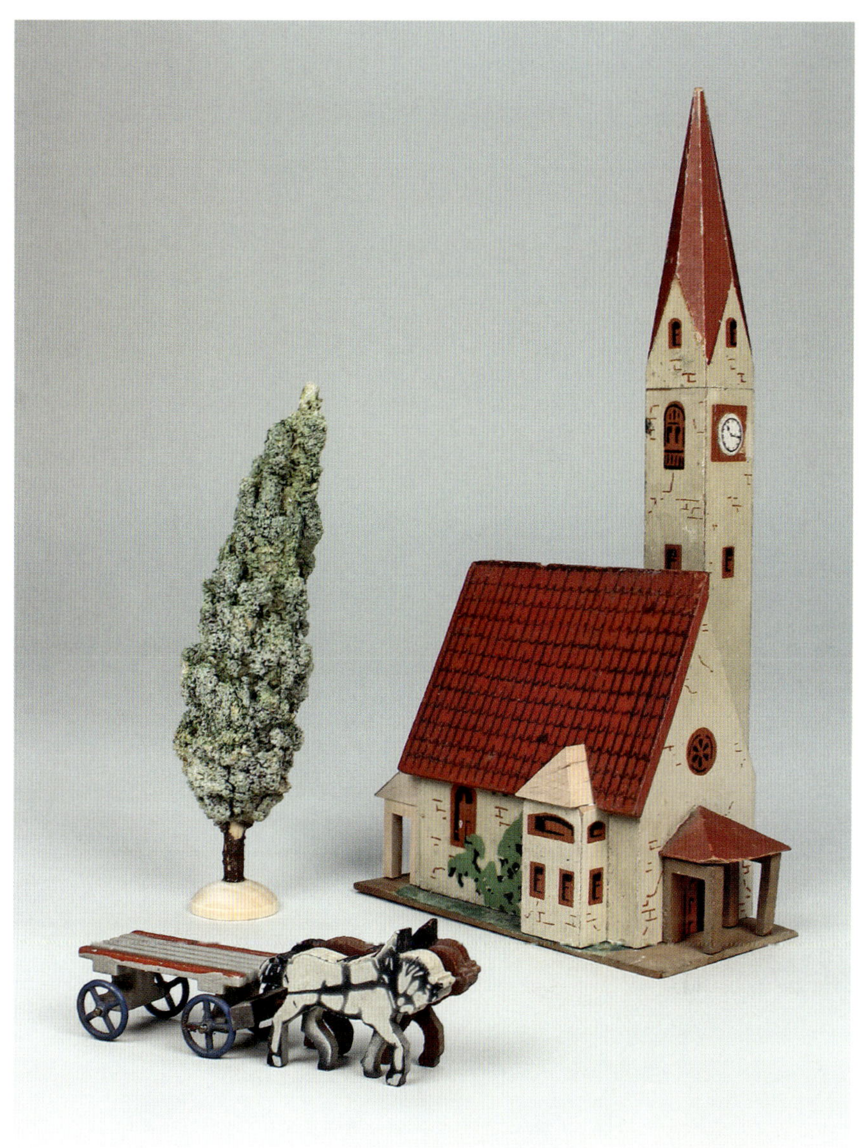

Abb. 118: Kirche »St. Jacob in Gröden« aus dem Tiroler-Dörfchen mit Fuhrwerk, Bemalung teilweise schablonenlackiert, Fa. Carl Brandt jr. Gössnitz Sachsen/Altenburg, 1910er Jahre

Maßstab 1:100 nachgestaltete Dorf konnte man als Bausatz erhalten.«[461] Auf dem Schachteletikett wird es in Deutsch, Englisch und Französisch als »Modellbau- und Malkasten« bezeichnet und zeigt zudem ein »Gasthaus Andreas Hofer«.[462] Solche Spielideen entsprechen wiederum dem ursprünglichen Konzept moderner Dresdener Spielwaren und sind ein Spiegel ihrer Zeit.

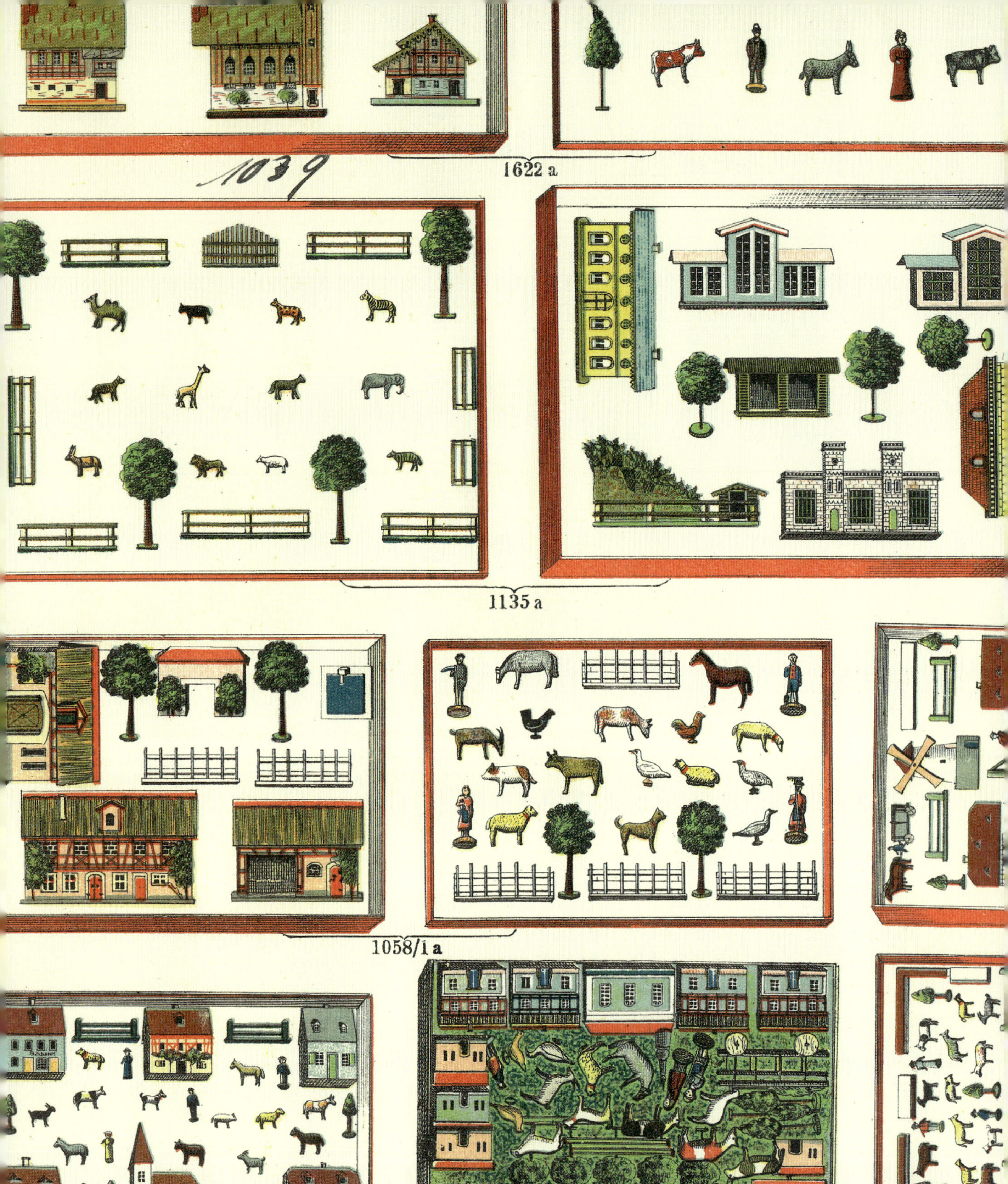
1039
1622 a
1135 a
1058/1 a

Der Reiz der kleinen Dinge

oder die Lesbarkeit der Welt

Was macht diese Erzeugnisse einer Spielwarenindustrie als kulturhistorische Artefakte so reizvoll? Miniaturen faszinieren seit jeher viele Menschen. Von wesentlicher Bedeutung sind hierbei sicher die artifizielle Wirkung der starken Verkleinerung und der spannende Vergleich einer eigenen und einer fremden Welt – und deren Verfügbarkeit.

Den spielenden Kindern des städtischen Bürgertums, denn diese bilden die größte Konsumentengruppe, steht mithilfe dieser Spielgaben das »bekannte Fremde« in Form des bäuerlich-ländlichen Lebensraums zur Verfügung. Zusätzlich wird ihnen das eigene, unmittelbar vor der Tür liegende Umfeld dargeboten oder ein Einblick in die exotisch wirkende Welt von »Zoo«[463], »Zirkus« oder »Zigeunerlager« gewährt. Die Objekte ermöglichen somit eine spielerische Aneignung der großen Welt. Das Kind kann sich diese mithilfe seiner Fantasie im Rollenspiel erschließen und hat sie, im Sinne doppelter Wortbedeutung, sogar im Griff. Die Spielzeugwelt ist vorsortiert, überschaubar oder kann geordnet werden, es könnte auch heißen, sie ist »in Ordnung«, was sie scheinbar besonders liebenswert macht.

Jenes für die Kinder aufbereitete »Weltbild« ist durch Gesellschaft, Kultur, Gestalter, Produzenten, den Handel und auch wirtschaftliche Regularien geprägt und Interessen geschuldet geformt. Die Wechselwirkung der Entstehung und Funktion von Miniaturen kann im Dreischritt aus real existierendem Vorbild, Abbild und wiederum als Vorbild für die Konsumenten umschrieben werden. Zu beachten ist jedoch: das verkleinerte Abbild als Ergebnis eines schöpferischen Prozesses ist ein Kunstprodukt und häufig manipuliert. Hierbei spielen Themenauswahl, Gestaltung, Umsetzung, Marketing oder die Zusammenstellung von Sortimenten eine wichtige Rolle.

Mit diesem Wissen ausgerüstet können Miniaturspielwaren aus dem Erzgebirge als lebensweltlicher Spiegel ihrer Zeit gelesen werden. Als Quelle sind sie Erzeugnis und Zeugnis kaiserzeitlicher Kultur, sie sind Indikatoren kulturellen

Abb. 119: Musterblatt von C. H. Oehme Waldkirchen 1907, Ausschnitt

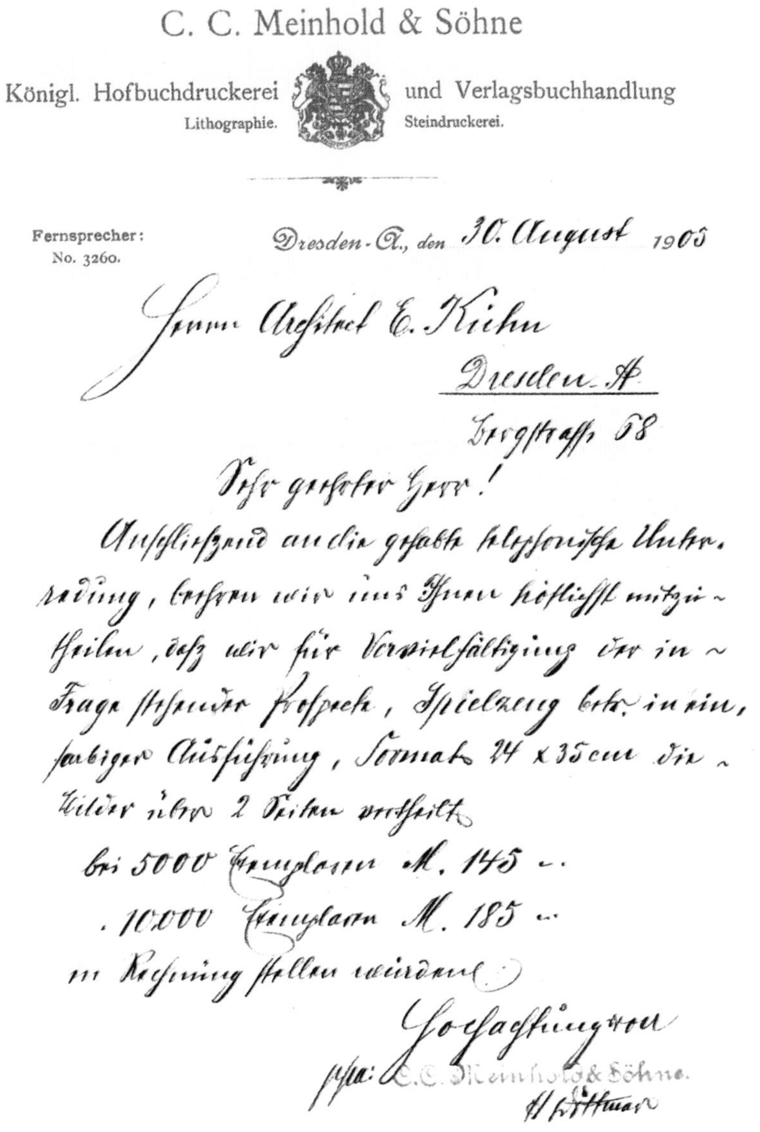

C. C. Meinhold & Söhne

Königl. Hofbuchdruckerei  und Verlagsbuchhandlung

Lithographie. Steindruckerei.

Fernsprecher: No. 3260.

Dresden-A., den 30. August 1905

Herrn Architekt E. Kühn
Dresden-A
Bergstraße 68

Sehr geehrter Herr!

Anschließend an die gehabte telefonische Unterredung, beehren wir uns Ihnen höflichst mitzutheilen, daß wir für Vervielfältigung der in ~ Frage stehender Prospecte, Spielzeug betr. in einfarbiger Ausführung, Format 24 x 35 cm die ~ Bilder über 2 Seiten vertheilt

bei 5000 Exemplaren M. 145 ~
„ 10.000 Exemplaren M. 185 ~
in Rechnung stellen würden.

Hochachtungsvoll

ppa. C. C. Meinhold & Söhne
H. [illegible]

Abb. 120: Angebot für ein Musterblatt über »Künstlerische Spielwaren nach Modellen der K. Fachgewerbeschule Grünhainichen«, Druckerei C. C. Meinold & Söhne Dresden: *»30. August 1905 / Herrn Architekt E. Kühn / Dresden- H / Bergstraße 68 / Sehr geehrter Herr! / Anschließend an die gehabte telefonische Unter= / redung, beehrten wir uns Ihnen höflichst mitzu~ / theilen, daß wir für Vervielfältigung der in ~ / Frage stehender (sic) Prospecte, Spielzeug betr. in ein~ / farbiger Ausführung, Format 24×35 cm die ~ / Bilder über 2 Seiten vertheilt / bei 5000 Exemplaren M. 145~ / „ 10.000 Exemplaren M. 185 ~ / in Rechnung stellen würden. / Hochachtungsvoll / ...? CC Meinhold & Söhne / H...«*

Geschehens. Sie spiegeln die Befindlichkeiten einer Gesellschaft im Umbruch, bilden Lebensstile und Moden ab oder belegen zeittypische Architektur, Technik- und Kulturgeschichte. Hierbei verfügen die kleinen Dinge über durchaus seismografische Qualitäten. Als ursprünglich kunstgewerbliche, das heißt ästhetisierte Spielgaben, wurde ihnen die Vermittlung bildungsbürgerlicher Erziehungsideale eingeschrieben. Sie funktionierten insbesondere als Ordnungssystem zum »Begreifen« einer aus den Fugen geratenen Welt. Das Systemspielzeug mit Sammelpotenzial ermöglichte den Kindern gehobener Schichten, ihr Wunschbild einer adäquaten Abbildung der Welt selbst aufzubauen und zu gestalten – vermutlich wegen dieser Eigenschaften wurden sie auch von Erwachsenen geschätzt. Denn gekauft wurden die kleinen Dinge in der Regel von Erwachsenen, die nach ihren eigenen Wertvorstellungen im Spielwarengeschäft auswählen konnten. So konnten schon Kinder, vergleichbar den Sammelaktivitäten des Vereins für Sächsische Volkskunde mit seinem Dresdener Museum für Sächsische Volkskunst, Bauernhäuser oder »Charaktertypen der Bevölkerung« (z. B. Katalog-Nr. 36, 42, 43) in kleinstem Maßstab in ihre Spielzeugschachteln einordnen oder in der Vitrine präsentieren.

Dass vielfältig vernetzte Persönlichkeiten wie Oskar Seyffert oder Karl Schmidt – geachtete Vertreter der Dresdener Stadtgesellschaft – als Gestalter und Promoter fungierten, kam der Werbung für die Ware sehr zugute. Oskar Seyffert war als Mitbegründer des 1908 gegründeten Landesvereins Sächsischer Heimatschutz zudem ein Protagonist der Heimatbewegung. Anfänglich drückte sich der Rettungsgedanke von Werten der »guten alten Zeit« in idealisierten Motiven aus dem ländlichen Lebensraum aus. Sie verkörpern den Bezug zur Heimat, sie vermitteln Identität, sie bezeugen die Kenntnis der Käufer von regionalen Qualitäten und Spezifika – und sollten dieses, mit dem Blick in die Vergangenheit, an die beschenkten Kinder weitervermitteln. Hier sind also deutlich antimodernistische Züge im Spiel. Parallel dazu drang jedoch auch die Moderne mit einer Eigendynamik allmählich in jene Liliput-Spielzeugwelt ein – zum einen in Form technischer Miniaturen, aber auch durch moderne Gestaltung und effektive, ausgeklügelte, serielle Fertigung. Im Unterschied zum ursprünglich eher emotional motivierten Ansatz Seyfferts trieben mit der allgemeinen Warenexpansion gezielt gesteuerte kaufmännische Aktivitäten diesen Prozess voran (Abb. 120).

Die Motive der Miniaturfiguren waren entsprechend äußerst vielfältig und die Firmen reagierten schnell auf das aktuelle Zeitgeschehen. Neben den heimatbewegten Themen wurden auch technische Errungenschaften abgebildet. Originalbeschreibungen von Themengruppen erzgebirgischer Miniaturspielwaren können den Werbeprospekten des Dresdener Spielwarenhauses Richard Zeumer entnommen werden. Da nur wenige dieser Massendrucke heute erhalten sind, stellen sie eine wichtige und seltene Quelle dar (Abb. 121).[464]

Die vermutlich früheste, noch handgeschriebene Liste zum Sortiment »Erzgebirgisches Dorf« erschien Weihnachten 1905 (Katalog-Nr. 5). Diese Basisgarnitur taucht in den späteren Listen unter Nr. 1 »Sächsisches Dorf« auf und wird sowohl durch Gebäude, Fahrzeuge und Figuren ergänzt. Themengarnituren – z. B. ein »Rittergut mit Försterei«, »Schloß auf dem Burgberg«, »Hochzeit im Dorf« oder »Jahrmarkt« – folgten. Die detailliert aufgelistete Angebotspalette der bislang vorliegenden Prospekte aus den Jahren 1907/1908, 1909, 1913 und 1915 zeugt

Immer etwas Neues!

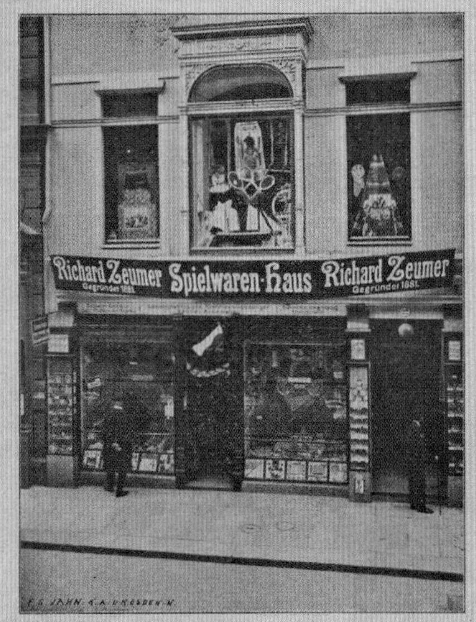

Eigenes Geschäftshaus **Schloß-Straße 22.** Telephon-Ruf 10354

Das erzgebirgische Dörfchen.

Wundervolles deutsches Spielzeug, riesig mannigfaltig. Naturgetreue künstlerische Nachbildungen ganzer

„Erzgebirgischer Dörfer"

unter Mitwirkung berufener Künstler, wie Prof. Seyffert u. Oberbaurat Schmidt, Dresden. Ferner reizende Copien

historischer Gebäude

nach Skizzen von Baumeister Walter, Dresden. Mit Hilfe eines sinnreichen, gemalten Plattensystems entstehen Bäche, Flüsse, Pfade, Wege, Straßen, Wiesen u. Felder, die zusammen mit ff. plastischen Hügeln und Bergen, Brücken, Inseln, Teichen usw. (alles eigne Entwürfe)

naturgetreue Landschaften

in unendlicher Zahl bilden.

Die Häuser sind, mit wenigen Ausnahmen, feste Holzklötze, für Kinderhände geschaffen, schön modelliert und fein bemalt. Sie stellen ein vorzügliches

Anschauungs- und Lehrmittel

dar und werden diese Dörfchen erfahrungsgemäß von den lieben Kleinen meist sorgsam gehütet, bringt ihnen doch Geburtstag und Weihnachtsfest die neuesten Ergänzungen.

Diese Liste enthält alles Erschienene, sowie die diesjährigen Neuheiten verzeichnet und empfiehlt sich für den Bezug

Spielwarenhaus Zeumer

Dresden-A. Schloßstraße 22.

Telephon 10354.

Empfehlenswerte Zusammenstellungen von erzgebirgischen Dörfern.

Sächsisches Dorf.

Grundpläne: Bach, Weg
Gutshof, Mühlengut
Kirche mit Garten
Schäferei mit Zäunen
Windmühle, Brücken
Personen und Tierchen
Wagen, Bäume, ca. 120 Teile in gemaltem Carton.

Beliebtestes Sortiment

Mk. 15.—

Rittergut mit Försterei.

Fluß, Straße
Ritterguts-Herrenhaus
Gesindehaus
Stallgebäude
Scheune
landwirtsch. Wagen, Geräte
Bäume, Getreide, Kähne
Leute, Einquartierung
Haus- und Waldtiere
reichlich Waldbäume

ca. 120 Teile in Carton

Mk. 15.—

Schloßherrschaft.

Burgartiges Schloß auf steilem Felsen (6 Teile) Mk. 6.50

Berg mit alter Ruine.

Hohe Felspartie mit Wegen Treppen, Turmruine und Bergwerkseingang Mk. 2.50
Bergparade (12 Fig.) „ 1.50

Dorf-Feuerwehr in Tätigkeit.

Löschzug m. 3 Wagen Leitern und Steigerturm sowie Mannschaften in Carton Mk. 2.50
Spritzenhaus „ —.50
Dampfspritze „ —.50
brennendes Haus „ —.70
Wasserträgerin „ —.20

Jahrmarkt.

Gefüllte Holzbuden 6 Sorten à Mk. —.30
sitz. Marktfrauen „ —.15
Frauen mit Tragkörben „ —.10
Reisende Menagerie 5 Wagen mit wilden Tieren „ 2.—
Fahnen, Paar „ —.25

Eisenbahn-Betrieb.

	Mk.
Schienen-Serie (12 St.)	1.20
Lastzug	2.50
Personenzug	2.50
Bahnhof	2.50
Lok.-Schuppen, hohl	—.50
Bahnhofsterrain	—.60
Anfahrtsrampe	—.30
Laterne f. den Perron	—.05
Schaffner, Dienstleute à	—.10
Handkarren	—.30
Frachtwagen	—.35
Prellböcke, Signale à	—.20

Brauerei-Betrieb.

Brauerei	1.50
Stallung	—.50
Schuppen	—.40
Bierwagen	—.35
Pferdekrippen	—.10

Obrigkeit.

Polizeiwache	—.40
Polizisten	—.10
Nachtwächter	—.15
Handwerksbursche	—.10
Max u. Moritz . Paar	—.25
Spritzenhaus	—.50

Gärtnerei.

	Mk.
Wohnhaus	—.60
Gewächshaus	—.80
Frühbeete . —,07 u.	—.10
Blumenbeete rund und eckig	—.10
Blumenbogen	—.25
Gemüsebeete	
Wasserrad-Brunnen	—.25
Blumenwagen	—.50
Wasserträgerin	—.20
Blumen i. Töpfchen	—.10

Hochzeit im Dorf.

Kirche	1.50
Blumenstreukinder	—.20
Pastor	—.10
Brautpaar	—.25
Musikanten 5 versch. à	—.20
Gäste sortiert	—.10
Brautkutsche	.40

Schmiede.

Schmiede	—.80
Schmied mit Amboß	—.25
Pferd mit Knecht	—.15
Pflug oder Egge . à	—.35

Sommerfrische.

	Mk.
Vater, Mutter, Kinder à	—.10
Sohn mit Zweirad	—.15
Amme m. Kinderwagen	—.40
Möbelwagen	—.35
Dienstmann m. Karre	—.40
Bauer m. Schubkarre	—.25
Bürgermeister-Haus	2.—
Gelände mit Teich	—.80
Starmäste	—.20
Schwanenhaus	—.15
Schwäne	—.10
Kähne (hohl)	—.25
Insel mit Bäumen	—.40

Waldschule.

Katheder mit Stuhl 6 Schulbänke Wandtafeln, Lehrer i. Cart.	1.50
Kinder à	—.10
Turngeräte	—.20

Pfarrhaus.

Haus	—.60
Hügel mit Bassin	—.80

Sämtliche Sortimente ergänzen sich untereinander!

verte.

Abb. 121: Katalogblatt Spielwarenhaus Richard Zeumer Dresden, vermutlich 1908

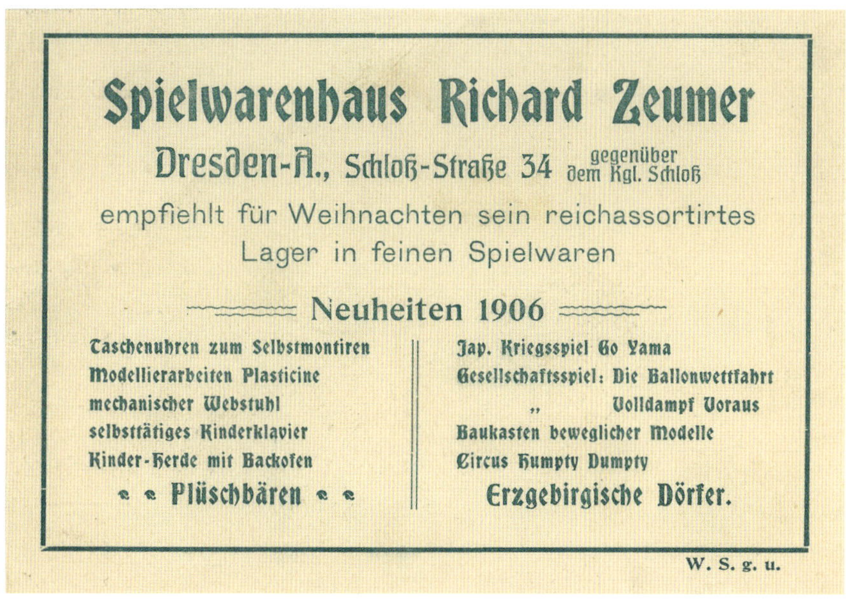

Abb. 122: Werbe-Klappkarte (Rückseite) Spielwarenhaus Richard Zeumer Dresden, »Neuheiten 1906«

von einer kontinuierlichen Vermehrung des Warenangebotes und dieser sich wandelnden Produktvielfalt (Abb. 123). Dies betrifft zum einen den Einzug moderner Verkehrstechnik, wie z. B. 1907 mit Feuerwehr[465], Auto, Rennauto, Dampfwalze, elektrischer Straßenbahn, Liliput-Eisenbahnen, ergänzt durch Themen des

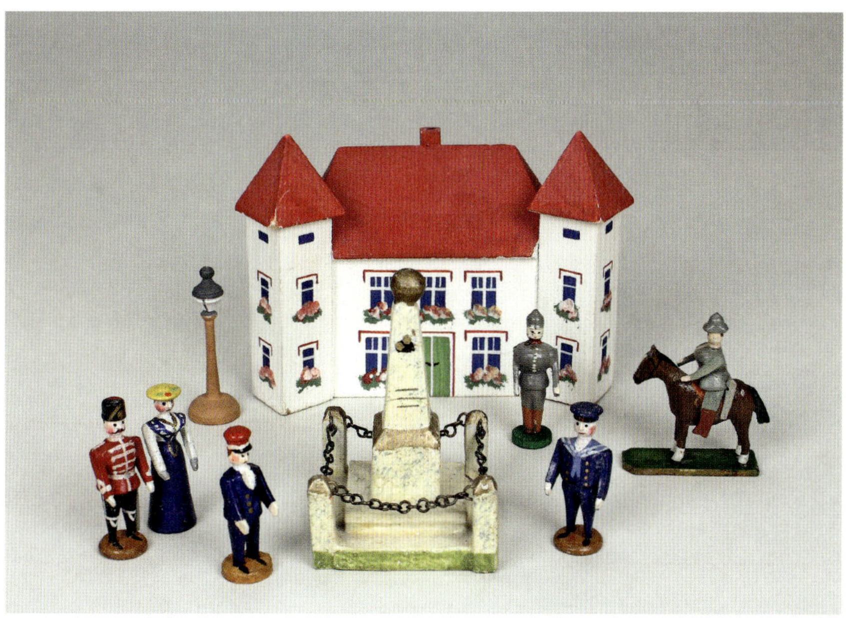
Abb. 123: Städtischer Platz mit Kriegerdenkmal aus dem Sortiment »Das erzgebirgische Dörfchen«, Spielwarenhaus Richard Zeumer Dresden, um 1913

urbanen Raumes, wie z. B. 1909 Postamt, Bahnhofsgebäude, Polizeiwache und Reklame-Säule. Doch auch die historischen Gebäudemotive wurden erweitert; so z. B. 1909 mit der Alten Schule in Klein-Zschachwitz, dem Schillerhaus in Loschwitz oder dem Wagner-Haus in Graupa.

Die Zunahme militärischer Themen als Folge einer Militarisierung von Gesellschaft und Alltag (Abb. 124) ist ebenso deutlich ablesbar: 1907 werden Soldaten-Einquartierungen im Rittergut ins Programm aufgenommen, 1913 Kriegsschiffe. Diese moralische Aufrüstung im Spielzeuggewand erfolgte auf Eigeninitiative der Spielwarenbranche und vermittelte den Kindern neben memorierten Feindbildern harmlos wirkende Inhalte öffentlicher Kriegspropaganda. Hatte man damals den Norden der sächsischen Landeshauptstadt im Blick, so lag die Welt der Soldaten unmittelbar vor der Haustür. In der Albertstadt, einem der wichtigen Garnisonsstandorte im Deutschen Reich, prägten die großen Kasernenbauten, die Heeresbäckerei, Truppenübungsplätze, Stallungen, Militärtechnik und Uniformierte das Stadtbild. Hier lebte und arbeitete natürlich eine große, einschlägig vorgebildete Bevölkerungsgruppe, die auch als Kundschaft für Spielwaren-Zeumer in Betracht kam.

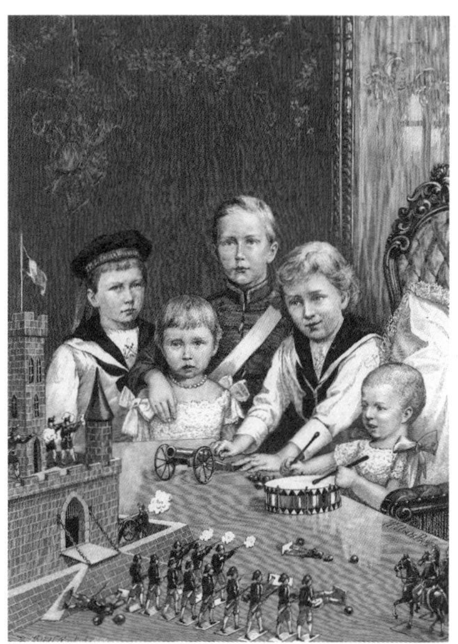

Abb. 124: Diese Grafik nach William Pape zeigt die »Kinder unseres Kaisers beim Weihnachtsspiel« mit Militärspielzeug – hier vor allem Zinnfiguren. Auch in der Kleidung der Kinder drückt sich die um die Jahrhundertwende weit verbreitete Militärbegeisterung aus: Matrosenanzüge für Jungen und Mädchen sowie vereinfachte Militäruniformen in Knabengröße waren auch in bürgerlichen Familien sehr beliebt. Das Bild wurde in der Monatsschrift »Moderne Kunst« im Jahr 1889/90 abgedruckt.

Mit den Miniatur-Bilderwelten der aktuellen Kriegshandlungen war 1915 die patriotisch aufgeladene Kriegsbegeisterung vollständig im Kinderzimmer angekommen. Jetzt fanden sich auf der Sortimentsliste zusätzliche neue Artikel. In Auszügen seien genannt: »Unsere Feldgrauen im Dörfchen«, »Das Sanitätswesen«, »Der große Schützengraben! Ein Prachtstück!«, »Die Wellblech-Offizier-Baracke zur dicken Berta«, »Das Gefangenen-Lager« oder Geländeplatten »Neu! Masurisches Seen-Gebiet«.[466] Um das Tagesgeschehen an der »Heimatfront« auch der heranwachsenden Jugend (Katalog-Nr. 40) nahezubringen, erhielt das Dörfchen selbstverständlich sein eigenes kleines »Kriegsnagelobjekt«. Im Weihnachtsprospekt 1915 heißt es »Auf dem Markte steht zum Nageln eine Hindenburg-Säule« (Abb. 126). Ihre Markteinführung erfolgte in diesem Fall unglaublich schnell.[467] Das vermutliche Vorbild hatten Dresdener Bürger erst im Oktober des Jahres zur kollektiven Kriegs-Spendensammlung an der Ringstraße unweit des Bismarck-Denkmals errichtet. Schon 1913 war als Dörfchen-Zubehör ein »Bismarck-Denkmal, Ehrenpforten und das Kriegerdenkmal« gelistet worden. Geschäftliche Interessen der Spielwarenindustrie machten es möglich, dass selbst die spezielle Ästhetik des Denkmalkultes als eine der Ausdrucksformen der Zeit nach 1871 hier im kleinsten Maßstab in der bürgerlichen Spielzeugschachtel zu finden war.

Insgesamt lassen sich die Miniaturen in der jeweiligen Reihenfolge ihres Erscheinens zu vier großen Motivgruppen ordnen:

- idealisierter ländlicher Raum
- historische Gebäude
- städtisches Milieu
- Militärthemen/Erster Weltkrieg. (Abb. 125)

Abb. 125: Musterkästchen »Militärfiguren«, Spielwarenhaus Richard Zeumer Dresden, um 1915

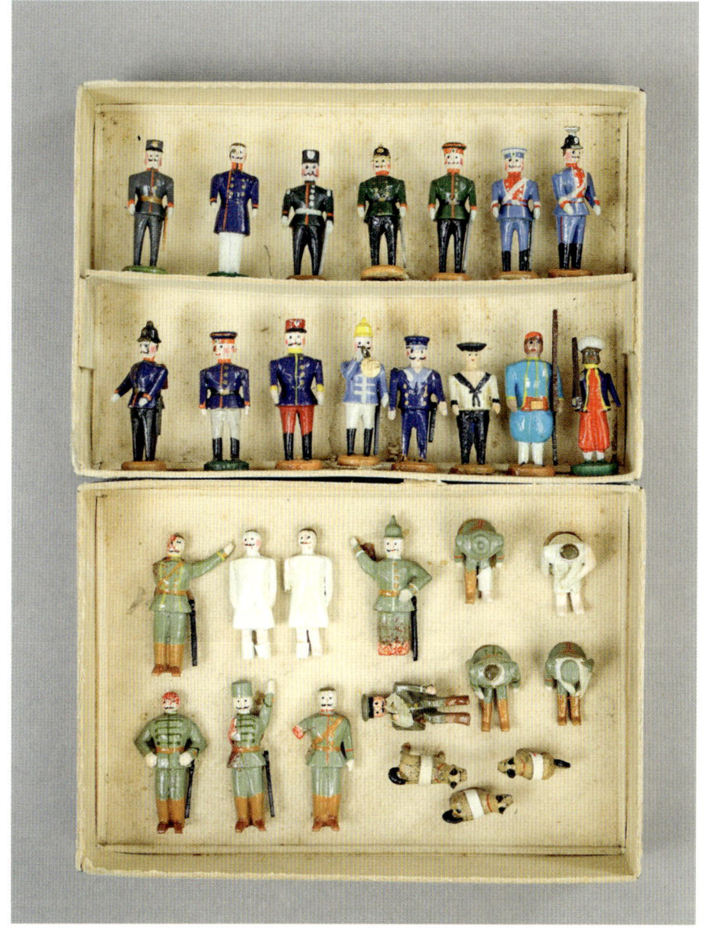

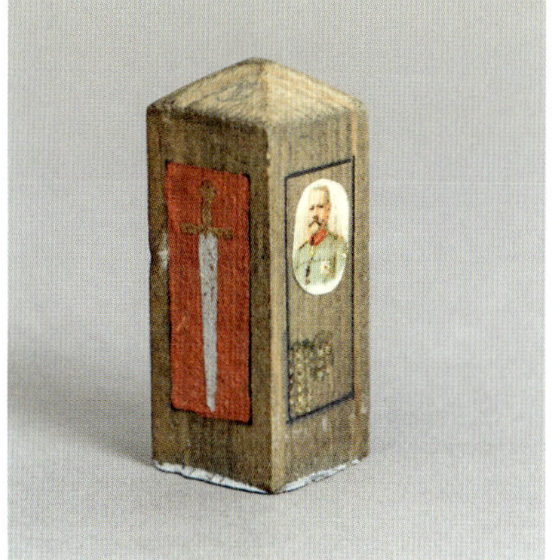

Abb. 126: »Hindenburgsäule« aus dem Sortiment »Das erzgebirgische Dörfchen«, Spielwarenhaus Richard Zeumer Dresden, »Neuheit« 1915

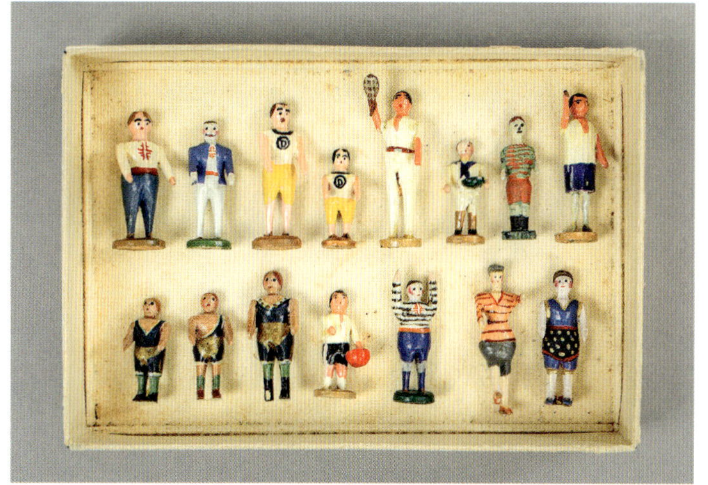

Abb. 127: Musterkästchen »Sportler«, Spielwarenhaus Richard Zeumer Dresden, um 1915

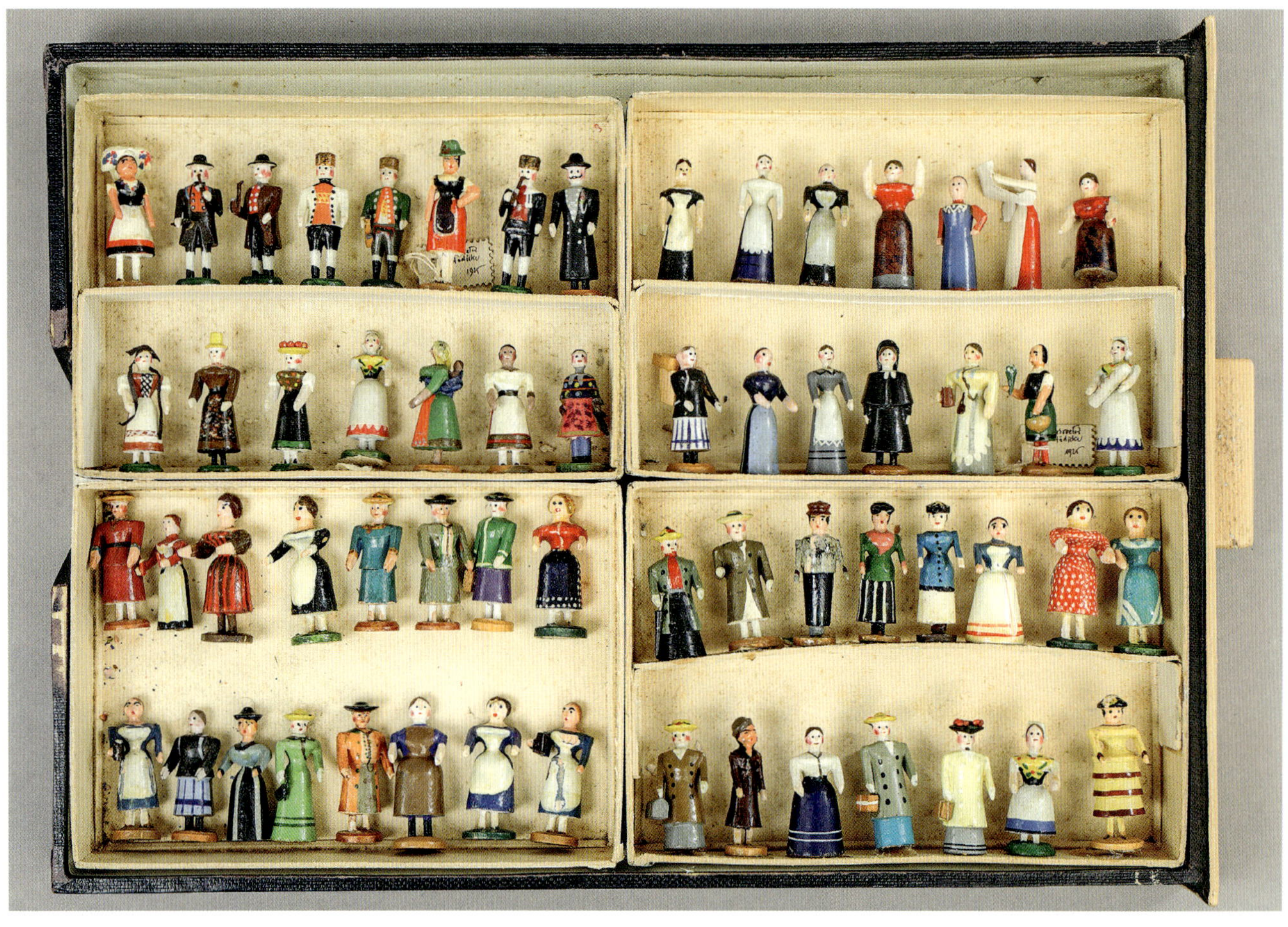

Abb. 128: Musterkästchen »Trachten-Figuren und Frauen-Berufe«, Spielwarenhaus Richard Zeumer Dresden, 1910er Jahre

Eine anfänglich weniger präsente, jedoch zunehmend zentrale Rolle spielten Fahrzeugmodelle. Sie funktionierten als willkommene Ergänzungsteile und liefern aus heutiger Sicht interessante Belege für Erfindungsgeist, Dynamik, Beschleunigung und die wachsende Mobilität im Technik- und Industriezeitalter. Allgemein entsprach der Fahrzeugbau der hölzernen Miniaturmodelle dem aktuellen Stand des zeitgenössischen Verkehrswesens. Die Spielzeughersteller übersetzten diese Technik ins kleine Format und reagierten in enger Absprache mit dem Handel umgehend auf neueste Erfindungen und populäre Vorbilder. Auffallend nostalgisch besetzte Beispiele für ehemals typische Fortbewegungsmittel sind die »Alte Postkutsche« (Katalog-Nr. 35) und die Gruppe »Alt-Dresdner Chaisenträger« mit gelber Sänfte (Katalog-Nr. 44).

Stand das wilhelminische Deutschland geradezu sinnbildlich für militärische Zucht und Ordnung, streng patriarchale gesellschaftliche Hierarchie, Männlichkeitsrituale, Uniformgläubigkeit und Untertanengeist, so lässt sich dies auch an den Holzfiguren ablesen (Katalog-Nr. 38). Hat man allein die Vorbildwirkung der kaiserlichen Barttracht im Blick, so kann diese bei den unzähligen schnurrbarttragenden Spielzeug-Herren studiert werden (Katalog-Nr. 36 – 41).

Die Männerwelt der gedrechselten Spielzeugfiguren besteht aus Bauern und Handwerkern, Wanderhändlern, Fuhrleuten, Nachtwächtern, Jägern, Gastwirten, Musikanten, Feuerwehrmännern, Fotografen, Straßenkehrern, Volksschülern, Gymnasiasten, Pastoren, Lehrern, Studenten, Soldaten, Kadetten und Offizieren aller Dienstgrade (Abb. 126), Prinzen, Post- und Bahnbeamten, Bergleuten, Dienstmännern, Sportlern (Abb. 127), Bergsteigern oder Polizisten. Grundlegend finden sich Vertreter aller gesellschaftlichen Stände. Ihre charakteristische Darstellung vermittelt Leitbilder der Klassengesellschaft im deutschen Kaiserreich. Für weibliche Figuren trifft dies ebenso zu. Neben Bäuerinnen und Mägden (Abb. 128) konnten Ammen, Beeren-, Markt- und Waschfrauen, Händlerinnen, Botenfrauen, Wasserträgerinnen, Kellnerinnen, Schaffnerinnen, Fensterputzerinnen, Straßenkehrerinnen, Krankenschwestern, Brautjungfern (Katalog-Nr. 41), »Backfische«, Kammerzofen, Damen mit Hut, »Frau Generalin« oder Prinzessinnen erworben werden.

Unter den Stereotypen finden sich 1913 der »Dicke Gastwirt«, der »Dicke Bäcker«, ein »Warme Würstel-Mann« oder der »Zigeuner mit Tanzbär« und das »Zigeunerweib mit Kind auf dem Rücken«. Folkloristisch konstruiert wirken gedrechselte »Tyroler und Tyrolerinnen« oder einige Trachtenfiguren (Katalog-Nr. 36, 42). Die plakativen Vorlagen für diese Motive lieferten häufig Abbildungen aus Zeitschriften und populäre Foto- oder Bildpostkarten. Selbst die kleinen Figürchen zeugen vom modischen Trachtenkult ihrer Zeit.

Zu den zusätzlich angebotenen Figurengruppen gehören die Kinderbuchhelden Max und Moritz, die Märchenfiguren Hänsel und Gretel oder die sieben Zwerge. Unter dem Werbemotto »Das Passionsspiel der Dörfler« werden auch Krippendarstellungen mit »Christi Geburt«[468] als Neuheit vermarktet. Allen Figuren gemeinsam ist ihre aus der Achsensymmetrie abgeleitete stilisierte Grundform. Diese Gestaltung und insbesondere die aufgemalten Gesichter aus Punkt, Punkt, Strich und etwas Wangenrouge verleihen den Gestalten einen charmanten, kindlich-naiven Einheitsausdruck. Dies führt automatisch zu einer Nivellierung der im realen Leben noch vorhandenen Standesunterschiede und häufig zu einer spürbaren Verniedlichung der Dargestellten. Insgesamt ist festzuhalten, dass parallel zum lebensweltlichen Alltag die Differenzierung und Spezialisierung der Berufsdarstellungen im Laufe der Jahre zunimmt. Veränderungen in der Arbeitswelt und ein Wandel der Lebensformen kommen deutlich zum Ausdruck, wie auch die genannten städtischen Dienstleistungsberufe zeigen. Zu ihnen gehören das Kindermädchen – hier in Gestalt der »Spreewälder-Ammen« –, aber auch Botenfrauen, die Fensterputzerin, Schaffnerin, Straßenkehrerin und Krankenschwester (Abb. 129, 130).

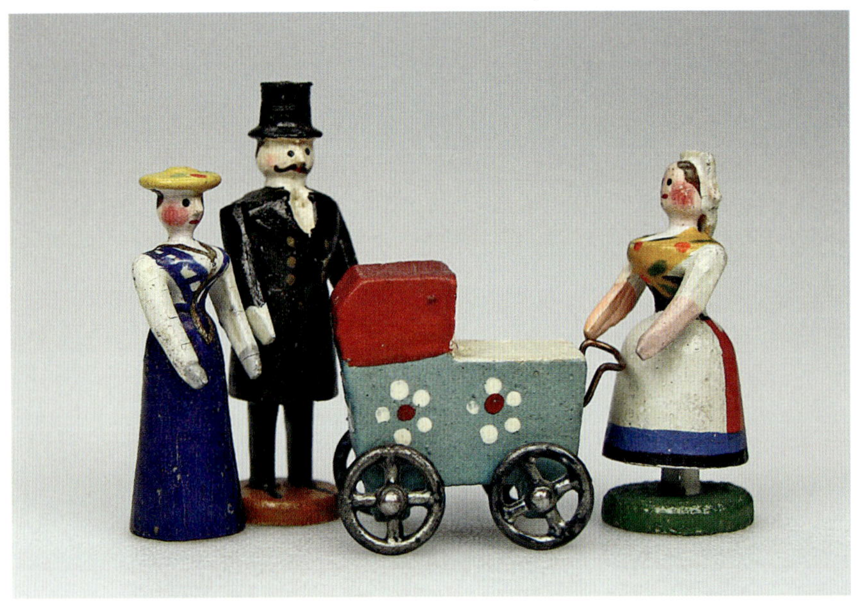

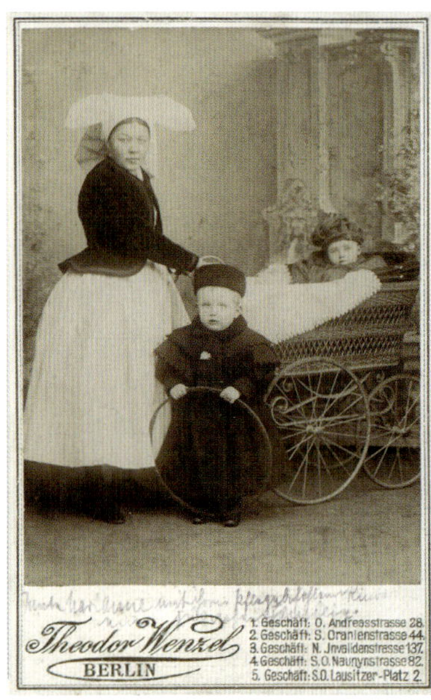

Abb. 129: Spreewälder Amme und die Herrschaften, Louis Heinrich Hiemann, Heidelberg bei Seiffen, um 1910 (Kinderwagen: Bruno Kempe ab 1914)

Abb. 130: Fotografie einer Spreewälder Amme, »Tante Marianne mit ihren Pflegebefohlenen«, Berlin, um 1900

Betrachtet man im Detail die spätestens 1907 beginnende »Verstädterung« von Zeumers »Dörfchen«, so ergibt sich ein mitunter sperriges Bild vom Dorfe. Die 1905 entwickelte Verkaufsbezeichnung passte bereits wenige Jahre später nicht mehr zum romantisch inspirierten Konsumprodukt. Ursprünglich konnotierte der Begriff »Dörfchen« im Verständnis der Zeitgenossen eine verschwindende Welt und ein vermeintlich heiles Leben auf dem Land. Nun tauchten zuerst die großstädtischen Verkehrsmittel Straßen- und Eisenbahn im Dörfchen-Sortiment auf (Abb. 131). Zum »Eisenbahnbetrieb« mit verschiedenen zeittypischen Bahnhofsgebäuden und technischen Anlagen kamen zusätzlich die Feuerwehr und der »Postbetrieb«, aber auch eine Fabrik, eine Apotheke, Möbel- und Blumenhallen oder die »Polizei-Wache« hinzu. Als Neuheiten des Jahres 1913 erschienen ein kompletter Tiergarten, ein »Elektrizitäts-Werk mit Oberlichtsaal-Anbau und mit Räucherkerzchen heizbarem Schornstein« oder ein »Erzgebirgisches Kohlenbergwerk« mit beweglichem Aufzug. Neben den aktuellen Militärspielwaren enthielt die 1915er-Liste diverse Versatzstücke für eine Hafenanlage (»Leuchtturm, Riesenkran, elektr. Scheinwerfer mit Batterie, Motorboot«), aber auch das »Kino mit abnehmbaren Dach, innen schwarz, mit 3 Sitzreihen und offener Rückseite« – um Bilder einzuschieben – war mit dabei.[469] Hier waren die spielenden Kinder die Akteure und führten nach eigenen Regeln Regie. Ob das kleine, hübsch und nett wirkende Spielformat auch ihren Eltern den Übertritt in die neuen Zeiten erleichterte?

Als letzte Neuheit des Kriegsjahres 1915 bewarb Spielwaren-Zeumer für sein Dörfchen-Sortiment »Kleinstadt-Häuser«. Sowohl im hier vorgestellten Spielzeugsystem als auch in der Realität begannen Stadt und Land langsam zusammenzuwachsen. Gerade das Leben in Garten- oder Kleinstädten galt zu dieser Zeit als menschenwürdiger und stellte als sozialutopisches Modell die idealisierte Alternative im modernen Städtebau dar. Im Miniaturenangebot schlug sich dies unmittelbar nieder und reflektierte unbewusst zugleich gesellschaftlichen Wandel. Mehr und mehr hatte sich innerhalb von zehn Jahren die Bilderwelt der kleinen hölzernen Dinge von der ursprünglichen Intention ihrer zivilisationskritischen Ideengeber entfernt. Zur früheren »Heimatkunde« des schützenswerten Alten kam das Abbilden der unmittelbaren Gegenwart hinzu und ermöglichte hierdurch, das Interesse der Konsumenten wachzuhalten.

Zusätzlich zu den schon erläuterten Themen fanden sich in Zeumers Listen noch weitere Motiv-Zusammenstellungen, beispielsweise aus der Arbeitswelt. Zu diesem Genre gehörten seine Garnituren »Straßenreinigungs-Gesellschaft«, »Brauerei-Betrieb«, Gärtnerei, Mühlen-Betriebe, Schmiede oder »Waldwirtschaft« (Jäger, Tiere, Köhlerei). Erholung, Freizeitvergnügen und Feste bilden im Wechsel zu den Bildern aus der Arbeitswelt einen wichtigen Gegenpol im Spielzeugsortiment. Hier wurden überwiegend Themen bürgerlicher Massenvergnügung, Szenen kommerzieller Zerstreuung sowie touristische Urlaubsziele abgebildet. Das Gasthaus als förmlicher Mittelpunkt einer Geselligkeit der »kleinen Leute« sei hierfür stellvertretend genannt. Die Garnituren »Kletterfelsen«, »Fluss-Schwimmbad« und »Turnplatz« stehen für eine zunehmende öffentliche Breitenwirkung des Sports. Tiergarten, Volksfest (Vogelwiese, Jahrmarkt, Kirmes), Wettrennplatz, »Der moderne Villen- und Bade-Ort«, das »Sanatorium«, »Strandleben«, oder ein »Wintersportfest« gehörten als Abbild einer mittlerweile in Stadt und Land öffentlich präsenten Freizeitindustrie zum festen Konsumprogramm. Diesbezüglich glichen sich die ländliche und städtische Lebenswelt auch im Miniaturformat den Vorgaben kultureller Realität an.

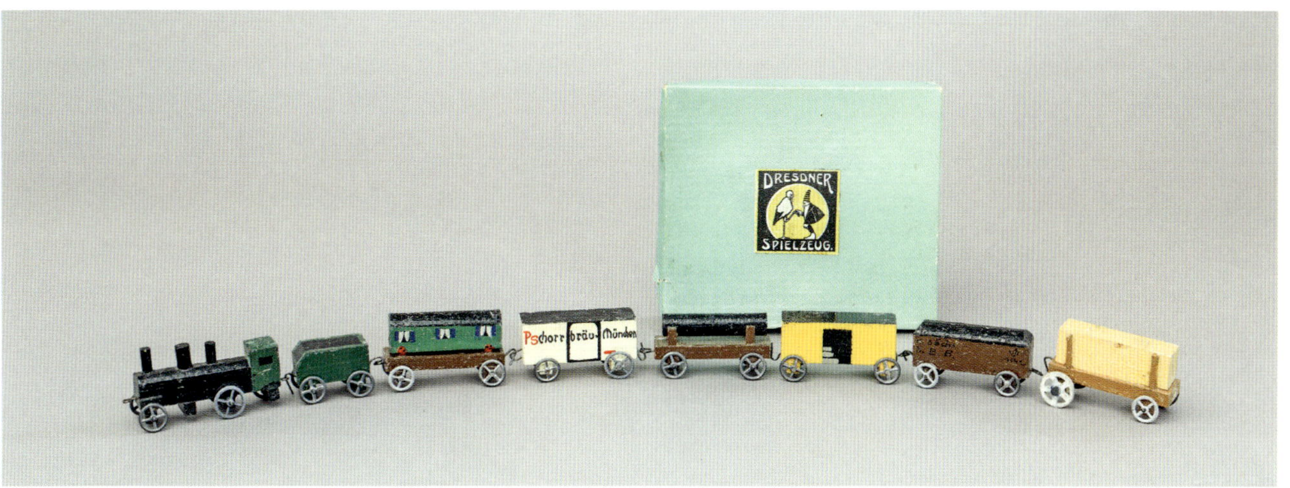

Abb. 131: Güterzug-Garnitur »Dresdner Spielzeug«, Deutsche Werkstätten für Handwerkskunst, Abtl. Spielsachen Zschopau/Fa. Theodor Heymann Grossolbersdorf/Erzgebirge, um 1909

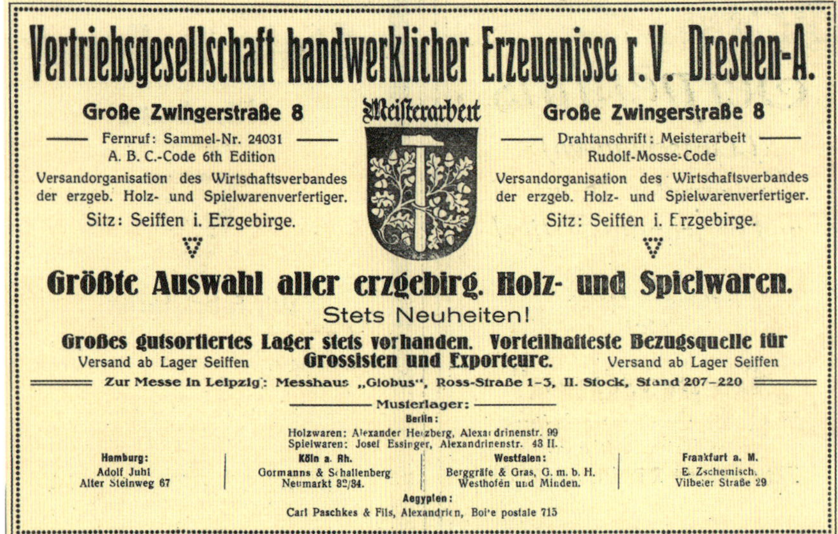

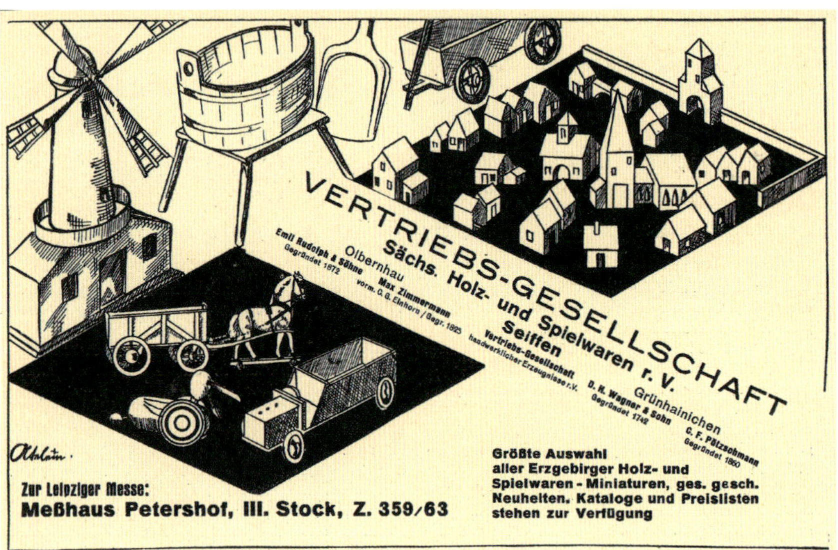

Abb. 132, 133: Inserate der Vertriebsgesellschaft handwerklicher Erzeugnise r. V. Dresden in der Deutschen Spielwaren-Zeitung, Dezember 1923 und Juni 1929

Allein mithilfe der Zutaten von Zeumers »Erzgebirgischem Dörfchen« ließe sich heute ein narratives Lebensbild des späten kaiserlichen Deutschlands auf wenigen Quadratmetern aufbauen. Dieses Spielzeug-Szenenbild ist ausnahmslos bürgerlich geprägt und vornehmlich idealisiert. Wie an den Einzelbeispielen vorgeführt, ist es jedoch in der Lage, Geschichte und Geschichten zu erzählen. Nötig ist nur ein geschärfter, die kleinen Dinge lesender und dechiffrierender Blick.

Einfallsreichtum, Entwicklergeist und zunehmendes Kundeninteresse führten also zu einer noch weiter wachsenden Musterpalette, die bis 1925 etwa 800 verschiedene Miniaturartikel beinhaltete. Die Themenvielfalt hatte sich jedoch vom Ursprungsgedanken einer eher nostalgischen Architektur- und Heimatkunde im Spielzeug zugunsten einer Abbildung der modernen Welt konsequent verschoben. Dem starken zeitgenössischen Bedürfnis euphorischer Fortschrittsgläubigkeit folgend, standen jetzt die neuesten Verkehrsmittel und technischen Erfindungen im Fokus des Marktes. Dies spiegelte sich unmittelbar in den verkleinerten Nachbildungen aus Holz wider, und sorgte schlussendlich zu einer sich weiter mehrenden Sortimentsvielfalt.[470] Die neben dem bekannten »Bauern-Dorf« der »Kleinstadt« oder dem »Villen-Vorort« beliebten Spielzeug-Zusammenstellungen »Postbetrieb, Straßenbahn, Schifffahrt- u. Hafen, industrielle Betriebe aller Art, Auto-Verkehr mit den neuesten Wagentypen, Tankstellen, Garagen, Flugplatz mit den modernsten Flugmaschinen« dokumentieren die mannigfaltige Erweiterung der verkleinerten Welt in Richtung zeittypischer Motive des Technik- und Industriezeitalters.[471] Aufbauend auf den Erfahrungen staatlicher Gewerbeförderung der Vorkriegsjahre erfolgte, mit wiederholter Unterstützung des sächsischen Wirtschaftsministeriums und forciert vom »Wirtschaftsverband erzgebirgischer Holz- und Spielwarenverfertiger e.V.«[472], im Februar 1919 die Gründung einer »Vertriebsgesellschaft handwerklicher Erzeugnisse r. V.« mit Geschäftsstellen in Dresden und Seiffen (Abb. 132, 133).[473] Für den innerdeutschen Vertrieb unterhielt die Gesellschaft Musterlager in Berlin, Bremen, Dortmund, Dresden, Hamburg, Köln und. Weitere Vertretungen existierten in Holland (Almelo), Belgien (Brüssel) und Ägypten (Alexandria).[474]

Vor dem Hintergrund der bekannten Strukturprobleme der erzgebirgischen Hausindustrie, die sich im Kriegsverlauf von 1914 bis 1918 drastisch verschärft hatten, erklärte 1925 die Fachpresse: »Die Vertriebsgesellschaft ist ein Verein, getragen vom Submissionsamt im Staate Sachsen und der Sächsischen Girozentrale«, die unter dem Label »Meisterarbeit« auch das aktuelle Miniaturspielwaren-Sortiment vermarktete.[475] Was die Verbreitung und die Qualität der Produkte anging, betonte Fachschuldirektor Alwin Seifert im Rahmen der Dresdener Jahresschau »Spiel und Sport 1923« wiederholt, dass die Miniaturen »weltberühmt geworden sind«, und »so dürfte das Erzgebirge in den ›Drehereien‹ und in den ›Miniaturfiguren und -Tieren‹ wohl ebenfalls einzig dastehen«.[476]

Im Detail betrachtet, hatten sich spätestens jetzt, Mitte der 1920er Jahre, die ehemals als Ergänzungsteile für veristische Dörfer und Kleinstädte gebrauchten Fahrzeuge und Geräte als eigenständige Spielzeuggruppe etabliert. Das bereits ausführlich beschriebene Dresdener Spielwarenhaus Richard Zeumer führte sein gelistetes Sortiment erzgebirgischer Miniaturen noch populär unter der Überschrift »Zeumers Heimat-Spielzeug — Dresdner Heimarbeit«. Mit dem Begriff Volkskunst konnten diese, bereits in deutliche Nähe zum Modellspielzeug (Maßstab 1:87) gerückten, miniaturhaften Abbildungen urbaner Umwelt jedoch nicht mehr werbewirksam in Einklang gebracht werden.[477] In der Gestaltung der Sortimente des spezialisierten Handels macht sich dies wie folgt bemerkbar. Ab den 1930er Jahren zeichnet sich allmählich ein Nebeneinander von Reiseandenken und Artikeln der Warengruppe Raum- und Tafelschmuck ab. Diese sind im landläufigen Sprachgebrauch nach wie vor als Volkskunst-Produkte klassifiziert. Verkleinerte Abbildungen von Motiven realer Alltagswelten werden nunmehr sachlich unter Miniatur-Spielwaren gelistet.[478] Jene Entwicklung spiegeln Katalogabbildungen der für den internationalen Markt bestimmten Miniatur-Garnituren bereits um 1910 wider.[479] Auf den wirtschaftlichen Stellenwert der Warengattung verweist noch 1930 Handelsgerichtsrat Paul Leonhardt aus Eppendorf/Erzg.[480] als Sachverständiger im Rahmen einer Befragung des Enquete-Ausschusses zur Untersuchung der Wirtschaftsstruktur der deutschen Spielwarenindustrie. Exportfragen in die USA betreffend vertritt er die Meinung: »Für den Rückgang der Ausfuhr deutscher Spielwaren nach Amerika ist meines Erachtens der Zoll der ausschließliche Grund. [...] Außer besseren Artikeln mit einem Lohnanteil von 40 bis 50 % exportieren wir heute noch Miniaturen, die eine außerordentliche Handfertigkeit erfordern. So etwas bringen die Amerikaner einfach nicht fertig.«[481]

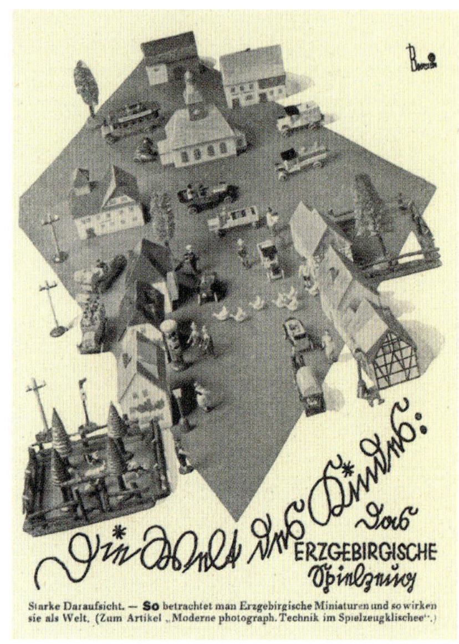

Abb. 134: Werbegrafik der Deutschen Spielwaren-Zeitung »Die richtige Perspektive« Robert Buchstein, Nürnberg 1928

Etwa um das Jahr 1960 hatten preiswerte, im Detail präzisere Metallspritzguss- oder Kunststoffspielzeugmodelle die handwerklich gefertigten Miniaturspielwaren aus Holz fast gänzlich vom Markt verdrängt. Zentral organisierte Standardisierungsmaßnahmen der für den Export wichtigen Spielwarenindustrie der Deutschen Demokratischen Republik beschleunigten diesen Prozess. Die am Institut für Spielzeug/Außenstelle Seiffen tätige Volkskundlerin Gisela Arndt bemerkte 1963 in ihren Beobachtungen zum Stellenwert von Holzspielwaren: »Die ältesten deutschen Spielzeuge, die wir noch heute in den bekannten Spielzeug-Museen bewundern können, sind aus Holz. Wir bezeichnen diese alten, meist einmaligen Spielzeuge als Volkskunstspielzeuge, denn sie beruhen auf einer unverbildeten, individuellen, eigenschöpferischen Leistung einfacher Menschen. [...] Besonders ausgeprägte volkskünstlerische Elemente finden wir noch heute im Erzgebirge. Erinnert sei nur an die vielen Miniaturspielzeuge, die schon immer als eine besondere Eigenart des Erzgebirges geschätzt und beliebt waren.«[482]

Mehr oder minder ist dies ein Nachruf auf ein halbes Jahrhundert erzgebirgischer Spezialitäten-Produktion. Konzeptionell knüpft Gisela Arndt in ihrem Aufsatz an den roten Faden der in dieser Arbeit beschriebenen Entwicklungs- und Vermarktungsgeschichte vom Beginn des 20. Jahrhunderts an. Dass der ursprüngliche Entwicklungsprozess hin zur Miniatur maßgeblich auf Initiative einer bildungsbürgerlichen Elite ins Rollen kam, war bislang unbekannt.

Die steigende Nachfrage regte die kreativen erzgebirgischen Spielzeugmacher zu ungezählten Eigenentwicklungen an. Ihre Gestaltungskraft, ihr Ideenreichtum und ein spezialisiertes handwerklich-technische Können ermöglichten eine extreme Vielfalt und die oft bewunderte bunte Warenfülle. Im Rahmen der Untersuchung wurde zusätzlich festgestellt, dass kartellähnliche Strukturen und abgestimmte Maßnahmen die Markteinführung der neuen Ware deutlich erleichterten. Bürgerliche Interessenverbände, staatliche Behörden und private kaufmännische Vereinigungen arbeiteten sich hier, einander unterstützend, zu. Spielwarenverleger im Erzgebirge konkurrierten natürlich untereinander. Dennoch verkauften sie anfänglich die ersten Miniaturen auf der Basis einheitlicher Preisabsprachen und nutzten gemeinsam vorfinanzierte Reklame-Drucksachen. Ein vermutlich klar aufgeteiltes Handelsnetzwerk, hohes Anpassungsvermögen an die jeweiligen Kundenwünsche und äußerst günstige Herstellungspreise ermöglichten eine erstaunlich lang anhaltende Marktpräsenz.

Eine kleine Nische des Überlebens der Warengruppe bewirkte die Anfang der 1970er Jahre sich allmählich anbahnende neue Nostalgie- und Sammlerwelle. In einem Bericht zur Einschätzung des Spielwarenmarktes von 1967 konnte man diesbezüglich lesen: »Der Bedarf an erzgebirgischen Miniaturen ist dagegen nicht gesunken, was nicht zuletzt darin begründet liegt, daß im Zuge der ›Old-Timer-Welle‹ das echte volkskundliche Spielzeug wieder sehr aktuell geworden ist.«[483]

Derartige Beobachtungen schienen die ersten Vorboten einer wachsenden Tendenz zu sein, die schlussendlich und etwa zeitgleich zu Walter Neumanns Forschungen im Jahr 1986 zur Neuauflage historischer Miniaturfahrzeugmodelle mit Zinnrädern führte.[484] Im Zuge der Gewerbeanmeldung von Volker Flath – Drechslermeister mit Spezialisierung Reifendrehen – entstanden neue »alte Muster« auf Grundlage der innerhalb der Familie überlieferten Miniaturmodelle (Abb. 135).[485] Verstärkte Kundennachfragen aus Westdeutschland und ein damit verbundenes

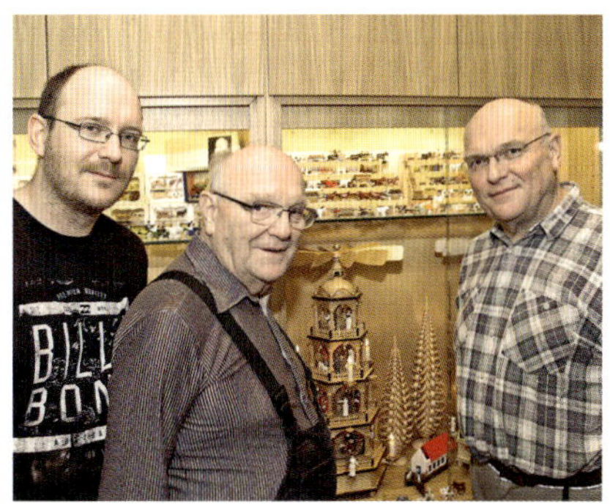

Abb. 135: Drei Generationen Kunsthandwerker und Miniatur-Spezialisten, von links nach rechts Heiko, Günter und Volker Flath, Seiffen, 2015

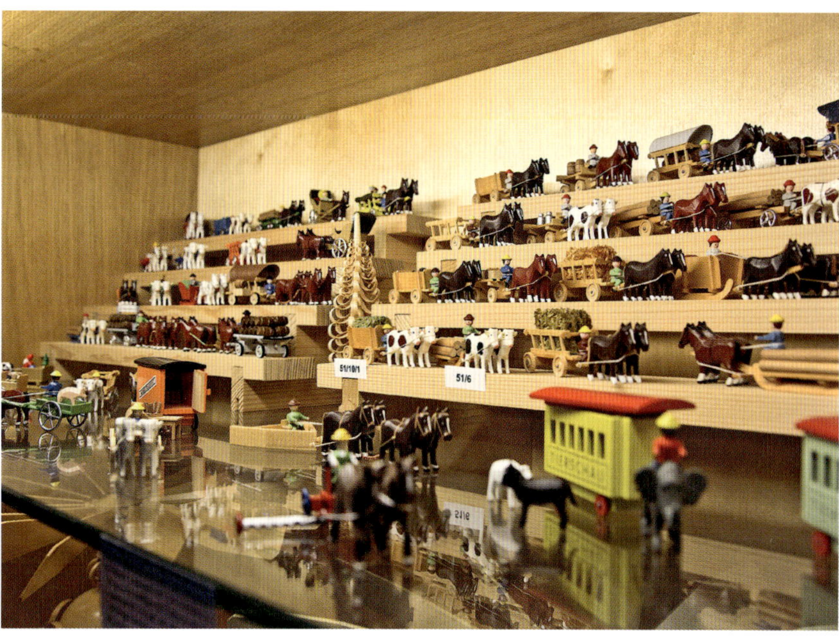

Abb. 136: Musterzimmer mit Miniaturgespannen, Fa. Volker & Heiko Flath Erzgebirgische Volkskunst, Seiffen, 2015

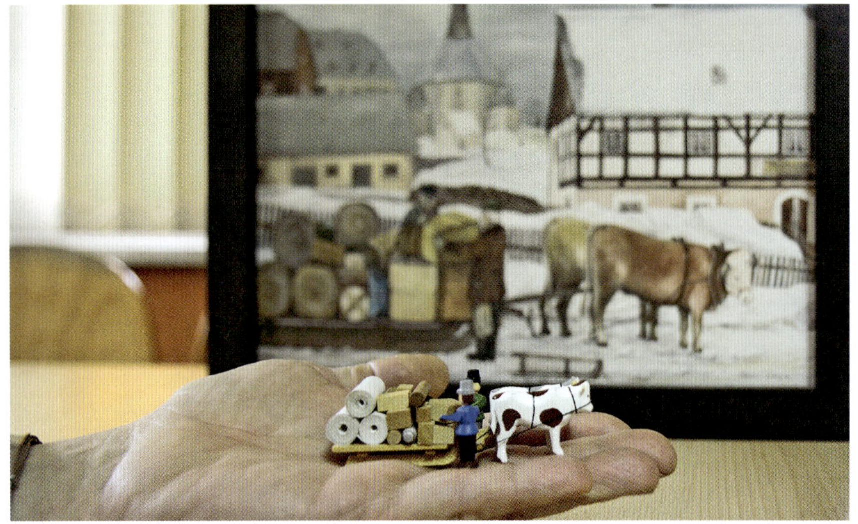

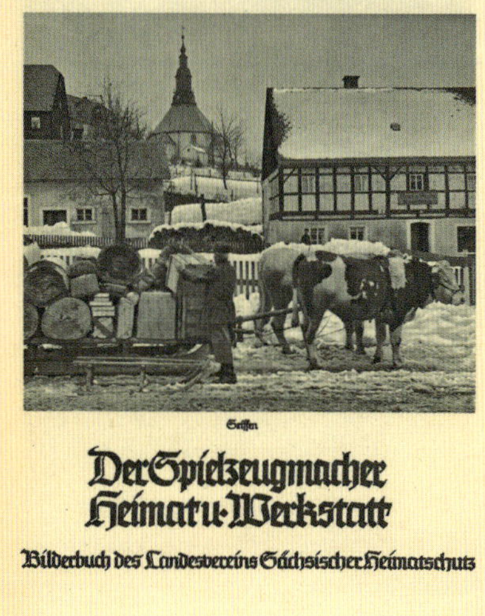

Abb. 137: Miniaturneuauflage aus der aktuellen Produktion von Volker und Heiko Flath, Seiffen, 1999. Sie zeigt Wendelin Hiemann und seinen Sohn Arthur beim Verladen fertiger »Seiffener Waren« auf das für das Erzgebirge typische Ochsengespann um 1930. Die Hiemanns fuhren viele Jahre Frachtgut zwischen Seiffen und dem Bahnhof Dittersbach hin und her.

Abb. 138: Als Vorlage für das Ochsengespann diente diese Fotografie von Max Nowak aus den 1930er Jahren. Sie wurde als Titelbild einer Fotobroschüre des Landesvereins Sächsischer Heimatschutz veröffentlicht, die laut Begleitschreiben vom Juli 1938 anlässlich des 30-jährigen Bestehens des Vereins herausgegeben wurde.

staatliches Interesse im Rahmen der Devisenbeschaffung der DDR waren für diese Entwicklung mit ausschlaggebend. Als nostalgische »Volkskunst aus dem Erzgebirge« hatte dieses Spielzeug jetzt jedoch seine ursprüngliche Funktion gegen den Platz in der Sammler-Vitrine eingetauscht. Obendrein diktierte der Markt in ganz besonderer Weise, denn als lukrative Devisenbringer waren auch diese Miniaturen an erster Stelle für den Export ins »nichtsozialistische Ausland« bestimmt.[486] Erneut erwiesen sie sich damit als besondere Indikatoren staatlich gesteuerter Interessen respektive Wirtschaftspolitik und zeugen abermals von spezifischen Strömungen des Zeitgeistes, von Moden und besonderen gesellschaftlichen Strukturen. Bis heute werden in Seiffen einige wenige qualitativ hochwertige »Sammler-Miniaturen« (Ab. 136–138), darunter Figuren, Gebäude und Fahrzeuge als Neuauflagen oder im »Retrostil« produziert.[487] Im riesigen unüberschaubaren globalen Warenmeer sind sie kleine emotional besetzte Zeitzeugen vergangener deutscher Kulturgeschichte.

»Spielzeugen« mit Langzeitaktualität

Beim näheren Eintauchen in die Thematik ergeben sich erstaunliche Bezüge zu vielfältigen Fragestellungen der unmittelbaren Gegenwart. Den Rand der Thematik berührend, im Kontext heutiger Wirtschaftsförderung für »Echt Erzgebirge – Holzkunst mit Herz« belegen regelmäßig geführte historische Debatten um staatliche Unterstützung, Imagepflege oder Produktwerbung eine augenfällige Langzeitaktualität.[488] Möglicherweise eröffnet die Kenntnis der Geschichte hierbei neue Denkanstöße. Ein Teilaspekt der vorliegenden Untersuchung ist eng mit der deutschen Heimatbewegung zu Beginn des 20. Jahrhunderts verknüpft. Vor dem

Hintergrund der gegenwärtigen gesellschaftlichen Diskussionen um die weiter fortschreitende Zerstörung der Natur, um Urbanisierung, Identität, Migration oder die Bedeutung von Heimat und regionaler Herkunft erscheinen die historischen Probleme und deren Lösungsansätze im Rückblick hochaktuell. Ein Auszug aus dem Leitbild des Museums Europäischer Kulturen/Staatliche Museen zu Berlin[489] bringt die aktuelle Situation sehr passend auf den Punkt: »Wohin gehen wir? Das Museum [...] sieht sich in der Verantwortung, seine bisherige Arbeit mit den Prinzipien der Nachhaltigkeit fortzuführen. Angesichts einer immer globaler werdenden Welt will es Orientierungspunkte für die Reflexion von Identitäten liefern. Dabei geht es nicht nur um andere Gesellschaftsgruppen in Europa, sondern vor allem auch um die eigene Gesellschaft, die von Kulturkontakten und -konflikten geprägt ist.«[490] Die weltweiten »Megatrends der Gegenwart« eröffnen durchaus vielfältige und positive Perspektiven, »zugleich aber vollzieht sich die globale Modernisierung in einer dramatischen Geschwindigkeit mit großen Risiken, die neue Skepsis berechtigt erscheinen lässt.«[491]

Unmittelbar verbunden mit diesen Beobachtungen suggerieren heute weitläufig präsente Wortschöpfungen wie »Bayerisches Heimatministerium«[492] (seit Februar 2014), »BR-Heimat«[493], der digitale Rundfunkkanal für Volksmusik (seit Februar 2015), die Online-Plattform »Taste of Heimat«[494] (seit Juni 2014), ein »Heimatsound-Festival« (2015), zahlreiche Lebensmittelmarken oder Zeitschriftentitel mit dem Wortzusatz »Land [...]«[495] emotionale Vertrautheit, Bodenständigkeit und Stabilität. Sind sie Ausdruck und Teil einer sich gegenwärtig geradezu virulent und stetig neu manifestierenden Art von Heimatbewegung, als romantisch besetzter Halt und Fluchtpunkt im Zeitalter von »global community« und Digitalisierung? Heimat hier verstanden als Sehnsuchtsort einer Geborgenheit vermittelnden Dingwelt, die so nicht mehr existiert. Nicht umsonst hat das Thema Landleben Konjunktur[496] und medial inszenierte »Ländlichkeit« ist inzwischen auch in der virtuellen Welt des Computerspiels angekommen.[497] Bezieht man derartige Tendenzen auf aktuelle deutsche Spielzeugthemen, so lässt sich feststellen: der heimische Kleinbauern- oder Reiterhof fürs Kinderzimmer, das romantische Puppenhaus im Landhausstil, das idyllische Forsthaus mit Waldtieren, die mittelalterliche Burg, das herrschaftliche Landschloss oder die alpenländische Bergwelt in Miniatur sind nach wie vor beliebte und mit besonderen Wunschvorstellungen der Konsumenten besetzte Artikel im riesigen Warensortiment.[498] Eine ihrer Funktionen ist seit über 200 Jahren identisch: »Durch Spielzeug sollte Landleben in die Städte transportiert werden – gekauft, um ein erzieherisches und erlebnisweltliches Manko der Stadtkinder auszugleichen.«[499]

Katalog Produktionszeitraum 1904–1914

Das nachfolgend abgebildete Quellenmaterial umfasst sowohl Abbildungen originaler Objekte, historische Fotos aus dem Umfeld der Spielzeug- und Musterentwicklung an der Königlichen Fachgewerbeschule Grünhainichen, Abbildungen zeitgenössischen Werbematerials einzelner Hersteller, als auch Fotografien aus zeitgenössischen Zeitschriften und Fachorganen.

Handelt es sich um originale Werke, ist der Standort im Katalogtext angegeben. Die Nachweise für Reproduktionen von Abbildungen aus Katalogen, Zeitschriften, Werbematerial, Fachorganen oder Musterblättern sind im Bildnachweis zu finden.

Die vielfältigen Abbildungen belegen den Werdegang und die umfangreiche Produktpalette jener frühen Systemspielwaren im Miniaturformat. Zugleich kann das gesammelte Material zu weiterer Forschungsarbeit anregen und Zuschreibungsfragen neu beantworten.

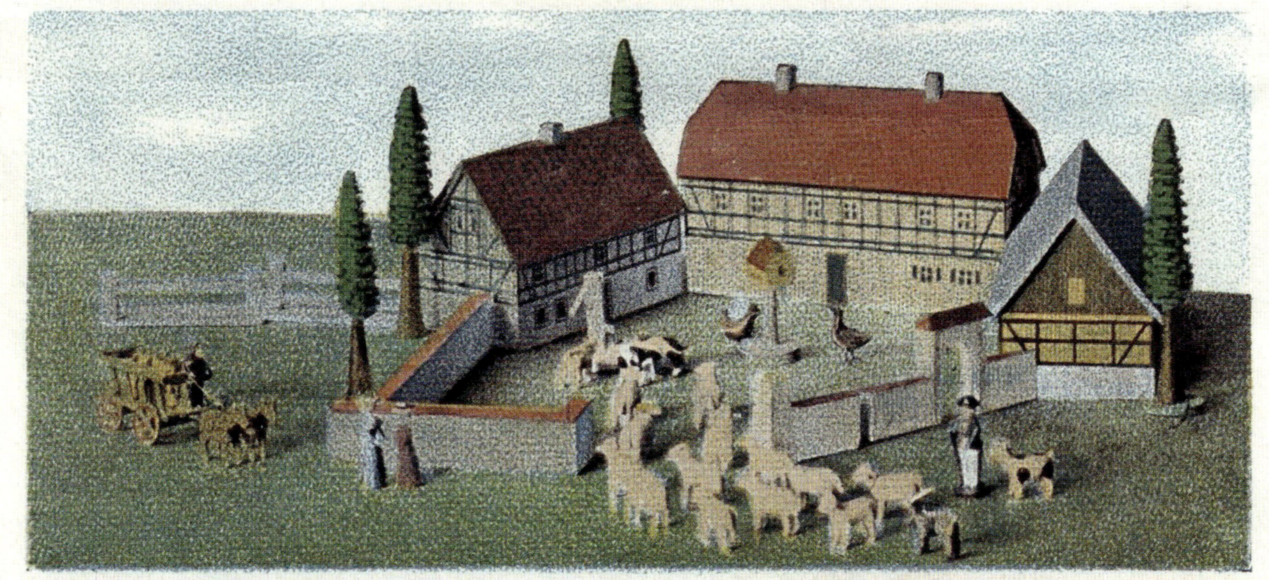

A. Vogtländischer Bauernhof (Prof. O. Seyffert). Mk. 8.25.

Kat. 1 a

1. Auswahl von Gebäudegruppen

Kat. 1 a – e

Verschiedene Gebäudegruppen, 5 Einzelabbildungen aus einem Musterblatt »Künstlerische Spielwaren nach Modellen der K. Fachgewerbeschule Grünhainichen«
Herausgeber: Kaufmännischer Verein Grünhainichen i. Sa. | Autotypie und Druck von C. C. Meinhold & Söhne, K. Hofbuchdruckerei, Dresden ohne Jahr (1905), siehe GHVA: 60. B, 61. B, 62. B
→ Weitere Hinweise/Vergleiche: Staatliche Kunstsammlungen Dresden, Museum für Sächsische Volkskunst, Inv.-Nr. E 2526 und Bischoff/Jenzen (2016), S. 23

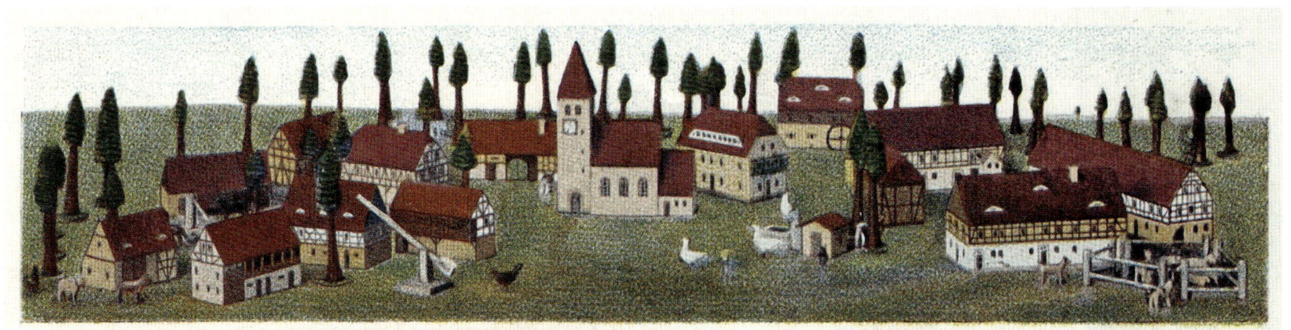

B. Erzgebirgisches Dorf (Oberbaurat K. Schmidt und Prof. O. Seyffert). Mk. 17.50.

Kat. 1 b

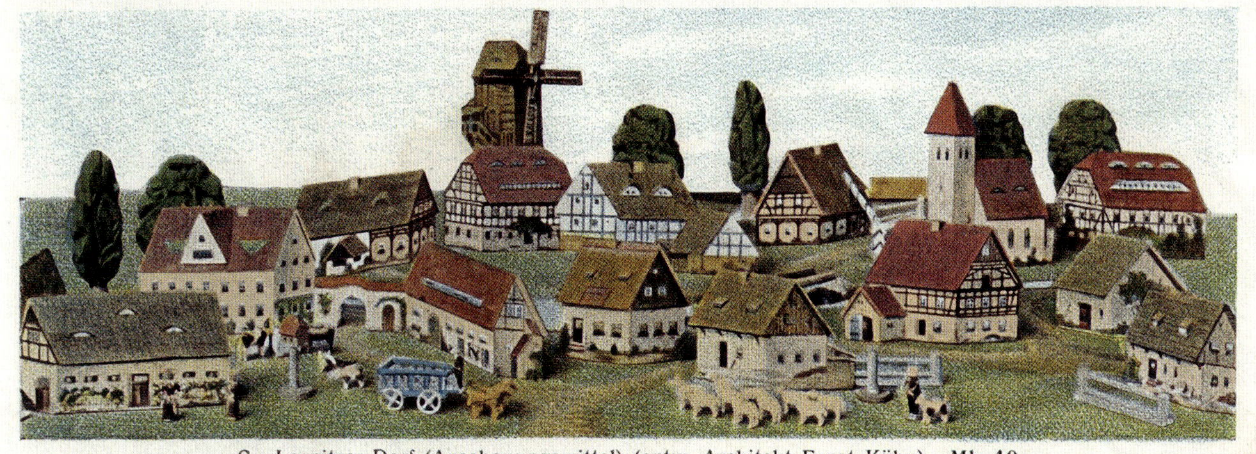

C. Lausitzer Dorf (Anschauungsmittel) (entw. Architekt Ernst Kühn). Mk. 40.–.

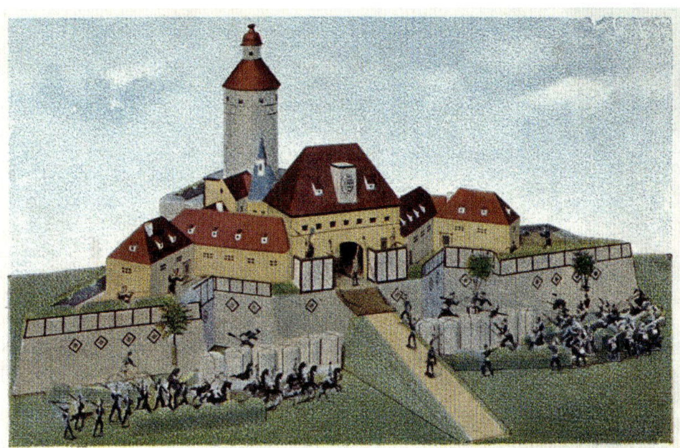

F. Festung nach Motiven der Pleißenburg in Leipzig (Prof. H. Tscharmann). Mk. 16.–.

Kat. 1 c

Kat. 1 d

Kat. 1 e

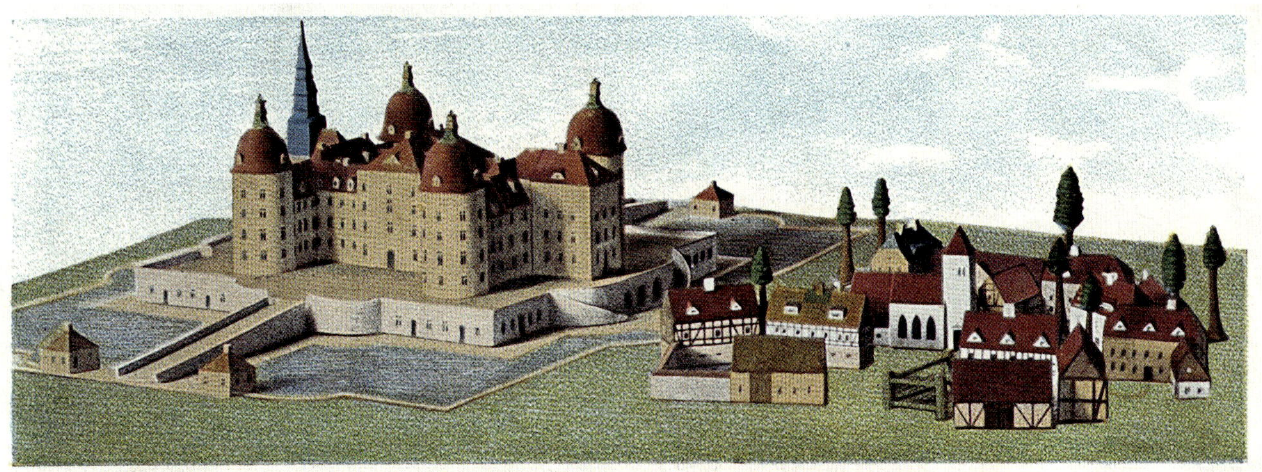

G. Schloß Moritzburg und Dorf. Mk. 26.50.

Kat. 1 a
bez. A. »Vogtländischer Bauernhof«, Entwurf: Oskar Seyffert, Preis: 8,25 Mark

Kat. 1 b
bez. B. »Erzgebirgisches Dorf«, Entwurf: Karl Louis Florenz Schmidt und Oskar Seyffert, Preis: 17,50 Mark

Kat. 1 c
bez. C. »Lausitzer Dorf« (Anschauungsmittel), Entwurf: Ernst Kühn, Preis: 40,00 Mark

Kat. 1 d
bez. F. »Festung nach Motiven der Pleißenburg in Leipzig«, Entwurf: Heinrich Tscharmann, Preis: 16,00 Mark

Kat. 1 e
bez. G. »Schloß Moritzburg und Dorf« (ohne Entwurfsangabe), Preis: 26,50 Mark

Kat. 2
Teilausschnitt »Lausitzer Dorf«
Erzgebirgisches Spielzeug, Abbildung
aus: Kind und Kunst Bd. 1 (Oktober 1904/September 1905), H. 5. 2., S. 171 | Entwurf: Ernst Kühn, Dresden, 1904, siehe GHVA: 3. B, 11. B, 24. PK, 27. B; GHVA: Fotoabzüge, Blaupause | Erste Ausführung: Königliche Fachgewerbeschule Grünhainichen 1904 | Bemalung: Karl Listner »Spielwarenmaler« Grünhainichen Nr. 54. Vgl. zu Karl Fr. E. Listner in: Augustusburger Adressbücher 1904. Die Ortslistennummer 54 entspricht heute der Anschrift Hohe Straße 54 (»List-

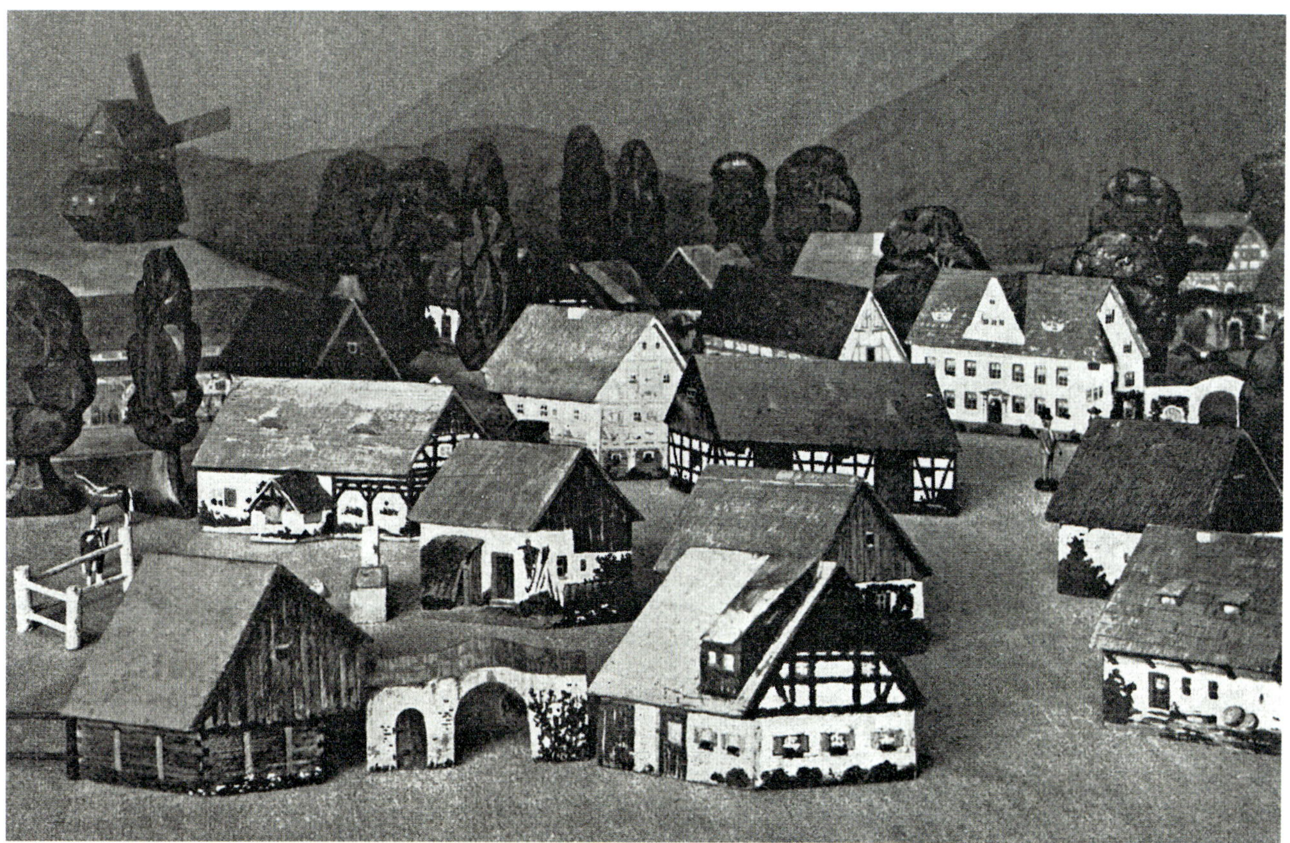

Kat. 2

nerhaus«). | Zusammenstellung und Vertrieb: C. F. Drechsel, (Spielwarenverlag) Grünhainichen | Die Häuser sind als perspektivische Attrappen angelegt, aus verleimten Vollholzsegmenten gesägt und künstlerisch aufwendig von Hand bemalt. Auf dem Musterblatt des Kaufmännischen Vereins Grünhainichen (Katalognummer 1 c.) steht in der Bildunterschrift der Zusatz »Anschauungsmittel«. Die stilisierte Grundform der Bäume ist aus Brettchen ausgesägt und zusätzlich, teils mit Binnenzeichnung versehen, kerbschnittartig konturiert. Die Zubehörteile, Menschen und Tiere stammen aus Seiffen und Umgebung. Die detailreiche kunsthandwerkliche Ausführung hatte einen Verkaufspreis von 40 Mark. Eine für Holzspielwaren in dieser Zeit auffallend hohe Summe, die eine Kundenakzeptanz und den Verkauf selbst kleiner Stückzahlen nahezu unmöglich machte. Der Materialeinsatz ist sehr gering. Der hohe Preis ergibt sich durch die detailreiche, aufwendige Art der Bemalung.

→ Weitere Hinweise/Vergleiche: 1906 kostete bei der Nürnberger Firma Gebr. Bing AG ein 65 cm langer aus Blech gefertigter »Oceandampfer, hochfein lackiert und reich ausgestattet« mit Uhrwerk 40,50 Mark und mit Dampfmaschine betrieben 39,75 Mark. Solche Prachtschiffe zählten im Deutschen Kaiserreich zum feinsten Luxusspielzeug.

Kat. 3

»Lausitzer Dorf«, nicht vollständig

Museum Erzgebirgischer Volkskunst Grünhainichen | Material: Holz (Linde) gesägt, Leimfarbenbemalung gewachst | Höhe Kirchturm: 13,2 cm; Höhe der sonstigen Gebäude: ca. 6 bis 8 cm; Höhe der Bäume: ca. 8 bis 11 cm, Windmühle und Zubehör fehlen

→ Weitere Hinweise/Vergleiche: siehe auch Kat. 1 c | Firmenarchiv Wendt & Kühn, D 722 = Foto: Mustersaal der Fachgewerbeschule Grünhainichen, hier 1. Vitrine rechts, erster Fachboden oben; GHVA: Fotoabzüge mit dem aufgebauten Dorf (ohne Nummer) | Spielzeugmuseum der Stadt

Kat. 3

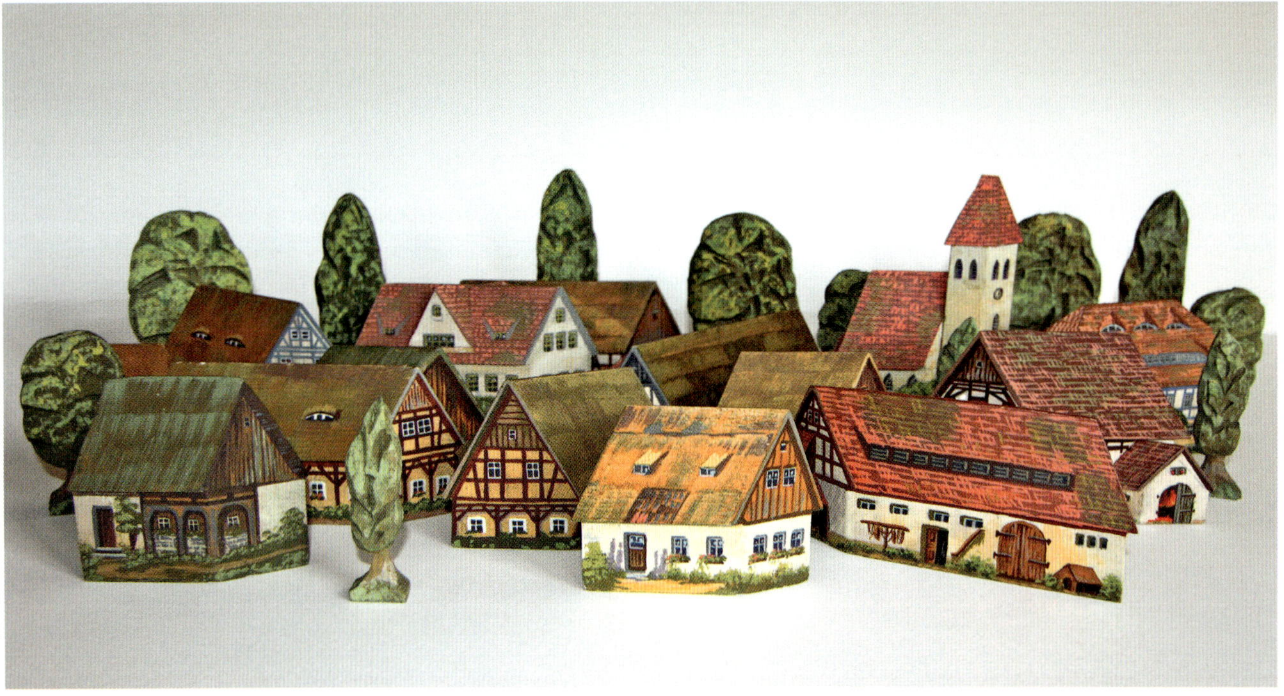

Nürnberg Neuzugang 2015: unbemalte Rohlinge der Häuser | Material: Holz (Erle, Fichte), gesägt | Höhe Kirchturm: 13,2 cm; Höhe der anderen Gebäude: ca. 6 cm

Kat. 4

Vogtländischer Bauernhof, Abbildung

aus: Kind und Kunst Bd. 1 (Oktober 1904/September 1905), H. 5. 2., S. 171 | Entwurf: Oskar Seyffert, Dresden, 1904, siehe GHVA: 1. B | Erste Ausführung: Königliche Fachgewerbeschule Grünhainichen 1904 | Zusammenstellung und Vertrieb: C. F. Drechsel, (Spielwarenverlag) Grünhainichen | Die Häuser sind teilweise hohl oder aus verleimten Vollholz-Klötzchen gearbeitet und mit Leimfarben bemalt. Alle Zubehörteile wie Spanlocken-Bäumchen, Reifentiere und Figuren stammen aus der Produktion verschiedener Hersteller der Seiffener Hausindustrie. Die Miniaturfiguren können durch Stil- und Technologievergleich dem Drechsler Louis Heinrich Hiemann, tätig in Heidelberg bei Seiffen, zugeschrieben werden. Hier noch ohne die charakteristischen winzigen Nasen gefertigt, sind sie ein Beispiel seiner frühen Figuren-Produktion. Diese lässt sich für das Jahr 1904 mit Eintragungen von Lieferungen im »Buch für Wareneinkauf« des Seiffener Verlegers H. E. Langer belegen. Aufgezählt werden dort Frauen, Tiroler, Jäger, Bergleute, Männer und Schule (Schulkinder).

→ Weitere Hinweise/Vergleiche: siehe auch Kat. 1 a | Drei originale Gebäude aus der Produktion von 1904/1905 befinden sich im Bestand der Staatlichen Kunstsammlungen Dresden, Museum für Sächsische Volkskunst (Inv.-Nr. 5915/G 118, 5916/G 117, 5917/G 027) (↗ Abb. 48)

Kat. 5

Erzgebirgisches Dorf, Abbildung

aus: Kind und Kunst Bd. 1 (Oktober 1904/September 1905), H. 12. 3., S. 383 | Entwurf: Karl Louis Florenz Schmidt, Oskar Seyffert, Dresden, 1904, siehe GHVA: 1. B, 4. B, 26. PK | Erste Ausführung: Königliche Fachgewerbeschule Grünhainichen 1904 | Zusammenstellung und Vertrieb: C. F. Drechsel, (Spielwarenverlag) Grünhainichen | Das hier vorliegende Ensemble eines sächsischen »Idealdorfes«

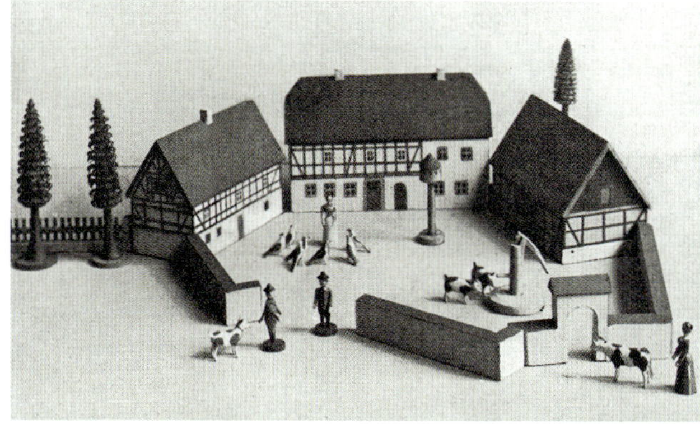

Kat. 4

entspricht in seiner Gestaltung, Konstruktion und technisch-künstlerischen Ausführung dem unter Kat. 4 beschriebenen Gutshof (Vogtländischer Bauernhof). Die einzelnen Gebäudegruppen bestechen durch ihre schlichte, gut proportionierte Form und die präzise und sauber ausgeführte Bemalung. Auf zerbrechliche Kleinteile, abgesehen von den Schornsteinen, wurde verzichtet. Die Haptik und Größe der Häuser kommt geradezu ideal der greifenden Kinderhand entgegen. Derartig ausgeführte Qualitätsprodukte in Form von Kleinspielzeug kannte man im Angebot erzgebirgischer Holzspielwarensortimente der Zeit um 1900 nicht. Ihr neuer gestalterischer Ansatz besteht in der stilisierten Wiedergabe ausgewählter regionaltypischer ländlicher Bauformen Sachsens. Sie wurden hier erstmals auf Spielzeugmodelle übertragen und im annähernd passenden Größenverhältnis zusammengestellt. Gerade diese Häusergruppen mit ihrem Figurenzubehör zählen – wirtschaftlich betrachtet – zu den erfolgreichsten Modellen jener Dresdener Entwürfe und bildeten die gestalterische Grundlage unzähliger nach 1904 in Grünhainichen und Seiffen entwickelter Miniaturspielwaren. | Das im September 1905 veröffentlichte Foto zeigt als besonders frühes Beispiel die neuen Verkehrsminiaturen. Hier sind ein Leiterwagen-Modell und zwei verschiedene Schlittengespanne zu sehen.

→ Weitere Hinweise/Vergleiche: Bischoff/Jenzen (2016), S. 22–24

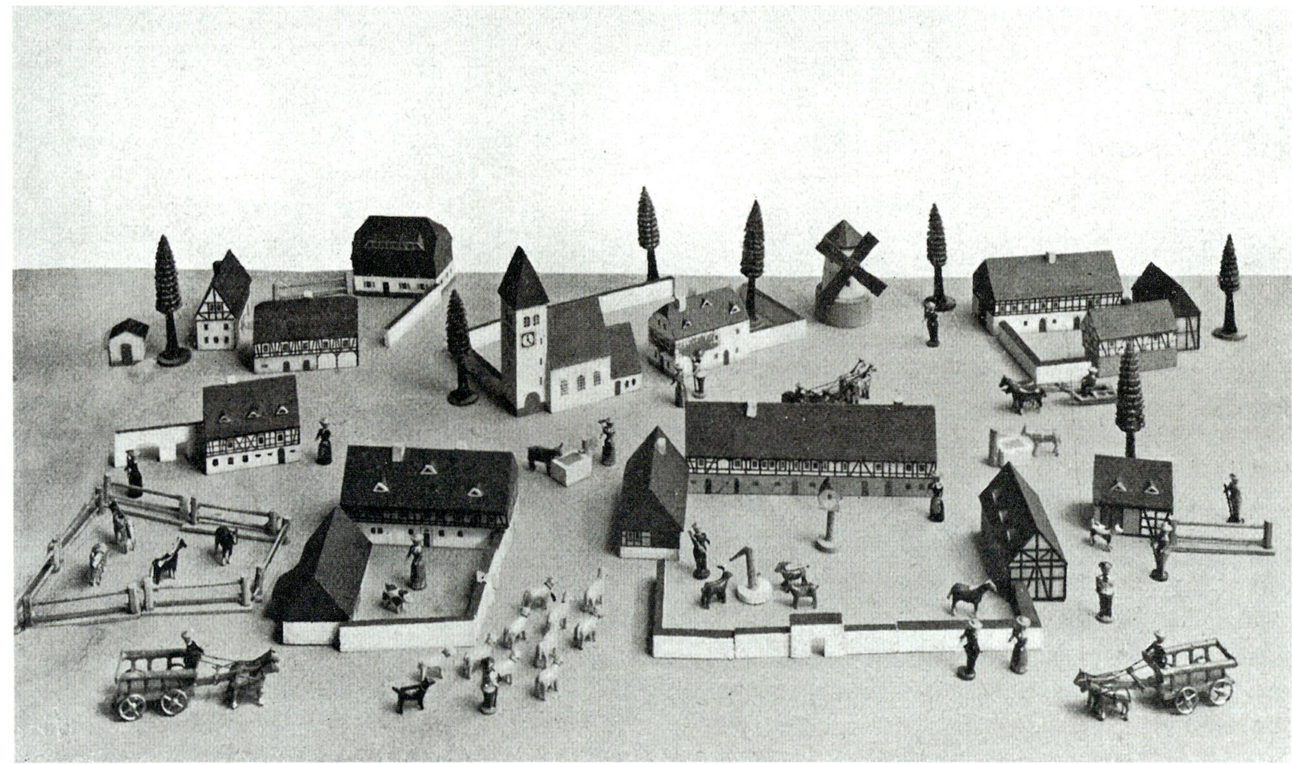

Kat. 5

Kat. 6

Erzgebirgisches Dorf mit Geländetafeln aus Pappe und Ergänzungsteilen aus Zinn der Firma Ernst Heinrichsen, Nürnberg

Spielzeugmuseum Nürnberg | Entwurf: basiert auf Katalog Nr. 4 | Ausführung der Häuser: namentlich nicht genau ermittelbare Hausgewerbetreibende in Grünhainichen; | Hersteller der Gespanne: Mehlwagen von Marie Flath, Seiffen; 2 Stück Langholzwagen, Leiterwagen mit Fässern, Schlitten mit Aufschrift »Post«, Fasswagen mit Aufschrift »E & Q Seiffen« vermutlich Carl Heinrich oder Otto Frohs, Seiffen | feine Figuren: Louis Heinrich Hiemann, Heidelberg bei Seiffen | einfachere Figuren (ohne ausgearbeitete Beine): namentlich nicht konkret ermittelbare Hersteller aus Seiffen und Umgebung, evtl. Louis Langer, Seiffen | Reifentiere und Massehühner: namentlich nicht konkret ermittelbare Hersteller aus Seiffen und Umgebung | Zinnfiguren, Brücke, Bäume, Wegweiser, Laternen, Stroh- und Holzhaufen, gedruckte Geländetafeln aus Pappe: Fa. Ernst Heinrichsen, Nürnberg; Geländeteile aus Papiermasse: Auftragsproduktion Richard Zeumer – Hersteller unbekannt | Zusammenstellung und Vertrieb: Spielwarenhaus Richard Zeumer Dresden | Bezeichnet laut handschriftlicher Packungsliste: »Erzgebirgisches Dorf Weihnachten 1905 nach Entwürfen des Herrn Oberbaurat Schmidt vervollständigt vom Spielwaarenhaus Richard Zeumer Dresden, Schloßstr. 34; Grund: 1 Serie Tafeln Bach, 1 Serie Tafeln Weg, Strasse: 1 große Brücke, 2 kleine Stege, 6 Straßenlaternen, 1 Cart. Mit 12 div. Kl. Sachen, 1 Cart. Mit 12 Zäunen, 6 versch. Bäume, Gutshof: 1 Herrenhaus Nr. 12, 1 Wirtschaftsgeb. Nr. 15, 1 Wirtschaftsgeb. Nr. 17, 1 Taubenschlag, 1 Mauer Nr. 19, 2 kleine Mauern, 1 Einfahrtsthor, 1 Mauer mit Hinterthür, 1 Strohhaufen, Mühle: 1 Wasser-

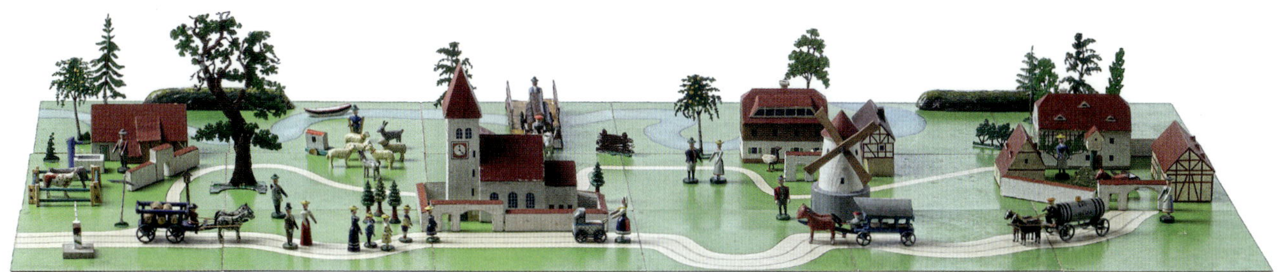

Kat. 6

mühle, 1 Wirtschaftsgebäude, 1 Thor, 1 Holzstoß, Kirche: 1 Dorfkirche, 1 Thor, 2 Mauerecken, 3 Mauern, 2 hohe Mauern, Schäferei: 1 Stall, 1 Brunnen, 3 Tannen, Windmühle: 1 Mühle, 2 Birken, 1 Spritzenhaus, 1 Schlagbaum, Leute: 1 Carton Bauern, 1 Carton Schulkinder, 1 Carton versch. Vieh, 1 Carton Schafe, Wagen: 1 Postwagen, 1 Mehlwagen, 1 Langholzwagen, 1 Kutschwagen | Aenderungen vorbehalten | Ergänzungstafeln: Fluss (Teich mit Insel) Straße und schmaler Pfad, 17 Sorten ff. [ff bedeutet hier: besonders fein] gem. Häuser – 15 verschiedene Wagen und Schlitten/ zur Vervollständigung: große Auswahl reizender Gegenstände Bäume Fahnenmasten etc etc aus Zinn, Cartons mit Soldaten, Hühnern, Gänsen, Jagdthieren, Menagerien – alles im Größenverhältnis passend. Immer Neuheiten« | Siehe auch Werbekarte »Spielwarenhaus Richard Zeumer Neuheiten 1906« mit Foto des Dorfes. Vgl.: StAD, Drucksammlung. (17.2.1), Kapsel A 285 | Material: verschiedene Hölzer gesägt, Zinn, Gebäude: Leimfarbenbemalung gewachst, Figuren: Leimfarbenbemalung mit Spirituslack-Überzug | Höhe der Häuser: ca. 4,0 cm, Kirchturm: 12 cm; Höhe der gedrechselten Figuren: 3,6 cm/Kinder: ca. 2,7 cm, Höhe der Tiere: ca. 1,5 bis 2,0 cm; Höhe der Gespanne: ca. 3,0 cm, Länge ca. 9,0 cm (Inv.-Nr. 1994.503)

→ Weitere Hinweise/Vergleiche: siehe auch Kat. 1 b | Einzelgebäude aus der frühen Produktionsphase von 1904/1905 befinden sich auch im Museum für Erzgebirgische Volkskunst Grünhainichen (ohne Inv.-Nr.) und im Bestand der Staatlichen Kunstsammlungen Dresden, Museum für Sächsische Volkskunst (Inv.-Nr. 5899/G 115, 5900/G 29, 5904/G 119, 5906/G 33, 5909/G 40, 5910/G 120, 5911/G 32, 5914/G 38).

Kat. 7 a

Schloss Moritzburg, Gebäudeteile

Museum Erzgebirgischer Volkskunst Grünhainichen | Kernstück der Spielzeug-Schlossanlage, weitere Einzelteile, u. a. das podestartige Sockelgeschoss, das Gartenhaus und die Wachhäuschen nach dem Vorbild des barocken Jagd- und Lustschlosses (1723–1733), fehlen. | Entwurf: Idee vermutlich Karl Louis Florenz Schmidt, siehe: GHVA: 47 PK. Umsetzung in Holz nach einem Gipsmodell der Firma Carl Hauer (Hofstukkateur Dresden), siehe GHVA: 47. PK, 53. PK | Erste Ausführung: Königliche Fachgewerbeschule Grünhainichen 1905 | Material: Holz (Erle) gesägt und gedrechselt, Leimfarbenbemalung gewachst | Höhe der Ecktürme: 15,0 cm

→ Weitere Hinweise/Vergleiche: siehe auch Kat. 1 e | Staatliche Kunstsammlungen Dresden, Museum für Sächsische Volkskunst: Inv.-Nr. G 42. Hier sind fünf von acht Wach-

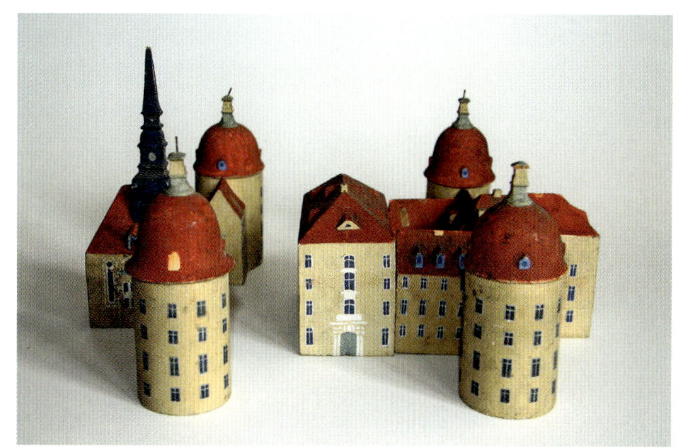

Kat. 7 a

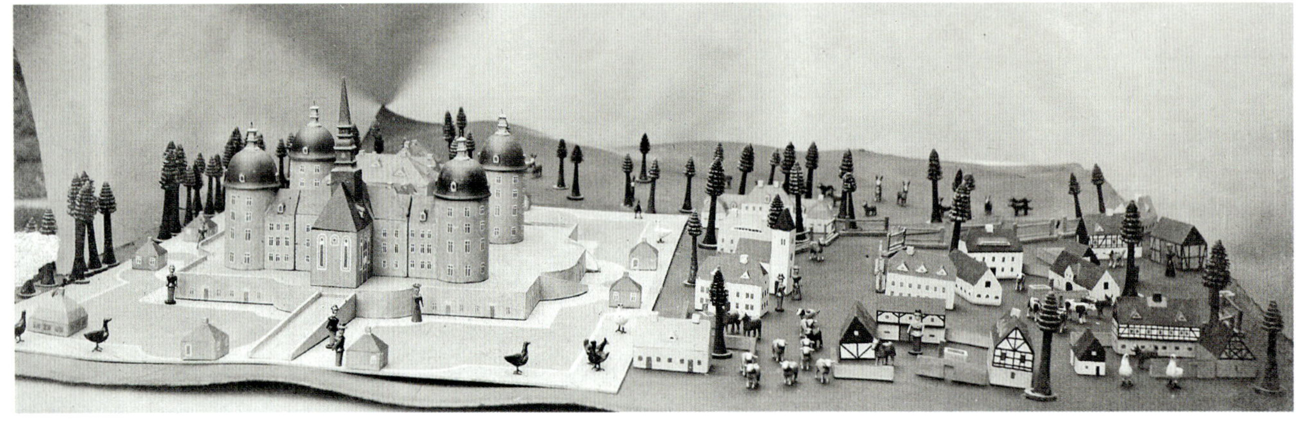

Kat. 7b

häuschen und ein Wirtschaftsgebäude erhalten, Sockelgeschoss, Gärtnerhaus, Wildgehege und Dorf fehlen.

Kat. 7b

Schloss Moritzburg, Gesamtanlage, Fotografie

GHVA | Vollständig aufgebautes Ensemble mit Wachhäuschen, inklusive Dorf, Wildgehege und Zubehör

Kat. 8

Pleißenburg, Fotografie

Firmenarchiv Wendt & Kühn, Grünhainichen | Entwurf: Heinrich Tscharmann, Dresden, 1905, siehe auch GHVA: 31. B, 32. PK, 45. B, 50. PK, 52. B, 54. B, 55. B, 58. B, 59. B, 63. B | Erste Ausführung: Königliche Fachgewerbeschule Grünhainichen 1905 | Material: verschiedene Hölzer gesägt und gedrechselt, Pappe, Leimfarbenbemalung gewachst | Höhe der 11 Gebäudeteile: 6 bis 25 cm, Höhe der Mauerteile: 9 cm, Länge der Rampe: 27 cm | Die ehemalige Burganlage aus dem 13. Jahrhundert wurde 1549 als Festung mit dreieckigem Grundriss neu aufgebaut. Die Gestaltungsidee von Heinrich Tscharmann basiert auf dieser 1897 abgebrochenen Festungsanlage. Auf dem Baugrund der alten Festung wurde von 1899 bis 1905 das monumentale »Neue Rathaus« Leipzig (Architekt Hugo Licht) errichtet. Das stilisierte Spielzeugmodell von 1905 erinnert daher schon damals an ein nicht mehr existierendes Bauwerk. → Weitere Hinweise/Vergleiche: siehe auch Kat. 1 d | Staatliche Kunstsammlungen Dresden, Museum für Sächsische Volkskunst: Inv.-Nr. G 4045

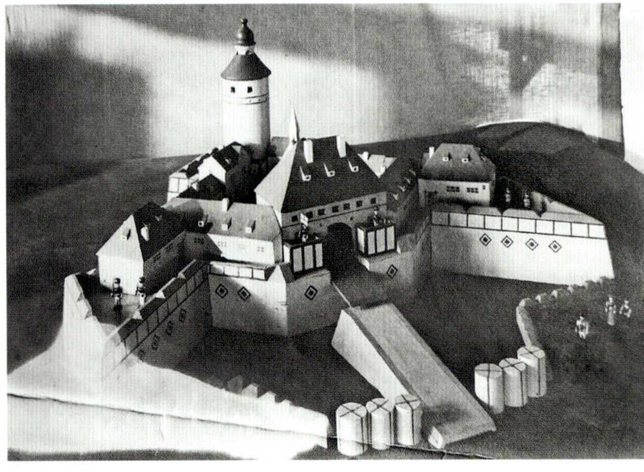

Kat. 8

Kat. 9

Gehöft

Privatbesitz | Entwurf: unbekannt | Ausführung: Gebäudeteile: Hausindustrie Grünhainichen, Spanlockenbäume und Reifentiere: Hausindustrie Seiffen; Gespann mit Pflug: Otto Frohs, Seiffen, Bauer und Bäuerin: Louis Heinrich Hiemann, Heidelberg bei Seiffen um 1906 | Material: Holz (Fichte, Erle), gesägt und gedrechselt, Leimfarbenbemalung gewachst, Zinnräder | Höhe des Wohnhauses: 6 cm

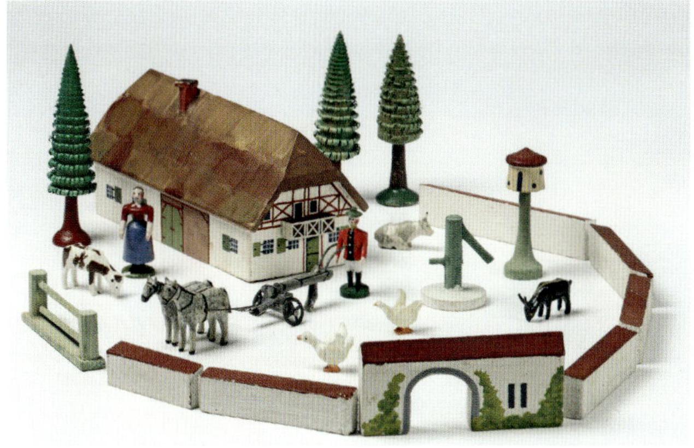

Kat. 9

Kat. 10

Alt-Pommersches Gut »Kossätenhof aus dem Weizacker«, Fotografie

GHVA | Entwurf: Karl Louis Florenz Schmidt, Dresden, 1907, siehe: Wendt (1908), o. S. (Kalkulationsbeispiel für diese Spielzeuggruppe) | Erste Ausführung: Königliche Fachgewerbeschule Grünhainichen 1907, Reifentiere und -bäume: Seiffener Hausindustrie; Heu- und Viehwagen (Fleischerwagen): Otto Frohs, Seiffen; gedrechselte Miniaturfiguren: unbekannter Hersteller, evtl. Louis Langer, Seiffen | Material: Holz gesägt und gedrechselt, Luffa[500], Zinnräder, farbig gefasst | Höhe der Häuser: ca. 10 cm | Vertrieb: ab 1908 Werkstätten für deutschen Hausrat Theophil Müller

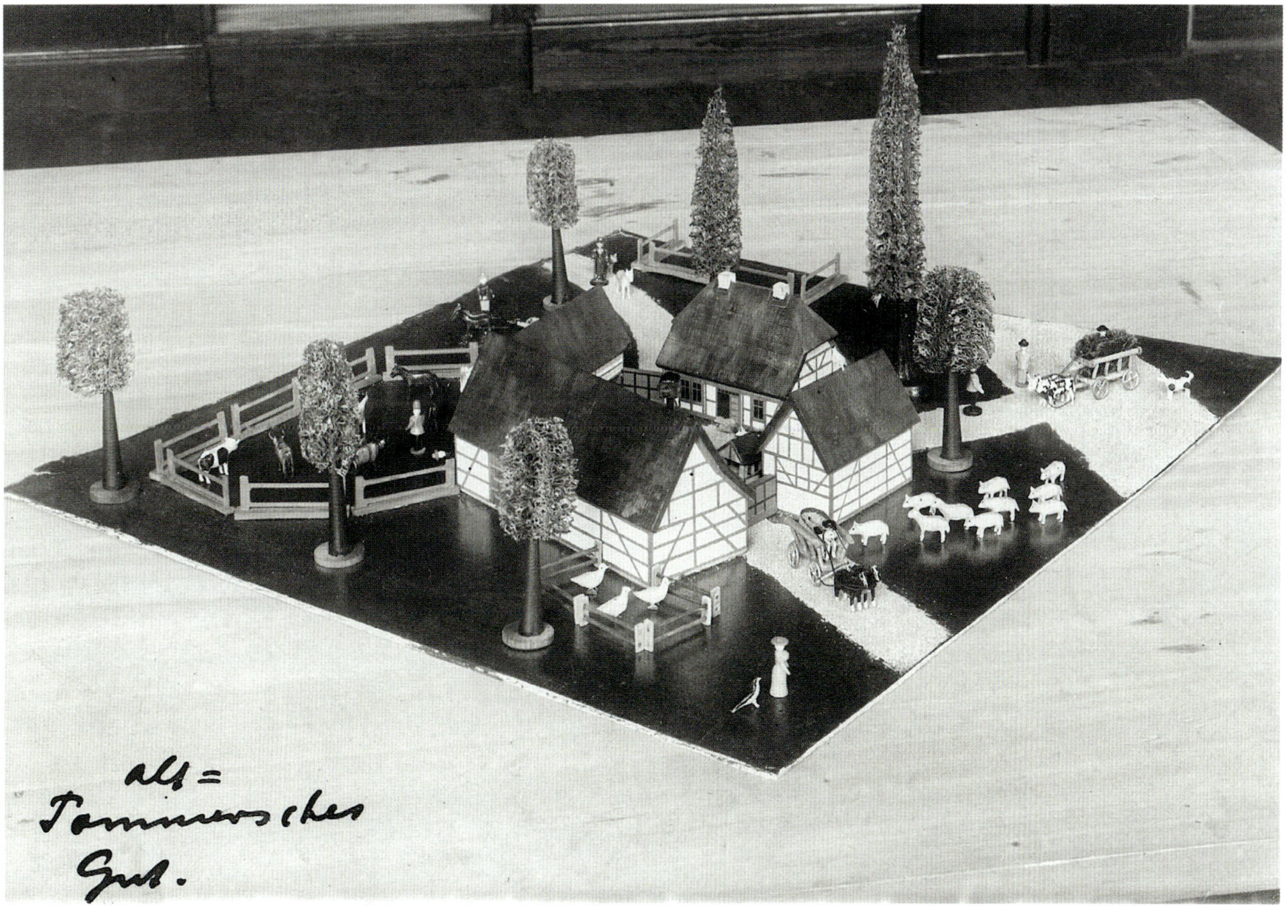

Kat. 10

Dresden Striesen, Bärensteiner Str. 5; Artikelnr. 112 mit Abbildung, hsg. im Auftrag des Bundes: »Sächs. Heimatschutz, Landesverein zur Pflege heimatlicher Natur, Kunst und Bauweise«, 4 Häuser, Brunnen, Taubenhaus, 4 Bäume, 33 Figuren, 1 Wagen; Preis: 10 Mark

Kat. 11

Pommersches Landgut, Fotografie

GHVA | Entwurf: vermutlich Karl Louis Florenz Schmidt, Dresden, 1909, unter Mitwirkung des »Bund Heimatschutz Landesverein Pommern« und des »Heimatbund Mecklenburg e.V.« | siehe GHVA 72. B und 73. B: »kleines Modell, Dachfläche gemalt« | Erste Ausführung: Königliche Fachgewerbeschule Grünhainichen 1909, Reifentiere, Luffa- und Spanlockenbäume: Seiffener Hausindustrie; Heuwagen: Otto Frohs Seiffen; gedrechselte Miniaturfiguren: Jäger und Bauer im Vordergrund: Louis Heinrich Hiemann, Heidelberg bei Seiffen und weitere unbekannte Hersteller | Material: Holz gesägt und gedrechselt, Luffa-Bäume, Zinnräder, farbig gefasst | Maße: unbekannt

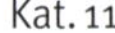

→ Weitere Hinweise/Vergleiche: Fotografie GHVA | handschriftlich bezeichnet: »Brietzig, Dorf im Pyritzer Weizacker/Pommern« | Dieses Foto diente vermutlich als eine

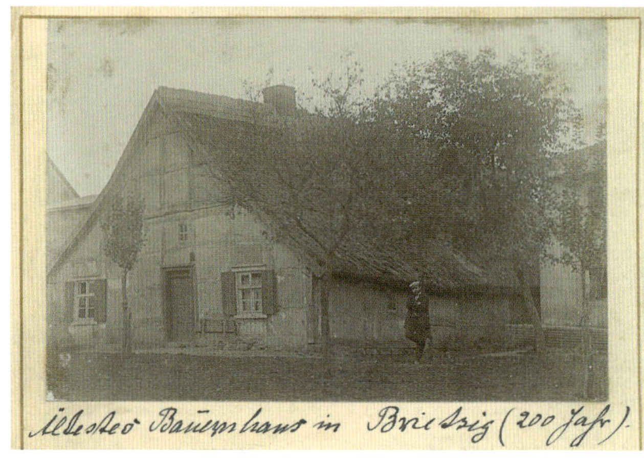

Abb. 139: Bildvorlage für Kat. 11

Kat. 11

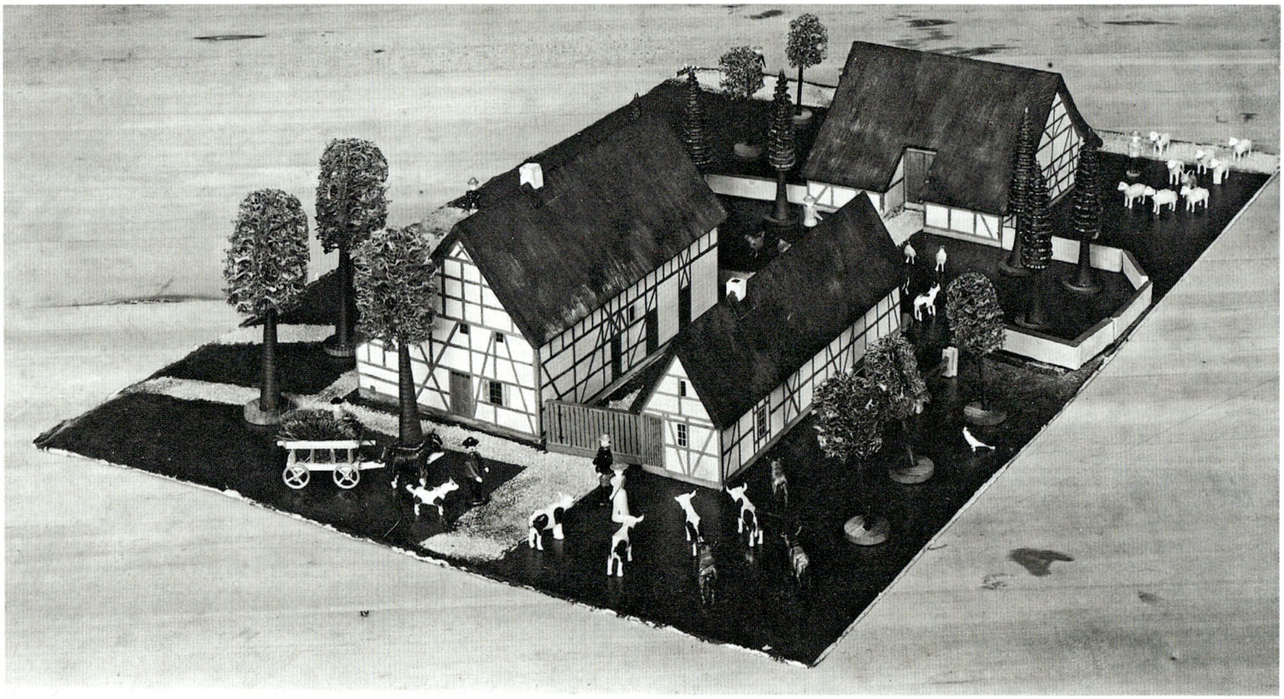

der Bildvorlagen für das Wohnhaus des Pommerschen Landgutes. Ein besonderes Merkmal der regionalen Bauweise dieses Bauernhaustyps ist der giebelseitige Hauseingang. (↗ Abb. 139)

Kat. 12

Pommersches Gut, Fotografie

GHVA | Entwurf: vermutlich Karl Louis Florenz Schmidt, Dresden, 1909, unter Mitwirkung des »Bund Heimatschutz Landesverein Pommern« und des »Heimatbund Mecklenburg e.V.« | siehe GHVA 72. B und 73. B: »großes Modell, Dachfläche bestreut« | Erste Ausführung: Königliche Fachgewerbeschule Grünhainichen 1909, Reifentiere, Luffa-Bäume: Seiffener Hausindustrie; Eselgespann mit Milchkannen: Otto Frohs Seiffen; gedrechselte Miniaturfiguren: unbekannter Hersteller | Material: Holz gesägt und gedrechselt, Luffa-Bäume, Zinnräder, farbig gefasst | Maße: unbekannt

→ Weitere Hinweise/Vergleiche: Spielzeugmuseum Nürnberg: Inv.-Nr. 2007.108 (Eselgespann)

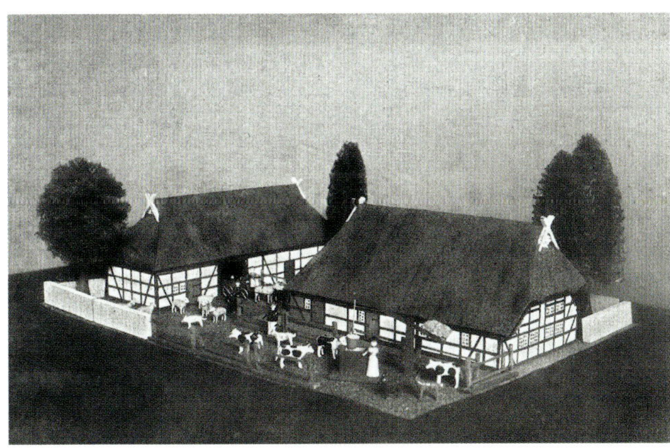

Kat. 12

Kat. 13

Norddeutsches Gut »Sylter Bauernhaus«, Abbildung

aus: Katalog Dresdner Spielzeug der Werkstätten für deutschen Hausrat Theophil Müller Dresden Striesen, Bärensteiner Str. 5 | Entwurf: Karl Louis Florenz Schmidt, Dresden, um 1909, siehe: GHVA 74. B | Erste Ausführung: Königliche Fachgewerbeschule Grünhainichen 1909, Reifentiere und Gespanne: Seiffener Hausindustrie; gedrechselte Miniaturfiguren: unbekannter Hersteller | Material: Holz gesägt und gedrechselt, Luffa-Bäume, Zinnräder, Montage auf Gipssockel, farbig gefasst | Höhe des Hauses: 11 cm | Vertrieb: ab 1908 Werkstätten für deutschen Hausrat Theophil Müller Dresden Striesen, Bärensteiner Str. 5; Artikelnr. 111 mit Abbildung, hg. im Auftrag des Bundes: »Sächs. Heimatschutz, Landesverein zur Pflege heimatlicher Natur, Kunst und Bauweise«, 16 Figuren, 1 Wagen; Preis: 7,50 Mark

→ Weitere Hinweise/Vergleiche: GHVA: schwarz-weißer Fotoabzug ohne Nummer

Kat. 14

Schaustück »Genesungsheim Gelenau«, Fotografie

GHVA | Entwurf und Ausführung: Königliche Fachgewerbeschule Grünhainichen, siehe GHVA: 79. B | Material: Holz gesägt und gedrechselt, Luffa-Bäume, farbig gefasst | Modell der »Gelenauer Anstalten/König Albert Heim« – Erholungsheim für sächsische Staatsbeamte in Gelenau/Erzgebirge, im Heimatstil ab 1901 umgebautes ehemaliges Rittergut | Möglicherweise handelt es sich um eine Auftragsarbeit des Innenministeriums für eine Präsentation im Rahmen der Internationalen Hygiene Ausstellung Dresden 1911, im Archiv des Deutschen Hygiene-Museums Dresden gegenwärtig nicht nachweisbar.

→ Weitere Hinweise/Vergleiche: SächsHStA, Bestand 11125 Ministerium des Kultus und öffentlichen Unterrichts, Nr. 16625, Bl. 108/II: zusätzliches Foto aus der Position von links aufgenommen (Kamerastandpunkt mit Hauptstraße und Bauernhaus im Vordergrund)

Kat. 15

Schaustück »Erzgebirgisches Dorf«, Fotografie

GHVA | Entwurf und Ausführung: Gemeinschaftsarbeit der Königlichen Fachgewerbeschule Grünhainichen (Architektur und Bemalung) und der Fachgewerbeschule Seiffen (Tiere und Figuren) 1910/1911, siehe GHVA: 76. B, 78. B, 79. B, 80. B, 81. B, 82. B | Material: Holz gesägt und gedrechselt, Luffa-Bäume, farbig gefasst | Maße: Gesamt-

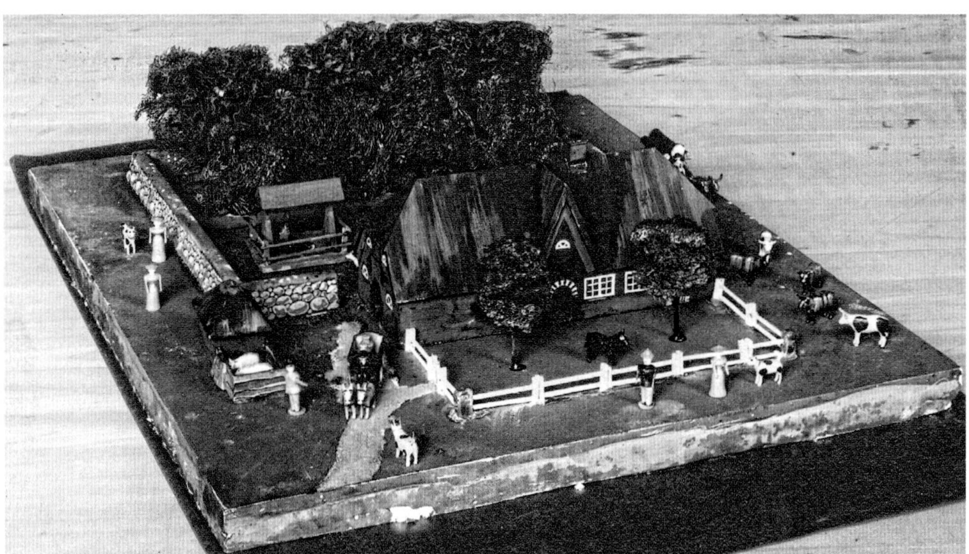

Kat. 13

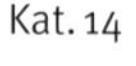

Kat. 14

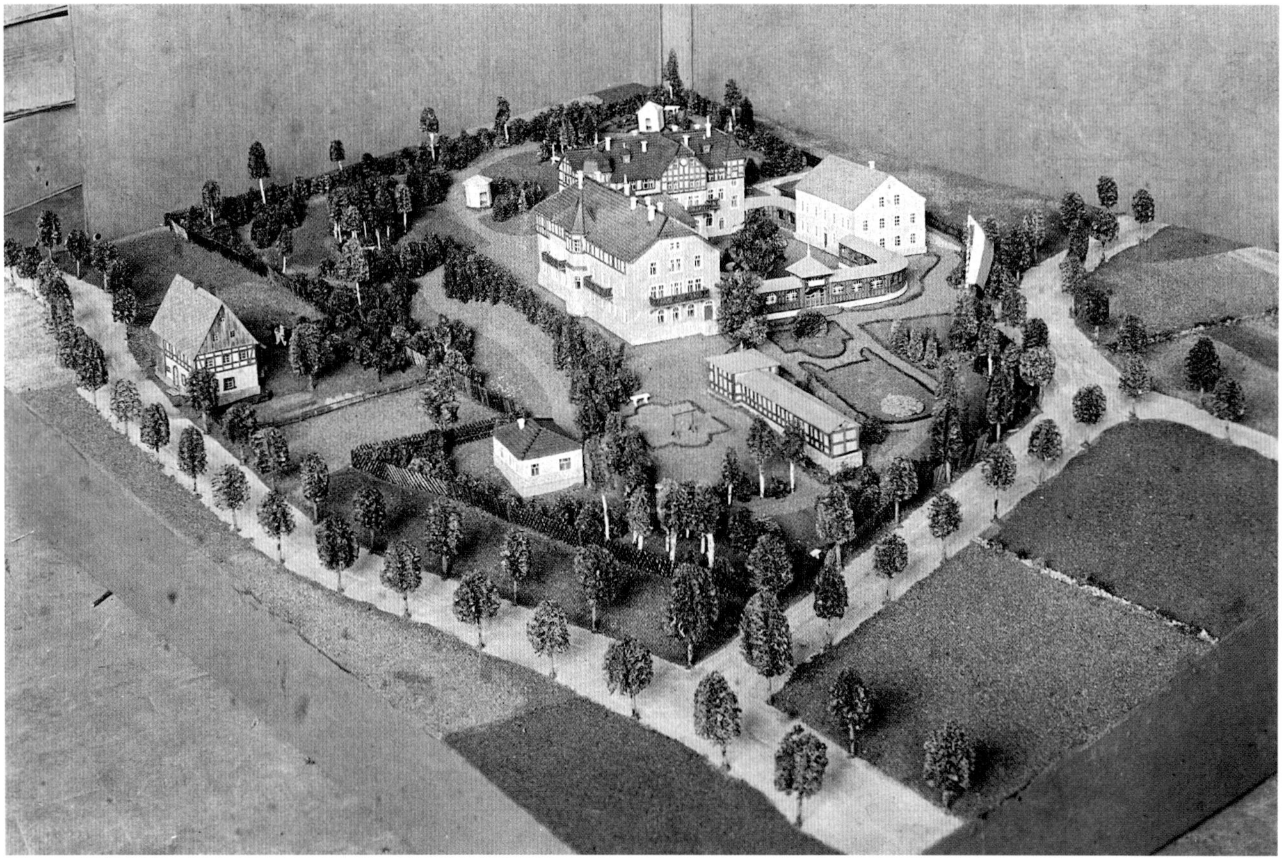

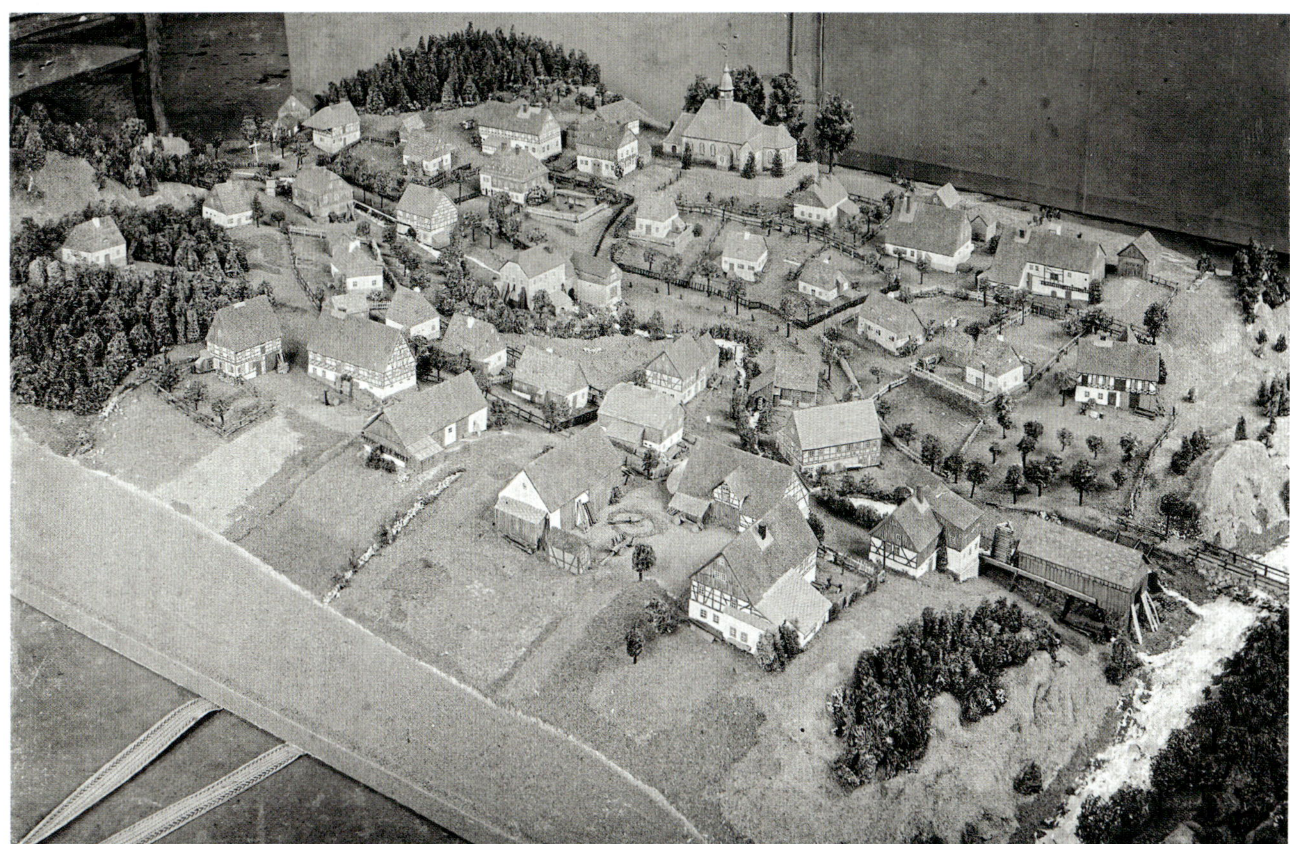

Kat. 15

flache 4 qm, Unterbau der Geländeformation 10–50 cm hoch, Gebäude im Maßstab »1:110 nach der Natur« | »Ideal-Dorf« unter Einbezug real existierender Gebäude aus Grünhainichen und Umgebung, Auftragsarbeit des Innenministeriums für die Internationale Ausstellung für Reise und Fremdenverkehr (sächsische Abteilung) vom 18.3.–15.5.1911 in Berlin | Das Schaustück war im selben Jahr vom 2.12.–17.12.1911 in der vom Verein für Sächsische Volkskunde, Ortsgruppe Chemnitz, veranstalteten »Ausstellung volkstümlicher Weihnachtskunst im König-Albert-Museum« in Chemnitz zu sehen.

→ Weitere Hinweise/Vergleiche: SächsHStA, Bestand 11125 Ministerium des Kultus und öffentlichen Unterrichts, Nr. 16625, Bl. 108 II: hier ein zusätzliches Foto aus der Position von links aufgenommen | Wegweiser, 26. Jg. 1911, Nr. 589, S. 8418: Ausstellungsbericht Berlin | Führer durch die Ausstellung volkstümlicher Weihnachtskunst im König-Albert-Museum zu Chemnitz 2.–17. Dezember 1911. Chemnitz 1911, S. 21

Kat. 16

Dorf, Abbildung

aus: Katalog Dresdner Spielzeug der Werkstätten für deutschen Hausrat Theophil Müller Dresden Striesen, Bärensteiner Str. 5 | Entwurf: Max Brethfeld und Theodor Göhl, Dresden, um 1906 | Ausführung: Werkstätten für deutschen Hausrat Theophil Müller Dresden Striesen 1906, Spanlockenbäume, Tiere und Figuren: Seiffener Hausindustrie, Artikelnummer: 30, Preis: 5 Mark | Material: Holz gesägt und gedrechselt, farbig gefasst | Maße: Höhe der

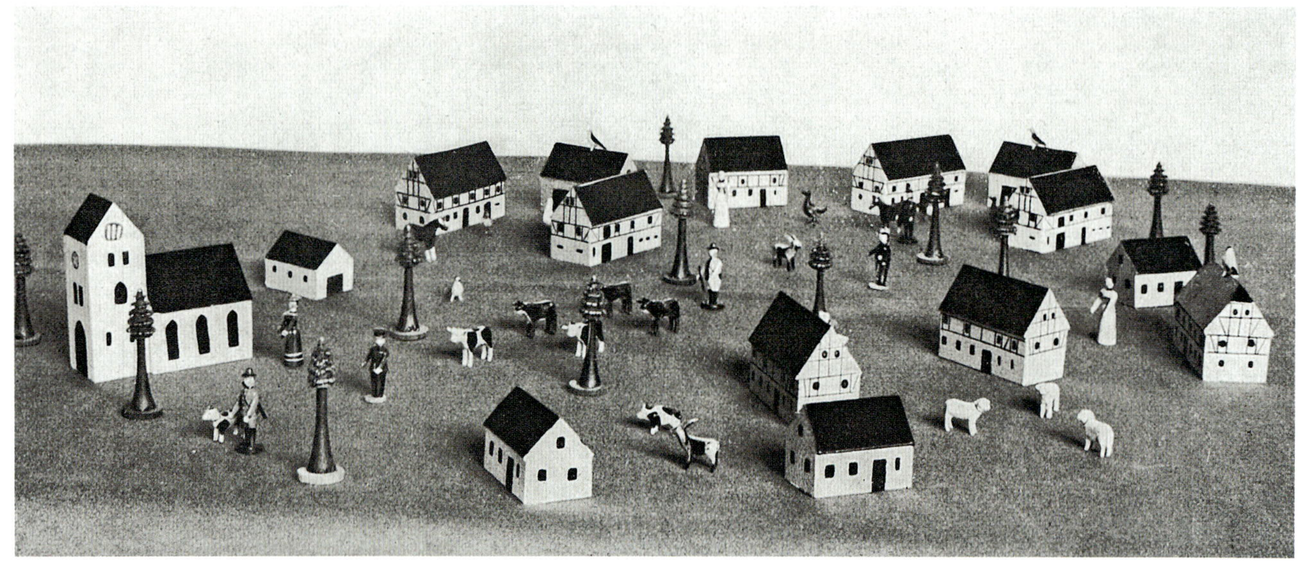

Kat. 16

Kirche 8 cm | Die Häuser wurden als Auftragsarbeit im Erzgebirge – vermutlich in Grünhainichen – bemalt. Siehe: Wendt (1908), o. S., »Anfrage Müller Dresden« und Akten des Kaufmännischen Vereins Grünhainichen 1905, hier Verweis auf Theophil Müller. Dies betrifft auch die folgenden Miniaturartikel der Werkstätten für deutschen Hausrat.
→ Weitere Hinweise/Vergleiche: Brethfeld (1928), S. 23–26. Düsel (1906), S. 586 mit Abb. | Siehe auch: Schreibers Beschäftigungsbücher für Elternhaus und Arbeitsschule, hg. von Max Brethfeld, Nr. 67 »Wie schaffe ich mir aus Holzklötzen ein Spielzeug-Dorf?« Entwurf und Anweisung zur Herstellung von Bruno Schmidt Dresden, J. F. Schreiber, Eßlingen und München, 1926 | Katalog: Spielzeug Gemeinnützige Vertriebsstelle Deutscher Qualitätsarbeit GmbH gegründet vom Dürerbund Hellerau bei Dresden, S. 22, Artikel Nr. 5006

Kat. 17

Landstädtchen, Abbildung
aus: Katalog Dresdener Spielzeug der Werkstätten für deutschen Hausrat Theophil Müller Dresden Striesen, Bärensteiner Str. 5 | Entwurf: Max Brethfeld und Theodor Göhl, Dresden um 1906 | Ausführung: Werkstätten für deutschen Hausrat Theophil Müller Dresden Striesen um 1906, Figuren: Seiffener Hausindustrie, Artikelnummer: 42, Preis: 13,50 Mark / 42 a, Preis: 8,25 Mark | Material: Holz gesägt und gedrechselt, farbig gefasst | Maße: Höhe der Kirche 12 cm
→ Weitere Hinweise/Vergleiche: Katalog Spielzeug Gemeinnützige Vertriebsstelle Deutscher Qualitätsarbeit GmbH gegründet vom Dürerbund Hellerau bei Dresden, S. 23, Artikelnummer: 5007/5007a

Kat. 18

Die alte Stadt, Abbildung
aus: Katalog Dresdner Spielzeug der Werkstätten für deutschen Hausrat Theophil Müller Dresden Striesen, Bärensteiner Str. 5 | Entwurf: Max Brethfeld und Theodor Göhl, Dresden, um 1908 | Ausführung: Werkstätten für deutschen Hausrat Theophil Müller Dresden Striesen um 1908, Artikelnummer: 41, Preis: 53 Teile: 18 Mark, 29 Teile: 9,50 Mark | Material: Holz gesägt und gedrechselt, farbig gefasst | Maße: Höhe der Kirche 13 cm
→ Weitere Hinweise/Vergleiche: Brethfeld (1908), S. 11. Brethfeld (1928), S. 23–26

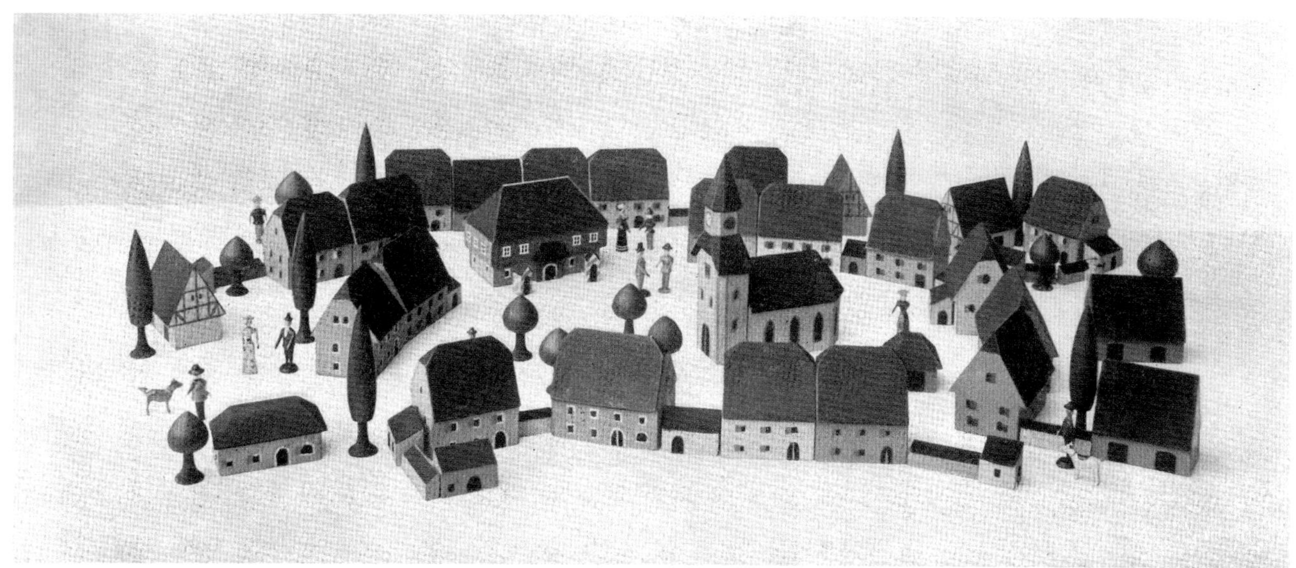

Kat. 17

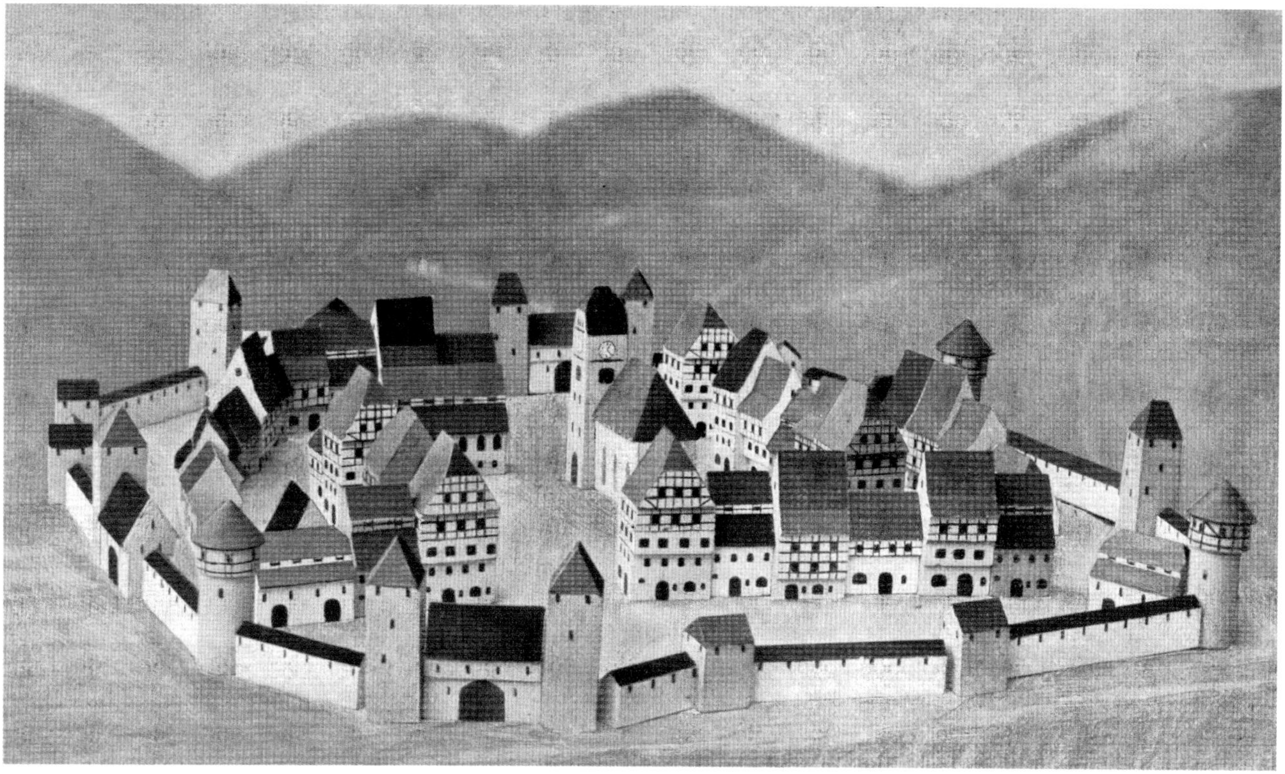

Kat. 18

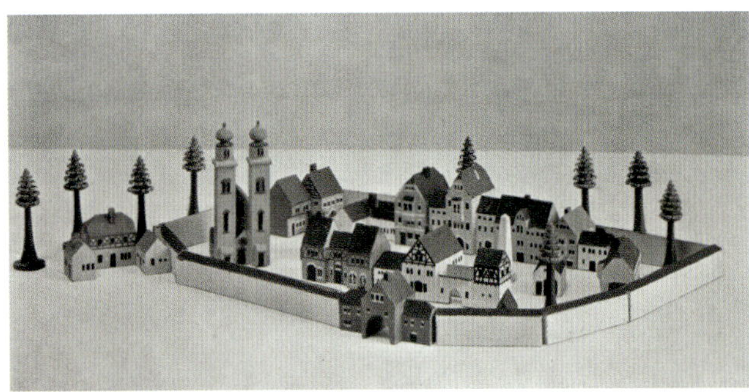

Kat. 19

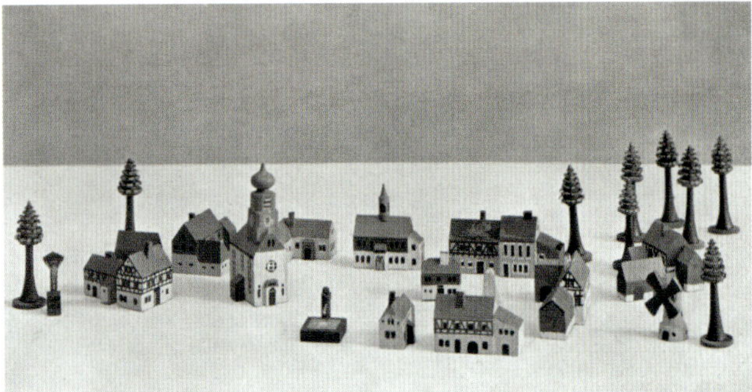

Kat. 20

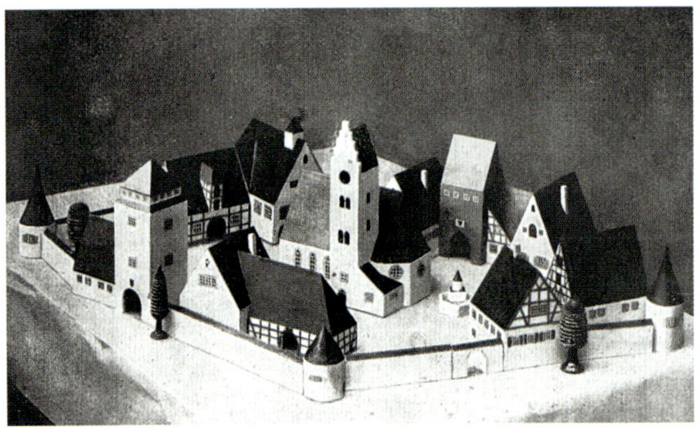

Kat. 21

Kat. 19

Dorf, Abbildung

aus: Katalog Dresdener Spielzeug der Werkstätten für deutschen Hausrat Theophil Müller Dresden Striesen, Bärensteiner Str. 5 | Entwurf: G. Clemens | Ausführung: Werkstätten für deutschen Hausrat Theophil Müller Dresden Striesen um 1908, Artikelnummer: 109, Preis: 3,75 Mark | Material: Holz gesägt und gedrechselt, farbig gefasst | Maße: Höhe der Kirche 8 cm

Kat. 20

Kleinstadt, Abbildung

aus: Katalog Dresdener Spielzeug der Werkstätten für deutschen Hausrat Theophil Müller Dresden Striesen, Bärensteiner Str. 5 | Entwurf: G. Clemens | Ausführung: Werkstätten für deutschen Hausrat Theophil Müller Dresden Striesen um 1908, Artikelnummer: 110, Preis: 4,50 Mark | Material: Holz gesägt und gedrechselt, farbig gefasst | Maße: Höhe der Kirche 8 cm

Kat. 21

Alte Stadt, Abbildung

aus: Katalog Spielzeug Gemeinnützige Vertriebsstelle Deutscher Qualitätsarbeit GmbH gegründet vom Dürerbund Hellerau bei Dresden, S. 57, Artikelnummer: 5147 | Entwurf: Karl Gruber, Dresden, um 1906 | Erste Ausführung: Dresdener Werkstätten für Handwerkskunst/Deutsche Werkstätten für Handwerkskunst, Abteilung Spielsachen Zschopau ab 1906, Artikelnummer: 245, Preis: 9 Mark | Material: Holz gesägt und gedrechselt, farbig gefasst | Maße: Höhe der Kirche (?) Holzkiste: 34×30×9 cm | Das Modell wurde in der Dritten Deutschen Kunstgewerbe-Ausstellung Dresden 1906 ausgestellt. | Ab 1909 im Sortiment der Holzspielwarenfabrik Theodor Heymann Großolbersdorf (Artikelnummern identisch)
→ Weitere Hinweise/Vergleiche: Wegweiser, 21. Jg. August 1906, Nr. 465, S. 2624 mit Abb. | Kurz (1912), S. 57, Artikelnummer: 2658

Kat. 22

Dorf, Abbildung

aus: Katalog Deutsche Werkstätten für Handwerkskunst, Abteilung Spielsachen Zschopau: Dresdner Spielzeug, Nachtrag zum Hauptkatalog Oktober 1908 | Entwurf: Karl Gruber, Dresden, um 1907 | Erste Ausführung: Dresdener Werkstätten für Handwerkskunst/Deutsche Werkstätten für Handwerkskunst, Abteilung Spielsachen Zschopau ab

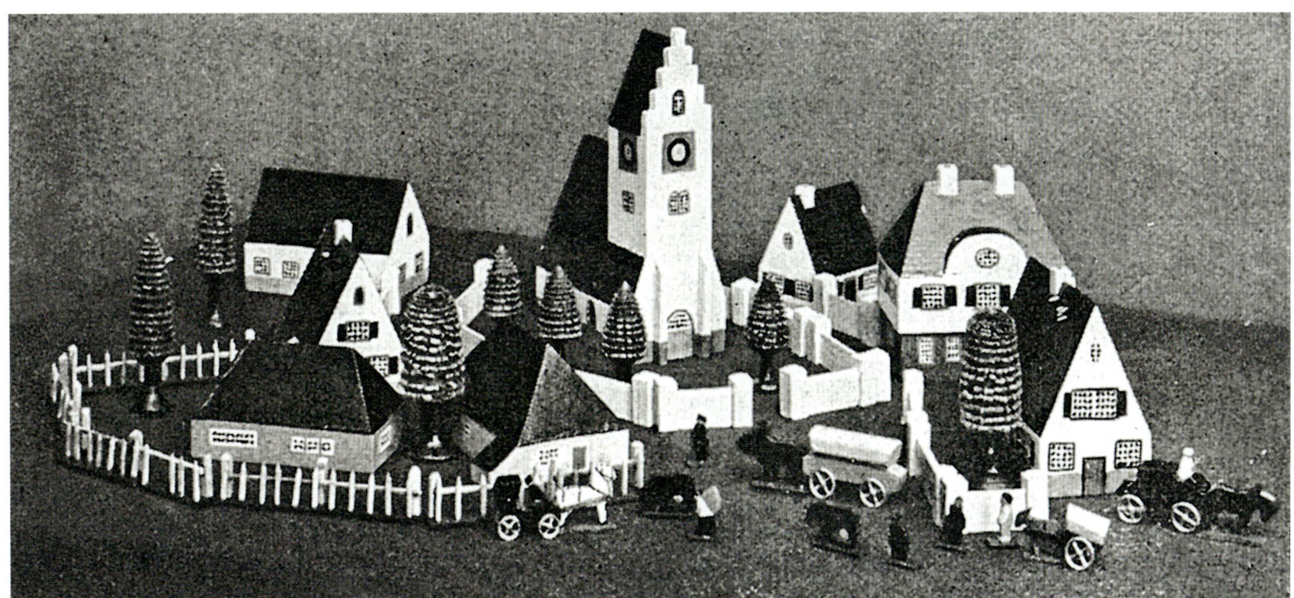

Kat. 22

1907, Artikelnummer: 256, Preis: 9 Mark, 256 a, 4 Häuser, Preis: 4 Mark | Material: Holz gesägt und gedrechselt, farbig gefasst | Maße: Schachtel: 39×31×8 cm | Ab 1909 im Sortiment der Holzspielwarenfabrik Theodor Heymann Großolbersdorf (Artikelnummern identisch)

→ Weitere Hinweise/Vergleiche: Wegweiser, 22. Jg. August 1907, Nr. 490, S. 3824 mit Abb. | Illustrierte Zeitung, Nr. 3363, 12. Dezember 1907, o. S. »Dresdner Spielzeug« Abb. 1 | Katalog: Spielzeug Gemeinnützige Vertriebsstelle Deutscher Qualitätsarbeit GmbH gegründet vom Dürerbund Hellerau bei Dresden, S. 57, Artikelnummer: 5145

Kat. 23

Rittergut und Fahrzeuge, Abbildung

aus: Katalog Deutsche Werkstätten für Handwerkskunst, Abteilung Spielsachen Zschopau: Dresdner Spielzeug, Nachtrag zum Hauptkatalog Oktober 1908 | Entwurf: Karl Gruber, Dresden, um 1908 | Erste Ausführung: Deutsche Werkstätten für Handwerkskunst, Abteilung Spielsachen Zschopau ab März 1908, Artikelnummer Rittergut: 424, Preis: 10 Mark, Artikelnummer Fahrzeuge: 422, Preis: 1,75 Mark | Material: Holz gesägt und gedrechselt, Luffa-Bäume, Zinn, Pappe, farbig gefasst | Maße: Höhe Hauptgebäude 11 cm, Grundplatte 68×48 cm | Ab 1909 im Sortiment der Holzspielwarenfabrik Theodor Heymann Großolbersdorf (Artikelnummern identisch)

→ Weitere Hinweise/Vergleiche: Deutsche Werkstätten für Handwerkskunst, Abteilung Spielsachen Zschopau: Dresdner Spielzeug, Nachtrag zum Hauptkatalog Oktober 1908, S. 8 | Wegweiser, 23. Jg. 1908, Nr. 504, S. 4538 | Staatliche Kunstsammlungen Dresden, Museum für Sächsische Volkskunst, Inv.-Nr.: G 8685 und G 8690 | (↗ Abb. 114)

Kat. 24

Wirtshaus, Abbildung

aus: Katalog Deutsche Werkstätten für Handwerkskunst, Abteilung Spielsachen Zschopau: Dresdner Spielzeug, Nachtrag zum Hauptkatalog Oktober 1908, S. 5. | Entwurf: Karl Gruber, Dresden, um 1908 | (Figurensatz von Johanna Dohrn, Artikelnummer: 435) | Erste Ausführung: Deutsche Werkstätten für Handwerkskunst, Abteilung Spielsachen Zschopau ab September 1908, Artikelnummer: 440, Preis: 3,25 Mark | Material: Holz gesägt und gedrechselt,

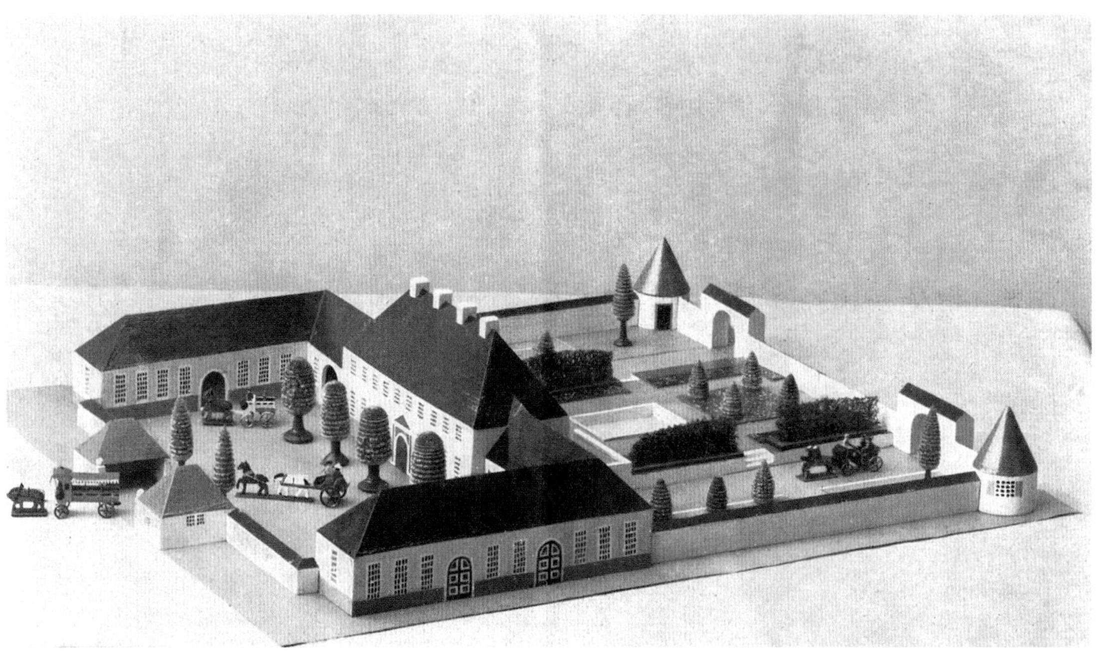

Kat. 23

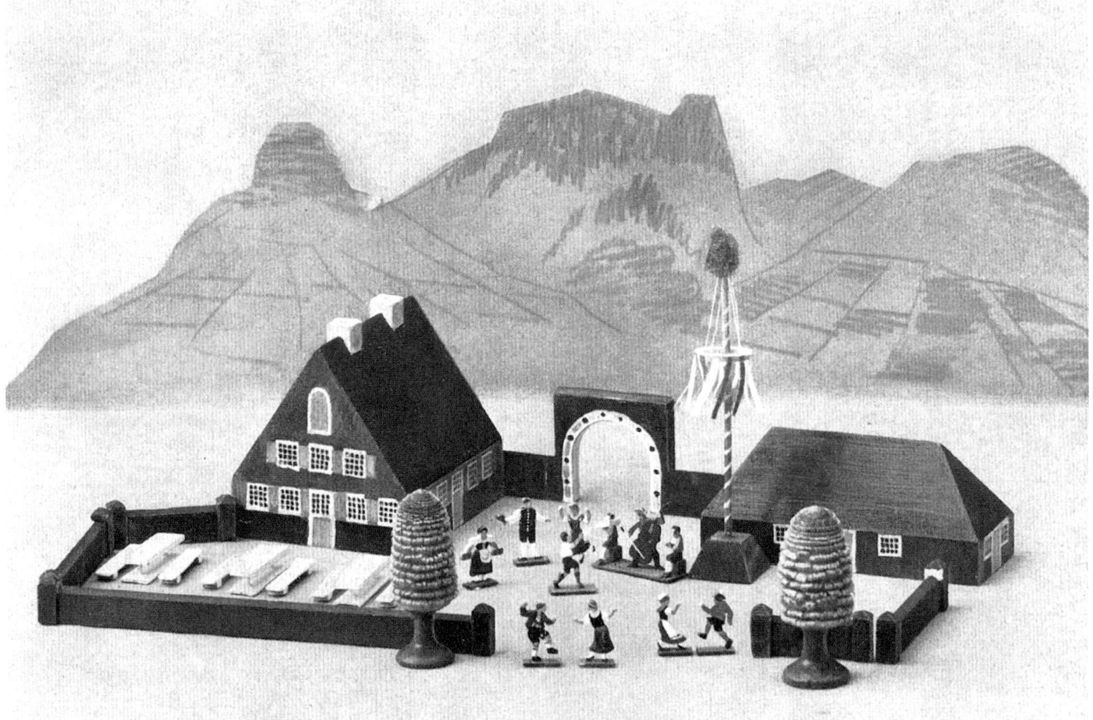

Kat. 24

farbig gefasst | Ab 1909 im Sortiment der Holzspielwarenfabrik Theodor Heymann Großolbersdorf (Artikelnummern identisch)
→ Weitere Hinweise/Vergleiche: Wegweiser, 23. Jg. 1908, Nr. 516, S. 5048, Spielzeugmuseum Nürnberg: Inv.-Nr. 2015.118 (Torbogen, Mauerelemente, Biertische und Bänke) | Staatliche Kunstsammlungen Dresden, Museum für Sächsische Volkskunst, Inv.-Nr.: G 8687

Kat. 25 a

Dorf, Gesamtanlage, Abbildung

aus: Katalog Deutsche Werkstätten für Handwerkskunst, Abteilung Spielsachen Zschopau: Dresdner Spielzeug, Nachtrag zum Hauptkatalog Oktober 1908, S. 6 | Entwurf: Karl Gruber, Dresden, um 1908 | Erste Ausführung: Deutsche Werkstätten für Handwerkskunst, Abteilung Spielsachen Zschopau ab 1908, Artikelnummer: 442, Preis: 4,75 Mark und 256 a, ähnliche Zusammenstellung, Preis: 4 Mark | Material: Holz gesägt und gedrechselt, farbig gefasst | Maße: Höhe der Häuser ca. 7 bis 13 cm | Ab 1909 im Sortiment der Holzspielwarenfabrik Theodor Heymann Großolbersdorf (Artikelnummern identisch)
→ Weitere Hinweise/Vergleiche: Abb. Kat. 25 a | Spielzeugmuseum Nürnberg | Kernstück des Dorfes (ein Haus, die Brücke, Mauern und Zäune fehlen), Inv.-Nr. 1973.1190

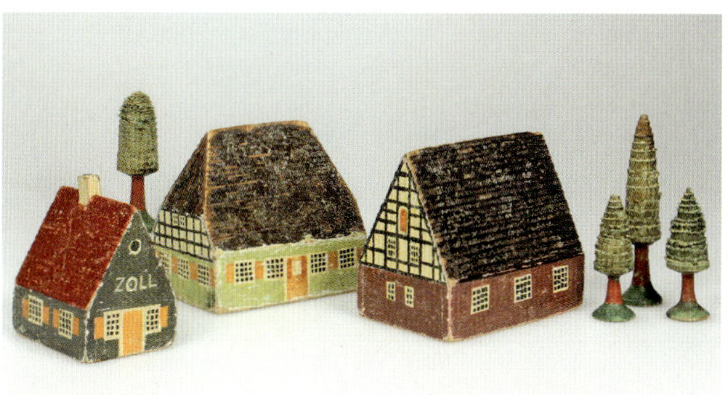

Kat. 25 b

Kat. 25 b

Dorf, 3 Gebäude und 4 Bäume

Spielzeugmuseum Nürnberg, Inv.-Nr. 1973.1190

Kat. 26

2 Bauerngüter, Katalogfotografie

Katalog Deutsche Werkstätten für Handwerkskunst, Abteilung Spielsachen Zschopau: Dresdner Spielzeug,

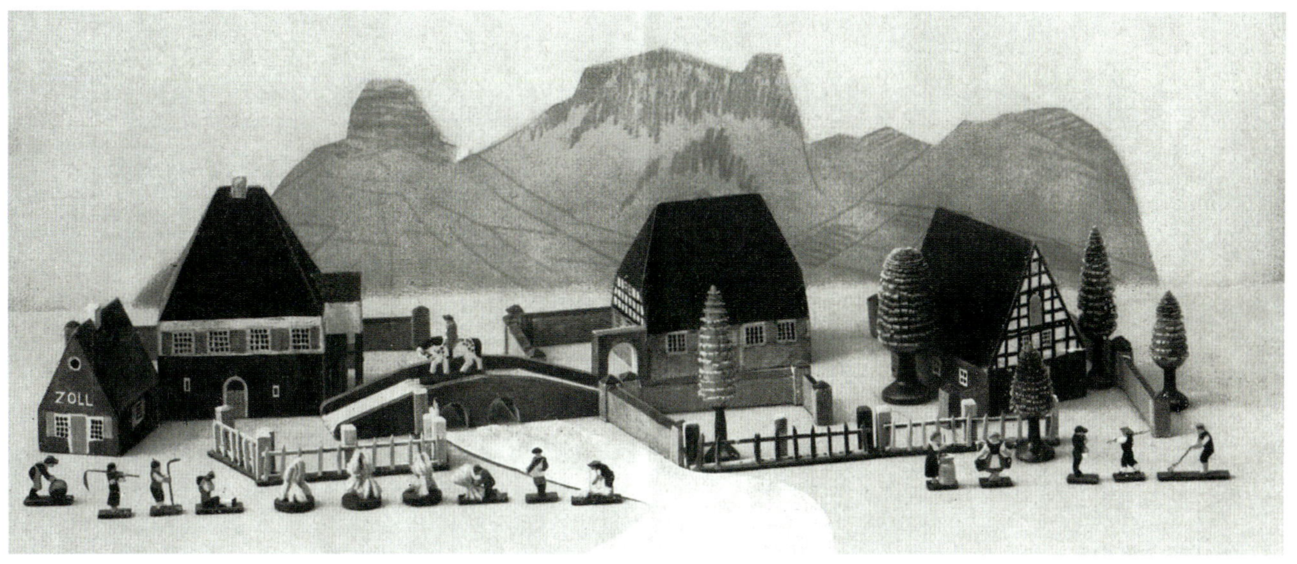

Kat. 25 a

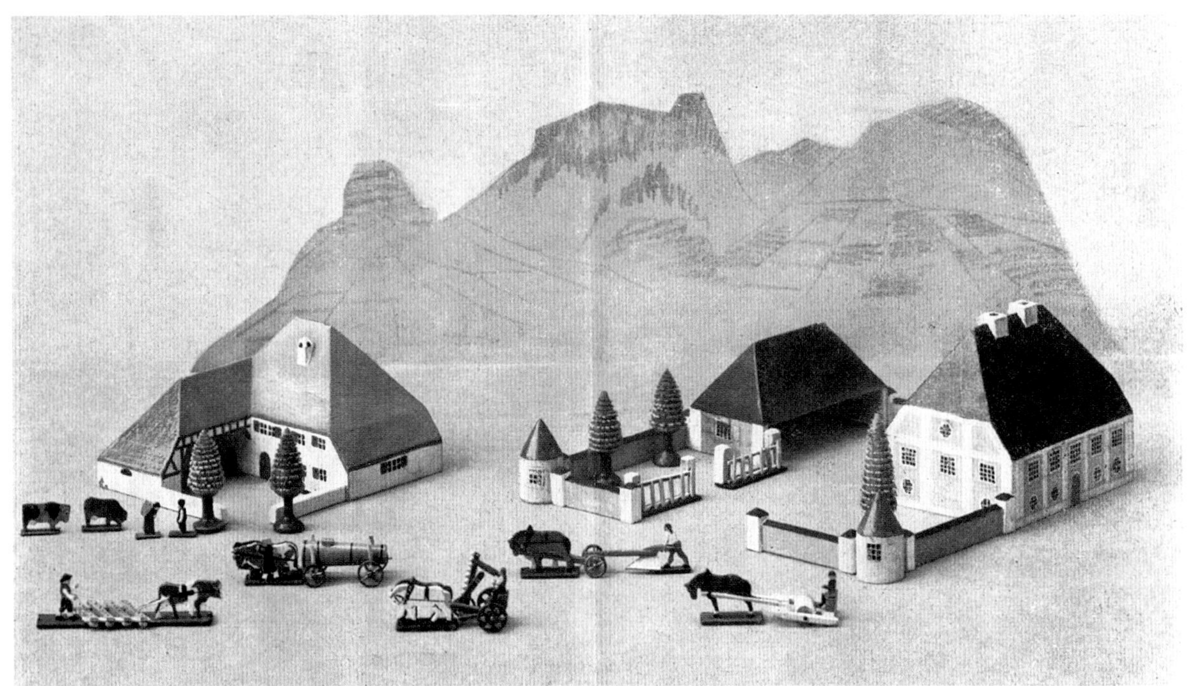

Kat. 26

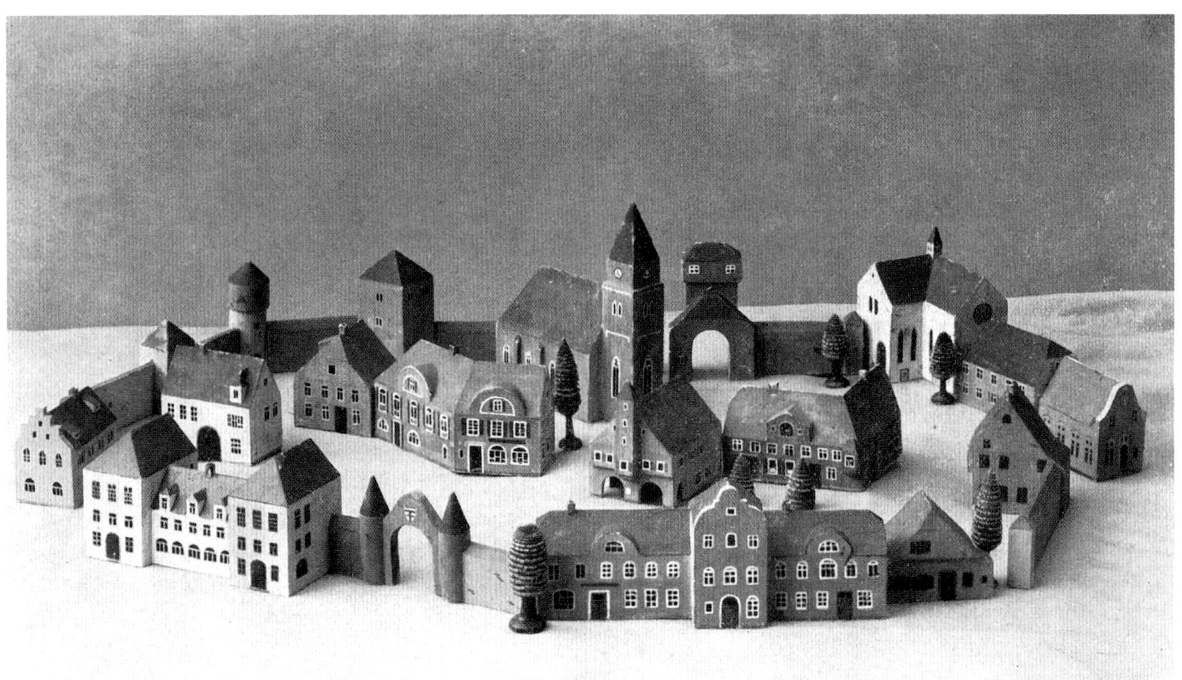

Kat. 27

Nachtrag zum Hauptkatalog Oktober 1908, S. 4 (Feldgeräte Artikelnummer: 423) | Modell links – Entwurf: Gustav Schaale, Dresden, um 1908 | Modell rechts – Entwurf: Karl Gruber, Dresden, um 1908 | Erste Ausführung: Deutsche Werkstätten für Handwerkskunst, Abteilung Spielsachen Zschopau ab 1908, Artikelnummer G. Schaale: 418, Preis: 1,50 Mark, Artikelnummer K. Gruber: 441, Preis: 2,75 Mark | Material: Holz gesägt und gedrechselt, farbig gefasst | Ab 1909 im Sortiment der Holzspielwarenfabrik Theodor Heymann Großolbersdorf (Artikelnummern identisch)
→ Weitere Hinweise/Vergleiche: Latus (1998 a), S. 148 (Gustav Schaale)

Kat. 27
Große altertümliche Stadt mit farbigem Plan, Abbildung
aus: Katalog Deutsche Werkstätten für Handwerkskunst, Abteilung Spielsachen Zschopau: Dresdner Spielzeug, Nachtrag zum Hauptkatalog Oktober 1908, S. 9 | Entwurf: Julius Widnmann (Maler), München, um 1908 | Erste Ausführung: Deutsche Werkstätten für Handwerkskunst, Abteilung Spielsachen Zschopau ab 1908, Spanlockenbäume: Seiffener Hausindustrie, Artikelnummer: 409, Preis: 15 Mark | Material: Holz gesägt und gedrechselt, farbig gefasst | Ab 1909 im Sortiment der Holzspielwarenfabrik Theodor Heymann Großolbersdorf (Artikelnummern identisch)
→ Weitere Hinweise/Vergleiche: Latus (1998 a), S. 156 (Julius Widnmann) | Staatliche Kunstsammlungen Dresden, Museum für Sächsische Volkskunst, Inv.-Nr. G 11168, 2015 neu erworben | (↗ Frontispiz und Abb. 114)

2. Auswahl von Fahrzeugen und Figuren

Kat. 28 a – h
»Erzgebirgisches Miniaturspielzeug«, 8 Abbildungen
aus: Daheim 43, 1906, Nr. 11 (22. Dezember), S. 10, 11 | Alle gedrechselten Figuren und Reifentiere: Erzgebirgische Hausindustrie, Raum Seiffen

Kat. 28 a
Vieh- und Sandwagen: Otto Frohs, Seiffen
→ Weitere Hinweise/Vergleiche: Spielzeugmuseum Nürnberg, Inv.-Nr. 2007.110 (Sandwagen)

Kat. 28 b
Brauereiwagen: Emil Leichsenring, Seiffen; Kastenwagen: Otto Frohs, Seiffen
→ Weitere Hinweise/Vergleiche: Spielzeugmuseum Nürnberg, Inv.-Nr. 2007.310 (Kastenwagen)

Kat. 28 c
Ausfahrschlitten: vermutlich Otto Frohs, Seiffen
→ Weitere Hinweise/Vergleiche: Spielzeugmuseum Nürnberg, Inv.-Nr. 1984.1107

Kat. 28 d
Klötzerschlitten (Langholzschlitten): vermutlich Otto Frohs, Seiffen; Kastenschlitten: Emil Leichsenring, Seiffen
→ Weitere Hinweise/Vergleiche: Spielzeugmuseum Nürnberg, Inv.-Nr. 2007.762 (Schlitten mit Kistenladung), Inv.-Nr. 2007.755 (Kastenschlitten)

Kat. 28 e
Wassersprengwagen: Emil Leichsenring, Seiffen; Wagen mit Gemüse: Otto Frohs, Seiffen
→ Weitere Hinweise/Vergleiche: Spielzeugmuseum Nürnberg, Inv.-Nr. 2007.430 (Wassersprengwagen), Inv.-Nr. 2007.30 (Wagen mit Gemüse)

Kat. 28 f
Wirtschafts- und Jagdwagen: vermutlich Otto Frohs, Seiffen

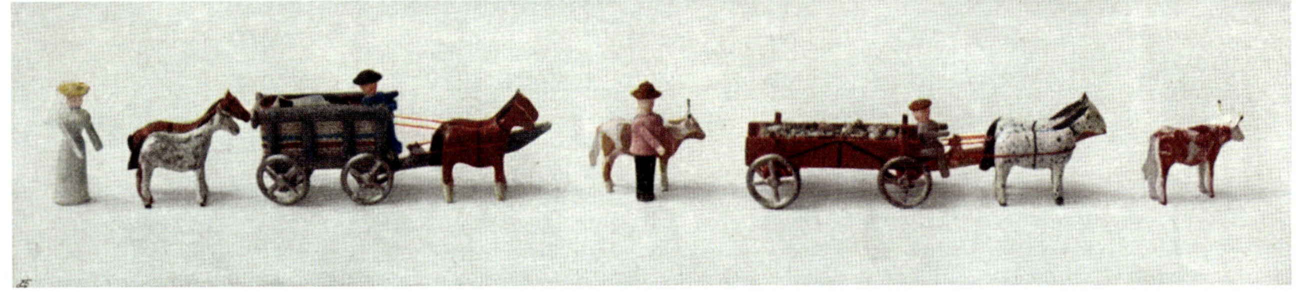

Kat. 28 a

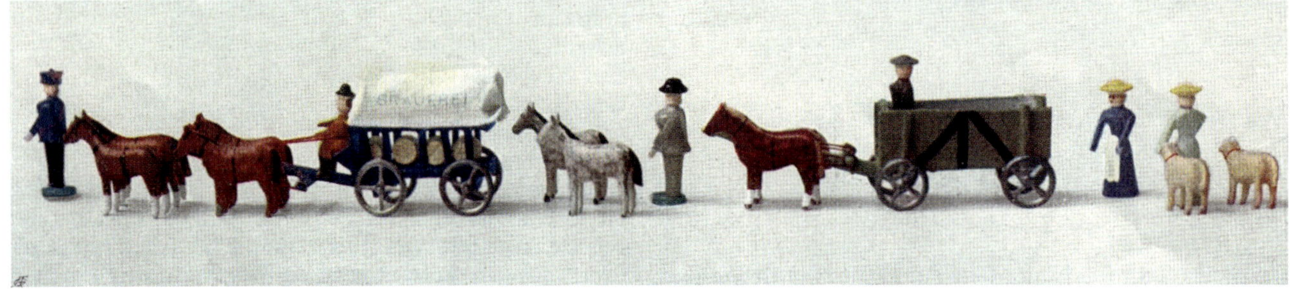

Kat. 28 b

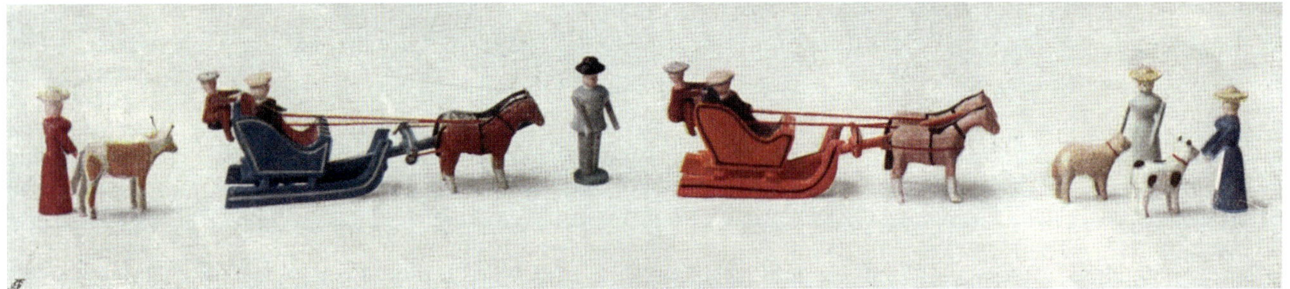

Kat. 28 c

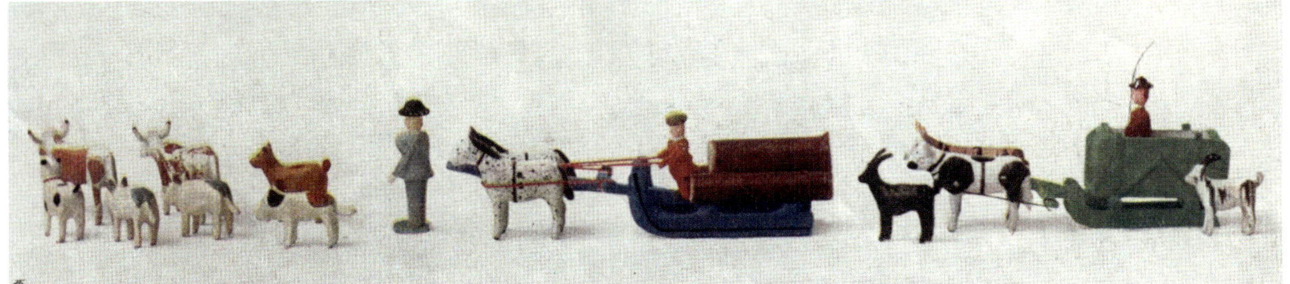

Kat. 28 d

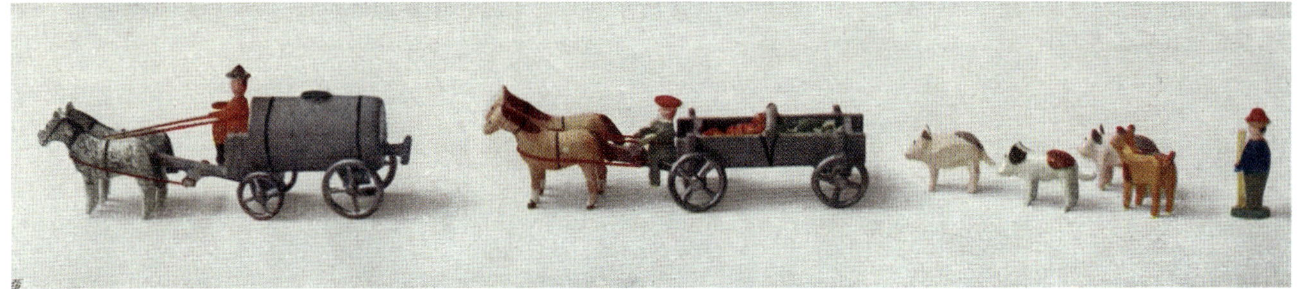

Kat. 28 e

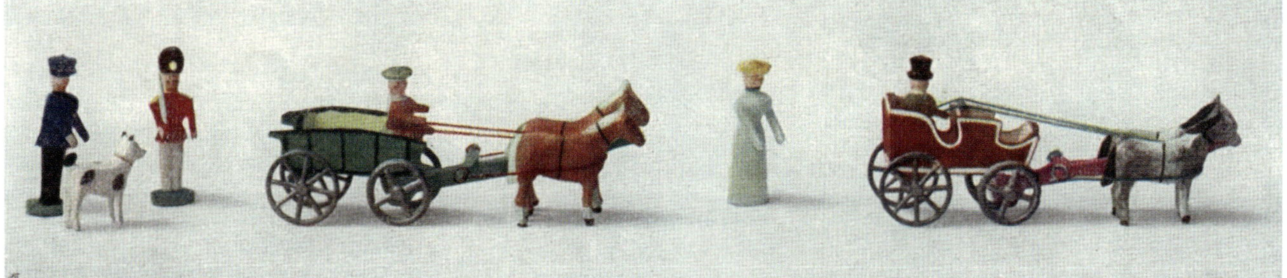

Kat. 28 f

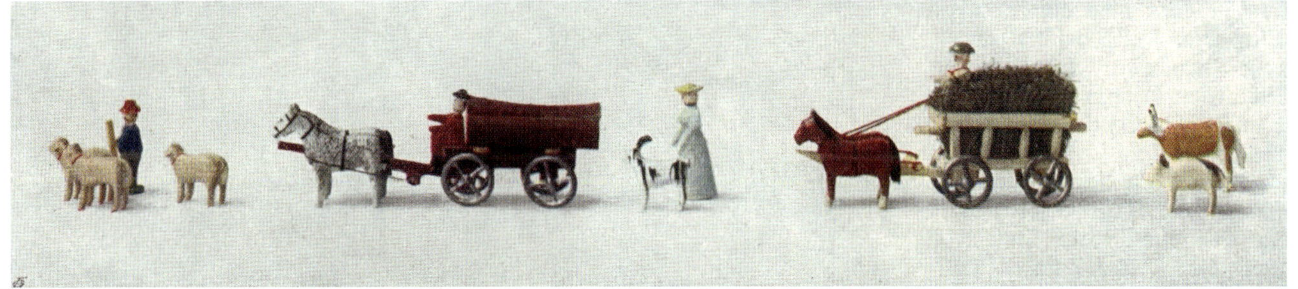

Kat. 28 g

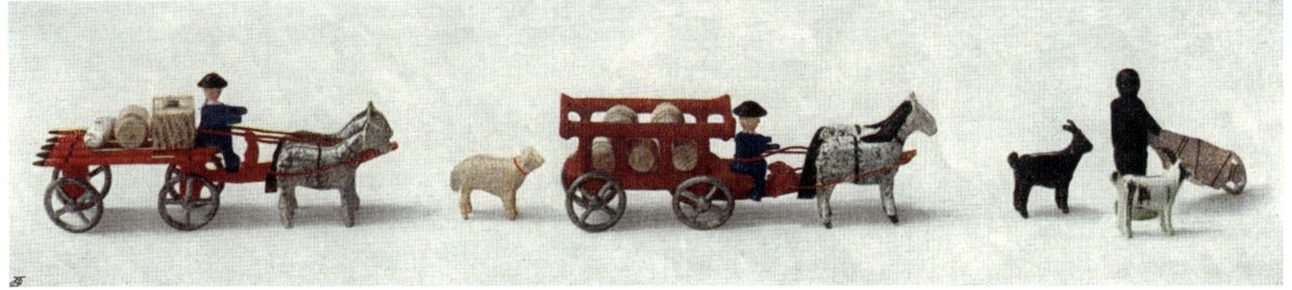

Kat. 28 h

→ Weitere Hinweise/Vergleiche: Spielzeugmuseum Nürnberg, Inv.-Nr. 1970.1298 (Wirtschaftswagen), Inv.-Nr. 2007.93 (Jagdwagen)

Kat. 28 g
Klötzerwagen (Langholzwagen): Emil Leichsenring, Seiffen; Heuwagen: vermutlich Otto Frohs, Seiffen
→ Weitere Hinweise/Vergleiche: Spielzeugmuseum Nürnberg, Inv.-Nr. 1984.1098 und 2007.5 (Klötzerwagen), Inv.-Nr. 2007.229 (Leiterwagen ohne Heu)

Kat. 28 h
Rollwagen mit Ladung und Leiterwagen mit Fässern: vermutlich Otto Frohs, Seiffen
→ Weitere Hinweise/Vergleiche: Spielzeugmuseum Nürnberg, Inv.-Nr. 2007.115 (Rollwagen), 1994.503 (Erzgebirgisches Dorf, Richard Zeumer Dresden, 1905: hier Leiterwagen mit blauer Bemalung)

Kat. 29
3 Miniatur-Gespanne
Privatbesitz | Gestaltung und Produktion: Emil Leichsenring, Seiffen, ab 1905 (Postkutsche ab 1906) | Material: Holz, gesägt, gedrechselt und beschnitzt, Pappe, Zinnräder (zum Teil farbig behandelt – gelüstert), Leimfarbenbemalung, Spirituslack-Überzug, linkes Pferd der Postkutsche nachträglich ergänzt | Länge: ca. 9 cm | Von links nach rechts: Langholzwagen (»Klötzerwagen«), Postkutsche, Korbwagen | Die Modelle entsprechen dem damals aktuellen Stand der Verkehrstechnik.
→ Weitere Hinweise/Vergleiche: Spielzeugmuseum Nürnberg: Inv.-Nr. 2007.5 und 2007.3

Kat. 30
3 Miniatur-Gespanne
Privatbesitz | Gestaltung und Produktion: Emil Leichsenring, Seiffen, um 1907 | Material: Holz, gesägt, gedrechselt und beschnitzt, Pappe, Zinnräder (zum Teil farbig behandelt – gelüstert), Leimfarbenbemalung, Spirituslack-Überzug | Länge: ca. 9 cm | Von links nach rechts: Pferde-Omnibus, Heuwagen, Möbelwagen | Die Modelle entsprechen dem damals aktuellen Stand der Verkehrstechnik.
→ Weitere Hinweise/Vergleiche: Spielzeugmuseum Nürnberg: Inv.-Nr. 2007.2, 2007.424 und 2007.8

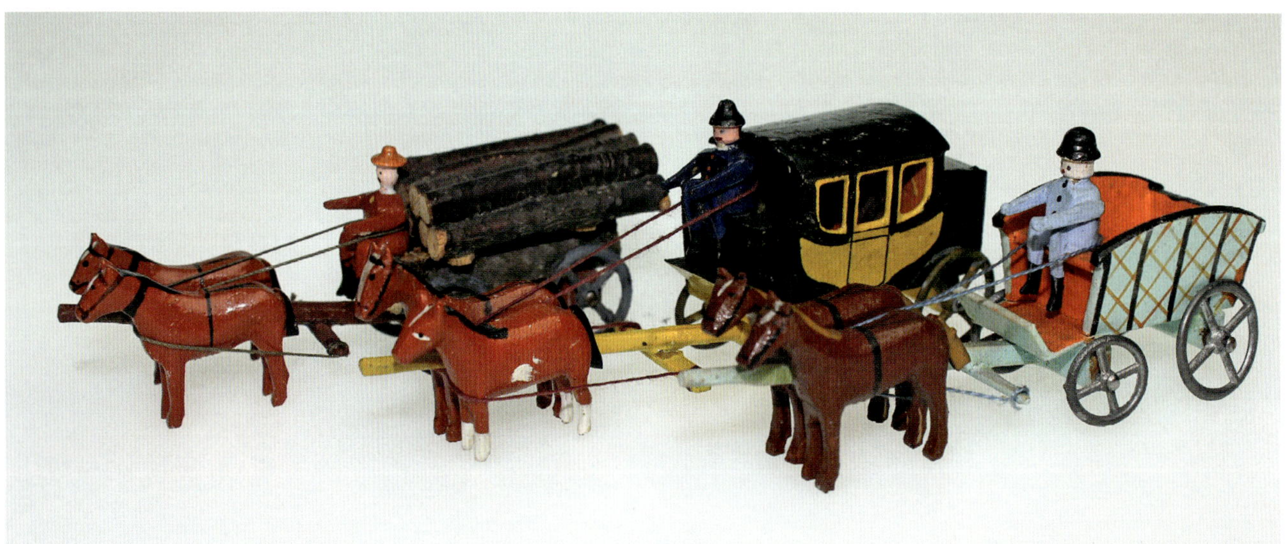

Kat. 29

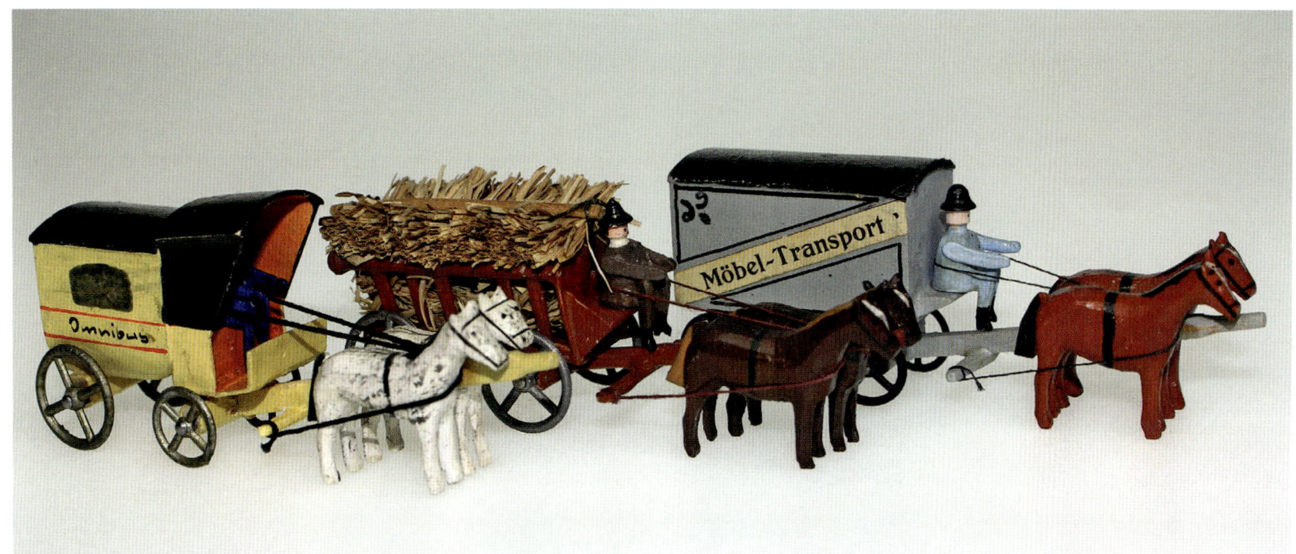

Kat. 30

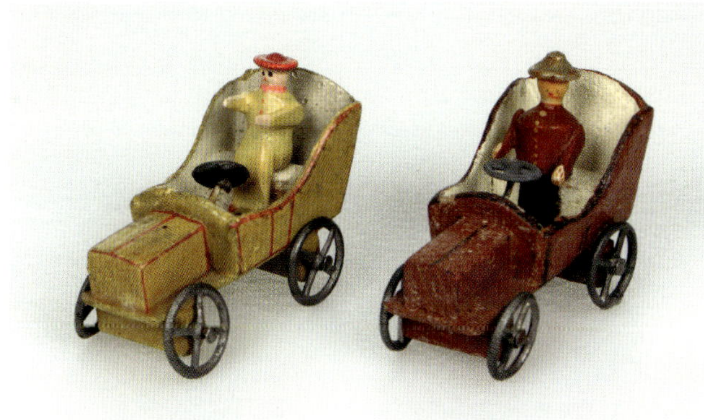

Kat. 31

Kat. 31

2 Automobile

Spielzeugmuseum Nürnberg | Gestaltung und Produktion: Emil Leichsenring, Seiffen ab 1907 | Material: Holz, gesägt, gedrechselt und beschnitzt, Pappe, Zinnräder, Leimfarbenbemalung, Spirituslack-Überzug | Länge: 3,8 cm; Inv.-Nr. 2007.517 (braun) und 2007.518 (gelb) | Diesen Typ »bewegliches Automobil« lieferte Emil Leichsenring ab Februar 1907 an den Großhandel. Im Juli 1907 erfolgte eine Lieferung von 10 Dutzend Autos an H. E. Langer Seiffen. Es gilt daher bislang als das früheste Beispiel erzgebirgischer Miniatur-Automodelle im Maßstab von ca. 1:87. Im Universal-Spielwaren-Katalog der Hamburger Firma John Hess (Exportkatalog 1924) ist es unter Nr. 100, Sortiment 50, S. VIII gelistet.

→ Weitere Hinweise/Vergleiche: Neumann (1999), Abb. 67 und Erzgebirgisches Spielzeugmuseum Seiffen: Inv.-Nr. 22063

Kat. 32

Automobil

Spielzeugmuseum Nürnberg | Gestaltung und Produktion: vermutlich Carl Heinrich oder Otto Frohs, evtl. auf Anregung von H. E. Langer, Seiffen um 1908 | Material: Holz, gesägt, gedrechselt und beschnitzt, Pappe, Zinnräder, grün lackiert, Leimfarbenbemalung, Spirituslack-Überzug | Länge: 3,8 cm; Inv.-Nr. 1970.1299 | Detailreiche, qualitativ hochwertige Ausführung

→ Weitere Hinweise/Vergleiche: Katalog Dresdner Spielzeug der Werkstätten für deutschen Hausrat Theophil Müller Dresden Striesen, Bärensteiner Str. 5, Artikelnummer 117 c. Alle Modelle dieser Artikelnummer stammen von C. H. Frohs & Söhne, Seiffen.

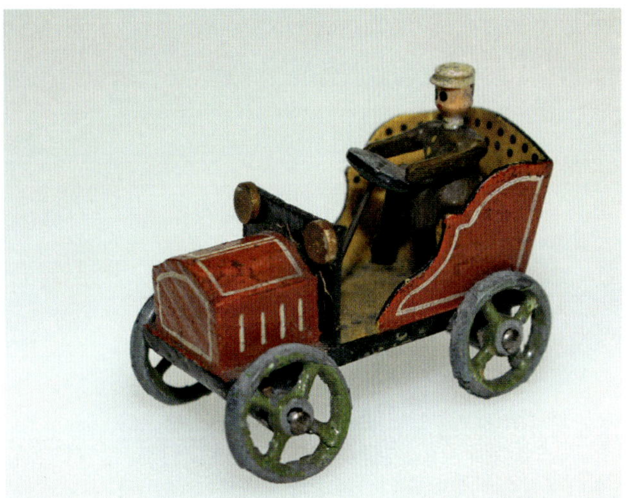

Kat. 32

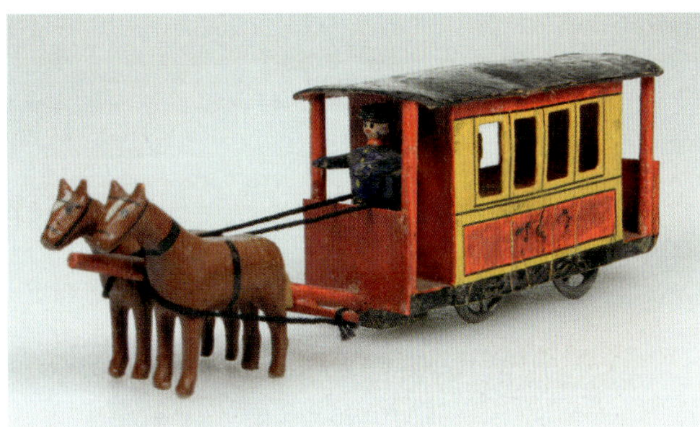

Kat. 33

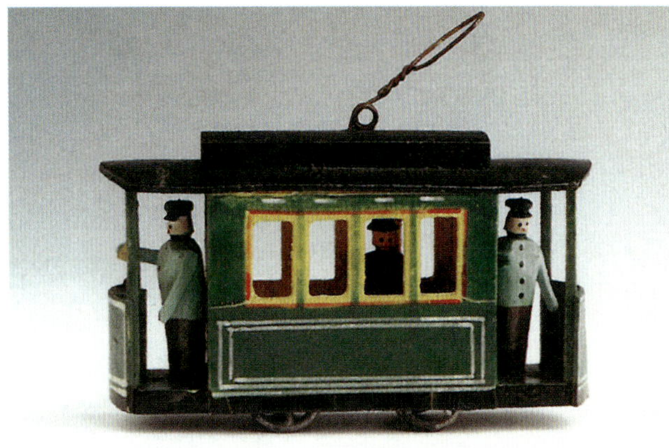

Kat. 34

Kat. 33

Pferdebahn

Spielzeugmuseum Nürnberg | Gestaltung und Produktion: Emil Leichsenring, Seiffen, ab 1908 | Material: Holz, gesägt, gedrechselt und beschnitzt, Pappe, Zinnräder, Leimfarbenbemalung, Spirituslack-Überzug | Länge: 11 cm; Inv.-Nr. 2001.4 | Das stilisierte Modell entspricht annähernd der Dresdener Pferdebahn der »Roten Gesellschaft«. Namensgebend sind die roten Waggons der Deutschen Straßenbahngesellschaft – in Dresden ab 1889 zugelassen.
→ Weitere Hinweise/Vergleiche: Epoche Modellautoheft 2, (2008), S. 13, Abb. eines roten Modells mit Schimmeln und einer Pferdebahn mit grünem Waggon

Kat. 34

Elektrische-Straßenbahn

Erzgebirgisches Spielzeugmuseum Seiffen | Gestaltung und Produktion: Emil Leichsenring, Seiffen, im Warenausgangsbuch belegt für das Jahr 1911 | Material: Holz, gesägt, gedrechselt und beschnitzt, Pappe, Zinnräder, Leimfarbenbemalung, Spirituslack-Überzug | Länge: 7,3 cm; Inv.-Nr. 8962 | Der Grundaufbau entspricht der Gestaltung des vorab beschriebenen Pferdebahn-Waggons.
→ Weitere Hinweise/Vergleiche: Spielzeugmuseum Nürnberg: Inv.-Nr. 2007.683 »Dresdner-Elektrische« in gelber Ausführung. Dieses Straßenbahnmodell war auch in den Farben der »Roten Gesellschaft« erhältlich, beide wurden in der Werkstatt Leichsenring ab 1911 produziert. Laut Warenausgangsbuch vom 30. Oktober 1913 wurden beispielsweise 6 Dutzend Elektrische in Rot u. Gelb an Max Hetze Seiffen geliefert. | Siehe auch: Epoche Modellautoheft 2 (2008), S. 13, hier Abb. einer roten und einer blauen Variante; Spielwarenhaus Richard Zeumer Dresden, Werbeblatt 1908 und 1909: »Elektr. Straßenbahnwagen und offene Anhängewagen beide in rot oder gelb á 50 Pf.« Es ist durchaus möglich, dass diese Modelle bereits von Emil Leichsenring hergestellt wurden.

Kat. 35

5 Gespanne: Postkutsche, Kastenwagen mit Kohlen, Jagdwagen, Protze mit funktionstüchtiger Kanone, Leiterwagen mit Fässern

Spielzeugmuseum Nürnberg | Gestaltung und Produktion: Otto Frohs, Seiffen, um 1906 | Material: Holz, gesägt, gedrechselt und beschnitzt, Pappe, Zinnräder, Leimfarbenbemalung, Spirituslack-Überzug | Länge: ca. 9 cm; Inv.-Nr. 2007.47, 2007.120, 2007.93, 2007.563 und 1994.503

Von links nach rechts: Postkutsche, Kastenwagen mit Kohlen, Jagdwagen, Leiterwagen mit Fässern, bewegliche Protze mit Kanone (zusätzlich Federmechanismus zum Schießen)

→ Weitere Hinweise/Vergleiche: Katalog: Dresdner Spielzeug der Werkstätten für deutschen Hausrat Theophil Müller Dresden Striesen, Bärensteiner Str. 5, Artikelnummer: 117 a – c, Preis vier Stück im Satz: 2 Mark

Kat. 36

10 Figuren

Privatbesitz | Gestaltung und Produktion: Louis Heinrich Hiemann, Heidelberg bei Seiffen, 1904–1910 | Material: Holz (Fichte), gedrechselt und beschnitzt, Leimfarbenbemalung, Spirituslack-Überzug | Höhe: 2,0 und 3,8 cm | Von links nach rechts: Schuljunge im Matrosenanzug, Bäuerin, Schulmädchen mit Schürzenkleid, Tiroler, Spreewälder-Amme, Schornsteinfeger, Bäuerin, Tirolerin, Schulmädchen mit Schürzenkleid, Postbote | Louis Heinrich Hiemann fertigte zu Beginn seiner Miniaturfigurenproduktion um 1904/1905 die 3,8 cm hohen Figuren noch ohne die

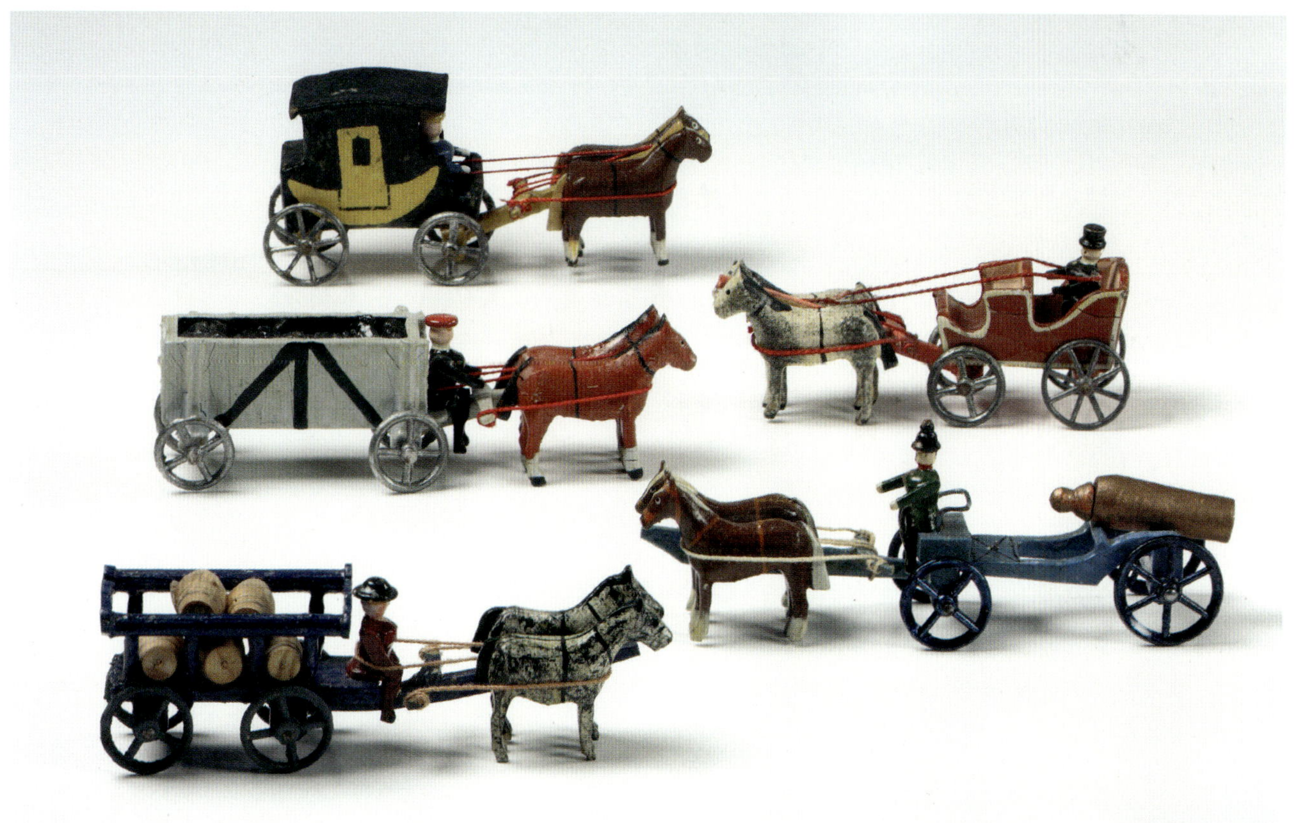

Kat. 35

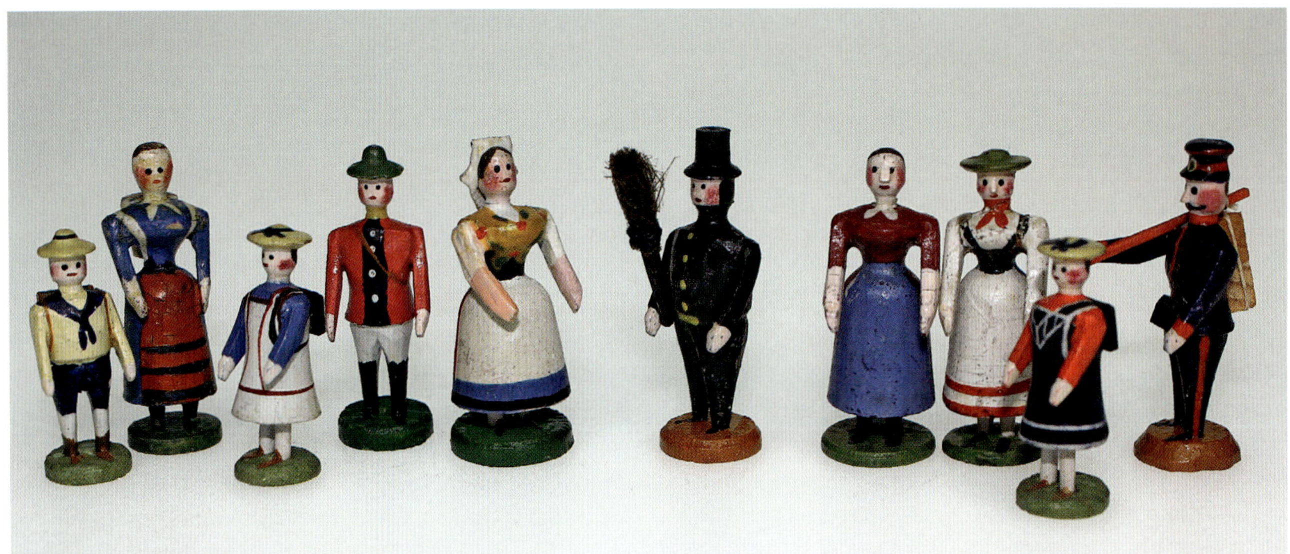

Kat. 36

charakteristischen angeleimten Nasen. Vgl. auch GHVA: Fotoabzüge Moritzburg, Lausitzer Dorf, Pleißenburg | Die Meisterschaft der Werkstatt Hiemann bezüglich ihrer Figurengestaltung fiel von Anfang an besonders auf. Wertschätzung erlangten diese Figuren durch ihre sicher gewählten Proportionen, ihre harmonische Farbgebung, die detaillierte Ausführung und ihre hervorragende Qualität. Einen großen Anteil hatten Anna Hiemann und die Pflegetochter Frieda, die gerade für die Bemalung der ca. 150 verschieden Typen, welche im Laufe der Zeit entstanden, mit verantwortlich waren. Bemerkenswert ist – und dies fasziniert den sensiblen Betrachter der kleinen individuellen Spielfiguren immer wieder –, dass die Herstellerfamilie auf keine spezielle künstlerische Ausbildung zurückgreifen konnte. Ihre eigenschöpferische Leistung, ihr offenbar natürliches Empfinden, eine besondere Beobachtungsgabe und eine sichere gestalterische Ausdruckskraft erregen bis heute allgemeine große Bewunderung.

Kat. 37

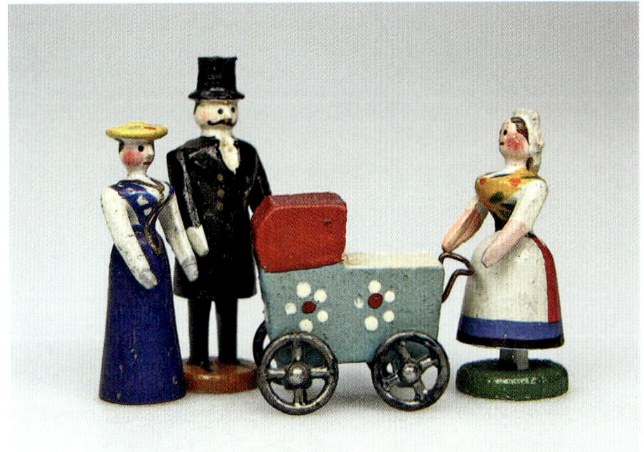

Kat. 37

3 Figuren: Herrschaften und Spreewälder-Amme mit Kinderwagen

Privatbesitz | Entwurf und Ausführung: Louis Heinrich Hiemann, Heidelberg bei Seiffen, um 1910 (Kinderwagen: Bruno Kempe ab 1914) | Material: Holz (Fichte), gedrechselt und beschnitzt, Leimfarbenbemalung, Spirituslack-Überzug | Höhe: 2,0 und 3,8 cm | Um 1900 beschäftigten begüterte großstädtische Haushalte in großem Stil junge sorbische Mädchen und Frauen, sogenannte »Wendinnen«, als Nährammen und Kindermädchen. Besonders in Berlin prägten sie mit ihren auffälligen Kleidern, bunten

Tüchern und großen Hauben das öffentliche Straßenbild. Medienberichte, Postkarten, aber auch Künstlerzeichnungen – beispielsweise von Heinrich Zille – steigerten zusätzlich ihre Popularität. In den Kreisen der »guten Gesellschaft« galt diese Gruppe geschätzter Dienstleisterinnen als Statussymbol.
→ Weitere Hinweise/Vergleiche: Noack (2008), S. 19–32. (S. 32 Abb. Neuruppiner Bilderbogen, Verlag Gustav Kühn, No. 10061: Amme als Spielzeug-Ankleidepuppe mit umfangreichem Zubehör) | Als charakteristische, sorbische Tracht tragende Mädchen aus der Lausitz, u. a. aus dem Spreewald, eigneten sich diese Figuren hervorragend als volkskundlich verstandenes Zubehör der hölzernen Miniaturwelt | (↗ Abb. 130)

Kat. 38

5 männliche Figuren

Privatbesitz | Gestaltung und Produktion: Louis Heinrich Hiemann, Heidelberg bei Seiffen, um 1910 | Material: Holz (Fichte), gedrechselt und beschnitzt, Leimfarbenbemalung, Spirituslack-Überzug | Höhe: 2,0 und 3,8 cm | Von links nach rechts: Schuljunge im Matrosenanzug, Gymnasiast, Matrose, Verbindungsstudent, Husar (Husaren-Regiment von Zieten [Brandenburgisches] Nr. 3, Rathenow Sachsen)

Kat. 39

Figur: Hauptmann von Köpenick

Privatbesitz | Gestaltung und Produktion: Louis Heinrich Hiemann, Heidelberg bei Seiffen um 1907 (Polizeiwache: Nr. 42 »Erzgebirgisches Dörfchen«, R. Zeumer Dresden 1908) | Material: Holz (Fichte), gedrechselt und beschnitzt, Leimfarbenbemalung, Spirituslack-Überzug | Höhe: 3,8 cm | Hiemann gestaltete diese Miniaturfigur nach Friedrich Wilhelm Voigts (1849–1922) »Köpenickjade« vom 16.10.1906 – jener spektakulären Besetzung des Rathauses von Köpenick bei Berlin in einer geliehenen Uniform des preußischen Garde-Regiments zu Fuß.
→ Weitere Hinweise/Vergleiche: Die populäre Medienfigur »Hauptmann von Köpenick« produzierte auch die Brandenburger Firma Ernst Paul Lehmann als mechanische Blechspielzeug-Figur. (EPL 580, Produktionszeitraum 1907–1918)

Kat. 40

7 Soldatenfiguren

Spielzeugmuseum Nürnberg | Gestaltung und Produktion: Louis Heinrich Hiemann, Heidelberg bei Seiffen, um 1910 | Material: Holz (Fichte), gedrechselt und beschnitzt, Leimfarbenbemalung, Spirituslack-Überzug | Höhe: 3,8 cm; Inv.-Nr. 2001.14 | Die detaillierte Darstellung und Bemalung der Figürchen entspricht von links nach rechts in

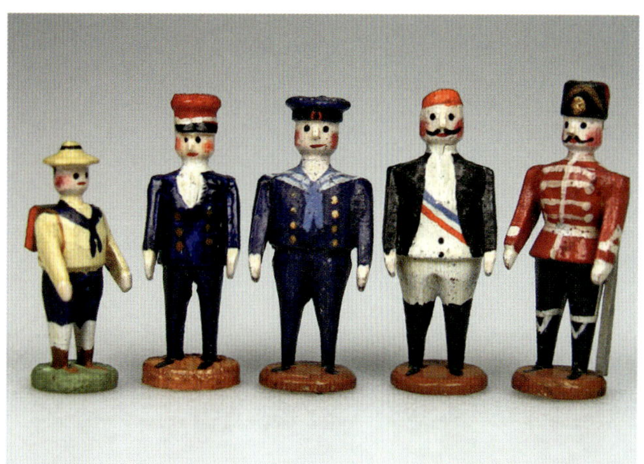

Kat. 38

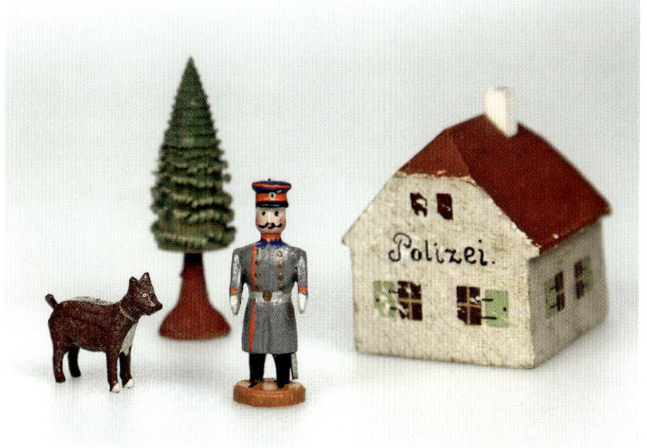

Kat. 39

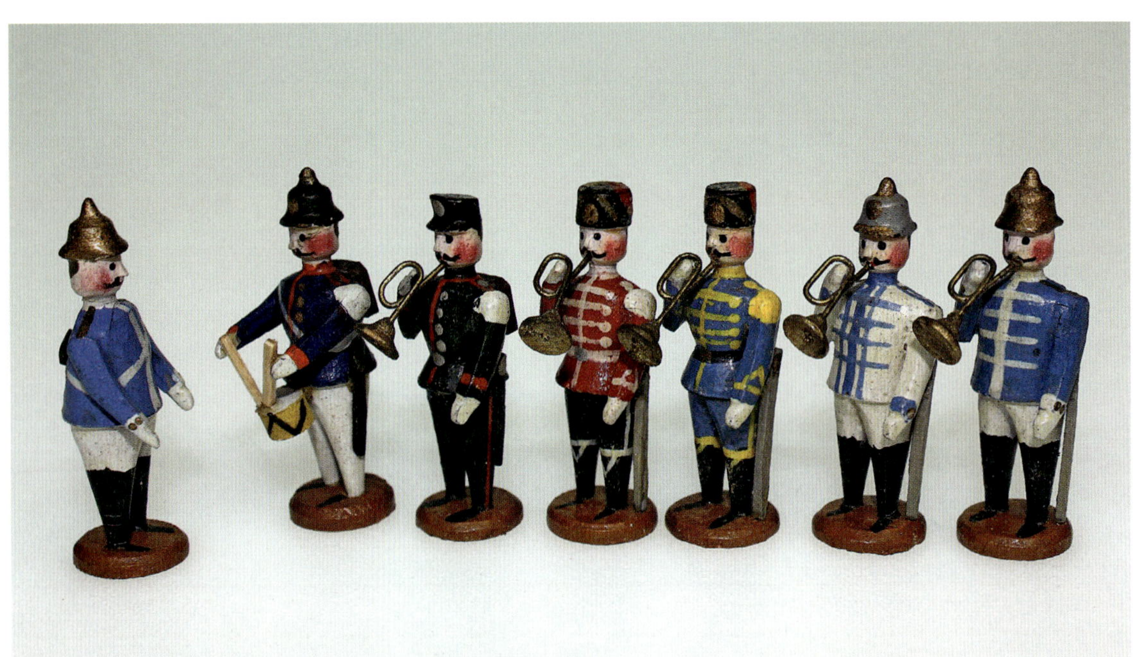

Kat. 40

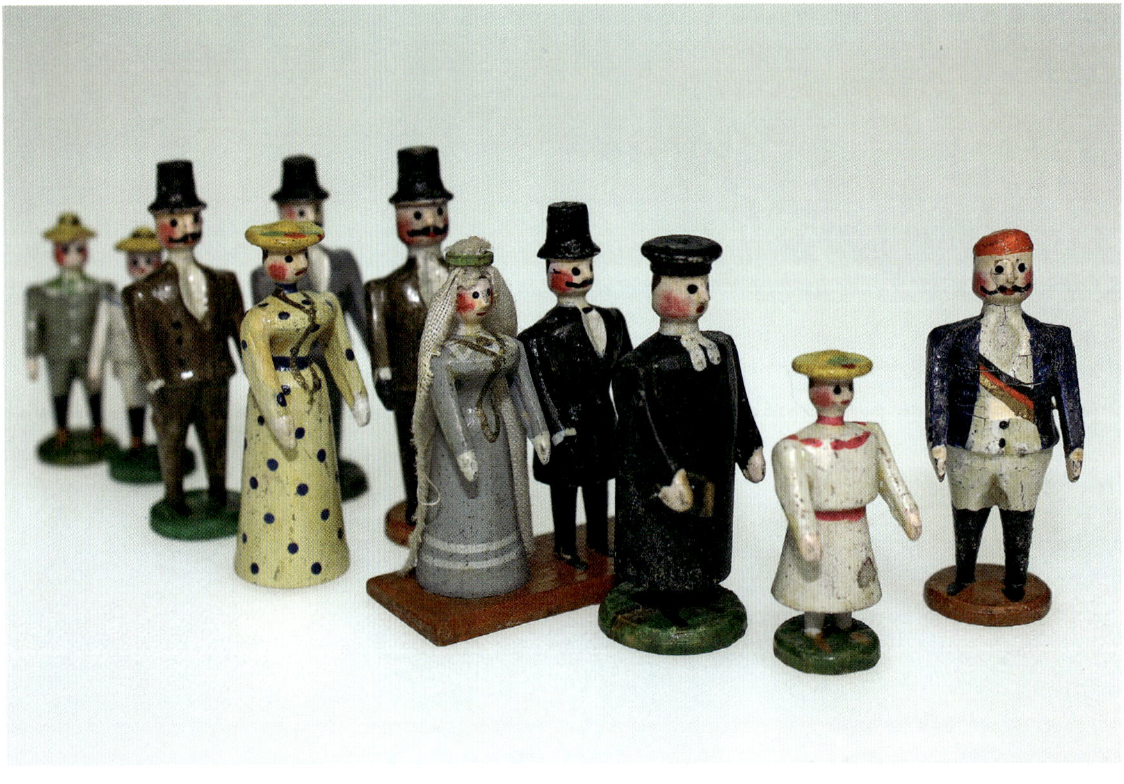

Kat. 41

etwa folgenden Uniformen: Sachsen, Mannschaft Garde-Reiter-Regiment (1. Schweres Regiment) Dresden Sachsen; Infanterie-Trommler Sachsen; Hornist der Jäger-Bataillone Preußen; Trompeter Husaren-Regiment von Zieten (Brandenburgisches) Nr. 3, Rathenow Sachsen; Trompeter Husaren-Regiment König Albert Nr. 18, Großenhain; Uniform unklar; Sachsen, Trompeter im Garde-Reiter-Regiment (1. Schweres Regiment) Dresden | Vermutlich verwendete Louis Heinrich Hiemann zur Gestaltung seiner Figuren zeitgenössische Postkarten als Bildvorlagen.

Kat. 41

11 Figuren einer bürgerlichen Hochzeit (Brautzug)

Spielzeugmuseum Nürnberg, Foto: Urs Latus | Gestaltung und Produktion: Louis Heinrich Hiemann, Heidelberg bei Seiffen, um 1910 | Material: Holz (Fichte), gedrechselt und beschnitzt, Leimfarbenbemalung, Spirituslack-Überzug | Höhe: 2,0 und 3,8 cm; Inv.-Nr. 2001.3 | Im Vordergrund evangelischer Pfarrer und Verbindungsstudent | Verbindungsstudent aus Inv.-Nr. 2001.15: hier 11 weitere Figuren darunter auch Clown, Spreewälder Amme, Jäger, Nachtwächter, Tiroler und Tirolerin, Beamter, Schulkinder

Kat. 42

5 Trachtenfiguren

Erzgebirgisches Spielzeugmuseum Seiffen | Gestaltung und Produktion: Louis Heinrich Hiemann, Heidelberg bei Seiffen, um 1910 | Material: Holz (Fichte), gedrechselt und beschnitzt, Leimfarbenbemalung, Spirituslack-Überzug | Höhe: 3,0 bis 3,8 cm; Inv.-Nr. 22398 | Hiemann gestaltete diese Figuren mit deutlichen regionalen Bezügen.
Bei der Figur mit Pfeife könnte es sich um einen »Badenser Bauer[n] mit Pfeife« handeln. Unter dieser Bezeichnung listet Richard Zeumer Dresden in seinem Spielwarensortiment »Das erzgebirgische Dörfchen« (Ausgabe 1913) eine »ff. [extrafein] bemalte und gedrehte« Figur zum Preis von 20 Pfennig. In der Ausgabe von 1915 verweist er auf eine Extraliste mit »Holz-Leutchen in riesiger Auswahl. Alle Berufe vertreten. Reizende National-Trachten und interessante Charaktertypen der Bevölkerung.«

Kat. 43

3 Hausierer – Wanderhändler

Erzgebirgisches Spielzeugmuseum Seiffen | Von links nach rechts: Vogelhändler, Schwarzwälder Uhrenhändler, Stoffhändler | Gestaltung und Produktion: Louis Heinrich Hiemann, Heidelberg bei Seiffen, um 1913 | Material: Holz (Fichte), gedrechselt und beschnitzt, Leimfarbenbemalung, Spirituslack-Überzug | Höhe: ca. 3,8 cm; Inv.-Nr. Vogel- und Stoffhändler 22391, Uhrenhändler 22392 | Bei der Figur des Stoffhändlers könnte es sich um einen »Leinewand-

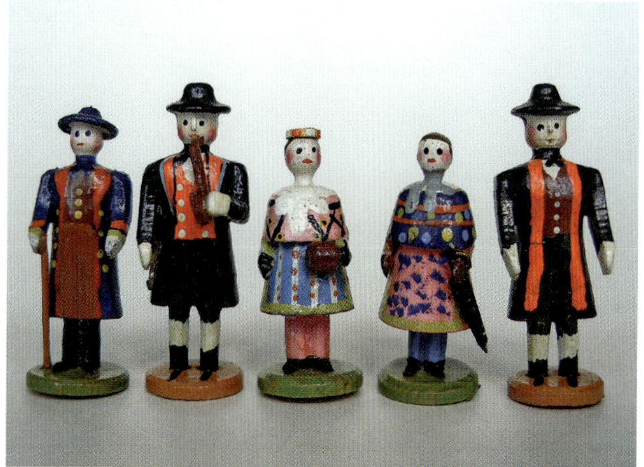

Kat. 42

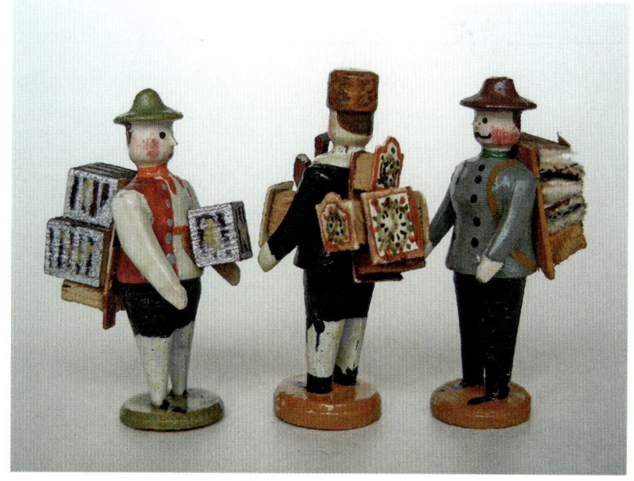

Kat. 43

händler mit Kippe« handeln. Unter dieser Bezeichnung listet Richard Zeumer Dresden in seinem Spielwarensortiment »Das erzgebirgische Dörfchen« (Ausgabe 1913) jene »extrafein bemalte und gedrehte« Figur zum Preis von 20 Pfennig.

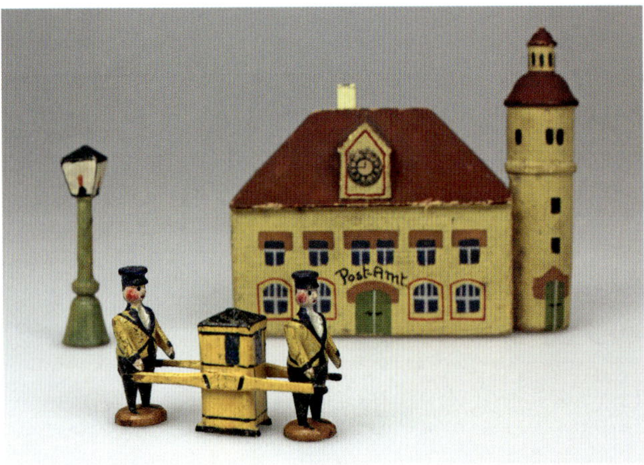

Kat. 44

Kat. 44

Dresdener Ratschaisenträger

Figuren Spielzeugmuseum Nürnberg, Laterne und Postamt Privatbesitz | Gestaltung und Produktion: Louis Heinrich Hiemann, Heidelberg bei Seiffen, ab 1913 | Material: Holz (Fichte), gedrechselt und beschnitzt, Leimfarbenbemalung, Spirituslack-Überzug | Höhe der Figuren: ca. 3,5 cm; Inv.-Nr. 2001.3

→ Weitere Hinweise/Vergleiche: Spielwarenhaus Richard Zeumer Dresden/Altstadt, Preisliste »Das erzgebirgische Dörfchen« 1913, S. 4 »Letzte Neuheit! Chaisenträger mit Chaise –.45« und ebd. S. 3: »Postamt mit Turm« Artikelnummer 12 a zum Preis von 1.20 Mark. Vgl. auch: Neumann (1999), S. 25, Abb. 26

Kat. 45

Dorfmusikanten

Spielzeugmuseum Nürnberg | Klarinettist, Blechbläser, Schlagzeuger mit großer Trommel | Gestaltung und Produktion: Louis Heinrich Hiemann, Heidelberg bei Seiffen, um 1913 | Material: Holz (Fichte), gedrechselt und beschnitzt, Leimfarbenbemalung, Spirituslack-Überzug | Höhe der Figuren: ca. 3,5 cm; Inv.-Nr. 2007.468

→ Weitere Hinweise/Vergleiche: Spielwarenhaus Richard Zeumer Dresden/Altstadt, Preisliste »Das erzgebirgische Dörfchen« 1913, S. 4. Vgl. auch: Neumann (1999), S. 25, Abb. 26

Kat. 46

Fest-Musikanten

Spielzeugmuseum Nürnberg | Blechbläser und Klarinettist | Gestaltung und Produktion: Karl Müller, Seiffen ab 1913 | Material: Holz (Fichte), gedrechselt und beschnitzt, Leimfarbenbemalung, Spirituslack-Überzug | Höhe der Figuren: ca. 4,0 cm; Inv.-Nr. 1971.1950

→ Weitere Hinweise/Vergleiche: Spielwarenhaus Richard Zeumer Dresden/Altstadt, Preisliste »Das erzgebirgische Dörfchen« 1913, S. 4 »Letzte Neuheit! Fest-Musikanten in schwarzen Röcken Satz Mk. 1.25« Vgl. auch: Neu-

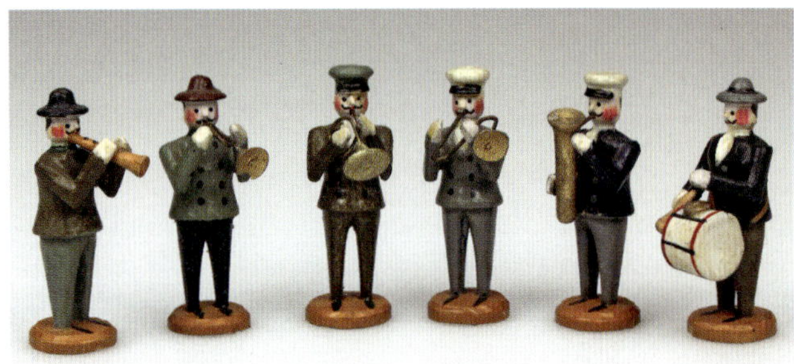

Kat. 45

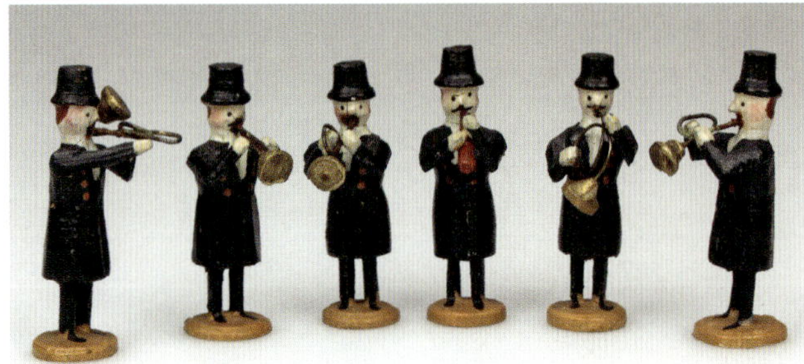

Kat. 46

mann (1999), S. 25 und 26 (hier Lieferbeleg für die Jahre 1914–1918 an den Verlag R. F. Fischer: »Straßenmusikanten sechs Stück/Satz für 40 Pf«). Bachmann (1956), S. 25–31.

Kat. 47

Miniatur-Garnituren, Abbildung

aus: Musterblatt mit vier thematisch zusammengestellten Szenen (auf Pappe aufgeheftete Miniaturspielwaren unterschiedlicher Hersteller – sogenannte Garnituren) | Charakteristische Handelsware eines erzgebirgischen Verlagshauses, ohne Firmennachweis und ohne Jahr (um 1914)

Kat. 48

Dresdner Spielzeug, Stadtfiguren und Gefährte

Spielzeugmuseum Nürnberg | Entwurf: Margarete Junge, Dresden, um 1907 | Erste Ausführung: Dresdener Werkstätten für Handwerkskunst/Deutsche Werkstätten für Handwerkskunst, Abteilung Spielsachen Zschopau ab 1907, Artikelnummer: 332, Preis: 1,80 | Ab 1909 im Sortiment der Holzspielwarenfabrik Theodor Heymann Großolbersdorf (Artikelnummern identisch) | Material: Holz (Figuren Sperrholz) gesägt, gefräst, farbig gebeizt und gefasst, Draht, Zinnräder | Länge der Gespanne: ca. 9 cm, Höhe der Figuren: ca. 2,5 cm, Inv.-Nr. 2008.512 | Die stilisierten Umriss-Figuren und Gespanne dienten auch als Zubehör

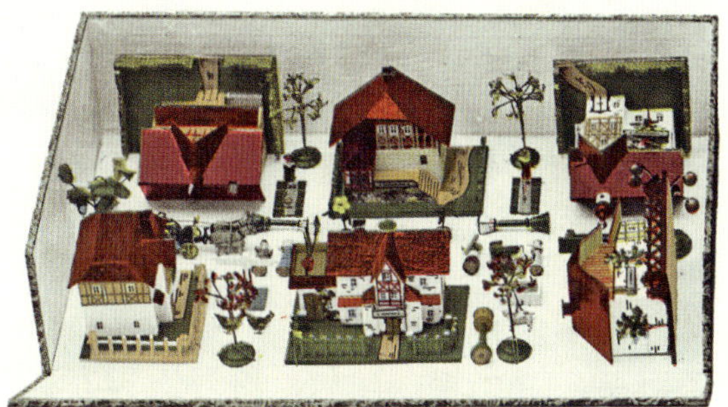

Villendorf No. 1212
46½×28½×11 cm

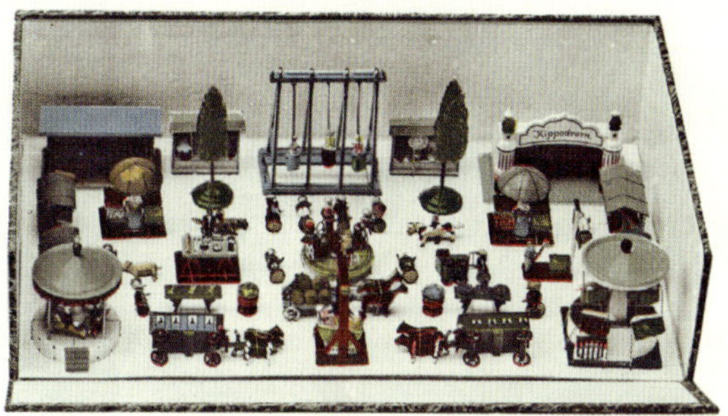

Jahrmarkt No. 3400
46½×27½×11 cm

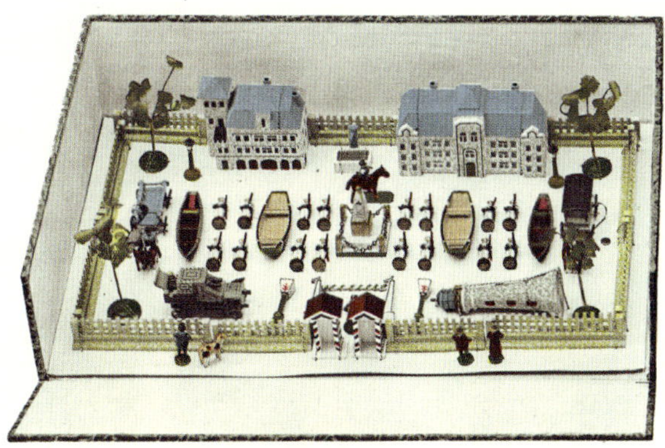

Matrosen-Kaserne No. 3700
46×29×11 cm

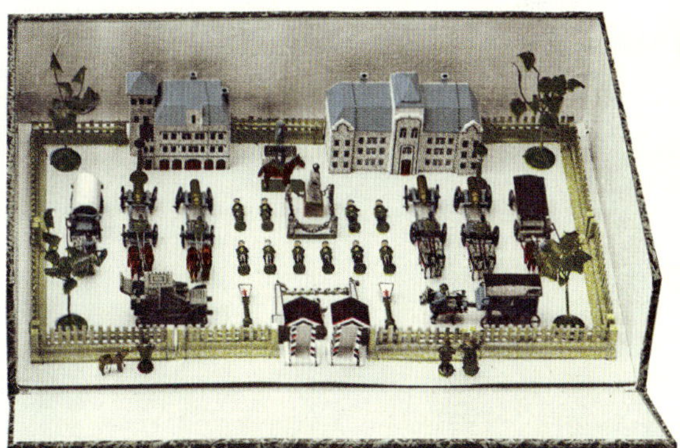

Artillerie-Kaserne No. 3700
46×29×11 cm

Kat. 47

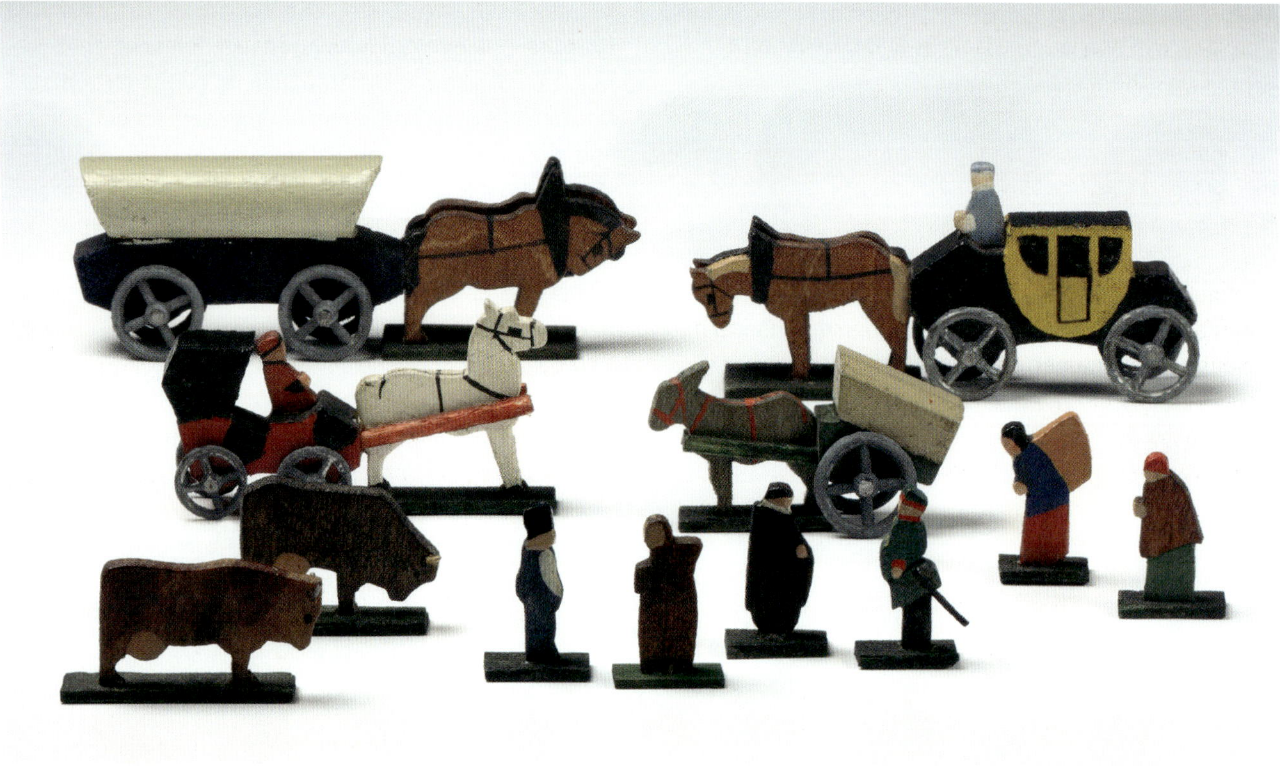

Kat. 48

zu Artikelnummer: 245 »Alte Stadt von Karl Gruber« und 256 »Dorf von Karl Gruber«.

→ Weitere Hinweise/Vergleiche: Wegweiser, 22. Jg. August 1907, Nr. 490, S. 3824 mit Abb.; Illustrierte Zeitung, Nr. 3363, 12. Dezember 1907, o. S. »Dresdner Spielzeug« Abb. 1 | Katalog: Spielzeug Gemeinnützige Vertriebsstelle Deutscher Qualitätsarbeit GmbH gegründet vom Dürerbund Hellerau bei Dresden, S. 57, Artikel Nr. 51

Kat. 49

3 Figuren Vierländer-Trachtenfiguren

Spielzeugmuseum Nürnberg | Entwurf: Oskar Schwindrazheim, Hamburg, um 1907 | Erste Ausführung: Dresdener Werkstätten für Handwerkskunst/Deutsche Werkstätten für Handwerkskunst, Abteilung Spielsachen Zschopau 1907, ab 1909 im Sortiment der Holzspielwarenfabrik Theodor Heymann Großolbersdorf Artikelnummer: 474, Preis 2 Mark | Material: Holz (Sperrholz) gesägt, gebeizt und farbig gefasst, Draht | Höhe: 3,5 cm; Inv.-Nr. 2008.511

→ Weitere Hinweise/Vergleiche: Die Figuren dienten als Zubehör zu Artikelnummer: 473 »Dresdner Spielzeug/Vierländer Dorf«, Preis 15 Mark

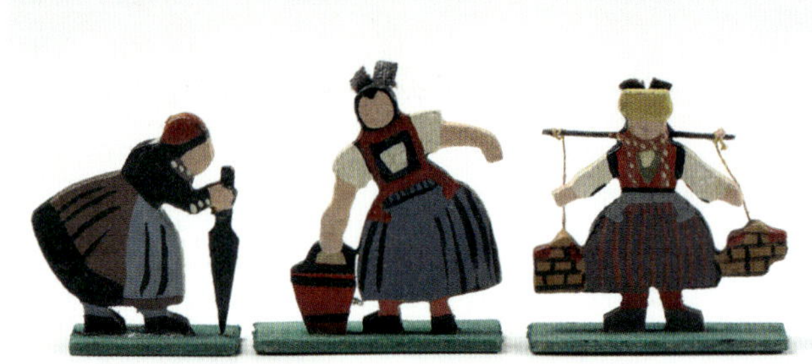

Kat. 49

Kat. 50

4 Gespanne »Feldgeräte«: Jauchewagen, Heuwagen, Pflug, Egge und Bauer

Spielzeugmuseum Nürnberg | Entwurf: unbekannt | Erste Ausführung: Dresdener Werkstätten für Handwerkskunst/ Deutsche Werkstätten für Handwerkskunst, Abteilung Spielsachen Zschopau 1907 (1907 interne Firmenumstrukturierung und Namensänderung, siehe Tabelle im Kapitel Anzeigenwerbung), ab 1909 im Sortiment der Holzspielwarenfabrik Theodor Heymann Großolbersdorf, Einzelstücke aus Artikelnummer: 438, vollständige Erntegruppe Preis: 3,25 und 423, Preis: 5 Stück: 2 Mark | Material: Holz (Sperrholz) gesägt, gebeizt und farbig gefasst, Draht, Zinn | Länge: ca. 10 cm; aus Inv.-Nr. 2008.504 und 2008.500

→ Weitere Hinweise/Vergleiche: Deutsche Werkstätten für Handwerkskunst, Abteilung Spielsachen Zschopau: Dresdner Spielzeug, Nachtrag zum Hauptkatalog Oktober 1908, S. 4 und 7

Kat. 51

4 Gespanne Stadtgefährte: Möbelwagen, Omnibus, Dogcart, Kehrmaschine und Figuren

Spielzeugmuseum Nürnberg | Entwurf: unbekannt, Radfahrer von Karl Soffel, München, um 1908 | Erste Ausführung: Deutsche Werkstätten für Handwerkskunst, Abteilung Spielsachen Zschopau 1908, ab 1909 im Sortiment der Holzspielwarenfabrik Theodor Heymann Großolbersdorf, Einzelstücke aus Artikelnummer: 413 Möbelwagen,

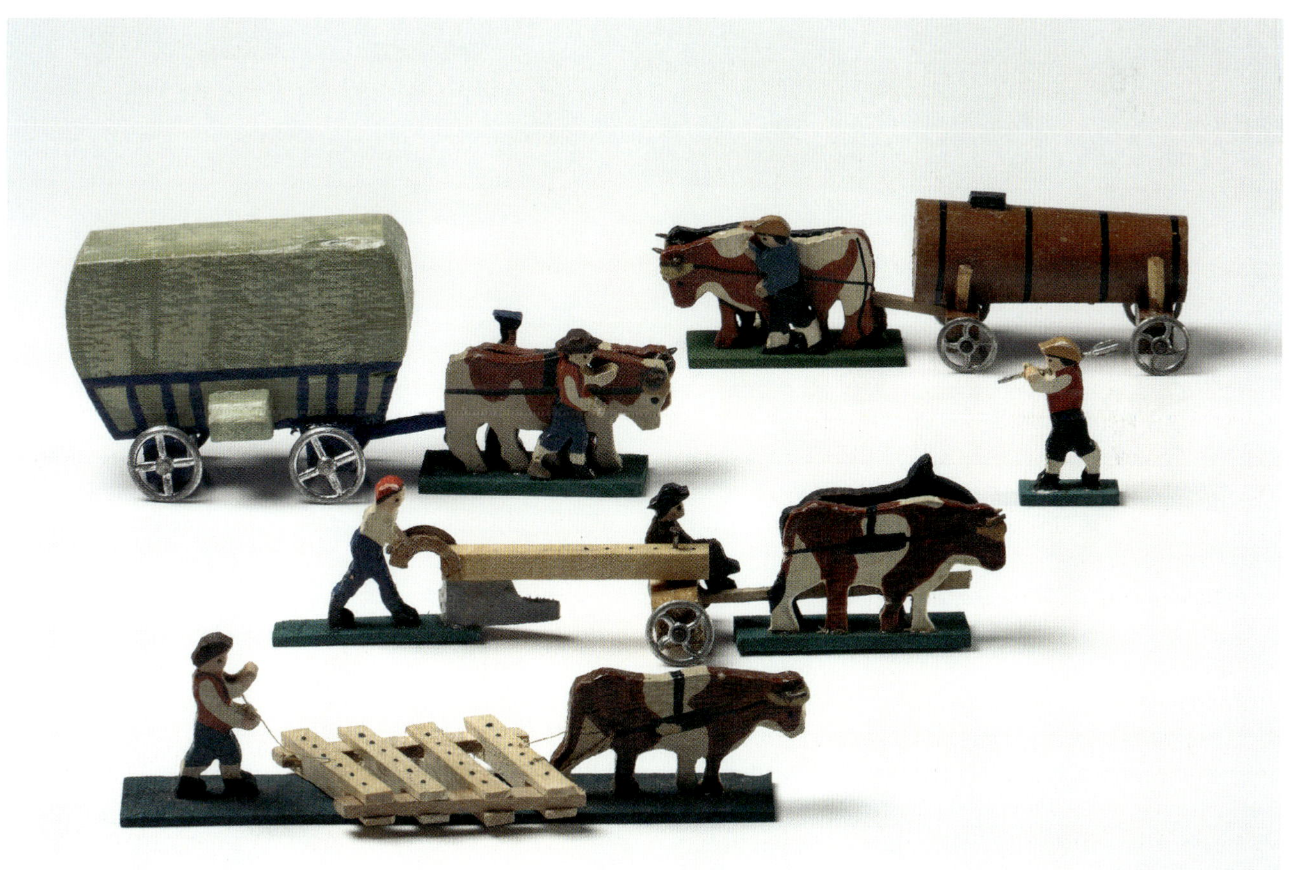

Kat. 50

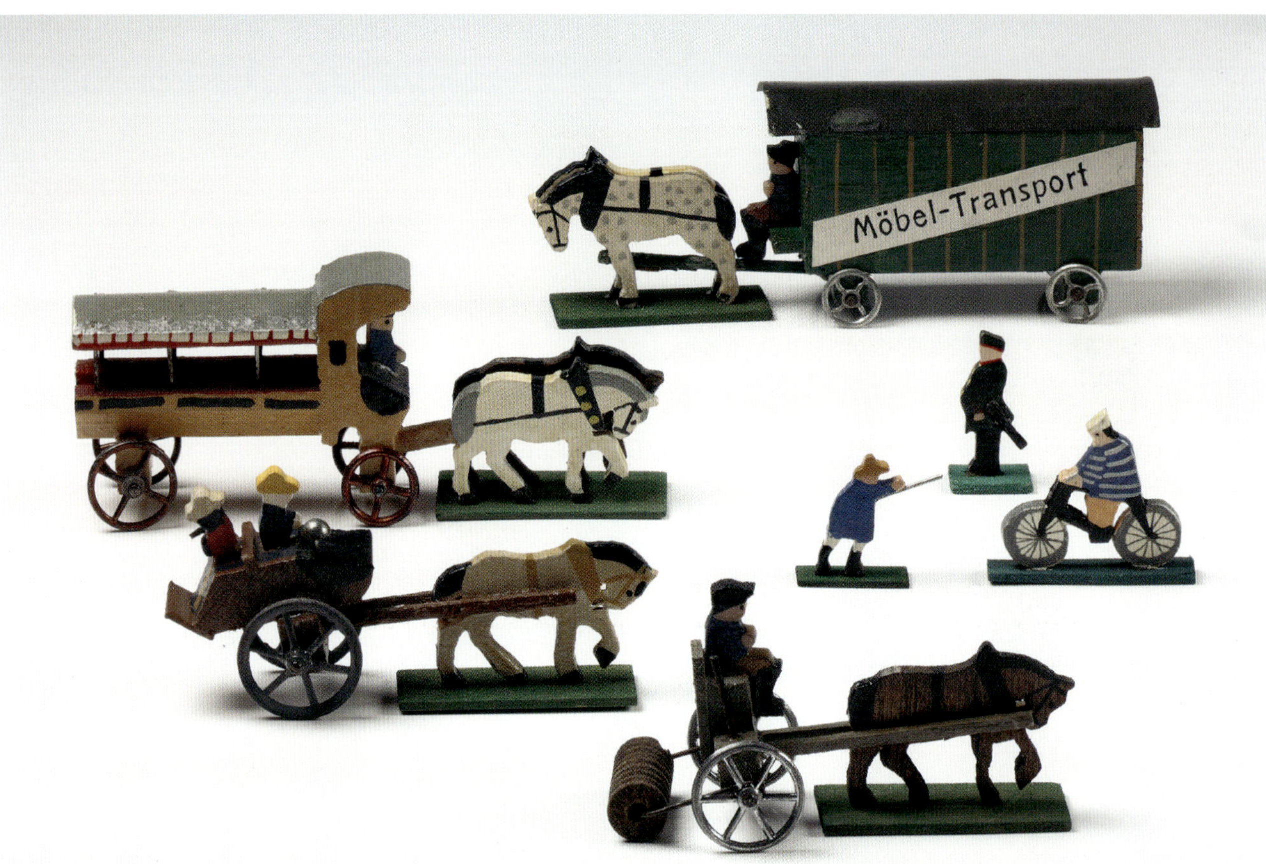

Kat. 51

421 Kehrmaschine, 422 Omnibus und Dogcart, Preis pro Satz zu vier Stück: 1,75 Mark, Artikelnummer: 305 Radfahrer aus Satz Stadtgefährte (Straßenbahn, Dampfwalze, Auto, Droschke, Dienstmann, Radler) | Material: Holz (Sperrholz) gesägt, gebeizt und farbig gefasst, Zinnräder | Länge: ca. 7–11 cm | Inv.-Nr. 2008.508, 2008.505, 2008.506, 2008.507, Figuren aus: 2008.502, 2008.509, → Weitere Hinweise/Vergleiche: Deutsche Werkstätten für Handwerkskunst, Abteilung Spielsachen Zschopau: Dresdner Spielzeug, Nachtrag zum Hauptkatalog Oktober 1908, S. 8 und 10 | Staatliche Kunstsammlungen Dresden, Museum für Sächsische Volkskunst, Inv.-Nr. G 8690 und G 8692 | Literatur zu Karl Soffel: Latus (1998 a), S. 68–69 und biografische Daten S. 150

Kat. 52

Figurensatz: Landleute

Spielzeugmuseum Nürnberg | Entwurf: unbekannt | Erste Ausführung: Deutsche Werkstätten für Handwerkskunst, Abteilung Spielsachen Zschopau 1908, ab 1909 im Sortiment der Holzspielwarenfabrik Theodor Heymann Großolbersdorf, Artikelnummer: 426, Preis: 1,50 Mark | Material: Holz (Sperrholz) gesägt, gebeizt und farbig gefasst, Zinn | Höhe: ca. 2,8 cm; aus Inv.-Nr. 2008.500

→ Weitere Hinweise/Vergleiche: Deutsche Werkstätten für Handwerkskunst, Abteilung Spielsachen Zschopau: Dresdner Spielzeug, Nachtrag zum Hauptkatalog Oktober 1908, S. 6

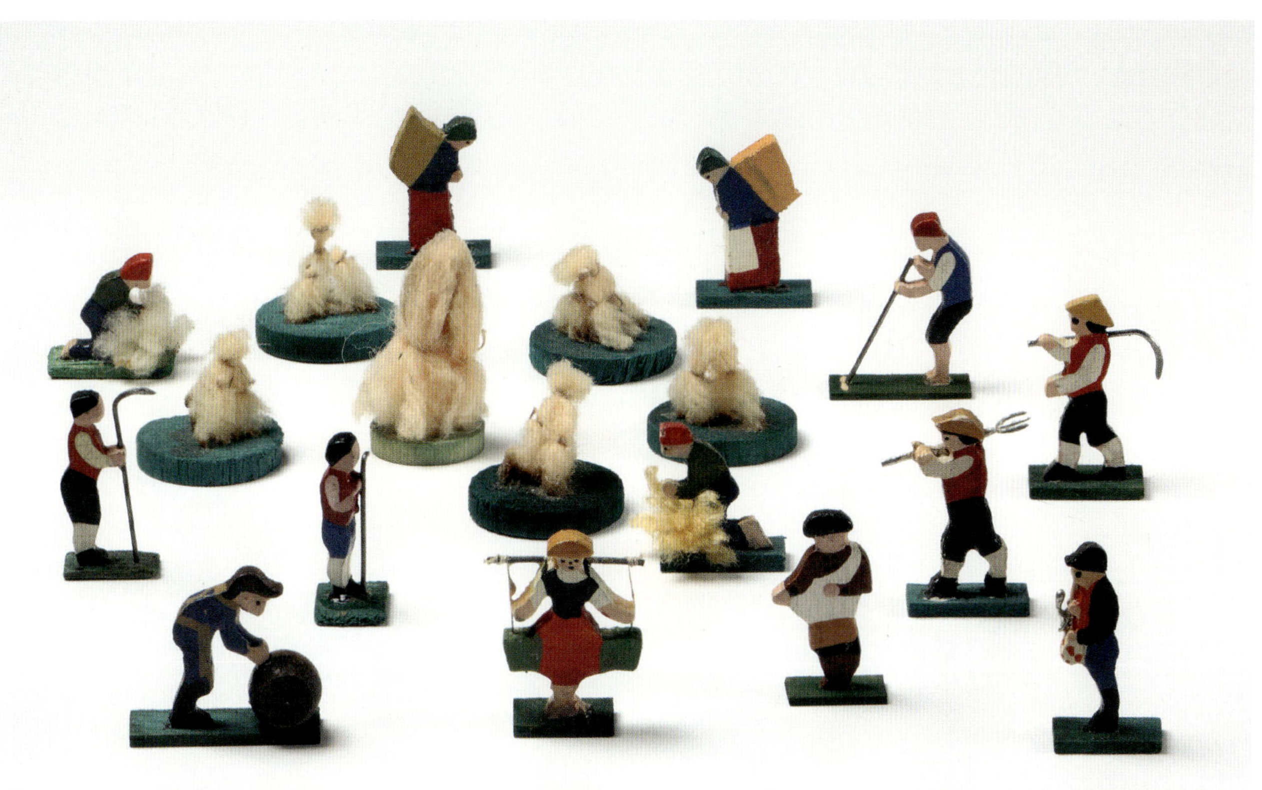

Kat. 52

Kat. 53

Figurensatz: Ritter

Spielzeugmuseum Nürnberg | Entwurf: unbekannt | Erste Ausführung: Deutsche Werkstätten für Handwerkskunst, Abteilung Spielsachen Zschopau 1908, ab 1909 im Sortiment der Holzspielwarenfabrik Theodor Heymann Großolbersdorf, Artikelnummer: 331, Preis: 2,50 | Material: Holz (Sperrholz) gesägt, gebeizt und farbig gefasst, Draht | Höhe: ca. 3,6 cm; Inv.-Nr. 2008.501

→ Weitere Hinweise/Vergleiche: Dresdner Spielzeug der Firma Theodor Heymann, Grossolbersdorf/Sa., früher Spielwarenabteilung der Deutschen Werkstätten für Handwerkskunst GmbH, Jahrgang 1910. Satz Ritterfiguren Artikelnummer 331 in Spanschachtel passend zu Burg Artikelnummer: 293 (Entwurf: K. Gruber)

Kat. 54

2 Einzelfiguren aus dem Figurensatz: Tanzmusik

Spielzeugmuseum Nürnberg | Entwurf: Johanna Dohrn (Bildhauerin), Dresden Hellerau, um 1908 | Erste Ausführung: Deutsche Werkstätten für Handwerkskunst, Abteilung Spielsachen Zschopau 1908, ab 1909 im Sortiment der Holzspielwarenfabrik Theodor Heymann Großolbersdorf, Artikelnummer: 435, Preis: 1,75 Mark | Material: Holz (Sperrholz) gesägt, gebeizt und farbig gefasst | Höhe: 3,7 cm; Inv.-Nr. 2008.510 | Die Figurengruppe diente auch als Zubehör für Artikelnummer 440: Wirtshaus,

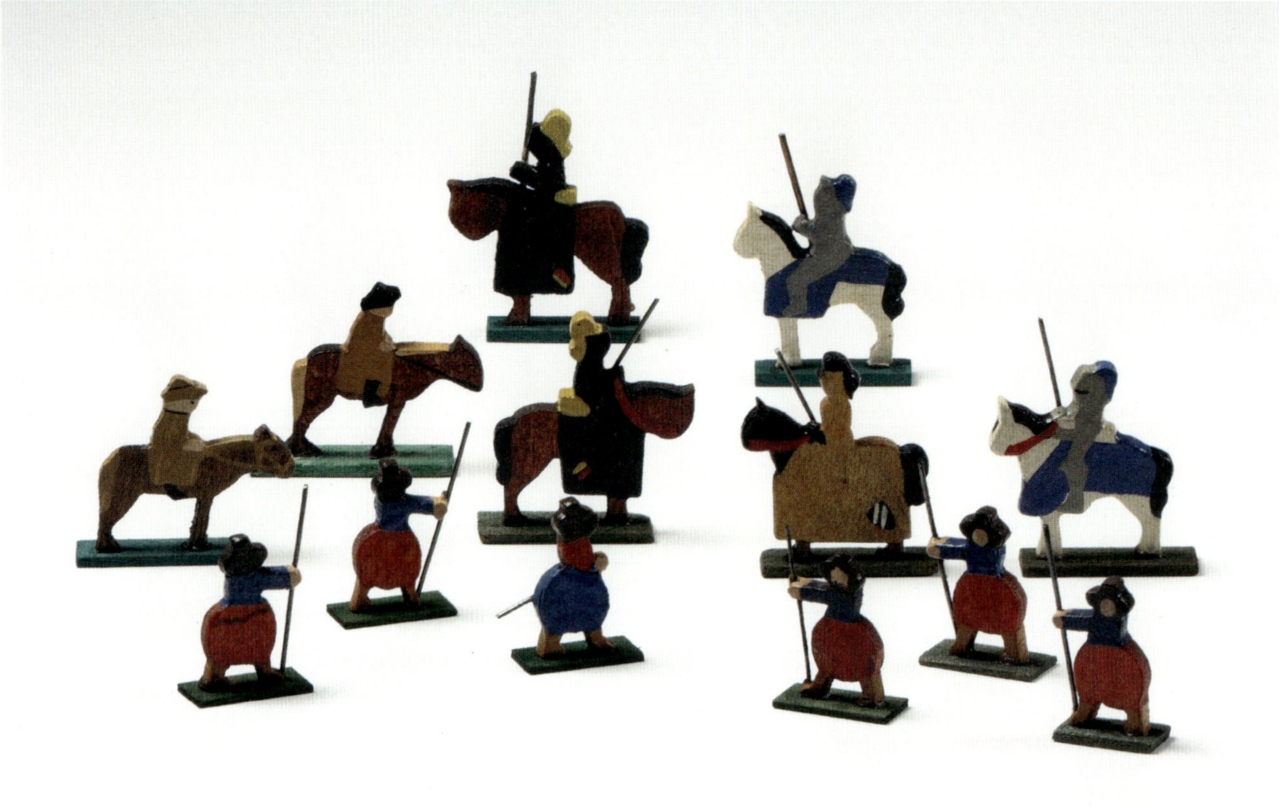

Kat. 53

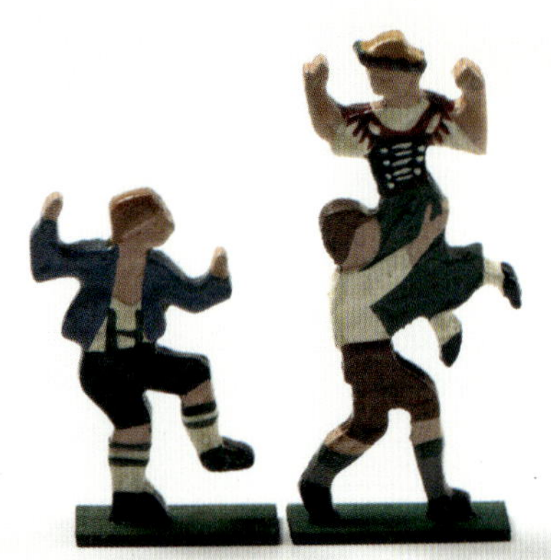

Kat. 54

Entwurf: Karl Gruber, Dresden, um 1908
→ Weitere Hinweise/Vergleiche: Staatliche Kunstsammlungen Dresden, Museum für Sächsische Volkskunst, Inv.-Nr.: G 8688 (kompletter Satz)

Kat. 55

Postkutsche und Dampfspritze

Spielzeugmuseum Nürnberg | Entwurf: unbekannt | Ausführung: Carl Brandt jr. Gößnitz/Sachsen-Altenburg ab 1909 | Material Postkutsche: Holz/Sperrholz, gesägt und formgefräst, lackierte Zinnräder, Binnenzeichnung im Spritzverfahren schablonenlackiert | Höhe: 3,5 cm; Länge: 9,4 cm | Material der Dampfspritze: Holz, gesägt und formgefräst, Drehteile, lackierte Zinnräder, Karosse im

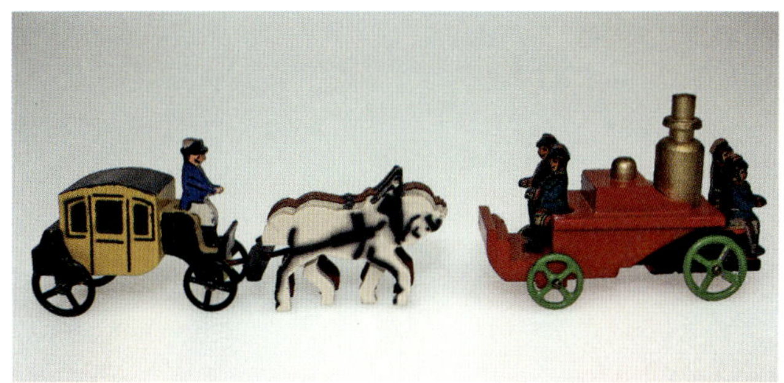

Kat. 55

Spritzverfahren lackiert, Binnenzeichnung der Figuren auf Papier gedruckt | Höhe: 4,5 cm; Länge: 6,3 cm | Postkutsche Inv.-Nr. 2007.48, Dampfspritze Inv.-Nr. 2007.246
→ Weitere Hinweise/Vergleiche: Rundschau, 1. Jg. Nr. 1, 1. September 1909, Titelseite: Anzeige der Fa. Carl Brandt jr. mit Abbildung der Postkutsche und Text: »Neu! Miniatur-Spielsachen« | Wegweiser, 24. Jg. August 1909, Nr. 537, S. 6079 als »Neuheit« beworben. Siehe auch: Epoche Modellautoheft 2, (2008), S. 12 »leichte, einspännige Ausfuhrrolle«

Kat. 56

Automobil »Cabriolet«

Erzgebirgisches Spielzeugmuseum Seiffen | Entwurf: unbekannt | Ausführung: Carl Brandt jr. Gößnitz/Sachsen-Altenburg, um 1910 | Material: Holz, gesägt und formgefräst, lackierte Zinnräder, Karosserie zum Teil im Spritzverfahren schablonenlackiert | Länge: 4,6 cm, Inv.-Nr. 506/129 8942 | Der charakteristische Einsitzer wurde auch mit grüner Lackierung hergestellt. Die auf das Wesentliche reduzierte Form ermöglichte eine hoch rationelle maschinelle Produktion. Gelegentlich existieren Modelle mit gestempelter Firmenmarke auf der Unterseite.

Kat. 57

Schnellzug mit Dampflokomotive

Spielzeugmuseum Nürnberg | Entwurf: unbekannt | Ausführung: Carl Brandt jr. Gößnitz/Sachsen-Altenburg um 1910 | Material: Holz, gesägt und formgefräst, Drehteile, Zinnräder lackiert, Binnenzeichnung der Waggons im Spritzverfahren schablonenlackiert | Höhe: 3 cm; Länge: 39 cm; Inv.-Nr.: 2007.437 | Moderner Schnellzug »Exportausführung«, sogenannter D-Zug mit Faltenbälgen zwischen den einzelnen Waggons
→ Weitere Hinweise/Vergleiche: Bachmann (1985), S. 147, Artikelnummer: 39/282/10 »Miniatureisenbahn« und Artikelnummer: 39/301 »Miniatur-D-Zug«

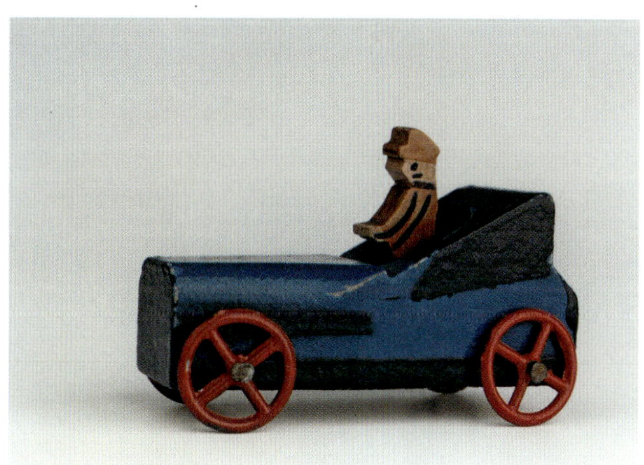

Kat. 56

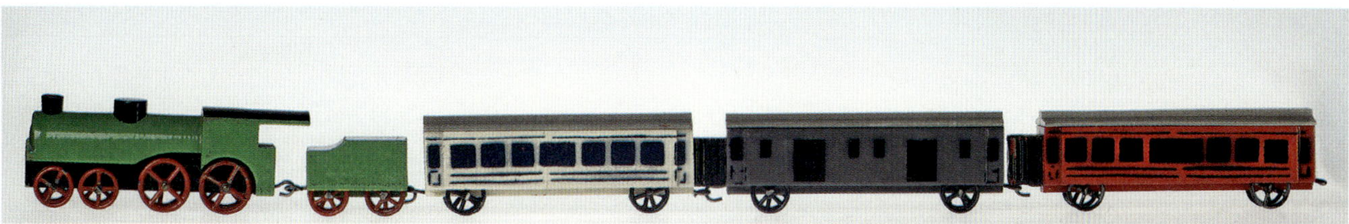

Kat. 57

Übersichten und Transkriptionen

Anzeigenwerbung und Messeberichterstattung 1905–1914

Firma/Institution	Produktbeschreibung (originaler Wortlaut)	Quelle/Jahr	mit Textbeitrag	Bild
C. F. Drechsel, Grünhainichen	Arbeiten nach Oberbaurat Schmidt, Architekt E. Kühn, Professor Seiffert	Wegweiser, Nr. 441, S. 1606, August 1905	ja	nein
C. F. Drechsel, Grünhainichen	Dörfer nach Entwürfen ...	Wegweiser, Nr. 443, S. 1708, September 1905	ja, ausführliche Beschreibung	nein
C. F. Drechsel, Grünhainichen	Modernes Spielzeug	Wegweiser, Nr. 466, S. 2698, August 1906	ja, Werbetext für die neuen Dresdener Miniaturspielsachen	nein
Fachgewerbeschule Grünhainichen	mit neuartigen Spielzeugen vertreten	Wegweiser, Nr. 467, S. 2758, September 1906	ja, Textbeitrag über die neuen Dresdener Miniaturspielsachen ausgestellt von der Fachgewerbeschule auf der 3. Deutschen Kunstgewerbe-ausstellung Dresden 1906	nein
C. F. Drechsel, Grünhainichen	Reizende moderne Miniaturschachtel-Spiele	Wegweiser, Nr. 468, S. 2802, September 1906	ja, Messeneuheiten	nein
C. F. Drechsel, Grünhainichen	Moderne Spielwaren nach Entwürfen hervorragender Dresdener Künstler	Wegweiser, Nr. 477, S. 3195, Februar 1907	nein	nein
S. F. Fischer, Oberseiffenbach	In erster Linie nennen wir den niedlichen Miniaturbaukasten.	Wegweiser, Nr. 478, S. 3312, Februar 1907	ja, Textbeitrag mit Beschreibung, »System-gedanke« = mehrere Kästen ergeben diverse Häuser für ein Dorf	nein
S. F. Fischer, Oberseiffenbach	Neu! Miniaturbaukasten	Wegweiser, Nr. 478, S. 3333, Februar 1907	nein	ja
C. F. Drechsel, Grün-hainichen	kleine, fein ausgeführte Automobile; reizende Gespanne mit Klötzen […]	Wegweiser, Nr. 482, S. 3486, April 1907	ja, Beschreibung	nein

Firma/Institution	Produktbeschreibung (originaler Wortlaut)	Quelle/Jahr	mit Textbeitrag	Bild
Dresdener Werkstätten für Handwerkskunst	Miniaturfiguren	Wegweiser, Nr. 490, S. 3824, 3. Messeheft August 1907	ja, erstmalige Erwähnung der Gespanne und Figuren von Margarete Junge Dresden	ja
C. F. Drechsel, Grünhainichen		Wegweiser, Nr. 490, S. 3839, August 1907	nein, Drechsel wirbt in den Anzeigen vorläufig nicht mehr mit »Dresdner Künstlern«	nein
Dresdener Werkstätten für Handwerkskunst		Wegweiser, Nr. 491, S. 3876, September 1907	ja, lobende Besprechung aller Produkte im Sinne der Pädagogik	nein
Carl Brandt jr., Gössnitz S.-A.	Garten- und Städtebaukasten	Wegweiser, Nr. 491, S. 3876, September 1907	ja, lobende Besprechung	nein
Deutsche Werkstätten für Handwerkskunst, Dresden-A.	Dresdner Spielzeug	Wegweiser, Nr. 499, S. 4206, Januar 1908	ja, Änderungen und Besitzstandswechsel: hier Bericht über die neue Firmenstruktur mit neuer Geschäftsstelle in Dresden, Firmenname: Deutsche Werkstätten für Handwerkskunst GmbH	nein
C. F. Drechsel, Grünhainichen	Moderne Spielwaren nach Entwürfen hervorragender Dresdener Künstler	Wegweiser, Nr. 500, S. 4266, Januar 1908	nein	nein
Carl Nötzel, Niederneuschönberg bei Olbernhau	Lager in: Miniaturfüllungen	Wegweiser, Nr. 501, S. 4331, Februar 1908	nein, 1. Anzeige dieser Firma mit Verweis auf Miniaturspielwaren	nein
S. F. Fischer, Oberseiffenbach	Miniaturbaukasten, Volkskunstbaukasten, Miniatur-Volks-Ausgaben der Fröbelschen Baukasten Gaben 3 und 4, Der kleine Schwede – 10 Pfennig Baukasten	Wegweiser, Nr. 501, S. 4353, Februar 1908	nein	ja

Firma/Institution	Produktbeschreibung (originaler Wortlaut)	Quelle/Jahr	mit Textbeitrag	Bild
S. F. Fischer, Oberseiffenbach	[identischer Text] in der Abb. 10 Häuser »Volksbaukunst«	Wegweiser, Nr. 502, S. 4469, Februar 1908	nein	ja
Dresdener bzw. Deutsche Werkstätten für Handwerkskunst Dresden-A.	Miniaturgefährte: Auto, Ochsengespann, Liliput-Ackergeräte, Viehweiden, Wettrennen [...]	Wegweiser, Nr. 504, S. 4538, 4540, März 1908	ja, Beschreibung der Artikel	nein
C. F. Drechsel, Grünhainichen	Miniaturspielzeug in Schachteln: Soldaten, Feuerwehr, Eisenbahnen, Pferde- und Kuhställe	Wegweiser, Nr. 516, S. 5046, September 1908	ja, Beschreibung der Artikel	nein
Carl Nötzel, Niederneuschönberg bei Olbernhau	Miniatur-Ackergeräte, Tiere, Schaukeln, Feuerwehr, Fahrzeuge etc.	Wegweiser, Nr. 516, S. 5050, September 1908	ja, Beschreibung der Artikel	nein
Carl Nötzel, Niederneuschönberg bei Olbernhau	Miniatur-Sachen	Wegweiser, Nr. 521, S. 5261, Dezember 1908	nein	nein
Deutsche Werkstätten für Handwerkskunst, Dresden-A.	Dresdener Spielzeug	Wegweiser, Nr. 522, S. 5278, Dezember 1908	nein	ja
Carl Nötzel, Niederneuschönberg bei Olbernhau	reizende Miniatur-Aufstellungen	Wegweiser, Nr. 535, S. 5975, Juli 1909	ja, Beschreibung des Sortiments	nein
Carl Brandt jr., Gössnitz S.-A.	Neu! Miniatur-Spielsachen	Wegweiser, Nr. 536, S. 6028, Juli 1909	nein	nein
Carl Brandt jr., Gössnitz S.-A.	Neu! Miniatur-Spielsachen [Postkutsche und Planwagen]	Wegweiser, Nr. 537, S. 6079, August 1909	nein	ja
D. H. Wagner & Sohn, Grünhainichen	Miniaturspielwaren	Wegweiser, Nr. 537, S. 6118, August 1909	nein	nein

Firma/Institution	Produktbeschreibung (originaler Wortlaut)	Quelle/Jahr	mit Textbeitrag	Bild
Glöckner & Blüher, Seiffen	Miniatursachen	Wegweiser, Nr. 547, S. 6523, Januar 1910	nein	nein
August Brose, Niederneuschönberg bei Olbernhau	Miniaturspielwaren	Wegweiser, Nr. 547, S. 6550, Januar 1910	nein	nein
Th. Heymann, Grossolbers-dorf i. Sa.	nebst Abteilung Dresdener Spielzeug	Wegweiser, Nr. 549, S. 6656, Februar 1910	nein	nein
Glöckner & Blüher, Seiffen	Miniatursachen aller Art	Wegweiser, Nr. 551, S. 6845, März 1910	ja, Beschreibung des Sortiments	nein
allgemein	Oster-Vormesse 1910: Summarisch behandeln müssen wir auch den vielbegehrten Artikel Miniatur-Spielzeug	Wegweiser, Nr. 552, S. 6886, März 1910	ja, Miniaturspielsachen sind fester Bestandteil des Sortiments der meisten Holzspielwaren-fabrikanten	nein
Carl Brandt jr., Göss-nitz S.-A.	Die entzückenden Baukasten: Tiroler-Dörfchen	Wegweiser, Nr. 553, S. 6942, April 1910	ja, detaillierte Beschreibung, z. B. des Andreas-Hofer-Hauses u. a.	nein
Carl Brandt jr., Göss-nitz S.-A.	Tirolerdörfchen in verschiedenen Ausgaben	Wegweiser, Nr. 561, S. 7203, August 1910	nein	ja
Theodor Glöckner vormals Glöckner & Blüher, Seiffen	Miniatursachen	Wegweiser, Nr. 561, S. 7227, August 1910	nein	nein
allgemein	Herbstmesse: Miniaturspielzeug macht sich auch diesmal wieder durch zahlreiche Neuheiten bemerkbar	Wegweiser, Nr. 563, S. 7308, September 1910	ja	nein

Firma/Institution	Produktbeschreibung (originaler Wortlaut)	Quelle/Jahr	mit Textbeitrag	Bild
C. H. Müller jr. Olbernhau	Neuheiten in Miniatur-Artikeln	Wegweiser, Nr. 565, S. 4, Sonderbeilage 1910	nein	nein
Carl Nötzel, Niederneuschönberg bei Olbernhau	Grösste Auswahl in Miniatur-Artikeln	Wegweiser, Nr. 565, S. 8, Sonderbeilage 1910	nein	nein
C. H. Oehme, Waldkirchen, Sa.	Miniatur-Sachen	Wegweiser, Nr. 565, S. 12, Sonderbeilage 1910	nein	nein
Joh. David Wagner, Grünhainichen	Miniaturspielsachen jeder Art	Wegweiser, Nr. 565, S. 16, Sonderbeilage 1910	ja, Beschreibung des Sortiments	nein
C. F. Drechsel, Grünhainichen	Miniaturspielzeug	Wegweiser, Nr. 565, S. 17, Sonderbeilage 1910	ja, Beschreibung des Sortiments	nein
Fachgewerbeschule Grünhainichen	Miniaturdörfer	Wegweiser, Nr. 569, S. 7488, Dezember 1910	ja, genaue Beschreibung, z. B. »erzg. Dorf, Lausitzer Dorf, sie sind zu hunderten von Dutzenden in die Welt gegangen«, weiter ein norwegisches Dorf u. a.	nein
Paul Richard Müller, Olbernhau	Miniaturartikel	Wegweiser, Nr. 570, S. 7546, Dezember 1910	nein	nein
S. F. Fischer, Oberseiffenbach	Schwarzwald-Baukasten	Wegweiser, Nr. 574, S. 7805, Februar 1911	nein	ja
Paul Richard Müller, Olbernhau	Neuheiten in Miniaturartikeln	Wegweiser, Nr. 575, S. 7863, März 1911	nein	nein

Firma/Institution	Produktbeschreibung (originaler Wortlaut)	Quelle/Jahr	mit Textbeitrag	Bild
C. H. Müller jr., Olbernhau	Namentlich aber bilden diesmal Miniaturspielzeuge in enormer, gediegener Auswahl die Hauptforce dieser Firma	Wegweiser, Nr. 578, S. 8024, April 1911	ja, Beschreibung des Sortiments	nein
allgemein	Nachbildung alter Bauernhäuser [...]	Wegweiser, Nr. 580, S. 8072, Mai 1911	ja, Besprechung der Spielsachen und Marktbericht	ja
Paul Richard Müller, Olbernhau	Miniatur-Spielzeug nimmt großen Raum im Sortiment ein	Wegweiser, Nr. 585, S. 8239, Juli/August 1911	ja, Beschreibung des Sortiments, u. a. Freiburger Rathaus, Neuheit: Landmaschinen	ja
Ewald Herold, Kleinneuschönberg bei Olbernhau	Miniatur-Artikel	Wegweiser, Nr. 586, S. 8270, August 1911	nein	nein
C. H. Müller, Olbernhau	Besonders in Miniaturartikel-Neuheiten [...]	Wegweiser, Nr. 587, S. 8352, August 1911	ja, Beschreibung des Sortiments	nein
Carl Nötzel, Niederneuschönberg bei Olbernhau	Grösste Auswahl in Miniatur-Artikeln	Wegweiser, Nr. 587, S. 8373, August 1911	nein	nein
Paul Richard Müller, Olbernhau	Neuheiten in Miniaturspielzeug	Wegweiser, Nr. 589, S. 8436, September 1911	ja, Beschreibung des Sortiments u. a. Böhmische Walddörfer, Landgüter, ausschreitende Tiere!	nein
Paul Richard Müller, Olbernhau	Miniatur-Spielwaren darunter meine gesetzlich geschützten Miniatur-Zäune	Wegweiser, Nr. 596, S. 8632, Dezember 1911	nein	nein

Firma/Institution	Produktbeschreibung (originaler Wortlaut)	Quelle/Jahr	mit Textbeitrag	Bild
Th. Heymann, Grossolbersdorf	Miniatur-Spielzeug	Wegweiser, Nr. 599, S. 8806, Februar 1912	ja, Beschreibung des Sortiments Ersterscheinung einer großen, gezeichneten Anzeige mit Abbildungen vieler Artikel	ja
allgemeine Beschreibung Frühjahrsmesse 1912	Die Miniatursachen [...]	Wegweiser, Nr. 604, S. 9115, April 1912	ja, besonders Dörfer u. Tiere sind so vorzüglich zum Spielen [....]	nein
S. F. Fischer, Oberseiffenbach	Miniatur-Bau-Kasten	Wegweiser, Nr. 612, S. 9407, August 1912	ja, Beschreibung des Sortiments	ja
H. E. Langer, Seiffen	Erzgebirge Ausstellung zu Freiberg [...]	Wegweiser, Nr. 613, S. 9462, August 1912	ja, Erwähnung der Firma, Anm.: dies ist die einzige Erwähnung der Firma im Wegweiser 1904–1914, mit Anzeigen ist sie nicht vertreten	nein
C. H. Müller jr., vereinigt mit Heymann & Seyfert, Olbernhau	Miniatur-Spielwaren	Wegweiser, Nr. 616, S. 9559, Oktober 1912	nein	nein
C. H. Oehme, Waldkirchen	Miniatursachen	Wegweiser, Nr. 624, S. 9861, Januar 1913	nein	nein
Paul Richard Müller, Olbernhau	hat seine Kollektion in Miniaturspielzeug wieder durch hübsche Neuheiten erweitert [...]	Wegweiser, Nr. 641, S. 22, September 1913	ja, Beschreibung des Sortiments	nein
Neuheiten auf der Mitteldeutschen Spielwaren Ausstellung Chemnitz 1913	Miniatureisenbahnen	Wegweiser, Nr. 647, S. 4 f., Dezember 1913	ja, Ausstellungsbericht mit Beschreibung der ausgestellten Miniaturspielwaren	nein

Firma/Institution	Produktbeschreibung (originaler Wortlaut)	Quelle/Jahr	mit Textbeitrag	Bild
Paul Richard Müller, Olbernhau	Miniaturspielwaren	Wegweiser, Nr. 649, S. 4, Januar 1914	nein	nein
C. H. Müller jr., Olbernhau	Miniatur-Artikel	Wegweiser, Nr. 649, S. 52, Januar 1914	nein	nein
C. H. Oehme, Waldkirchen	Miniatursachen	Wegweiser, Nr. 650, S. 7, Januar 1914	nein	nein
Carl Nötzel, Niederneuschönberg bei Olbernhau	Miniatur-Artikel	Wegweiser, Nr. 650, S. 44, Januar 1914	nein	nein
Th. Heymann, Grossolbersdorf	Miniatur-Spielzeug nebst Abtl. Dresdener Spielsachen	Wegweiser, Nr. 651, S. 4, Februar 1914	nein	ja
Carl Brandt jr., Gössnitz	[inseriert ab dieser Nr. nicht mehr mit Miniaturspielzeug]	Wegweiser, Nr. 655, S. 13, März 1914	nein	nein

Einträge im Adressbuch der Spielwarenindustrie 1913

a) Spezial-Branchen-Register/Miniatur-Spielwaren

Paul Richard Müller, Olbernhau | Hugo Sandig, Niederneuschönberg

b) Alphabetisches Firmen-Register der Firmen, die Miniaturspielwaren im Sortiment führen

Böhme & Heinitz, Grünhainichen | Brandt jr., Carl, Gössnitz | Brose, August, Niederneuschönberg bei Olbernhau | Drechsel C. F., Grünhainichen | Fischer, S. F., Oberseiffenbach | [H. E. Langer, Seiffen ist nicht verzeichnet!] | Müller, jr., C. H., Olbernhau | Müller, Paul Richard, Olbernhau | Nötzel, Carl, Niederneuschönberg bei Olbernhau | Oehme & Söhne, Joh. Dav., Grünhainichen | Sandig, Hugo, Niederneuschönberg bei Olbernhau | Wagner, Joh. Dav., Grünhainichen

c) Alphabetisches Ortsregister
Seiffen im Erzgebirge

Max Hetze | [H. E. Langer ist nicht verzeichnet!]

Holzspielwaren- und Holzwaren-Ausstellung Seiffen vom 9. Juli bis 3. August 1914

a) Aussteller von Miniaturspielwaren (originale Beschreibung im Ausstellungsführer mit Angabe der Hausnummern in Seiffen oder den umliegenden Ortschaften)

Hänig, Richard: Miniatur-Spielwaren, Nr. 61 | Hänel, Juliane: Miniatur-Soldaten, Nr. 33 | Hiemann, Hans: Miniaturspielwaren, Nr. 104 | Hiemann, Louis: Miniaturspielwaren, Heidelberg, Nr. 174 | Kempe, Bruno: Miniaturspielwaren, Nr. 11B | Leichsenring, Emil: Miniaturwagen, Nr. 90 | Langer, Heinrich Emil: Spielwarenverleger, Spezialität: Miniaturspielwaren, Nr. 72 | Ulbricht, Oskar: Miniaturspielwaren, Nr. 64 | Flath, Hugo: Miniaturtiere, Nr. 77 B | Müller, Emil: Miniaturwaren, Nr. 92 B | Richter, Gustav: Miniaturwaren, Nr. 85 | Fischer, S. F.: Baukästen, Oberseiffenbach, Nr. 27 | Kaden, Alfred: Miniaturfestungen, Deutsch-Einsiedel

b) Werbe-Anzeigen im Ausstellungsführer

Fischer, S. F.: Spiel- und Holzwaren-Fabrik (Fachwerkbaukasten), Oberseiffenbach | Glöckner, Max: Spezialität: Miniaturspielwaren, Seiffen | Hetze, Max: Miniatursachen, Seiffen | Hiemann, Otto: Anfertigung von Holz- und Spielwaren Spezialität in Miniatur, Heidelberg | Trinks, Emil Hermann: bunte und weiße Miniatur-Eisenbahnen, Heidelberg

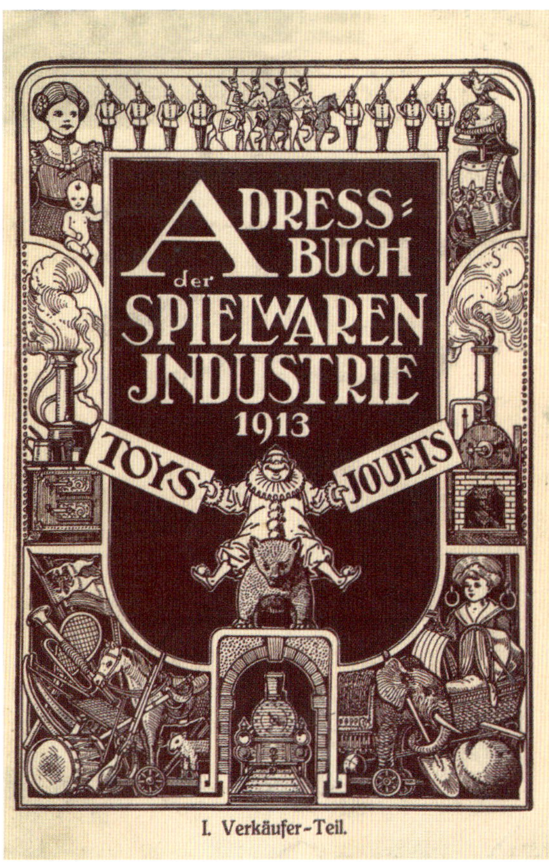

Abb. 140: Adressbuch der deutschen Spielwarenindustrie, Titelblatt, 1913

Öffentliche Präsentation der Miniaturensembles 1904–1914

Datum	Ort	Institution / Thema der Ausstellung
1904 (27.9.)	Mainz	5. Tag für Denkmalpflege, erste öffentliche Vorstellung der Muster
1904 (24.10.–30.10.)	Dresden	Ausstellung der Spielwarenmuster in der Königlichen Kunstgewerbe-schule
1905 (11.2.–19.2.)	Berlin	Königliches Kunstgewerbemuseum Berlin »Die Kunst auf dem Lande«
1905 (Ostern)	Grünhainichen	Königliche Fachgewerbeschule, Jahresausstellung der Schülerarbeiten
1905 (September)	Leipzig	Spielwarenmesse, Markteinführung der Muster
1906 (12.5. bis Ende Oktober)	Dresden	Dritte Deutsche Kunstgewerbeausstellung Dresden 1906
1909 (3.7.)	Grünhainichen	Königliche Fachgewerbeschule, Ausstellung im Rahmen der Reise von König Friedrich August III.
1909 (Dezember)	Rostock	Kunst und Altertumsmuseum, Ausstellung des Modells »Sylter Bauern-haus«, organisiert vom Heimatbund Mecklenburg e.V.
1910 (19.11.–4.12.)	Chemnitz	Gasthaus zur Linde, »Erzgebirgische Spielwarenausstellung« der Königlichen Fachgewerbeschule Grünhainichen und Seiffen zum Besten des Wohltätigkeits-Vereins Sächsische Fechtschule (mit Genehmigung des Königlichen Ministeriums des Innern), »Am meisten vertreten waren aber veristische Nachahmungen der verschiedenen Dorf- und Gehöftstypen in deutschen Gauen, so Bauern-gehöfte aus dem Erzgebirge, aus Niedersachsen, Mecklenburg, aus den Alpen, aus der Lausitz etc.« (Deutsche Spielwarenzeitung, H. 24, 15.12. 1910, S. 609.) Abb. 59, 63
1911 (18.3.–15.5.)	Berlin	Internationale Ausstellung für Reise und Fremdenverkehr »Erzgebirgisches Landschaftsmodell« Siehe Foto Kat. 15 SächsHSTA, Bestand 11125 Ministerium des Kultus und öffentlichen Unterrichts, Nr. 16625, Bl. 108 II. (Foto)

Datum	Ort	Institution / Thema der Ausstellung
1911 (2.12.–17.12.)	Chemnitz	König-Albert-Museum: Ausstellung volkstümlicher Weihnachtskunst »Das große erzgebirgische Dorf ist von den Kgl. Sächsischen Fachgewerbeschulen zu Seiffen und Grünhainichen ausgeführt.« (Führer durch die Ausstellung. Chemnitz 1911, S. 21)
1911 (geplant)	Turin	Das Sortiment der Chemnitzer Ausstellung von 1910 sollte als Ausstellungsbeitrag der Fachgewerbeschulen Grünhainichen und Seiffen auf der Internationalen Industrie- und Gewerbeausstellung in Turin gezeigt werden. (Deutsche Spielwarenzeitung, H. 24, 1. Dezember 1910, S. 583)
1912 (17.6.–22.9.)	Freiberg	Erzgebirgische Ausstellung für Gewerbe, Industrie, Bergbau, Forst- und Landwirtschaft
1913 (22.11.–10.12.)	Chemnitz	Ausstellung der Spielwarenindustrie Mitteldeutschlands (Organisator: Sächsische Fechtschule, Leitung: Kurt Hecker)
1914 (9.7.–3.8.)	Seiffen	Holzspielwaren- und Holzwaren-Ausstellung im Albertsalon, siehe Abb. 97

Artikelnummernübersicht für Dresdner Spielzeug

a) Miniatursortiment der Dresdener Werkstätten für Handwerkskunst/Deutsche Werkstätten Abteilung Spielsachen Zschopau 1907–1914 (ab 1909 Holzspielwarenfabrik Th. Heymann Großolbersdorf, Erzgebirge)

Art.-Nr.	Bezeichnung	Entwurf
238	Miniatur Dackel	H. Urban
245	Alte Stadt	Karl Gruber
256	Dorf	Karl Gruber
286	Fünf deutsche Kriegsschiffe	Carl Henckel
301	Personenzug	Karl Soffel
302	Güterzug	Karl Soffel
304	Vier Landgefährte	Karl Soffel
305	Stadtgefährte: Straßenbahn, Dampfwalze, Auto, Droschke, Dienstmann, Radler	Karl Soffel

Art.-Nr.	Bezeichnung	Entwurf
330	Erbgericht (Gasthof)	Karl Gruber
331	Holzsoldaten, vierspänniger Frachtwagen, Postkutsche, Ritter und Burgbewohner 17 Teile	Margarete Junge
332	Stadtfiguren	Margarete Junge
354	Miniatur Bulldogge	August Geigenberger
401	Miniatur Katze gelb, schwarz/weiß, braun	H. Urban
409	Große Stadt	Julius Widnmann
411	a, b, c Miniaturherde (Rinder)	Johanna Dohrn
413	Möbelwagen, roter Straßenbahnwagen, Anhängewagen, Automobil	unbekannt
414	Droschke, Bierwagen, Dampfwalze, gelber Straßenbahnwagen	unbekannt
418	Bauerngut	Gustav Schaale
420	Stadtgefährte: Postwagen, Kohlenwagen, Rollwagen, Automobil	unbekannt
421	Ambulanz, Kehrmaschine, Ziegelwagen, Fleischerwagen	unbekannt
422	Vier Landgefährte: Omnibus, Dogcart, Jagdwagen; Landauer	unbekannt
423	Fünf Feldgeräte: Pflug, Mähmaschine, Jauchenwagen, Egge, Walze	unbekannt
424	Großes Rittergut	Karl Gruber
425	Stadtleute	unbekannt
426	Landleute und Kornpuppen	unbekannt
435	Tanzmusik	Johanna Dohrn
438	Vollständige Ernte	unbekannt
440	Wirtshaus	Karl Gruber
441	Bauerngut	Karl Gruber
442	Dorf	Karl Gruber
449	Städtebaukasten a, b, c	Kolomann Moser
455	Skifahrer	unbekannt

Art.-Nr.	Bezeichnung	Entwurf
469	Alpendorf	Julius Widnmann
473	Vierländer Dorf	Oskar Schwindrazheim
474	Vierländer Figuren	Oskar Schwindrazheim
477	Tierschachtel	unbekannt
481	Miniatur Elefant	unbekannt
482	Miniatur Kamel	unbekannt
512	Miniatur Giraffe	unbekannt
513	Miniatur Ziege	unbekannt
514	Miniatur Tiger	unbekannt
515	Miniatur Löwe	unbekannt
516	Miniatur Zebra	unbekannt
519	Miniatur Küche	Gustav Schaale
520	Miniatur Gehöft	Gustav Schaale
528	Miniatur Stube	A. Weiz-Wendt
542	Miniatur Schlafzimmer	Gustav Schaale

Quelle: Dresdener Spielzeug der Firma Th. Heymann, Großolbersdorf/Sa., früher Spielwarenabteilung der Deutschen Werkstätten für Handwerkskunst G.m.b.H., Jg. 1910. 88 unpaginierte Seiten mit 138 Abbildungen, zwölfseitige Preisliste. Die Gebäude der Sortimente sind in der Regel etwas größer als die sonst im Erzgebirge hergestellten architektonischen Miniaturspielsachen. Die hier gewählten Größenverhältnisse sind im Bezug zu den Figuren und Fahrzeugen daher etwas stimmiger. Die Nummern 245, 256, 304, 330, 438, 449, 519, 528, 542 folgende der Artikelliste wurden zusätzlich über die Gemeinnützige Vertriebsstelle Deutscher Qualitätsarbeit G.m.b.H, gegründet vom Dürerbund Hellerau bei Dresden, auch per Katalog verkauft.
Quelle: Spielzeug. Gemeinnützige Vertriebsstelle Deutscher Qualitätsarbeit G.m.b.H., gegründet vom Dürerbund Hellerau bei Dresden. Druck von Johannes Päßler, Dresden o. J. (um 1912), 65 Seiten mit Abbildungen.

b) Miniatursortiment der Werkstätten für deutschen Hausrat Theophil Müller Dresden-Striesen, Bärensteinerstr. 5

Art.Nr.	Bezeichnung	Entwurf
23	Stadt	Gertrud Kleinhempel
24	Bürgerschule	Gertrud Kleinhempel
25	Amtsgericht	Gertrud Kleinhempel

Art.Nr.	Bezeichnung	Entwurf
26	Rathaus	Gertrud Kleinhempel
27	Postamt	Gertrud Kleinhempel
28	Schloß	Gertrud Kleinhempel
29	Kaserne	Gertrud Kleinhempel
30	Dorf	Max Brethfeld und Theodor Göhl
41	Die alte Stadt	Max Brethfeld und Theodor Göhl
42	Landstädtchen	Max Brethfeld und Theodor Göhl
43, 43 a	Wasserburg	Max Brethfeld und Theodor Göhl
46	Figuren für Burgen und alte Städte	Theodor Göhl
107	Schloß	G. Clemens
108	Burg	G. Clemens
109	Kleinstadt	G. Clemens
110	Dorf	G. Clemens
111	Sylter Bauernhaus	Karl Schmidt
115	Des Studenten Budenwechsel	Figuren: Louis Heinrich Hiemann, Seiffen
116	Ackergeräte	Otto Frohs, Seiffen
117 a, b, c	Wagen mit Pferden: (zwei Schlittengespanne, ein Automobil, ein Geschütz)	Carl Heinrich Frohs und Otto Frohs, Seiffen

Quelle: Dresdner Spielzeug aus den Werkstätten für deutschen Hausrat Theophil Müller Dresden-Striesen, Bärensteinerstr. 5, Buchdruckerei Albert Hille, Dresden-Neustadt, o. J. [vor 1909], 60 unpaginierte Seiten, 94 Abbildungen mit Preisliste, Entwürfe gesetzlich geschützt.
Alle Miniaturfahrzeuge stammen, wie in der Tabelle vermerkt, von Herstellern aus Seiffen. Das Zurichten der Gebäudeteile erfolgte in der Dresdener Werkstatt, die Bemalung wurde im Erzgebirge ausgeführt. Vgl. hierzu auch die Umsetzung der Entwürfe von Geschwister Kleinhempel Dresden, beschrieben in Wendt (1908), o. S. und Bredt (1928), S. 23f.
Die Entwürfe der Artikelnummer 111 »Sylter Bauernhaus« und 112 »Kossätenhof« wurden in der Fachgewerbeschule Grünhainichen umgesetzt. Siehe hierzu die Angaben im Katalog unter Nummer 10 und 13.
Die Artikelnummern 30 »Dorf von Brethfeld-Göhl« und 41 »Landstädtchen von Brethfeld-Göhl« wurden zusätzlich unter Artikelnummer 5006 u. 5007 über die Gemeinnützige Vertriebsstelle Deutscher Qualitätsarbeit G.m.b.H., gegründet vom Dürerbund Hellerau bei Dresden, auch per Katalog verkauft.
Quelle: Spielzeug. Gemeinnützige Vertriebsstelle Deutscher Qualitätsarbeit G.m.b.H., gegründet vom Dürerbund Hellerau bei Dresden. Druck von Johannes Päßler, Dresden o. J. (um 1912), 65 Seiten mit Abbildungen.

Interessentenverzeichnis für moderne Miniaturspielwaren

Interessenten/erworben von:	Zeitpunkt:	Quelle:
Oskar Seyffert, Dresden (Vogtländischer Bauernhof, Erzgebirgisches Dorf)	24.10.1904 und Oktober 1905	9. B, SKD/Museum für Sächsische Volkskunst Eingangsinventar (Oktober 1905)
Konrad Zechlin, Salzwedel (Erzgebirgisches Dorf, Lausitzer Dorf)	2.11.1904 und 2.11.1905	10. B, 35. PK, 43. PK
Ernst Kühn, Dresden (Lausitzer Dorf eigene Handmuster etc.)	4.11.1904	11. B, 27. B
Franz Roscher, Dresden (vermtl. Vogtländischer Bauernhof, Erzgebirgisches Dorf, Lausitzer Dorf)	12.11.1904	13. PK, 19. PK, 30. B
Curt Müller, Löbau (Erzgebirgisches Dorf)	22.11.1904	17. PK
Sächsisches Königshaus, Dresden (vermutlich Erzgebirgisches Dorf, Lausitzer Dorf)	17.1.1905 und Juli 1909	37. B, Wegweiser 24. Jg. Nr. 536, 31. Juli 1909, S. 6033
Margarete Herrmann, Berlin	10.3.1905	51. PK
Heinrich Tscharmann, Dresden (Pleißenburg)	26.8.1905	59. B
Königliche Fachgewerbeschule Grünhainichen/Albert Wendt (alle Prototypen)	1904	Kat. 2, 8, Abb. 43 hier Vitrine im Vordergrund
Karl Richard Zeumer Dresden (Spielwarenhaus)	vor Weihnachten 1905	Kat. 6, StAD Drucksammlung 17.2.1, Kapsel A 285
Hermann Krause, Schwerin	27.10.1909	72. B, 73. B
Familie von Erzherzog Franz Ferdinand von Österreich-Este, Artstetten (Miniaturkarussell)	um 1914	Neumann (1999), S. 17 (Abbildung S. 89, Nr. 133)

Transkription beispielhafter Dokumente

Aus dem Archiv der Arbeitsgruppe Chronik im Grünhainichener Heimatverein e.V. (= GHVA), Nachlass Fachgewerbeschule

Transkriptionen und Abschriften der Briefe, Postkarten, Notizen und Protokolle zum Thema: »Geschmackvolle Spielwaren, die auf Anregung des Auschusses zur Pflege heimatlicher Kunst und Bauweise in Sachsen und Thüringen« in der Königlichen Fachgewerbeschule Grünhainichen zur Serienreife weiterentwickelt wurden.

Die Schreiben sind nicht repertoriert und befinden sich in verschiedenen Aktenmappen bzw. Schnellheftern. Es handelt sich vermutlich um einen Teilnachlass. Die originalen Entwurfszeichnungen, Skizzen, diverses Bildmaterial und sicher ein weiterer Teil der Korrespondenz fehlt in diesen Unterlagen. In einigen wenigen Fällen haben sich im Bezug zu dieser Korrespondenz stehende amtliche Schriftvorgänge im SächsHStA Dresden erhalten. Dies ist, jeweils in den eckigen Klammern stehend, vermerkt. Querverweise, ergänzende Kommentare und Bezüge der Schreiben untereinander stehen ebenso in den eckigen Klammern.

Die Nummerierung erfolgt hier aufsteigend nach dem Datum der Briefe (soweit vorhanden) oder nach dem Poststempel.

Zeitraum Juni 1904 bis Juni 1911

B = Brief, F = Formular, M = Manuskript, P = Protokoll, PK = Postkarte

Die Schreibweisen der Orginaltexte wurden beibehalten, ohne Fehler oder Unterschiede zur heutigen Rechtschreibung zu markieren, um den Lesefluss nicht zu beeinträchtigen.

1. B

9. Juni (Brief von Oskar Seyffert an Albert Wendt) [Die Angabe des Jahres (1904) fehlt, ergibt sich aber aus der Bezugnahme im Text. Thema: Gehöft/Vogtland, das 1904 offenbar als Bildvorlage zu einem ersten Spielzeugmodell diente. Die im Text erwähnte Bildpostkarte fehlt. Das Briefpapier trägt den Schriftzug: »Verein für Sächsische Volkskunde.«]

Sehr geehrter Direktor! / Endlich einmal ein Lebenszeichen – wenn / auch ein Schwaches! Aber ich bin bis jetzt / von Arbeit geradezu überhäuft gewesen. / Jetzt vor kurzem war ich im Vogtlande. / Dort traf ich – siehe Postkarte – / ein Gehöft, das mir für Spielsachen / einen wunderbaren Eindruck machte. / Ich habe nun das Gehöft vereinfacht / u. komme zu Ihnen mit der / herzlichen Bitte, dasselbe – ehe ich / weiter arbeite – einmal erst / ausführen lassen zu wollen. / Selbstverständlich kann der / Ausführende Änderungen, die / durchaus nötig sind, vornehmen. / Auch die Größe – oder eine / Kleinigkeit – überlasse ich Ihnen / da ich hierüber nicht die geringsten / Erfahrungen habe. Ein wunder / Punkt wird wohl die Tiefe meiner / Häuser sein. Freilich, wenn dieselben / so dünn hergestellt werden müssen, wie jetzt üblich, fällt ein wichtiges, volkskundliches Moment weg, denn / das Holzspannwerk wäre dann / unmöglich. Sollte ich aber die Tiefe / zu sehr betont haben, so lässt sie / sich ja eine Kleinigkeit reduzieren. Das Ganze ist als / Spielware gedacht u. andere / Gehöfte u. Kirche sollen es zu / einem Dorf vervollständigen. / Ich baue sehr auf Ihre freundliche / Hilfe u. will vor der Hand nicht / weiter arbeiten, ehe ich die Sache / praktisch vor mir sehe: dann will / ich auch eventuell Erzgebirgehäuschen mit Prof. Groß zusammen her- / stellen. Viele Grüße ihr ergebener O. Seyffert

2. B

2. Aug. 1904 (Brief von Lehrer Martin Engelmann, Einfache Volksschule Taura i/Sa. an Albert Wendt) [Thema: Spielzeug als Anschauungsobjekte für Vaterlandskunde]

An S. Hochwohlgeboren / Herrn Gewerbelehrer Wendt / in / Grünhainichen.

Ew. Hochwohlgeboren / wollen mir gütigst verzeihen, wenn ich mir gestatte, im / Interesse der hiesigen Volksschule die höfliche Bitte zu äußern / »Ew. Hochwohlgeboren wollen unserer Schulanstalt / durch schenkungsweise Überlassung einer kleinen / Sammlung von Anschauungsobjekten der / dortigen Spielwaarenindustrie zu einem Lehr- / mittel verhelfen, dessen die hiesige Schule für / den Unterricht

in der Vaterlandskunde dringens / bedarf.« / Zur näheren Begründung dieser Bitte gestatte ich mir / anzuführen, dass unser Ort und mit ihm das Schulwesen in / den letzten Jahren sich sehr rasch entwickelt haben und / gegenwärtig hier ca. 570 Kinder von 7 Lehrern in 14 / Klassen unterrichtet werden. Mit dieser Entwicklung / haben sich aber auch die Anforderungen gesteigert, die / namentlich auch hinsichtlich Ergänzung und Erweiterung / der Lehrmittelsammlung an die Gemeinde gestellt werden / Ew. Hochwohlgeboren würden daher durch gütige Überlassung / von Anschauungsgegenständen der dortigen Spielwarenindustrie, mit- / tels deren man den Kindern die Entstehung eines solchen / Spielzeuges, das sie oft tagtäglich in der Hand haben, / verständlich machen kann, einen großen Dienst erweisen / und eine erhebliche Lücke unserer Lehrmittelsammlung / damit ausfüllen. / Mit der Bitte, dieses Ansinnen nicht übeldeuten / zu wollen, zeichnet / Hochachtungsvoll / Ew. Hochwohlgeboren / ergebenster / Martin Engelmann Lehrer
Taura b. Burgstädt / d. 2. Aug. 1904 (Siegel Einfache Volksschule Taura i/Sa.)

3. B
9. September 1904 (Brief von Ernst Kühn an Albert Wendt) [ältere Abschrift des Briefes, Thema: Spielzeuggruppe »Lausitzer Dorf«. Am Beispiel von Ernst Kühn ist es denkbar, dass ihn die eigenen Kinder zur Beschäftigung mit dem Spielzeugthema zusätzlich motiviert haben.]
Dresden, 9. September 1904 / Sehr geehrter Herr Direktor! / Wegen der knappen Zeit gestern, war es nicht / möglich, etwas näher auf meine Lage einzu- / gehen. Soviel ist mir indessen klar ge- / worden, dass die Anfertigung der Klötzchen / auf keine Schwierigkeiten stoßen wird. Anders / mit der Bemalung. Hierüber denke ich nun / etwa folgenden Weg einzuschlagen. Ich komme / in den nächsten Tagen speziell nochmals nach / dort und male mit einigen Leuten, die Sie / mir zu ansprechen die Güte haben wollen, / eine Gruppe Häuserchen und genau unter / Anpassung an die Fähigkeiten dieser Arbeiter. / Wenn dies auch Ihre Meinung ist, würde ich / Sie um die Liebenswürdigkeit bitten die / Leute, die Sie sicher auch kennen, aus- / zu suchen und den Tag zu bestimmen, an / dem ich hinkommen kann. Ein Modell zum / Bäumchen habe ich nahezu fertig, ich werde / mir erlauben Ihnen dasselbe zuzusenden.
Mit vorzüglicher Hochachtung Ihr Ernst Kühn

4. B
10. Oct. 1904 in Eile (Brief von Oskar Seyffert an Albert Wendt) [Das Briefpapier trägt den offiziellen Schriftzug: »Dritte Deutsche Kunstgewerbe-Ausstellung Dresden 1906.«, dieser ist durchgestrichen. Thema: Spielzeuggruppe »Erzgebirgisches Dorf«]
Sehr geehrter Herr Direktor! / Die Sachen habe ich nun gemalt u. Alle, die dieselben / angesehen, haben sich sehr erfreut über das gemeinsame / Unternehmen geäußert. Auch Herr Regierungsrat / Enke u. Herr Oberregierungsrat Stadtler waren / gekommen: wir sind Ihnen sehr dankbar. / Anbei noch die 2 Skizzen zu einer Kirche. Die / Auswahl überlasse ich Ihnen mit Hinsicht auf die / Praxis. Zugleich wollen Sie aber noch einige / Mauern, Einfahrtstore, [Pumpen?] u. s. w. nach Skizzen / anfertigen lassen. Leider habe ich die Kirche erst / heute bekommen u. ich muß Sie nun bitten, so bald / wie möglich mir die Sachen freundlichst zusenden zu / wollen. Mit besten Grüßen an alle Bekannten u. / an Ihre werte Frau Gemahlin / Ihr / O. Seyffert.

5. PK
10.10.1904 (Postkarte von Oberbaurat Schmidt an Albert Wendt »Eilt!«) [Thema: Erzgebirgisches Dorf, öffentliche Vorstellung der Spielzeugmodelle, diese als Geschenk für die sächsischen Prinzen und Ausstellung derselben im Ausschuss (Bezug zu 7. P und 9. B)]
Geehrter Herr W. Sie haben jüngst evtl. Kirche [Lochung], / [Lochung (noch?)] *erhalten! Wollen Sie uns recht bald die neuen Darstellungen / zurückschicken, damit wir das fertige Dorf einem größeren / Kreis geladener Gäste im Museum vorführen können bzw / soll einer Anregung Geh R Dr R's entsprechend, ein / Dorf der Lausitz (Kühn) u. ein solches des Voigtlandes / Schmidt-Seyffert) sammt der Thiele'schen Puppenstube / rep. den prinzl. Kindern überreicht und dieserhalb eine / Audienz b. S. K. Hoh.*

nachgesucht werden! Vor allem möchte / Eile entwickelt werden, es war schlecht, dass auf Ihre Ferien die / meinigen von 6 Wochen folgten, es ist ber. starke Nachfrag. / nach den Dörfern, teilen Sie mir doch bitte [mit] wie viel Sie / wohl bis 20. Dec. etwa fertig bringen können, wenn Sie / in 8–10 Tagen alle Unterlagen zurück haben. Ich würde / etwa in 8 Tagen den Ausschuß zusammenbringen und eine Ausstellung damit verbinden. / Ihr ergebenst. Obbt Schmidt
[Obbt oder obbt verwendet Karl Schmidt als Abkürzung für seinen Titel: Oberbaurat]

6. PK
14.10.1904 (Postkarte von Ernst Kühn an Albert Wendt)
[Thema: die ersten fertigen Spielzeugmodelle sollen in Dresden dem Ausschuss vorgestellt werden, die Foto-Postkarte zeigt das Anwesen Villa Bergstr. 68, Dresden – Wohnhaus von Ernst Kühn]
Dresden, Bergstr. 68, den 14.X.04.
Sehr geehrter Herr Oberlehrer. / Nächste Woche zur Ausschusssitzung / sollen die Spielsachen vorgelegt / werden, wann kommen [Sie?] zu mir/ Mit hochachtungs. Gruß / Ernst Kühn.

7. P
29.10.1904 (Protokoll des Ausschusses zur Pflege ...)
[Thema: Besichtigung der ersten Spielzeugmodelle in der Kunstgewerbeschule Dresden (Bezug zu 5. PK und 9. B)]
Sitzung des Ausschusses zur Pflege / heimatlicher Kunst und Bauweise vom 29. Oktober 1904 / im Konferenzzimmer der Kgl. Kunstgewerbeschule, Dresden, Antonsplatz 1. / Anwesend: Geheimrat Dr. Roscher, Oberbaurat Schmidt, Professor Seyffert, Geh. Baurat Grimm, / Oberbaukommissar Gruner, Architekt Tscharmann, Kunstmaler Kleinhempel, Kunst- / maler Beckert, stud. arch. Baehr, Architekt Diestel, Finanz und Baurat Canzler- / Chemnitz, Baumeister Schmidt – Dippoldiswalde, Dr. Schorler [?], Direktor Dr. / Petermann, Professor Seitler, Architekt E. Kühn, Oberkonsistorialrat Grundig, / Regierungsbaumeister a. D. Thiele. / Herr Oberbaurat Schmidt eröffnet nach Besichtigung der ausgestellten Modelle / von Spielwaren die Sitzung mit einem Bericht über die Arbeiten der kgl. Spielwaren- / industrieschule in Grünhainichen, und erwähnt das Interesse, welches hiesiger Spielwa- / rengeschäfte an den bisherigen Arbeiten genommen haben. / Herr Geheimrat Dr. Roscher begrüßt auf das freudigste die Arbeiten, die bisher im Sin- / ne der Verwendung heimatlicher Motive im Spielzeug geleistet worden sind. Einer Anregung / der Herrn Vorsitzenden zufolge, das Spielzeug vorläufig (bis Weihnachten) ohne Vermittlung / der Spielwarenhändler zu vertreiben, hält Geheimrat Roscher für erwünscht, doch / von der Direktion der Spielwarenschule, bzw. vom Ausschuss vorläufig nur Vormerkung- / en für Bestellungen angenommen werden, im übrigen aber die Ansicht des Kurato- / riums der Industrieschule Grünhainichen eingeholt werde, wie nun diese Vormerkun- / gen zu Bestellungen umgewandelt werden können. / Herr Oberbaurat Schmidt regt zu fernerer Bearbeitung als Spielzeug zunächst die / Verwendung der Motive unserer heimischen malerischen Burgen an, wie z. B. Kriebstein, / Moritzburg und Roehrburg. /
Ferner berichtet er über die Zahl der Corporationen, die bisher dem Ausschuss zur Pflege heimatlicher Kunst und Bauweise beigetreten sind, erwähnt mit Dank einen vom / kgl. Ministerium des Inneren bewilligten Betrag in Höhe von 250 M zu Gunsten der / Arbeiten zur Beschaffung von Modellen für geschmackvolle Spielwaren im Sinn heimat- / licher Anschauungen, sowie anderer Beweise des Interesses an derartigen Bestrebungen / seitens verschiedener größerer Privatbauherren. /
Zum Punkt 2 der Tagesordnung: Abkommen mit der Firma B. G. Teubner / berichtet der Herr Vorsitzende über die von der genannten Firma gestellten Bedingungen / [Verlust] Beteiligung anderer Künstler an, damit die Herstellung der dabei notwendigen Serien von / Bildern in Fluß komme. / 3. Weiterhin berichtet der Herr Vorsitzende über die leider sehr geringen finanziellen Zuwendungen seitens der zur Unterstützung aufgeforderten sächsisch-thüringischen Regierungen / und Behörden etc. und legt einen volkskundlichen Kalender des Herrn Professor Müller zur / Ansicht vor. 4. Zu Punkt 4 der Tagesordnung erstattet Herr Architekt Tscharmann Bericht über die / Tätigkeit des Ausschusses

inbetreff des Stadtbebauungsplanes und Teiles von Dippoldiswalde. / Es sind hierüber 2 Pläne angefertigt, der eine von Herrn Tscharmann, der / andere von Herrn Architekt Kühn, die aber beide, obwohl unabhängig voneinander ent- / standen, auf ein so gleichartiges und gutes Resultat ergeben, dass es empfehlenswert ist, / die beiden Pläne zu einem Vorschlage zusammenzuarbeiten, wozu der hierzu aufgeforderte / Herr Architekt Diestel seine Beihülfe zusagt. Herr Baumeister Schmidt aus Dippoldiswalde / spricht sodann die Bitte aus, vor Vorlage des Entwurfs die Bürgerschaft von Dippoldiswalde / durch einen belehrenden Vortrag vorzubereiten. Herr Oberbaurat Schmidt sagt seine Be- / mühungen in diesem Sinne zu. /

5. Eine Anfrage des Herrn Professor Seitler, ob die K. Amtshauptmannschaften zur Teil- / nahme an den Bestrebungen des Ausschusses angeregt worden seien, erklärt der Vorsitzende im / bejahendem Sinne mit dem Hinzufügen, daß auch die K. Kreishauptmannschaften gleiche Einladun- / gen s. Zt. ergangen sind, ohne daß jedoch – mit Ausnahme der Bezirke Dresden N. und Pirna – die / Tätigkeit des Ausschusses seither in Anspruch genommen worden sei. /

6. Herr stud. Arch. Baehr legt sodann einige Entwürfe kleinerer Gruppenhäuser für Arbei- / terwohnungen zur Ansicht vor, welche den vollen Beifall der Versammlung finden und zu dem / Wunsch Veranlassung geben, Vervielfältigung von Ausschuß wegen zu veranlassen. /

7. Schließlich berichtet Herr Regierungsbaumeister a. D. Thiele über die Bemühungen der Firma / Wertheim in Berlin zur Förderung des Vertriebes zweier von ihm gezeichneten Puppenstuben, / wodurch gleichzeitig eine gute Reklame für den anderweitigen Vertrieb dieser von der Grünhai- / nicher Spielzeugindustrie angefertigten Spielwaren bewirkt werde, /

8. Herr Oberbaurat Schmidt bittet noch um die Ermächtigung, die von den Mitgliedern / des Ausschusses gezeichneten Beiträge einziehen und auch die sonstigen Verwaltungsgeschäfte / durch die neue Verkehrsanstalt Hansa bewirken lassen zu dürfen und schließt die Versammlung / mit der Anregung, den auf etwa 80 Mitglieder angewachsenen Auschuß in seiner Gesammt- / heit nicht zu allen Zusammenkünften, vielmehr bei kleineren und dringlichen Anlässen nur / den engeren Ausschuss und für den jeweiligen Fall besonders interessierte Herren zu einer Zu- / sammenkunft einzuladen. /

Schmidt, / Oberbaurat. Protokollant: Wilhelm Thiele.

8. PK

31.10.1904 (Postkarte von Oberbaurat Karl Schmidt an Albert Wendt) [Thema: Vorstellung der Modelle in Dresden erfolgreich (siehe 7. P), Auftrag, wenigstens 100 Schachteln herzustellen]

Verehrter Herr! Die Spielsachen haben weit mehr Anklang gefunden als ich erwartet. Geh R / Dr. R. gab mir anheim vom Min. d. In. eine Burg / an [?] über die Ausstellung sowohl als auch Ihre / Absicht der Verkaufsvermittlung zu erhalten. / Morgen gehen Ihnen die Sachen wieder zu. / Sehen Sie nur zu, daß wenigstens 100 Schachteln / fertig werden können, ich halte sogar dafür, / daß die Arbeiter eher 1 MK mehr verdienen möchten. / denn Niemand beklagte sich über die angedeuteten Preise /

Ihr ergeb. Schmidt obbt

9. B

[ohne Datum] (Brief von Oskar Seyffert an Albert Wendt) [Thema: Erfolg der öffentlichen Vorstellung der Muster im Kunstgewerbemuseum, detaillierte Arbeitsanweisungen (Bezug zum Jahresbericht der Kunstgewerbeschule Dresden Sonderausstellung der Spielwarenmuster »Bauernhäuser, Puppenstuben« vom 24. bis 30.10.1904), Quelle: SächsHStA, Bestand 11125 Ministerium des Kultus und öfftl. Unterrichts, Nr. 17928, Bl. 113= kompletter gedruckter Jahresbericht, hier S. 59. Vgl. auch 5. PK und 7. P]

Verein für Sächsische Volkskunde [Briefkopf] *In Eile. /*

Sehr geehrter Herr Direktor! / Endlich kommen die Spielsachen. Sonnabend / war noch eine Sitzung, der auch Herr Geheimrat / Dr. Roscher beiwohnte. Die zwei Sammlungen / waren hier im Kunstgewerbemuseum / ausgestellt, wo sie sehr [vierfach unterstrichen] gefallen haben! / Die Verpackung ist eine solche, dass stets / die Häuser u. Figuren, die bei der / Dresdner Ausstellung zu einem Gehöft / zusammengestellt worden waren, ein / Paket bilden. / An einigen Häusern fehlen noch die / Schornsteine, sonst ist alles genau so / herzustellen, wie die Originale. / Wir bitten Sie herzlich im Interesse / der Sache, eine scharfe Überwachung / vornehmen zu wollen. / Eine Messe des Dresdner Kunst- / gewerbe Vereins findet nicht statt / da wir mit der großen Ausstellung 1906 allzusehr beschäftigt sind. / Herzliche Grüße / Ihr ergebener O. Seyffert. / NB. / Ergebensten Gruß an Frau Gemahlin / Die Bäume sind nicht extra herzustellen, / sondern es sind die in Seiffen fabrizierten / zu verwenden. Zu dem großen vogt.- / ländischen Gehöft sind die Maße etwas anders, (das Wohnhaus / höher, die Nebengebäude weniger hoch) / als wie bei den Modellen geworden. / Weitere Auskunft erteile ich sehr gern.

10. B

2.11.1904 (Brief von Konrad Zechlin, Konservator der Sammlungen des Altmärkischen Geschichts-Verein, an Albert Wendt) [Thema: Bestellung eines Erzg. Dorfes, einer Puppenstube und einer Puppenküche]

Salzwedel den 2.11.04 / Die Königl. / Spielwaarenschule / in Grünhainichen i./S.

Bezugnehmend auf den Artikel / in N 14 der Denkmalspflege S. 116 / bitte ich um gefl. Zusendung / der daselbst bezeichneten Spielwaaren / 1 / sächsisches Dorf 2 / Puppenstube 3 / Puppenküche / Den Betrag sende ich Ihnen / nach Empfang der Rechnung / umgehend ein. / Hochachtungsvoll / Konrad Zechlin / Konservator d. Sammlungen / des Altmärk. Geschichts-Vereins.

11. B

4.11.1904 (Brief von Architekt Ernst Kühn an Albert Wendt) [Thema: Arbeitsanweisungen für die Spielzeuggruppe »Lausitzer Dorf« mit kleiner Skizze (als Briefpapier wurde der Geschäftsbriefbogen von E. Kühn mit Anschrift Dresden-A., Bergstrasse 68, Telephon Amt I, No. 1693 verwendet)]

Sehr geehrter Herr Oberlehrer!

Meine Frau wird heute Nachmittag bei / Enders mit vorüber gehen und die Rück- / sendung Ihres Rockes energisch in Erinner- / ung bringen. Die Sache wird ganz vergessen / worden sein. / Mitfolgend sende ich Ihnen einen Satz Häus- / chen, auch je 2 Linden u. Pappeln. Die Far- / be [...] jetzt neu machen zum Gan- / zen. Auch füge ich den Lageplan zu. Das / Grün der Häuser muß gelbgrün, den Bäumen / angemessen sein. Ich bitte recht sehr um / eine Pause [?] dieser Lagepläne. Ich hoffe, dass / Herr Listner fleißig an meiner Arbeit ist, / die Korrekturen hat er, nur die drei letzten / Häuschen (Schmiede u. s. w.) fehlen ihm noch, Sie / folgen aber in den nächsten Tagen nach. / Indem ich mich mit Frau aufrichtig freue, / wenn es Ihnen hier gefallen hat, bitte ich / um baldige Wiederholung Ihres Besuches, / aber dann – mit Familie! – begrüßt / Sie und Frau Gemahlin. / 13 Häuschen / 1 Brücke / 1 Zaun / 4 Bäume / 1. Windmühle /

Ihr ergebenster / Ernst Kühn. /

Einige Häuser könnten / kleiner [Tinte verwischt]

[auf dem Rand Skizze mit Beschreibung]

Ich bitte bei der Zusammensetzung des Rittergutes / darauf zu achten, dass die Gebäude b a c sowie die Scheune, wie Skizze zeigt, geschnitten / sind.

12. B

5.11.1904 (Brief des Ministeriums des Innern an Albert Wendt) [Thema: Präsentation der Fachschule auf der Dritten Deutschen Kunstgewerbe-Ausstellung Dresden 1906]

An / die Fachgewerbeschule für Spielwarenarbeiter / zu / Grünhainichen

Dresden, den 5. November 1904 / Bei der im Jahre 1906 hierselbst geplanten / III. Deutschen Kunstgewerbeausstellung sollen auch die deut- / schen, der Ausbildung des Kunsthandwerks gewidmeten / Schulen innerhalb der in Punkt II.3. des Programms ge- / steckten Grenzen zur Beteiligung herangezogen werden. / Punkt II, 3 lautet: »Es soll ein Überblick / zu geben versucht werden, in wieweit unsere der Aus- / bildung des Kunsthandwerks gewidmeten Schulen durch / Arbeit unmittelbar im Material diese aus der Technik / sich ergebenden Überlieferungen und Fertigkeiten weiter / fortgelangen. / Da es wünschenswert ist, daß sich auch die / sächsischen Schulen dieser Art in einer der Bedeutung der / Ausstellung würdigen Weise beteiligen, ist das nötige / vorzukehren und bis Ende März

1905 anzuzeigen, ob / und welche Arbeiten unmittelbar im Material seitens / der Schule etwa ausgestellt werden können. / Ministerium des Innern. / v. [?]

13. PK

12.11.1904 (Postkarte von Oberbaurat Karl Schmidt an Albert Wendt) [Thema: Bestellung von drei Schachteln (vermutlich Vogtländischer Bauernhof, Erzgebirgisches Dorf, Lausitzer Dorf) und Hinweis auf die Neuerscheinung eines Artikels in der Illustrierten Zeitung]

Sehr verehrter Herr OL! / Ich habe an das M. d. I. einen Bericht erstattet über die Spielsachen (auf Dr. Roscher's / Anregung). Dr. Roscher bestellte 3 Schachteln. / Wie steht es nun damit? In den nächsten / Tagen kommt in die Illustrierte Zeitung / ein illustr. Artikel! / 12. / 11.04 Herzl. Gruß! / Schmid

14. B

15.11.1904 (Brief von Dr. Roscher, Königlich Sächsisches Ministerium des Innern, an Albert Wendt) [Thema: Vertriebsfragen Fachschulausschuss Grünhainichen, Landesverein für Volkskunde]

Königlich Sächsisches Ministerium des Innern. Dresden, den 15. November 1904 / Herrn Gewerbe-Oberlehrer / Alb. Wendt / Grünhainichen. / Mit freundlichem Dank für Ihre gefällige Zuschrift / vom 13. dieses Monats teile ich Ihnen hierdurch mit, dass auch / nach meiner Ansicht eine Übertragung des Vertriebes der un- / ter Ihrer Mitwirkung hergestellten Spielwarenmuster von Dör- / fern, Landgütern und dergl. an Sie, wie überhaupt an die Schu- / le, ausgeschlossen erscheint. Das Ministerium des Innern wird / eine Anfrage an den Fachgewerbeschulausschuß ergehen lassen, / um dessen Meinung über die geschäftliche Behandlung der Ange- / legenheit zu hören. Es darf wohl angenommen werden, dass der / in Ihrer Zuschrift angedeutete Weg, d. h. die Übertragung des / Vertriebes zunächst nur an eine einzige Firma auch vom Aus- / schusse geteilt werde. / Ihren Wunsch, an den die Spielwaren betreffenden / Verhandlungen der Ausschussmitglieder Landesverein f. Volkskunde [eingefügt] *teilnehmen zu können, / finde ich berechtigt und ich habe dem Vorsitzenden des Aus- / schusses davon Kenntnis gegeben. / gez. Roscher*

15. B

15.11. 1904 (Brief von Dr. Roscher, Königliches Sächsisches Ministerium des Innern, an den Fachschulausschuss zu Grünhainichen) [Thema: Vertriebsfragen, siehe auch 14. B] Königlich Sächsisches Ministerium des Innern. / No. 1332 III F. / zu No. ...]

Dresden, am 15. November 1904 / An den Fachschulausschuß / zu / Grünhainichen.

In der letzten Sitzung des »Ausschusses zur Pflege / heimatlicher Kunst und Bauweise« ist angeregt worden, dass Be- / stellungen auf die mit Verwendung heimatlicher Vorbilder und / unter Mitwirkung der dortigen Fachgewerbeschule hergestellten / Muster von Dörfern, Landgütern und dergl. von diesem Ausschus- / se bezw. von der Fachgewerbeschule als Vormerk angenommen wer- / den sollen. Über den geschäftlichen Vertrieb, wie überhaupt / die Fortführung der Angelegenheit soll jedoch zunächst die An- / sicht des Fachgewerbeschulausschusses gehört werden. Es wird / in Betracht zu ziehen sein, dass eine Übertragung des Vertrie- / bes der Gegenstände auf die Schule ausgeschlossen ist, sowie / dass für den Anfang die Verteilung der Aufträge auf eine größe- / re Anzahl von Verlegern im Interesse der einheitlichen Aus- / führung der Arbeiten nicht erwünscht erscheint./ Das Ministerium des Innern sieht der Meinungsäuße- / rung des Fachgewerbeschulaus[s]chusses hierüber entgegen. / Ministerium des Innern, / Abteilung für Ackerbau, Gewerbe und Handel. Dr. Roscher.

16. B

21.11.1904 (Brief von Albert Wendt an die Mitglieder des Fachschulausschusses Grünhainichen) [Rechenschaftsbericht die neuen Muster betreffend, Vertriebsfragen hier Bezug zu 14. B, Interessen der Verleger]

Auf Anregung des königlichen Ministeriums d. Innern / bez. Des Herrn Geheimen Rath Dr. Roscher werden einige / Dresdner Architekten und Künstler – Mitglieder des Vereinsf. / Sächs. Volkskunde – mit Hülfe der Fachgewer-

beschule Spielwaren- / muster gestalten, die dem hiesigen Handel überwiesen werden / sollen./ Fertig ist ein Sächs. Dorf und ein Bauerngut, von welchen / auf dringendes Ansuchen der Herren noch eine beschränkte Anzahl / vor Weihnachten hergestellt werden möchte. Mit Rücksicht auf / die Münchener und Nürnberger Verteuerung hat der Unterzeichnende/ versprochen, mit Hülfe der einschlägigen Arbeiter dem Wunsche / nachzukommen; ob und wie weit das in dieser arbeitsvollen Zeit / möglich sein wird, weiß ich noch nicht und wird besonders davon ab- / hängen, ob noch Maler zu haben sind. Meines Erachtens dürfen die / laufenden Verbindlichkeiten nicht leiden. / Zu einer von Dresden ausgehenden Notiz in den gelehrtesten / Kunstblättern ist auch die Schule erwähnt worden, und die Folge / davon war der Eingang einer großen Zahl Anfragen von Zei- / tungen und Privaten zum Zweck der Weiterbesprechung und / des Austauschs. Ich habe darauf sofort an den Herrn Geheimen Rath. / Dr. Roscher geschrieben, daß ich mich auf den geschäftlichen Theil / der Angelegenheit nicht einlassen könne, die Sache in anderer Be- / ziehung aber thunlichst fördern wolle. / Nach den Anfragen wünscht nun das königliche Ministerium / d. Innern eine Meinungsäußerung des Fachschulausschusses, der, / wenngleich die Angelegenheit sofort erledigt werden möchte, / in diesen Tagen kaum zu haben sein wird. / Ich gestatte mir den Vorschlag, in diesem Falle einer Firma / den ersten Vertrieb zu übergeben, in allen späteren Fällen mö- / gen die Herren Verleger als Mitglieder des Kaufm. Vereins die / Angelegenheit unter sich regeln. Zu dem Zweck gedenke ich den / Herrn Vorsitzenden des Vereins in jedem Einzelfalle in Kenntnis / zu setzen. Allein in der Schule hergestellte Arbeitsproben werden / ja bei Gelegenheit der Osterausstellung vorgeführt. Weiter kann / ja der Fachlehrerausschuß dem königl. Ministerium ein Verzeichnis / der hier anwesenden Firmen zugehen lassen. / Die Firma Drechsel ist in diesem Falle soweit betheiligt, als / Herr Löwe mir Arbeiter zur Herstellung der Einzeltheile nachge- / wiesen hat. / Eine eingehendere Befragung kann noch in einer im Dezem- / ber abzuhaltenden Fachschulausschußsitzung stattfinden. / Jedenfalls ist die Angelegenheit prinzipiell zu regeln, da auf / meine Bitte die Dresdner Herren bald nach Weihnachten / an die Herstellung von Entwürfen zu neuen architekt. Spielwaaren / gehen werden. / Hochachtungsvoll A. Wendt / Gr. d. 21.11.04 / An / die Herren Mitglieder des Fachschulausschusses.

[Beigeheftet ein Schreiben ohne Datum; vermutlich handelt es sich um das Protokoll der oben genannten Fachschulausschusssitzung.]

P. Annswald überläßt die Auswahl der Firma den Sachverständigen. / Commerzienrat Oehme möchte vorher (baldigst) die Sachen im / Kaufm. Verein besichtigen. / Kantor Gehlert schließt sich dem Vorsitzenden an. Gemeindevorsteher Schneider enthält sich der Abstimmung. / Maler Listner schließt sich den Ansichten d. Ministeriums an. / Emil Weber hat noch Bedenken / Heinrich Langer (Borstendorf) erst näher besprechen / Ernst Wittig (Borstendorf) schließt sich dem Vorsitzenden an / Oberlehrer Wendt

17. PK

22.11.1904 (Postkarte von Oskar Seyffert an Albert Wendt)
[Thema: Bestellung von 6 Dörfern von Dr. Müller – Löbau = Prof. Dr. Curt Müller (1870–1931), Lehrer und Volkskundler, seit 1897 Mitglied im Verein für Sächsische Volkskunde, hier Leiter der Ortsgruppe Löbau; ausführliche Quelle: »Sächsische Biografien« (saebi.isgv.de);
Bestellung für das »Museum für Sächsische Volkskunde« (Im Eingangsinventar des Museums sind auf Seite 164/165 »October 1905« unter Nr. 5899–5914 ein Sächsisches Bauerndorf mit Figuren, Tieren u. Zäunen und unter Nr. 5915–5917 ein Vogtländisches Dorf mit Figuren, Tieren und Zäunen als Geschenkzugang vermerkt.]

Sehr geehrter Herr Direktor! / Was macht das Dorf? Soeben bestellt Dr. Müller-Löbau / 6 Dörfer nach Schmidt-Seyffert-Entwurf. Wie hoch / wird der Preis sein? 1 vollständige Wiederholung / aller Gebäude u. Figuren will das Museum / für Sächsische Volkskunde anschaffen. Ebenso / von den Kühn' schen Gebäuden. Bitte um / freundliche kurze Nachricht. / Eiligen Gruß / ergebenst / O. Seyffert. / 22 Nov. 1904.

18. PK

22.11.1904 (Postkarte von Dr. med. Beyer, prakt. Arzt Altenburg, an Albert Wendt) [Thema: Anfrage nach Spielsachen für einen 2-jährigen Jungen und ein 4-jähriges Mädchen]
Altenburg SA Hohlfr... 3 / 22.XI.04 / Durch Herrn Rektor Schubert / Altenburg SA. Kenn ich / Ihre Adresse. Würden / Sie die Güte haben, mir / mitzuteilen, ob ich Spiel- / sachen, wie ich sie bei / Herrn Rektor Schubert gesehen / habe, für einen 2 jährigen / Jungen u. ein 4 jähriges / Mädel bekommen kann. / [Lochung] *Preisl. Senden Sie Katalog. / Mit bestem Gruß im Stand A. Beyer.*

19. PK

1.12.1904 (Postkarte von Oberbaurat Schmidt an Albert Wendt) [Thema: Anfrage, wann Dörfer zu welchem Preis fertig werden]
Verehrter Herr! Ich kann die Anfragen sowie / auf die für die illustr. Ztg. bestimmten Mitteilung / nicht erledigen, sofern Sie mir nicht Antwort geben, / ob: und wie viel etwa von den Seyffert-Schmidt- / schen Dörfern fertig werden und zu welchem Preis / haben Sie doch die Güte mich darüber zu unter- / richten, es ist ja doch auch [?]. Das Interesse das / nächste zu [...?]. Auch Herr Geh. R. / Dr. Roscher nun [?] sich doch, da er 3 Schachteln wünscht, Bescheid geben. Mit l. Gruß! / Schmidt / obbt / Dresden 2 / 12.04 / Fin Min

20. PK

3.12.1904 (Postkarte von Oskar Seyffert an Albert Wendt) [Thema: immer wieder Anfragen/Bestellungen zu den Dörfern, fehlende Rückmeldung aus Grünhainichen, Vorweihnachtszeit 1904: Seyffert hat viel Arbeit mit einem Krippenspiel]
Sehr geehrter Direktor! Da ich immer wieder / Nachfragen nach dem Dörfchen zu beantworten / habe, so bleibt mir nichts übrig, als Ihnen wieder / eine Karte zu schicken, obwohl Sie mir die / erste noch nicht beantwortet haben. Ich weiß / aber nicht, was ich den Bestellern schreiben soll / und bitte Sie ergebenst mir ganz kurz mitzuteilen / wie viel Sie Dörfer u. zu welchem Preis Sie / dieselben Liefern können. Ich sitze jetzt mit der / Vorbereitung zu einem Weihnachtsspiel »Christ- / kind Geburt« tüchtig in Arbeit. Ihnen wird's / freilich nicht besser gehen. Herzlichen Gruß / ergebenst O. Seyffert.
Vermerk: *erledigt 4.12.1904*

21. PK

8.12.1904 (Postkarte von Oberbaurat Schmidt an Albert Wendt) [Thema: Audienz beim König mit Übergabe der Spielwaren als Geschenk für die Prinzen und Prinzessinnen. König Friedrich August III. hatte erst am 17. Oktober 1904 den Thron bestiegen. Seine Söhne waren in diesem Jahr elf, zehn – Friedrich Christian hatte erst am 31. Dezember 1904 den elften Geburtstag – und sieben Jahre alt, seine drei Mädchen waren vier, drei und ein Jahr alt. Bezug zu 5. PK)]
Eilt! Stempel »Oberbaurat Schmidt, Dresden-Neustadt, Clarastr. 8 / Geehrter Herr Obl! / General v. Fr. hat direkt beim Oberkämmerer / S. Ma. die Audienz Zwecks Übergabe von / Spielwaaren (2 Dörfer, 2 Puppenstuben) / an die Königl. Prinzen u. Prinzessin[n]en Antrag / gestellt und wollen Sie sich bereit halten, dieser / Audienz mit beizuwohnen vor allem als / die Spielwaaren selbst [verwischt] fertig zu stellen [verwischt] / an Kühn, Seyffert u. Thiele schrieb ich / in dem selben Sinn. Ihre Liquidotion / hab ich zur sofort. Erledigung an Michael / Ihr erg obbt Schmidt
[Anmerkung zum Stempelschriftzug: »Oberbaurat Schmidt, Dresden-Neustadt, Clarastr. 8«
Der offizielle Briefkopf des Ausschusses zur Pflege heimatlicher Kunst und Bauweise in Sachsen lautet ebenso: Dresden-Neustadt, Klarastraße 8. Quelle: Stadtarchiv Dresden, Bestand: Künstlervereinigung »Zunft« Sign.: 13.19 Nr. 5 Karton 3.]

22. PK

8.12.1904 (Postkarte von Oberbaurat Schmidt an Albert Wendt) [Thema: Termin für die Audienz]
General v. Friesen sagt mir eben, / dass die Audienz etwa in der 2. Hälfte / nächster Woche zu erwarten sei, dass / er annahm, Sie würden für besonders / gute »Aufmachung«

(vielleicht polierte / Schachteln) sorgen. Die Spielsachen möchten / 1 Tag vorher aufgebaut werden. / Frdl. Gruß! Obbt Schmidt

23. PK

12.12.1904 (Postkarte von Oberbaurat Schmidt »Eilt« an Albert Wendt) [Thema: Ablauf der beantragten Audienz, Musterschutz für Dörfer, Bestellung, Abbildungen in Kind und Kunst (Bd. I 1904/05 V. 2., S. 171; XII. 3., S. 383.)]
besten Dank, verehrter Herr Oberl. für Ihre Mitteilungen. / Wie der Erfolg des Antrages um eine Audienz bei S. Maj. sein / wird wissen wir aber noch nicht; General v. Friesen wird Sprecher / sein und in seiner Anrede Bezug nehmen auf weitere Erklär- / ungen auch von Ihnen, also Statist sollen Sie nicht blos sein / Geh. R. Dr. Roscher ist auch gebeten worden teilzunehmen. / Inzwischen hat mir [Name?] auch Ihren Bericht zugeschickt / wir stimmen Ihnen betr. Musterschutz völlig bei, wer aber / soll diesen veranlassen, wir oder Sie? Von den von mir / bestellten Dörfern – zwar 4 ganze und 4 halbe Dörfer / (auf Kühn'sche Arbeit will ich vorläufig verzichten) gebe ich / an Roscher u. Tscharmann die gewünschten ab, vielleicht / fordern Sie gleich mehr, soviel Sie fertig haben, und zwar / an meine und Prof. O. Seyffert's Adresse. Neubau Kunstge / werbeschule Dürerstraße 21 (Zim No. 44). Für heute / [Lochung] *dieses, weitere Mitteilungen folgen bald; die Zeitschrift Kind u. Kunst bringt Abbildungen. Kleinhempel ist nicht mit zur Audienz vorgemerkt. Ihr erg. Obbt Schmidt*

24. PK

12.12.1904 (Postkarte von Ernst Kühn an C. F. Drechsel Grünhainichen) [Thema: Arbeitsanweisung zum Lausitzer Dorf, Deckelbildgestaltung der Schachtel – Lichtdruck zu teuer]
Stempel: Ernst Kühn Architekt Dresden / Dr. d. 12.12.04 / Sobald die Skizzen eingegangen / und die Malarbeit fertig ist, wür- / de ich zu deren Besichtigung hin- / kommen. Bitte um telefonische / Benachrichtigung. Die Lichtdruck- / bilder habe ich nicht anfertigen lassen, / sondern nur eine Aufschrift, weil / erstere vorläufig zu teuer wür- / den. Ein Bild 12 M. ist doch zu teuer. / Die Aufschriften bringe ich mit. / Hochachtungsvoll / Ernst Kühn.

25. B

13.12.1904 (Brief von Dr. Roscher, Königliches Ministerium des Innern, an Albert Wendt) [Thema: Musterschutzanmeldung (Abschrift im SächsHStA Bestand 11125 Ministerium des Kultus und öffentlichen Unterrichts, Nr. 17439, Bl. 103 mit Vermerk zur Abg 14.11.04)]
Königliches Sächsisches / Ministerium des Innern. / Geehrter Herr Oberlehrer, / infolge Ihres geschätzten Schrei- / bens vom 4. D. M. wurde Herr Oberbaurat Schmidt die Vernehmung mit den / Herren Professor Seyffert und Architekten / Kühn und das Weiter in Sachen der An- / fertigung der beiden »Dörfer« anheim gegeben. / Nach dem Reichsgesetz vom 11.1.1876 / steht das Recht, ein gewerbliches Muster / oder Modell ganz oder teilweise nachzubilden, dessen / Urheber ausschließlich zu. Als Urheber sind hier m. E. die Herren Prof. Seyffert und Architekt Kühn anzusehen. Diese müssen, um den / den gesetzlichen Musterschutz zu genießen, / das Muster zur Eintragung ins Musterre- / gister anmelden und ein Exemplar oder / eine Abbildung des Musters bei dem / mit Führung des Musterregisters betrau- / ten Amtsgerichte vor Verbreitung des Musters / niederlegen. Die hierfür zu zahlende Ge- / bühr ist mäßig, für jede Eintragung und / Niederlegung eines einzelnen Musters oder / eines Pakets mit Mustern auf die ersten / 3 Jahre zusammen 3 M, für jedes weiter / Jahr bis zum 10ten Jahre 2 M. Wer das / Muster angemeldet und niedergelegt hat / gilt bis zum Gegenbeweise als Urheber. / Es sollte mich sehr freuen, wenn die neuen Dörfer Anklang fänden und der / dortigen Industrie Nutzen brächten. / Mit vollkommener Hochachtung / Dresden, den 13. Dezember 1904 / Ihr / ergebener / Dr. Roscher.

26. PK

13.12.1904 (Brief von Oskar Seyffert an Albert Wendt) [Thema: Audienz, zusätzliche Teile sollen das Dorf noch attraktiver erscheinen lassen! Seyffert wünscht für das repräsentative Geschenk eine polierte, sonst aber schlichte Verpackung.]

Sehr geehrter Direktor! Wie Sie wohl wissen, / steht uns eine Audienz zu S. Majestät bevor. / Ich bitte Sie, von dem Schmidt Seyffert'schen / Dorf einige Häuser doppelt mit bringen zu / wollen, damit wir das Dorf auf diese Weise vergrößern können. Ebenso sind recht viele / Figuren, Tier u. Zäune erwünscht. Die / anderen Bestellungen können wir bei Ihrer An- / wesenheit in Dresden regeln. Der Kasten, in dem / das »Königliche Dorf« eingepackt werden soll, möchte / poliert, sonst aber ohne dekorativen Schmuck sein. / Herzlichen Gruß Ihr O. Seyffert

27. B

14.12.1904 (Brief von Ernst Kühn an Albert Wendt) [ältere Abschrift des Briefes, Thema: Lausitzer Dorf, technologische Experimente für den Aufstellplan, Besprechung der Deckelgestaltung, Deckel für die Geschenke an die Prinzen sollen aus Pappe gefertigt und mit Lichtdruck-Motiven beklebt werden.]

Dresden, den 14. Dez 1904 / Sehr geehrter Herr Oberlehrer! / Vielen Dank für die Zusendung von Proben, die mich sehr interessieren. Ich habe / mit Probieren sofort begonnen, fand aber am anderen Tag das Linoleum total / bucklig und verändert vor, so dass die Häuschen kaum stehen blieben, obgleich / ich nur an 2 Ecken meine Versuche gemacht hatte. In meiner Verzweiflung sann ich / nun darüber nach was zu tun sei. Mir scheint, wir sollten wieder auf den Deckel / zurückkommen und den Lageplan auf diesen bringen. Um nun Feuchtigkeit, / die das Werfen bewirkt hat fern zu halten, schlage ich vor, anstelle des Leimes nur Lack aufzustreichen auf den dann die gefärbten Sägespäne gestreut werden. Die Straßen bleiben im Holzton – werden alle gar nicht gestrichen und den Bach streiche man mit Oelfarbe. Ein Werfen des Deckels / ist dann ausgeschlossen und er übernimmt, so wie es gedacht war, seine Funktion. / Die Sägespäne sind etwas dunkler zu färben unter Zusatz von brauner Beize. / Auf diesem Farbton heben sich die Häuser vorteilhaft ab. – Ich lasse morgen / die Etiketten für die Deckel zu kommen [?] die aber nur einen Teil des Deckels / bedecken. Der Deckel möchte ganz gefärbt sein. Ich habe die Etiketten / in der Größe so gestaltet, dass sie auch bei kleinerer Verpackung Verwendung finden können. / Eine Anzahl Häuschen habe ich für den eventuellen Austausch fertig. Vor Weihnachten ist mit den Bildern hier nichts zu machen, wir möchten / doch dasselbe zahlen, ich denke wir ergänzen diese Ausstattung später / und kleben für die kgl. Prinzen 3 Lichtdrucke, die ich in Bereitschaft halte auf den Pappdeckel. / Ist ihre Meinung andersartig? / Mit den besten Grüßen von Haus zu Haus / Ihr erg. / Ernst Kühn

28. PK

17.12.1904 (Postkarte »Eilt!« von Oberbaurat Schmidt an Albert Wendt) [Thema: Termin und Ort der Audienz, Nachfrage Bestellungen, Musterschutzanmeldung durch A. Wendt]

Verehrter Herr Oberlehrer / 17XII /
General v. Fr. [von Friesen] teilt mir eben mit, das / die Audienz keinesfalls morgen Sonntag / sondern voraussichtlich später u. zwar wegen / der Prinzen – im Prinzenpalais stattf. werde. / Ich telegraphiere Ihnen sofort hinüber. / Noch fehlt mir die Mitteilung, ob u. welche [?] Anmeldungen für unser Spielzeug bei Ihnen / eingegangen sind, ob die Schachteln abgingen. / Nach Rücksprache mit Herrn Seyffert wollen Sie / den Musterschutz nun einleiten. Ihr erg Schmidt

29. B

24.12.1904 (amtliches Schreiben vom Königl. Sächs. Amtsgericht Augustusburg an Rechtsanwalt König, Augustusburg) [Thema: Musterschutzanmeldung für das Erzgebirgische Dorf und das Vogtländische Gut durch Albert Wendt]

a Reg 273 Cor. / Herrn / Rechtsanwalt König, / hier / In das Musterregister des unter- / zeichneten Amtsgerichts ist am 23. Dezember1904 eingetragen worden: / fortl. Nr. / 124 / [im Folgenden auszugsweise] A. Wendt, Gewerbeschule Grünhainichen / Tag der Anmeldung / 23. Dezember 1904 Vormittags viertel vor 12 Uhr / Beschreibung der angemeldeten Muster / 1 Kasten mit einer Anzahl Spielwaren, die in ihrer Gesamtheit ein Dorf darstellen / 1 Kasten mit einer Anzahl Spielwaren die in ihrer Gesamtheit ein Landgut darstellen / Angabe der Ergänzungs- / muster / Schutz-

frist / 3 Jahre / Actenzeichen der Registeracten / Rep. IX Loc. No.[...] / Augustusburg, den 24. Dezember 1904 / der Registerführer des Königlichen Amtsgerichts / Siegel / Rauner.

30. B

ohne Datum (Brief von Dr. Roscher, Ministerium des Innern, an Albert Wendt)

[Thema: Sendung mit Dörfern in Dresden angekommen, Preisanfrage für Ankauf zur Benutzung in Baugewerkschulen, neue Anregung von Roscher, die Dörfer noch mit einigen menschlichen Gestalten zu bestücken, Herstellung noch bis Weihnachten? (Bezug zum fehlenden Datum, evtl. Dezember 1904? Siehe auch Bezug zu 12. PK, hier Bestellung der 3 Schachteln)]

Sehr geehrter Herr Oberlehrer / Für Ihre gefällige Mitteilung / vom 22. sage ich Ihnen besten Dank. / Die Sendung der Firma Drechsel kam am / 23. in meine Hände, so dass ich Sie noch am Abend auspacken, aufstellen und am 24. / den Mitgliedern des Ministerium des Innern / vorführen konnte. Sie machte viele Freude u. / erntete viel Anerkennung. / Heute habe ich der Firma den Betrag ihrer / Rechnung (64.80 M) übersandt und zugleich die / Frage an Sie gerichtet, zu welchem Preise Sie / das Dorf aus dem Erzgebirge / das Gut aus dem Vogtlande und / das Dorf aus der Lausitz / ohne Bäume, Zäune und Figuren einigen Bau- / schulen überlassen würde. Ist der Preis ein wenig / zu senken, dann würde ich die Schulen davon in / Kenntnis setzen und ihnen anheimstellen, die / Häuser als Modelle einfacher ländlicher / Bauweise zu erwerben. / Ihr neuer Versuch, Zäune, Leitern, Raufen / ä. Gl. nach Art der Holzmosaiken, Gestaltung in- / teressiert mich. Bei der Bekleidung kleiner / Häuser mit derartigen Mosaiken schien sich die / Technik nicht zu bewähren. Wenigstens sprangen / bei den im Ministerium z. Z. ausgestellten kleinen / Häusern die Mosaikauflagen z. Teil sehr rasch ab. Vielleicht geht das Verfahren für Zäune besser. / [?] dann die neuen Dörfer vorge- / zeigt werden, [?] es möchten noch einige menschliche Gestalten hinzugefügt werden, da / solche das Dorf belebten. Kinder machen sich / sonst selbst solche Gestalten von Wachs. / Von Interesse wäre es mir, später zu erfahren, ob die neuen Muster Absatz gefunden / haben. Die Frist war freilich zu kurz, um jetzt ein / Urteil über den Absatz zu fällen. Es war / alles Mögliche, daß die vielen verschiedenen / Formen noch bis Weihnachten hergestellt [Lochung] *wurden [?] / Mit vollkommener Hochachtung / Ihr / ergebener / Dr. Roscher*

31. B

3.1.1905 (Brief von Architekt Heinrich Tscharmann an Albert Wendt) [Thema: Hinweis auf die Gestaltung der Schalllöcher im Kirchturm (bezieht sich auf das Kirchenmodell für das »Erzgebirgische Dorf« nach Entwurf von Schmidt-Seyffert), Vorstellung der Idee zu einem Entwurf einer Spielzeugburg (Pleißenburg)]

Dresden 3.1.05 / Silbermannstr. 1 / Sehr geehrter Herr Direktor! / Bei den ausgeführten Dorfkirchen / malte ich /. Zt. skizziert, ist mir / aufgefallen, dass die oberen Öff- / nungen Fensterteilungen aufgemalt / bekommen haben. Da sie als / Schalllöcher aufzufassen sind, ist / das falsch. Es müssen einfach / schwarze Löcher sein und außer- / dem müssen sie, wo 2 oder 3 an- / geordnet sind, ganz dicht beisam- / men liegen: [Skizze mit 3 Schalllöchern] Diese, meist 2theilige romanische / Öffnungsanordnung ist charakte- / ristisch für unsere alten Kirchen. / ferner haben fast alle alten / Kirchtürme außer den Schall- / öffnungen keine Fenster. Sie / haben nur hier und da einen Schlitz. / Bei den Spielsachen sind am / besten alle Fenster wegzulassen, / das gibt das Charakteristische am / sichersten wieder. / Die Thürme sind – zu ihrem Vor- / theil, höher als ich angenommen. / Dadurch wird aber noch auffälliger, / dass sie zu schmal sind. Die Thürme / der sächsischen Dorfkirchen sind [Lochung] *breit oder auch breiter als das Schiff. / Hier werden sie ebenso breit zu / machen sein. Ich wäre Ihnen recht / dankbar, wenn Sie veranlassen / wollten, dass diese 3 Fehler ausge- / merzt werden. /*

Und nun möchte ich Ihnen noch eine Idee vertraulich unterbreiten. / Im Ausschuß wurde davon gesprochen, sächsische Burgen auf Bergen als / Spielsachen nachzubilden. Ich hatte / mir das auch durch den Kopf gehen / lassen, möchte aber erst mit dem fer- / tigen Projekt und ungestörter Ar- / beit, zu der ich Prof. Seifert's tref- / fendes

Urtheil heranziehen will, [...] Ich meine die Burg auf dem Berge / erschwert vom Kubus das [...], das schöpferische Spielen, er bleibt eigeengt, die Burg in der / Ebene – auf dem Tische befördert es. / Er muß die einzelnen Theile nach / Belieben zusammensetzen können, es muß dann stets sinnvoll bleiben. / Dazu müssen die Theile einfach / gleichartig, vertauschbar sein. Da- / mit er nicht auf Ritter angewiesen / ist, sondern alle Figurengruppen bis / in die neueste Zeit sinnvoll ver- / wenden kann, muß er einer / [...] die vom Ende der Ritter- / zeit bis zur modernen Kriegs- / führung möglich ist. Ein solches / Schulbeispiel bietet die mir sehr ge- / nau bekannte Pleißenburg zu / Leipzig selbigen Angedenkens. Un- / ter Kurfürst Moritz in genialster / Weise als völlige fortifikatorische Einheit erbaut, hat sie bis ins / vorige Jahrhundert hinein ihre Dien- / ste gethan. Außer dem mächtigen / Thurme eine Anzahl gleichartiger / einfacher, niedriger langgestreckter / Bauten, lässt ihr Modell dem / spielenden Knaben immer den Über- / blick über seine Heerscharen, [?]- / ihren verschiedenen Ebenen zum / Aufstellen der Partheihen und / ließe sich im Grundriß variieren, / ja aus einer großen Festung in / Burg und Außenanlagen [?.] zerlegen. / Der Kunde soll ja keine wissen- / schaftlichen Studien treiben, sondern / mit künstlerisch gut geformten Thei- / len – und das sind viele Bauten. / weil sie vollkommen zweckmäßig / waren – seinen Spieltrieb befähi- / gen.
Ich bitte Sie mit ihrer reichen Erfah- / rung über ihr Urtheil über diese / Idee und um Bescheid ob Sie [?] Modelle nach den Zeichnungen / ausführen wollen. Im Maßstabe denke ich, an das Dorf klei / chen Maßstabes anzuschließen – wer bei- / des bekommt, kann dann in vielfältig- / ster Weise kombinieren. Doch bitte ich / Ihren Rath dazu. Die Arbeit soll / heimatlich, künstlerisch und pädago- /gisch wirken und praktisch sein. / Hochachtungsvoll begrüßt Sie Ihr / H. Tscharmann
[Anmerkung: Die Pleißenburg in Leipzig wurde 1895 vom Sächsischen Staat an die Stadt Leipzig verkauft, dann abgebrochen und das Gelände 1897 neu bebaut (siehe Cornelius Gurlitt: Beschreibende Darstellung der älteren Bau- und Kunstdenkmäler des Königreich Sachsen. 18. H. Stadt Leipzig II. Teil. Dresden 1896, S. 300). Tscharmann war bereits 1892 mit der Aufgabe betraut, einen Bebauungsplan für das Grundstück zu erstellen (siehe Stadtgeschichtliches Museum Leipzig, Fotografie vor 1878, Inv.-Nr.: 1342 und Inv.-Nr. Mü.IX/8c = Zeitungsbericht der Leipziger Neuesten Nachrichten 18.5.1892, mit Planskizze und »Vorschlag zur Verwertung des Areals« von Architekt Heinrich Tscharmann).
Der Architekt verfügte über Aufmaße und genaue Detailkenntnisse der historischen Burganlage. Es ist durchaus denkbar, dass die Idee zu diesem Spielzeugmodell vor dem Hintergrund nostalgischen Empfindens, aber auch denkmalpflegerischer Erfahrungen, aus einem Gefühl des unwiederbringlich Verlorenen heraus reifte. Mithilfe dieser Spielzeugburg sollte den Kindern ein bedeutendes Bauwerk des »Alten Leipzig« vorgeführt und zugänglich gemacht werden.]

32. PK
9.1.1905 (Postkarte von Heinrich Tscharmann an Albert Wendt) [Thema: bedankt sich für Schreiben von A. Wendt, vermutlich 31. B, Bezug zu einem Termin in Dresden]
Geehrter Herr! Ich bedanke mich für Ihre Zeilen / und hoffe am Freitag d. 20. möglichst / fertig zu sein, auf alle Fälle Ihre Rath- / schläge und Kritik zu hören. Hochachtungsvoll / Grüßt Ihr Tscharmann / Dresden 16, Silbermannstr. 1 / 9.1.05

33. PK
10.1.1905 (Postkarte von Heinrich Tscharmann an Albert Wendt) [Thema: Terminplanung für das Treffen am 20.1.05 in Dresden; Einladung zu einem Vortrag von Berlage = Hendrik Petrus Berlage (1856–1934), bedeutender niederländischer Architekt und Städteplaner, z. B. Amsterdamer Börse, Niederländisches Haus in Leipzig]
Sehr geehrter Herr! Wie ich erfahre, ha- / ben wir am 20ten 8 Uhr einen Vortrag / des holländischen Architekten Berlage, / zu dem ich Sie einlade, wenn es Sie in- / teressiert. Jedenfalls haben Seyffert u. / ich nur am Nachmittag ca. 4–7 Uhr Zeit, / falls S. nicht auch da besetzt ist! Hoch- / achtend grüßt Ihr Tscharmann

34. PK

13.1.1905 (Postkarte von Oberbaurat Schmidt an Albert Wendt) [Thema: Audienz fällt aus, Anfrage zur Teilnahme einer Ausschusssitzung in Dresden, mit »Herr Drechsel« ist gemeint: Ernst Löwe, Kaufmann und Mitinhaber von C. F. Drechsel Grünhainichen. Beim Forsthaus Borstendorf handelt es sich um ein zeitgenössisches Fertigteilhaus, das 1904 im Nachbarort Borstendorf errichtet wurde. Als staatliches Forstgebäude ist es in den Grundformen eines Lausitzer Umgebindehauses im sogenannten »Heimatstil« ausgeführt. Siehe: Woldemar Müller (Hg): Die neueren sächsischen Forstbauten. In: Kalender für das Erzgebirge, Vogtland und Sächsische Schweiz, Leipzig 1908.]
Sehr geehrter Herr Oberlehrer! / Aus der Audienz bei S. Maj. wird / es nichts! Darüber mündlich mehr / Wäre es nicht möglich, dass Sie/ oder Herr Drechsel gelegentlich / hier her kommen und an einer / Ausschusssitzung mit teilnehmen / können? Die Frage der / Abwicklung und Weiterverfolg- / ung wäre mir sehr wichtig! / Haben Sie das Forsthaus / Borstendorf photographisch / einmal aufgenommen? / Es wäre sehr willkommen! Besten Gruß! / Ihr / Schmidt / Obbt / Klarastr. 8

35. PK

15.1.1905 (Postkarte von Konrad Zechlin an Albert Wendt) [Thema: Bitte um Angebot für das »Lausitzer Dorf« von Ernst Kühn]
Salzwedel, den 15.1.1905 / Geehrter Herr! / In Beantwortung Ihrer werten / Karte v. 13t d. M. habe ich für das / gütigst offerierte »Lausitzer Dorf« / Interesse und würde event. darauf / reflektieren. Ich bitte Sie mir / nun gefälligst den Preis dafür inkl. Warenverpackung zu nennen. / In Pölitz war ich im (Herbst) auf einem Ausflug / von Stettin. Sollten Sie mich dort / kennen gelernt haben? / Hochachtungsvoll / Konrad Zechlin.
[Vermerk von Albert Wendt (Bleistift)] offeriert / Dorf Kühn 35 M / Dorf Schmidt 13 M. Anmerkung: Albert Wendt besuchte von 1868 bis 1871 das Lehrerseminar in Pölitz / Pommern]

36. PK

16.1.1905 (Postkarte von Oberbaurat Schmidt an Albert Wendt) [Thema: Termin Ausschusssitzung in Dresden, Wunsch, Herr »Drechsel« = Ernst Löwe (siehe 34. PK) möge dem Ausschuss beitreten]
Besten Dank, verehrter Herr Oberl. Für Ihre Mit- / teilungen! Ich werde für Sonnabend aus Anlaß / Ihres Hierseins eine Ausschusssitzung 5 oder 6 / Uhr Gehestiftung einberufen. Da können / wir das Weitere besprechen, auch Herrn Drechsels / Schreiben. Teilen Sie es Herrn Drechsel / nur mit dass er uns willkommen ist, ich / hoffe er tritt dem Ausschuß bei. Sind Sie / schon Vorm. hier so können wir uns im Fin. / Min. 12–14' treffen u. bestelle ich da den betr. / Beamten betr. Abwicklung der Rechnungen. Ihr erg Schmidt

37. B

17.1.1905 (gedruckte Einladung zur Ausschusssitzung in Dresden von Oberbaurat Schmidt mit handschriftlichem Vermerk für Albert Wendt) [Thema: Referat von Albert Wendt, Grete Wendt soll mitkommen, um die Tochter von Ernst Kühn, Margarete, zu treffen. Aus einer anfänglichen Freundschaft der beiden Mädchen entsteht 1915 die gemeinsame Firmengründung der Kunstgewerblichen Werkstätten Wendt und Kühn in Grünhainichen.]
Ausschuss zur Pflege heimatlicher Kunst und Bauweise in Sachsen und Thüringen (Abteilung Sachsen) / Einladung zur Sitzung / Sonnabend, den 21. Januar, nachm. 6 Uhr / im Sitzungszimmer der Gehestiftung / Kl. Brüdergasse Nr. 21. I. Oberg. / Tagesordnung: / 1. Registrandeneingänge. / 2. Konstituierung des Bundes Heimatschutz (Abt. Sachsen). / 3. Referat über die seitherige und in Aussicht genommene Tätig- / keit betreffend die Herstellung geschmackvoller Spielwaren / unter Vorführung von Modellen der K. Spielwarenschule in / Grünhainichen. / 4. Anträge von Vorständen K. Amtshauptmannschaften auf Dar- / bietung von Vorträgen, Vorbildern etc. für Bauausführende. / 5. Künstlerischer Wandschmuck mit heimatlichen Motiven. / 6. Anträge auf Gründung von »Garten-Städten« in den Vor- / orten Dresdens. / [...] / Dresden-N. (Klarastr. 8) / am 17. Januar 1905 / Oberbaurat K. Schmidt. /

[Handschriftlicher Zusatz]: *Bitte Modelle (auch das Lausitzer Weberhaus) / sowie die beiden S. M. für die Prinzen bestimmten / Kästen gefälligst mitzubringen. Gz Schmi.* [»Das Lausitzer Weberhaus« basiert auf einem Entwurf von Oberbaurat Karl Schmidt, beigeheftet Schreiben von Albert Wendt an Ernst Löwe (Spielwarenverlag C. F. Drechsel)]: *Lieber Ernst! / Sei so gut u. halte die für »Königs« bestimmten / Sachen bereit. Ich denke wir nehmen sie als Kasteninhalt mit. / Das »Weberhaus« habe ich hier; für seine / Verzierung werde ich sorgen. H. Martin ist soeben bei der Reparatur. / Kühn hat gestern meine Frau u. Grete ein- / geladen. Meine Frau hat keine Lust, Grete werde ich mitnehmen weil Kühn eine / gleichaltrige Tochter hat. / Gruß A.*

38. PK

28.1.1905 (Brief von Oberbaurat Schmidt an Albert Wendt) [Thema: Die Dörfer sollen in Berlin in einer Ausstellung im Kunstgewerbemuseum präsentiert werden, Schmidt ist nach Berlin geladen, siehe auch 40. B]
Sehr verehrter Herr Oberl! / Die Gesamtsendung ist nun sammt offiz. Schrei- / ben nach Berlin abgegangen; als Commissar bin / ich ernannt; von der Ausstellung auf das Spiel- / zeugs versprech ich mir viel! Nun aber die / Hauptsache! Verständigen Sie sich mit Herrn Löwe / damit wir ein Aushängeschild den ausgestellten / Kästen beifügen mit Angabe der Künstler, der / mitwirkenden Schule und vor allem der Preise, / nebst einer Subskriptionsliste, wir wollen den / Bezug ohne Zwischenhandel in diesem Falle regeln. / Besten Gruß / Ihr Schmidt / Grüßen Sie Herrn Forstm. R! [Rehschule]

39. PK

31.1.1905 (Postkarte von Ernst Kühn an Albert Wendt) [Thema: Lausitzer Dorf für Berliner Ausstellung]
Dr. d. 31.I.05 / Sehr geehrter Herr Oberlehrer. / Die Schachtel: »Lausitzer Dorf« ist von / mir am nächsten Freitag bei Ihrem / Herrn Jahn in Berlin abzuholen. Ich / bitte um Angabe seiner Adresse und / um Benachrichtigung Ihres Herrn Jahn, / die Schachtel bereit stellen zu lassen. / Mit freundlichem Gruß/ Ihr erg. / Ernst Kühn. / Eilt!

40. B

1.2.1905 (Brief der Verwaltung der Königlichen Museen – Kunstgewerbe-Museum – Berlin an Oberbaurat Schmidt in Dresden) [Thema: Bestätigung des Eingangs der Ausstellungsstücke der Königlichen Fachgewerbeschule Grünhainichen, Randnotizen von Oberbaurat Schmidt zur Weiterleitung an Albert Wendt, Einladung zur Besichtigung der Ausstellung in Berlin]
General-Verwaltung der Königlichen Museen. / KUNSTGEWERBE-MUSEUM. / J. No. 208 / Berlin S. W. 12. / 1. Februar 1905, /
Das Museum beehrt sich Ihnen hierdurch ergebenst den Eingang nachstehend bezeichneter Stücke anzuzeigen: / 70 Entwürfe pp in Uebereinstimmung / mit dem eingesandten Verzeichnis, / 3 Plakate, / 3 Kästen mit Spielzeug, / 2 Modelle. / An dem Modell des Waldwärterhauses [evtl. Forsthaus Borstendorf] / ist das Gibsfundament an einer Ecke durch / gebrochen; an der einen Giebelwand sind / verschiedene Füllungen aus Gips heraus- / gefallen und z. Z. zerbrochen. An einer / Ecke des Fundaments sind Gipsstücke / abgebrochen. / An dem Modell des Weberhäuschens / ist der Schornstein beschädigt. / Weitere Mitteilungen bleiben vorbehalten. Königliches Kunstgewerbe-Museum. / Lessing / An Herrn Oberbaurat Schmidt [Handschriftliche Randnotizen von Oberbaurat Schmidt]: U. R! [= unterrichtet Dr. Roscher Ministerium des Innern] / *Einladung / zur Besichtigung der Ausstellung / »Die Kunst auf dem Lande« / im K. Kunstgewerbe Museum / Berlin / vom 11.–19. / Febr. An die Herrn / Oberl. A. Wendt /* [Lochung] *Er. Löwe / Grünhainichen / zugleich mit dem / dringenden Ersuchen/ die nötigen Unter- / lagen einer Kosten- / berechnung für den / künftigen Verkauf / der betr. Spielwaren / [...] abzugeben / um eine Subskrib. / tionsliste vom / Ausschuß wegen / mit auszulegen / Dienstag Nachm. / 5 Uhr ist / im Künstlerhaus / Berlin General- / versammlung / Dresden / 7.II.05 Ihr erg. / Schmidt / obbt.*
[Anmerkung: Diese Ausstellung war im Lichthof des Königlichen Kunstgewerbemuseums Berlin aufgebaut. Geplant hatte sie der »Deutsche Verein für Wohlfahrt- und Heimatpflege« mit Beteiligungen des Museums für Kunst

und Gewerbe Hamburg, Lüneburger und Altonaer Museum, Märkisches Museum und der Sammlung für deutsche Volkskunde Berlin. Quelle: Mielke (1905), S. 111–112]

41. PK

2.2.1905 (Postkarte von Oberbaurat Schmidt an Albert Wendt) [Thema: eine misslungene Fotoaufnahme?]
Dr. 2.II. / Sehr geehrter Herr Oberl.! / Besten Dank für Ihre liebens würdige / Sendung; leider aber haben Sie mit den Auf- / nahmen Recht, denn es scheint totale Überlicht- / ung eingetreten zu sein, wenigstens lassen die sorg- / fältig entwickelten Platten zwar alle Umrisse der / Zeichnung genau erkennen, nicht aber in Copie / erfassen! Ich bedaure unendlich Ihre Mühe / und wage kaum um eine erneute Mühenwaltung, / bei der Sie dann den von mir gewählten Stand- / punkt wählen könnten, vorzuschlagen indessen / tue ich's doch und bitte mir die Baarauslagen / anzugeben. Ihr ergebener / Schmidt

42. B

2.2.1905 (Brief von Curt Oehme, Grünhainichen, an Albert Wendt) [Thema: Curt Oehme vertritt in Bezug zu den »Neuen Modellen« als örtlicher Kaufmann und Verleger seine Geschäftsinteressen – typisches Beispiel einer einseitig geprägten örtlichen Gewerbestruktur, siehe auch Wendt (1908), S. 59.]
[Briefkopf]: *Curt Oehme Grünhainichen. /*
Geehrter Herr Oberlehrer! / Ich bedaure aus Ihrem gestern Abend erhaltenen ... briefe ent- / nehmen zu müssen das Sie sich / durch meine Äußerungen am / letzten Sonnabend verletzt fühlen. / Was ich zum Ausdruck bringen / wollte war der Hinweis darauf / dass in der betreffenden Sitzung / mit Ihnen vereinbart worden / war dass die neuen Modelle / allen Firmen unseres kaufm. / Vereins sollten zugänglich / gemacht werden und dass es / mir deshalb nicht richtig erscheint / dass man seinen Musterschutz / bereits jetzt in Erteilung einer / Firma [...], während wir anderen / seit jener Sitzung überhaupt / nichts wieder von der Sache ge- / hört haben, bisher ohne Kennt- /nis geblieben wann welche / Arbeiten zur Anfertigung / der Sachen von Ihnen über- / geben wurden waren. / Wenn beispielsweise mir / die bezügl. Mitteilungen / gegeben werden so hätte ich sie / an die Collegen vermittelt. / Als dem muß es uns gewähren sein uns die Muster zu beschaffen. Es / würde ja auch in diesem Falle / dem einen oder anderen eine / gewisse Wertsetzung zu theil / geworden sein, dann allen / gleichzeitig zu dienen. Wäre / zu den Arbeitern auch mir/ möglich gewesen, allein / zu anderem Ansehen geboten. / Mir erschien es nothwendig / Ihnen diesen Hinweis zu geben / weil ich die heikle Frage der / Erneuerung gemeinsam kenne / und dann eine ganz / neutrale Stellung der Schule / für besonders geboten halte. / Nach den Erklärungen die / uns Herr L. [Ernst Löwe] gestern Abend / gab hängt seine wesentliche / Wertschätzung wohl damit zusammen / dass Sie ihm die Befragung des / Herrn Kühn an die Dresdner / Herrn übertragen hätten./ und er dadurch in näheren / oder frühen Contact mit / der Sache gekommen ist als wir / Die Frage der Kleinhempelschen Sachen die / Sie auch berühren möchte ich / mir erlauben von der jetzigen / Frage ganz zu trennen: / Für diese Sache ist Herr L der / allein Berächtigte nachdem / er früh sich für für Dieselben interessiert und das Recht / an ihnen erworben hat. / Ich hoffe Sie werden aus / meiner verstehenden Dar- / legung erkennen dass ich nur / zum Ausdruck gebracht habe / was ich als gewisses Recht festzustellen verstehe: Ich bedaure / sehr dass Sie sich dadurch ver- / letzt gefühlt haben dass sie / Ihre aktive Thätigkeit in der / Sache aufzugeben beabsichtigen. / Ich bitte Sie recht sehr das nicht / zu thun nachdem wir uns / nun gegenseitig ausgesprochen / haben. Wir erkennen gewiß / Alle von mir Sie stets und / immer bestrebet sind, auch im / Interesse der Kaufmannschaft / allenthalben zu wirken / und ich vor allen verkenne / auch ganz gewiß nicht wie / besonders schwierig es für Sie / war und ist gleichzeitig den / Dresdner Herren und uns / gerecht zu werden. / Hochachtungsvoll / Ihr ergebner / Curt Oehme / Ich möchte noch ermahnen: / wenn Sie mir die betreffenden / Arbeiter nennen wollen will / ich sie den Collegen bekannt / geben.
[Zum Hintergrund und besseren Verständnis des Schreibens vgl. auch Wendt (1908), o. S. »Der weitere Verlauf der Sache erforderte nicht zuletzt durch den bedeutenden Schriftverkehr von mir eine Arbeit, die zu der bekannten

Nervendepression führte und mir beinahe unheilvoll geworden wäre.« Anmerkung: Albert Wendts Arbeitsbelastung – der normale Schulalltag kam noch hinzu – stieg in den nächsten Monaten des Jahres 1905 stetig an, sodass er 1905 schwer erkrankte. Einen Eindruck vom Arbeitspensum geben zum Teil auch die Schreiben wieder.
Im Schuljahr 1906/1907 besuchten nach Notizen der Enkelin Sigrid Wendt (1930–2009) 207 Schüler in 5 Klassen die Fachgewerbeschule. Quelle: GH VA, Karton: Fa. Wendt & Kühn]
Zur Person Oehmes: Commerzienrat Curt Alexander Oehme (1834–1914) = Eigentümer des Hauses Ortslistennummer 58 (heute Lengefelder Str. 14), dem Verlagsgebäude von Joh. Dav. Oehme & Söhne Grünhainichen. Quelle: Augustusburger Adressbücher 1904. Das Handelshaus verfügte über weitreichende internationale Geschäftsverbindungen. Abbildungen mehrfarbig illustrierter Katalogseiten finden sich in (Helling) 1999, Abb. 404 u. 442, hier: Burgen, Puppenhäuser, Kaufläden, Puppenküchen, Archen, Zuggarnituren, Puppenmöbel, ein Schaukelpferd und Schubkarren. Das Verlagsgeschäft gehörte 1914 u. a. zu den Spielwarenlieferanten des Londoner Warenhauses »Harrods«. Allein für das Weihnachtsgeschäft 1914 erfolgten Warenlieferungen in Höhe von 3373,32 Mark. Quelle: Copy of Order Toy Department Xmas 1914, Harrods Limited. Agentur für Deutschland & Österreich R. J. Stanbk Berlin SW, Jerusalemer Str. 5/6. Archiv: Spielzeugmuseum Nürnberg.]

43. PK

2.2.1905 (Postkarte von Konrad Zechlin an Albert Wendt) [Thema: Bestellung des Lausitzer Dorfes nach Entwurf von Ernst Kühn]
Salzwedel, den 2.2.05 / Geehrter Herr! /
Im Besitz Ihrer werten / Offerte v. 27t. n M. [?] bitte ich Sie / um gefl. Lieferung des / Lausitzer Dorfes z. Preise von / Mk 35.— [Listenpreis 40.— Mark] für Museumszweck / in bester Ausführung. / Den Betrag sende ich Ihnen / sogleich nach Empfang ein. / Entfernte Verwandte d. Namens / Zechlin sind noch in Königsberg / i. Pr.. Vielleicht waren Sie mit / einem dieser Z. in Pölitz zusammen? / Hochachtungsvoll / Konr. Zechlin

44. PK

4.2.1905 (Postkarte von Oberbaurat Schmidt an Albert Wendt, Poststempel 4.2.1905 Zug Dresden – Reichenbach-Vogtl.) [Thema: gestalterische Belange zu einem Foto – eventuell das Forsthaus Borstendorf betreffend, Bezug zu 40. B und 34. PK]
Schmidt / Verehrter Herr Obl! / Eben vor meiner Abreise erhielt ich Ihre wt. Karte. / Ich freue mich, dass Sie einen anderweitigen Versuch / machen wollen. Inzwischen erhielt ich auch vom Ldb. [Landbauamt] *Chemnitz eine sehr stark verkürzte, sonst aber gute Ansicht / und doch meine ich, daß Vis a vie von mir empfohlene / Aufnahmen, vielleicht etwas Staffage, auch provisorisch / ein paar Gardinen hinter die Fenster gebracht, ein gutes* [Bild?] *geben werde. Wenn nicht das Modell zu diesem Forsthaus / in Berlin ausgestellt wäre, würde ich kaum so großen Wert / gerade auf dieses landschaftl. so nett gelegene Häuschen / legen! Herzl. Gruß! Schmidt*

45. B

11.2.1905 (Brief von Heinrich Tscharmann an Albert Wendt) [Thema: Entwürfe für die Pleißenburg als Spielzeugmodell, Musterschutz, gestalterische Fragen]
Dr. 11.2.05 / Silbermannstr 1 / Geehrter Herr Wendt! / sandte eben die Zeichnungen an / Sie ab, zu denen ich gleich bemerke, / dass ich mir Musterschutz geben ließ. / Ich habe die Skizzen von damals in / der Weise ausgearbeitet, dass alles / im Maßstabe größer ist, der Thurm / z. B. von 23 auf 31 cm gewachsen / ist, also mit mehr als 1/5. zu den / Bleisoldaten geht alles aufs genau- / este. Deshalb bitte ich, zunächst / das Modell in genau der Größe der / Zeichnung zu machen! Einmal, weil / sonst die Freifläche zu voll wird, dann / weils sonst zu theuer wird. Die / Bemalung habe ich zunächst nur / an einigen Stellen angedeutet, / damit Sie ein besseres Bild haben. / Auf dem Holzmodell zeichne ich dann / alles vor, bemerke gleich, dass die Farbe beim Dorf und der Puppen- / Stube nicht haltbar ist. Mußte letztere lackieren lassen. Das wollen wir / bei der Festung gleich machen! / Aus dem Unterbau den Kasten zu / machen ist leider in diesem Falle / ausgeschlossen. / Hoffentlich ist alles klar ersichtlich, / sonst

bitte schreiben Sie! Wann et- / wa soll ich hinauf kommen? Wäre / mit der Einthailung selber recht lieb, / das bald zu wissen. / Bei etwaiger Kalkulation des / Verkaufspreises bitte ich die üblichen 10 % / für mich zu zurechnen, da ich diese / zur Deckung von Auslagen etc. / darauf schauen muß. / Wollen Sie den runden Thurm nicht / auch aus Holz machen? Es ist mir / ein recht unsympathischer Gedanke, / dass dieser allerfesteste Theil am / allerhohlsten werden soll. Das Kind / müsste die Wucht eines solchen / Thurmes doch auch empfinden. Das / kann ihm nur durch das Umreißen / und das Gewicht vermittelt werden. / Hoffentlich gefällt Ihnen das Ganze / jetzt. Hochachtend grüßt Ihr / Tscharmann

46. PK

13.2.1905 (Postkarte von Oberbaurat Schmidt – Poststempel Berlin Charlottenburg – an Albert Wendt) [Thema: Preisfragen, Ausstellungsbericht zur Berliner Ausstellung]
Besten Dank für Ihre Zusendung! / Wenn ich auch die genannten hohen Preise / nur mit geteilten Gefühlen aufge- / nommen habe! Die Ausstellung ist / [interessant], *die Dörfer wirken vorzüglich und / vornehm! Daß sie trotzdem so teuer / werden, ist und bleibt bedauerlich, denn / zweifellos kommt diese Verteuerung nicht / an. Sie wünschten dem Arbeiter, sondern / dem Zwischenhandel zu Gute! Von / einer Subskr.-Liste muß ich aber ab- / sehen, weil das nicht zulässig ist, / ich habe dafür auf die Geschäftsstelle / im Kunstgew. Museum verweisen müssen / D. Reklame ist eine vornehme und / wirkungsvolle. Herzl. Gruß! / Ihr Schmidt*

47. PK

4.3.1905 (Postkarte von Oberbaurat Schmidt an Albert Wendt) [Thema: Ausschusssitzung in Dresden, Thema Spielzeugburgen]
Dresden am 4 / III. / Notiz! / Die Sitzung habe ich also für Sbd. 11. D. M. ange- / setzt. Sie bringen wohl die Pleissenburg von / Tscharmann mit, Schloß Moritzburg nebst Dorf- / gehöfte bringe ich zur Aufstellung; gut wäre es aber / wenn Sie für Herbeiziehung von Wildpark befasst / wären, wer dies herstellt weiß ich nicht. Schloß / Moritzburg ist im Maaßstab 1:200 hergestellt, es / müssten also die Tiere einigermaßen dazu / passen. / Herzl. Gruß! / Ihr Schmidt
[beigegeben: Einladung zur Sitzung des Auschusses zur Pflege heimatlicher Kunst und Bauweise in Sachsen und Thüringen (Abteilung Sachsen). Sonnabend, den 11. März, nach 6 Uhr / Tagesordnungspunkt 2. b: Spielwaren-Modelle sächsischer Burgen betreffend.]

48. PK

4.3.1905 (Postkarte von Heinrich Tscharmann an Albert Wendt) [Thema: Spielzeugmodell der Pleißenburg, Vorstellung in der Ausschusssitzung]
Geehrter Herr Wendt! Wie ich hörte, / soll nächsten Sonnabend in der / Sitzung auch die Burgensache daran kom- / men. Wie stehts denn nun eigentlich / mit meiner Festung? Halbfertig oder ohne / meine Durchsicht und evt. Korrektur kann / ich sie nicht zeigen. Ich habe keine Ahnung / wie die Sache steht. Wenn es soweit ist, / bitte ich um gef. Zusendung in meine / Wohnung: Silbermannstr. 1 Hochachtend Ihr / Tscharmann

49. PK

6.3.1905 (Postkarte von Ernst Kühn an Albert Wendt) [Thema: neue Entwürfe zu einem Pferdestall, Ausschusssitzung – Termin in Dresden]
Sehr geehrter Herr Oberlehrer. / Die Zeichnungen zum Pferdestall / sind fertig. Haben Sie für nächsten / Sonnabend Einladung zur Sitzung / erhalten? Kommen Sie? Wenn, / dann können wir hier die Sache / besprechen, andernfalls ich die / Zeichnungen schicken würde. / Hochachtungsvoll grüßt / aufs Herzlichste / Ernst Kühn.

50. PK

9.3.1905 (Postkarte von Heinrich Tscharmann an Albert Wendt) [Thema: Spielzeugmodell der Pleißenburg]
Sehr geehrter Herr Wendt! Danke für / Probeausführung, lasse hier sofort einiges / ändern, das Ganze malen und zeige es / am Sonnabend in der Sitzung, dann kön- / nen Sie es, wenn wir um 5 [dreifach unterstrichen] Uhr uns in / der Gehestiftung alles noch zu ändernde be- / reden,

wieder mitnehmen! Ein zweites / Modell brauchen Sie also nicht mitzubrin- / gen! In verschiedener Hinsicht haben Sie / recht mit dem »Größer Machen«, nur darfs im / ganzen nicht größer werden. Wie sind die Kosten? / Gruß und Ihr Tscharmann

51. PK

10.3.1905 (Postkarte von Margarete Herrmann an die Königliche Fachgewerbeschule Grünhainichen) [Thema: Bestellanfrage »Sächsischer Bauernhof« in Bezugnahme auf die Berliner Ausstellung im Kunstgewerbemuseum] [mit Bleistift]: Adresse: Frau Baumeister Margarete Herrmann Deutsch-Wilmersdorf b. Berlin, Uhlandstr. 81.]
An den Vorstand der Königl. Spielwaren- / schule zu Grünhainichen / Ew. Wohlgeboren möchte ich höflichst ersuchen / mir mitzuteilen, ob die vor kurzem im / Kgl. Gewerbemuseum ausgestellten Spiel- / waaren (Sächsischer Bauernhof) käuflich in / Ihrer Anstalt zu haben sind? Wenn dies / der Fall ist und ein solcher Bauernhof für / den Preis von 10 Mk zu haben ist würde / ich Sie bitten, mir ihn umgehend [zweifach unterstrichen] gegen / Nachnahme zu übersenden. Ich möchte ihn / schon am 14. März feinf. verschenken. Wußte / leider nicht früher die Adresse. Trifft der Preis / nicht zu, bitte um Preisverzeichnis für späteren Bedarf. / Hochachtungsvoll M. Herrmann.
[Notiz auf Vorderseite der Karte: Holzversteigerung Montag Nachm. 3 Uhr]

52. B

23.3.1905 (Brief von Heinrich Tscharmann an Albert Wendt) [Thema: Bemalung des Pleißenburg-Modells, Gestaltungsfragen, Arbeitsanweisungen]
Dresden, 23.3.05 / Silbermannstr. 1
Sehr geehrter Herr Wendt! / Da wir am Dienstag erst spät Abend mit dem Malen und Ändern fertig / wurden, konnten die Modelle erst / heute abgehen! Es war wieder ei- / ne tüchtige Arbeit; aber ich meine, / sie hat wesentlich genützt und Prof. / Seyffert meinte das auch. Besonders / die immer auch beabsichtigte Erhöhung / der viereckigen Bastion unter dem / Haupthurme begrüßte er lebhaft. / Als eine kleine Vereinfachung ge- / be ich Ihnen noch an, dass die / Dächer nächst dem Thurme nicht abge- / walmt werden, sondern einfache / Satteldächer bleiben. Das ist in jeder / Hinsicht besser! Ob es nöthig ist die / Einsägung am Fußboden des Thores / zu machen? Fällt sie fort, dann / muß man die Rampe so ändern, / dass die Brücke sich wieder fest / auflegen kann. Einige der / aufgeleimten Brüstungen brechen / leicht ab. Kann man sie nicht beim Mittelbau Hauptheile mit den Wän- / den aus einem Stücke machen? / Das Thurmholz also auf alle Fälle / aus einem Stücke! Jetzt machts / sehr viel Arbeit und es kommt / etwas Unsolides heraus. Nun / möchte ich ferner den kleinen Aus- / bau im Hofe weglassen, er ist un- / historisch und kaum zu sehen. /
Das angegebene Fenster malen wir an / die Wand des Hauses. Der Brunnen / soll, um als Brunnen deutlich zu / sein, diese Form bei kreisrundem / Grundrisse haben, / [Skizze mit Durchmesser: 3 cm; Höhe des Brunnenbeckens: 1,5 cm; Höhe der Wassersäule: 1,5–2 cm; Farbgebung: Steineinfassung grau, Wasserbecken blau]
Grau gestrichen sein, mit blauer Fläche. / Mit Theilen dieser Festung baute / ich zudem: eine Burg, ein Gehöfth, / dazwischen eine Straße! Daneben / aus den zwei Sitzbastionen und dem / Thorhause noch ein Fort oder so etwas. / Alles auf ein Mal neben einander! /
Wenn man ein Dutzend Pappeln [durchgestrichen] Bäume da- / zu stellt, tritt ein [e] sehr merkliche / Bereicherung des ganzen Spieles / ein! Besonders die breitgelagerte / Eingangszeile der Festung wirkt schön, / wenn am Wege zur Rampe diese / Bäume eine Pappelchaussee markie- / ren! / Doch für heute genug, hoffe von / Ihnen bald wieder zu hören. Mit / größter Hochachtung begrüßt Sie Ihr / Tscharmann / die alten Zeichnungen liegen wie- / der bei, für den Fall, dass Sie / dieselben brauchen.

53. PK

5.4.1905 (Postkarte von Carl Hauer Dresden an Albert Wendt) [Thema: C. Hauer schickt Gipsmodell von Schloss Moritzburg, Postkarte mit gedruckter Anschrift: Carl Hauer, Dresden / Fernsprechstelle Amt I, No. 1249. 14. Seilergasse 14. Hierzu Eintrag im Adressbuch für Dresden und Umgebung, Bd. 1905, S. 641: Carl Borom. Hauer Kgl. Preuß.

Hofstukkateur u. Herzogl. Schlesw. Holst. Hoflieferant. Siehe auch: Sächsische Zeitung – Dresdener Stadtrundschau. 26.8.2004. Hier Beitrag über die »Villa Burgfrieden« in Dresden Klotzsche – dem Wohnhaus von Carl Hauer.]
Direktion der Spielwaaren-Schule / Grünhainichen i. / Sachsen. / C. H. / 1/2: 2 Kisten, enthaltend ein Gipsmo- / dell vom Schloß Moritzburg / mit Gelände, nebst 1 Wasserturm, / 1 Lusthaus u. 1 Oberförsterei, sind heute / im Auftrage des Herrn Oberbaurat / Schmidt an Ihre w / Adresse fr. p. Bahn / abgesandt worden. – / Beim Empfange der Kisten ersuche ich / Sie zunächst die Deckel derselben / vorsichtig abzunehmen, alsdann / die Schrauben herauszudrehen, / worauf die Langseiten der Kisten / wegzunehmen sind und nunmehr / die Modelle auf dieser Seite be- / hutsam herausgezogen werden können. / 5 / 4.05 Hochachtungsvoll / Carl Hauer.

54. B
6.5.1905 (Brief von Heinrich Tscharmann an Albert Wendt)
[Thema: Beschwerde, Zeitverzug]
Dresden, 6.5.05 / Silbermannstr. 1 / Sehr geehrter Herr Wendt! / Vor nunmehr 6 Wochen ging – von / Ihnen aufs Äußerste gedrängt – / das Festungsmodell, neu bemalt / an Sie ab. Zugleich schrieb ich Ihnen / eingehend darüber. Nach drei Wochen habe ich Herrn Löwe, den Sie mir als den Einzigen nannten / welcher Mustersachen vertreibt, / geschrieben. Bis heute bin ich ohne / jede Antwort geblieben! Im Ge- / genteil, ich hörte dass Sie Herren / zu Ihrem Vortrage eingeladen ha- / ben, die der Sache ferner stehen, / mich nicht. Ich hörte dieser Tage /
Dass Sie 6 verschieden bemalte Mo- / delle der Festung gezeigt haben. / Die ganze Sache befremdet mich / aufs Höchste und ich weiß ein- / fach nicht was ich denken soll. / Ich bitte Sie, die Sache mit mir / so zu behandeln, wie Sie diese / Sachen mit den Herren Kühn / Kleinhempel und Thiele behan- / deln. Und zwar mit mir / allein. Jedenfalls bitte ich, mir / nun endlich einmal gefälligst / Aufschluß geben zu wollen / und zwar bald. Hochachtend / H. Tscharmann

55. B
8.5.1905 (Brief von Albert Wendt an Heinrich Tscharmann)
[Thema: Stellungnahme zum Brief vom 6.5.05 (54. B)]
[Briefkopf: Fachgewerbeschule / Grünhainichen i. S.]
Sehr geehrter Herr Tscharmann! / Ihr Brief, den ich gestern früh erhielt, war für mich eine voll. / ständige Ueberraschung. Das aus den Zeilen blickende mißtrau- / en habe ich nicht verdient und weise es auf das Bestimmteste zu- / rück. Sie werden mir zugeben müssen, dass ich Ihr Burgprojekt / von vornherein sehr energisch gefördert habe. Das ist aber / nur möglich, so lange meine amtliche Thätigkeit nicht leidet. / Ihr letzter Brief verlangt eine Umarbeitung, die von mir / nicht in Stunden gemacht ist. Zwischen damals und jetzt / liegt die arbeitsvollste Zeit im Jahr. Ausstellung, Jahresschluß, / Vorträge, Berichte, Wiedereinrichtung f. das neue Schuljahr usw. be- / anspruchen reichlich meine Arbeitskraft und lassen keine Zeit zu / ja einer mehr einem privaten Charakter tragenden Arbeit. / Ich arbeite gern, beschaulig ist mein Dasein mit seiner vielsei- / tigen Thätigkeit keineswegs. Gestern, als Ihr Brief eintraf, lag / hinter mir eine Nacht, in der ich bis 4 Uhr am Schreibtisch saß, / um mich über die Industrie im oberen Gebirge zu äußern, sonst / nie gekannte Schwindelanfälle mochten eine Folge der / Anstrengung sein. Um 7 Uhr früh saß ich wieder in der Expedition um / mich auf einen Vortrag einzurichten, den ich in Lengefeld im / Werkmeister [...?] an dem selben Sonntag Nachmittag gehalten / habe, dazwischen kam Ihr Brief, mit dem zwischen den Zeilen / lesbaren Mißtönen und gestern Abend war ich vollstän- / dig fertig. In dieser Weise ziehen fast alle Sonntage an mir / vorrüber. /
Nun zur Sache. / Ich hatte mir vorgenommen gemeinsam mit dem einschlägigen Arbeiter / die Burg noch einmal umzuarbeiten, bei dieser Gelegenheit eine größere / Anzahl in Angriff zu [durchgestrichen] nehmen zu lassen, um zu einer sicheren Kalku- / lation zu gelangen u. sie dann als handelsfähiger Artikel der Kaufmann- / schaft zu überweisen. Bei dieser Gelegenheit will ich Ihnen gleich sagen, / dass ich die weitere geschäftliche Behandlung ablehnen muß. Es ist / meine Pflicht, für die Gesamtindustrie zu sorgen und ich kann und darf / einem Einzelnen, u. wenn es

mein Freund Löwe ist, nicht in den Vordergrund stellen. Sie haben sich mit Löwe in Verbindung gesetzt / und genannt, auf diese Weise zum Ziele zu kommen, das überlasse / ich ihrer Beurtheilung. / Nach meinem Portobuch haben alle in der letzten Sitzung anwesenden / Herrn eine Einladung zur Fachschulausstellung bekommen. Sie in erster / Reihe, u. auf Ihren Besuch habe ich, da Sie ihn schon vorher in Aussicht / stellten, sicher ... / Es ist weiter ein Irrthum, wenn von Ihnen behauptet / wird, dass 6 Burgen ausgestellt worden sind. Nur eine habe ich / in der Schule bemalen lassen, weil der von Ihnen herangezogene / junge Mann mit der Technik doch noch recht wenig vertraut ist und / die von Ihnen eingeschlagene Art der Bemalung für den Handel / unbrauchbar ist. / Ferner befand sich neben der Burg ein Zettel mit der / Aufschrift: Geschützt f. Herrn Prof. Tscharmann. / Nun sagen Sie mir, bitte, wie ich Ihr Interesse noch besser wahren / soll. / Jedenfalls haben Sie mir durch Ihren Brief die Freude an der / Arbeit genommen und ich bitte Sie, mir mitzutheilen wie Sie / sich den weiteren Verlauf der Sache denken. / Hochachtend A. Wendt / Gr. d. 8. Mai 1905.

56. PK

11.5.1905 (Postkarte von Lehrer D. Herfurth, Stollberg, an Albert Wendt) [Thema: Anfrage nach Modellvorlagen für den Zeichenunterricht]

Sehr geehrter Herr Oberlehrer! / Für unsere Modellsammlung z. perspektivischen Zeichnen sind 20 M zur Erwei- / terung derselben bewilligt worden. Ich habe so viel schöne in Ihrer Schule / gefertigte Modelle gesehen und möchte gern für obigen Preis von / Ihnen Modelle beziehen, weiß aber nicht, ob Sie bereits fertige / auf Lager haben, oder ob Sie dieselben nur nach Bedarf anfer- / tigen lassen u. in unserem Falle, welche Sachen Sie vorrätig / haben. Dürfte ich Sie daher höflichst um gütige Auskunft hierü- / ber auf angehefteter Karte bitten. Sie würden mich durch / Erfüllung meiner Bitte bzw. der Lieferung zu großem Danke ver- / pflichten. Mit hochachtungsvollem Gruße / Ihr ergebener D. Herfurth, Bürgerschullehrer. / Stollberg i. Erzgeb., d. 10. Mai 1905.

57. B

18.6.1905 (Brief von Karl Groß – Lehrer an der Kunstgewerbeschule Dresden – an Albert Wendt) [Thema: Die III. Deutsche Kunstgewerbe-Ausstellung Dresden 1906 und die Beteiligung der Kgl. Fachgewerbeschule Grünhainichen an dieser Leistungsschau, Karl Groß war als Vorsitzender des Ausschusses für Schulen für die Organisation der Ausstellung mit verantwortlich. Quelle: Offizieller Katalog, Illustrierte Ausgabe, Dresden 1906, S. 18.]

Unter allerhöchstem Protektorat Sr. Majestät des Königs Friedrich August von Sachsen / Dritte Deutsche Kunstgewerbe- / Ausstellung Dresden 1906 [offizielles Briefpapier mit Briefkopf]

Dresden, den / 18.6.1905 / Verehrter Herr Direktor! / Wir haben noch keine Zusage über Ihre / Beteiligung an der Abteilung »Schulen« / unserer Ausstellung. Das Ministerium / wünscht Ihre Anstalt vertreten zu sehen. / Können Sie nicht wenigstens hierher, dass wir / persönlich darüber sprechen können, gleich / mit Herrn Oberregierungsrat Stadler zusammen? / Ich muß nämlich bald wegen der Platzfrage / klar sehen. / Mit bestem Dank für eine kurze Mitteilung / Ihr ergebenster Karl Groß / k. Professor / Kunstgewerbeschule Dürerstr.

58. B

18.7.1905 (Brief von Heinrich Tscharmann an Albert Wendt) [Thema: Modell der Pleißenburg, Kalkulation, Detailfragen, z. B. Musterschutz]

Dresden, 18.7.05 / Silbermannstr. 1 / Geehrter Herr Wendt! / Nach Ihrer Karte schätze ich den / Handelspreis der Festung wie / folgt: Herstellung 5.– / Bemalung 1,50 (Versendung u. Packung? / 10 % f. Ausschuß ca. 0,66.– / 100 % Händler ca. 6,50 / rund 14.00 / und gab den Preis der Lohn- / vereinigung auf ca. 15 Mark / an. Könnt's so und wie / Ist die Packung zu nehmen? / Wie die Kosten des Vertriebes / von dort? Ich hoffe, 15 Mark / langen, wäre im Interesse / des Umsatzes zu wünschen. / Wenn Sie von den schon / angefertigten Festungen ab- / geben, möchte ich 3 Exem- / plare kaufen, sofern Sie / ganz vollständig mit allem / Zubehör sind. Sie mit Rech- / nung direkt zu

senden. / Da ich's für richtig halte, erin- / nere ich daran, dass in jedes / Stück mit einem Gummistem- / pel das Wort »Musterschutz«. ein- [durchgestrichen] */ aufgedruckt wird. (fordert das Musterschutzgesetz!) / Sollte ein / solcher Stempel dort nicht zu be- / schaffen sein, so bin ich bereit, / ihn zu besorgen. Natürlich kann / man auch ein Zettelchen einkle- / ben, was aber wohl umständ- / licher ist? Mit bestem Gruß / hochachtend /*
Ihr Tscharmann

59. B
26.8.1905 (Brief von Heinrich Tscharmann an Albert Wendt) [Thema: Bestellung von drei oder vier Festungen, Unklarheiten diesbezüglich? Bezug zu 58. B. Der Brief wurde vermutlich in der »Sommerfrische« verfasst, siehe Absender »Bärenburg im Erzgebirge«]
Bärenburg i / Erzgeb. 26.8.05 / Sehr geehrter Herr Wendt! / Aus einer Äußerung des / Herrn Löwe, der Sie letztens / hier besuchte, merkte ich, dass / Sie meinen letzten Brief / insofern nicht recht verstan- / den haben, als ich um gef. / Zusendung von 3 oder 4 Fe- / stungen mit Ihrer Rechnung / bat. Damit will ich doch sa- / gen, dass ich sie bezahle! / Allerdings hoffe ich, die 4 / Exemplare ohne 100 % / Aufschlag zu bekommen. / Im September müsste ich die / Sendung haben, weil ei- / nes derselben dann als / Geschenk f [doppelt durchgestrichen] *aufgestellt wer- / den muß! / Besten Gruß / sendet Ihr Tscharmann*

60. B
7.9.1905 (amtliches Schreiben von Oberbaurat Schmidt in der Funktion als Vorsitzender des Ausschusses zur Pflege heimatlicher Kunst und Bauweise) [Thema: Reklamedrucksachen für die neuen Spielzeugmodelle (Entwurf dafür von Ernst Kühn), Werbung, Warenbestände von Weihnachten 1904, welche noch in Dresden eingelagert sind. Die betreffenden Preisangebote der Fa. C. C. Meinold & Söhne, Königliche Hofbuchdruckerei Dresden, sind hier beigeheftet. Das 1. Angebot vom 14.8.1905 (an Karl Schmidt gerichtet) beläuft sich für eine Ausführung als Chromolithografie bei 5000 Expl. auf 280.– Mark, bei 10000 Expl. auf 340.– Mark. Im 2. Angebot vom 30.8.1905 (an Ernst Kühn gerichtet) wurden diese Preise in »einfarbiger Ausführung« entsprechend auf 145.– und 185.– Mark niedriger angeboten.]
Nach Kenntnisnahme / und Beifügung der / Angaben über das Lausitzer / Dorf mit Photographie / weiter gegeben / Dr. d. 7.IX.05 z. Zt. St. Blasien i / Schwarzw. 31 / VIII / Kurhaus /
Beigefügte Preisangebote der Firma C. C. Meinhold u. Söhne unter Bezugnahme auf die gemeinschaftliche / Sitzung des Ausschusses in Dresden im Beisein / des Herrn Commerzienrates Oehme zunächst an / Herrn Architect E. Kühn in Stellvertretung / des Vorsitzenden mit Bitte um Weitergabe nach / Grünhainichen unter folgender Darlegung / weiterzugeben. /
Es empfiehlt sich die bunte Ausführung als wirk- / ungsvoller für die Reclame zu wählen und / so viel als möglich auf den Druckbogen zu bringen. / Sollte es – was zu bedauern wäre – der Grühn. / Kaufm. Vereinigung nicht möglich sein, die Kosten / für eine solche farbige Reclame aufzubringen, / so käme die billige Ausführung nach / Angebot B. in Frage. / Der Unterzeichnende Ausschuß würde die Beilagen / außer der illustrierten Zeitschrift: Kind u. Kunst; dem Verein für sächs. Volkskunde, der Kunst- / Genossenschaft, dem erzgb. Verein, dem K. S. Altertums- / verein, dem bayerischen Volkskundeverein uv. / beizufügen bestrebt sein. Der Entwurf eines / solchen Reclameblattes hat Herr Archit. Kühn / zu übernehmen die Güte gehabt. /
Ob und wie die Thiele'schen Puppenstuben / – z. vergl. beigef. Abbild – mit Aufnahme finden / könnten, ist dem Herrn Fabrikanten oo – anheimzugeben. Die Abbild. erbitte wieder zu den Akten. /
Endlich wird Herr Oberlehrer Wendt gebeten der Firma C. F. Drechsel auf ihr an den Ausschuß ge- / richtetes Schreiben vom 4. August d. J. fol- / gendes mitteilen zu wollen. / Es ist richtig, dass der Ausschuß z. Zt. Rd 100 Kisten mit Spielwaaren (Dörfer Gut.) aufge- / geben hat in der sicheren Erwartung, diese / rechtzeitig vor Weihnachten zu erhalten, um / dieselben nicht nur für die Kunstgenossenschafts- / messe, sondern auch sonst durch seine getreuen / Mitglieder als passendes Weihnachtsgeschenk / an den Mann zu bringen. Diese Erwartung / wurde aber nicht erfüllt, denn

die Anzahl / der Kisten langte erst am Heiligen Abend selbst / in Dresden an und das Personal des gesamten / Baubureau's des Kunstgewerbe Schul-Neubaus / war gegen alle Gewohnheit tätig, um soviel / als möglich noch abzusetzen. Die meisten Familien / wenn nicht fast alle, hatten – wie erklärlich – / die Hoffnung auf Erhalt der Dörfer aufgegeben / sich anderweit versorgt. / Der Ausschuß ist nun auch in der Lage die / Verantwortung für den Vertrieb / der übriggebliebenen Kisten zu übernehmen, / im Interesse der Sache aber, erbietet sich der Unterzeichnete Vorsitzende bei dem diesjährigen / Weihnachtsfest die besagten Kisten mit Spielwaaren / von Ausschußwegen, wie im vorigen Jahre wieder / möglich – an Mitglieder des Ausschusses abzu/ setzen und wird Herr F. F. Drechsel erst nach / dem in den Besitz des Geldwertes dafür / kommen können. / Der Ausschuß zur Pflege / heimatlicher Kunst u. Bauweise / v... / Schmidt obbt Vors.

61. B

29.9.1905 (Brief von Ernst Kühn an Oberbaurat Schmidt) [Thema: Reklame-Drucksachen »Musterblatt«, alter Warenbestand und Umgang damit, der Brief trägt Randnotizen von Schmidt]

Ernst Kühn 7 Architect. Dresden-A. Bergstrasse 68., den 29. Sept. 1905 / Sr. Hochwohlgeboren / Herrn Oberbaurat Schmidt / Dresden-N. /

[Randnotiz von Schmidt]

U. R! [unterrichtet Roscher!] / *Mit Unterlagen zur Vervollst. / am 2/10 05 an Herrn Oberl. / Wendt i/Grh. Abzugeben und / um schleunige Erledigung gebeten. / Schmidt. / Soeben überreicht mir Herr Ober- / lehrer Wendt die Unterlagen über die Re- / klamedrucksachen mit 11 Photographien und / folgenden Bemerkungen über die im kauf- / männischen Ausschuß erfolgte Sitzung. Herr / Oberlehrer Wendt schreibt: /*

»Der kaufm. Verein entscheidet sich in der Mehrzahl für ein buntes Reklamebild, / wenn ein solches für den dazu aus- / geworfenen Betrag von 300 Mk. zu haben ist. / Den Betrag von 300 Mk. stellt also der Verein / zur Verfügung und erbittet sich einen / Teil der Auflage (1000 Stück) für eigene Re- / klamezwecke. Im Ganzen ist eine Auf- / lage von 5000 Stück vorgesehen. / Persönlich meine ich dazu, dass, falls die Anzahl nicht genügt, an eine / größere Auflage und minderwer- / tigere Ausführung gedacht werden / möchte. /

Dem Verein wird eine Entschädigung / von 5 % für alle durch ihn an seine Mit- / glieder abgegebenen Sachen bewilligt. /

An Vereinsmitglieder werden alle / Sachen zum en gros Preis abgegeben. / Man hat sich der Kundschaft wegen aber / nicht dazu entschließen können, Prei- / se anzugeben und meint, dass er- / fahrungsgemäß geschäftliche Unan/ nehmlichkeiten nicht ausbleiben / werden. / Ich denke mir den Gang der Sache nun so, / die Leitung des »Vereins zur Pflege heimat- / licher Kunst und Bauweise« erlässt, nach- / dem sie sich von der richtigen Benotung / der Gegenstände überzeugt hat, ein / Rundschreiben und sammelt die Aufträ- / ge, die ich auch auf Wunsch der Herren / Verleger zur Weitergabe an dieselben / entgegengenehmen will. / So hatten / sich Herr Oberbaurat Schmidt den Gang / im vorigen Jahre auch wohl gedacht. / Der Einfachheit wegen nehme ich auch / die Bestellung von den Vereinsmit- / gliedern entgegen.

Die an einzelne Künstler zu zahlen- / de Entschädigung möchte von Fall zu / Fall festgelegt werden. / Zu den Photographien erlaube ich mir zu be- / merken, dass es mir wünschenswert erscheint, / dass für die Clich s nochmals Aufnahmen ge- / macht werden möchten, weil verschie dene / Blätter nicht ganz geworden zu sein scheinen. / Für die Ausstattung des Stalles mit Figur- / ren und Wagen, dachte ich vorhandene Mo- / delle zu benutzen, falls sich solche vorfänden. / Mit vorzüglicher Hochachtung / Ernst Kühn.

62. B

19.10.1905 (Brief von Ernst Kühn an Albert Wendt) [Thema: Spielzeug-Gut von Oskar Seyffert fehlt noch auf dem Musterblatt, Nachtrag]

Ernst Kühn / Architect. Dresden-A. Bergstrasse 68., den 19. Oct. 1905 /

Geehrter Herr Oberlehrer! / Wie mir Herr O. B. Schmidt mitteilte- / schien es Herrn Seyffert zu missfallen, / dass wir sein Gut nicht mit aufgenomm- / men haben. Dies ist nachträglich noch / getan worden; so dass die Preise auf / der Liste noch nachgefragt werden / möchten. Können Sie letztere / bald zum Druck einsenden? / Besten Grüßen / Ihr ergebener / Ernst Kühn

63. B

2.1.1906 (Brief von Heinrich Tscharmann an Albert Wendt) [Thema: Ankauf der Spielwarenmodelle durch die Lotteriekomission der Dritten Deutschen Kunstgewerbeausstellung Dresden 1906, Verkauf der Spielwaren in der Ausstellung, Tscharmann war Mitglied des Ausstellungs-Direktoriums, gehörte dem Bauausschuss und dem Lotterieausschuss an. (Quelle: Offizieller Katalog, Illustrierte Ausgabe, Dresden 1906, S. 10, 14, 15. Vergl. auch S. 148, Aussteller Nr. 44 hier Vertreter von C. F. Drechsel »Hoflieferant Georg Hermann, Dresden-A.«)]

Prof. Tscharmann / Architect. / Dresden, 2.1.06 / Silbermannstr. 1 /

Herrn Oberlehrer Wendt! / Geehrter Herr Wendt! Die Pho- / tographie, die ich Ihnen ma- / chen ließ und vor einigen / Wochen sandte, schätze ich / in Ihren Händen. Heute / komme ich mit der Mittheilung / dass die Lotteriekomission der / Kunstgewerbeausstellung zur / Verlosung einen größeren Posten / anzukaufen wünscht: / 1, das Dorf von Oberbaurat Schmidt u. Seyffert / 2, das Gehöft von Prof. Seyffert / den Stall von Prof. Kühn u. / 4, die Festung von mir! /

Dazu ist nöthig, dass diese Sachen / in der Kunstindustriehalle aus- / gestellt werden, wo sie außer- / dem beliebig ans Publikum / verkauft werden können, wenn / ein Verkäufer dabei ist. / Da ich nicht sicher weiß, ob / der dortige Kaufmännische Verein / die Sache in der Hand haben / würde, schreibe ich zunächst Ihnen / mit der Bitte, die Angelegen- / heit weiter zu leiten! / Die Ausstellung würde ja Ko- / sten verursachen, aber weiteren / Absatz und gute Reklame bieten. /

Direkt von der Ausstellung kostet 1 qm / in der Halle 3 MK, da 2 qm / nöthig sind: 75 MK. Dazu kom- / men Kosten für den Tisch mit / Drapierung und für den Verkäufer. / In der Spielwaarenbranche haben / sich verschiedene Fabrikanten zu- / sammen gethan und dem be- / kannten Hermann gegenüber / vom Viktoriahause ihre Vertretung / übergeben. Die Spielwaaren wer- / den in drei zusammenliegenden / Arrangements aufgestellt. / Die Anmeldung an das Sekreta- / riat müsste umgehend erfolgen, /

Eigentlich ists ja schon zu spät. / Ich bitte freundlichst, eine ra- / sche Entscheidung veranlassen / zu wollen. / Mit besten Grüßen hochachtend / Ihr Tscharmann

64. B

31.1.1906 (Brief von Werner Schmidt, Sohn von Oberbaurat Karl Schmidt, an »Herrn Gewerbelehrer«, vermutlich Gewerbelehrer Martin, Fachschule Grünhainichen) [Thema: Albert Wendt ist im Krankenstand, Rücksendung von Warenbeständen]

Dresden-N., d. 31. Januar 1906 / Klarastr. / [Stempel]*: Ausschuß zur Pflege heimatlicher Kunst und Bauweise / in Sachsen und Thüringen /*

Sehr geehrter Herr Gewerbelehrer! / Ich erhielt Ihr Gesuch vom 30. und nehme mit Bedauern / von dem Schicksal des Herrn Oberlehrer Wendt Kenntnis. / Ich veranlasste die Zurücksendung der noch hier befindlichen / Spielwaren und zwar erhalten Sie /

13 Erzgeb. Dörfer / 2 Vogtl. Güter} der Fa. C. F. Drechsel, Grh. / geliehen

1 Erzgeb. Dorf / 1 Vogtl. Gut / 1 Moritzburg / 1 Pleißenburg / 1 Puppenstube / 1 Puppenküche / 1 Weberhaus} waren hier ausgestellt. /

Die der Fa. Drechsel gehörigen Sachen lassen Sie bitte dieser / Firma zustellen. / Somit habe ich wohl nichts mehr hier. / Hochachtungsvoll [Stempel]*: Oberbaurat Schmidt / Dresden-Neust., Clarastr. 8.] / i. A. Werner Schmidt /*

[Randnotiz von Oberbaurat Karl Schmidt]: *Die Dresdner Ausstellung wird / Gelegenheit bieten die Aufmerksam- / keit weitester Kreise auf die Er- / zeugnisse Ihrer Fachschule zu / lenken. Besten Gruß auch an / Fam. Wendt! /*

[Anmerkung: zu seinem Krankenstand schreibt Albert Wendt im Jahresbericht der Fachschule für das Schuljahr 1906 / 1907 am 12.4.1907 (Ordner Fachgewerbeschule)]: *»Am Ende des Jahres 1905 erkrankte der Unterzeich- / nete an einer schweren Nervenzerrüttung, die ihn im Feb- / ruar*

1906 in die Chemnitzer Nervenheilanstalt zwang. Die / anfänglich erhoffte vollständige Gesundung trat auch / hier nicht ein. Bei einer versuchsweisen Aufnahme der / Arbeit um die Osterzeit stellte sich heraus, dass die / Nerven nach jeder anstrengenden Arbeit und besonders bei / Verdruss sehr bald versagten. Mit gütiger Genehmigung / der Hohen Behörden trat ich in eine weitere Rekonvales- / zens ein, um Ende Juni die Arbeit wieder ganz aufzunehmen. / Infolge einer anstrengenden Arbeit und vielleicht auch / Erkältung trat Ende 1906 ein weiterer Stoss ein, der aber / verhältnismässig leicht überwunden wurde. Die Vertretung wurde in den Monat Februar bis Ende / Juni von dem bisherigen Kunstgewerbeschüler Herrn Schmidt / übernommen, der aber für eine weitere Verwendung an unserer / Schule nicht geeignet war. Die Gründe sind dem Hohen / Königlichen Ministerium des Innern in einem gesonderten Bericht dargelegt worden. / Eingestellt wurde mit hoher Genehmigung Herr / A. Seifert als Lehrer an der Schule.«

65. B

4.3.1906 (Brief von Fachschulleiter Gewerbe-Oberlehrer Otto Adlung, Seiffen, an »Herr Kollege«, vermutl. Gewerbelehrer Martin, Fachschule Grünhainichen) [Thema: Bestellung? oder Bezug zu 70. F?, Witterungsverhältnisse in Seiffen]

Mein lieber sehr geschätzter Herr Kollege! /
Erst Sonnabend früh bin ich in Besitz / Ihres Schreibens etc. gekommen! Von Seiffen / nach Dittersbach war alles verschneit. Die / Post konnte nicht fahren. Dies zur erläuternden / Entschuldigung. Anbei erhalten Sie das Gewünschte / hoffentlich genügt es einstweilen? / Bedauert habe ich das Sie nicht gekommen sind / ich hatte mich darauf sehr gefreut. – / Der Brief muß fort. Bitte um Verzeihung / der wenigen Zeilen. / Herzliche Grüße an Sie, Herrn / Schmidt und auch an die Frau Oberlehrerin. / Nochmals besten Dank für die freundliche / Aufnahme!! / S. d. 4/3 06 / Ihr Otto Adlung.

66. B

12.3.1906 (offizieller Brief des Sekretariats der Dritten Deutschen Kunstgewerbeausstellung Dresden 1906 an die Fachschule Grünhainichen) [Thema: Ausstellungs-Lotterie] [gedruckter Briefkopf]: *Dresden, den 12. März 1906. / Abteilung: »Lotterie betr.« /*
An die / Fachgewerbeschule für Spielwarenarbeiter / Grünhainichen /
Die Lotterie-Kommission ist jetzt mit dem Aussuchen / der Gewinne für die erste Serie beschäftigt. / U. a. sollen auch Erzeugnisse Ihrer Schule und un- / ter diesen wiederum / das erzgebirgische Dorf (Entwurf, Professor Seyffert), / die Festung Pleissenburg (Entwurf, Professor Tscharmann), / das Landgut (Entwurf?), / und das Stallhaus, (Entwurf?) / angekauft werden. / Wir bitten Sie nun, uns umgehend je eines von die- / sen Stücken zugehen zu lassen, (Adresse: Lotterie-Bureau der 3. Deut- / schen Kunstgewerbe-Ausstellung, Dresden 1906, Dresden, Stübelallee 2a, / Verwaltungsgebäude) und zwar wenn möglich bis Sonnabend, den 17. d. M., / da Sonntag die Einkaufskommission wieder zusammentritt und viele der beteiligten Herren die betr. Stücke zu sehen wünschen. / Sie wollen uns nochmals die einzelnen Preise mit- / teilen und bemerken wir, dass an die Ausstellungsleitung 10 % Provi- / sion für Einkäufe abzuführen sind; Sie wollen dementsprechend Ihre / Preise festsetzen. / Hochachtungsvoll! / Das Sekretariat der / III: Deutschen Kunstgewerbe-Ausstellung / Dresden 1906. / Richard Mehlhose / Geschäftsführer.

67. B

19.3.1906 (offizieller Brief der Vorbereitungskommission der Dritten Deutschen Kunstgewerbeausstellung Dresden 1906, hier Oskar Seyffert an Gewerbelehrer Hugo Martin, Fachgewerbeschule Grünhainichen) [Thema: Unstimmigkeiten, die Spielwarenentwürfe können nicht doppelt ausgestellt werden, Bezug zu 63. B]

[gedruckter Briefkopf]: Dresden den, 19. März 1906. / Hochwohlgeboren / Herrn / Zeichenlehrer Martin / Grünhainichen / Industrieschule. /
Sehr geehrter Herr Martin! / Herr Oberbaurat Schmidt teilt mir ein Schreiben mit, / indem zunächst ein Auszug eines Schriftstückes des Kaufmännischen Ve- / reins und als Anhang ein solches von Ihnen sich befindet. Sie schlies- / sen: »Seitens der Ausstellungskommission begreife ich

diese Abwimme- / lung nicht«. Nun, es ist uns unmöglich, festzustellen, was Sie begrei- / fen oder nicht. Tatsache ist, dass die Ausstellung aus mehr als aus / einem Grunde Gegenstände nicht doppelt oder, wenn schliesslich ge- / wünscht wird, mehrfach ausstellen kann. Der Sachverhalt ist dieser: / Der Kaufmännische Verein erbot sich, auszustellen, wenn nicht die Schu- / le schon dieselben Gegenstände ausstellen würde. Auf eine Anfrage an / die Schule wurde dies bejaht, somit war die Sache sowohl für den Kauf- / männischen Verein, als auch für uns erledigt; zumal in diesem Falle / auch die Platzmiete für die Spielsachen erspart bleibt, ist die ein Ge- / winn für den Aussteller. / Noch eine Korrektur bitte ich noch freundlichst / vornehmen lassen zu wollen. Es muss heissen (siehe auch Druckschrift- / ten des Bundes Heimatschutz) Vogtländisches Gutsgehöft, Entwurf von / Professor O. Seyffert; Erzgebirgisches Dorf, Entwurf von Oberbaurat / Schmidt und Professor O. Seyffert; Stallgebäude, Entwurf von Architekt / E. Kühn; die Pleissenburg, Entwurf von Professor Tscharmann. / Die endgültige Feststellung der Urheber und der / Bezeichnung ist schon im Hinblick auf den Katalog nötig. / Mit bestem Gruss / Hochachtungsvoll / ergebenst / O. Seyffert.

68. B

28.3.1906 (offizieller Brief des Königlich Sächsischen Ministeriums des Innern an Gewerbelehrer Hugo Martin, Fachgewerbeschule Grünhainichen) [Thema: gemeinschaftlicher Katalog der Fachgewerbeschulen Grünhainichen und Seiffen für die Dritte Deutsche Kunstgewerbeausstellung Dresden 1906, Geldmittelbereitstellung der Staatsregierung in Höhe von bis zu 200 M für diesen Katalog]
Königlich Sächsisches / Ministerium des Innern. / No. 476 III A. / zu No. . / . Dresden, am 28. März 1906. / Das Ministerium des Innern stellt zu den Ko- / sten der Herstellung eines gemeinschaftlichen Kata- / logs der Fachgewerbeschulen zu Grünhainichen und Seiffen anlässlich deren Beteiligung an der 3. Deut- / schen Kunstgewerbeausstellung hierselbst einen / Staatsbeitrag bis zu 200 M in Aussicht. / Ein Probeabzug des Katalogs ist vor dessen / endgültiger Drucklegung beim Ministerium des Innern / einzureichen. / Sie werden hiervon auf Ihren Bericht vom 25. (dieses Monats zugleich zur Benachrichtigung des Ge- / werbelehrers Adlung in Seiffen in Kenntnis gesetzt. / Nach Einreichung der Unterlagen wegen der / tatsächlich entstandenen Kosten wird der Staatsbei- / trag angewiesen werden. / Ministerium des Innern. / Unterschrift / An / Herrn Gewerbelehrer Hugo Martin / in / Grünhainichen.

69. M

[ohne Datum]
Handschriftliches Katalogmanuskript für die Gemeinschaftspräsentation der Königlichen Fachgewerbeschule Grünhainichen und der Königlichen Fachgewerbeschule Seiffen auf der Dritten Deutschen Kunstgewerbe-Ausstellung Dresden 1906
(fünf lose zu einem Heftchen gefaltete Bögen im Format 21 cm × 17,8 cm; ergibt ein Seitenformat von B: 10,5 × H: 17,8 cm, Bleistift [teilweise minimaler Schriftverlust durch Lochung], vermutlich ausgearbeitet von Gewerbelehrer Hugo Martin)
Seite 1: /
3. / Deutsche Kunstgewer- / be Ausstellung / Dresden 1906 / Katalog der / Fachgewerbeschulen / Grünhainichen / Seiffen.
Seite 2: /
Grünhainichen! / Die Schule hat als K. S. Fachgewerbeschule den Zweck fördernd hebend / für die Spielwarenindustrie zu wirken. / Sie untersteht als solche dem Kgl. Mi- / nisterium des Innern deren Gewer- / beschul-Inspektion. Gegründet- / 1874 nachdem schon längere Zeit eine Zeichen- / schule bestanden hatte, lehrte erst ein Lehrer / an derselben, später 2 Lehrer u. jetzt durch / das ständige Wachstum derselben 1 Gewerbe- / Oberlehrer als Leiter + technischer (?) / 1 Gewerbelehrer für Malen + Zeichnen / 1 Werkmeister und 1 Lehrer für Volks- / wirtschaft. Die Schule ist in 2 Teile / gespalten, als Fachschule für alle / Berufsarten. Schulbesuch 3 Jahre. 14–17 / pro Woche 5 Stunden u. [gestrichen] *in eine Vor- / schule 3 Jahre 11–14 für Zeichnen, Schnitzen /* [gestrichen] *und* [gestrichen] *Papierarbeiten u. Handfertigkeits / unterricht /*

[Hinzufügung]
Seiffen. / Die zur Förderung im oberen Erzgebirge / gegründete Anstalt wurde im Jahre 1885 / neu organisiert und der Lehrplan einer / R [Lochung, Revision?] *unterzogen. Neben der schulmäßigen / Pflege der Spielwarenindustrie verfolgt die An- / stalt den Zweck auch der praktischen Förderung / der einheimischen Industrie indem den / Hausindustriellen des Bezirkes nach Bedarf / die in der Schule angefertigten Modelle / und Muster zur Verwendung stehen wie /*
Seite 3: /
Auch Gelegenheit bietet, bei der Schulleitung / sich praktische Ratschläge zu erhalten. / Der Aufwand für die Schule wird hauptsichtlich / vom k. Minist. d. I. unterstützt und steht / unter Aufsicht der K. Gewerbeschul Inspektion. / Der Lehrplan ist vom k. Minist. d. I. genehmigt / worden. / [?] Lehrer fungiert bis auf Weiteres [Lochung] *für die / technischen und praktischen Arbeiten: Gewerbelehrer / Adlung. Als Hilfslehrer für Drehen, welches / fakultativ, ist eine Hilfskraft dem / Gewerbelehrer beigegeben, ebenso ein / Berufslehrer für Deutsch, Rechnen u. Calkulat- / ion. / Der Unterricht für die Vorschüler umfaßt 3 Jahre. / Die Fachgewerbeschüler hingegen in der / Regel die nächsten 2 Jahre nach ihrer Ent- / lassung aus der Volksschule vom 14–16. Jahre. / Eine Beschränkung der Fachschulbesucher auf / einen zweijährigen Cursus findet nicht statt / es ist gestattet nach Genehmigung den Unterricht / weiter zu besuchen. / Erteilt werden wöchentlich 33 Pflichtstunden.*
Seite 4: /
Verzeichnis der ausgestellten Gegen- / stände/ Erklärung: G = Schule Grünhainichen / S = Schule Seiffen / G. S. = Schule Grünhainichen u. Seiffen. / Die Arbeiten der Lehrer u. Dresdner Künstler / sind mit dem Namen derselben versehen. / 1. Windmühle (Lehrer Martin u.) [durchgestrichen, dies wiederholt sich bis Nr. 5.] *G. S. / 2. Gut Stolzenhein G. S. / 3. Norwegisches Dorf G. S. / 4. Truhe geschnitzt G. / 5. Stube (Eiche) G. / Möbel von Felling u. Sohn Eppendorf / 6. Theater G. / 7. Bibliothek G. / 8. Apoteke G. / 9. Küche (Archit. Schmidt.)* [durchgestrichen] */ 10. Puppenstube bemalt (dito.)* [durchgestrichen] */ 11. Pferdestall G. / 12. Arche (Lehrer Martin)* [durchgestrichen] *G.*
Seite 5: /
13. 2 Vögel z. Abschiessen (L. Martin u.) [durchgestrichen, dies wiederholt sich bis Nr. 18.] *G. / 14. Speicher G. / 15. Damenbrett (Mosaik) G. / 16. Weberhäuschen G. / 17. Tisch (Intarsia) G. / 18. Kassette G. / 19. Pferdestall v. Archt. E. Kühn G. / 20. Lausitzer Dorf v. Archt. E. Kühn G. / 21. Erzgebirgisches Dorf v. Oberbaurat Schmidt u. Prof. Seyffert u. G. / 22. Vogtländischer Bauernhof Prof. Seyffert u. G. / 23. Schloß Moritzburg G. / 24. Pleißenburg Prof. Tscharmann G. / 25. Küche Reg. Baumeister Thiele u. G. / 26. Schlafstube Reg. Baumeister Thiele u. G. / 27. Lausitzer Weberhaus Oberbaurat K. Schmidt u. G. / 28. Leuchter Archt. E. Kühn u. G. /* [Verlust des unteren Randes] *Abb. V5*
Seite 6: /
Seiffen. / 1. Pferd mit Füllen / 2. Pferd springend / 3. Ziegenbock. / 4. Pferd mit Figur / 5. Pferd mit Füllen. / 6. Pferd mit Figur. / 7. Ochse/ 8. Reiter mit Figur. / 9. Bergmann. / 10. Bergmann. / 11. Knom [?] mit Schaf. / 12. Knom [?] als Behälter / 13. Ein Baum mit Ausstattung / 14. Ein Baum mit Ausstattung / 15. Elefant. / 16. Giraffe mit Figuren / 17. Rhinozeros mit Figuren / [Klammer auf Rand von Nr. 4. bis Nr. 17. Schülerarbeiten mit Hilfe des Gewerbelehrers Adlung.] *18. Weideraufe mit Tieren / 19. Weideraufe mit Tieren / 20. Frachtwagen mit 4 Pferden.*
Seite 7:
21. Schlitten mit Figuren und Tieren. / 22. 2 springende Pferde mit Figur. / 23–27 verschiedene größere gedrechselte Tierreifen.
Seite 8: /
[Notizen]

70. F

[ohne Datum] [Formular zur Anmeldung der Ausstellungsstücke für die Dritte Deutsche Kunstgewerbeausstellung Dresden 1906 (12. Mai–31. Oktober). Hier die Zusammenstellung der angemeldeten Gegenstände mit Versicherungswerten in Reichsmark (M). Die Versicherungswerte entsprechen bei den im Zentrum der Betrachtung stehenden »Dresdner-Entwürfen« (Nr. 21, 23, 24, 25, 26) den Listenpreisen des gedruckten Musterblattes! Eingetragen sind die Ausstellungsstücke der »Königl. S. Fachschule

Grünhainichen«. Die entsprechende Liste der Seiffener Ausstellungsstücke liegt hier nicht bei. Bezug zu 69. M] *Lfde. No. 1. Windmühle (20.– M), 2. Gut Stolzenhein (15.– M), 3. Norwegisches Dorf (50.– M), 4. Truhe, geschnitzt (25.– M), 5. Truhe, gemalt (10.– M), 6. Truhe (30.– M), 7. Stube (30.– M), 7. Theater (50.– M), 8. Bibliothek (15.– M), 9. Apotheke (8.– M), 10. Küche (50.– M), 11. Puppenstube (50.– M), 12. Pferdestall (10.– M), 13. Ochse (10.– M), 14. 2 Vögel zum Abschießen (20.– M), 15. Speicher (10.– M), 16. Damenbrett Mosaik (15.– M), 17. Weberhäuschen Mosaik (8.– M), 18. Tisch Intarsia (50.– M), 19. Kassette Intarsia (25.– M), 20. Baukasten (30.– M), 21. Schloß Moritzburg (26,50 M), 22. Stallgebäude (30.– M), 23. Lausitzer Dorf (40.– M), 24. Erzgebirgisches Dorf (17,50 M), 25. Vogtländisches Gutsgehöft (8,25 M), 26. Die Pleißenburg (16.– M), 27. Küche (18.– M), 28. Schlafstube (23.– M), 29. Lausitzer Weberhaus (8.– M), 30. Leuchter (60.– M) Summe: 748,25 M*

79. B

21.3.1911 (Brief von Regierungsrat W. Kl... [?] aus Sayda W.? an Albert Wendt) [Thema: großes Landschaftsmodell »Erzgebirgisches Dorf« – dieses wird in Berlin ausgestellt (Internationale Ausstellung für Reise und Fremdenverkehr Abteilung Sachsen)]
Sehr geehrter Herr Wendt! / Für die Übersendung der Bilder des »Erz- / gebirgischen Dorfes« u. der »Gelenauer Anstalten« / sage ich Ihnen besten Dank. Die Sachen sind wirk- / lich entzückend geraten. Da ich von Mitte / April ab ca. 6 Wochen in Berlin sein werde, / habe ich ja oft Gelegenheit, Ihr Dörfchen in / der Ausstellung selbst zu sehen. / Nach Seiffen komme ich jetzt kaum noch / einmal. Ich habe aber sofort Hr. v. Schultz ver- / anlasst, die fehlenden Tiere zu versorgen. / In vollster Hochachtung / W. Kl... [?]
[Anmerkung: bei den »Gelenauer Anstalten« handelt es sich um das ehemalige Vorwerk des Rittergutes Gelenau, das unter dem Namen »König Albert Heim« als Erholungsheim genutzt wurde. Ab 1901 erfolgten durch den Sächsischen Staat verschiedene Umbau- und Erweiterungsarbeiten im sogenannten »Heimatstil«. Quelle: SächsHStA: Bestand 12497 Landesverein für Wohlfahrtseinrichtungen zum Besten Sächsischer Staatsbeamter (1901–1938) u. a. Nr. 64, 69, 71, 72, 73, 76. Im Akt »Ausstellungen Fachgewerbeschule« befinden sich die zwei angesprochenen Bilder als Fotoabzug, betitelt »Erzgb. Dorf« und »Genesungsheim Gelenau«.
Das »Große erzgebirgische Dorf« entstand als staatliche Auftragsarbeit für die Sächsische Abteilung der Internationalen Ausstellung für Reise- und Fremdenverkehr vom 18. März bis 15. Mai, Ausstellungshallen am Zoologischen Garten Berlin. Größe: 4 qm, Unterbau 10–50 cm Höhe, Maßstab 1:110, Gestaltung als »Idealdorf« mit realen Gebäudevorbildern aus Grünhainichen, Gelenau und Waldkirchen. Gemeinschaftsarbeit der Fachschulen Grünhainichen (Architektur, Bemalung) und Seiffen (Figuren und Tiere). Quelle: Wegweiser Nr. 588, 20.9.1911, S. 8418.
Dieses Schaustück wurde zusätzlich vom 2. bis 17. Dezember 1911 in der »Ausstellung volkstümlicher Weihnachtskunst« im König-Albert-Museum Chemnitz ausgestellt. Quelle: Führer durch die Ausstellung, S. 21. (ein Exemplar im Deutschen Spielzeugmuseum Sonneberg, Sign. DSM M 67. 3.)]

80. B

21.3.1911 (Brief von Gewerbelehrer Alfred von Schultz an Albert Wendt) [Thema: Bezug zu 79. B]
*Seiffen, den 21. März 1911 / Lieber Herr Oberlehrer! / Wiewohl ich Sie gebeten hatte, mir / zu Schreiben wenn Sie noch etwas haben möchten, so / zogen Sie es doch lieber vor, erst durch Herrn Regierungs- / rat mit mir zu reden, der mich soeben aufforderte / für »kleinste Tiere« zu sorgen. Allem Anschein nach / will er nach den letzten Vorkommnissen mit / meinem Herrn Oberkollegen nichts mehr zu tun / haben! Wenn Sie mir direkt schreiben, kommen / wir schneller zum Ziele. Also bitte was brauchen / Sie. Die Hühner, Tauben etc. was ich schickte, gehen / wohl nicht an? Martin versprach doch, die Sachen noch / zu malen. Oder wollen Sie Pferde, Ochsen, Schweine /
Schafe noch kleiner als die bereits hergestellten? / Sollen da noch paar kleinere Reifen gedreht / werden oder was fehlt noch, oder ist die Größe / der Tiere so recht nur noch*

einige mehr davon? / Ich hätte, wenn Sie mir vor acht Tagen, als ich Ihnen / das kleine Zeugs schickte, ja gleich noch mehr machen / lassen können, wenn Sie mir schreiben, so oder so. / Also bitte geben Sie mir Nachricht, was / in meinen Kräften steht, wird gemacht. Mit / freundlichem Gruß / Ihr / A von Schultz / Sollen die Tiere gemalt sein, oder nicht. Ich würde / sie dann außer dem Hause malen lassen müssen.

81. B

24.3.1911 (Brief von Gewerbelehrer Alfred von Schultz, Seiffen, an Albert Wendt) [Thema: Bezug zu 79. B und 80. B, Reifentier-Lieferung zur Ausgestaltung des Landschaftsmodells »Erzgebirgisches Dorf«]
Lieber Herr Oberlehrer! / Meine Anmerkung wegen des direkten / Schreibens sollte weniger ein Vorwurf sein als vielmehr der Ausdruck meiner / Verwunderung darüber, dass ich vom Saydaer Regierungsrat die Aufforderung / erhalte noch für »kleinste Tiere« für Sie besorgt zu sein. / Da ich von vorn herein nichts, aber auch gar nichts hörte / von der Berliner Ausstellung musste ich annehmen, Herr Adlung wolle die / Sachen ohne mich, allein mit seinen Schülern machen! / Sie können versichert sein, ich hätte herzlich gern für / die Ausstellung noch mehr gearbeitet. Und in Zukunft weiß ich, was ich zu tun / habe! Werfen Sie also bitte die Flinte noch nicht gleich ins Korn und brechen / Sie den Stab über uns. So etwas wird nicht wieder vorkommen, dafür stehe / ich! Ich habe nun sofort die Reifen bestellt, die ich morgen bekomme, / auch die beiden größeren für Dresden. Natürlich muß ich die Schnitzerei und / Malerei außerhalb der Schule machen lassen; denn ich kann in meinen / Stunden: Deutsch, Rechnen, Zeichnen, Drehen unmöglich mit den Schülern / daran arbeiten lassen. Außerdem geht das auch mit den Kerlchen zu / langsam. Ich hoffe aber bis Ende der Woche Ihre Wünsche befriedigen / zu können, dann bekommen Sie die Sachen nach Berlin. Wollen Sie /
Die Kühe für Dresden auch dorthin haben oder nicht? / Ich muß allerdings sagen, dass man in einem Dorfe / doch nicht so viele Tiere draußen herumlaufen sieht, die meisten stehen / doch stets im Stall. Aber insofern haben Sie recht, lieber etwas mehr / als zu wenig. Darum werde ich auch noch einige kleine Gefäßchen / drehen lassen, die der Bemalung nicht bedürfen. Es wird vielleicht eher an / Menschen fehlen als an Tieren; aber da wird sich wohl schwerlich noch etwas / tun lassen. Vielleicht kann ich noch einige Figuren herstellen, wie Essen- / kehrer auf ein Haus und Pfarrer zur Kirche gehend, Lehrer vor der Schule / stehend. Ein Brautpaar haben Sie wohl auch noch nicht? / Können diese Sachen dann nicht nachträglich noch hineingeleimt / werden? Die Heuwender oder der Heuwagen ist zu groß, ich konnte aber keine / anderen Räder bekommen. /
Und nun seien Sie zum Schluß herzlichst gegrüßt / von / Ihrem / gern stets zu jeder Arbeit und zu jedem Dienste bereiten. / Alfred von Schultz.

82. B

27.4.1911 (Brief von Gewerbelehrer Alfred von Schulz an Albert Wendt) [Thema: Lieferung von Reifentieren]
Seiffen, den 27. April 1911. / Lieber Herr Oberlehrer! / Ich war eben im Begriff / nocheinmal zu den Malern zu gehen, als eben / das Kind mit den Kühen kam! Ich gebe sie / sofort zur Post und hoffe, dass sie nach Wunsch / ausgefallen sind und auch noch rechtzeitig fertig / geworden sind. Mühe hat es genug gekostet, sie / zu bekommen. Die ganze Geschichte kostet mit / Porto 4 M. Die können Sie mir gelegentlich / mal geben, wenn ich des Grabes wegen nächstens / nach Grünhainichen komme. / Bis dahin herzliche Grüße von / Ihrem / ergebenen / A von Schultz.

83. B

16.6.1911 (Briefmanuskript von Albert Wendt vermutlich an Dr. Roscher, Königliches Ministerium des Innern, Dresden) [Thema: Frage nach einem »Berater«, Resümee der 1904 aus Dresden kommenden Anregungen! Stichwort: »Bund Heimatschutz« und übergeordnete Fragen, Wendt argumentiert als Praktiker weiträumig und höchst komplex]
Hochwohlgeborener Herr Geheimrat! / Glauben Sie nicht, dass ich an die Sache nicht gedacht habe; recht / oft habe ich mich damit beschäftigt, um / eine gute Lösung zu finden. Eine ver- / nünftige Anregung nehme ich gern ent- /

gegen; wo finde ich sie aber? / In einer im Auftrage der König- / lichen Kreishauptmannschaft soeben vol- / lendeten Arbeit habe ich die Wege ange- / deutet, die meines Erachtens unsere / Industrie zu betreten hat und die auch / Weg und Ziel unserer Schule beeinflus- / sen. Denke ich dabei nur an einen / »Berater«, so möchte es ein Mann sein, der / die Verhältnisse in unserem Bezirk genau / kennt und ihnen das richtige Verständnis / entgegenbringt. Solche Leute sind aber / nicht / Sehr dick gesät und ich fürchte, dass ich / unter Umständen auf mangelhaftes / Verständnis und Schwierigkeiten stoßen / werde. Hierbei habe ich lediglich die Auf- / gaben der Schule im Auge, die nicht / im Rahmen unseres eigentlichen Schul- / betriebes liegen. Man könnte ja sagen, / dass es nicht Aufgabe der Schule und ihrer / Lehrer sei, einem so weit gesteckten / Arbeitsziel nachzugehen. Ich meine dazu: / »Die Arbeit in dieser Richtung habe ich / nicht gesucht, sie ist von selbst gewachsen / und wird weiter wachsen. Gerade in / der Übergangszeit, in der sich unsere / Industrie jetzt befindet, wird es man- / chem Arbeiter gut tun, wenn er irgend- / wo einen Mann weiß, der ihn über / Sorgen, manchmal auch materielle / Schwierigkeiten hinweg hilft. Die eigen- / artige Stellung unserer Schule zur / Industrie gibt uns, wenn wir nur wol- / len oft Gelegenheit Gutes zu stiften und / wir können uns dieser Arbeit nicht ent- / behren. In dieser Richtung kann ein außenstehender / Mann wenig helfen. / Was wir von auswärts be- / kommen können, haben die Vorgänge / vor einigen Jahren gezeigt. Einmal war / es eine Anregung in der Formgebung / und weiterhin die Kraft einer wuchtigen / Reklame, die zu einem nenenswer- / ten Ziele führte und in dieser Richtung / können uns die von Ihnen genannten / Herren recht nützlich sein und ich würde / eine gemeinsame Arbeit mit den Herren / Oberbaurat R. [gemeint ist: Karl] *Schmidt und Hofrat Seifert* [Seyffert] *mit Freuden begrüßen. Ich vermute / wohl nicht falsch, wenn ich annehme, / dass die Chemnitzer Ausstellung und / Herr Hofrat Seifert die Anregung zu den / von Ihnen angesprochenen Wünschen ge- / geben haben und auch nicht ver- / schweigen, dass ich Gegensätze kommen / sehe. Wir können und dürfen beim besten Willen nicht* [durchgestrichen] *überall* [durchgestrichen] *(neben)* [mit Bleistift eingefügt] *den Bestrebungen / des Bundes Heimatschutz (nicht unsere nächsten Interessen vergessen)* [mit Bleistift eingefügt] *folgen,* [durchgestrichen] *wir haben / noch mancherlei zu befolgen: der Handel mit / dem Auslande, die Technik, Preislage usw./ zwingen / uns Formen auf, die wir oft selber / nicht wünschen. Wir können niemand zwingen zu kaufen was wir machen, wohl nötigt man uns aber, herzustellen, / was gesucht wird. Wir können und* [durchgestrichen] */ dürfen nicht, wie eine Kunstschule, die / Formen diktieren, wenn wir auch recht / gut in der Lage sind, mit unseren kleinen / Mitteln die künstlerischen Bestrebungen / zu stützen; das haben wir aber auch an- / gestrebt. / Eine Beurteilung unserer Austel- / lungen ohne Beachtung der oben angedeu- / teten Verhältnisse wird selten zu einem / für uns günstigen Ende kommen. Einige / Bemerkungen über die Chemnitzer Ausstel- / lung haben mir das gezeigt. Würde die / Schule ohne sonderliche Beachtung der Indus- / trie ihren Weg gehen, dann könnten wir / mehr den neuerlichen Kunstbestrebungen der / folgen, eine unserer wichtigsten Auf- / gaben, die direkte Unterstützung der / Industrie würde aber nicht gehört / werden. Dabei denke ich an die mit sehr / viel / Reklame von nah und fern uns ange- / botenen Formen, die zum großen Teil / nur Enttäuschungen gebracht haben. / Wir sollen also einen vernünftigen / Mittelweg einschlagen. Ich freue mich / also auf eine gemeinsame Arbeit mit / den Herren Oberbaurat Schmidt und / Hofrat Seifert, hoffe aber dabei, dass die / Herren aus der Erkenntnis unserer Ver- / hältnisse auch die nötige Mittellinie finden / werden. /*

In dem schon angezogenen Sonder- / bericht an die Königliche Kreishauptmann- Schaft habe ich die Wege angdeutet die / unsere Industrie bzw. ihre Arbeiterschaft / in dieser Zeit der Wandlung nach mei- / ner Meinung betreten müsste. [vom Absatz bis hier mit Bleistift gestrichen] *Die ein- / schlägigen Schulen könnten durch mehr ge- / meinsame Arbeit / oder Arbeitsgruppen befähigen, an sich / fertige und verkäufliche Gegenstände / dem Markt anzubieten, um sich eine / größere Selbständigkeit zu sichern. / Architektonische und figürliche Gegen- / stände / machen oft zusammen erst ein Spielzeug aus und ich habe deswe-*

gen schon seit / Jahren eine gemeinsame Arbeit ange- / strebt. Nun ermutigen zwar die Erfahrungen / im letzten Jahre nicht zu einem neuer- / lichen Versuch, gleichwohl halte ich ein Zu- / sammengehen der Schulen immer noch für / wertvoll und würde es gern sehen / wenn ein ordentlicher Anfang gemacht / würde. Vielleicht könnte man zu einem / Ziele kommen, wenn die Schulen, jede / mit Ihrem Teile, einfach vor eine gemein- / same Aufgabe gestellt würden. Diese Auf- / gaben könnten in gemeinsamen Be- spre- / chungen der Lehrer mit dem noch zu bi- / ldenden Beirat festgelegt werden. Die Be- / sprechungen würden nach vielen Richtungen / klärend wirken und auch die oben / berührten Befürchtungen beseitigen hel- / fen. /

Jedenfalls ist ein gemeinsames / Tun der Schulen erstrebenswert. / zu dem inneren Ausbau unserer / Schule werde ich mir bald Vorschläge / gestatten. /

Vorläufig erkenne ich nur / 2 betretbare Wege. Entweder ist bei / vermehrten Stunden die Schülerzahl / zu reduzieren, wodurch Härten ent- / stehen würden oder es sind die Arbeits- / mittel zu vermehren, weil der äußere / Rahmen (Werkzeuge und Arbeitsräume) / jetzt nur gerade genügt um rund / 250 Schüler bei 5 Wochenstunden zu / unterrichten. /

Mit ausgezeichneter Hochachtung / gehorsamst /

A. Wendt / Grünhainichen, / den 16. Juni 1911.

Anhang

Anmerkungen

1 Konkrete Angaben zum Maßstab der Gebäude finden sich in den Schreiben GHVA: 31. B und 47. PK. Der Maßstab von etwa 1:100/1:90 bis 1:87 bezieht sich insbesondere auf die Fahrzeugminiaturen. Die Gebäude sind meist etwas kleiner, die Figuren und Fahrzeuge etwas größer.
2 Diese Publikation ist eine überarbeitete Fassung der im Eigenverlag erschienenen Dissertation von Urs Latus (2017). Daher werden alle Quellen- und Literaturbelege in dieser Buchausgabe nochmals direkt zitiert.
3 Nach Wolfgang Brückners Ansatz: »Volkskundliche Gewerbeforschung ist heute Ausgangspunkt aller Beschäftigung mit Phänomenen sogenannter Volkskunst«, Brückner (2008), S. 11
4 Brockhaus Konversations-Lexikon, 14. vollständig neubearbeitete Auflage, 15. Bd. Leipzig 1903. S. 155
5 Wegweiser, 19. Jg. Nr. 412, 25. Mai 1904, S. 424. Vgl. Faber (2013), S. 536 f.
6 Wegweiser, 18. Jg. Nr. 394, 24. August 1903, S. 9588
7 Ebd.
8 Bayerisches Gewerbemuseum Nürnberg, Verwaltungsakten 1903, Ordner 024/301. Vgl. Faber (2013), S. 519
9 Latus (1998 a), S. 47. Die Ausstellung fand bereits 1902 statt.
10 Wegweiser, 18. Jg. Nr. 395, 8. September 1903, S. 9654
11 Kramer (1904), S. 219
12 Wegweiser, 18. Jg. Nr. 394, 24. August 1903, S. 9588
13 Wegweiser, 20. Jg. Nr. 444, 22. September 1905, S. 1747
14 Archiv Spielzeugmuseum Nürnberg: Gebrüder Bing AG Nürnberg Spezial-Preisliste Ausgabe 1906, S. 1: Artikel Nr. 8240 und 8241 sowie S. 14: Artikel Nr. 13095
15 Latus (1998 a), S. 47–94
16 Faber (1997), S. 35
17 Vgl. Faber (2013), S. 514–516
18 Siehe: Schneider (2015), S. 16–53
19 Vgl. Tröbs (2014), S. 46–52
20 Kramer (1904), S. 223
21 Cieslik (1984), S. 36
22 Siehe: Schneider (2015), S. 49–53 mit Abb.
23 Siehe: Schneider (2015), S. 62–67 mit Abb.
24 Kämmer & Reinhardt Waltershausen gebrauchte diese Bezeichnung erstmals für ihre 1909 vorgestellten neuen Puppenmodelle. Siehe: Cieslik (1978), S. 23. Schneider (2015), S. 180–183 mit Abb.
25 Cieslik (1978), S. 21. Schneider (2015), S. 75, 176–179 mit Abb. der Puppen von Marion Kaulitz (1865–1948)
26 Zum heute noch aktuellen Thema einer Verlagerung von Produktionsstandorten ins Ausland veröffentlichte die Firma im Februar 1914 folgende Presseerklärung: »Es ist vielleicht interessant zu erfahren, daß die neuerbaute Fabrik in Sablino bei Petersburg ein dreistöckiges modernes Fabrikgebäude von ungefähr 70 Meter Frontlänge ist. Um dieses Gebäude stehen die auf dem Grundstück der Firma Richter erbauten Arbeiterhäuser. Eigene elektrische Zentrale versorgt auch einen Teil des Ortes mit Licht.« Wegweiser, 29. Jg. Nr. 651, 4. Februar 1914, S. 46. Hinzu kamen noch eine eigene Apotheke und ein privater Gleisanschluss an die Bahnstrecke Moskau – St. Petersburg. Vgl. ebd. S. 48
27 Verhandlungen des Reichstages. Bd. 225. 1905/06, Berlin 1906, Nr. 527, 11. Legislatur-Periode II. Session 1905/1907: Amtlicher Bericht über die Weltausstellung in St. Louis 1904. Erstattet vom Reichskommissar Teil I, XIV. Spielwaren, S. 319–321
28 Ebd. S. 320 f.
29 Ebd. S. 319 f.
30 Leinweber (1999), S. 204, Abb. T 152. Spielzeugmuseum Nürnberg: Inv.-Nr. 2003.468. Tatsächlich ist das Konzept auf dem amerikanischen Markt zum Teil noch immer erfolgreich. Gegenwärtig produziert die Anker-Steinbaukasten GmbH Rudolstadt immer noch das anspruchsvolle, heute nostalgisch wirkende Baukastensystem und exportiert es weiterhin auch nach Übersee.
31 Wegweiser, 20. Jg. Nr. 427, 10. Januar 1905, S. 1009
32 Wegweiser, 20. Jg. Nr. 429, 10. Februar 1905, S. 1086
33 Siehe Key (1902)
34 Wilckens (1978), S. 786–790
35 Siehe Eingangsinventar Gewerbemuseum der LGA im Germanischen Nationalmuseum Nürnberg der Jahre 1872 und 1873. Hier als Auswahl die Inv.-Nr.: LGA 226/1–5, 227/1 u. 2, 244, 248, 1466/1–4, 1467/6–13
36 Hofmann (1997), S. 32. In diesem Zusammenhang, teils auch in Konkurrenz stehend, gab es ab 1927 vonseiten der Spielwarenbranche (federführend Georg Kithil, Vorsitzender des Reichsverbandes der deutschen Spielwarenindustrie) auch für die Stadt Nürnberg Anregungen, ein »Deutsches Spielwarenmuseum« in Nürnberg einzurichten. Vgl. hierzu: »Nürnbergs Spielwarenmuseum«, In: Deutsche Spielwarenzeitung, Februar 1928, S. 47–51
Das Thema, in Nürnberg ein nationales Spielwarenmuseum zu gründen, wird immer wieder bis etwa 1940 diskutiert. Detaillierte Quellenangaben liefert hierzu: Hofmann (2001), S. 71, 83, 115.
37 Zobeltiz (1904), S. 496. Wegweiser, 18. Jg. Nr. 379, 10. Januar 1904, S. 9080. Zum Vergleich: 1911 betrug das deutsche Exportvolumen von Spielwaren bereits 90 Millionen Mark, Wiederholz (1930), S. 11.
Siehe auch Anschütz (1901), S. 5–14
38 Anschütz (1913), S. 2
39 Frankl (1905), S. 12
40 Spielzeugmuseum der Stadt Nürnberg, Papagei aus Papiermachee hergestellt im Raum Sonneberg (Inv.-Nr. 1979.2471); Auf der Unterseite befindet sich der Vermerk: »Zur Erinnerung [...] von der Weltausstellung Wien diesen mitgebracht hat«. Ein beliebtes Spielzeugmotiv war u. a. der Eiffelturm in einer Ausführung als Baukasten, Puzzle oder Teil eines Kreiselspiels. Siehe auch Quehl (um 1900), S. 67, Nr. 22 »Pariser Weltausstellungsspiel«
41 »Künstlerisches Spielzeug. Eine Ausstellung des Mährischen Gewerbemuseums Brünn.« (Brünn 1904) Für diese Ausstellung stellten das

Königliche Kunstgewerbemuseum Berlin und das Germanische Nationalmuseum Nürnberg historisches Spielzeug als Leihgaben zur Verfügung. Quelle: Kind und Kunst, Bd. I, 2. Aprilheft 1905, S. 229. Das Warenhaus H. Tietz in Berlin veranstaltete 1908 eine Puppenausstellung – ergänzt durch Leihgaben aus dem Bestand des Sonneberger Museums. Hofmann (2001), S. 36f. Im Warenhaus A. Wertheim Berlin fand 1911 – in welchem der Berliner Wertheim-Häuser wird in der genannten Quelle nicht erwähnt (vermutlich Leipziger Straße) – eine auf 350 qm Fläche präsentierte Ausstellung historischer Spielwaren statt. Der Hauptteil der Objekte stammte aus der bedeutenden Privatsammlung von Alice Usbeck. (Ausstellungsgestaltung: Architekt Oscar Usbeck – der Bruder von A. Usbeck) Zusätzliche Leihgaben stellte das Gewerbemuseum Sonneberg zur Verfügung. Wegweiser (1911), Nr. 571, S. 7581f. 1912 kaufte das Sonneberger Museum einige Stücke der Sammlung Usbeck an. Schon 1912 kursierte die Idee zu einem »Deutschen Spielwarenmuseum« mit Standort in Sonneberg. Hofmann (2001), S. 43

42 Die jeweiligen Titel stehen im Literaturverzeichnis. Vgl. auch Boesch (1900), Key (1902)

43 Bereits vor 1900 gehörte Spielzeug zum Sammlungsgut der Königlichen Sammlung Berlin (Museum für Deutsche Volkskunde). Siehe: Brunner (1914), S. 356–360

44 Siehe hierzu eine Auswahl: Hartmann (1903), Glagol (1912), Hahm (1928), Spamer (1943), Bachmann (1956), Bachmann/Langner (1957), Fritzsch/Bachmann (1965)

45 Just (2003), S. 38

46 Seyffert/Trier (1922); Deutsche Spielwarenzeitung, H. 1/2, 1. Januar 1923, S. 13. = Kommentar zum Buch

47 Rumpf (1922)

48 Gröber (1928), S. 7

49 Benjamin (1928), S. 127

50 Deutsche Spielwarenzeitung, Nr. 10, 1. Mai 1913, S. 5–7: Die Deutsche Spielwaren-Industrie auf der Ausstellung das Kind. Siehe auch: Wegweiser, 26. Jg. 29. November 1911, Nr. 594, S. 8592: »Ausstellung slavischen Spielzeugs im Volksmuseum Prag«

51 Im Kontext der Sonneberger Beteiligungen erwähnt Ernst Hofmann zahlreiche Ausstellungsprojekte im Zeitraum von 1900 bis 1945 in Berlin, Stuttgart, München, Nürnberg, Dresden, Breslau, Bochum, Gelsenkirchen oder Köln. Vgl. Hofmann (2001)

52 Boehn (1929), Bd. I Puppen, Bd. II Puppenspiele. Weitere Publikationen sind die Dissertationen von Meyer (1911) und Westenberger (1911), die sich ausführlich mit den sozialen Verhältnissen und volkswirtschaftlichen Aspekten der Spielwarenindustrie im Erzgebirge befassen. Senst (1901), Rosenhaupt (1907) und Plank (1922) nehmen die Nürnberger Verhältnisse unter die Lupe. Stillich (1899) und Sy (1929) beschreiben die Situation der Branche in Thüringen und Winkler (1935) untersucht wiederum die Entwicklung und Lage der Holzspielwarenindustrie im Erzgebirge im Zeitraum von 1915 bis 1935. Eine kommentierte Auswahl historischer, aber auch zeitgenössischer Spielsachen der 1930er Jahre zeigt das noch heute geschätzte, 1938 in Leipzig verlegte Buch »Spielzeug – eine bunte Fibel« von Hans-Friedrich Geist. Darüber hinaus entstanden zwischen 1900 und 1935 zahlreiche die regionalen Gewerbestrukturen beschreibende Arbeiten. Insbesondere die soziale Frage der in der deutschen Spielwarenindustrie beschäftigten Menschen erregte zunehmende öffentliche Aufmerksamkeit. Breitenwirksam im Sinne von »Konsumentenerziehung« wirkten hier Medienberichte im Umfeld sozialdemokratischer Organe. Vgl. SächsHStA, Bestand: 10756 Amtshauptmannschaft Freiberg, Nr. 1935, Bl. 75/76, Ausschnitt aus der Volksstimme vom 30. Mai 1904 = Tageszeitung der SPD im Regierungsbezirk Magdeburg, Artikel: Ein Bild aus der Spielwaren-Industrie im oberen Erzgebirge. Insbesondere wirkten die Spielwarenpräsentationen der 1906 in Berlin und 1908 in Frankfurt ausgerichteten Deutschen Heimarbeiter-Ausstellungen. Vgl. König (2009), S. 219–236. Archiv Erzgebirgisches Spielzeugmuseum Seiffen, Aufsatz: Den Besuchern der Deutschen Heimarbeit-Ausstellung im Jahre 1906 gewidmet. Die Spielwarenindustrie des sächsischen Erzgebirges, S. 12–26

53 Abbildungen und nähere Angaben zur Spielzeugsammlung von Walter Trier, In: Neuner-Warthorst (2006), S. 82–89. Teile der Sammlung befanden sich 1927/1928 in der großen Spielzeugausstellung des Märkischen Museums Berlin.

54 Spielzeugmuseum der Stadt Nürnberg, Sammlerschrank (ohne Inv.-Nr.). Nachlass Edwin Redslob Berlin

55 Siehe: Brill-Ulsamer (1926), S. 7–34

56 Die Sammlung enthielt u. a. völkerkundlich interessante Stücke und bereicherte das Sonneberger Museum durch archäologische Spielzeugfunde aus der Antike. Hofmann (2001), S. 74

57 Spielzeugmuseum Nürnberg: Akt Bayer privat, Aufzeichnung von Lydia Bayer, jun., o. J., S. 2

58 Erste Bestrebungen, ein »Internationales Spielzeugmuseum« in Neustadt bei Coburg zu eröffnen, reichen bereits in das Jahr 1931 zurück, Hofmann (2001), S. 84.

59 Die einzelnen Spielzeugbestände der landesweiten Stadt- und Heimatmuseen oder weitere europäische Spezialsammlungen sollen hier nicht aufgeführt werden. Ein eigener Forschungsbeitrag könnte dem Phänomen der vielfältigen Neugründungen von Spielzeug-Erlebniswelten, Firmen- oder privaten Sammlermuseen gewidmet werden. Teilweise existieren diese Sammlungen bereits nicht mehr oder werden in jüngster Zeit zunehmend über den internationalen Auktionshandel wieder in den Markt geschwemmt. Auszugsweise seien genannt: Versteigerung der historischen Spielzeugsammlung Legolandpark Billund [Auktion: The Antique Dolls Dollhouses and Toys of the LEGO® Foundation of Denmark. Vol. One, Vol. Two. Therialt's the dollmasters, Annapolis 2006.] Spielzeugmuseum Katharina Engels (Rothenburg o. T.) [Ladenburger Spielzeugauktion 2014], The Depuoz Collection (Zürich) [Ladenburger Spielzeugauktion Teil I und II 2014/2015], Sonderauktion Museumsauflösung Speelgoedmuseum »De Kijkdoos« Hoorn (Niederlande) [Ladenburger Spielzeugauktion 2015]

60 Seifert (1921), S. 269
61 Schmidt (1921), S. 355
62 Geist/Mahlau (1938), Nr. 7
63 Spamer (1943), S. 57
64 Spamer (1954) S. 77
65 Piekarek (1981), S. 20. Sieber (1980), S. 181. Helling (1999 b), S. 14. Matuschewski (2004), S. 122. Zur ausführlicheren Literaturanalyse vgl. die Veröffentlichung meiner Doktorarbeit, Anm. 2.
66 Bachmann (1984), S. 8
67 Ebd. S. 195
68 Ebd.
69 Vgl. SächsHSTA, 10736 Ministerium des Innern, Nr. 17522, Bl. 7–8, Verzeichnis der Mitglieder des Ausschusses zur Pflege heimatlicher Kunst und Bauweise in Sachsen. 1907, Bl. 79 Oehme, Kommerzienrat, Grünhainichen/Bl. 79 RS: Wendt, Oberlehrer, Grünhainichen; SächsHSTA, 10736 Ministerium des Innern, Nr. 17523 Sächsischer Heimatschutz. Landesverein zur Pflege heimatlicher Natur, Kunst u. Bauweise. Protokoll der Hauptversammlung am 15. Mai 1909. Kassenabrechnung für das Geschäftsjahr 1908. Haushaltsplan für das Geschäftsjahr 1909. Mitgliederverzeichnis für 1909, Bl. 45 RS: Oehme, Kommerzienrat, Grünhainichen, Bl. 46: Wendt, Oberlehrer, Grünhainichen; SächsHSTA, 10736 Ministerium des Innern, Nr. 17519 Bl. 78: Sächsischer Heimatschutz. Landesverein zur Pflege heimatlicher Natur, Kunst u. Bauweise. Protokoll der Hauptversammlung am 15. Mai 1909. Kassenabrechnung für das Geschäftsjahr 1908. Haushaltsplan für das Geschäftsjahr 1909. Mitgliederverzeichnis für 1909: Oehme, Kommerzienrat, Grünhainichen, Wendt, Oberlehrer, Grünhainichen
70 Siehe Kat. 1: 5 Einzelabbildungen aus einem Musterblatt.
71 Göttsch (2001), S. 28. Im Rahmen der 2014 begonnenen Inventarisierung dieses Firmenarchivs übergab die Fa. Wendt & Kühn die bislang nicht erfassten Einzelakten zum Thema »Fachgewerbeschule« dem Archiv der Arbeitsgruppe Chronik in Grünhainichen. Es handelt sich vermutlich um einen Teilnachlass. Welche weiteren Dokumente aus der Zeit vor 1919 ursprünglich noch existierten, ist unbekannt. Die originalen Entwürfe und Musterzeichnungen zu den neuartigen Spielwaren fehlen bislang. Dennoch haben sich einige der Prototypen der in der Fachgewerbeschule hergestellten Miniaturspielwaren-Modelle auch im Firmenfundus von Wendt & Kühn erhalten.
72 Siehe Titel der Sonderausstellung »Das kleine Ganze« zum Thema Miniaturspielzeug aus dem Erzgebirge im Spielzeugmuseum der Stadt Nürnberg vom 14. November 2008 bis zum 22. Februar 2009. Zum Vergleich: Sonderausstellung des Bayerischen Nationalmuseums München vom 21. November 2003 bis 29. Februar 2004: Die Welt im Kleinen – Zur Kulturgeschichte des Spielzeugs. Ausstellungskonzept: Nina Gockerell, der gleichnamige Katalog zur Ausstellung = Gockerell (2003).
73 Brückner (2004), S. 192 verweist im Bezug paralleler Forschungsthemen auf ein »Volkskunst-Syndrom bei fehlender Gewerbeforschung.« Vgl. Hartinger (2007), S. 85–87
74 Latus (1998 a), S. 33–44
75 Vgl. Kerbs/Reulecke (1998), S. 10–18
76 Kunsterziehung. Ergebnisse und Anregungen des Kunsterziehungstages in Dresden am 28. und 29. September 1901, Leipzig 1902, S. 19. Siehe auch: Priebe (2010), S. 7–14
77 Arnold (1993), S. 21
78 SächsHStA, Bestand 10756 Amtshauptmannschaft Freiberg, Nr. 1935, Bl. 40 und 45. Offizielle Schreiben der Dresdener Werkstätten für Handwerkskunst an Regierungsrat Vollmer in Sayda vom 9.11. und 22.12. 1903. Im Bestand 11144 Bezirksschulamt Freiberg, Nr. 385, Bl. 171 hier Anfrage mit der »Bitte um Unterstützung der Gewerbelehrer« der Spielwaren-Fachgewerbeschule Seiffen
79 SächsHStA, Bestand 10756 Amtshauptmannschaft Freiberg, Nr. 1935, Bl. 40, 45
80 Ebd.
81 Thiekötter/Stein (1996), S. 244
82 Ebd. (Karl Schmidt gehörte zu den Gründungsmitgliedern des Deutschen Werkbundes.)
83 SächsHStA, Bestand 10756 Amtshauptmannschaft Freiberg, Nr. 1935, Bl. 45 Brief vom 22.12.1903 Karl Schmidt DWfH an Vollmer, Königliche Amtshauptmannschaftliche Delegation Sayda. Siehe auch Bestand 11125, Nr. 17439, Bl. 67 Brief vom 17. 8. 1904 an Franz Roscher/Ministerium des Innern; beiliegend Spielzeug-Katalog
84 SächsHStA, Bestand 10756 Amtshauptmannschaft Freiberg, Nr. 1935, Bl. 42. Handschriftliche Aufzeichnungen von Regierungsrat Dr. Vollmer, Sayda. (Otto Adlungs Dienstverhältnis als Gewerbelehrer und Schulleiter bestand seit Herbst 1887.)
85 Stadtarchiv Zschopau, Aktenzeichen F. Nr. 3600, Gewerbeanmelderegister 1882–1919, II, Abschnitt 5, Nr. 13
86 Bereits 1905 stand das Thema »Gartenstädte in den Vororten Dresdens« unter Tagesordnungspunkt 6. im »Ausschuß zur Pflege heimatlicher Kunst und Bauweise« zur Diskussion. GVHA: 37. B.
87 Vgl. Weiszbach (1908, S. 385). Hier wird die Fa. Heymann als Spielwarenfabrik mit Dampfbetrieb und 49 Mitarbeitern erwähnt.
88 Deutsches Werkstätten Archiv (DWA): W I/XX/XI/I, Werkstättenberichte 1909, Nr. I, S. 10; W I/5/I. heute im SächsHStA, Bestand 11764 Deutsche Werkstätten Hellerau (D) Nr. 878 und 879. Siehe auch Wegweiser, 23. Jg. 10. Januar 1908, Nr. 499, S. 4206 »Änderungen und Besitzstandswechsel etc.«
89 http://www.dwh.de: Edition Deutsche Werkstätten »Holzspielzeug« [10.08.2015]
90 Siehe: Latus (1998 a), S. 135, 137 und 147
91 Latus (1998 a), S. 114–121. Siehe auch Manguel (2006), S. 72f., hier die Holzspielzeugentwürfe »Dorf und Figuren« von André Hellé und Charles-Emile Carlègle für Le Printemps Paris 1916/1917. Zum Künstlerspielzeug in Österreich-Ungarn siehe: Öri (2011), S. 26–99, Abb. S. 133–205. Künstlerspielzeug in Österreich-Ungarn, hier Böhmen und Mähren betreffend, siehe: Jirásek (2008), S. 364–371. Zu den Wechselbeziehungen zwischen Russland und Deutschland siehe: Grekow (1998), S. 38–44

92 Die Nachfolge des 1903 gegründeten »Ausschuß für heimatliche Kunst und Bauweise« trat der 1908 von »Oberbaurat« Karl Louis Florenz Schmidt und Oskar Seyffert in Dresden gegründete »Landesverein Sächsischer Heimatschutz« an. Siehe: Just (2008), S. 38–41. Zu Karl Schmidt und Oskar Seyffert siehe auch: Voerkel (2008), S. 186 und 188.
93 GHVA: 37. B
94 Franz Roscher (hoher Verwaltungsbeamter im Ministerium des Innern), ist zukünftig als wichtige Schlüsselperson und als Verbindungsmann tätig. Vor 1900 ist er »Beisitzer« im Verein für sächsische Volkskunde. Am ersten deutschen Kunsterziehungstag in Dresden 1901 moderierte er. Kunsterziehung, Ergebnisse und Anregungen des Kunsterziehungstages in Dresden am 28. und 29. September 1901, Leipzig 1902, S. 5
95 SächsHStA, Bestand 11125 Ministerium des Kultus und öffentlichen Unterrichts, Nr. 16624, Bl. 20–23
96 Kunze-Köllensperger (2015), S. 9–13
97 Der Verein für Sächsische Volkskunde. In: Mitteilungen des Verbandes deutscher Vereine für Volkskunde, Korrespondensblatt, Nr. 1, Januar 1905, S. 5. Vgl. Wendt & Kühn Firmenarchiv: D005217–D005224 (Fotografien verschiedener sächsischer Bauernhäuser)
98 Just (1997 a), S. 6. Vgl. Groos (1906), S. 58
99 Groos (1906), S. 53
100 Just (1997 a), S. 1
101 Mitteilungen des Verbandes deutscher Vereine für Volkskunde (Korrespondenzblatt), Nr. 1, Januar 1905, S. 6.
102 Jenzen (2015), S. 98. Siehe auch: Ganaway (2009), S. 149f.
103 Groos (1906), S. 58
104 Wietek (1976), S. 9. Siehe auch: Pese, Klaus (Hg): Künstlerkolonien in Europa – im Zeichen der Ebene und des Himmels. Hg. vom GNM Nürnberg, Nürnberg 2001
105 SächsHStA, Bestand 11125 Ministerium des Kultus und öffentlichen Unterrichts, Bericht der Kunstgewerbeschule Dresden für die Schuljahre 1904/1905, S. 65
106 Dalbajewa/Bischoff (2001), S. 300
107 Jakobi (2003), S. 45
108 Städtische Sammlungen Freital (1996), S. 5
109 Ebd. S. 59–64. Siehe auch Abbildung 1, 14, 26, 36, 38. Hier finden sich landschaftstypische Häuserformen der Mühlen, Wirtschaftsgebäude und Hofanlagen wieder. Vgl. auch Haus der Heimat Freital (1980), Abb. 2, 18, 29, 34, 38, 61 und 63. Vgl. Firmenarchiv Wendt & Kühn, Grünhainichen: D005212–D005223 Aufnahmen von Bauernhäusern in Sachsen.
110 Talsperre Malter (Ausführung 1908–1913, Entwurfsplanung: Lossow & Kühne, Dresden), Talsperre Klingenberg (Ausführung 1908–1914, Entwurfsplanung: Hans Poelzig, Breslau)
111 Städtische Sammlungen Freital (1996), S. 51
112 Der Erzgebirgsverein wurde am 5. Mai 1878 in Aue gegründet von dem Sagen- und Heimatforscher Johann August Ernst Köhler (1829–1903), Lehrer in Reichenbach und geboren in Bautzen, und Hermann Möckel, Seminaroberlehrer in Schneeberg, geboren in Lommatzsch. Vgl.: Glückauf (1978), S. 57–58 sowie: Erzgebirgsverein (1978), S. 8 und S. 42
113 Die Sommerfrischen im Erzgebirge. Zusammengestellt und herausgegeben vom Erzgebirgsverein Chemnitz. Bd. 1, Leipzig 1891. Im Nachtrag zu Band 2, 1892 finden sich für Grünhainichen fünf Anbieter, darunter Klara Böttger, Spielwarengeschäft Nr. 91. Für Seiffen sind Woldemar Beyer, Restaurateur und Carl Wetzig, Besitzer des »Erbgericht« eingetragen, S. 13f.
114 Seifert/Hentschel (2010), S. 34–36. GHVA: 59. B
115 Süß (1909), S. 177. Siehe auch: Gerstenberger (1902), S. 3
Für jene zeittypische Eroberung der ländlichen Gegenden und die steigende Bedeutung des regionalen, aber auch internationalen Fremdenverkehrs finden sich zahlreiche Vergleichsbeispiele in allen deutschen Mittelgebirgsregionen, im Alpenraum oder den Küsten- und Seenlandschaften wieder. Auch an diesem Prozess waren im Sinne regionaler Wirtschaftsförderung die jeweiligen staatlichen Behörden der Länder äußerst aktiv beteiligt. Vgl. hierzu die Aktivitäten des sächsischen Staates das Erzgebirge betreffend, GHVA: 79. B
Daheim-Kalender 1904: Illustrierte Monographien/I. Geographische Monographien, S. 10: Berlin und Mark Brandenburg, Dresden und die Sächsische Schweiz, Harz, Deutsche Nordseeküste, Deutsche Ostseeküste, Oberbayern, Rhein, Schwarzwald, Thüringen, Schweiz, Tirol, Riviera, Norwegen; zusätzlich Übersicht, S. 1–22: Bäder, Heilanstalten und Sommerfrischen, S. 1–22
116 Vgl. Firmenarchiv Wendt & Kühn: Fototafeln D005212 bis D005214 mit Stempel »Das Bauernhaus in Sachsen und seinen Grenzgebieten«. Diese dienten im Rahmen des praktischen Unterrichts der Fachgewerbeschule als Vorlagentafeln. Bezugnahme in GHVA: 76. B
117 GHVA: Katalog der Jubiläumsausstellung des Bezirks-Gewerbevereins zu Grünhainichen im Jahre 1895. S. 13
118 Wegweiser, 18. Jg. Nr. 394, 24. August 1903, o. S. Leitartikel der Titelseite: Die Geschäftslage unserer Branchen zur Zeit der Leipziger Herbstmesse
119 König (2009), S. 350
120 Westenberger (1911), S. 111
121 Die Leiter der Fachgewerbeschulen waren: Otto Adlung in Seiffen/Schule mit staatlicher Unterstützung; Albert Wendt in Grünhainichen/Staatliche Schule. Siehe hierzu Auerbach (1995 a, S. 6). Diese beiden Herren sind auch diejenigen, die in jene vorab genannte »Beratungs-Kommission für Spielwarenentwürfe« nach Dresden hinzugewählt werden sollten.
122 Vgl. allgemein Wendt (1908), o. S. und Hamlin (2007), S. 214f.
123 Wegweiser, 23. Jg. Nr. 501, 2. Mess-Ausgabe 10. August 1908, S. 9
124 Zobeltitz (1904), S. 495. Der Autor beschreibt hier u. a. die Lage der Holzschiff-Hersteller in Hämmern/Thüringen im Zusammenhang der Absatzprobleme ihrer Produkte in den USA. Darüber hinaus verweist er auf die positive Wirkung der modernen Ausbildung in der Industrieschule Sonneberg.

125 Latus (1998 a), S. 47–94. Die sächsische Regierung genehmigte 1903 dem Leiter der Fachgewerbeschule Grünhainichen Albert Wendt und dem Seiffener Gewerbelehrer Otto Adlung eine Fortbildungsreise nach Nürnberg und Thüringen (Sonneberg und Lauscha). Beide lieferten einen Reisebericht über den Nürnberger Wettbewerb des Bayerischen Gewerbemuseums ab. SächsHStA, Bestand: 11125 Ministerium des Kultus und öffentlichen Unterrichts, Nr. 17434, Bl. 57–60. Zum Thema der Fachschulgründungen siehe: Brückner (2008), S. 13f. Als weiteres Beispiel ländlicher Gewerbeförderung vgl. Beck (2001), S. 135–160

126 Typische Beispiele dieser Nischenprodukte lieferten die Holzspielwarenfabriken Julius Stief und Christian Hacker in Nürnberg, Carl Brandt jun. in Gößnitz/Sachsen Altenburg, die Harzer Werke Glück Auf Rudolf Alberti Eisenhütte bei Othfresen a. Harz und Benneckenstein/Harz, Julius Dorst in Sonneberg/Thüringen oder Nötzel & Drechsler GmbH, Niederneuschönberg bei Olbernhau/Sachsen.

127 SächsHStA Dresden, Bestand 11125 Ministerium des Kultus und öffentlichen Unterrichts, Nr. 16624, Bl. 36ff. Zum etablierten Spielwarenverlagssystem vgl. auch Tröbs (2014), S. 13–22

128 Grünhainichener Heimatverein e.V. (Hg.), Arbeitsgruppe Chronik: Festschrift 650 Jahre Grünhainichen. Grünhainichen 1999, S. 71

129 Ebd. S. 70. Vgl. Katalog der Jubiläumsausstellung des Bezirks-Gewerbevereins Grünhainichen im Jahre 1895, S. 1–13

130 Das im Heimatstil errichtete Gebäude (Chemnitzer Straße 20) beherbergt heute die »Ständige Ausstellung Erzgebirgischer Volkskunst Grünhainichen«, in der auch Entwürfe, Modelle und andere vielfältige Arbeiten der Fachgewerbeschule ausgestellt sind.

131 Vgl. Meyer (1911), S. 59

132 GHVA: Nachlass Fachgewerbeschule, 96 II, Instruktion für den Gewerbelehrer zu Grünhainichen, Punkt 6

133 Kurzwelly (1903), S. 519. Kurzwelly war sächsischer Volkskundler, Schüler Wilhelm Heinrich Riehls.

134 SächsHStA Dresden, Bestand 11125 Ministerium des Kultus und öffentlichen Unterrichts, Nr. 16624, Bl. 94

135 Latus (1998 a), S. 52–56

136 Renda (1998), S. 11

137 Gemeint ist C. F. Drechsel (Christoph Friedrich), Spielwarenverlag Grünhainichen (Mitinhaber und Ansprechpartner für A. Wendt ist Kaufmann Ernst Löwe, Eigentümerin der Gebäude ist Bertha Hunger verwitwet, Quelle: Augustusburger Adressbücher 1904). Zu C. F. Drechsel siehe auch Kapitel Anzeigenwerbung und Wegweiser, 19. Jg. Nr. 417, 10. August 1904, S. 587, hier Geschäftsanzeige zur Leipziger Michaelis-Messe mit figürlichen Vignetten nach Motiven der Geschwister Kleinhempel, Dresden

138 SächsHStA, Bestand 11125 Ministerium des Kultus und öffentlichen Unterrichts, Nr. 16624, Bl. 95

139 Vgl. zum Beispiel: Nussknacker, Inv.-Nr. 8808 (Erich Kleinhempel) Gewerbemuseum der LGA im Germanischen Nationalmuseum Nürnberg, weitere Modelle im Firmenarchiv Wendt & Kühn Grünhainichen, und Hochzeitszug (Geschwister Kleinhempel) Inv.-Nr. F2661 im Salzburg Museum – Spielzeugmuseum Salzburg, Abb. 1

140 Wendt (1908), o. S. Bei »Frau Zeidler« könnte es sich um die Ehefrau des Gewerbelehrers und Fabrikanten Oswald Zeidler (1866–1919), Seiffen, handeln.

141 Wilhelm Thiele (1883, Todesjahr nicht bekannt), Architekt und Innenarchitekt/Entwerfer von Raumausstattungen, Regierungsbaumeister in Dresden, seit 1907 erster Direktor der Kunstgewerbeschule Bielefeld

142 Durch Abbildungen einer 1904 im Warenhaus A. Wertheim-Berlin W. Leipziger Straße veranstalteten Spielwarenausstellung sind vier hergestellte Stuben bekannt. Es handelt sich um eine »Kinder-Küche« und eine für eine kleine Spielpuppe in der Größe passende »Puppen-Küche.« Dazu gab als Gegenstück ein Kinderschlafzimmer und ein »Puppen-Schlafzimmer« bezeichnet: Reg.-Baumeister Wilh. Thiele, Dresden. Quelle der Fotos: Kind und Kunst, Bd. 1, Oktober 1904/September 1905, H. 6. 4, S. 206 und 207

143 SächsHStA, Bestand 11125 Ministerium des Kultus und öffentlichen Unterrichts, Nr. 16624, Bl. 95

144 Ebd., Nr. 17439, Bl. 92. Antrag vom 9. Juli 1904, Unterzeichnende: Schmidt, Seyffert, Michael, Ehmig

145 Ebd. Bl. 89 u. 90

146 GHVA: 1. B; erste Abbildung in: Kind und Kunst, Bd. 1, Oktober 1904/September 1905, H. 5.2, S. 172. Vgl. auch SächsHStA, Bestand 11144 Bezirksschulamt Freiberg, Nr. 385, Bl. 204

147 SächsHStA, Bestand 11125 Ministerium des Kultus und öffentlichen Unterrichts, Nr. 17439 Bl. 91, Postkarte von Oberbaurat Karl Schmidt an Franz Roscher/Innenministerium, Poststempel: Grünhainichen 16.7.1904

148 Vgl. Ernst Kühn, Architekt und ab 1907 Professor an der Technischen Hochschule Dresden: Der neuzeitliche Dorfbau, Leipzig 1903. Der Band stellt Entwürfe öffentlicher Gebäude eines Dorfes, z. B. Pfarrhäuser, Kirchen, Schulen, Gemeindeamtshäuser vor.

149 Vgl. Karl Louis Florenz Schmidt zusammen mit Ernst Kühn: Das landwirtschaftliche Mustergehöft auf der Deutschen Bau-Ausstellung Dresden 1900 und die hierzu eingegangenen preisgekrönten Wettbewerbsentwürfe. Dresden 1900. (Da in Dresden zu dieser Zeit mehrere Personen mit dem Namen Karl Schmidt Zeitgeschichte schrieben, vgl. Karl Schmidt-Hellerau, sei hier der vollständige Name angegeben: Karl Louis Florenz Schmidt, Architekt und Volkskundler).

150 Heinrich Tscharmann, Architekt, Studium an der TH Dresden, bei E. v. Ehne in Berlin und Hugo Licht in Leipzig, Architekturbüro Tscharmann und Gustav Hänichen in Dresden

151 Oskar Seyffert, Maler und Zeichenlehrer an der Dresdener Kunstgewerbeschule, Volkskundler

152 Kossäten = Kleinhäusler mit geringem Landbesitz, häufig nur Nebenerwerbs-Landwirte

153 Die unterschiedliche Vorgehensweise der beteiligten Personen, die Ideenfindung und ihre praktische Umsetzung sind durch einen umfangreichen Schriftwechsel dokumentiert und werden im Kapitel »Transkription« im Einzelfall zusätzlich kommentiert.

154 GHVA: 1.B

155 Ebd. Von Interesse ist der Verweis auf eine Bildvorlage in Form einer »Ansichtskarte«. Diese ist den Akten jedoch nicht beigefügt.

156 GHVA: 1.B

157 Stenographische Berichte für Denkmalpflege/Fünfter Tag für Denkmalpflege Mainz, 26. und 27. September 1904, S. 85 und 86

158 Ebd. S. 86

159 GHVA: 31.B

160 SächsHStA, Bestand 11125 Ministerium des Kultus und öffentlichen Unterrichts, Nr. 17928, Bl. 113 Jahresbericht

161 Die Denkmalpflege, Nr. 14, 2. November 1904, S. 116

162 Westenberger (1914), S. 5–9

163 Bachmann (1986), S. 145–161

164 Auerbach (1998), S. 116. Vgl. auch Hiemann (1812, Nr. 83–99, 300–306), hier u. a. Früchte mit Kindern und Devisen, Hausrath, einfachen und doppelten Springern, Schreibzeugen, Kegeln, Drahtschlangen, Fischspiel, Kinderhausrath, Harlequin, Pfaffen

165 Neben den frühen im Kupferstichverfahren vervielfältigten bebilderten Warenverzeichnissen des ausgehenden 18. Jahrhunderts, z. B. von Peter Friedrich Catel, Berlin, und Georg Hieronimus Bestelmeier, Nürnberg (Pädagogisches Magazin, Erstes Stück mit 7 Kupfertafeln 1793), etablierten sich in der ersten Hälfte des 19. Jahrhunderts gezeichnete, oft handkolorierte Musterkarten. Darüber hinaus waren die in der Technik der Umrissradierung oder Lithografie vervielfältigten Auflagendrucke (nachträglich koloriert) gebräuchlich. Einzelblätter wurden häufig später zu ganzen Büchern zusammengebunden und dienten den Spielwarenhändlern als Angebots- und Werbemittel. Mit Artikelnummern, teilweise auch Preisangaben versehen, konnten diese an Geschäftspartner oder an die Handelsvertreter zur Sichtung des Angebotes ausgegeben werden. Als Vorläufer der modernen Warenkataloge gehören sie heute zu den besonders wichtigen Bildquellen aus dieser Zeit.

166 L. Lindner & Söhne (um 1840, S. 23). Hier Artikelnummer 473 b und a 478 b: Landhäuser, Viehweiden, Schäfereien, Jagden, Lager, Festungen (verpackt in Spanschachteln mit einer Länge von etwa 10 cm); 473º und a 478º: Viehweiden, Schäfereien, Landhäuser, Jagden, Lager, Festungen (Spanschachtel mit einer Länge von 14 cm); S. 29, hier Artikelnummer 521 b: Städte und Dörfer (Spanschachtel mit 9 cm Länge); 521 c: Städte und Dörfer (Spanschachteln mit einer Länge von 14 cm); S. 28, Artikelnummer 509: Bergwerke (Spanschachteln mit 9 cm Länge); Artikelnummer 510: Menagerien (Spanschachtel mit einer Länge von 11 cm). Ein weiteres Musterbuch mit den genannten Artikelnummern befindet sich im Designmuseum Danmark in Kopenhagen. (Kopie im Archiv Spielzeugmuseum Nürnberg)

167 Bestelmeier (1823), Nr. 1249, 81. Platte

168 Ebd.

169 Vgl. Über die Bedeutung des Gebrauchsmusterschutzes für die Spielwarenindustrie. In: Deutsche Spielwarenzeitung, Nr. 4, 15. September 1909, S. 51–57

170 Nach dem Reichsgesetz vom 11. Januar 1876

171 GHVA: 25.B, 28.PK, 29.B, 45.B

172 Der Universal-Spielwarenkatalog 1924/1926, Sortiment 50, S. VIII. Katalog: Erzgebirgische Spielwaren, Vertriebsgesellschaft handwerklicher Erzeugnisse r. V. Dresden/Seiffen 1924

173 Kind und Kunst, Bd. 1, Oktober 1904/September 1905, H. 5. 2, S. 172. Zur Rolle der Spielwarenverlage siehe: Wiederholz (1930), S. 40f.

174 Wegweiser, 20. Jg. 1905, Nr. 443, S. 1708. Vgl.: Organisation des Messmusterlagerverkehrs. In: Heubner (1909), S. 24f.

175 Wendt (1908), o. S.

176 Vgl. Bilz (1987), S. 22

177 Wendt (1908), o. S

178 SächsHStA, Bestand 11125 Ministerium des Kultus u. öffentlichen Unterrichts, Nr. 16624, Bl. 20–23

179 SächsHStA, Bestand 11125 Ministerium des Kultus u. öffentlichen Unterrichts, Nr. 18030, Bl. 150 mit Angabe der Lehrtätigkeit ab Schuljahr 1884/1885

180 Just (1997a), S. 2. Vgl. Jenzen (2008), S. 125

181 Ebd. S. 5. Dass derartige Präsentationen zum Zeitgeist gehörten, belegen vergleichbare Inszenierungen, z. B. ein »Ethnografisches Dorf« auf der Weltausstellung Wien 1873 – hier als Ansammlung von Bauernhäusern aus Russland, verschiedenen osteuropäischen Ländern, Galizien und der Alpenregion. Krutisch (2001), S. 49

182 Vgl. Jenzen (2015), S. 89, S. 92, S. 98

183 Jenzen (2015), S. 97

184 Just (1997 a), S. 4f. Vgl. Mede-Schelenz (2013), S. 77f. und Jenzen (2008), S. 124–128

185 Knaut (1991), S. 42

186 Haase (1998), S. 50

187 Mitteilungen des Vereins für Sächsische Volkskunde, II. Bd. 1900, 1. H. S. 7, Museumsbericht

188 Mitteilungen des Vereins für Sächsische Volkskunde, II. Bd. 1901, 7. H. S. 198, Museumsbericht: Eingang von »3 Holzkästchen buntbemalt, modern«. Siehe auch: Inventarbuch, Museum für Sächsische Volkskunst, Eintrag mit Datum vom 13. September 1904, Nr. 5284 Schürze, 5285 Tauftuch, 5287 Frauenkleid.

189 Just (2003), S. 38

190 Just (1997 a), S. 9

191 Der Verein für Sächsische Volkskunde. In: Mitteilungen des Verbandes deutscher Vereine für Volkskunde, Korrespondeszblatt, Nr. 4, Oktober 1906, S. 4

192 Just (1997 a), S. 9

193 SächsHStA, Bestand: 11144 Bezirksschulamt Freiberg, Nr. 385, Bl. 204

194 Ebd.

195 Seyffert (1906), S. 231
196 Dritte deutsche Kunstgewerbe-Ausstellung. In: Mitteilungen des Verbandes deutscher Vereine für Volkskunde, Korrespondenzblatt, Nr. 4, Oktober 1906, S. 7f.
197 Offizieller Katalog der Dritten Deutschen Kunstgewerbeausstellung Dresden 1906, B Kunstindustrie, Materialgruppen und Räume (Nr. 32–144, Kunstindustrie Halle I)
198 GHVA: 12. B. Brief vom 5. November 1904
199 Stadtarchiv Dresden, Bestand: Künstlervereinigung »Zunft« Sig. 13.19, Nr. VI. 1 Bd. 1 hier Mitgliederverzeichnis 1906. Siehe auch: Gamke (2001), S. 39–41
200 Ebd. »Tagebuch der Zunft und ihr Fortgang«, S. 6
201 Die »Propaganda« und Werbung für »geschmackvollere« Spielwaren trieb von Anfang an insbesondere Oberbaurat Karl Schmidt voran. Er selbst betonte mehrfach die Bedeutung von »Propaganda für die Sache«. Siehe auch: GHVA: 46. PK und 75. B
202 Diese und die nachfolgenden Angaben sind dem »Offiziellen Katalog« der Dresdener Ausstellung entnommen, die jeweiligen Katalogseitenzahlen stehen in den eckigen Klammern. Offizieller Katalog, Illustrierte Ausgabe. Dritte Deutsche Kunstgewerbeausstellung 12. Mai bis Ende Oktober Dresden 1906, hier S. 7
203 Ebd., S. 8
204 Ebd., S. 18
205 Ebd. 57. B. Brief von Karl Groß vom 18. Juni 1905
206 Wie Anm. 202, S. 18
207 Ebd., S. 14
208 Ebd.
209 Ebd., S. 10
210 Ebd., S. 11
211 Ebd., S. 15
212 Ebd., S. 9
213 Ebd., S. 14
214 Ebd., S. 15
215 Ebd., S. 18
216 GHVA: 69. M Katalogmanuskript. Siehe Schreiben: 12. B, 57. B, 63B., 66. B, 67. B
217 GHVA: 68. B
218 GHVA: 69. M und 70. F
219 Offizieller Katalog, Illustrierte Ausgabe. Dritte Deutsche Kunstgewerbeausstellung Dresden 1906. S. 128. Die Fachgewerbeschule Seiffen belegte einen eigenen Stand mit der Nr. 208 e. Die Ausstellungsstücke werden bezeichnet: »Holz- und Papiermaché-Spielwaren. Im Einzelnen und in Gruppen zusammengestellt.« Siehe hierzu S. 129
220 GHVA: 63. B
221 GHVA: 66. B
222 Offizieller Katalog, Illustrierte Ausgabe. Dritte Deutsche Kunstgewerbeausstellung 12. Mai bis Ende Oktober Dresden 1906, hier S. 13
223 Paul Schumann: Die Dritte Deutsche Kunstgewerbeausstellung Dresden 1906. In: Kunstgewerbeblatt, N. F. 17. H. 11, 1906, S. 212f.
224 1904 hatte Ernst Löwe – Kaufmann und Mitinhaber des Verlages – die Herstellervermittlung und die erste Markteinführung übernommen. Zum Stichwort Interessengemeinschaft vgl. GHVA: 36. PK. Oberbaurat Karl Schmidt macht sich hier im Januar 1905 Hoffnungen, Ernst Löwe als Mitglied für den Ausschuss zur Pflege heimatlicher Kunst und Bauweise zu gewinnen.
225 Ausstellungszeitung der 3. Deutschen Kunstgewerbeausstellung Dresden 1906. S. 277. Siehe auch: GHVA: 63. B. und Offizieller Katalog Dresden 1906, S. 148. Nachweis zu Georg Hermann, Königlich Sächsischer Hoflieferant »Bijouteriewaren u. Fächer«, Waisenhausstr. 17. In: Adressbuch für Dresden 1906, S. 661. Werbetext mit Bezug zur Auszeichnung in: Wegweiser, 21. Jg. Nr. 466, 20. August 1906, S. 2698: »Gelegenheit der Dresdener Kunstausstellung haben die Erzeugnisse der genannten Firma die gebührende Anerkennung durch Auszeichnung mit der silbernen Medaille gefunden«.
226 Stadtarchiv Dresden, Bestand: Künstlervereinigung »Zunft« Sign. 13.19. Nr. 5 Karton 3 »Festausschuß« Bd. 2. Zu Oskar Schwindrazheim siehe auch: Mielke (1905), S. 112 und Selheim (2013), S. 92
227 Miniatursortiment der Dresdener Werkstätten für Handwerkskunst Abteilung Spielsachen, Artikel Nr. 473 u. 474. Siehe auch: Latus (1998 a), S. 150.
228 Siehe Tabelle »Öffentliche Präsentation der Miniaturensembles« ab S. 192
229 Privatarchiv Dirk Pigorsch Grünhainichen: Kaufm. Verein Statut, Verträge, Rechnungen, Protokolle: Brief vom 9. November 1905, gezeichnet Ausschuss zur Pflege heimatlicher Kunst- & Bauweise in Sachsen u. Thüringen. Karl Schmidt Oberbaurat Vorsitzender. Auf dem Brief befindet sich eine Notiz des Kaufmännischen Vereins: »Verzeichnis A« (Sonderkonditionen).
230 Freiherr von Friesen: Der Verein für sächsische Volkskunde. In: Mitteilungen des Verbandes deutscher Vereine für Volkskunde. Nr. 4, Oktober 1906, S. 4
231 Privatarchiv Dirk Pigorsch Grünhainichen: Kaufm. Verein Statut, Verträge, Rechnungen, Protokolle, 1905: Für die sogenannten Dresdener Spielwaren festgelegte Verkaufspreise (engros-Preis, Vorzugspreis, Ladenpreis). Siehe zu den kartellähnlichen Strukturen auch GHVA: 42. B
232 Wendt (1908), o. S. Bezugnahme auf Anfragen der Werkstätten für deutschen Hausrat Theophil Müller Dresden
233 Weiterführende Quellen zum zeitgenössischen Hintergrund, In: Der letzte sächsische König Friedrich August III. im Spielzeugland = Dokumentation von Zeitungsberichten verschiedener Reisen des Königs ins Erzgebirge 1905–1916. Zur Genealogie der regierenden deutschen Fürstenhäuser (abgeschlossen am 1. Juli 1903) siehe: Daheim-Kalender 1904, S. 30–33 Fotos zur königlichen Familie, In: Dresdner Salonblatt. 1. Jg., Nr. 1, S. 1, Dresden 1906

234 GHVA: 26. PK
235 GHVA: 34. PK
236 GHVA: Nachlass Fachgewerbeschule, hier: Ausschnitt aus »Allgemeine Zeitung Chemnitz, 12. Jg. Nr. 151, Sonnabend, 3. Juli 1909, Der Verlauf der Königsreise«. Grete Wendt studierte zu dieser Zeit als eine der ersten Frauen in Sachsen an der Königlichen Kunstgewerbeschule in Dresden. Vgl. hierbei die Verbindungen zur Familie des Dresdener Architekten Ernst Kühn. GHVA: 11. B; Fa. Wendt & Kühn (Hg.): Unsere Geschichte. Grünhainichen 2010, S. 10
237 Ebd. Als gemeinschaftliche »Stiftung« der Grünhainichener »Gewerbetreibenden« erhielt der König am selben Tag noch eine »prächtige Puppenstube für die kleinen Prinzessinen.« Erzgebirgischer Generalanzeiger Olbernhau, Sonnabend 3. Juli 1909. In: Friedrich August III. im Spielzeugland, S. 66
238 Vgl. Gerstenberger (1902), S. 32–34. (= Beschreibung: »der Geburtstag unseres geliebten Landesvaters«)
239 Wegweiser 24. Jg. Nr. 536, 31. Juli 1909, S. 6033
240 Wegweiser 21. Jg. Nr. 466, 20. August 1906, S. 2698
241 Ebd.
242 Vgl. Kunststoffspielwaren der Marken Playmobil®, Lego®, Schleich®
243 Produkte: Schleich – Abwechslungsreiche Spielwelten. In: Spielzeug International. H. 2, Februar 2015, S. 80
244 Wendt (1908), o. S. Siehe auch GHVA: 72. B, 73. B, 74. B, 76. B
245 Kunstgewerbeblatt. N. F. 20, 1909, H. 11, S. 209
246 GHVA: 83. B. Dieser Brief ist als Resümee der Arbeit zwischen 1904 und 1911 zu betrachten.
247 Beispielsweise Modelleisenbahnen, Modellautos, Flugzeuge, Landmaschinentechnik oder Architekturbausätze
248 Siehe »Neuheiten«, Besprechung von »Schreiber's volks- und heimatkundliche Aufstellbogen«. In: Wegweiser, 25. Jg. 1910, Nr. 561, Juli 1910, S. 7214. Die Fa. Jean Schoener, Nürnberg, bot bereits 1902 eine sehr kleine Eisenbahn in Spur 000 an. Bei Gebr. Bing A.-G. Nürnberg beschäftigte man sich seit 1905 mit einer »Miniatur-Eisenbahn« in Spur 00. Eine preiswerte Garnitur »Liliput-Eisenbahn Spur 00« konnte beispielsweise 1912 von der Firma Märklin in Göppingen bezogen werden. Ab 1922 war ein Tischeisenbahn-System (Böschungsbahn) in einer Spurweite von 16,5 mm der Bing-Werke auf dem Markt. Jeanmaire-dit-Quartiere (1979), S. 6–9, Abb. S. 35, 38, 43 und 75. Die erzgebirgischen Holzminiaturen wurden häufig als Ergänzungsteile zur szenischen Ausgestaltung der Eisenbahnanlagen verwendet.
249 Firmenarchiv Wendt & Kühn, Grünhainichen: Versammlung für Volkskunde und Volkskunst 7. bis 9. September, Dresden 1906 (= Einladungskarte für Hedwig Wendt, unterzeichnet: Fr. v. Friesen, H. Ermisch, o. Nr.); GHVA: Zeitungsausschnittsammlung, hier: Vortrag am 2. März 1907 in der Kunstgewerbeschule Dresden; Vortrag am 21. November 1910 im Rahmen der Erzgebirgischen Spielwaren-Ausstellung Chemnitz im Gasthaus zur Linde, zu Gunsten des Wohltätigkeits-Vereins Sächsische Fechtschule. A. Wendt war Mitglied in diesem Verein, siehe Mitgliedskarte Nr. 33306 im Archiv Wendt & Kühn, Grünhainichen, o. Nr.
250 Diese Bemerkung bezog sich auf Oskar Seyffert und Oberbaurat Karl Schmidt. GHVA: 83. B
251 GHVA: Bestand »Ortszentrale« und Bestand »Fa. Wendt & Kühn«
252 1895, im ersten Jahr der Inbetriebnahme, versorgte die neue Ortszentrale 15 Holzwarenhersteller, 12 Verlagsgeschäfte, das Fachschulgebäude und die Straßenbeleuchtung mit Elektroenergie. Quelle: Elfpunktepost, Nachrichten aus den Werkstätten Wendt & Kühn. Fünfte Ausgabe, Herbst/Winter 2007, S. 9. Vgl. auch: Meyer (1911), S. 39
253 Wendt (1908), o. S.
254 Vgl. Frankl (1905), S. 11
255 Auerbach (2000), S. 7. In Seiffen begann mit der Errichtung eines Dampfkraftwerkes 1868 eine neue Etappe des Antriebs von Drechselbänken. Siehe auch Westenberger (1911), S. 55f. hier Verweis auf Fa. Zeidler (Wasserbetrieb ab 1866, um 1900 ist eine Dampfmaschine mit Generator im Einsatz) und Hetze (Dampfbetrieb ab 1868)
256 Meyer (1911), S. 55. Siehe auch: Westenberger (1911), S. 131
257 Mündliche Auskunft von Günter Leichsenring (Seiffen 2015) über die ursprüngliche Arbeitsweise seines Großvaters Emil (Richard) Leichsenring. Emil Leichsenring war zwischen 1895 und 1897 Schüler von Oswald Zeidler, Gewerbelehrer (u. a. Drechseln) an der Fachgewerbeschule und Besitzer des Drehwerkes Hauptstraße 109. Siehe auch Adressbuch der Spielwarenindustrie 1913, S. 67: »Zeidler, Oswald, Seiffen. Spielwarenfabrik«
258 Westenberger (1911), S. 129
259 Seyffert (1922), S. 5
260 www.manufactum.de [10.11.2015]
261 Schramm (2003), S. 120–122
262 Vgl. Sachsens Spielwarenindustrie. In: Deutsche Spielwarenzeitung, Nr. 4, 10. 2. 1912, S. 5–7
263 GHVA: 83. B
264 Westenberger (1911), S. 80
265 Ebd.
266 GHVA: handschriftliche »Calkulation« zu A: Dorfbauten, B: Burgen, C: Puppenstuben. o. J.
267 Diese Familiennamen kommen in Grünhainichen zu gehäuft vor.
268 GHVA: 11. B. Karl Listner war Mitglied im Fachschulausschuss der Fachgewerbeschule. GHVA: undatiertes Schreiben von Albert Wendt an Ernst Löwe mit Bezugnahme auf Listner jun. und Listner sen. Vermutlich war auch Emil Listner, Spielwarenmaler in Grünhainichen, an der Ausführung beteiligt.
269 Firmenarchiv Wendt & Kühn: D 6301 (Brief von Albert Wendt an Grete Wendt, 26.10.1907) = Arbeitsanweisung zur Bemalung von: 14 Bauernhöfe, Häuser 1. 2. 3. 4. und 14 Bauernhöfe, Häuser I. II. III. Während ihrer Ausbildung an der Dresdener Kunstgewerbeschule wohnte Grete Wendt im Haus von Architekt Ernst Kühn Dresden (Räcknitz), Bergstraße 68.

270 Vgl. hierzu gegenwärtige Vermarktungsplattformen, beispielsweise: http://www.regional-markt.de [24.10.2015]
271 Heinermann (2015), S. 1f.
272 Droescher (1902), S. 29f.
273 SächsHStA: Bestand 11125 Ministerium des Kultus und öffentlichen Unterrichts, Nr. 17439, Bl. 18–23 Gewerbe-Oberlehrer Albert Wendt: Die Kinderarbeit in der Spielwarenindustrie des unteren Erzgebirges. Grünhainichen, den 15. Dezember 1899
274 Westenberger (1911), S. 136
275 Meyer (1911), S. 58
276 Süß (1909), S. 179. Siehe auch Schanz (1906), S. 11 und Hagenau (1908), S. 1104, Foto: Familie beim Ausarbeiten der Tierfiguren. Als Parallelbeispiel der deutschlandweit üblichen Kinderarbeit in der Hausindustrie äußerte sich Elisabeth Flitner (1894–1988), Ehrenvorsitzende des Deutschen Kinderschutzbundes, über ihren ersten Ferienaufenthalt im thüringischen Neuhaus am Rennweg: »Auf der Straße spielten keine Kinder. Mit Erstaunen sah ich in den schwarzen, mit Schiefer beschlagenen Häuschen hinter kleinen Fenstern Kinder meines Alters an großen Tischen sitzen und in Heimarbeit weiße und rosa Perlen zu Ketten fädeln.«, Flitner (1989), S. 50. Statistische Angaben zur Kinderarbeit in Deutschland belegt Thomas Nipperdey, in: Nipperdey (1990), S. 71. Vgl. auch: Tröbs (2014), S. 60–69. Mit Hilfe von Zeitzeugenbefragungen der 1960er Jahre konnte Hellmut Bilz, damaliger Leiter des Erzgebirgischen Spielzeugmuseums Seiffen, ein ähnliches Bild für die ortstypische Reifentierherstellung belegen, zitiert bei Auerbach (2002), S. 2. Siehe Gerstenberger (1902), S. 10–12 und Bilz (1975), S. 40–48
277 Auerbach (2000), S. 15
278 GHVA: 30. B. Brief Franz Roscher an Albert Wendt. Zur Kritik der Pädagogen siehe: Muthesius (1897), S. 112–114. Latus (1998 a), S. 113. Zum Standpunkt der Kulturkritik siehe: Avenarius (1905), S. 304f.
279 Wegweiser (1905), S. 1708
280 Fiedler/Neumann (1998), S. 3–25. Siehe auch: Spielzeugmuseum Nürnberg, Inv.-Nr. 1984.3 »Erzgebirgische Bauernstube mit der Ofenbank« und Quehl (um 1900), S. 23, Nr. 657 »Die Schweden-Schachtel für Kinderhand« (vgl. die besondere, eventuell als Vorbild zu betrachtende Produktidee)
281 Neumann (1999), S. 12–17
282 SächsHStA, Bestand: 11144 Bezirksschulamt Freiberg, Nr. 385, Bl. 177
283 Bilz (1976), S. 19–48. Auerbach (2003), S. 24
284 SächsHStA, Bestand: 11125 Ministerium des Kultus u. öffentlichen Unterrichts, Nr. 17439, Bl. 61
285 Bilz (1987), S. 38
286 SächsHStA, Bestand 10756 Amtshauptmannschaft Freiberg, Nr. 1935, Bl. 64, hier Brief von Regierungsrat Vollmer vom 29.5.1905
287 Ebd. Bl. 94–96. Eingabe der Reifendreher aus den Ortschaften Seiffen, Heidelberg und Deutscheinsiedel vom 22. April 1905
288 Ebd. Bl. 95. Reifendreherzwangsinnung. Vgl. auch Materialien der Webseite: reifentier.de – Spielzeugmuseum Seiffen, S. 4. »Eine Einführung des Lehrfaches Reifendrehen an der Spielzeugfachschule Seiffen erfolgte nicht!«
289 Frankl (1905), S. 8. Franz Frankl war Inhaber der »Wiener Spielwaren-Manufaktur« Franz und Otto Ernst Frankl, Wien 5/2, Schönbrunnerstraße 125. Spielwaren-Exporteur, Beirat des k. k. österr. Handels-Museums, Gremial-Repräsentant der Wiener Kaufmannschaft und Sachverständiger für Spielwaren. Wegweiser 21. Jg. Nr. 453, 10. Februar 1906, Anzeige S. 2120. Zu Frankl vgl. Parzer-Belmonte (1998), S. 30–32. Zu Spielwaren aus Böhmen siehe Auerbach (2010), S. 36, hier Verweis auf C. G. Krause aus dem sächsischen Heidelberg, spätere Übernahme dieser Firma durch Carl Anton Müller aus Magdeburg
290 SächsHStA, Bestand 11125 Ministerium des Kultus u. öffentlichen Unterrichts, Nr. 16674, Bl. 158
291 SächsHStA, Bestand 11125 Ministerum des Kultus und öffentlichen Unterrichts, Nr. 16674, Bl. 37 Jahresbericht der Fachschule Seiffen 1904/1905 vom 1. Juni 1905
292 Ebd. Bl. 38
293 Ebd. Bl. 41, 42
294 SächsHStA, Bestand 11125 Ministerium des Kultus und öffentlichen Unterrichts, Nr. 17838, Bl. 13. Zu Rudolf Enke siehe GHVA: Grünhainichen (1895), S. 6 u. 12
295 SächsHStA, Bestand 10756 Amtshauptmannschaft Freiberg, Nr. 1935, Bl. 84. Jahresbericht der Fachschule Seiffen 1905/1906
296 GHVA: 47. PK
297 Ebd.
298 Ebd. Bl. 84
299 Ebd./Alfred von Schultz stand bereits vor 1906 mit Albert Wendt im Kontakt. Belege des Schriftverkehrs (noch nicht erfasst) befinden sich im Firmenarchiv der Fa. Wendt & Kühn.
300 Bachmann (1993), S. 12–14
301 Westenberger (1911), S. 67
302 Bilz (1976), S. 54–60. Zur Funktion einer Zwangsinnung siehe: Schreiber (1898), S. 139–158
303 Bilz (1976), S. 46. Neben den grundlegenden Studien zur Lage der Erzgebirgischen Spielwarenindustrie von 1911 (G. Meyer und B. Westenberger) gehören insbesondere die präzisen Untersuchungen von Hellmut Bilz zum Reifendreherhandwerk und zur Reifentierherstellung aus den 1970er und 1980er Jahren zur Standardliteratur. Neuere Thesen zur Entwicklungstheorie dieser Drechseltechnik entwickelte Albrecht Kirsche, vgl. Kirsche (1994), S. 49–56. Vgl. http://www.reifentier.de: hier Auerbach (2002–2004) Legenden, Tatsachen, kleine Chronik
304 Westenberger (1911), S. 73f.
305 Ebd. S. 74
306 Latus (1998 a), S. 78f.
307 SächsHStA, Bestand: 11125 Ministerium des Kultus und öffentlichen Unterrichts, Nr. 17439, B. 60. Vgl. Latus (1998 a), S. 114. Wendt meint mit der »Laubsäge« die auch in der Fachgewerbeschule Grünhainichen

vorhandene und praktisch ausgeübte Dekupiersäge-Technik, deren Produktivität sich jedoch nicht mit den Vorzügen der Reifendreherei messen kann.

308 Heiss/Koppel (1906), S. 152–154. Die Preisbeispiele beziehen sich auf den Verdienst der Reifentierschnitzer. Siehe auch: Bilz (1987), S. 23–25

309 Wendt (1908), o. S.

310 Ebd.

311 Siehe: Der Übergang in die neuen Zollverhältnisse. In: Wegweiser, 19. Jg. Nr. 421, 6. Oktober 1904, S. 766. Vgl. Tröbs (2014), S. 49

312 Wegweiser, 18. Jg. Nr. 379, 10. Januar 1903, S. 8972: Zoll-Plackereien im Handelsverkehr mit den Vereinigten Staaten. Siehe auch: Der neue amerikanische Zolltarif. In: Deutsche Spielwarenzeitung, H. 6, 15. Oktober 1909, S. 89–93. Eine Übersicht der wichtigsten Zolltabellen veröffentlichte Anschütz (1913), S. 29–46.

313 »So beispielsweise für das Erzgebirge Frankreich und Italien. Auch die Zölle Rußlands, Spaniens, Portugals und der skandinavischen Staaten« trugen jetzt einen »prohibitiven Charakter«. Deutsche Spielwarenzeitung, Nr. 6, 1. März 1914, S. 7

314 Neumann (1999), S. 9

315 Als »Wahlerzgebirgler« richtete er seinen Blick stets auch nach außen. Albert Wendt wurde am 4. Mai 1851 als viertes von acht Kindern eines Drechslermeisters in Freienwalde/Pommern geboren. Seine Ausbildung und der berufliche Werdegang führten ihn über Pölitz bei Stettin, Berlin, Jüterbog nach Grünhainichen. Siehe: Wendt & Kühn (2010), S. 10

316 GHVA: Nachlass Fachgewerbeschule, Zeitungsausschnittsammlung/ Zeitungsbericht ohne Quellenangabe vom 28. Februar 1910

317 GHVA: Nachlass Fachgewerbeschule, Chemnitzer Tageblatt. Nr. 537, Sonntag 20. November 1910. SächsHStA, Bestand: 11125 Ministerium des Kultus und öffentlichen Unterrichts, Nr. 17439, Bl. 57–63 = Albert Wendt: Reisebericht vom 16. Oktober 1903 »Die Spielwarenkonkurrenz in Nürnberg«.

318 Heidelberg bei Seiffen

319 Süß (1909), S. 180

320 Westenberger (1911), S. 146

321 Allein für Grünhainichen sind im Jahr 1904 neben dem Bezirks-Gewerbeverein, in dem vereinzelt auch Hausgewerbetreibende Mitglied waren, und einem Deutschnationalen Handlungsgehilfen-Verband noch 13 weitere Vereine eingetragen: Bezirks Gewerbeverein, Fechtschule [Wohltätigkeitsverband], Frauenverein (Jungfrauenverein), Gesangverein »Germania«, 1. Geselliger Verein, 2. Geselliger Verein, Deutschnationaler Handlungsgehilfen-Verband. Ortsgruppe Borstendorf, Kegelklub, Landwirtschaftlicher Verein, Militärverein, Pfeifenklub, Schützengesellschaft, Sparverein »Einigkeit«, Stenographenverein, Turnverein, vgl. Augustusburger Adressbücher für das Jahr 1904. Im oberen Erzgebirge existierten mit einem »Frauenverein zu Seiffen und Oberseiffenbach«, dem »Militärverein Seiffen, Heidelberg u. Oberseiffenbach«, den »Männergesangsvereinen Eintracht, Hura u. Liederkranz«, dem »Turnverein zu Seiffen«, einem »Theaterverein« oder dem »Landwirtschaftl. Verein Heidelberg« vergleichbare Strukturen, vgl. Bachmann (1993), S. 14.

322 Bachmann (1993), S. 12

323 Paul Göhre (1864–1928), sächsischer Sozialdemokrat, Pfarrer, Publizist, vgl. Sächsische Biografie, Institut für Sächsische Geschichte und Volkskunde e. V.: http://saebi.isgv

324 Westenberger (1911), S. 147. Westenberger bezieht sich hier auf Göhre (1906), S. 4–8.

325 Göhre (1906), S. 7 und Rosenow (1899), S. 548–557

326 Ebd. S. 8

327 Ebd.

328 Vgl. Wegweiser, 26. Jg. Nr. 574, 22. Februar 1911, S. 7776: Der deutsche Heimarbeitertag. »Der betreffende Gesetzentwurf ging am 11. Februar dem Reichstag zu und hat inzwischen die Kommission eingehend beschäftigt [...].«

329 Meyer (1911), S. 68

330 Ebd. S. 8052

331 Bilz (1987), S. 15–32

332 Neumann (1999), S. 21–42. Walter Neumann nennt im Detail noch wesentlich mehr Hersteller, die hier nicht aufgelistet sind. Süß (1909), S. 178 erwähnt zusätzlich Otto Hiemann [1866–1950, Hauptstraße 163] in Heidelberg als Hersteller von »Miniaturtiere, -wagen mit und ohne Gespanne 3 cm Höhe«.

333 Siehe Warenausgangsbuch von Emil Leichsenring, insbesondere die Liefervermerke ab März 1905 an: C. H. Oehme Waldkirchen, Joh. David Oehme & Söhne Grünhainichen (dieser Verlag kaufte im Juni, Juli und September 1905 neben zahlreichen anderen Gespannen 13 Dutzend als Einzelartikel notierte Postkutschen zum Preis von 2 Mark pro Dtzd.), Max Hetze Seiffen, Gotth. Fischer Seiffen, Carl Nötzel Niederneuschönberg bei Olbernhau oder Böhme & Heinitz Grünhainichen. Siehe Tabelle »Anzeigenwerbung und Messeberichterstattung 1905–1914« ab S. 183. Als ein Beispiel der Lieferpraxis siehe: Ernst Plattner: Die Miniaturautos von Arthur Gläßer. In: epoche Modellautoheft 7, 2012, S. 41f.; vgl. für die 1920er Jahre auch Spielzeugmuseum der Stadt Nürnberg, Inv.-Nr. 2006.49 »Journal B« Spielwarenverlag Carl Nötzel, Niederneuschönberg bei Olbernhau für die Jahre 1924–1927. Hier sind namhafte Miniaturspielwaren-Hersteller als Lieferanten der Fa. Carl Nötzel eingetragen. Zum Beispiel: Emil Leichsenring, Max Ramm, Emil Th. Zeidler, Arno Pflugbeil, Bruno Hennig, C. H. Frohs & Söhne, Ernst Bilz, Max Heidenreich, Rudolf Reuther, Otto Hiemann, Kurt Langer, Reinhard Ulbricht, Hulda Kaden, Camillo Müller, Rudolf Pflugbeil, Emil Trinks, Paul Arthur Gläser, Alfred A. Harzer, Bruno Kempe, Ewald Reuther

334 Im Zusammenhang von Arbeitsteilung sei insbesondere auf die spezialisierten Tätigkeiten der Ehefrauen und weiterer Familienangehöriger, z. B. in der Montage oder Malerei, der jeweiligen Hersteller verwiesen. Siehe Auerbach (2003 b), S. 5 u. 6, hier: Hedwig Müller. Ernst Plattner (epoche Modellautoheft 7, 2012), S. 37–50 hier: Linda Gläßer. Neumann (1999), S. 23 hier: Anna und Frieda Hiemann

335 Persönliche Angabe vom Enkel Günter Flath (geb. 1932), Seiffen 2015. Zur Wohnsituation vgl. Auerbach (2002), S. 3, 6, 7 (hier auch Abb.). Siehe auch: Bilz (1975), S. 49–62

336 Emil Leichsenring (1880–1951) meldete als 24-Jähriger 1904 sein Gewerbe an. Eine fundierte Ausbildung zum Holzdrechsler hatte er vorab bei Oswald Zeidler an der Fachgewerbeschule absolviert (mündliche Auskunft des Enkels Günther Leichsenring, Seiffen 2015), vgl. auch Auerbach (2004), S. 2.
Neben der unternehmerischen Tätigkeit als Eigentümer des Drehwerkes war »Fabrikant« Zeidler aufs Engste mit der Fachschule verbunden. Ihm oblag nachweislich schon 1883 [Auerbach (1995), S. 6] der »Hauptunterricht« im Holzdrechseln. Für 1906 ist notiert, dass mit »dessen Ausscheiden wegen seines hohen Alters schon jetzt gerechnet werden muß.« Im Fachgewerbeschulausschuss nahm er zusätzlich aktiv am Schulgeschehen teil. Ab etwa 1905/1906 lieferte sein Generator vor dem Anschluss Seiffens an die örtliche Stromversorgung (1912) die Elektroenergie für die Beleuchtung und einen ersten Motor im Fachschulgebäude Hauptstraße 112. Siehe: SächsHStA, Bestand: 11125 Ministerium des Kultus und öffentlichen Unterrichts, Nr. 16674, Bl. 156 und 157. Ostern 1913 unterzeichnet Zeidler noch im Namen des Fachgewerbeschulausschusses die Entlassungszeugnisse der Schüler. Siehe: Auerbach (1995), S. 54. In den Ruhestand ging er vermutlich 1914. Siehe Auerbach (2013), S. 1

337 Persönliche Angabe von Günter Leichsenring, Seiffen 2015 (Nachfolger der Firma Kühn, Seiffen Hauptstraße 119 war Nikolaus Ohler.)

338 Ders. Zum Weggang der Geschwister in die Stadt vgl. obiges Zitat von Franz Roscher in Meyer (1911), S. 68

339 Siehe hierzu auch: Wegweiser, 27. Jg. 1912, Nr. 617, S. 9597: Die Abendarbeit vor Weihnachten in den Spielwarenbezirken des sächsischen Erzgebirges

340 Persönliche Angabe von Günter Leichsenring, Seiffen 2015

341 Eintragungen im Warenausgangsbuch von Emil Leichsenring ab 7. Mai 1908. Vgl. Spielzeugmuseum Nürnberg: Inv.-Nr. 2007.756 (Spazierschlitten), Inv.-Nr. 2007.517 (Cabriolet), Inv.-Nr. 2001.4 (Pferdebahn). Vgl. Griebel (1995), S. 94, Abb. Pferdebahn Dresden 1897

342 Eintrag im Warenausgangsbuch von Emil Leichsenring: 2 Dutzend geliefert an Max Hetze, Seiffen am 3. März 1911, am 3. Juli und 3. Oktober folgen jeweils 5 Dutzend. Für den 11. Juni, den 5. und 30. Oktober 1912 sind jeweils 6 Dutzend »Elektrische rot und gelb« eingetragen. Der Preis pro Dutzend (12 Stück) betrug auch im Jahr 1915 noch 3 Mark = 25 Pfennig pro Stück. In den Einzelhandels-Preislisten der Spielwarenhandlung Richard Zeumer Dresden kostete 1913 eine Miniaturstraßenbahn 50 Pfennig und 1915 bereits 60 Pfennig. Vgl. Spielzeugmuseum Nürnberg: Inv.-Nr. 2007.683 (Straßenbahn)

343 Persönliche Angabe von Günter Leichsenring, Seiffen 2015. Zur Freundschaft der beiden Handwerker vgl. Auerbach (1914), S. 3 Abschrift eines Briefes von Louis Hiemann an Emil Leichsenring (»zur Zeit Sanitäter an der Westfront«) vom 9.7.1917

344 Persönliche Angabe von Günter Leichsenring, Seiffen 2015

345 Braun (1987), S. 328

346 Siehe Neumann (1999), S. 22–24. insbesondere Abb. Nr. 17 (1923), S. 23. Vgl. Spielzeugmuseum Nürnberg: Inv.-Nr. 2001.13, 2001.14, 2001.15 (Figuren-Ensembles)

347 Vgl. Süß (1909), S. 178f.

348 Firmenarchiv Wendt & Kühn: Die Spielwarenausstellung auf der Weltausstellung in Brüssel. Reisebericht von Albert Wendt. (o. Nr.), o. S.

349 Schanz (1906), S. 10 u. 11. in Auszügen veröffentlicht in: Das Drehwerk Nr. 43, 1.10.2006, S. 10. Die abgebildeten Gespanne stammen u. a. aus der Werkstatt von Emil Leichsenring und Carl Heinrich Frohs.

350 SächsHStA, Bestand: 11144 Bezirksschulamt Freiberg, Nr. 385, Jahresbericht der Fachgewerbeschule Seiffen für das Schuljahr 1906/1907. Hier wird auf diesen Artikel in »Daheim« verwiesen.

351 Schanz (1906) zitiert in: Das Drehwerk Nr. 43, 1.10.2006, S. 11. Ab 1905 produzierte Marie Flath (Stiefschwester von H. E. Langer) als erste Frau in Seiffen 16 verschiedene Miniaturgespanne. Evtl. bezieht sich die Beschreibung der Autorin Frida Schanz auf Marie Flath (geb. Ulbricht). Bei Neumann (1999), S. 21, Abb. 12 »Familienfoto der Verlegerfamilie Langer, um 1893« steht Marie Flath in der hinteren Reihe als 1. von links neben H. E. Langer (Angabe des Urenkels Volker Flath: Fa. Volker und Heiko Flath GbR Erzgebirgische Volkskunst, Seiffen).

352 Seyffert (1923), S. 84f. Vgl. Dresdner Anzeiger, Rubrik: Kunst und Wissenschaft, 10. Mai 1915, Aus dem Erzgebirge, ein Beitrag zur Volkskunde von O. Seyffert

353 Ebd. Möglicherweise bezieht er sich hier auf L. H. Hiemann. Siehe Neumann (1983), S. 287–289

354 Seyffert (1923), S. 86f.

355 Riebel (2003), S. 53

356 Neumann (1999), S. 29

357 Seifert (2015), S. 131

358 Siehe auch Selheim (2013), S. 93. »Wanderforschung« im Sinne von Wilhelm Heinrich Riehl (1823–1897)

359 Ebd. S. 87

360 Ebd.

361 Ebd. S. 85

362 Zippelius (1986), S. 418–420

363 Brückner (2005), S. 207

364 Siehe: Glück Auf! Zeitschrift des Erzgebirgs-Vereins, 29. Jg. Nr. 12, Dezember 1909, S. 180f. Sächsischer Verkehrs-Verband

365 Seyffert (1923), S. 84f.

366 Vgl. Gerstenberg (1902), S. 23–53

367 Vergleichbare Tenzenden zeigten sich an Wiener Bronzen, Nippesporzellan, Elfenbeinminiaturen und Miniatursilber.

368 Winkler (1935), S. 26. Vgl. auch E. O. Schmidt (1921), S. 355

369 Zeumer (1913), S. 2. Siehe auch Brückner (2008), S. 68–70 »Nippes als Begriff und Sache«

370 Zeumer (1913), S. 1

371 Sänftenträger, hier speziell Dresdener Dienstleistungs- und Transportgewerbe. Vgl. Spielzeugmuseum Nürnberg, Inv.-Nr.: 2001.3 Dresdner Ratschaisenträger von L. H. Hiemann, Seiffen; Zeumer (1913), S. 4 »Chaisenträger mit Chaise (Preis 45 Pfg.) letzte Neuheit!«; http://www.ratschaisentraeger.de/geschichte/ [13.12.2015]

372 Noack (2008), S. 30f. Sorbische (wendische) Ammen und Dienstmädchen im Stadtbild Berlins. Siehe auch: Flügge (1980), S. 156 Heinrich Zille und die »Ammen«. Vgl. Spielzeugmuseum Nürnberg, Inv.-Nr.: 2001.15 hier u. a. Spreewälder Amme von L. H. Hiemann, Seiffen

373 Schramm (2003), S. 118

374 Vgl. hierzu das soziale Umfeld der Interessenten und »Besteller« der in dieser Untersuchung besprochenen Spielwarenmodelle in: GHVA: 10. B, 17. PK, 18. PK, 35. PK, 43. PK, 51. PK, 56. PK, 71. B, 72. B (Museumskustode, Arzt, Lehrer, Architekt, Ehefrau eines Baumeisters, Ministerialbeamter, Journalist, Volkskundler)

375 GHVA: Nachlass Fachgewerbeschule, Zeitungsausschnittsammlung: Bericht vom 28. Februar 1910 »Der Bezirks-Gewerbe-Verein Grünhainichen« ohne Quellenangabe. Vgl. Wegweiser, 23. Jg. Nr. 501, 2. Mess-Ausgabe 10.2.1908, S. 9 »Über zunehmende Verschwendung am Weihnachtsfeste.« Nationalvermögen und Inlands-Konsum. Siehe auch: Ganaway (2009), S. 65–69

376 Schramm (2003), S. 128

377 In diesem Kontext sind auch die weiteren Aktivitäten »Zur Hebung der erzgebirgischen Hausindustrie« zu verstehen, die von dem bereits bekannten »Dresdener Netzwerk« aus dem Umfeld des Landesvereins Sächsischer Heimatschutz (Roscher, Seyffert, Schmidt) zwischen 1907 und 1918 entwickelt worden waren. Siehe: Wegweiser, Nr. 637, 1913, S. 22. Wegweiser, Nr. 587, 1911, S. 8354. Schramm (2003), S. 128 »Volkskunst und Fremdenverkehr«. Bei diesen Projekten geht es jedoch nicht mehr um moderne Spielwaren, sondern um kunstgewerbliche Artikel.

378 Der Spielwarenhändler im Badeort. In: Deutsche Spielwarenzeitung, Nr. 12, 15. Juni 1911, S. 371

379 Vgl. Abschnitt: Dresdener Spielzeug der Dresdener Werkstätten für Handwerkskunst und der Werkstätten für Deutschen Hausrat Theophil Müller Dresden

380 Selbstverlag der Verfasserin. Auslieferung für den Buchhandel durch Alexander Köhler, Dresden o. J., S. 231. Allein die Auflagenhöhe verdient Beachtung und erklärt die Schaltung der Spielwaren-Annonce

381 http://www.dresdner-stadtteile.de [18.10.2015]. Scholz (2004), S. 19

382 Scholz (2004), S. 14

383 Ebd. S. 15

384 Siehe: SKD Museum für Sächsische Volkskunst, Figuren mit der Inv.-Nr. G197; weitere Exemplare im Erzgebirgischen Spielzeugmuseum Seiffen, Sammlung Walter Neumann

385 Vergleichbar mit Systemspielwaren der jüngeren Gegenwart, beispielsweise den Spielwelten des fränkischen Spielwarenherstellers Geobra Brandstätter in Zirndorf, bekannt unter dem Markennamen Playmobil®

386 Seifert (1921), S. 269 und 270. Zum Zitat des »besten erzgebirgischen Kleinspielzeuges« siehe: Fiedler/Neumann (1998), Abb. 23, S. 38. Der Entwurf dieser Werbemarke könnte von Alwin Seifert stammen.
Zur Erläuterung des Zitats ist hier folgende Randbemerkung hinzuzufügen. Seifert kannte die Details der Entwicklungsarbeit zwischen Dresden, Grünhainichen und Seiffen der Jahre 1904 bis 1914 nicht aus eigener Anschauung. Seine künstlerische Ausbildung hatte er in seiner Geburtsstadt Leipzig 1890 begonnen und bis 1898 in Düsseldorf fortgesetzt. Zwischen 1900 und 1902 absolvierte er an der »Königlichen Vorschule zur Kunstgewerbeschule in Dresden« sein Examen als Zeichenlehrer. Ab Februar 1902 bis März 1914 arbeitete er als Zeichenlehrer an der Staatlichen Industrieschule Sonneberg, Deutsches Spielzeugmuseum Sonneberg, Bibliothek: SI 272. III, 86.

387 GHVA, Nachlass Fachgewerbeschule: maschinenschriftlicher Jahresbericht Schuljahr 1906/1907 (A. Wendt 12.4.1907)

388 Ebd.

389 Deutsches Spielzeugmuseum Sonneberg, Bibliothek: SI 272. III, 86

390 Stadtarchiv Sonneberg: Auszug aus der Akte Industrieschule Bd. II, 1900–1911, S. 143, Signatur Bl.4.40.118

391 Auerbach (1995), S. 7. Siehe auch: Wegweiser, 29. Jg. Nr. 655, 25. März 1914, S. 22

392 Erzgebirgisches Spielzeugmuseum Seiffen/Archiv: Zeitungsausschnittsammlung Erzgebirgischer Generalanzeiger, Nr. 163, 168, 174, Olbernhau 1914

393 Spielzeugmuseum Nürnberg/Archiv: Ausstellungskatalog Seiffen 1914 (Kopie). SächsHStA Bestand: 11125 Ministerium des Kultus und öffentlichen Unterrichts, Nr. 17439, Bl. 153–157

394 Velhagen & Klasings Monatshefte. 31. Jg. Erster Bd. H. 4 Dezember 1916, S. 581, hier ein seltener Sonderfall: Ostpreußisches Dorf gefertigt von Kriegsbeschädigten in den Werkstätten des Hilfslazaretts Hakelwerk, Danzig

395 SächsHStA, Bestand: 11125 Ministerium des Kultus und öffentlichen Unterrichts, Nr. 17439 Bl. 160–163, Bericht der Gewerbeaufsichtsbeamten Fräulein Dose vom 25. Oktober 1915

396 Ebd. Bl. 160

397 Ebd. Bl. 161

398 SächsHStA, Bestand: 11125 Ministerium des Innern und öffentlichen Unterrichts, Nr. 17439, Bl. 153–157. Siehe auch Bl. 25 (1899)

399 Neumann (1999), S. 8–19

400 Warenausgangsbuch von Emil Leichsenring, Seiffen März 1905ff.

401 Spielzeugmuseum der Stadt Nürnberg: Inv.-Nr. 2006. 48: Wechsel-Kopier-Buch Fa. Carl Nötzel, Niederneuschönberg bei Olbernhau. 1919ff. Einige dieser Firmen existieren noch heute. Vgl. auch Inv.-Nr. 2006.49 »Journal B« Lieferantenverzeichnis. Hier wird u. a. auch H. E. Langer, Seiffen als Zulieferer geführt.

402 Siehe: Fiedler/Neumann (1998), Abb. 24, S. 38. Schachteletikett mit Schriftzug: »Bestes Erzgebirgisches Kleinspielzeug« in den Sprachen: Englisch, Französisch, Spanisch, Portugiesisch, Italienisch, Deutsch, Holländisch, Dänisch, Schwedisch, Dänisch/Norwegisch. Vgl. auch: Spielzeugmuseum Nürnberg: Inv.-Nr. 1981.3837 = Schäfereigarnitur mit eingeklebter Werbemarke »Bestes Erzgebirgisches Kleinspielzeug«. Erworben aus einem Spielwarenlagerbestand in Odense (Dänemark) der 1920er Jahre

403 Wegweiser Nr. 468, September 1906, S. 2802

404 Zur Bedeutung des Gebrauchsmusterschutzes siehe: Erlangung von Gebrauchsmusterschutz, In: Wegweiser, 19. Jg. Nr. 421, 6. Oktober 1904, S. 788

405 Neumann (1999), S. 9

406 Siehe Tabelle im Kapitel VII. 4

407 Wendt & Kühn (2007), S. 20

408 Als typisches Beispiel gewerblicher Praxis findet sich hierzu ein Eintrag im Warenausgangsbuch der Werkstatt Emil Leichsenring. Bekannt für ihre hohe Qualität und professionelle Arbeitsweise, fertigte die Werkstatt 1919 und 1920 als Zulieferer die Gruppe »Beerenkinder« nach dem Entwurf von Grete Wendt (1913) für Wendt & Kühn in Grünhainichen an.

409 Vgl. Messtreiben auf der Petersstraße in Leipzig [zeitgenössische Fotografie], in: Heubner (1909), S. 32. Hier die Werbeauslagen der erzgebirgischen Verlagsgeschäfte

410 Emil Leichsenring: Auszüge im handschriftlich geführten Warenausgangsbuch der Jahre 1905–1922, im Besitz der Werkstatt Leichsenring, Hauptstraße 110, 09548 Seiffen. Anmerkung: Die Gebäude des »Zeidlerschen Drehwerkes« (Hauptstraße 109, heute nicht mehr im Bestand), der Fachschule und der Werkstatt Leichsenring befinden sich in unmittelbarer Nachbarschaft.

411 Spielzeugmuseum Nürnberg: Inv.-Nr. 1994.503 »Das erzgebirgische Dörfchen«, beiliegend handgeschriebene Packungsliste Spielwarenhaus Richard Zeumer Dresden, Schloßstraße 34 (datiert Weinachten 1905)

412 Adressbuch für Dresden und seine Vororte 1904. Dresden 1904, S. 597, hier: Zeumer, Richard, Geschäftslokal parterre, I. II. u. III. (Stockwerk) Königliches Ministerium des Kultus und öffentlichen Unterrichts

413 Für die Schulbelange und die Gewerbeförderung war in Ermangelung eines Wirtschaftsministeriums in Sachsen bis 1918 das Innenministerium verantwortlich. Für allgemeine Schulfragen lag die Zuständigkeit beim Ministerium des Kultus und öffentlichen Unterrichts.

414 SächsHStA, Bestand: 11144 Bezirksschulamt Freiberg, Nr. 387, Bl. 111

415 Ebd.

416 Adressbuch für Dresden und seine Vororte 1907. Dresden 1907, S. 574, hier: Zeumer, Richard, Kaufmann, Geschäftslokal, Telefonanschluß. Vgl. auch Werbepostkarte: StAD, Drucksammlung. (17.2.1), Kapsel A 285. Die paterre in der Schlossstraße 34 frei gewordenen Räume der Spielwarenhandlung Zeumer wurden ab 1908 von Ludwig Wilhelm Gutbier, Königlicher Kunsthändler »Galerie Ernst Arnold«, bezogen (siehe Adressbuch für Dresden 1908, S. 591). Die renommierte Kunsthandlung Ernst Arnold war um 1900 für ihre Ausstellungen des zeitgenössischen Kunstgewerbes und moderner Kunst, insbesondere für die Präsentationen der französischen Impressionisten, weithin bekannt. Erwähnt sei dies hier als Beispiel dafür, in welchem örtlichen und kulturellen Umfeld, das heißt in Dresdens zentralster Lage, sich das Spielwarenhaus Zeumer befand.

417 StAD, Drucksammlung. (17.2.1), Kapsel A285. Illustrierte Liste »Ideal-Spielzeug für kleine und grosse Kinder Erzgebirgische Dörfer nach Oberbaurat Schmidt«. Hotel Stadt Gotha = Haus-Nr. 11

418 Das Schaufenster des Spielwarenhändlers. In: Deutsche Spielwarenzeitung, Nr. 10, 15. Mai 1911, S. 313

419 Ebd.

420 Wegweiser, 18. Jg. Nr. 397, 6. Oktober 1903, S. 9744. Das Verhängen der Schaufenster an Sonn- und Feiertagen

421 Ebd.

422 http://www.zinnfiguren-bleifiguren.com/Firmengeschichten/keilich-Bernhard-Berlin – Auch Keilich verkaufte die mit eigenen Papieraufklebern versehenen »Erzgebirgischen Dörfchen«. Gelegentlich tauchen derart gekennzeichnete Häuschen im aktuellen Auktionshandel auf.

423 Erich Kästner: Als ich ein kleiner Junge war. 18. Auflage, Deutscher Taschenbuchverlag, München 2014, S. 11f. Kästner erzählt in diesem Buch von seinen Kindheitserinnerungen der Jahre 1907–1914. Vgl. Stadtplanungsamt Dresden, Bildstelle: Foto der Schloßstraße 22, Dresden 1908

424 SächsHStA, Bestand: 10711 Ministerium des Königlichen Hauses, Loc. 25/Nr. 38, Verleihung von Hofprädikaten, Bl. 4–10, erteilt am 10.4.1918. Die Kosten betrugen 150 Mark gesetzlicher Stempelbetrag und 300 Mark Gebühren.

425 Stadtarchiv Dresden: Drucksammlung. (17.2.1), Kapsel A 285

426 Bachmann (1984), S. 195

427 Archiv Spielzeugmuseum Nürnberg: (Zeumer 1913). Unter der Bezeichnung »Zeumer's Heimat-Häuser aus Holz« (innen hohl) vertrieb die Firma auch maßstabsgerecht gefertigte Gebäude der Dresdener Firma Max Koallick. Diese Gebäude wurden ab etwa 1920 häufig als Zubehör für die noch junge Spielwarengruppe der Tischeisenbahnen verwendet. Vgl. zur weiteren Geschichte der Spielwarenhandlung: http:/www.zinnfiguren-bleifiguren.com/firmengeschichten/Zeumer_Dresden/zeumer. [3.1.2016]. SächsHStA Bestand: 11125 Ministerium des Kultus und öffentlichen Unterrichts, Nr. 17439, Bl. 156 Geschäftsverbindung Langer-Zeumer

428 Ebd. (Zeumer 1913), S. 1 und S. 3, hier Artikelnummer: 111 Das große Kurhaus mit Säulen-Kolonade im Heimatstyl 2,50 Mark, Artikelnummer: 112 Die Radium-Quelle (Monumental-Brunnen) 50 Pfennig

429 Julius Graebner, einer der Architekten der Kurhausanlage in Bad Gottleuba nahm an der bereits zitierten Sitzung des Ausschusses »zur Pflege heimatlicher Kunst und Bauweise« vom 21. Dezember 1903 teil. Die Spielzeugthematik war ihm daher unmittelbar vertraut. Ob er selbst evtl. das Miniatur-Kurhaus entworfen hat, kann bislang nicht nachgewiesen werden. Darüber hinaus war er Mitglied im Dürerbund, der Zunft und im Bund Deutscher Architekten.

430 Archiv Spielzeugmuseum Nürnberg: Zeumer (1913), S. 1
431 Wegweiser, 27. Jg. Nr. 604, 17. April 1912, Titelseite: Studien eines Spielwarenmalers auf der Leipziger Frühjahrsmesse 1912
432 Wendt (1908), o. S.
433 Archiv Spielzeugmuseum Nürnberg: Nachmann (um 1920)
434 http://www. Swr.de/swr2/stolpersteine/menschen/robert-nachmann/-/id=12117596/did=12046422/nid=12117596/1tjqrkt/index.html [27.10.2017]. Vor dem Ersten Weltkrieg tätigten hier zahlreiche prominente Kurgäste, unter ihnen auch Prinz Max von Baden, der Kronprinz und der König von England, ihre Einkäufe.
435 Spielwarenhaus Richard Zeumer Dresden, Liste Nr. 85 u. 96. o. J. (1920er und 1930er Jahre)
436 Archiv Spielzeugmuseum Nürnberg: Dresdner Spielzeug (1907), S. 1
437 Ebd., S. 2
438 Vgl. Kapitel V.1
439 Latus (1998 a) Künstlerverzeichnis, S. 128, 131, 143, 144, 148–150, 156
440 Wegweiser (1907), Nr. 478, S. 3372
441 Miniatursortiment Dresdner Spielzeug, Artikel Nr.: 332, Stadtfiguren und Gespanne, Entwurf: Margarete Junge, Dresden 1907. Spielzeugmuseum Nürnberg, Inv.Nr.: 2008.512
442 Latus (1998 a), S. 42f. und Abb. S. 44. Archiv Spielzeugmuseum Nürnberg: Dresdner Spielzeug (1910). Heymann unterhielt auch Geschäftsbeziehungen zu C. F. Drechsel Grünhainichen, siehe: Privatarchiv Steffen Claas Chemnitz: Cassabuch der Fa. C. F. Drechsel Grünhainichen, Seite 231, Credit-Einträge vom 7. August 1909
443 Dresdner Spielzeug (1907), o. S., Einleitungstext
444 Vgl. Ganaway (2009), S. 151
445 Dresdner Spielzeug (1907), o. S. Einleitungstext. Siehe auch: Smithson/McAtte (1997), S. 26f., 45, Abb. 16: American Toy Village, Milton Bradley & Co. Springfield/Massachusetts, um 1875. Hierbei handelt es sich um ein aus Holzklötzen hergestelltes Architektur-Bauspiel mit Miniaturen, z. B. Dampfschiff »Eagle«, U-Boot »Monitor«, Dampflokomotive »Fury«, welches mittels hochmoderner Fertigungstechnologie und reduzierter klarer Formensprache Gebäude einer real existierenden amerikanischen Industrie-Stadt (Springfield) abbildet.
446 Siehe: Latus (1998 a), S. 43–45
447 Volksschullehrer und Kunsterzieher in Dresden
448 Dresdner Spielzeug, Theophil Müller (vor 1910). Max Brethfeld, Zeichenlehrer – Dresden Cotta, Quelle GHVA: Schreiben vom Kunstverlag Trenkler & Co. Leipzig mit Bezugnahme auf Max Brethfeld. Zu Theodor Göhl vgl. auch Entwürfe für »Schreibers volks- und heimatkundliche Aufstellbogen – Spreewalddorf«, Spielzeugmuseum der Stadt Nürnberg, Inv.-Nr.: 1987.553. M. Brethfeld und Th. Göhl waren in vielfältiger Weise als Entwerfer für Bastelvorlagen, Faltschnittarbeiten und Modellierbogen für den Verlag von J. F. Schreiber Esslingen & München tätig. Siehe: Spielzeugmuseum der Stadt Nürnberg, Inv.-Nr.: KB3037, 1966.128, 1983.524
449 Privatarchiv Steffen Claas Chemnitz: Cassabuch C. F. Drechsel Grünhainichen, S. 101 Credit-Einträge vom 19. Februar 1908
450 Brethfeld (1928), S. 18–26
451 Ebd. S. 23
452 Ebd.
453 Bredtfeld (1928), S. 23f.
454 Ebd. S. 24
455 nachzulesen im Kapitel VIII. Transkription
456 Wörz (1913–1914), S. 17, Artikelnummer: 3558
457 Leinweber (1999), S. 237. Vgl. Die Villa Nova und anderes. In: Deutsche Spielwarenzeitung, Nr. 8, 20. April 1911, S. 259
458 Wegweiser (1909), 24. Jg. Nr. 536, S. 6019, S. 6028 Anzeigenvignette »neu! Miniatur-Spielsachen neu!«; Nr. 537, S. 6079 Anzeige mit zwei Abbildungen einer Postkutsche und eines Planwagens
459 Wegweiser (1910), 25. Jg. Nr. 562, S. 7279. Hier mit Abbildung in Vignettenform/Artikelnummer 292
460 Persönliche Auskunft von Markus Tanger. Notiz in seiner privaten Chronik von 1994, S. 3
461 Ebd. S. 9
462 Heimatstube Gößnitz: Pappschachtel mit originalem Etikett »Brandt's Tiroler-Dörfchen«, Inv.-Nr. 1043
463 Zeumer bezieht sich bei seinem Tiergarten-Modell (»Zoologischer Garten«) auf den 1907 von Hagenbeck in Hamburg Stellingen eröffneten Tierpark. Unter Nr. 301 bietet er 1913 einen »Monumental-Eingang, Stellingen nachgebildet« für 4.– Mark an.
464 Wie in der Untersuchung bereits beschrieben, wurden Miniaturen national wie international im Handel angeboten. Zeumers sorgfältig edierte Angebotsprospekte haben hier, dank besonderer sächsischer Regionalbezüge, einen Sonderstatus. Vergleichbare Originaltext-Werbung für Miniaturspielwaren ist bislang nicht bekannt. Dank eines Nummernsystems für die Gebäude und der schriftlich festgehaltenen Bezeichnung der jeweiligen Einzelteile können heute unbekannte Stücke genau benannt und zugeordnet werden. Die jeweiligen Artikelnummern sind auf der Unterseite der Gebäudemodelle mit Bleistift notiert.
465 Vgl. Neumann (1999), S. 80, hier: Musterschutzanmeldung von H. E. Langer für Garnitur Feuerwehr vom 2. März 1907
466 Siehe ebd., S. 24, Abb. 22, 23; S. 27, Abb. 30, 31; S. 100–103
467 Siehe Zeumer (1915) und SKD Museum für Sächsische Volkskunst, Inv.-Nr.: G 11169
468 Ebd. S. 105, Abb. 162
469 Ein zeitgenössisches Beispiel, welchen hohen Stellenwert das populäre Medium Lichtspieltheater auch im ländlichen Raum mittlerweile hatte, liefert heute sogar das erzgebirgische Seiffen. »Um den Einwohnern etwas zu bieten« und lange Wege zu ersparen, hatte der Spielwarenhersteller Theodor Glöckner einen ehrgeizigen Versuch gestartet, ein örtliches Kino zu errichten. Wie Konrad Auerbach anhand der im Erzgebirgischen Spielzeugmuseum aufbewahrten Firmenakten ausführt, verschlang der Bau und die Kinoeinrichtung 6600 Mark und führte in Kombination mit weiteren Schulden aus der Holzwarenproduktion zum Konkurs des Unternehmens, Auerbach (2015), S. 4.

470 Winkler (1935), S. 26
471 Heinold/Paulsen (2002), S. 40. Angebotsliste Spielzeug-Zeumer, Dresden. Siehe auch: Dressel (um 1919), S. 317–324
472 Wegweiser/Exportanzeiger, 40. Jg. 1925, Jubiläumssondernummer, o. S. Entwicklungsgeschichte des Verbandes der Erzgebirgischen Spiel- und Holzwareninteressenten, e.V., Olbernhau. Zu den Gründungsmitgliedern gehörten 1919 u. a. 12 erzgebirgische Verlagsfirmen.
473 Wegweiser/Exportanzeiger, 40. Jg. 1925, Jubiläumssondernummer, o. S. Die Vertriebsgesellschaft handwerklicher Erzeugnisse r. V. in Dresden und Seiffen i. Erzgebirge. [Wirtschaftsverband mit 250 Mitgliedern (1925)], siehe auch: Bachmann (1984), S. 53. und Katalog: Erzgebirgische Spielwaren, Vertriebsgesellschaft handwerklicher Erzeugnisse r. V., Dresden 1924
474 Deutsche Spielwarenzeitung, H. 1/2, 1. Januar 1923, S. 26, hier halbseitige Anzeige
475 Ebd. vgl. Katalogausgabe 1924, S. 5, 7, 58–62, 64
476 Seifert (1923), S. 9
477 Heinold/Paulsen (2002), S. 40
478 Archiv Spielzeugmuseum Nürnberg: Musterblätter über Miniatur-Spielwaren. Max Hetze, Seiffen, Erzg., o. J. (um 1930)
479 Katalog Spielwaren D. H. Wagner & Sohn Grünhainichen, o. J. (um 1910), Miniaturspielwaren, S. 29f.
480 Enquete-Ausschuss (1930), S. 11. Paul Leonhard = 2. Vorsitzender des Reichsverbandes Deutscher Spielwaren-Industrieller e.V., 1. Vorsitzender des Verbandes der erzgebirgischen Spiel- und Holzwaren-Interessenten e.V., Olbernhau i. Sa.
481 Ebd. S. 341
482 Arndt (1963), S. 10
483 Schorcht (1967), S. 19
484 Siehe: Neumann (1986), S. 262–269
485 Mündliche Auskunft von Volker Flath, 2015 (Volker und Heiko Flath GbR, Pfarrweg 1, 09548 Kurort Seiffen)
486 Siehe: Bachmann (1991 a), S. 164
487 Siehe: Müller (2012), S. 3–8. Hersteller von Miniaturfiguren im Kurort Seiffen (2016): Matthias Flath, Am Schindelberg 8, Hersteller von Fahrzeugminiaturen: Reiner Flath, Haupstraße 76, Volker und Heiko Flath GbR, Pfarrweg 1
488 Siehe: http://www.erzgebirge.org [28.06.2015]: »Der Verband Erzgebirgischer Kunsthandwerker und Spielzeughersteller e.V. wurde 1990 von Herstellern Erzgebirgischer Holzkunst als freiwillige Dachorganisation gegründet.« Die Aufgaben: »Der Verband fördert die mit Warenzeichen garantierte Erzgebirgische Holzkunst [...]. Zu seinen wichtigsten Aufgaben gehört die Imagewerbung [...]«.
489 Zu den Vorläuferinstitutionen des Hauses gehört das 1889 gegründete Museum für Deutsche Volkskunde und die Europäische Sammlung des damaligen Museums für Völkerkunde Berlin (gegründet 1873)
490 http://www.smb.museum-und-einrichtungen/museum-europaeischer-kulturen.de [14.01.2015]
491 Weimer (2015), S. 19
492 Siehe: http://www.stmf.bayern.de [15.06.2015]
493 Siehe: http://www.br.de [10.07.2015]
494 Siehe: http://www.tasteofheimat.de: »Die Online-Plattform informiert Verbraucher, wie sie sich bestmöglich mit Lebensmitteln aus ihrer Umgebung versorgen können.« [14.05.2015]
495 Siehe: http://www.Landlust.de: »Die schönen Seiten des Landlebens.« http://www.Landliebe.de: »Frische Milch und beste, hochwertige Zutaten [...]« [04.05.2015]
496 Annegret Braun konnte bereits 2012 beobachten: »Das Thema Landleben ist nahezu ein Erfolgsgarant für Zeitschriften, Bücher und Fernsehen.« Braun (2012), S. 13
497 Ebd.
498 Heimat-Bilderwelten sind ebenso Bestandteil der vielschichtigen Thematik aktueller Computerspiele. Siehe auch: Das Spielzeug Fachmagazin der Spielwarenbranche, 106. Jg. H. 12, 2015, S. 38, Unsere Spielwaren Made in Germany, Aus der Heimat in die ganze Welt. (Playmobil®-Spielzeug aus Franken)
499 Hoffmann (1998), S. 121
500 Luffa: Endokarp des Schwammkürbis – preiswertes Naturprodukt zur plastischen Gestaltung von Laub- und Nadelbäumen

Literatur- und Quellenverzeichnis

1. Monografien, Aufsätze und Ausstellungskataloge

Allemagne de (1903) d'Allemagne, Henry René: Histoire des jouets. Paris 1903

Anschütz (1901) Anschütz, Rudolf: Die Spielwaren-Industrie. In: Das Interesse der deutschen Industrie an den Handelsverträgen. In Einzeldarstellungen Hg. vom Handelsvertragsverein, Berlin 1901, H. 3, S. 1–20

Anschütz (1913) Anschütz, Rudolf: Die Spielwaren-Produktionsstätten der Erde. Als Anhang: Die Spielwaren-Zölle der wichtigen Absatzgebiete, Sonneberg 1913

Arndt (1960) Arndt, Gisela: Erinnerungen an den Seiffener Männelmacher Louis Hiemann. In: Sächsische Heimatblätter, 6. Jg. H. 9, Dresden 1960, S. 543–547

Arndt (1963) Arndt, Gisela: Holzspielzeug im Blickpunkt. In: Standardisierung – Spielzeug. Mitteilungsblatt der Zentralstelle für Standardisierung und des Instituts für Spielzeug, 4. Jg. H. 3, Sonneberg 1963, S. 10–12

Arnold (1993) Arnold, Klaus-Peter: Vom Sofakissen zum Städtebau. Geschichte der Deutschen Werkstätten und der Gartenstadt Hellerau, Dresden 1993

Auerbach (1993) Auerbach, Konrad (Hg.): Museen und Ausstellungen in Seiffen, Seiffen, 1993 (= Erzgebirgisches Spielzeugmuseum, Schriftenreihe Heft 7)

Auerbach/Neumann (1993) Auerbach, Konrad/Neumann, Walter: Ein erzgebirgisches Spielzeugmusterbuch erzählt, Seiffen 1993 (= Erzgebirgisches Spielzeugmuseum, Schriftenreihe Heft 8)

Auerbach/Neumann (1995) Auerbach, Konrad/Neumann, Walter: Miniaturfahrzeuge. Bestandskatalog Teil 1, Seiffen 1995 (= Erzgebirgisches Spielzeugmuseum, Schriftenreihe Heft 12)

Auerbach (1995 a) Auerbach, Konrad: Idee – Zeichnung – Produkt. Die SpielwarenSchule Seiffen von ihren Anfängen bis zur Gegenwart, Seiffen 1995 (= Erzgebirgisches Spielzeugmuseum, Schriftenreihe Heft 10)

Auerbach (1995 b) Auerbach, Konrad: Spielzeug aus dem Erzgebirge, Würzburg 1995

Auerbach (1998) Auerbach, Konrad: Hohlgedrehte Früchte und Schachtelware. Ein Exkurs zur erzgebirgischen Spielwarenverpackung. In: Hampelmann & Matrjoschka. Holzspielzeug aus Deutschland und Russland, Hannover 1998, S. 114–120

Auerbach (2000) Auerbach, Konrad: Museumsführer, Seiffen 2000 (= Erzgebirgisches Spielzeugmuseum, Schriftenreihe Heft 17)

Auerbach (2002) Auerbach, Konrad: Jubiläen Seiffener Werkstätten. In: Museumsbulletin Erzgebirgisches Spielzeugmuseum Seiffen, Virtuelles Museum Ausgabe 2002-1, 2002, S. 1–4, www.spielzeugmuseum-seiffen.de/eigene_bilder/bulletin02-1.pdf [27.10.2017]

Auerbach (2003 a) Auerbach, Konrad: Museale Kostbarkeiten Volkskundliche Objekte, Szenen und Räume in den Seiffener Museen, Seiffen 2003 (= Erzgebirgisches Spielzeugmuseum, Schriftenreihe Heft 18)

Auerbach (2003 b) Auerbach, Konrad: De Fraa vom Müller Karl. In: Museumsbulletin Erzgebirgisches Spielzeugmuseum Seiffen, Virtuelles Museum, Ausgabe 2003-2, 2003, S. 5 f., www.spielzeugmuseum-seiffen.de/eigene_bilder/bulletin02-1.pdf [27.10.2017]

Auerbach (2004) Auerbach, Konrad: Vom Miniaturfahrzeug zum Mettengänger. Ein Jubiläumsbericht zum 100-jährigen Bestehen der Familienwerkstatt Leichsenring in Seiffen. In: Museumsbulletin Erzgebirgisches Spielzeugmuseum Seiffen, Virtuelles Museum, Ausgabe 2004-1, 2004, S. 1–4, www.spielzeugmuseum-seiffen.de/eigene_bilder/bulletin02-1.pdf [27.10.2017]

Auerbach (2010) Auerbach, Konrad: Das historische erzgebirgische Spielzeugland. Ein Wegbereiter durch die Geschichte der Spielwarenherstellung im sächsisch-böhmischen Erzgebirge, Seiffen 2010

Auerbach (2013) Auerbach, Konrad: Zeichnen, Gestalten und Drechseln. In: Museumsbulletin Erzgebirgisches Spielzeugmuseum Seiffen, Virtuelles Museum, Ausgabe 2013-2, 013, S. 2–3, www.spielzeugmuseum-seiffen.de/eigene_bilder/bulletin02-1.pdf [27.10.2017]

Auerbach (2014) Auerbach, Konrad: Der Erste Weltkrieg und das Spielzeugland. In: Museumsbulletin Erzgebirgisches Spielzeugmuseum Seiffen, Virtuelles Museum, Ausgabe 2014-1, 2014, S. 1–4, www.spielzeugmuseum-seiffen.de/eigene_bilder/bulletin02-1.pdf [27.10.2017]

Avenarius (1891) Avenarius, Ferdinand: Kunsthandwerk. In: Der Kunstwart. Rundschau über alle Gebiete des Schönen, 2. Aprilheft 1891, Dresden 1891 S. 217 f.

Avenarius (1905) Avenarius, Ferdinand: Spielzeug. In: Der Kunstwart. Rundschau über alle Gebiete des Schönen, 2. Dezemberheft 1905, München 1905, S. 301–305, Abb. auf Tafel 31 und 32

Bachmann (1956) Bachmann, Manfred: Seiffener Spielzeugschnitzer. Leben und Werk der Volkskünstler Auguste Müller und Karl Müller, Leipzig 1956

Bachmann/Langner (1957) Bachmann, Manfred/Langner, Reinhold: Berchtesgadener Volkskunst, Leipzig 1957

Bachmann (1968) Bachmann, Manfred: Zur Geschichte der Seiffener Volkskunst. Sonderdruck aus Abhandlungen und Berichte des Staatlichen Museums für Völkerkunde Dresden, Bd. 28, Berlin 1968

Bachmann (1977) Bachmann, Manfred: Der Spielwarenverlag Carl Heinrich Oehme, Waldkirchen. Anlage und Motivschatz seines Musterbuchs von 1850. In: Das Waldkirchner Spielzeugmusterbuch. Neu herausgegeben und kommentiert von Manfred Bachmann, Leipzig 1977, S. 19–28

Bachmann (1984) Bachmann, Manfred: Spielzeug aus dem Erzgebirge, Dresden 1984

Bachmann (1985) Bachmann, Manfred: Der Universal-Spielwaren-Katalog 1924 mit Neuheiten-Nachtrag 1926. Herausgegeben und kommentiert von Bachmann, Manfred, Leipzig 1985

Bachmann (1986) Bachmann, Manfred: Spielwarenbücher und -Kataloge als Quellen zur Alltagsgeschichte. In: Utz Jeggle, Gottfried Korff, Martin Scharfe, Bernd Jürgen Warneken (Hg.) Volkskultur in der Moderne. Probleme und Perspektiven empirischer Kulturforschung, Tübingen 1986, S. 145–161

Bachmann (1991) Bachmann, Manfred: Zur Geschichte der Seiffener Volkskunst. In: Spielzeug und Handwerkskunst aus Thüringen und dem Erzgebirge (= Ausstellungskatalog der Volkskundlichen Ausstellung: Spielzeug und Handwerkskunst aus Thüringen und dem Erzgebirge geschnitzt – gedrechselt – gedrückt. Badisches Landesmuseum Karlsruhe Schloß Bruchsal 15. Dezember 1991 bis 21. Juni 1992), Bruchsal 1991, S. 33–49

Bachmann (1991 a) Bachmann, Manfred: Unsere erzgebirgische Volkskunst im Wandel. In: Erzgebirgische Heimatblätter, Zeitschrift für Kultur, Natur und Heimatgeschichte, H. 6, 1991, Chemnitz 1991, S. 161–165

Bachmann (1993) Bachmann, Manfred: Soziale Verantwortung aus christlicher Ethik. Dem Seiffener Pfarrer Hermann Härtel (1864–1919) zum Gedenken. In: Auerbach, Konrad (Hg.): Museen und Ausstellungen in Seiffen, Seiffen, 1993 (= Erzgebirgisches Spielzeugmuseum, Schriftenreihe Heft 7), S. 11–14

Bastian (2008) Bastian, Olaf: Heimat heißt Zukunft – Gedanken zu Bedeutung und Wertewandel des Heimatbegriffes. In: Sachsen. Zukunft aus Herkunft. 100 Jahre Landesverein Sächsischer Heimatschutz 1908–2008, Dresden 2008, S. 13–22

Beck (2001) Beck, Rosemarie: Conrad Sutter, Architekt, Künstler und Spielzeuggestalter. Zum Drechslerhandwerk im Odenwald Teil 1. In: Der Odenwald. Zeitschrift des Breubergbundes, 48. Jg. H. 4, Breuberg-Neustadt 2001, S. 127–171

Becker (2009) Becker, Tobias: Feste des Konsums? Unterhaltungstheater und Warenhäuser in Berlin und London um 1900. In: Erika Fischer-Lichte, Matthias Warstat (Hg.): Staging Festivity. Theater und Fest in Europa, Tübingen 2009, S. 217–237

Benjamin (1928) Benjamin, Walter: Spielzeug und Spielen. Randbemerkungen zu einem Monumentalwerk. (= Rezension zu Karl Gröber: Kinderspielzeug aus alter Zeit. Eine Geschichte des Spielzeugs. Berlin 1928). In: Kritiken und Rezensionen. Gesammelte Schriften, Bd. 3, Frankfurt 1991

Bilz (1970) Bilz, Helmut: Das Reifendreherhandwerk im Spielwarengebiet Seiffen. In: Sächsische Heimatblätter, 16. Jg. H, 6, 1970, Dresden 1970, S. 243–250

Bilz (1975) Bilz, Helmut: Die gesellschaftliche Stellung und soziale Lage der hausindustriellen Seiffener Spielzeugmacher im 19. und Anfang des 20. Jahrhunderts, Seiffen 1975 (= Erzgebirgisches Spielzeugmuseum, Schriftenreihe Heft 2)

Bilz (1976) Bilz, Helmut: Das Reifendreherhandwerk im Spielwarengebiet Seiffen. Seiffen 1976 (= Erzgebirgisches Spielzeugmuseum, Schriftenreihe Heft 3) 4., überarbeitete und verbesserte Auflage, Seiffen 1986

Bilz (1983) Bilz, Helmut: Museumsführer mit einem Überblick über die Entwicklung der erzgebirgischen Spielwarenindustrie von ihren Anfängen bis zum Jahre 1945, Seiffen, 1983 (= Erzgebirgisches Spielzeugmuseum, Schriftenreihe Heft 1)

Bilz (1987) Bilz, Hellmut: Seiffener Reifentiere. Herstellung, Gestaltung und Bedeutung, Seiffen 1987 (= Erzgebirgisches Spielzeugmuseum, Schriftenreihe Heft 4)

Bilz (1995) Bilz, Hellmut: Wer war Karl Müller? In: Landesstelle für erzgebirgische und vogtländische Volkskultur Schneeberg (Hg.): Reihe Weiß-Grün 7 (= Erzgebirgisches Spielzeugmuseum Seiffen, Schriftenreihe Heft 11), Schneeberg 1995, S. 7–13

Bischoff/Jenzen (2016) Bischoff, Cordula/Jenzen, Igor: 100 Jahre Wendt & Kühn. Dresdener Moderne aus dem Erzgebirge. Katalogbuch zur gleichnamigen Ausstellung im Museum für Sächsische Volkskunst Dresden 20. Juni 2015 bis 10. Januar 2016, Chemnitz 2016

Blessing (1987) Blessing, Werner K.: Fest und Vergnügen der kleinen Leute. In: van Dülmen, Richard/Schindler, Norbert (Hg.): Volkskultur. Zur Wiederentdeckung des vergessenen Alltags (16.–20. Jahrhundert), Frankfurt 1987, S. 352–379

Boehn (1929) Boehn, Max von: Puppen und Puppenspiel. Bd. I, Puppen, Bd. II. Puppenspiele, München 1929

Boesch (1900) Boesch, Hans: Kinderleben in der deutschen Vergangenheit, Leipzig 1900

Braun (1987) Braun, Rudolf: Die Fabrik als Lebensform. In: van Dülmen, Richard/Schindler, Norbert (Hg.): Volkskultur. Zur Wiederentdeckung des vergessenen Alltags (16.–20. Jahrhundert), Frankfurt 1987, S. 299–351

Braun (2012) Braun, Annegret: Lust aufs Land? Die mediale Inszenierung des Landlebens. In: Bayerisches Jahrbuch für Volkskunde 2012, München 2012, S. 13–27

Brednich (2001) Brednich, Rolf Wilhelm: Quellen und Methoden. In: ders. (Hg.): Grundriss der Volkskunde. Einführung in die Forschungsfelder der Europäischen Ethnologie. 3. überarbeitete und erweiterte Auflage. Berlin 2001, S. 77–100

Brethfeld (1908) Brethfeld, Max: Kinderspiel, Spielgerät und Spielwarenindustrie. In: Dokumente des modernen Kunstgewerbes (Sonderheft jährlich zweimal): Die Leipziger Messe. H. 2, Leipzig 1908, S. 10–14

Brethfeld (1928) Brethfeld, Max: Vom Formensinn. In: Die Arbeitsschule. Zeitschrift für Arbeitserziehung und Werkunterricht, 42. Jg., 1928, H. 1, S. 18–26

Brill-Ulsamer (1926) Brill-Ulsamer, R.: Führer durch die Ausstellung das Spielzeug veranstaltet von der Arbeitsgemeinschaft für Spielzeuggestaltung vom 3. Juli bis 19. September 1926 in der Städtischen Kunsthalle am Marientor in Nürnberg (= Veröffentlichungen des Kunstarchivs Nr. 15), Nürnberg 1926

Brückner (1987) Brückner, Wolfgang: Volkskunst und Realienforschung. In: Wege der Volkskunde in Bayern, München/Würzburg 1987, S. 113–139

Brückner (2004) Brückner, Wolfgang: Figürliche »Volkskunst«? Kuriosa, Nippes, Spielzeug. Sogenannte Rhönwackler als methodisches Beispiel. In: Jahrbuch für Volkskunde, Im Auftrag der Görres-Gesellschaft hg. von Wolfgang Brückner, Sonderdruck, Würzburg 2004, S. 191–240

Brückner (2005) Brückner, Wolfgang: Neue Hinweise auf »Schnitzen in der Röhn« zwischen 1800 und 1860. In: Jahrbuch für Volkskunde, im Auftrag der Görres-Gesellschaft hg. von Wolfgang Brückner, Sonderdruck, Würzburg 2005, S. 201–208

Brückner (2008) Brückner, Wolfgang: Rhöner Schnitzfiguren aus dem 19. Jahrhundert, Petersberg 2008

Brunner (1914) Brunner, Karl: Die Entwicklung der Königlichen Sammlung seit dem Jahre 1904. In: Zeitschrift des Vereins für Volkskunde, 24. Jg., Berlin 1914, S. 356–360

Cieslik (1978) Cieslik, Marianne und Jürgen (Hg.): Silbernes Jubiläum einer Puppenfabrik. 25 Jahre Kämmer & Reinhardt. Nachdruck der Original-Festschrift zum 25-jährigen Bestehen der Puppenfabrik Kämmer & Reinhardt Waltershausen/Thür., Jülich 1978

Cieslik (1984) Cieslik, Marianne und Jürgen: Cieslik's Lexikon der deutschen Puppenindustrie, Jülich 1984

Cieslik (1989) Cieslik, Marianne und Jürgen: Knopf im Ohr. Die Geschichte des Teddybären und seiner Freunde, Jülich 1989

Cieslik (2014) Cieslik, Marianne und Jürgen: Lexikon der deutschen Blechspielzeug-Industrie, Jülich 2014

Dalbajewa/Bischoff (2001) Dalbajewa, Birgit/Bischoff, Ulrich (Hg.): Die Brücke in Dresden 1905–1911. Staatliche Kunstsammlungen Dresden Galerie Neue Meister, Köln 2001

Dresden (1999) Jugendstil in Dresden. Aufbruch in die Moderne. Hg. von den Staatlichen Kunstsammlungen Dresden. Katalog zur Ausstellung des Kunstgewerbemuseums Dresden vom 18. September bis 5. Dezember 1999 im Dresdener Schloß, Dresden/Wolfratshausen 1999

Droescher (1902) Droescher, Lili u. a. (Hg.): Die Kunst im Leben des Kindes. Ein Handbuch für Eltern und Erzieher, Berlin 1902

Düsel (1906) Düsel, Friedrich: Von Spiel und Spielzeug. In: Westermanns illustrierte deutsche Monatshefte, Bd. 99, o. O. 1906, S. 586–598

Dundes (1986) Dundes, Alan: Pickende Hühner. Thesen zum Weltbild im Spielzeug. In: Jeggle, Utz u. a. (Hg.): Volkskultur in der Moderne. Probleme und Perspektiven empirischer Kulturforschung, Tübingen 1986, S. 323–331

Erzgebirgsverein (1978) Erzgebirgsverein (Hg.): 100 Jahre Erzgebirgsverein 1878–1978, Kirchberg an der Jagst, 1978

Exner (1869) Exner, Wilhelm F.: Das Holz als Rohstoff für das Kunstgewerbe. Zwei Vorträge gehalten im k. k. österr. Museum für Kunst und Industrie in Wien, Weimar 1869

Faber (1997) Faber, Marion: Nürnberg – Ein Platz für Spiele. In: Helmut Schwarz/ Marion Faber: Die Spielmacher J. W. Spear & Söhne – Geschichte einer Spielefabrik (= Schriften des Spielzeugmuseums Nürnberg, Bd. II), Nürnberg 1997, S. 24–41

Faber (2013) Faber, Marion: Spielzeug für die Welt. Nürnberg und die deutsche Spielwarenindustrie 1900–1914. Sonderdruck aus »Mitteilungen des Vereins für Geschichte der Stadt Nürnberg«, Bd. 100, Nürnberg 2013, S. 511–543

Fahsel (2004) Fahsel, Gisela: Spielwarenfach- und Gewerbeschule Grünhainichen 1874–1954, Grünhainichen 2004

Fiedler (1998) Fiedler, Thomas: Erzgebirge-Spielzeug – hergestellt in Dresden? Engen Verknüpfungen zwischen dem Spielzeugland Seiffen und der Elbmetropole auf der Spur. In: Sächsische Heimatblätter, 44. Jg. H. 6, Dresden 1998, S. 378–383

Fiedler/Neumann (1998) Fiedler, Thomas/Neumann, Walter: Erzgebirgische Volkskunst in der Zündholzschachtel. Eine Seiffener Besonderheit, Seiffen 1998 (= Erzgebirgisches Spielzeugmuseum, Schriftenreihe Heft 16)

Flade (1989) Flade, Helmut: Neues Spielzeug aus dem Erzgebirge Gestaltung zwischen Volkskunst und Design, Dresden 1989

Flade (1992) Flade, Helmut: Seiffener Spielzeug. Volkskunst aus dem Erzgebirge, Dresden 1992

Flitner (1989) Flitner, Elisabeth: Auf dem Katheder brannte frühmorgens eine Kerze. In: Rudolf Pörtner (Hg.): Kindheit im Kaiserreich. Erinnerungen an vergangene Zeiten, München 1989, S. 45–55

Flügge (1980) Flügge, Gerhard (Hg.): Das dicke Zille Buch, Berlin 1980

Frankl (1905) Frankl, Franz: Die Holz- und Spielwaren-Hausindustrie im böhmischen Erzgebirge: deren Hebung und Exportförderung, Brüx 1905

Fritzsch (1956) Fritzsch, Karl-Ewald: Rezension zu Spamer, Adolf: Deutsche Volkskunst. Sachsen, 2., neu bearbeitete Auflage, Weimar 1954. In: Deutsches Jahrbuch für Volkskunde Bd. II, Jg. 1956, Berlin 1956, S. 459–461

Fritzsch/Bachmann (1965) Fritzsch, Karl-Ewald/Bachmann, Manfred: Deutsches Spielzeug, Leipzig 1965

Fritzsch (1967) Fritzsch, Karl-Ewald: Erzgebirgische Spielwaren auf Märkten und Messen. In: Sächsische Heimatblätter 13. Jg. H. 6, Dresden 1967, S. 241–263

Gamke (2001) Gamke, Petra Klara: Karl Groß. Tradition als Innovation? Dresdener Reformkunst am Beginn der Moderne, München/Berlin 2001

Ganaway (2009) Ganaway, Bryan: Toys, Consumption and Middle-class Childhood in Imperial Germany, 1871–1918, Bern 2009

Geist/Mahlau (1938) Geist, Hans-Friedrich/Mahlau, Alfred: Spielzeug – Eine bunte Fibel, Leipzig 1938

Gerstenberger (1902) Gerstenberger, Paul V.: Natur und Volksleben im Erzgebirge. Getreue Schilderungen eigener Erlebnisse und Erfahrungen aus der Heimat der Spielwaren, Dresden/Leipzig/Pierson 1902

Glagol (1912) Glagol, S.: Russisches Volksspielzeug des 19. Jahrhunderts. o. O. 1912

Glaser (1984) Glaser, Hermann: Die Kultur der Wilhelminischen Zeit. Topographie einer Epoche, Frankfurt 1984

Glückauf (1978) ohne Autor: Der Erzgebirgsverein. Rückblick auf 100 Jahre Tätigkeit. In: Glückauf. Zeitschrift des Erzgebirgsvereins Sitz Frankfurt/Main e.V., Nr. 5, 89. Jahrgang, Mai 1978. Jubiläumsausgabe, Crailsheim 1978, S. 57–58

Gockerell (2003) Gockerell, Nina: Die Welt im Kleinen. Zur Kulturgeschichte des Spielzeugs. Katalog zur gleichnamigen Ausstellung 21. November 2003 bis 29. Februar 2004, München, Bayerisches Nationalmuseum 2003

Göhre (1906) Göhre, Paul: Die Heimarbeit im Erzgebirge und ihre Wirkungen, Chemnitz 1906

Göttsch (2001) Göttsch, Silke: Archivalische Quellen und die Möglichkeiten ihrer Auswertung. In: Dies., Lehmann, Albrecht (Hg.): Methoden der Volkskunde. Positionen, Quellen, Arbeitsweisen der Europäischen Ethnologie (= Ethnologische Paperbacks), Berlin 2001, S. 15–32

Grekow (1998) Grekow, Alexandr: Rußland – Deutschland: Wege und Kreuzungen des Spielzeugs. In: Hampelmann & Matrjoschka. Holzspielzeug aus Deutschland und Rußland, Hannover 1998, S. 38–44

Griebel (1995) Griebel, Matthias (Hg.): Dresdner Geschichtsbuch 1, Stadtmuseum Dresden, Dresden 1995.

Griebel (1996) Griebel, Matthias (Hg.): Dresdner Geschichtsbuch 2, Stadtmuseum Dresden, Dresden 1996

Griebel (1997) Griebel, Matthias (Hg.): Dresdner Geschichtsbuch 3, Stadtmuseum Dresden, Dresden 1997

Griebel (1998) Griebel, Matthias (Hg.): Dresdner Geschichtsbuch 4, Stadtmuseum Dresden, Dresden 1998

Gröber (1928) Gröber, Karl: Kinderspielzeug aus alter Zeit. Eine Geschichte des Spielzeugs. Berlin 1928

Groos (1906) Groos, Karl: Unser Bedürfnis nach ästhetischer Kultur. In: Der Kunstwart, 19. Jg. H. 14, 2. Aprilheft 1906, München 1906, S. 53–58

Hagenau (1908) Hagenau, M.: Im Spielwarendorf. In: Die Gartenlaube. Jg. 1908, H. 52, Leipzig 1908, S. 1101–1104

Hamlin (2007) Hamlin, David D.: Work and Play. The Production and Consumption of Toys in Germany, 1870–1914, University of Michigan, Ann Arbor 2007

Handbuch der deutschen Reformbewegung (1998) Kerbs, Diethart/Reulecke, Jürgen (Hg.); Handbuch der deutschen Reformbewegung 1880–1933, Wuppertal 1998

Hartinger (2007) Hartinger, Walter: Volkskundlicher Umgang mit Bildquellen. In: Göttsch, Silke/Lehmann, Albrecht (Hg.): Methoden der Volkskunde. Positionen, Quellen, Arbeitsweisen der Europäischen Ethnologie, 2., überarbeitete und erweiterte Auflage, Berlin 2007, S. 79–99

Hartmann (1903) Hartmann, August: Zur Geschichte der Berchtesgadener Schnitzerei. In: Volkskunst und Volkskunde, München 1903

Hartung (1991) Hartung, Werner: Das Vaterland als Hort von Heimat. Grundmuster konservativer Identitätsstiftung und Kulturpolitik in Deutschland. In: Klueting, Edeltraud (Hg.): Antimodernismus und Reform. Beiträge zur Geschichte der deutschen Heimatbewegung, Darmstadt 1991, S. 112–156

Haus der Heimat Freital (1980) Haus der Heimat Freital (Hg.): Alte Kulturdenkmale im Kreis Freital. Text: Edgar Rudolph, Fotos: Siegfried Huth, Freital 1980

Heidrich (2007) Heidrich, Hermann: Von der Ästhetik zur Kontextualität: Sachkulturforschung. In: Göttsch, Silke/Lehmann, Albrecht (Hg.): Methoden der Volkskunde. Positionen, Quellen, Arbeitsweisen der Europäischen Ethnologie, 2., überarbeitete und erweiterte Auflage, Berlin 2007, S. 33–56

Heinermann (2015) Heinermann, Thorsten: Selbstkritik als mögliche Initialzündung. In: Branchenbrief international – Spielzeugbranche aktuell, 35. Jg. Nr. 15–16, 31. Juli 2015, o O. 2015, S. 1–2

Heinold/Paulsen (2002) Heinold, Ehrhardt/Paulsen, Alix: Erzgebirgisches Spielzeug-ABC, Husum 2002

Heiss/Koppel (1906) Heiss, Clemens/Koppel, August: Heimarbeit und Hausindustrie in Deutschland, Berlin 1906

Helling (1999 a) Helling, Karen: Spielzeug aus dem Erzgebirge. Katalog und Preisführer, Husum 1999

Helling (1999 b) Helling, Karen: Eine ganze Welt im Kleinen. Das Erzgebirgische Dörfchen von Richard Zeumer. In: Puppen und Spielzeug, 24. Jg. H. 5, Juli 1999, o O. 1999, S. 13–15

Heubner (1909) Heubner, Paul: Die Leipziger Messe, München 1909

Hildebrandt (1904) Hildebrandt, Paul: Das Spielzeug im Leben des Kindes, Berlin 1904 (Reprint Düsseldorf/Köln 1979)

Hirsch/Griebel/Herre (1986) Hirsch, Ernst u. a. (Hg.): August Kotzsch 1836–1910. Photograph in Loschwitz bei Dresden, Dresden 1986

Hofmann (1997) Hofmann, Ernst: Das Deutsche Spielzeugmuseum in Sonneberg. In: Kaufmann, Gerhard (Hg.): Thüringen – Spielzeug aus Sonneberg. Die Tradition der Herstellung von Spielzeug in Stadt und Land Sonneberg, Hamburg 1997, S. 32–33

Hofmann (2001) Hofmann, Ernst: Vom Industrie- und Gewerbemuseum des Meininger Oberlandes zum Deutschen Spielzeugmuseum. Zur Geschichte einer kulturhistorischen Sammlung 1901–1945, Sonneberg 2001

Hoffmann (1998) Hoffmann, Heike: Erziehung zur Moderne. Ein Branchenportrait der deutschen Spielwarenindustrie in der entstehenden Massenkonsumgesellschaft, (Diss.) Tübingen 1998

Jackson (1908) Jackson, F. Neville: Toys of Other Days, London 1908

Jakobi (2003) Jakobi, Verena: Heimatschutz und Bauerndorf. Zum planmäßigen Dorfbau im Deutschen Reich zu Beginn des 20. Jahrhunderts, Berlin 2003

Jeanmaire-dit-Quartier/Baecker (1979) Jeanmaire-dit-Quartier, Claude/Baecker, Carlernst: Märklin – Die kleinen Spurweiten 00 und H0. Die Entwicklung der deutschen 00-Tischeisenbahn zur H0-Modelleisenbahn 1902–1978, Villingen Schweiz 1979

Jenzen (2008) Jenzen, Igor A.: Das Museum für Sächsische Volkskunst und der Landesverein Sächsischer Heimatschutz. In: Sachsen – Zukunft aus Herkunft. 100 Jahre Landesverein Sächsischer Heimatschutz 1908–2008, Dresden 2008, S. 124–128

Jenzen (2015) Jenzen, Igor A.: Die Geburt der ›Volkskunst‹ aus dem Geist des Kunstgewerbes. In: Jahrbuch Volkskunde in Sachsen. Bd. 27, Dresden 2015, S. 89–101

Jirásek (2008) Jirásek, Pavel: Künstlerisches Spielzeug. In: Husslein-Arco, Agnes/Weidinger, Alfred (Hg.): Gustav Klimt und die Kunstschau 1908 = Katalogbuch zur gleichnamigen Ausstellung vom 1. Oktober 2008 bis 18. Januar 2009 im Unteren Belvedere Wien, München 2008, S. 364–371

Just (1997 a) Just, Johannes: Die Gründung des Vereins für Sächsische Volkskunde und des Museums für Sächsische Volkskunst vor 100 Jahren, Sonderdruck aus den Mitteilungen des Landesvereins Sächsischer Heimatschutz e.V. Heft 3, Dresden 1997

Just (1997 b) Just, Johannes: Museum für Sächsische Volkskunst. Geschichte Sammlung Ausstellung. Staatliche Kunstsammlungen Dresden, Dresden 1997

Just (2003) Just, Johannes: Spielzeug aus der Sammlung des Museums für Sächsische Volkskunst, Dresden 2003

Just (2008) Just, Johannes: Der Landesverein in bewegter Zeit. Die Gründergeneration – Blicke auf den alten Landesverein. In: Sachsen – Zukunft aus Herkunft. 100 Jahre Landesverein Sächsischer Heimatschutz 1908–2008, Dresden 2008, S. 37–48

Key (1902) Key, Ellen: Das Jahrhundert des Kindes, Berlin 1902

Kirsche (1994) Kirsche, Albrecht: Vom Glasmacher zum Reifendreher. Erzgebirgische Glashütten und Seiffener Holzspielzeug, Liestal 1994

Knaut (1991) Knaut, Andreas: Ernst Rudorff und die Anfänge der Deutschen Heimatbewegung. In: Klueting, Edeltraud (Hg.): Antimodernismus und Reform. Beiträge zur Geschichte der deutschen Heimatbewegung, Darmstadt 1991, S. 20–49

König (2009) König, Gudrun M.: Konsumkultur. Inszenierte Warenwelt um 1900, Wien 2009

Kramer (1904) Kramer, Theodor von: Spielzeug. In: St. Louis 1904. Amtlicher Katalog der Ausstellung des Deutschen Reiches. Weltausstellung St. Louis 1904, hg. vom Reichskommissar, Berlin 1904, S. 218–224

Krannich/Vogel (1994) Krannich, Egon/Vogel, Andreas: Sächsische Zinnminiaturen, Leipzig/Stuttgart 1994

Krutisch (2001) Krutisch, Petra: Aus aller Herren Länder. Weltausstellungen seit 1851. Hg. vom Germanischen Nationalmuseum Nürnberg. Kulturgeschichtliche Spaziergänge im Germanischen Nationalmuseum, Bd. 4, Nürnberg 2001

Kühn (2009) Kühn, Cornelia: Zwischen wissenschaftlicher Neuorientierung und politischer Lenkung: die marxistische Volkskunstforschung in der frühen DDR. In: Michael Simon u. a. (Hg.): Bilder Bücher Bytes. Zur Medialität des Alltags. Mainzer Beiträge zur Kulturanthropologie und Volkskunde, Münster 2009, S. 340–351

Kühne (1906) Kühne, Max Hans: Kunstgewerbe als Volkskunst. In: Ausstellungs-Zeitung der 3. Deutschen Kunstgewerbeausstellung, Nr. 6, Dresden 1906, S. 87–88

Kunze-Köllensperger (2015) Kunze-Köllensperger, Melitta: Das Holländische Dorf aus Meissener Porzellan. Dessert de Luxe bei Graf von Brühl, Ausstellungskatalog der gleichnamigen Sonderausstellung vom 26. April bis 17. August 2015 der Staatlichen Kunstsammlungen Dresden, München 2015

Kurzwelly (1903) Kurzwelly, A: Die bäuerliche Kleinkunst. In: Wuttke, Robert (Hg.): Sächsische Volkskunde. 2. umgearbeitete und wesentlich vermehrte Auflage, 2. unveränderter Abdruck, Leipzig 1903, S. 487–538

Latus (1998 a) Latus, Urs: Kunststücke. Holzspielzeugdesign vor 1914. Publikation zur gleichnamigen Ausstellung im Spielzeugmuseum Nürnberg (Museum Lydia Bayer), LGA Bayern vom 18. November 1998 bis 11. April 1999 (= Schriften des Spielzeugmuseums Nürnberg, Bd. 3), Nürnberg 1998

Latus (1998 b) Latus, Urs: Holzspielzeug und Kleingerät. In: Renda, Gerhard (Hg.): Kleinhempel, Gertrud. Künstlerin zwischen Jugendstil und Moderne. Katalog zur Ausstellung vom 6. September bis 22. November 1998 im Historischen Museum der Stadt Bielefeld, Bielefeld 1998 (= Schriften der Historischen Museen der Stadt Bielefeld Bd. 12), S. 52–56

Latus (1999) Latus, Urs: Dresdener Reformspielzeug. In: Jugendstil in Dresden. Aufbruch in die Moderne. Hg. von den Staatlichen Kunstsammlungen Dresden. Katalog zur Ausstellung des Kunstgewerbemuseums Dresden vom 18. September bis 5. Dezember 1999 im Dresdener Schloß, Dresden/Wolfratshausen 1999, S. 118–125

Latus (2017) Latus, Urs: Sächsische Miniaturspielwaren zwischen Volkskunst- und Kunstgewerbe – eine kultur- und wirtschaftshistorische Untersuchung. Eigenverlag 2017 (Dissertation)

Leinweber (1999) Leinweber, Ulf: Baukästen. Technisches Spielzeug vom Biedermeier bis zur Jahrtausendwende (= Schriften zur Volkskunde, 7). Hg. von den Staatlichen Museen Kassel, Kassel/Wolfratshausen 1999

Lorenzen (1904) Lorenzen, Ernst: Die Erziehung des Kindes zum künstlerischen Sehen. In: Kind und Kunst, Bd. 1, 1904/1905, Darmstadt 1904, S. 162

Maier (1991) Maier, Stefan: Volkskunde und Heimatpflege. Geschichte und Problematik eines distanzierten Verhältnisses. In: Klueting, Edeltraud (Hg.): Antimodernismus und Reform. Beiträge zur Geschichte der deutschen Heimatbewegung, Darmstadt 1991, S. 344–370

Manguel (2006) Manguel, Alberto: Magic Land of Toys, New York 2006

Marfels (1910) Marfels, Julius: Das sächsische Erzgebirge und seine Bedeutung für unsere Industrie. In: Wegweiser (1910), 25. Jg. Nr. 565, Berlin 1910, S. 2–32

Matuschewski (2004) Matuschewski, Birgit: Chronik. Eintausend Jahre Erfindergeist in Sachsen. Luxus und Gebrauchsgüter, Dresden 2004

Maurice (1981) Maurice, Klaus: Das Taschenweltchen. Ein Essay über Zinnfiguren, München 1981

Mede-Schelenz (2013) Mede-Schelenz, Anja: Musealisierung, Volkskultur und Moderne um 1900. (Diss.) Schriften zur sächsischen Geschichte und Volkskunde Bd. 43, Leipzig 2013

Metscher/Fellmann (1990) Metscher, Klaus/Fellmann, Walter: Lipsia und Merkur. Leipzig und seine Messen, Leipzig 1990

Meyer (1911) Meyer, Gertrud: Die Spielwarenindustrie im sächsischen Erzgebirge, (Diss.) Leipzig 1911

Mielke (1905) Mielke, Robert: Die Ausstellung die Kunst auf dem Lande. In: Zentralblatt der Bauverwaltung. Hg. im Ministerium der öffentlichen Arbeiten. 25. Jg. Nr. 17, 25. Februar 1905, Verlag von Wilhelm Ernst & Sohn, Berlin 1905, S. 111–112

Mieth (2010) Mieth, Katja Margarethe (Hg.): Zwischen Davos und Auerbach. Leben und Wirken des Volksschullehrers Hellmuth Vogel (1890–1950), Dresden 2010

Müller (2012) Müller, David: Retro Trend. Wie und warum alte Marken neuen Erfolg haben, Saarbrücken 2012

Muthesius (1897) Muthesius, Karl: Kinderspiel und Spielzeug. In: Westermanns illustrierte deutsche Monatshefte 82, Nr. 487, April 1897, Braunschweig 1897, S. 108–114.

Neumann (1983) Neumann, Walter: Seiffener Kostbarkeiten. Zum 125. Geburtstag des Seiffener Männelmachers Louis Heinrich Hiemann. In: Sächsische Heimatblätter 29. Jg. H. 6, Dresden 1983, S. 287–289

Neumann (1984) Neumann, Walter: Seiffener Miniaturen. Ein Beitrag zur Geschichte des Seiffener Miniaturspielzeugs. Sonderdruck aus Heft 5 der Sächsischen Heimatblätter, Dresden 1984, S. 217–220

Neumann (1985) Neumann, Walter: Seiffener Miniaturfahrzeuge. Eine Studie zum Sortiment der Miniaturauto. Sonderdruck aus Heft 6 der Sächsischen Heimatblätter, Dresden 1985, S. 269–276

Neumann (1986) Neumann, Walter: Seiffener Miniaturgespanne. Zum 100. Geburtstag des Volkskünstlers Arthur Flath. Sonderdruck aus Heft 6 der Sächsischen Heimatblätter, Dresden 1986, S. 262–269

Neumann (1999) Neumann, Walter: Seiffener Miniaturspielzeug. Ein Handbuch für Sammler und Liebhaber der Seiffener Volkskunst, Marienberg 1999

Neuner-Warthorst (2006) Neuner-Warthorst, Antje: Walter Trier. Politik Kunst Reklame. Ausstellungskatalog zur gleichnamigen Ausstellung im Wilhelm-Busch-Museum Hannover vom 11. Juni bis 3. September 2006. Hg. von Hans Joachim Neyer im Auftrag der Wilhelm-Busch-Gesellschaft e.V., Hannover 2006

Nievergelt (2001) Nievergelt, Dieter: Architektur aus Papier. Häuser, Kirchen, Monumente: eine Welt im Kleinen, Lausanne/Winterthur 2001

Nipperdey (1990) Nipperdey, Thomas: Deutsche Geschichte, Bd. 1, München 1990

Noack (2008) Noack, Martina: Nach Berlin! Spreewälder Ammen und Kindermädchen in der Großstadt. Wendisches Museum Cottbus (Hg.), Cottbus 2008

Öri (2011) Öri, Ágnes: Kunstgewerbliches Spielzeug. Ausgewählte Erzeugnisse aus Wien und Budapest um 1900 (Diplomarbeit im Fach Kunstgeschichte an der Universität Wien), Wien 2011

Orschanski (1912) Orschanski, L. G.: Historischer Abriss der Entwicklung der Spielzeugproduktion im Westen und in Russland. In: Spielzeug. Seine Geschichte und Bedeutung. Aufsatzsammlung unter der Redaktion von N. D. Bartram, Moskau 1912

Parzer-Belmonte (1998) Parzer-Belmonte, Kurt: Ewige Kinder. Spielwaren aus Wien und österreichischen Landen, Wien 1998

Peschel (2012) Peschel, Andreas: Aus dem Leben von Oskar Seyffert (1862–1940). In: Sächsische Heimatblätter H. 4, 2012, Chemnitz 2012, S. 348–360

Piekarek (1981) Piekarek, Udo: Holzspielzeug. Kleine Schriften der Freunde des Museums für Deutsche Volkskunde, Heft 5, Berlin 1981

Plank (1922) Plank, Ernst: Die Nürnberg-Fürther Metallspielwaren-Industrie. Mit besonderer Berücksichtigung der Optischen Metallspielwarenindustrie, (Diss.) Erlangen 1922

Priebe (2010) Priebe, Evelin: Kandinsky und die Kunsterziehungsbewegung, Göttingen 2010

Riebel (2003) Riebel, Joachim: Erzgebirgische Weihnachtsfiguren. Gedrechselte Lichterfiguren, Räuchermänner und Nussknacker, Geschichte Motive Hersteller 19. und Anfang 20. Jahrhundert, Chemnitz 2003

Rosenhaupt (1907) Rosenhaupt, Karl: Die Nürnberg-Fürther Metallspielwarenindustrie in geschichtlicher und sozialer Beleuchtung, Stuttgart 1907

Rosenow (1899) Rosenow, Emil: Die Holzspielwaren-Hausindustrie im oberen Erzgebirge. In: Die neue Zeit, 17. Jg., Nr. 1, Berlin 1899, S. 548–557

Rumpf (1922) Rumpf, Fritz u. a.: Spielzeug der Völker, Berlin 1922

Rumpf (1990) Rumpf, Marianne: Von der Altertumskunde zur Volkskunde und zum Heimatschutz. In: Volkskultur Geschichte Religion. Festschrift für Wolfgang Brückner zum 60. Geburtstag. Hg. von Dieter Harmening und Erich Wimmer, Würzburg 1990, S. 225–256

Schanz (1906) Frida Schanz: Spielzeug aus dem Erzgebirge. In: Daheim 43, 1906, Nr. 11 (22. Dezember), o O. 1906, S. 8–13

Schmidt (1914) Schmidt, Bruno: Mit offenen Augen. Bücher des Dresdener Zeichenlehrervereins. Das sächsische Bauernhaus und seine Dorfgenossen, Dresden 1914

Schmidt (1921) Schmidt, Ernst Otto (E. O.): Sachsenland, Leipzig 1921

Schmidt (2003) Schmidt, Peter: Neuruppiner Bilderbogen der Firma Oehmigke & Riemschneider. In: Arbeitskreis Geschichte des Kartonmodellbaus (AGK) e.V. (Hg.): Zur Geschichte des Kartonmodellbaus Heft 3, Hamburg 2003, S. 59–62

Schneider (2015) Schneider, Reinhild: Kleine Welten. Die Sammlung des Deutschen Spielzeugmuseums, Sonneberg 2015

Schober (2008) Schober, Manfred: Vereinsarbeit im Dienste von sächsischer Volkskunst und Volkskunde. In: Sachsen – Zukunft aus Herkunft. 100 Jahre Landesverein Sächsischer Heimatschutz 1908–2008, Dresden 2008, S. 81–87

Scholz (2004) Scholz, Albrecht: Ärzte und Patienten in Dresdener Naturheilsanatorien. In: Medizin-Bibliothek-Information, Vol. 4, Nr. 1 (Januar), Dresden 2004, S. 13–19

Schorcht (1967) Schorcht, Ludwig: Prognostische Einschätzung der Entwicklung von Holzspielwaren. In: Spielzeug von heute. Fachzeitschrift der Spielzeugindustrie der Deutschen Demokratischen Republik, 8. Jg. H. 6, Sonneberg 1967, S. 18–20

Schramm (2003) Schramm, Manuel: Konsum und regionale Identität in Sachsen 1880–2000. Die Regionalisierung von Konsumgütern im Spannungsfeld von Nationalisierung und Globalisierung, (Diss.) Stuttgart 2003

Schraudolph (2000) Schraudolph, Erhard: Zinnspielwarenhersteller in Nürnberg und Fürth. In: Paradestücke. Zinnfiguren aus Nürnberg und Fürth. Ersch. begleitend zur gleichnamigen Ausstellung im Spielzeugmuseum Nürnberg (Museum Lydia Bayer) vom 27. Mai bis 15. Oktober 2000, Nürnberg 2000 (= Schriften des Spielzeugmuseums Nürnberg, Bd. 4), S. 110–150

Schreiber (1898) Schreiber, Rudolf: Gewerbeordnung für das Deutsche Reich in der Bekanntmachung vom 1. Juli 1883 mit den weiteren Abänderungen einschließlich des Gesetzes vom 26. Juli 1897 nebst den Vollzugsvorschriften für das Deutsche Reich und das Königreich Bayern, München 1898

Schreiter (1970) Schreiter, Horst: Der Borstendorfer Spielzeug-Musterkoffer. In: Sächsische Heimatblätter, 16. Jg. H. 6, 1970, Dresden 1970, S. 280–281

Seifert (1921) Seifert, Alwin: Miniaturen und neue holzgeschnitzte Spielwaren aus dem sächsischen Erzgebirge. In: Der Qualitätsmarkt Messe und Qualität. Organ der Internationalen Handels-Union, Jg. 3, H. 8, Leipzig 1921. Siehe auch Manuskript des Beitrags im Archiv des Erzgebirgischen Spielzeugmuseums Seiffen: E 1.4.8.8

Seifert (1923) Seifert, Alwin: Herstellung von Spielzeug in der sächsisch-erzgebirgischen Spielwaren-Werkstatt auf der Jahresschau Dresden »Spiel und Sport 1923«. In: Deutsche Spielwarenzeitung, H. 25/26, 24. Juni 1923, o. O. 1923, S. 7–9.

Seifert/Hentschel (2010) Seifert, Michael/Hentschel, Martin: Mein Bärenburg. Oberbärenburg-Waldbärenburg. Ein historischer Streifzug durch ein halbes Jahrtausend 1510–2010, Oberbärenburg 2010

Seifert (2015) Seifert, Manfred: Oskar Seyffert und die akademische Volkskunde. In: Jahrbuch Volkskunde in Sachsen Nr. 27, Dresden 2015, S. 131–165

Selheim (2013) Selheim, Claudia: Wandervogel und Volkskunst. In: Aufbruch der Jugend. Deutsche Jugendbewegung zwischen Selbstbestimmung und Verführung. Katalog zur gleichnamigen Ausstellung im Germanischen Nationalmuseum Nürnberg vom 26. September 2013 bis 19. Januar 2014 Nürnberg 2013, S. 92–94

Senst (1901) Senst, Otto: Die Metallspielwaren-Industrie und der Spielwarenhandel von Nürnberg und Fürth, Erlangen 1901

Seyffert (1906) Seyffert, Oskar: Bemerkungen zur 3. Deutschen Kunstgewerbeausstellung Dresden 1906. Die Volkskunst. In: Kunstgewerbeblatt N. F. 17, Dresden 1906S. 228–231

Seyffert/Trier (1922) Seyffert, Oskar/Trier, Walter: Spielzeug, Berlin 1922

Seyffert (1923) Seyffert, Oskar: Aus Dorf und Stadt. Volkskundliche Bilder, Dresden 1923

Seyffert (1924) Seyffert, Oskar: Das Landesmuseum für Sächsische Volkskunst, Dresden 1924

Sieber (1980) Sieber, Siegfried: Spielzeug im Osterzgebirge. In: Herbert Claus (Hg.): Das Erzgebirge Land und Leute. (1. Aufl. 1967) 2. unveränderte Aufl., Frankfurt/Main 1980, S. 181–197

Smithson/Cammie McAtee (1997) Smithson, Peter/McAtee, Cammie: La ville en jeu. Toy Town. Katalog zur Ausstellung im Centre Canadien d' Architecture in Montréal vom 22.10.1997 bis zum 31.10.1998. Centre Canadien d' Architecture, Montreal 1997

Spamer (1943) Spamer, Adolf: Deutsche Volkskunst Sachsen, Weimar 1943

Spamer (1954) Spamer: Deutsche Volkskunst Sachsen. 2. neubearbeitete Auflage, Weimar 1954

Städtische Sammlungen Freital (1996) Städtische Sammlungen Freital (Hg.): Der Plauensche Grund zwischen Romantik und Industrialisierung. Bd. 1, unter Mitarbeit von Rolf Günther, Juliane Puls, Christa Seifert und Wolfgang Vogel, Freital 1996

Stauss (2015) Stauss, Thomas: Frühe Spielwelten zur Belehrung und Unterhaltung. Die Spielwarenkataloge von Peter Friedrich Catel (1747–1791) und Georg Hieronimus Bestelmeier (1764–1829), Hochwald 2015

Stillich (1899) Stillich, Oskar: Die Spielwaren-Hausindustrie des Meininger Oberlandes, Jena 1899

Süß (1909) Süß, Bernhardt: Seiffener Winkel und die Holzspielwarenindustrie. In: Glückauf, 29. Jg. Nr. 12, Schwarzenberg 1909

Sy (1929) Sy, Margarete: Die Thüringer Spielwarenindustrie im Kampf um ihre Existenz, Jena 1929

Thiekötter/Siepmann (1987) Thiekötter, Angelika/Siepmann, Eckhard: Packeis und Pressglas. Von der Kunstgewerbebewegung zum Deutschen Werkbund, Gießen 1987

Thiekötter/Stein (1996) Thiekötter, Angelika/Stein, Laurie: Markenware – Werkbundmarke. Der Deutsche Werkbund. In: Bäumler, Susanne (Hg.): Die Kunst zu werben. Das Jahrhundert der Reklame. Katalog der gleichnamigen Ausstellung im Münchner Stadtmuseum vom 15. März bis 30. Juni 1996 und Altonaer Museum Hamburg 18. September 1996 bis 12. Januar 1997, München 1996, S. 241–249

Tötschinger (1998) Tötschinger, Gerhard: Altes Spielzeug. Klassiker aus Kindheitstagen, Wien/München 1998

Tröbs (2014) Tröbs, Stephan: Adolf Fleischmann – Unternehmer und Förderer der Spielwarenindustrie des Meininger Oberlandes. Masterarbeit im Masterstudiengang Geschichte an der Otto-Friedrich-Universität Bamberg, Fakultät Geistes- und Kulturwissenschaften, Fachbereich Wirtschafts- und Innovationsgeschichte. Hg. vom Deutschen Spielzeugmuseum Sonneberg, Sonneberg 2014

Trumler/Hanreich (1986) Trumler, Gerhard/Hanreich, Eugenie: Kleine Welt aus Holz. Spielzeug aus dem Erzgebirge Wien/München 1986

Voerkel (2008) Voerkel, Stefan (unter Mitarbeit weiterer Autoren): 100 Persönlichkeiten des sächsischen Heimatschutz. In: Sachsen Zukunft aus Herkunft. 100 Jahre Landesverein Sächsischer Heimatschutz 1908–2008, Dresden 2008, S. 179–189

Weimer (2015) Weimer, Wolfram: Die Zukunft war früher auch nicht besser. In: change. Das Magazin der Bertelsmann Stiftung, H. 1, Gütersloh 2015, S. 16–19.

Weiszbach (1908) Weiszbach, Friedrich: Wirtschaftsgeographische Verhältnisse, Ansiedlungen und Bevölkerungsverteilung im mittleren Teile des sächsischen Erzgebirges, (Diss.) Stuttgart 1908

Wendt (1908) Wendt, Albert: Bericht über den Erfolg der Anregung der Spielwarenindustrie durch die Bestrebungen des Bundes Heimatschutz. In: SächsHStA, Bestand 11125 Ministerium des Kultus und öffentlichen Unterrichts, Nr. 16625, Bl. 51–60 [vgl. auch Firmenarchiv, Wendt & Kühn: handschriftliches Manuskript D008000 (vorläufige Artikelnummer)], Grünhainichen 1908

Wendt & Kühn (2007) Wendt & Kühn Werkstätten für feine figürliche Holzarbeiten und Spieldosen: Elfpunktepost Nachrichten aus den Werkstätten Wendt & Kühn, Fünfte Ausgabe Herbst/Winter, Grünhainichen 2007

Wendt & Kühn (2010) Fa. Wendt & Kühn: Unsere Geschichte, Grünhainichen 2010

Westenberger (1911) Westenberger, Bernhard: Die Holzspielwarenindustrie im sächsischen Erzgebirge unter besonderer Berücksichtigung der Hausindustrie, (Diss.) Leipzig 1911

Westenberger (1914) Westenberger, Bernhard: Geschichte und Entwicklung der erzgebirgischen Spiel- und Holzwarenindustrie, Teil 1. In: Deutsche Spielwarenzeitung, Nr. 11, 15. Mai 1914, o. O. 1914, S. 9–13, Teil 2 in: Deutsche Spielwarenzeitung, Nr. 12, 1. Juni 1914, o. O. 1914 S. 5–9

Wiederholz (1930) Wiederholz, Helmut: Die Wandlungen in den Absatz- und Erzeugungsbedingungen der deutschen Spielwarenindustrie gegenüber der Vorkriegszeit, (Diss.) Köln 1930

Wiese (1906) Wiese, Leopold von: Was wird mit der deutschen Heimarbeiterausstellung in Berlin beabsichtigt? In: Bilder aus der deutschen Heimarbeit. Hg. von der literarischen Kommission der deutschen Heimarbeiterausstellung, Sozialer Fortschritt, Hefte und Flugschriften für Volkswirtschaft und Sozialpolitik, Nr. 63/64, Berlin 1906

Wietek (1976) Wietek, Gerhard: Deutsche Künstlerkolonien und Künstlerorte, München 1976

Wilckens (1978) Wilckens, Leonie von: Möbel und Spielzeug. In: Deneke, Bernward/Kahsnitz, Rainer (Hg.): Das Germanische Nationalmuseum Nürnberg 1852–1977, München 1978, S. 776–790

Winkler (1935) Winkler, Johannes: Entwicklung und Lage der Holzspielwarenindustrie des sächsischen Erzgebirges in den beiden letzten Jahrzehnten, (Diss.) Halle 1935

Wollersheim (2000) Wollersheim, Heinz-Werner: Kindheit zwischen Kaiserreich und Kinderladen – Entwicklung und Wandel der Kindheit von 1910 bis 1970. In: Petra Larass (Hg.): Kind sein kein Kinderspiel. Das Jahrhundert des Kindes 1900–1999, Halle 2000

Wuttke (1903) Robert Wuttke: Sächsische Volkskunde. 2. umgearbeitete und wesentlich vermehrte Auflage, 2. unveränderter Abdruck, Leipzig 1903

Zippelius (1986) Zippelius, Adelhart: Der Mensch als lebendes Exponat. In: Jeggle, Utz u. a. (Hg.): Volkskultur in der Moderne. Probleme und Perspektiven empirischer Kulturforschung, Tübingen 1986, S. 410–429

Zobeltitz (1904) Zobeltitz, Hans von: Aus dem Puppenlande. In: Velhagen und Klasings Monatshefte, 18. Jg. 1903/1904, 1. Bd. H. 5, Januar 1904, Bielefeld 1904, S. 482–496

2. Zeitschriften, Periodika

Ausstellungszeitung der 3. Deutschen Kunstgewerbeausstellung, Nr. 6, 7, 12 und 24, Dresden 1906

Der Spiel- und Holzwaren-Markt. Exportzeitschrift für Fabrikanten, Grossisten, Exporteure und Detaillisten von Spiel-, Musik, Kurz-, Galanterie, Holz- und Korbwaren, sowie Sportartikeln, Offizielles Organ des Bezirks-Gewerbe-Vereins Grünhainichen i. S., 7. Jg. H. 1, 10. Januar 1911

Deutsche Kunst und Dekoration. Illustrierte Monatshefte für moderne Malerei, Plastik, Architektur, Wohnungs-Kunst und Künstler, Frauenarbeiten. Alexander Koch, Darmstadt 1897–1932

Deutsche Spielwarenzeitung. Fachzeitschrift für die gesamte Spielwaren-Industrie. Nürnberg 1909–1952

Die Denkmalpflege, Nr. 14, 2. November 1904, Verlag von Wilhelm Ernst u. Sohn, Berlin 1904

Die Kunst. Monatsschrift für Malerei, Plastik, Graphik, Architektur und Wohnkultur 1 (1899/1900) bis 92 (1944) = Monatshefte für freie und angewandte Kunst

Dresdener Salonblatt, Moderne illustrierte Wochenschrift für Gesellschaft, Theater, Kunst und Sport. 1. Jg., Nr. 1, Dresden 1906

Epoche Modellautoheft. 100 Jahre Ho-Automobil. V. i. d. P.: Ernst Plattner, Vertrieb: Verlag Friedel Fiedler sowie epoche Modellbau GmbH, Mannheim 2007

Epoche Modellautoheft. Nr. 2–9. V. i. d. P.: Ernst Plattner, Vertrieb: epoche Modellbau GmbH, Mannheim 2008–2015

Erzgebirgischer Generalanzeiger vereinigt mit der Olbernhauer Zeitung. Tageblatt für die Amtsbezirke Olbernhau, Sayda, Zöblitz und Lengefeld. Amtsblatt des Königlichen Amtsgerichts, des Stadtrats und Stadtgemeinde zu Olbernhau, Nr. 163, 168, 174, Olbernhau 1914

Glückauf! Zeitschrift des Erzgebirge-Vereins, 29. Jg. Nr. 12, Schwarzenberg 1909

Illustrierte Zeitung, Nr. 3572 vom 14.12.1911, Leipzig 1911

Kind und Kunst. Illustrierte Monatsschrift für die Pflege der Kunst im Leben des Kindes, Bd. 1, Oktober 1904 bis September 1905, Darmstadt 1905

Kunstgewerbeblatt. Monatsschrift für Geschichte, Literatur der Kleinkunst, Organ für die Bestrebungen der Kunstgewerbe-Vereine, Leipzig 1885–1917 (N. F. = neue Folge)

Mitteilungen des Verbandes deutscher Vereine für Volkskunde, Nr. 1, Januar 1905, Nr. 4, Oktober 1906

Mitteilungen des Vereins für sächsische Volkskunde. Im Auftrag des Vereins hg. von E. Mogk und H. Stumme, II. Bd. Dresden 1900–1902

Rundschau. Rundschau über Spielwaren Sportartikel und Galanteriewaren. Plauen 1. Jahrgang 1909 ff.

Spielzeug International. Das unabhängige Fachmagazin für Spielwaren, Hobby, Geschenkartikel und Entertainment. H. 2, Februar 2015, Ebermannstadt 2015

Velhagen & Klasings Monatshefte. Berlin, Bielefeld, Leipzig und Wien 31. Jg. 1. Bd. H. 4 (Dezember) 1916

Wegweiser. Wegweiser für die Spiel-, Galanterie- und Kurzwaren-Industrie und verwandte Branchen. Berlin 1. Jahrgang 1886 ff.

3. Weitere Quellen

Erzgebirgisches Spielzeugmuseum Seiffen/Archiv

H. E. Langer (1904) = Heinrich Emil Langer Spielwarenverlag, Seiffen: Buch »für Wareneinkauf«, beschriftet 1904
H. E. Langer (1914) = Heinrich Emil Langer Spielwarenverlag, Seiffen: Wareneingangs- und Rechnungsbuch, beschriftet 1914

Grünhainichener Heimatverein e.V. Archiv Arbeitsgruppe Chronik = GHVA

Nachlass Fachgewerbeschule Grünhainichen.
Sammelkarton Fa. Wendt & Kühn, Grünhainichen.
Sammelkarton Spielwarenindustrie: Maschinenschriftlicher Aufsatz (15 Seiten) von Johannes Eichhorn, Seiffen, 30.8.1976, Die Beziehungen des Handels zur erzgebirgischen Spielzeuggestaltung
Katalog der Jubiläumsausstellung (1885) = Katalog der unter dem Protektorate Ihrer Kaiserlichen und Königlichen Hoheit der Frau Prinzessin Friedrich August stehenden Jubiläumsausstellung des Bezirks-Gewerbevereins zu Grünhainichen im Jahre 1895. Dauer von Mitte Juli bis Mitte August. H. A. Schlesinger's Buchdruckerei in Eppendorf in Sachsen 1895. = (GHVA: Grünhainichen 1895)

Sächsisches Staatsarchiv – Hauptstaatsarchiv Dresden = SächsHStA

SächsHStA, Bestand 10736 Ministerium des Innern, Nr. 17515, 17516 und 22559

SächsHStA, Bestand 10756 Amtshauptmannschaft Freiberg, Nr. 1935

SächsHStA, Bestand 11144 Bezirksschulamt Freiberg, Nr. 385, Akten der amtshauptmannschaftl. Delegation Sayda, die Fachschule zu Seiffen betreffend (1900–1905)

SächsHStA, Bestand 11125 Ministerium des Kultus und öffentlichen Unterrichts, Nr. 16624, Fachgewerbeschule zu Grünhainichen (1902–1906)

SächsHStA, Bestand 11125 Ministerium des Kultus und öffentlichen Unterrichts, Nr. 16625, Fachgewerbeschule zu Grünhainichen (1906–1914)

SächsHStA, Bestand 11125 Ministerium des Kultus und öffentlichen Unterrichts, Nr. 17439, Hebung der Spielwarenindustrie, Allgemeines

SächsHStA, Bestand 11764 Deutsche Werkstätten Hellerau (D) Nr. 878 und 879

SächsHStA, Bestand 11125 Ministerium des Kultus und öffentlichen Unterrichts, Nr. 16625, Bl. 51–60. »Bericht über den Erfolg der Anregung der Spielwarenindustrie durch die Bestrebungen des Bundes Heimatschutz« [vgl. auch Firmenarchiv, Wendt & Kühn: handschriftliches Manuskript D008000 (vorläufige Artikelnummer)] = Wendt (1908)

Stadtarchiv Dresden = StAD

StAD, Drucksammlung (17.2.1), Kapsel A 285: Spielwarenhaus Richard Zeumer Dresden

StAD, Bestand: Künstlervereinigung »Zunft« Sign. 13.19 Nr. VI.1 Bd. 1

StAD, Bestand: Künstlervereinigung »Zunft« Sign. 13.19 Nr. VI.3 Bd. 2

Staatliche Kunstsammlungen Dresden, Museum für Sächsische Volkskunst

Inventare Nr. 522 Verein für Sächsische Volkskunde 1902–1913

Stadtarchiv Sonneberg

Akte Industrieschule Band II, 1900–1911, S. 143, Signatur Bl. 4.40.118

Spielzeugmuseum Nürnberg, Archiv

Akt Bayer privat, Aufzeichnungen Lydia Bayer, jun.

Privatarchive

Privatarchiv Dirk Pigorsch Grünhainichen

Kaufm. Verein, Statuten, Verträge, Rechnungen, Protokolle für das Jahr 1905

Privatarchiv Steffen Claas Chemnitz

Cassabuch der Fa. C. F. Drechsel, Grünhainichen (Nachlass Rudolf Hunger)

Wendt & Kühn Werkstätten für feine figürliche Holzarbeiten und Spieldosen, Grünhainichen

Firmenarchiv, Wendt & Kühn

Werkstatt Leichsenring, Hauptstraße 110, 09548 Kurort Seiffen

Geschäftsunterlagen Emil Leichsenring Holzspielwaren, Seiffen/Erzgebirge, Warenausgangsbuch über Lieferungen von Miniaturgespannen und Fahrzeugen an Spielwarenverleger in Seiffen und Grünhainichen 1905–1922.

4. Internetrecherchen

http://www.br.de [3.8.2015]

http://www.deutschlandfunk.de/Konsumkultur-die-prosa-der-produkte.123.de [4.5.2015]

http://www.dresdner-stadtteile.de [7.8.2015]

http://www.dwh.de [4.7.2015]

http://www.erzgebirge.org [22.5.2015]

http://www.Landliebe.de [14.2.2015]

http://www.Landlust.de [22.2.2015]

http://www.manufactum.de [3.5.2015]

http://www.regional-markt.de [5.4.2015]

http://www.reifentier.de [5.7.2015]

http://www.stmf.bayern.de [7.5.2015]

http://www.swr.de/swr2/stolpersteine/menschen/robert-nachmann/-/id. [8.12.2014]

5. Gedruckte Quellen

Archiv Spielzeugmuseum der Stadt Nürnberg Museum Lydia Bayer

Bestelmeier (1803) = Georg Hieronimus Bestelmeier: Magazin von verschiedenen Kunst- und anderen nützlichen Sachen ..., Nürnberg 1803. Nachdruck, Zürich 1979

Bestelmeier (1823) = Georg Hieronimus Bestelmeier: Magazin von verschiedenen Kunst- und anderen nützlichen Sachen, zur lehrreichen und angenehmen Unterhaltung der Jugend, als auch für Liebhaber der Künste und Wissenschaften, welche Stücke vorräthig zu finden bei G. H. Bestelmeier in Nürnberg, Nürnberg o. J. (4. Gesamtausgabe ohne Aufteilung in Stücke, Nr. 1–1350. Weiteres Exemplar in der Stadtbibliothek Nürnberg)

Bischoff (um 1936) = Hermann Bischoff jr., Hamburg 1, Steinstrasse 10 v.: geheftete Sammelmappe mit Musterblättern Puppen – Spielwaren, unter Artikelnummer 24/.../erzgebirgische Miniaturspielwarensortimente, undatiert (um 1936)

Dresdner Spielzeug (1907) = Dresdner Spielzeug. Grosse und Kleine Spielsachen-Hauptkatalog Dresdener Werkstätten für Handwerkskunst Dresden, Abteilung Spielsachen Zschopau in Sachsen, Dresden 1907

Dresdner Spielzeug (1908) = Dresdner Spielzeug: Nachtrag zum Haupt-Katalog Oktober 1908. Druckerei Rudolf Kleinhempel, Dresden Altstadt

Dresdner Spielzeug, Th. Heymann (1910) = Dresdner Spielzeug der Firma Theodor Heymann, Grossolbersdorf/Sa., früher Spielwarenabteilung der Deutschen Werkstätten für Handwerkskunst GmbH, Jahrgang 1910. 88 unpaginierte Seiten mit 138 Abbildungen, zwölfseitige Preisliste

Dresdner Spielzeug, Theophil Müller (vor 1910) = Dresdner Spielzeug aus den Werkstätten für deutschen Hausrat Theophil Müller. Dresden Striesen, Bärensteinerstraße 5. Buchdruckerei Albert Hille, Dresden o. J. (vor 1910)

Dressel (um 1919) = Cuno & Otto Dressel: Spielwaren, Puppen, Christbaumschmuck. Sonneberg, Nürnberg, Grünhainichen, Berlin. Katalog mit Preisangaben Deutsch, Englisch, Französisch, Spanisch. Sonneberg o. J. (um 1919)

Erzgebirgische Spielwaren (1924) = Erzgebirgische Spielwaren. Vertriebsgesellschaft handwerklicher Erzeugnisse r. V. Dresden. Katalogausgabe März 1924, 67 S. mit Abb., Dresden 1924

Heimatschutz (1931/1932) = Werbeblatt der Verkaufsstellen »Heimatschutz« Dresden-A. 1, Seestraße 13 und Schießgasse 24, Dresden. Ausgabe 1931 und 1932

Hiemann (1812) = S. F. Hiemann: Preis-Nota über künstliche Holzwaaren. Syffen bey Freyberg in Sachsen 1812, 15 unpaginierte Seiten mit Preisangaben in Gulden und Kreuzer. Nachdruck, Liestal o. J. (Original im Stadtarchiv Nürnberg E9/1 Nr. 531)

Kurtz (1912) = Otto Kurtz: Katalog der Spielwarenhandlung Hermann Kurtz. Stuttgart, Marktplatz 8, Spielwaren und Puppen, 1912. Ausgabe auch als Nachdruck: Otto Maier Verlag, Ravensburg 1983. 94 Seiten mit Abbildungen und Preisen

Langer (1930er) = H. E. Langer: Sammel-Mappe für Musterblätter über Miniatur-Spielwaren H. E. Langer, Seiffen i. Erzg. Miniaturspielwaren der Firma H. E. Langer und anderer Firmen. (Nachdruck)

Louis Lindner & Söhne (um 1840) = Louis Lindner & Söhne: 225 Musterkarten für Spielwaren erster und zweiter Teil, Lithografien mit gedruckten Artikelnummern, teilweise handkoloriert, als Buch gebunden, Sonneberg o. J. (um 1840)

Louis Lindner & Söhne (1842) = Deutsches Spielzeugmuseum Sonneberg/Bibliothek: Louis Lindner & Söhne, Sonneberg bei Coburg in Sachsen, Fabrik-Preise mit handschriftlichem Bezugsquellenverzeichnis, nachträglich handschriftlich datiert 1842. Sign. SV 2c Hochstr. 1. (Kopie)

Musterblätter Erzgebirge (um 1900) = Erzgebirgisches Spielzeugmuseum Seiffen (Hg.): Musterblätter aus dem Erzgebirge. Nachdruck von 6 Musterblättern aus einem Katalog des »Oberleutensdorfer Verlegers Müller« (Böhmisches Erzgebirge), um 1900. Druckhaus Paul Knäbchen Zöblitz, 1992

Nachmann (um 1920) = Robert Nachmann: 2 Katalogblätter mit Sortiments- und Preisliste. Kunst für's Kind. Schwarzwald-Bazar Baden-Baden, Inhaber Robert Nachmann, Lichtentalerstraße 14 und Kurgarten 8, Preisangaben in RM = Reichsmark, Baden-Baden o. J. (um 1920)

Obletter (um 1908) = Jos. Obletter Inhaber Carl Wiedling: Spielwaren, München o. J. (um 1908)

C. H. Oehme (1896) = Carl Heinrich Oehme: Erzgebirgische Spielwaaren Waldkirchen bei Zschopau i. Sachsen, gegründet 1792. Rechnung über 2 Kisten div. Spielwaren für Herrn Carl Teich in Bischofswerda, den 26. Nov. 1896 (Kopie)

Quehl (um 1900) = Carl Quehl: Grosser illustrierter Katalog über Nürnberger Spielwaaren und praktische Geschenke, Nürnberg o. J. (um 1900)

Quehl (1908) = Carl Quehl: Nürnberger Spielwaaren und praktische Geschenke, Nürnberg 1908

Schreibers volks- und heimatkundliche Baubogen. Nach der Wirklichkeit gezeichnet von Bruno Schmidt und Theodor Göhl, Verlag J. F. Schreiber, Esslingen a. N. und München, 1910

Schreibers volks- und heimatkundliche Aufstellbogen. Nach der Wirklichkeit gezeichnet von Bruno Schmidt und Theodor Göhl, Verlag J. F. Schreiber Esslingen a. N. und München, 1910

Schreibers volks- und heimatkundliche Bauhefte. Nach der Wirklichkeit gezeichnet von Bruno Schmidt und Theodor Göhl, Verlag von J. F. Schreiber Esslingen a. N. und München, 1914

Spielzeug Dürerbund (1912) = Spielzeug: Gemeinnützige Vertriebsstelle Deutscher Qualitätsarbeit GmbH. Gegründet vom Dürerbund Hellerau bei Dresden. Druck von Johannes Päßler Dresden Neustadt, ohne Jahr (um 1912). 65 Seiten mit Abbildungen

Strenger (1933) = Strenger's Stummer Reisender. Großhandels-Versandkatalog, S. Strenger Berlin C2 Neue Friedrichstraße 36, Hauptkatalog: Kurz- Galanterie- und Spielwaren, Glas, Porzellan, Leder- und Stahlwaren, Bijouterien, Schreibwaren, Wirtschaftsartikel, Haus- und Küchengeräte, Textilien, Wollwaren, Strümpfe, Berlin 1933

Teubner (1905/1906) = B.G. Teubners: Künstler-Modellierbogen, Leipzig o.J. (um 1905/1906)

Teubner (um 1910) = B.G. Teubner: Künstlerischer Wandschmuck für Haus und Schule. Teubners Künstler-Steinzeichnungen, Leipzig o.J. (um 1910)

Universalkatalog (1930) = John Hess: Der Universal-Spielwaren-Katalog. Hamburg Neuer Wall 64/66. Katalog in Deutsch, Englisch, Spanisch. Jahrgang 1930. 803 Seiten mit Abbildungen.

Wörz (1913–1914) = A. Wörz Nachfolger Gisela Mayer: Spielwaren. Wien IV. Wiedner Hauptstrasse 28, Ausgabe für 1913–1914

Zeumer (1908) = Das erzgebirgische Dörfchen: Spielwarenhaus Richard Zeumer, Schloßstraße 22, Dresden Altstadt, Jahrgang 1908. 4 Seiten mit Abbildungen und Preisen

Zeumer (1909) = Das erzgebirgische Dörfchen: Spielwarenhaus Richard Zeumer, Schloßstraße 22, Dresden Altstadt, Jahrgang 1909. 4 Seiten mit Abbildungen und Preisen

Zeumer (1913) = Das erzgebirgische Dörfchen: Spielwarenhaus Richard Zeumer, Schloßstraße 22, Dresden Altstadt, Jahrgang 1913. 15 Seiten mit Abbildungen und Preisen

Zeumer (1915) = Das schönste Spielzeug der Welt. Zeumer's Erzgebirgisches Dörfchen: Spielwarenhaus Richard Zeumer, Schloßstraße 22, Dresden Altstadt, Jahrgang 1915. 8 Seiten mit Abbildungen und Preisen

Zeumer (1920er Jahre) = Spezialhaus für Miniatur-Spielwaren. Spielzeug-Zeumer, Dresden-A. Schloßstr. 22, Liste Nr. 85, 96 und Figurenverzeichnis Nr. 25/1

6. Sonstige gedruckte Quellen

Bibliothek Bayerisches Landesamt für Denkmalpflege München: Stenographische Berichte für Denkmalpflege. Denkmalpflegetage Berlin 1900, Freiburg 1901, Düsseldorf 1902, Erfurt 1903, Mainz 1904 (mit Teilnehmerlisten)

Daheim-Kalender 1904. Verlag von Velhagen & Klasing Bielefeld und Leipzig 1904, 288 S., Anzeigenanhang von 88 Seiten

Der letzte sächsische König Friedrich August III. im Spielzeugland. [Dokumentation von Zeitungsberichten verschiedener Reisen 1905–1916.] o.J., o.O. Verlag »Aktive Verlag @ Hilfe« ISBN 3-9810795-3-1

Deutsches Spielzeugmuseum Sonneberg/Bibliothek: Führer durch die Ausstellung volkstümlicher Weihnachtskunst im König Albert Museum zu Chemnitz. 2.–17. Dezember 1911. Sign. DSM, M 67, °2

Verhandlungen des Reichstages 12. Legislaturperiode 2. Session, Bd. 268. Stenographische Berichte. Reichstag 210. Sitzung. Montag den 27. November 1911

Seiffen (1999) = Verein 675 Jahre Seiffen e.V., Arbeitsgruppe Ortschronik/Festschrift 1999 (Hg): 675 Jahre Seiffen ein Lese- und Bilderbuch, Seiffen 1999

Verzeichnis der im Katalogteil (S. 142–181) genannten Gestalter und Initiatoren von Miniaturspielwaren

Adlung, Otto (1846–1915)
Lehrer an der Fachgewerbeschule in Seiffen

Brandt, Maximilian Ernst (1859–1914)
Unternehmer und Maler in Gößnitz und Dresden

Brethfeld, Max
Zeichenlehrer

Dohrn, Johanna
Bildhauerin

Ehnert, Richard (1888–1958)
Spielwarenhersteller in Seiffen

Flath, Marie (1862–1923)
Spielwarenherstellerin in Seiffen

Friesen, Ernst Friedrich Carl Freiherr von (1863–1929)
Vorsitzender des Vereins für Sächsische Volkskunde

Frohs, Carl Heinrich (1851–1927)
Spielwarenhersteller in Seiffen

Frohs, Otto (1978–1956)
Spielwarenhersteller in Seiffen
(Sohn von C. H. Frohs)

Geigenberger, August (1875–1909)

Gläßer, Paul Arthur (1880–1971)
Spielwarenhersteller in Seiffen

Göhl, Theodor
Zeichenlehrer

Groß, Karl (1869–1934)
Bildhauer, Goldschmied, Kunstpädagoge
(Professor an der Königlichen Kunstgewerbeschule Dresden)

Gruber, Karl
Architekt

Hänig, Richard (1886–1926)
Spielwarenhersteller in Seiffen

Härtel, Hermann (1864–1919)
Pfarrer in Seiffen, Vorsitzender des Bezirks-Gewerbevereins Seiffen

Hennig, Bruno (1886–1930)
Spielwarenhersteller in Seiffen

Heymann, Clemens Theodor (1853–1936)
Unternehmer in Großolbersdorf,
Abgeordneter des Sächsischen Landtags

Hiemann, Louis Heinrich (1857–1939)
Spielwarenhersteller in Seiffen

Hiemann, Otto (1866–1950)
Spielwarenhersteller in Seiffen

Junge, Margarete (1874–1966)
Gestalterin, Modezeichnerin, Lehrkraft an der Dresdener Kunstgewerbeschule

Kleinhempel, Gertrud (1875–1948)

Kühn, Ernst (1859–1943)
Architekt in Dresden

Langer, August Ferdinand (1841–1926)
Drechsler und Spielwarenverleger in Seiffen

Langer, Heinrich Emil (1871–1949)
Kaufmann (Spielwarenverlag H. E. Langer Seiffen/ Sohn von A. F. Langer)

Langer, Louis (1850–1945)
Spielwarenhersteller in Seiffen

Leichsenring, Emil (1880–1951)
Spielwarenhersteller in Seiffen

Listner, Emil
Spielwarenmaler in Grünhainichen

Listner Karl
Spielwarenmaler in Grünhainichen

Löwe, Ernst
Kaufmann (Mitinhaber des Spielwarenverlags C. F. Drechsel Grünhainichen)

Moser, Koloman (1868–1918)
Maler, Grafiker und Kunsthandwerker

Müller, Edmund (1877–1973)
Spielwarenhersteller in Seiffen

Müller, Karl (1879–1958)
Spielwarenhersteller in Seiffen

Müller, Theophil
Unternehmer in Dresden

Roscher, Franz Karl Georg (1846–1920)
Ministerialbeamter im Königlichen Ministerium des Innern, Abt. für Ackerbau Gewerbe und Handel

Schaale, Gustav
Maler, Kunstgewerbler

Schmidt, Karl Louis Florenz (1853–1922)
Architekt (Oberbaurat), Volkskundler in Dresden

Schmidt, Karl Camillo (1873–1948)
Unternehmer in Dresden

Schultz, Alfred von
Lehrer an der Fachgewerbeschule in Seiffen

Schwindrazheim, Oskar (1865–1952)
Maler, Lehrer, Literat, Volkskundler in Hamburg

Seifert, Alwin (1873–1937)
ab 1914 zunächst Direktor der Seiffener Spielwarenfachschule, ab 1919 auch Leiter der Einrichtung in Grünhainichen

Seyffert, Oskar (1862–1940)
Maler, Zeichenlehrer, Volkskundler (Professor an der Königlichen Kunstgewerbeschule Dresden)

Entwicklung der Firmennamen der heutigen Deutschen Werkstätten Hellerau

1898
Gründung der Dresdener Werkstätten für Handwerkskunst Schmidt und Engelbrecht

1899
Dresdener Werkstätten für Handwerkskunst Schmidt und Müller

1905
Dresdener Werkstätten für Handwerkskunst Karl Schmidt

1907
Deutsche Werkstätten für Handwerkskunst Karl Schmidt

1907
Deutsche Werkstätten für Handwerkskunst G.m.b.H., Dresden und München

1913
Umwandlung in eine Aktiengesellschaft

1946
Auflösung der AG und Enteignung

1951
VEB Deutsche Werkstätten Hellerau

1991
Deutsche Werkstätten Hellerau GmbH

1992
Reprivatisierung

(Quelle: http://www.dwh.de/mythos/chronologie/ [19.12.2017])

Personenregister

Abkürzungsverzeichnis

Abb.	Abbildung(en)
Abtl.	Abteilung
Anm.	Anmerkung
Art.-Nr.	Artikelnummer
Aufl.	Auflage
Bd.	Band
Bl.	Blatt
Ders.	Derselbe
Desgl.	Desgleichen
Diss.	Dissertation
DK	Dekorative Kunst
DKuD	Deutsche Kunst und Dekoration
DWfH	Dresdener Werkstätten für Handwerkskunst
DW	Deutsche Werkstätten
d. Verf.	der Verfasser
dz	Doppelzentner
ebd.	ebenda
f.	folgende
ff.	fortfolgende
H.	Heft
Hg./hg.	Herausgeber/herausgegeben
GHVA	Grünhainichener Heimatverein Archiv AG Chronik
Inv.-Nr.	Inventarnummer
Jg.	Jahrgang
Jh.	Jahrhundert
Kat.-Nr.	Katalognummer
Kgl.	Königliche
KGW-Bl.	Kunstgewerbeblatt
KW	Kunstwart
MdI	Ministerium des Innern
N. F.	Neue Folge
o. J.	ohne Jahr
o. O.	ohne Ort
o. S.	ohne Seite
Sa.	Sachsen
SächsHStA	Sächsisches Staatsarchiv, Hauptstaatsarchiv Dresden
S.	Seite
staatl.	staatliche
T.	Teil
u. a.	unter anderem
vgl.	vergleiche
[...]	Alle Angaben in eckigen Klammern sind Anmerkungen des Verfassers

Bildnachweis

bpk /Kunstsammlungen Chemnitz: Abb. 45 (Foto: May Voigt)
Deutsche Werkstätten Hellerau: Abb. 1 (Foto: Lothar Sprenger), 19, 21 (Foto: Lothar Sprenger), 22 (Foto: Lothar Sprenger)
Deutsches Spielzeugmuseum Sonneberg: Abb. 6 (Foto: Thomas Wolf)
Ensikat, Klaus: Abb. 2
Erzgebirgisches Spielzeugmuseum Seiffen: Abb. 14 (Originalblatt in Bibliothek SPM Seiffen 30/171), 33 (Foto: Konrad Auerbach), 34 (Foto: Konrad Auerbach), 52 (Foto: Konrad Auerbach), 55 (Ausschnitt aus Nr. 14), 65 (Foto: Konrad Auerbach), 74 (Postkarte des Verlags Emil Flade, Seiffen, Postkartenarchiv SPM Seiffen), 76 (Originalblatt in Bibliothek SPM Seiffen, 30/175), 90 (Museumsarchiv SPM Seiffen, Standort B 9.2.6), 91 (Museumsarchiv SPM Seiffen, Standort H 2.1), 95 (Originalblatt in Bibliothek SPM Seiffen, 30/170), Kat. 1 a–e, Kat. 28 a–h (Museumsarchiv SPM Seiffen, Standort J 1.1.1, Artikel mit farbigen Abbildungen einer Nummer 12, lose Blätter, »Spielzeug aus dem Erzgebirge), Kat. 34 (Inv.-Nr. 8962, Foto: Ingo Günther), Kat. 42 (Foto: Konrad Auerbach), Kat. 43 (Foto: Konrad Auerbach), Kat. 47 (Originalblatt in Bibliothek SPM Seiffen, 30/173), Kat. 56 (Inv.-Nr. 8942, Foto: Ingo Günther)
Firmenarchiv Wendt & Kühn Grünhainichen: Abb. 26 (Inv.-Nr. D 005219), 27 (Inv.-Nr. D 005220), 28 (Inv.-Nr. D 005217), 29 (Inv.-Nr. D 005221), 36, 37 (D 7107), 38 (Foto: E. Uhlenhuth), 39, 40, 41, 42, 43, 44, 62 (Inv.-Nr. D 9031), 63, 73, 120, 139, Kat. 7 b, Kat. 8, Kat. 10, Kat. 11, Kat. 12, Kat. 13, Kat. 14, Kat.
Landeshauptstadt Dresden, Stadtplanungsamt, Bildstelle: Abb. 77
Latus, Urs: Abb. 96, 99, 105, 106
Michutta, Michael: Abb. 24
Museum Erzgebirgischer Volkskunst Grünhainichen: Kat. 3 (Foto: Urs Latus), Kat. 7 a (Foto: Urs Latus)
Nachlass Spielwarenverlag Langer, Brigitte Neumann Seiffen: Abb. 12, 13
Privat: Abb. 11, 23, 24, 78, 93, 97, 107 (Foto: Urs Latus), 108 (Foto: Urs Latus), 118 (Foto: Urs Latus), 123 (Foto: Urs Latus), 129 (Foto: Urs Latus), Kat. 9 (Foto: Christine Richter), Kat. 29 (Foto: Urs Latus), Kat. 30 (Foto: Urs Latus), Kat. 36 (Foto: Urs Latus), Kat. 37 (Foto: Urs Latus), Kat. 38 (Foto: Urs Latus), Kat. 39 (Foto: Dieter Hoffmann), Kat. 44 Postamt und Laterne (Foto: Dieter Hoffmann)
Sächsische Landes- und Universitätsbibliothek: Abb. 17 (SLUB Dresden / Digitale Sammlungen / Hist.Sax.G.333,17.0,2:1)
Sächsische Landesstelle für Museumswesen an den Staatlichen Kunstsammlungen Dresden: Abb. 7, 67, 68, 69, 70, 71, 72, 138
Sächsisches Staatsarchiv, Hauptstaatsarchiv Dresden: Abb. 59 (SächsHStA, Bestand 11125 Ministerium des Kultus und öffentlichen Unterrichts, Nr. 17439, Bl. 107)
Sammlung Carsten Beier, Zschopau: Abb. 110, 111
Sammlung Ritter Kempski von Rakoszyn: Abb. 25 (Foto: Jörg Schöner)
Spielzeugmuseum Nürnberg: Abb. 4, 5, 8, 9, 10, 18, 20, 30, 31, 32, 35, 46, 50, 51, 53, 54, 58, 61, 66, 75, 82, 83, 84, 85, 86, 87, 88, 89, 92, 98, 100, 112, 113, 116, 117, 124, 132, 133, 134, 140, Kat. 2, Kat. 4, Kat. 5, Kat. 6 (Foto: Rainer Wrede/Urs Latus), Kat. 16, Kat. 17, Kat. 18, Kat. 19, Kat. 20, Kat. 21, Kat. 22, Kat. 23, Kat. 24, Kat. 25 a, Kat. 25 b (Foto: Dieter Hoffmann), Kat. 26, Kat. 27, Kat. 31 (Foto: Dieter Hoffmann), Kat. 32 (Foto: Urs Latus), Kat. 33 (Foto: Dieter Hoffmann), Kat. 35 (Foto: Christiane Richter/Urs Latus), Kat. 40 (Foto: Urs Latus), Kat. 41 (Foto: Urs Latus), Kat. 44 Figuren (Foto: Dieter Hoffmann), Kat. 45 (Foto: Dieter Hoffmann), Kat. 46 (Foto: Dieter Hoffmann), Kat. 48 (Foto: Christiane Richter), Kat. 49 (Foto: Urs Latus), Kat. 50 (Foto: Christiane Richter/Urs Latus), Kat. 51 (Foto: Christiane Richter/Urs Latus), Kat. 52 (Foto: Christiane Richter/Urs Latus), Kat. 53 (Foto: Christiane Richter/Urs Latus), Kat. 54 (Foto: Christiane Richter/Urs Latus), Kat. 55 (Foto: Urs Latus), Kat. 57 (Foto: Rainer Wrede/Urs Latus)
Staatliche Kunstsammlungen Dresden, Kupferstich-Kabinett: Abb. 15 (Inv.-Nr. 36318), 57 (Inv.-Nr. A 1906-34) (Fotos: Herbert Boswank); Abb. 16 (Inv.-Nr. A 1902-877), 56 (A 1995-1994) (Fotos: Andreas Diesend)
Staatliche Kunstsammlungen Dresden, Museum für Sächsische Volkskunst: Abb. 8, 47, 48 (Foto: Carsten Jahnke), 114 (Foto: Claudia Jacquemin), 115 (Foto: Claudia Jacquemin), 125 (Foto: Claudia Jacquemin), 126 (Foto: Claudia Jacquemin), 127 (Foto: Claudia Jacquemin), 128 (Foto: Claudia Jacquemin), 130 (Foto: Claudia Jacquemin)
Stadtarchiv Dresden: Abb. 102, 103, 104, 121, 122 (17.2.1 Drucksammlung, Nr. A 285)
Stadtmuseum Dresden, Museen der Stadt Dresden: Abb. 60 (Inv.-Nr. SMD_Ph_03360_02), 101, 109
Uhlmann, Dieter: Abb. 3, 49 (Foto: Konrad Auerbach), 64, 94, 119
Volker und Heiko Flath GbR: Abb. 135, 136, 137
Wendisches Museum Cottbus/Serbski muzey Chóśebuz: Abb. 130
Werkstatt Leichsenring: Abb. 79, 80, 81